ZEITSCHRIFT DES HISTORISCHEN VEREINS FÜR SCHWABEN
116. BAND

Zum Umschlagbild:
Wappen der Familie Vöhlin im Freundschaftsalbum von Hans Jakob Widhol(t)z, vermutlich 1583 inskribiert in Venedig von Hans Christoph II (Privatbesitz)

ZEITSCHRIFT
DES HISTORISCHEN VEREINS
FÜR SCHWABEN

116. BAND

Augsburg 2024

Herausgegeben vom Historischen Verein für Schwaben

Schriftleitung:
Felix Guffler M.A.

Redaktion:
Prof. Dr. Rainald Becker, Prof. Dr. Gisela Drossbach, Dr. Raphael Gerhardt,
Felix Guffler M.A., Prof. Dr. Klaus Wolf

Geschäftsstelle:
Historischer Verein für Schwaben, c/o Staats- und Stadtbibliothek Augsburg,
Schillstraße 94, 86169 Augsburg

Internet: www.hv-schwaben.de

Der Verein dankt der Stadt Augsburg und dem Sparkassen-Bezirksverband Schwaben für Zuschussmittel zur Publikation dieses Bandes.

Bibliografische Information der Deutschen Nationalbibliothek

Die Deutsche Nationalbibliothek verzeichnet diese Publikation in der Deutschen Nationalbibliografie; detaillierte bibliografische Daten sind im Internet über https://dnb.dnb.de abrufbar.

ISSN 0342-3131
ISBN 978-3-95786-356-0

www.wissner.com
Druck: Joh. Walch GmbH & Co. KG, Augsburg

Inhaltsverzeichnis

Nachhaltiges Wirtschaften in Schwaben

Vereinsaktivitäten 2023

Buchbesprechungen

Mitarbeiterinnen und Mitarbeiter

Prof. Dr. Regina Dauser, Universität Augsburg

Prof. Dr. Gisela Drossbach, Universität Augsburg / Ludwig-Maximilians-Universität München

Prof. Dr. Immo Eberl, Eberhard-Karls-Universität Tübingen

Dr. Thomas Engelke, Staatsarchiv Augsburg

Thomas Freller, Historiker, Jagstzell

Dr. Raphael Gerhardt, Stadtarchiv und Museum Günzburg

Felix Guffler M.A., Bezirksheimatpflege Schwaben

Dr. Gerhard Hölzle, Historiker, München

Katrin Holly M.A., Bezirksheimatpflege Schwaben

Dr. Paul Hoser, Historiker, München

Dr. Michael Kitzing, Historiker, Singen

Prof. Dr. Alexander Koller, Deutsches Historisches Institut in Rom

Simon Kotter M.A. M.A., Museum Oberschönenfeld

Dr. Bernhard Niethammer, Freilichtmuseum Illerbeuren

Corinna Malek M.A., Bezirksheimatpflege Schwaben

Eberhard A. Merk M.A., selbständiger Historiker, Ulm

Dominik Müller M.A., Universität Regensburg

Wolfgang Ott, Historiker, Weißenhorn

Dr. Karl-Georg Pfändtner, Bibliotheksleiter Staats- und Stadtbibliothek Augsburg

Prof. Dr. Anthony Rowley, Germanist, Bayerische Akademie der Wissenschaften, München

Dr. Martha Schad, Historikerin, Augsburg

Prof. Dr. Lothar Schilling, Universität Augsburg

Dr. Dr. Gerhard Seibold, Crailsheim

PD Dr. Felicitas Söhner, Stadtarchiv Dillingen

Dr. Wolfgang Wallenta, Historiker, Augsburg

Irina Wöhnl M.A., Germanistin, Graduiertenschule für Geistes- und Sozialwissenschaften (GGS) der Universität Augsburg

Sabine Wüst, Historikerin, Nürnberg

Felix Guffler

Zur Bauinschrift des Trebius Victorinus aus Dillingen-Hausen (IBR 222)

Abstractum: In dem Beitrag wird die Lesung einer römischen Bauinschrift aus Dillingen-Hausen diskutiert. Die Bauinschrift befand sich am Tempel des Apollo-Grannus und der Sirona in Lauingen-Faimingen, dem antiken Aquae Phoebianae. Sie gibt Hinweise auf M. Trebius Victorinus, der zur provinzialen Führungsschicht Raetiens gezählt werden muss.

Im Landkreis Dillingen an der Donau finden sich zahlreiche römische Überreste mit bedeutenden Informationen zur Sozial- und Religionsgeschichte der Provinz Raetia.* Dazu zählen beispielsweise die Inschriften eines *haruspex* oder eines *decurio*, die im Turm der Pfarrkirche St. Martin in Gundremmingen als Spolien verbaut sind. Besonders Weihungen an Apollo-Grannus und dessen Heiligtum in Faimingen sind aus zahlreichen Orten des Landkreises erhalten, darunter aus Höchstädt, Lauingen und Dillingen-Hausen. Vor allem bei der letztgenannten Inschrift, der Bauinschrift des Trebius Victorinus,[1] war immer wieder unklar, wie diese zu lesen und zu rekonstruieren sei. Dies hing unter anderem damit zusammen, dass eine Autopsie schwierig war, denn der Stein befand sich im Glockenturm eingemauert. So entstanden mehrere Lesevarianten, die manche Unklarheit aufkommen ließen.

Die erste Erwähnung des Inschriftensteins fand 1889 im Jahresbericht des Historischen Vereins für Dillingen statt,[2] dort wurde sie ohne textliche Rekonstruktion abgedruckt: D | E SANCTAE S | ITEM VALVAL | TR VICTORI | SVA FVNCTVS |. Dies weckte ein breites Interesse in der althistorischen Rezeption der Inschrift und im selben Jahr legte Josef Fink bei der Bayerischen Akademie

---

* Abkürzungen: AE = L'Année épigraphique; BVBl = Bayerische Vorgeschichtsblätter; CAG = Cliquet, Dominique: Carte archéologique de la Gaule (27.1). L'Eure, Paris 1993; CIL = Corpus Inscriptionum Latinarum; CSIR = Corpus Signorum Imperii Romani; DNP = Der neue Pauly; EDCS = Epigraphische Datenbank Clauss Slaby; HD = Epigraphische Datenbank Heidelberg; IBR = Vollmer, Friedrich: Inscriptiones Baivariae Romanae sive Inscriptiones Provinciae Raetiae adiectis aliqvot Noricis Italicisqve, München 1915; IRPCadiz = González Fernández, Julián: Inscripciones Romanas de la Provincia de Cádiz, Cádiz 1982; HEp = Hispania Epigraphica; TM = Trismegistos Database; Vitr. = Vitruvius, De architectura.

1 CIL 3, 11903 = IBR 222 = CIL 3, 11903 add. p. 2328,201 = HD058684 =EDCS-30500960 = TM 217139.

2 Heinrich Ortner, Thätigkeit des Vereins, in: Jahresbericht des Historischen Vereins Dillingen 1 (1888) S. 5–20, hier 15.

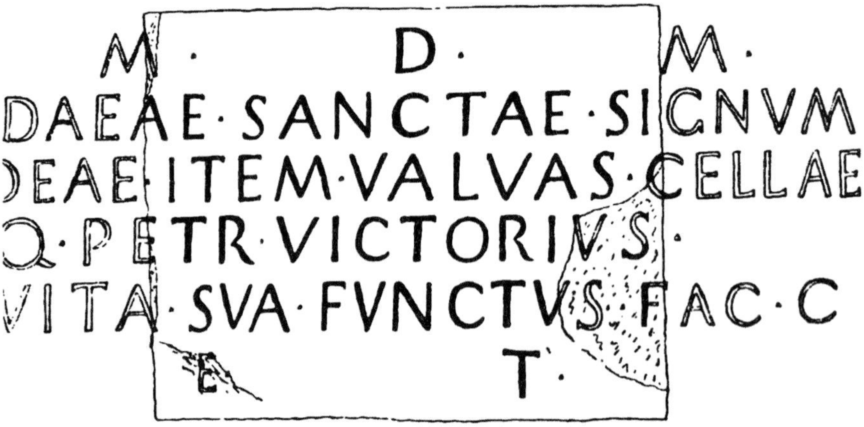

1 Die zeichnerische Rekonstruktion des Inschriftentexts von Josef Fink aus dem Jahr 1889

der Wissenschaften eine ausführliche Diskussion der Inschrift vor.[3] Die Lesung beruhte allerdings auf einem Abklatsch, der ihm von Lehrern aus Dillingen und Lauingen zugeschickt wurde.[4] Daraus ergaben sich mehrere Lesefehler, die Eingang in die epigraphischen Standardwerke fanden und dadurch breit rezipiert wurden.

Im Jahr 2002 wurde der bisherige, schlichte Volksaltar in der Kirche St. Peter und Paul in Dillingen-Hausen schließlich durch einen neuen, handwerklich aufwendigen, in Holz gehaltenen Altar ersetzt. Das Zentrum dieses Altars ist der beschriebene Römerstein – mittlerweile aus dem Glockenturm entfernt. Dabei wurde auf der Rückseite des Weihesteins ein Reliquiar der Heiligen Afra und des Heiligen Faustus eingefügt. Am 23. März 2023 weihte der Augsburger Weihbischof Anton Losinger diesen Altar.[5] Den Stein gereinigt und gefasst hatte die Dillinger Steinmetzfirma Linder. In diesem Zuge waren auch die Buchstaben mit Farbe gefüllt worden.[6] Seitdem ist der Weihestein der Öffentlichkeit zugänglich. Bei der Inspektion ließen sich einige Fragen in Bezug auf die Lesung der Inschrift aufklären.

Der Stein hat die Form eines grob behauenen Quaders. Seine Höhe beläuft sich auf 53 cm, die Breite verkürzt sich jedoch von 58 cm oben auf 53 cm unten.[7]

---

3 Josef Fink, Ueber eine in der Kirche zu Hausen bei Dillingen befindliche Inschrift, in: Sitzungsbericht der Bayerischen Akademie der Wissenschaften 2,5 (1889) S. 96–102.
4 Fink, Inschrift (wie Anm. 3) S. 96.
5 https://d-nb.info/gnd/124635970.
6 Informationen von Kirchenpfleger Josef Sailer, Hausen (24.1.2023).
7 Bei Vollmer werden eine Höhe von 42 cm und eine Breite von 54 cm angegeben, vgl. IBR 222.

2 Der Altar in der Kirche St. Peter und Paul in Dillingen-Hausen (Foto: Felix Guffler)

3 Nahaufnahme der Inschrift hinter der Altarfassung (Foto: Felix Guffler)

Seine Tiefe beträgt oben 32 cm und unten 37 cm. Die Buchstabenhöhe beläuft sich auf 5 cm, wobei hier minimale Abweichungen vorliegen können. Die Buchstaben sind akkurat eingemeißelt, bei der Schrift handelt es sich um die *capitalis monumentalis* ohne Verzierungen oder Ligaturen. Worttrenner werden verwendet. An den beiden Seiten des Inschriftensteines, der sicherlich mehr als doppelt so breit war, fehlt ein Teil der Inschrift. Der Stein wurde nachträglich bearbeitet und in einzelne Stücke aufgeteilt. Deswegen fehlen mehrere Worte. Besonders auf der linken Seite wurde das Bruchstück nochmals geglättet.

Seit der Publikation der Inschrift durch Josef Fink und anschließend im CIL wurde in der 4. Zeile ein vorgelagertes, in Teilen noch erkennbares E angenommen. Die Autopsie erbrachte keinen derartigen Befund. Zwar finden sich dort mehrere, teils auch waagrechte Striche, diese sind jedoch weniger akkurat als die übrige Inschrift gearbeitet und entstanden somit, als der Stein später einer neuen Nutzung zugeführt wurde. Diese angenommenen waagrechten Striche des E führten dazu, dass das Gentiliz des Stifters als „[P]ETR(onius)" gelesen wurde.[8] Dies ist nach der Autopsie jedoch nicht zu halten. Stattdessen schlug Bernd Steidl

8 Fink, Inschrift (wie Anm. 3) S. 99; CIL 3, 11903; IBR 222; Karlheinz Dietz / Gerhard Weber, Fremde in Rätien, in: Chiron 12 (1982) S. 409–443, hier 441, wobei angemerkt werden muss, dass die Autoren meist auf die Unsicherheit dieser Lesung hinwiesen.

aufgrund von anderen Inschriften bereits 2012 vor, die beiden Buchstaben des TR als abgekürztes Gentiliz TR(ebius) anzusehen.[9] Bei der Untersuchung des Steins konnte diese Lesung bestätigt werden. Es handelt sich somit um ein geläufiges Gentiliz im norditalischen Raum.[10]

Das *cognomen* des Stifters war ebenfalls lange Zeit umstritten. Nach den Lesungen von Fink und Hirschfeld wurde es als VICTORIVS angegeben,[11] wobei bereits Vollmer darauf hinwies, dass auch VICTORINVS in Frage komme.[12] Um diese Frage am Objekt selbst zu klären, war der Augenschein allein nicht ausreichend. Tastet man jedoch entlang der Bruchkante, so lässt sich ein kleiner Teil des folgenden Buchstabens erfühlen, da die Inschrift vom Steinmetz sehr sorgfältig gearbeitet wurde. Bei diesem Buchstabenfragment handelt es sich um den oberen vertikalen Grundstrich und die Serife eines N. Durch den kurzen aber eindeutig vertikalen Strich kann an dieser Stelle ein V ausgeschlossen werden.[13] Somit bestätigt sich die Vermutung Vollmers, dass das *cognomen* „*Victorinus*" lautete.[14] Da das *praenomen* bereits im 2. Jahrhundert innerhalb einer Familie häufig konstant blieb, kann hier analog zu M. Trebius Secco aus Augsburg und weiteren norditalischen Trebii der Name „*M(arcus)*" angenommen werden.[15] Dieser Buchstabe befand sich allerdings auf einem anderen, verlorenen Bruchstück des Steins, da die Autopsie keine Reste von Buchstaben vor dem Gentiliz ergab.

4 Detailansicht der Inschrift mit dem Ansatz des Buchstabens „N"

[9] Bernd Steidl, Die Tr(ebii) in Raetien, in: BVBl 77, S. 65–76, hier 69 Anm. 13.

[10] Karl-Ludwig Elvers, Art. Trebius [1], in: DNP 12,1 (2002) Sp. 776.

[11] Fink, Inschrift (wie Anm. 3) S. 99; CIL 3, 11903.

[12] IBR 222.

[13] Bereits Fink skizzierte in seiner Zeichnung der Inschrift sein angenommenes V mit einem sehr senkrechten Abstrich, vgl. Fink, Inschrift (wie Anm. 3) S. 97.

[14] So auch Felix Guffler, Die römische Führungsschicht in Raetien. Personen und Strukturen. Diss. Augsburg 2021, S. 222, allerdings noch mit onomastischer Begründung.

[15] CIL 3, 5786 = IBR 96 = EDCS-27100303 = HD058475 = TM 217050.

Über die übrigen Zeilen herrscht in der Forschung mittlerweile Einigkeit. Während Fink noch vorgeschlagen hatte, die ersten beiden Zeilen mit „M D M (= Matri deum magnae)“ und „DEAE SANCTAE SIGNUM“ zu vervollständigen,[16] setzte sich ab der Publikation des CIL eine deutlich stimmigere Lesung durch. Zunächst wurde die erste Zeile interpretiert als „[In h(onorem)] d(omus) [d(ivinae)]“.[17] Über die zweite Zeile herrschte noch zeitweilig Unsicherheit – vorgeschlagen wurde von Mommsen „[de]ae sanctae Si[lvanae]“ und in Anlehnung an Fink „[Fortun]ae sanctae si[gnum]“ –, doch nach Vergleich der Inschrift mit einer ähnlichen aus Iuvavum / Salzburg,[18] setzte sich die Lesung „[deo sancto Apollini Granno et de] ae sanctae Si[ronae]“ durch. Besonders die zweite Zeile lässt sich so wesentlich besser auflösen; eine Weihung in der Nähe von Faimingen musste fast zwangsläufig an Apollo Grannus gerichtet sein. Diese Kombination der Verehrung des Apollo Grannus mit Sirona wurde außerdem durch einen anderen Weihestein überliefert, der 1990 in Augsburg gefunden wurde.[19] Hier finden sich die beiden Götter in Kombination mit Diana, jedoch ist die dritten Zeile, in der diese Göttin steht, nachträglich überarbeitet worden. Ursprünglich, so Lothar Bakker, stand dort „et deae“,[20] wodurch sich der Text identisch mit Dillingen-Hausen zu „Apollini | Granno | et deae | [S]anct(a)e Siron(a)e“ ergänzt. Entsprechend dieser Parallelen war die zweite Zeile des Weihesteins von Trebius Victorinus deutlich länger als ursprünglich angenommen. Daher muss auch die Lesung der ersten Zeile auf die neue Länge Rücksicht nehmen, sodass in diesem Fall die erste Zeile dann sinnvoll zu „I H D D (= In honorem domus divinae)“ ergänzt werden kann.

Die dritte Zeile endet mit dem Fragment eines Buchstabens, der oben links einen Bogen aufweist. In Frage kommen C oder O. Das Wort wird sich sicherlich auf das vorhergehende „valvas (= Flügeltüren)“ beziehen.[21] Von der älteren Forschung wurde das C als Beginn präferiert, als Beginn einer cum-Konstruktion. Vollmer schlug beispielsweise „cum ornamentis“ vor.[22] Stattdessen könnte ein O auch durch *obtulit* aufgelöst werden, wie dies beispielsweise von einer Inschrift aus dem 1. Jahrhundert aus Hispanien bekannt ist. Dieser Terminus kommt gelegentlich in Zusammenhang mit Weihinschriften vor, beispielsweise aus den Provinzen

16 Fink, Inschrift (wie Anm. 3) S. 97–99.

17 CIL 3, 11903.

18 CIL 3, 5588 = IBR 33 = CSIR-D 1,1,547 = EDCS-14500890 = HD042375 = TM 215415: Apollini / Granno [et] / [S]ironae / AI[---] N[---] / In[--]io[--] / v(otum) s(olverunt) l(ibentes?) l(aeti) m(erito).

19 AE 1992, 1304 = EDCS-04900763 = TM 216854: Apollini | Granno | Dianae | [S]anct(a)e Siron(a)e | [p]ro sal(ute) sua | suorumq(ue) | omn(ium) | Iulia Matrona.

20 Lothar Bakker, Apollo Grannus und Weintransport. Zwei neue Steindenkmäler aus Augusta Vindelicum, in: Das archäologische Jahr in Bayern 1990 (1991), S. 107–110, hier 108.

21 Vitr. V, 6, 3.

22 IBR 222.

Hispania (in Kombination mit *valvas*),[23] Lugdunensis,[24] Lusitania,[25] Noricum[26] und aus Rom.[27] Mit dieser Lesung hätte die Ergänzung dieser Zeile außerdem etwa dieselbe Länge wie mit der Ergänzung *Si[ronae]* in der darüberliegenden Zeile. Aus diesem Grund wird die vorgeschlagene Lesung präferiert, wobei letztlich keine definitive Sicherheit über den ursprünglichen Text gegeben werden kann. In jedem Fall scheinen die Flügeltüren einen besonderen Grad der Ausarbeitung und Zierde aufzuweisen, wenn diese in der Inschrift extra erwähnt werden.

Aus der sechsten und letzten Zeile ist lediglich ein Buchstabe erhalten: ein T. Fink meinte, unter dem Wort SVA noch ein E zu erkennen und ergänzte daraus „E(x) T(estamento)".[28] Das Vorhandensein eines Restes dieses „E" konnte die Untersuchung der Inschrift jedoch nicht bestätigen. In den epigraphischen Datenbanken (EDH, EDCS) findet sich hierzu die Auflösung T(estamento) [F(ieri) I(ussit)]. Dann wäre jedoch der größte Bereich in der letzten Zeile frei geblieben und der Steinmetz hätte die drei Buchstaben unten in das rechte Eck gedrängt. Stattdessen ist hier eher anzunehmen, dass das Wort wie in der ersten Zeile stark gedehnt wurde. Damit ließe sich auch besser erklären, weshalb unter SVA FVNCTUS so viel Platz gelassen wurde. Im CIL wurde „vovit" vorgeschlagen, was Vollmer noch um „posuit" und „solvit" erweiterte. Aufgrund der Länge der Lücke unterhalb der 5. Zeile ist an dieser Stelle ein möglichst kurzes Wort zu präferieren, dadurch sind die Lücken zwischen den Buchstaben länger. Somit wird dem Vorschlag „vovit" an dieser Stelle der Vorzug gegeben.

Eine wesentliche Erkenntnis der Autopsie des Grabsteines ist der definitive Name des Stifters: Trebius Victorinus. Damit bestätigt sich Bernd Steidls Vermutung, dass es sich bei dieser Person wohl um ein Mitglied der norditalischen Familie der Trebii handelt, die wahrscheinlich aus der Gegend von Aquileia stammte. Angehörige der Familie wanderten vermutlich im 2. Jahrhundert nach Raetien ein und wurden Mitglieder der provinzialen Führungsschicht, darunter M. Trebius Secco und der hier vorgestellte M. Trebius Victorinus.[29] M. Trebius Victorinus war *decurio* der Provinzhauptstadt Augusta Vindelicum und zählte damit zu den wohlhabendsten Männern der Provinz Raetien.[30] Eventuell war er Mitglied der in

---

23 IRPCadiz 100 = HEp 1994, 263 = AE 1982, 558 = EDCS-08600367 = HD001888 = TM 221014.
24 CIL 13, 3183,09 = CAG-27, S. 96 = AE 2006, 833, EDCS-10502285 = HD068142 = TM 488578.
25 AE 2001, 1165 =EDCS-23900221 = HD046678 = TM 242600.
26 CIL 3, 5324 = EDCS-14500635 = HD037967 = TM 215036.
27 CIL 6, 1726 (p. 4744) = EDCS-18100533 = TM 275103.
28 Fink, Inschrift (wie Anm. 3) S. 100.
29 Steidl, Tr(ebii) (wie Anm. 9) S. 70–72.
30 Guffler, Führungsschicht in Raetien (wie Anm. 14) S. 222.

Oberitalien rekrutierten und in Regensburg stationierten *legio III Italica*, da dort eine Häufung des *cognomens Victorinus* zu bemerken ist.[31] Er stiftete die Baukosten für Reparaturarbeiten u. a. der Türen eines Tempels des Apollo-Grannus und der Sirona, der sich sicherlich in Faimingen befunden hatte.

Die Inschrift zeigt beispielhaft, dass die römische Führungsschicht in Raetien in ihrer Zusammensetzung höchst heterogen war. Einerseits gab es bedeutende Gruppen aus der einheimischen Bevölkerung, die den Aufstieg in die Elite der römischen Provinz schafften, andererseits ein größeres Kontingent von Personen, die aus anderen Reichsteilen kamen und in die Führungsschicht integriert wurden.[32] M. Trebius Victorinus war einer davon.

Nach der Autopsie der Inschrift wird als Lesung vorgeschlagen:
[I(n) h(onorem) d(omus)] d(ivinae) | [deo sancto Apollini Granno et de]ae sanctae Si[ronae] | [---] item valvas o[btulit] | [--- M(arcus)] Tr(ebius) Victorịn[us] |[5] [omnibus honoribus in civitat]e sua functu[s] | vovit

Übersetzung:
Zu Ehren des göttlichen Kaiserhauses. Dem heiligen Gott Apollo Grannus und der heiligen Göttin Sirona hat [---] und gleichermaßen die Flügeltüren dargeboten der Marcus Trebius Victorinus, der mit allen Ehren in seiner Stadt diente. Er hat dies feierlich versprochen.

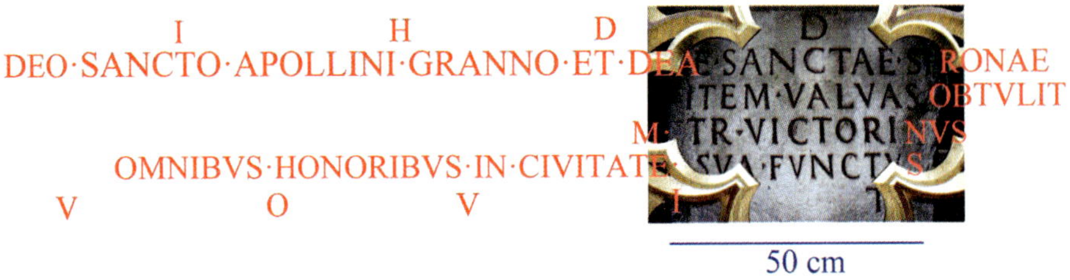

Nimmt man diese Lesart als gegeben an, so verlängert sich die ursprüngliche Breite des Inschriftensteins – ausgehend vom Text der zweiten Zeile – auf über zwei Meter. Damit ist anzunehmen, dass er über der erwähnten Flügeltür angebracht war. Ob sich daraus ein Bezug zur Architektur des römischen Tempels in Faimingen ergibt, muss an dieser Stelle offenbleiben. Außerdem kann auch der

---

31 Andreas Kakoschke, Die Personennamen der römischen Provinz Rätien (Alpha-Omega: Reihe A, Lexika, Indizes, Konkordanzen zur klassischen Philologie 252) Hildesheim 2009, S. 315–316 CN 726; Guffler, Führungsschicht in Raetien (wie Anm. 14) S. 222.

32 Guffler, Führungsschicht in Raetien (wie Anm. 14) S. 204–206.

Stein selbst keine Erklärung für die strittige Frage bezüglich des rechtlichen Status der römischen Siedlung von Faimingen liefern. Nach wie vor steht die Frage im Raum, ob im Zuge des Besuchs von Caracalla in Faimingen eine rechtliche Aufwertung einherging.[33] M. Trebius Victorinus wäre dann eventuell einer der Decurionen dieses neuen *municipiums*. Für diese Vermutung werden jedoch noch weitere Belege benötigt.

---

33 Zum Überblick über die Diskussion vgl. Felix GUFFLER, Aktuelle Forschungsdiskussionen zum römischen Faimingen, in: Jahrbuch des Historischen Vereins Dillingen 114 (2024), in Vorbereitung.

Irina Wöhnl

Facebook ganz ohne Handy

Votivtafeln als soziale Medien vordigitaler Zeiten und sprachhistorische Quellen „von unten" am Beispiel der Donauwörther Votivtafeln

Abstractum: Soziale Medien als dominantes Instrument der zeitversetzten Kommunikation prägen den modernen Diskurs. Jedoch lassen sich die Grundzüge der „one-to-many"-Kommunikation bereits in der Barockzeit feststellen. Die Parallelen zwischen der visualisierten und verbalisierten zwischenmenschlichen Interaktion sollen mittels Donauwörther Votivtafeln (Reliquien der kirchlichen Volkskunst) definiert und gezogen werden. Die sich heute in Donauwörth befindenden Votivtafeln sind sehr gut erhaltene Exemplare, die im Heimatmuseum der Stadt Donauwörth und in der Wallfahrtskirche Heilig Kreuz sorgfältig aufbewahrt werden. Die Ausstellungsstücke wurden von Heilig Kreuz (Donauwörth) und Maria Himmelfahrt (Niederschönenfeld) gespendet. Da diese sachlichen Opfergaben nicht nur als eine Darbringung für die überirdische Kraft am Wallfahrtsort hinterlassen wurden, sondern auch ein starkes Kommunikationsmittel darstellten, sollen diese zur Veranschaulichung thematisiert und genauer vorgestellt werden. Genauso wie in der Gegenwart wurden damals Alltagsgeschehnisse, die Offenbarung persönlicher Probleme oder auch des Glücks explizit geteilt, um ein starkes Mitfühlen, Miterleben und Mitwirken zu erzeugen. Die asynchrone Kommunikation wird anhand des distributionellen Widerspiegelungsmodells der Gesellschaft betrachtet. Eine Kombination von Bild und Sprache ermöglicht den klaren Vergleich mit den modernen sozialen Medien. Die allgemeinen Charakteristika in der verbalen Gestaltung der Donauwörther Votivtafeln werden in Kategorien eingeteilt und in Relation mit den sozialen Netzwerken gesetzt. Darüber hinaus wird besonderes Augenmerk auf die Verschriftlichung der alltäglichen, dialektal und umgangssprachlich geprägten Mündlichkeit gerichtet, um prädigitale und digitale Kommunikationsmedien in ihrer Ähnlichkeit erscheinen zu lassen.

Aufnehmen, kurz beschreiben und posten – diese digitalisierte Vernetzungsmethode charakterisiert den üblichen Alltag heute und gilt als der bequeme Allrounder in Sachen visualisierter Darstellung eines persönlichen Lebens auf verschiedenen Plattformen der sozialen Medien. Unterschiedliche Lebensbereiche werden nun in dieser technisierten Form nachgebaut, wodurch das sozial-kulturelle Gewebe ersichtlich wird. Der offensichtliche „Ich"-zentrierte Schwerpunkt bietet jedem

Nutzer die Möglichkeit, individuelle Erfahrungen mit den anderen zu teilen und diese zu kommentieren. Somit kann dieser in Bild und Text gefasste Akt einer Selbstprojektion als additives Kommunikationsmittel eingestuft werden. Es darf jedoch nicht vergessen werden, dass diese Gestalt einer visualisierten und verbalisierten zwischenmenschlichen Interaktion keine neumodische Erfindung ist, zumal für dieses Konzept auf ein bestimmtes Phänomen der prätechnisierten Ära verwiesen werden kann: Auf das Brauchtum der Votivtafeln.

Im 17. Jahrhundert gewinnt diese Tradition der kirchlichen Volkskunst mächtig an Beliebtheit.[1] Die Wände der Wallfahrtskirchen wurden damit in der Nähe eines heiligen Leichnams oder einer Reliquie geschmückt und spiegelten unterschiedliche Ereignisse des gewohnten Alltags einfacher Katholiken wider. Genauso wie heute stand das Miterleben vielfältiger Geschehnisse persönlicher Art zweifellos im Vordergrund. Die Anlässe zur Herstellung der EX VOTO (Abb. 1) betrafen rein menschliche Probleme wie Gesundheit, Lebensgefahr und Not, wodurch diese jeden Gläubigen öffentlich ansprachen. Individuelles Leiden sowie individuelle Freude wurden zu den Themen eines kollektiven Mitgefühls. Votivtafeln entstanden aufgrund des Glaubens an die heilende und wundertätige Kraft der in Wallfahrtskirchen verehrten Gnadenbilder oder besonders wichtigen Reliquien und Vesperbilder. Sie galten außerdem als ganz besondere Opfergegenstände. Die begriffliche Benennungstradition der Votivtafeln begann bereits in römischen Zeiten: „tabula votiva"[2] sind Beweise für die göttliche Unterstützung der Gläubigen, welche einer lebensgefährlichen Situation entkamen und ihren Dank aussprechen wollten. Die stattgefundenen Geschehnisse wurden somit erläutert und in Form eines Epigramms künstlerisch präsentiert.

In der christlichen Tradition waren Wunder, plötzliche Heilungsfälle und rätselhafte Handlungsbeweise der himmlischen Macht vorwiegend in den Mirakelbüchern zu finden. Eine besondere Kombination aus malerischer Visualisierung und sprachlicher Bekräftigung zeichnete die Votivtafeln jedoch viel prägnanter aus. Dies war eine „sachliche Opfergabe", welche als eine Darbringung für die überirdische Kraft je nach Anlass am Wallfahrtsort hinterlassen wurde. Votivtafeln können somit als „gemalte Dankesbezeugungen an die überirdische Macht für gewährte Hilfe in einer Notlage"[3] bezeichnet werden und beziehen sich sowohl auf das irdische Leben, als auch auf die „strukturierende Kraft sozialer Ordnungen auch nach dem Tod"[4].

1 Vgl. Lenz Kriss-Rettenbeck, EX VOTIVO. Zeichen, Bild und Abbild im christlichen Votivbrauchtum, Zürich 1972, S. 155.

2 Ebd. S. 161.

3 Arthur Imhof, Das prekäre Leben. Leben, Not und Sterben auf Votivtafeln. Impulse für heute, Stuttgart 1998, S. 7.

4 Ute Elisabeth Flieger / Barbara Krug-Richter / Lars Winterberg, Ordnung als Kategorie der volkskundlich-kulturwissenschaftlichen Forschung, Münster 2017, S. 165.

1 Mariä Himmelfahrt Niederschönenfeld (alle Fotos: Irina Wöhnl)

Nicht nur Personen, sondern auch Tiere wurden oftmals abgebildet. Dies lag an den Gegebenheiten der allgemeinen landwirtschaftlichen Entwicklung in Bayern, da sehr viel Wert auf Haltung von Vieh gelegt wurde. Um dessen Wohl kümmerte man sich dementsprechend gut, wodurch eine enorme Vielfalt an Bitt- und Danktafeln entstand.

Außerdem erfolgte eine tatsächliche Dokumentation der Gegenstände aus dieser Zeit: Raumgestaltung, Geschirr, Möbel, Bettwäsche, Kleidungsstücke und Schmuck veranschaulichen die bereits vergangenen Alltagsrituale bis ins kleinste Detail. Die Abbildungen der Bittsteller selbst sind keine Ausnamefälle. Diese wurden außerdem oft namentlich erwähnt. Es wurde allerdings nicht nur für das Wohlergehen einer oder mehrerer Personen gesorgt: Sehr oft wurden ganze Städte mit einbezogen. Je nach gesellschaftlichem Stand der Auftraggeber und der Zugänglichkeit des Materials an einem Wallfahrtsort wurden Votivtafeln aus verschiedenen Materialien angefertigt: Wachs, Holz, Bronze, Leinwand, Blech, Eisen etc.[5] Da der Großteil der bekannten Votivtafeln aus Holz ist, lässt sich das Fazit ziehen, dass diese möglicherweise von einfachen Tischlern hergestellt wurden. Holz als ein sehr verbreitetes Arbeitsmaterial ließ die Auftraggeber nicht zu tief in die Tasche greifen, wodurch sowohl diese als auch die dazu beauftragten Tischler oder Tafelmaler profitierten.

Die holzreichen Orte Deutschlands liefern Beweise dafür, dass viele Kistler in der Umgebung als Votivmaler beschäftigt waren, was sich aus kleinen Schriften auf der Rückwand vieler Votivtafeln ermitteln lässt: z. B. „Kasimir Brunner, Kistler von Tegemau“ (Votivtafel aus dem Jahr 1838).[6] Die Möglichkeit der Herstellung von Votivtafeln durch wandernde Maler, welche somit ihre Existenz finanzierten, ist auch nicht auszuschließen. Die bildliche und die sprachliche Organisation solcher Tafeln kann als ein distributionelles „Wiederspiegelungsmodell [sic!]“[7] der damaligen Gesellschaft betrachtet werden. Neben den Tafeln, die eine erfreuliche Nachricht schildern, sind auch solche zu finden, welche Hoffnung ausdrücken und somit in die Kategorie der „Selbsttäuschung oder Fabel“ gehören.[8]

Es soll jedoch betont werden, dass die Tradition der Votivtafelherstellung nach Ende der Barockzeit abnahm. Zum späteren Zeitpunkt geriet sie teilweise unter Verbot, zumal „den sinnhaften, aspiritualen und aspirituellen volksreligiösen Äußerungen der Kampf angesagt“[9] wurde. Aufgrund zahlreicher Brände, welche durch Menschen oder Naturgewalt verursacht wurden, aber auch im Kampf gegen den Missbrauch religiöser Werte wurden viele Votivtafeln gewollt oder ungewollt zerstört. Heute sind diese in Wallfahrtskirchen, Museen oder Privatkollektionen

---

5 Vgl. Leopold Schmidt, Das deutsche Votivbild, in: Deutsche Vierteljahrsschrift für Literaturwissenschaft und Geistesgeschichte, Halle (Saale) 1941, S. 463.

6 Friedrich Tschuden, „Hab ein gar kostbar Gut erfläht“. Die Entstehung und Geschichte von bedeutenden Wallfahrtsorten des Waldviertels, Diss. Wien, http:/othes.univie.ac.at/2188/1/2008-10-01 6804346.pdf [22.1.2019.] S. 265.

7 Flieger / Krug-Richter / Winterberg, Ordnung (wie Anm. 4) S. 165.

8 Richard Andree, Votive und Weihegaben des katholischen Volks in Süddeutschland, Braunschweig 1904, S. 17.

9 Vgl. Kriss-Rettenbeck, EX VOTIVO (wie Anm. 1) S. 113.

zu finden. Sie bewahren menschliche Schicksale der „kleinen Leute“[10] und berichten sowohl über sehr traurige Momente der Verzweiflung als auch über lebhafte Wunscherfüllungen und Erlösungen.

Je nach Inhalt können Votivtafeln folglich thematisiert werden: Mutter und Kind, Gesundheit bzw. Krankheit der Menschen, Gesundheit bzw. Krankheit der Tiere, Unfall bzw. Unglück, Naturgewalt, psychisches Leiden, Sorge um das Seelenheil, Sterbensangst, Krieg und Verbrechen, Tod eines Familienmitglieds, Bekehrung der Sünder und Bestätigung eines Wunders.[11] Die Tendenzen in der Darstellung der göttlichen Familie oder der heiligen Patrone einer Stadt bzw. einer Region unterschieden sich je nach lokalem Brauchtum.

Eine der beliebtesten Patronatsfiguren, die auf den Votivtafeln äußerst häufig aufzufinden ist, ist die Gottes Mutter Maria.[12] Diese ist als eine der wichtigsten Fürbitter bei Gott selbst einzustufen. Die damals herrschenden existenziellen Umstände waren alles andere als einfach. Sehr niedrige Lebenserwartung bei Säuglingen, Kindern und Erwachsenen, nicht behandelbare Erkrankungen bei Mensch und Tier, Hunger und Not oder Naturgewalt brachten die Menschen an ihre Grenzen. Sie befreiten sich von Schwermut, indem sie sich an die göttliche Macht wendeten. Die verschriftlichten Botschaften sind entweder als „Briefe in den Himmel“[13] oder als eine Wendung an die anderen Gläubigen zu sehen, welche in Form einer sakralen Handlung bzw. Opferbringung auf die entstandenen Situationen Einfluss nehmen oder diese bestätigen sollten. Sehr oft werden nicht nur Jesus und die göttliche Familie, heilige Reliquien oder heilige Patrone zusammen mit den betenden Votanten und ihren Familien oder auch Zugtieren abgebildet. Sehr viel Wert wird auf die Darstellung menschlicher Organe und Körperteile gelegt.[14] Diese sind als *Votivgaben* bekannt. Dazu gehörten Holzbein, Fuß, Arm, Auge (s. Abb. 2) oder Herz.[15]

Nicht nur die Veranschaulichung selbst, sondern auch die sprachliche Gestaltung der Votivbilder bekräftigt ihren Sinn, wodurch der Vergleich mit den modernen sozialen Medien gezogen werden kann. Nicht allein das Vorhandensein einer verbal dargelegten Geschichte zu einem Bild ermöglicht diese Parallele: Die Verschriftlichung der alltäglichen, dialektal und umgangssprachlich geprägten Mündlichkeit bringt die beiden Medien unmittelbar zusammen. Einfache morpho-syntaktische

---

10 Hans Gärtner, Das Leid der kleinen Leute, in: Traunsteiner Tagblatt 32, https://www.traunsteiner-tagblatt.de/das-traunsteiner-tagblatt/chiemgau-blaetter/chiemgau-blaetter-2018_ausgabe,-das-leid-der-kleinen-leute-_chid,701.html [21.1.2019].

11 Vgl. Imhof, Das prekäre Leben (wie Anm. 3) S. 87–103.

12 Vgl. Ebd. S. 47.

13 Vgl. Kriss-Rettenbeck, EX VOTIVO (wie Anm. 1) S. 52.

14 Vgl. Ebd. S. 79 f.

15 Vgl. Iso Baumer, Die Votivtafeln und Votivgaben von Disentis, in: Archives suisses des traditions populaires 1965, Bd. 61 / Heft 3, S. 163.

2 Mariä Himmelfahrt Niederschönenfeld

Konstruktionen, Kürze und Prägnanz stellen eine „Sprachgeschichte von unten“[16] dar und erzeugen dadurch mitunter die Illusion einer direkten mündlichen Kommunikation. Der inhaltliche Umfang variierte auf Wunsch der Auftraggeber.

Die sich heute in Donauwörth befindenden Votivtafeln sind sehr gut erhaltene Exemplare der Volkskunst. Diese werden im Heimatmuseum der Stadt Donauwörth (Museumsplatz 2 im Ried) und in der Wallfahrtskirche Heilig Kreuz sorgfältig aufbewahrt. Die Einzelstücke, welche als Ausstellungsmaterial im Heimatmuseum dienen, wurden von Heilig Kreuz (Donauwörth) und Maria Himmelfahrt (Niederschönenfeld) gespendet. Da die Votivtafeln als eine besondere Quelle der Volkskultur[17] und der Volkssprache gelten, sind sie als wertvolle Objekte des materiellen Kulturguts in Donauwörth und in den nahegelegenen Orten des 17.–18. Jahrhunderts zu betrachten.

Zur Veranschaulichung der thematischen Vielfalt und zur Verdeutlichung der Ähnlichkeit des Mediums der Votivtafeln und der heutigen sozialen Medien werden folgende Votivtafeln vorgestellt. Die erste zu analysierende Tafel (Abb. 3, Öl auf Holz) stellt die himmlische und die irdische Dimension dar. Sanfte Farben und detaillierte Ausführung prägen das Bild. Im linken oberen Eck ist die göttliche und im unteren rechten die menschliche Welt zu erkennen. Die himmlische Ebene präsentiert Maria, Joseph und den kleinen Jesus, die im sonnigen Himmel ihr Familiensein genießen. Diese halten sich an den Händen und symbolisieren eine unzertrennbare Einheit. Ein Engel oberhalb von Jesus ist das Zeichen der göttlichen Welt. Die himmlische Harmonie wird nicht allein durch fröhliche Farben, sondern auch durch Gestik und Körpersprache der Heiligen Familie zum Ausdruck gebracht. In Gesundheit, Glück und Bedachtsamkeit schweben diese oberhalb einer, sich im rechten unteren Eck befindenden Familie. Die Familienmitglieder (Vater, Mutter und Tochter) knien im gemeinsamen Gebet und richten ihre Bitten an die himmlische Macht. Ihre Körpersprache zeigt Respekt und fromme Folgsamkeit. In ihren in der betenden Geste verschlossenen Händen befindet sich jeweils ein Rosenkranz, welcher mit einem großen Kreuz versehen ist.

---

16 Stephan Elspass, Sprachgeschichte von unten, Tübingen 2005, S. 55.
17 Vgl. Dieter Harmening/Erich Wimmer, Volkskultur – Geschichte – Region, Würzburg 1992, S. 115.

3 Heimatmuseum Donauwörth

Der sich im unteren Bereich der Votivtafel befindende Text ist eine Danksagung. Der Auftraggeber wird nur aufgrund seiner beruflichen Tätigkeit bekannt gegeben: *Schuehmacher in Grainsbach*. Seine Tochter wird dafür namentlich genannt: *Rosina*. Außerdem werden der Zeitraum (das Geburtsjahr der Tochter, 1703), der Ort der Geschehnisse (Grainsbach in der Nähe von Kaisheim) und das genaue Alter der Tochter (4 Jahre) erwähnt. Das Mädchen konnte die ersten Jahre seines Lebens gut überstehen. Dieses Glück der Eltern soll mit den anderen geteilt und auch mitgefeiert werden. Der Beweis der göttlichen Gnade wird somit auf alle Gläubigen übertragen und kann von diesen auch bezeugt und weitererzählt werden.

Die sich in Donauwörth befindende Votivtafel (Abb. 4), die am meisten auffällt, besteht fast bis zur Hälfte aus einer ausführlichen Beschreibung furchtbarer Geschehnisse. Es handelt sich um einen Unfall, der der Tochter des Müllers widerfahren ist. Das Bild und der Text nehmen relativ gleich viel Platz in Anspruch, was darauf hindeutet, wie wichtig die schriftliche Darstellung des stattgefundenen Unfalls ist. Die Mühle, das Mühlrad und das Haus des Müllers sind auf eine sehr realistische Art wiedergegeben. Der Himmel ist jedoch grau und mit vielen Wolken gefüllt, wodurch die lebensgefährliche Lage, in der sich das Kind befindet, metapho-

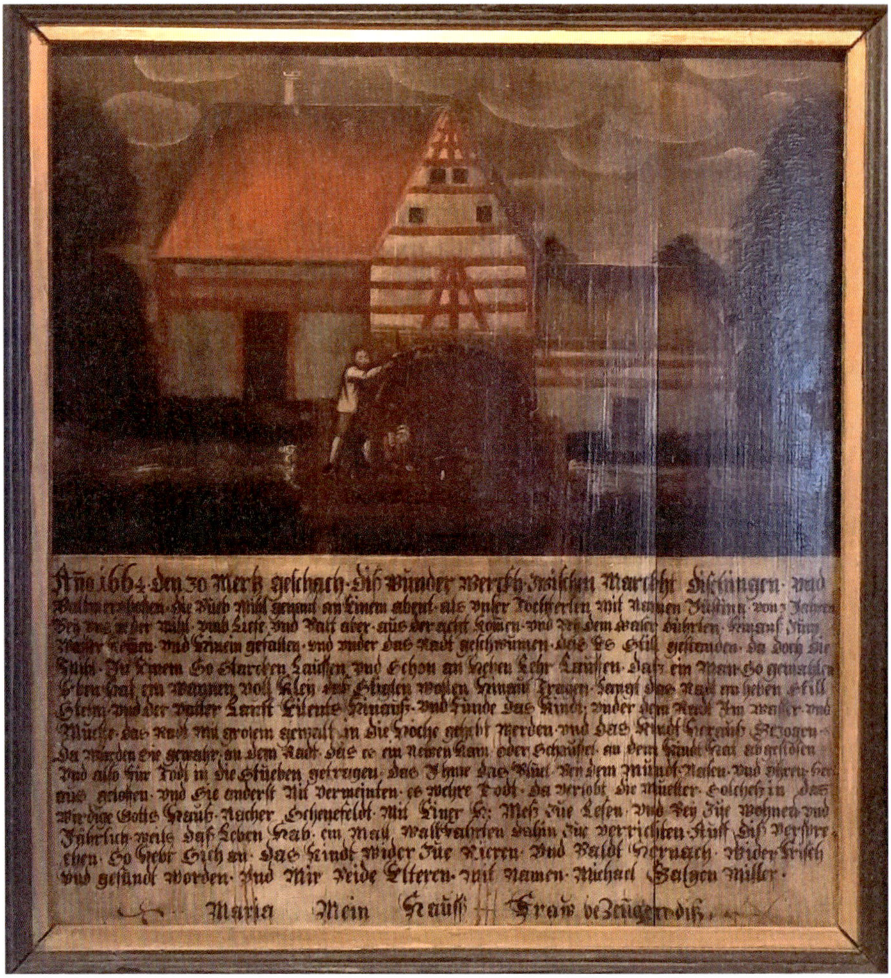

4 Heimatmuseum Donauwörth

risch verstärkt wird. Ein kräftiger Mann, der mit Hilfe eines Werkzeugs das unter das Mühlrad geratene Mädchen befreit, ist in der Mitte des Bildes zu erkennen. Weder die göttliche Macht noch die Patrone befinden sich auf der Tafel. Die Macht des Gebets und des Glaubens scheint hier auf den ersten Blick unsichtbar zu sein. Die wahre Grausamkeit der Situation, die Handlungen des Müllers und das körperliche Leiden des kleinen Kindes werden Schritt für Schritt nacherzählt. Das dreijährige Mädchen geriet unter das riesige Mühlrad und erlitt ein lebensgefährliches Trauma. Schließlich von ihrem Vater befreit, kämpfte sie mit starken Schmerzen, ohne Hoffnung auf Genesung. Umso erstaunlicher wirken die Erlösung und die Heilung des Kindes, welche durch das Handeln ihrer Mutter zustande kamen. Sie suchte das Gotteshaus auf und bat sofort um eine heilige Messe. Diese sollte ab sofort jedes Jahr zur Wallfahrt veranstaltet werden. Sobald dies ausgesprochen war, erfuhr das Mädchen die göttliche Gnade und wurde komplett und unerwartet geheilt. Der Name der Mutter Gottes als Helferin wurde zum Schluss noch einmal hervorgehoben.

Die nächste Votivtafel (Abb. 5) berichtet über die Kraft des Heiligen Kreuzes und ist eine materielle Bestätigung der Genesung durch ein Wunder. Das Motiv stellt die in der Wallfahrtskirche Heilig Kreuz vorhandene Reliquie dar, welche einem Gläubigen, der nicht namentlich genannt wurde, in der schlimmsten Stunde seiner schweren Krankheit Hilfe leistete. Das Kreuz selbst ist in Begleitung von drei Engeln dargestellt und schwebt auf einer Wolke. Die himmlische Macht des Heiligen Kreuzes ist von hellem und starkem Leuchten umgeben. Der Votivtext wurde in Form einer sehr kurzen Anmerkung verfasst. Dies ist die Bestätigung eines Wunders, welche nicht nur als Danksagung bzw. Opferbringung an die göttliche Macht, sondern auch als eine Bestätigung für die anderen Gläubigen dient.

5 Heilig Kreuz Donauwörth

Der Aufbau der nächsten Votivtafel (Abb. 6) weist eine Besonderheit auf: Der Bereich, welcher die göttliche Macht darstellt, nimmt den Großteil des Platzes auf dem Bild ein, wodurch die Abbildung der Mutter Gottes mit dem verstorbenen Jesus auf dem Arm als ein eigenständiges Vesperbild wirkt. Maria trägt einen prächtigen Kopfschmuck mit Schleier und befindet sich in der rechten Mitte der Votivtafel. Ihr Blick richtet sich auf ihren toten Sohn. Das Heilige Kreuz befindet sich in der Nähe ihres Kopfes und schwebt auf einer Wolke. Seine Wunderkraft wird durch malerische Mittel verdeutlicht: Goldene Strahlen werden auf die Betende gerichtet. Die sich im unteren linken Bereich befindende Frau ist mit gefalteten Händen abgebildet. Der textuelle Inhalt ist kurz und prägnant. Die Kraft des Heiligen Kreuzes wird in der Hoffnung einer baldigen Genesung gelobt und geehrt. Die Auftraggeberin wird nicht namentlich genannt. Der Textanfang fällt

6 Heilig Kreuz Donauwörth

unter eine allgemeingültige sprachliche Formel der göttlichen Verehrung und beginnt mit der traditionell dafür gebrauchten Floskel: *Zu lob vnd ehr*. Der weitere Textverlauf richtet sich auf die heilige Reliquie, an welche die Gebete gerichtet werden sollten: *Zu lob vnd ehr dem Wunder däthigen heiligen Creuetzs*. Außerdem sind sowohl der Anlass zur Anfertigung der Tafel als auch der Bezug auf den Zeitpunkt im Text zu finden: *in iriger Kranchheit dies teflein dißjero verlobt worden*. Obwohl die inhaltliche Betonung nicht auf die Beschreibung genauer Details fällt, ist diese mit ausreichenden Fakten beladen, um die Kernaussage zu treffen. Die anderen sollten die Kranke mit ihren Gebeten unterstützen, um im gemeinsamen Mitleid die göttliche Macht schneller erreichen zu können. Das kollektive Füreinander- und das Miteinandersein wird dadurch verdeutlicht.

Das nächste Votivbild (Abb. 7) ist eine Danksagung an die himmlische Macht, welche in den Zeiten der höchsten Not einer Familie Hilfe leistete. Im linken oberen Eck ist ein Kreuz zu sehen, das im goldenen Licht präsentiert wird. Auf der rechten Seite sind ein Bauernhof und eine Wiese abgebildet. Die betende Familie, die den Bauernhof besaß, war vermutlich auf ein Wunder angewiesen, zumal ihre Tiere schwer erkrankt waren. Die Blicke der in Tracht gekleideten Votanten richten sich zum Sohn Gottes und ihre ganze Körperhaltung ist in dankender Geste erstarrt. Der Anlass für die Anfertigung der Votivtafel wird sehr präzise geschildert: *höchſten Noth, ganzer Viehstand, schnelle Erhörung u. Hilfe*. Der von den betroffenen Personen dargestellte Bericht verleiht der ganzen Erzählung einen sehr persönlichen Bezug auf die Geschehnisse. Jeder Mitbetende wird dazu animiert, an der Freude der Eheleute teilzuhaben.

7 Heimatmuseum Donauwörth

Die letzte hier präsentierte Votivtafel (Abb. 8) bekundet ein Schreckensbild, bei dem ein kleines Kind unter einen Wagen geriet. Das Bild stellt zwei Dimensionen dar, die himmlische und die irdische. Im linken oberen Eck befindet sich das klein gehaltene Vesperbild. Im unteren Bereich ist eine Pferdekutsche zu sehen, welche zwei Frauen befördert. Im linken unteren Eck ist das unter die Räder geratene Kind abgebildet. Die Frauen beten Maria an. Sie wäre die Einzige, die in solch einer schrecklichen Stunde von Furcht und Todesangst das Leiden des Kindes lindern könnte. Das sehr realistisch gehaltene Bild erinnert die Gläubigen daran, dass die himmlische Macht über sie wacht und jederzeit bereit ist, ihre Gebete zu erhören. Es ist deutlich, dass das Kind dem Tode geweiht war, wodurch die göttliche Hilfe als völliges Wunder betrachtet werden kann. Der dazu verfasste Text ist in Form eines kleinen Berichts gestaltet, um das Unglück kurz und deutlich zu schildern. Dies ist eine Danksagung an die Zeugin des Unfalls, die die göttlichen Namen rechtzeitig in Erwägung zog und das verunglückte Kind dadurch mitrettete. Die Mitteilung über das Geschehnis und dessen positiver Ausgang geben nicht nur Ansporn zur gemeinsamen Ehrung der heiligen Macht: Es sollte auch als ein Ratschlag bzw. ein Handlungsmuster für jeden Gläubigen dienen, welcher jemals Zeuge einer ähnlichen Situation werden könnte.

8 Heimatmuseum Donauwörth

Die allgemeinen Charakteristika in der sprachlichen Gestaltung der Donauwörther Votivtafeln lassen sich in folgende Kategorien einteilen und mit den modernen sozialen Medien vergleichen:

Donauwörther Votivtafeln	**Moderne soziale Medien**
Besetzung mit „EX VOTO“	Hashtagging
Übereinstimmung Bild / Text	Übereinstimmung Bild / Text
Name des Votanten, Jahr, Ort des Geschehens	Name der Person, Jahr, Ort des Geschehens
kompakte Schilderung des aufgetretenen bzw. gelösten Problems	kompakte Schilderung des aufgetretenen bzw. gelösten Problems
kurze Bestätigung der Vollbringung eines Wunders	kurze Darstellung eines freudigen Ereignisses
kurze Darstellung eines traurigen Ereignisses	kurze Darstellung eines traurigen Ereignisses
detaillierte Darstellung der Geschehnisse	detaillierte Darstellung der Geschehnisse
Handlungsempfehlung basierend auf eigener Erfahrung	Handlungsempfehlung basierend auf eigener Erfahrung
alltägliche Umgangssprache (regional bzw. dialektal angehaucht)	alltägliche Umgangssprache (regional bzw. dialektal angehaucht)

Tabelle 1: Vergleichende Darstellung Votivtafeln vs. moderne soziale Medien

Eine Art „Therapierung des Alltags“ eines Christen fand aufgrund der Herstellung der Opfergabe statt. „Diese Bilder [...] sind außerhalb ihrer gesamten Sphäre nicht wegzudenken“,[18] zumal die Traditionen des Christentums trotz einer heidnischen Prägung damit in Verbindung stehen. Die Votivtafeln gaben den Gläubigen eine besondere Möglichkeit, wichtige Geschehnisse ihres Alltags bildlich und verbal miteinander zu teilen. Diese sozialen Medien der prädigitalen Zeit verbanden die Menschen und stärkten das Gemeinschaftsgefühl. Als eine einmalige Kombination aus aussagekräftigem Bild und einfachem Text in der Alltagssprache waren sie außerdem eine Erfahrungsquelle, zumal sie für alle zugänglich waren. Die Offenbarung eigener Probleme oder des eigenen Glücks brachte die Menschen eng zusammen, da die angesprochenen bzw. die geschilderten Situatio-

---

18 Vgl. Schmidt, Das deutsche Votivbild (wie Anm. 5) S. 458.

nen jeden berührten. Die interpersonelle „one-to-many"-Kommunikation[19] fand somit statt, wodurch die Votivtafeln als ein wichtiges Kommunikationsmedium, das „von Menschen für Menschen geschaffen"[20] wurde, charakterisiert werden können. Die Vermittlungsfunktion, die heute mit Hilfe einer digitalen Plattform erfolgt, wurde damals von einem Volkskünstler übernommen. Die Ziele des Mediums sind trotz Veränderungen des sozialen Diskurses jedoch gleich geblieben: Das einfache Leben, die Freude oder auch das Unglück werden fleißig geteilt, um ein starkes Mitfühlen, Miterleben und auch Mitwirken zu erzeugen.

---

19 Philip Seargenant / Caroline Tagg, The Language of Social Media. Identity and Community on the Internet, New York 2014, S. 11.

20 Vgl. Harmening / Wimmer, Volkskultur (wie Anm. 17) S. 115.

Alexander Koller

Rom in Augsburg

Der Reichstag von 1582 als diplomatischer Erfahrungsraum der päpstlichen Delegation

Abstractum: Die römische Kurie war mit fünf Gesandten am Augsburger Reichstag von 1582 vertreten. Dieses diplomatische Großaufgebot spiegelt das enorme Interesse Roms an den Angelegenheiten des Reichs während des Pontifikats Gregors XIII. wider. Neben der kurialen Delegation, die im Mittelpunkt dieses Beitrags stehen soll, waren die italienischen Territorien Toskana, Ferrara, Venedig, Mantua und Parma in Augsburg durch ihre Gesandten am Kaiserhof repräsentiert. Diese große Zahl an Teilnehmern machte Augsburg zu einem diplomatischen Erfahrungsraum besonderer Art. Doch wie stand es um die Möglichkeiten der kurialen Emissäre, die Ziele der römischen Reichstagspolitik umzusetzen? Wie verhielt es sich mit der Sichtbarkeit des päpstlichen Legaten und der Nuntien bei diesen öffentlichen Anlässen während des Augsburger Reichstags von 1582? Spielten die päpstlichen Vertreter nur eine Außenseiterrolle?

Zwischen dem 3. Juli[1] und dem 20. September[2] 1582 fand in Augsburg ein Reichstag statt. Es war dies der erste Reichstag der Regierung Rudolfs II. und zugleich der letzte, den die schwäbische Reichsstadt ausrichten sollte. Vertreten waren zahlreiche Reichsstände bzw. deren Vertreter, aber auch Gesandtschaften auswärtiger Mächte mit umfangreichem Gefolge. Rudolf II. war selbst sehr an einer persönlichen Beteiligung v. a. der Kurfürsten gelegen und hatte im Vorfeld des Augsburger Tages entsprechende Gesandtschaften an die wichtigsten deutschen Residenzen abgeschickt, um die Fürsten zur Reise nach Schwaben zu animieren.[3]

Drei Kurfürsten kamen dieser Aufforderung nach: der neu gewählte Kurerzbischof von Mainz, Wolfgang von Dalberg, sein Trierer Kollege, Johann von Schö-

---

* Verwendete Abkürzungen: AAV (= Archivio Apostolico Vaticano); AS (= Archivio di Stato); BAV (= Biblioteca Apostolica Vaticana); DHI (= Deutsches Historisches Institut)

1 Josef Leeb (Bearb.), Der Reichstag zu Augsburg 1582 (Deutsche Reichstagsakten. Reichsversammlungen 1556–1662 6), 2 Teilbde., München 2007, S. 65, 261.

2 Ebd. S. 65; der Reichsabschied wurde durch den Mainzer Kanzler in der kaiserlichen Herberge im Fuggerhaus verlesen, ebd. S. 1408, 1462; Druck: S. 1409–1462.

3 Thomas Fröschl, *in Frieden, ainigkaitt und ruhe beieinander sitzen*. Integration und Polarisierung in den ersten Jahren der Regierungszeit Kaiser Rudolfs II., 1576–1582, ungedr. Habilitationsschrift, Wien 1997, S. 250–252.

nenberg, und August von Sachsen. Fern blieben der Versammlung die Kurfürsten von Brandenburg und der Pfalz. Abwesend war überdies als Einziger der geistlichen Kurfürsten der Kurerzbischof von Köln, Gebhard Truchsess von Waldburg, dessen wenige Monate nach Beendigung des Reichstags erfolgter Übertritt zum Luthertum bereits seine Schatten vorauswarf. Mit dem Erzbischof von Salzburg, Johann Jakob von Kuen-Belasy, fehlte ein weiterer bedeutender Repräsentant der geistlichen Reichsstände.

Neben der kurialen Delegation, die im Mittelpunkt dieses Beitrags stehen soll, waren die italienischen Territorien Toskana, Ferrara, Venedig, Mantua und Parma in Augsburg durch ihre Gesandten am Kaiserhof repräsentiert.[4] Daneben fanden sich Gesandtschaften aus England, Frankreich, Russland und Polen am Reichstag von 1582 ein.[5]

Diese große Zahl an Teilnehmern machte Augsburg zu einem diplomatischen Erfahrungsraum besonderer Art. Die Gesandten auswärtiger Mächte konnten hier die spezifischen politischen Prozesse und Entscheidungsfindungen einer Reichsvollversammlung und deren eigene symbolische und zeremonielle Formen kennenlernen und studieren. Zudem konnten sie die vielfältigen Möglichkeiten nutzen, die Augsburg bei dieser Gelegenheit als erstrangiger Umschlagplatz von Informationen und Nachrichten bot. Die Situation auf dem Reichstag, wo bestimmte Themen in einem begrenzten Zeitraum und an einem festgelegten Ort verhandelt wurden, ist deshalb eher mit den frühneuzeitlichen multilateralen Gesandtenkongressen im Zusammenhang von Konfliktbeilegungen zu vergleichen als mit dem Erfahrungsraum eines Fürstenhofes mit seinen eigenen Gesetzmäßigkeiten.

Dieses logistische Großunternehmen stellte nicht nur die schwäbische Reichsstadt vor große Herausforderungen. Auch die Reichsfürsten selbst trafen Vorsorge für ihre Verpflegung.[6] So ließen etwa Rudolf II. und führende Vertreter des Kaiserhofs Ende März 1582 wegen der hohen Weinpreise in Augsburg ihren Weinproviant donauaufwärts in die Reichsstadt schaffen, um nur auf ein Detail in diesem Zusammenhang hinzuweisen.[7]

Bei der Reichsversammlung in Augsburg wurde eine Vielzahl politischer Themen behandelt. Die zentralen Punkte wurden naturgemäß in der kaiserlichen Propo-

4 Leeb, Reichstag zu Augsburg (wie Anm. 1) S. 200.

5 Ebd. S. 200 f.

6 Vgl. allgemein: Albrecht P. Luttenberger, Pracht und Ehre. Gesellschaftliche Repräsentation und Zeremoniell auf dem Reichstag, in: Alfred Kohler / Heinrich Lutz (Hg.), Alltag im 16. Jahrhundert. Studien zu Lebensformen in mitteleuropäischen Städten (Wiener Beitr. zur Geschichte der Neuzeit 14) Wien 1987, S. 291–326, hier S. 296.

7 Bonomi an Gallio, Wien, 1582 III 27, AAV, Segreteria di Stato, Germania 104, fol. 93r–96r, hier fol. 94v.

sition umschrieben, die am 3. Juli im Augsburger Rathaus durch den Sekretär Rudolfs II., Andreas Erstenberger, verlesen wurde.[8]

Neben den beiden Hauptfragen (Türkensteuer; Beilegung des niederländischen Konflikts) bestand Handlungsbedarf bei folgenden Themen: Rückgewinnung von verlorenem Reichsgebiet (Livland, Metz, Toul, Verdun, Basel), Reform des Justizwesens, Neufestsetzung der Reichsmatrikel, Modifikation des Münzedikts von 1559 und diverse Sessionsstreitigkeiten. Einer dieser Konflikte bestimmte die Anfangsphase des Reichstages, als der Streit um die Einnahme des Magdeburger Sitzes durch den protestantischen Administrator des Erzstifts alle Beratungen der fürstlichen Kurie lähmte und eine erste Bewährungsprobe für die von Rom angestrebte enge Kooperation der katholischen Reichsstände bildete.[9] Daneben spielten weitere politische, kirchenpolitische und konfessionelle Themen eine Rolle, v. a. solche, die das Verhältnis zwischen Kaiser und Papst berührten, und welchen die Vertreter der Kurie besonderes Interesse beimaßen.

Bevor Politik und Aktivitäten der Vertreter des Papstes in Augsburg näher beleuchtet werden sollen, kurz einige wenige Bemerkungen zum Stand der Forschungen zum Augsburger Reichstag von 1582, die in letzter Zeit durch wichtige Arbeiten ergänzt wurden. 2007 wurden im Rahmen der deutschen Reichstagsakten zwei Bände zum Reichstag von Augsburg vorgelegt, bearbeitet von Josef Leeb.[10] Sehr viel älter ist die Aktenpublikation zur päpstlichen Politik in Augsburg von Josef Hansen, der sich allerdings weitgehend auf die Korrespondenz des Legaten Giovanni Ludovico Madruzzo beschränkt.[11] Die Korrespondenz des ebenfalls in Augsburg tätigen Nuntius Bonomi wird Teil des zur Zeit bearbeiteten 11. Bandes der III. Abteilung der Reihe Nuntiaturberichte aus Deutschland sein, woraus aber bereits einige Ergebnisse hier einfließen können. Als besondere Quelle zum Augsburger Reichstag ist nicht zuletzt der zeitgenössische Druck des Berichts von Peter Fleischmann zu nennen, der neben den wichtigsten offiziellen Akten auch sehr informative Listen der Teilnehmer der wichtigsten Reichstagsdelegationen enthält.[12]

---

[8] Fröschl, *in Frieden* (wie Anm. 3) S. 253; Druck: Leeb, Reichstag zu Augsburg (wie Anm. 1) S. 228–257. Eine lateinische Übersetzung sowie eine lateinische Zusammenfassung findet sich im DHI Rom, Minucciana 9, fol. 101r–121r; 123r–126r.

[9] Vgl. hierzu Max Lossen, Der Magdeburger Sessionsstreit auf dem Augsburger Reichstag von 1582 (Abh. der Historischen Classe der Königlich-Bayerischen Akademie der Wissenschaften 20,3[2] / Denkschriften der Bayerischen Akademie der Wissenschaften 65) München 1893.

[10] Vgl. Anm. 1.

[11] Der Kampf um Köln (1576–1584), bearb. von Joseph Hansen (Nuntiaturberichte aus Deutschland nebst ergänzenden Aktenstücken III/1) Berlin 1892.

[12] Peter Fleischmann, *Etwas geenderte und verbesserte Description: Des aller Durchleüchtigisten* [...] *Fürsten und Herrn Herrn Rudolfen des andern Erwölten Römischen Kaisers* [...] *Erstgehaltenen Reichstag zu Augspurg, der sich dann vermög gethaner Proposition, den 3. Julii Anno 82.*

Aus dem Bereich der Sekundärliteratur sind zu nennen die Monographie von Rosemarie Aulinger zu den Reichstagen des 16. Jahrhunderts,[13] die umfassende Monographie von Severino Vareschi zur Madruzzo-Legation[14] und ein Abschnitt der 2014 publizierten Habilitationsschrift von Guido Braun.[15] Darüber hinaus ist das 5. Kapitel der unveröffentlichten Habilitationsschrift von Thomas Fröschl dem Reichstag von Augsburg gewidmet.[16]

Zunächst aber einige allgemeine Bemerkungen zur kurialen Politik auf den Reichstagen des 16. und beginnenden 17. Jahrhunderts. Es lässt sich unschwer feststellen, dass die Reichstage der nachreformatorischen Zeit bis hin zum Ausbruch des Dreißigjährigen Krieges, konkret zwischen Augsburg 1518 und Regensburg 1613, für Papst und Kurie ein schwieriges Terrain darstellten, um nicht zu sagen ein vermintes Gelände. Der Reichstag von Augsburg 1530,[17] Reichstag und Religionsgespräch von Regensburg 1541[18] und der Reichstag von Augsburg von 1555,[19] stellen in diesem Zusammenhang allerdings wichtige Zäsuren dar. Während in der ersten Hälfte des 16. Jahrhunderts ein direkter Kontakt zwischen römischen Gesandten und protestantischen Fürsten und Theologen u. a. im Rahmen von Reichsversammlungen punktuell möglich war, schied diese Art der Kommunikation nach dem Augsburger Religionsfrieden praktisch aus. Die Kurie entsandte zwar weiterhin Legaten und Nuntien zu den Reichstagen. Diese kooperierten dort allerdings nur mehr mit den

---

angefangen und was darauff für Chur und Fürsten auch andere Stendt des heiligen Röm. Reichs so wol der Abwesenden Gesandten Rethe und Pottschafften erschinen und was sonst in werendem Reichstag für offentliche Actus gehalten worden [...], Augsburg 1582.

13 Rosemarie AULINGER, Das Bild des Reichstages im 16. Jahrhundert. Beiträge zu einer typologischen Analyse schriftlicher und bildlicher Quellen (Schriftenreihe der Historischen Kommission bei der Bayerischen Akademie der Wissenschaften 18) Göttingen 1980.

14 Severino VARESCHI, La legazione del cardinale Ludovico Madruzzo alla dieta imperiale di Augusta 1582. Chiesa, Papato e Impero nella seconda metà del secolo XVI (Collana di monografie / Società di Studi Trentini di Scienze Storiche 47) Trento 1990.

15 Guido BRAUN, Imagines imperii. Die Wahrnehmung des Reiches und der Deutschen durch die römische Kurie im Reformationsjahrhundert (1523–1585) (Schriftenreihe der Vereinigung zur Erforschung der Neueren Geschichte 37) Münster 2014.

16 Vgl. Anm. 3.

17 LUTTENBERGER, Pracht und Ehre (wie Anm. 6) S. 314.

18 Vgl. Ludwig CARDAUNS (Bearb.), Berichte vom Regensburger und Speierer Reichstag 1541, 1542. Nuntiaturen Verallos und Poggios. Sendungen Farneses und Sfondratos 1541–1544, Berlin 1912 (Nuntiaturberichte aus Deutschland nebst ergänzenden Aktenstücken I/7).

19 Vgl. die Abschnitte zum Augsburger Religionsfrieden bei Alexander KOLLER, Der Passauer Vertrag und die Kurie, in: Winfried BECKER (Hg.), Der Passauer Vertrag von 1552. Politische Entstehung, reichsrechtliche Bedeutung und konfessionsgeschichtliche Bewertung (Einzelarbeiten aus der Kirchengeschichte Bayerns 80) Neustadt a. d. Aisch 2003, S. 124–138, hier S. 134 f., 137 f. [= Alexander KOLLER, Imperator und Pontifex. Forschungen zum Verhältnis von Kaiserhof und römischer Kurie im Zeitalter der Konfessionalisierung (1555–1648) (Geschichte in der Epoche Karls V. 13) Münster 2012, S. 18–33, hier S. 28–30, 32 f.].

katholischen Fürsten und Gruppierungen. Freilich gab es auch Reichsversammlungen, bei denen der Papst überhaupt keinen Vertreter abordnen konnte, etwa im Fall der Passauer Konferenz von 1552, als Ferdinand I. den Nuntius Girolamo Martinengo mit unzweideutigen Worten von der Reise nach Passau abhielt.[20] Der Nuntius war so verblüfft, dass er die Worte des römischen Königs in direkter Rede nach Rom übermittelte: „Nuntius, ich sage es Euch klar und deutlich, es wäre gut, wenn Ihr Euch nicht unter Leute begebt, bei denen Ihr nicht gut angeschrieben seid und die Euch hassen, Ihr kennt selbst die Art dieser Leute sehr gut."[21]

Aber auch 1556 legte Ferdinand I., nun bereits Kaiser, Zaccaria Delfino nahe, dem Regensburger Reichstag fernzubleiben.[22] Und ein ähnlicher Fall ergab sich Anfang des 17. Jahrhunderts, als Rudolf II. dem Nuntius Antonio Caetani zu verstehen gab, dass er dessen Teilnahme am Reichstag von Regensburg 1608 nicht wünsche. Dem damaligen Kaiserhofnuntius gelang es jedoch, sich auf dem Reichstag durch den Augustinereremiten Felice Milensio vertreten zu lassen.[23] Die Gründe für die Entscheidung Rudolfs II., den damaligen Nuntius vom Reichstag auszuschließen, sind zweifellos in der sich zuspitzenden politischen Gesamtlage im Reich bei gleichzeitiger Militarisierung der Konfessionsparteien zu sehen, die schließlich auch zu einer Lähmung und in letzter Instanz zur Suspendierung des Reichstags geführt haben. Allerdings dürfte auch die Befürchtung des Kaisers eine Rolle gespielt haben, Caetani könnte von sich aus vor dem Hintergrund der dynastischen Krise der Hauses Habsburg die Sukzessionsfrage aufgreifen und die Wahl eines neuen römischen Königs betreiben.

Doch nun zum Reichstag von 1582 und zu den Vorbereitungen und den Rahmenbedingungen der päpstlichen Politik und Repräsentanz bei dieser Ständeversammlung. Von den Beteiligten und Beobachtern, den Reichsständen und den auswärtigen europäischen Fürsten wurde dem Augsburger Reichstag große

---

20 Vgl. ebd.

21 *Nuncio, io ve'l dirò pure, non è buono che veniate tra gente, da che sete mal visto et che vi odia; voi conoscete gl'humori molto bene*, gedruckt in: Nuntiatur des Girolamo Martinengo (1550–1554), bearb. von Helmut Goetz (Bearb.) (Nuntiaturberichte aus Deutschland nebst ergänzenden Aktenstücken I/16) Tübingen 1965, S. 151.

22 Nuntiatur Delfinos. Legation Morones. Sendung Lippomanos (1554–1556), bearb. von Helmut Goetz (Nuntiaturberichte aus Deutschland nebst ergänzenden Aktenstücken I/17) Tübingen 1970, S. 280: *S. M.tà* [...] *rispose che per adesso gli pareva ch'io potessi far di manco, tanto più che andarei a mettere in troppo gran sospetto gli desviati.*

23 Vgl. Silvano Giordano, Le istruzioni generali di Paolo V ai diplomatici pontifici 1605–1621 (Instructiones pontificum Romanorum) Tübingen 2003, S. 67 f. und 1217–1222 (Instruktion für Felice Milensio); Rotraud Becker, Art. Milensio, Felice, in: Dizionario biografico degli Italiani, Bd. 74, Roma 2010, S. 471–475, hier S. 473; Antonii Caetani nuntii apostolici apud imperatorem epistula et acta 1607–1611, bearb. von Milena Linhartová (Epistulae et acta nuntiorum apostolicorum apud imperatorem 1592–1626 IV/2) Pragae 1937, vgl. Index unter „Milentius".

Bedeutung beigemessen, war es doch die erste größere Reichsversammlung, die während der Regierung Rudolfs II. zustande kam, denn die Vorbereitungen für einen Kurfürstentag in Nürnberg 1580 waren über die Planungsphase nicht hinausgekommen.[24] Der letzte Reichstag lag sechs Jahre zurück. Entsprechend gab es Regulierungsbedarf in vielen Fragen.

Offensichtlich traf die Reichsversammlung von 1582 auch auf ein erhöhtes Interesse der römischen Kurie aufgrund der negativen Erfahrungen, die man mit Maximilian II. gemacht hatte.[25] Schon in der Hauptinstruktion vom 30. September 1581 war der neue Kaiserhofnuntius Giovanni Francesco Bonomi angewiesen worden, die römische Kurie unverzüglich über eine bevorstehende Einberufung eines Reichstags in Kenntnis zu setzen, um dem Papst und seinen Beratern die Möglichkeit zu geben, angemessen darauf zu reagieren.[26] Schon um den Jahreswechsel 1581/82, also einige Zeit vor der offiziellen Ausschreibung des Reichstags Ende Januar 1582, hatte die Kurie bereits Informationen, dass 1582 ein Reichstag in Augsburg stattfinden sollte.[27] Aufgrund der oben skizzierten hohen Erwartungshaltung, die man dem anstehenden Reichstag entgegenbrachte, verwundert es nicht, dass die Kurie in diesem Zusammenhang auf das Institut der Kardinalslegation zurückgriff.[28] Während noch die Namen möglicher Kandidaten kursierten und der Kaiserhofnuntius Carlo Borromeo vorgeschlagen hatte,[29] worauf noch zurückzukommen sein wird, fiel die Entscheidung schnell für Giovanni Ludovico Madruzzo als offiziellem Vertreter des Papstes in Augsburg.[30] Madruzzo zählte zweifelsohne zu den geeignetsten Kandidaten im Kardinalskollegium für

24 Nuntiaturen des Orazio Malaspina und des Ottavio Santacroce. Interim des Cesare dell'Arena (1578–1581), bearb. Alexander Koller (Nuntiaturberichte aus Deutschland III/10) Berlin/Boston 2012, S. XLIX f. Zum päpstlichen Vertreter bei dieser Reichsversammlung wurde der ehemalige Kaiserhofnuntius Giovanni Delfino bestimmt und ins Reich entsandt.

25 Vgl. hierzu die Aufträge des päpstlichen Kondolenz- und Gratulationsgesandten am Kaiserhof Annibale di Capua Anfang 1577, Alexander Koller, Der Kaiserhof am Beginn der Regierung Rudolfs II. in den Berichten der Nuntien, in: Richard Bösel/Grete Walter-Klingenstein/Alexander Koller (Hg.), Kaiserhof – Papsthof (16.–18. Jahrhundert) (Publikationen des Historischen Instituts beim Österreichischen Kulturforum in Rom, Abh. 12) Wien 2006, S. 13–24 [= Koller, Imperator und Pontifex (wie Anm. 19) S. 72–87].

26 AAV, Misc., Arm. II 130, fol. 27r–32v, Konz.; Fondo Pio 127, fol. 325r–330r, Reg.; BAV, Barb. lat. 5744, fol. 203r–208v, Kop.

27 Bonomi an Gallio, Wien, 1581 XII 28, AAV, Segr. Stato, Germania 103, fol. 591r–593r, hier fol. 592r.

28 Gallio an Bonomi, Rom, 1582 II 24, AAV, Segr. Stato, Germania 12, fol. 112r–113r, hier fol. 113r: [...] *et con tutto ciò credo che S. S.tà crearà presto un legato per inviarlo poi, quando vedremo esser tempo, essendo solitissimo di mandar legati in le diete, et maxime in le prime che fanno gl'imperatori.*

29 Bonomi an Gallio, Preßburg, 1582 II 20, AAV, Segr. Stato, Germania 104, fol. 51r–52v.

30 Mitteilung Gallios an Bonomi in der Instruktion vom 10. März 1582, AAV, Segr. Stato, Germania 12, fol. 116r–117r, hier fol. 117r.

dieses Amt.[31] Aufgrund seiner Herkunft, seiner Ausbildung und seiner Tätigkeiten war er sowohl mit dem Reich als auch mit der römischen Kurie kulturell wie institutionell engstens verbunden. Er sprach sowohl Italienisch als auch Deutsch, vertrat die Interessen von Kaiser und Reich in Rom zeitweise als Gesandter und ab 1573 als Nachfolger von Otto Truchsess von Waldburg bis zu seinem Tod 1600 als Kardinalprotektor,[32] bestimmte maßgeblich die Arbeiten der für die Beziehungen zum Reich zuständigen Kardinalskongregation an der römischen Kurie[33] und verfügte als Bischof von Trient zudem über Sitz und Stimme im Fürstenrat des Reichstags. Er erfüllte damit drei wichtige Voraussetzungen, die einen positiven Verlauf seiner Mission erwarten ließen: Er besaß das Vertrauen des Kaisers, er verfügte über ausgezeichnete Kenntnisse der Reichsangelegenheiten und er war drittens Reichsfürst.[34] Madruzzo sollte übrigens die römische Kurie später auch noch auf dem Regensburger Reichstag von 1594 vertreten.[35]

In der schwäbischen Reichsstadt wurde Kardinal Madruzzo, der sich in Trient intensiv auf seine Aufgabe vorbereitet hatte,[36] von insgesamt vier Nuntien assistiert:

- Giovanni Francesco Bonomi,[37] seit Herbst 1581 Nuntius am Prager Kaiserhof,

---

31 Zu seiner Person vgl. Bernhard Steinhauf, Giovanni Ludovico Madruzzo (1532–1600). Katholische Reformation zwischen Kaiser und Papst. Das Konzept zur praktischen Gestaltung der Kirche der Neuzeit im Anschluß an das Konzil von Trient (Reformationsgeschichtliche Studien und Texte 132) Münster 1993; Rotraud Becker, Art. Madruzzo, Giovanni Ludovico, in: Dizionario biografico degli Italiani, Bd. 67, Roma 2006, S. 181–186; Alexander Koller, Giovanni Federico Madruzzo, kaiserlicher Botschafter in Rom (1581–1586), im Kontext der Positionierung seiner Familie zwischen Kaiser und Papst zu Beginn der Frühen Neuzeit, in: MIÖG 132 (2024), S. 74–93.

32 Josef Wodka, Zur Geschichte der nationalen Protektorate der Kardinäle an der römischen Kurie (Publikationen des ehemaligen Österreichischen Historischen Instituts in Rom 4) Innsbruck/Leipzig 1938, S. 51.

33 Vgl. Josef Krasenbrink, Die Congregatio Germanica und die katholische Reform in Deutschland nach dem Tridentinum (Reformationsgeschichtliche Studien und Texte 105) Münster 1972, S. 85 und passim.

34 Vgl. auch Gallio an Bonomi (wie Anm. 30): […] *il quale, essendo personaggio che ha tutte le qualità che bisognano, massimamente la cognitione et prattica di quella sorte di negotii, son certo che satisfarà intieramente a l'officio suo, et che a S. M.tà Ces.a sarà carissimo, essendo tanto suo divoto servitore com'è, al che S. B. ha anco havuto principalmente la mira in questa elettione.*

35 Zu seinen Aufträgen 1594 vgl. die Instruktion: Die Hauptinstruktionen Clemens' VIII. für die Nuntien und Legaten an den europäischen Fürstenhöfen 1592–1605, bearb. von Klaus Jaitner (Instructiones Pontificum Romanorum 2) Tübingen 1984, S. 246–255; vgl. auch Alexander Koller, Regensburg und Rom in der Frühen Neuzeit. Der Blick von der Zentrale der katholischen Welt auf die Reichsstadt an der Donau, in: Verhandlungen des Historischen Vereins für Oberpfalz und Regensburg 163 (2023), S. 155–184, hier 169–171 und 183.

36 Vgl. Hansen, Kampf um Köln (wie Anm. 11) S. 380.

37 Zu ihm vgl. Die Kölner Nuntiatur, Bd. I: Bonomi in Köln. Santonio in der Schweiz. Die Straßburger Wirren (Nuntiaturberichte aus Deutschland nebst ergänzenden Aktenstücken 1585 [1584]–1590), bearb. von Stephan Ehses/Aloys Meister (Quellen und Forschungen aus dem Gebiet der Geschichte 4) Paderborn 1895, Ndr. 1969, S. XVI–XXX. Vgl. zu ihm auch die Stu-

- Germanico Malaspina,[38] amtierender Nuntius in Graz seit 1580,
- dem Dominikaner Feliciano Ninguarda,[39] den Gregor XIII. 1578 mit der sogenannten süddeutschen Nuntiatur betraut hatte, und schließlich
- dem Jesuiten Antonio Possevino,[40] außerordentlicher päpstlicher Nuntius für Osteuropa.

Die führende Rolle in diesem kurialen Quintett kam zweifellos Madruzzo zu. Er führte die wichtigsten Verhandlungen und Gespräche mit dem Kaiser und den Reichsfürsten und bei ihm lag auch die Hauptlast der Berichterstattung vom Reichstag nach Rom.[41] Offiziell vertraten die römische Kurie in Augsburg neben dem Kardinallegat Madruzzo also vier Nuntien (davon drei ordentliche und ein außerordentlicher) bei freilich unterschiedlicher Arbeitsverteilung.[42] Wahrlich ein diplomatisches Großaufgebot, das ein weiteres beredtes Zeugnis ablegt für das besondere Interesse Papst Gregors XIII. an den Angelegenheiten des Reichs.

Wie stand es nun um die Möglichkeiten der kurialen Emissäre, die Ziele der römischen Reichstagspolitik umzusetzen? Grundsätzlich waren die päpstlichen Gesandten von den Beratungen am Reichstag ausgeschlossen mit Ausnahme von Madruzzo, der als Bischof von Trient an den Sitzungen der Fürstenkurie hätte

---

die von Antonio Filipazzi, Sul rapporto fra Carlo Borromeo e gli ecclesiastici della diplomazia pontificia: Il caso di Giovanni Francesco Bonomi, in: Egon Kappellari / Herbert Schambeck (Hg.), Diplomatie im Dienst der Seelsorge, FS zum 75. Geburtstag von Nuntius Erzbischof Donato Squicciarini, Graz / Wien / Köln 2002, S. 444–465; vgl. auch Alexander Koller, Nuntius Giovanni Francesco Bonomi. Krisenmanagement zwischen Prag, Köln und Lüttich (1581–1587), in: Francesco Filotico / Lioba Geis / Francesco Somaini (Hg.), Germania et Italia. Liber amicorum Hubert Houben, Lecce 2024, S. 783–800.

38 Vgl. Alexander Koller, Art. Malaspina, Germanico, in: Dizionario biografico degli Italiani, Bd. 67, Roma 2006, S. 776–779. Zu seiner Berichterstattung vom Augsburger Reichstag vgl. Johann Rainer (bearb. unter Mitwirkung von Sabine Weiss), Nuntiatur des Germanico Malaspina und des Giovanni Andrea Caligari 1582–1587 (Publikationen des Österreichischen Kulturinstituts in Rom, Grazer Nuntiatur 2) Wien 1981.

39 Vgl. zu seiner Person Alexander Koller, Art. Ninguarda, Feliciano, in: Dizionario biografico degli Italiani, Bd. 78, Roma 2013, S. 153–156. Seine Berichte seien nach Hansen, Kampf um Köln (wie Anm. 11) S. 374, „ohne Belang" für die Beurteilung des Reichstagsgeschehens.

40 Vgl. Vareschi, Legazione (wie Anm. 14) S. 217 f.; Braun, Imagines Imperii (wie Anm. 15) S. 372 f.

41 Bonomi berichtete ergänzend, verwies aber regelmäßig auf die Schreiben des Legaten; vgl. u. a. Bonomi an Gallio, Augsburg, 1582 VI 22, 26 und 30, AAV, Segr. Stato, Germania 104, fol. 166r, 167r und fol. 170r–173r, hier fol. 172v.

42 Madruzzo leitete die Delegation und war Vorgesetzter aller kurialer Vertreter, wobei die Fakultäten der Nuntien suspendiert waren. Der Kardinallegat wurde in der Regel allein vom Kaiser in Audienz empfangen. Bonomi erhielt vereinzelt Audienzen bei Rudolf II. in Vertretung des Legaten (vgl. Bonomi an Gallio, Augsburg, 1582 VI 30, AAV, Segr. Stato, Germania 104, fol. 170r–173r, hier fol. 170v) und hielt Kontakte zu einzelnen Reichsfürsten. Malaspina fungierte als Schatzmeister der Delegation. Possevino hatte den Auftrag, eine Liga der christlichen Fürsten gegen die Osmanen zu propagieren.

teilnehmen können, diese Möglichkeit aber – wohl nicht zuletzt mit Rücksicht auf die eigene Reputation[43] – nicht nutzte (er ließ sich dort von einem seiner Trienter Räte vertreten), da er den Weg der indirekten Einflussnahme über den Kaiser und die katholischen Fürsten bevorzugte und nach Kräften nutzte. Bei ihrem Bemühen um die Schaffung einer homogenen, schlagkräftigen katholischen Partei auf dem Reichstag mussten die Vertreter der römischen Kurie bald erkennen, dass ihre Erwartungen zu hoch gesteckt waren und das Projekt nicht zu realisieren war. Dies lag vor allem an den geistlichen Kurfürsten, die sich aufgrund ihrer Dreifachloyalität (gegenüber Papst, Kaiser und Kurkolleg) in einem Dilemma befanden und zur Aufrechterhaltung des Religionsfriedens sowie aus Gründen der Sicherung ihres Territoriums zu Kompromissen bereit waren.[44] Auch die Handlungsweise des Kaisers war darauf gerichtet, nach Möglichkeit den protestantischen Ständen (nicht zuletzt mit Blick auf die Türkenproblematik, aber auch auf künftige Kaiser- bzw. Königswahlen) entgegenzukommen. Eine einheitliche, geschlossene katholische Partei hat es auf dem Augsburger Reichstag von 1582 nicht gegeben. Davon zeugen auch die in regelmäßiger Wiederkehr geäußerten kritischen Bemerkungen des Nuntius über das Lavieren und den mangelnden Kampfgeist der katholischen Reichsfürsten.[45] Als positive Ausnahmen werden genannt: Herzog Wilhelm von Bayern,[46] mit dem Madruzzo und Bonomi schon im Vorfeld des Reichstags in München Absprachen getroffen hatten,[47] und der Bischof von Würzburg, Julius Echter von Mespelbrunn,[48] – und dies obwohl

---

43 Vgl. Braun, Imagines Imperii (wie Anm. 15) S. 392.

44 Fröschl, *in Frieden* (wie Anm. 3) S. 266.

45 Chiffre C von Bonomi (nach dem Bericht von 1582 VII 31), AAV, Segr. Stato, Germania 104, fol. 195r: *perché altrimenti noi resteremo molto inferiori et di numero et di ardire, come si è provato con effetto in questo incontro magdeburgense, nel quale ognuno si è andato tirando la coda fra le gambe*, Vgl. auch den Bericht Bonomis, Augsburg, 1582 VIII 29, wo er seiner Skepsis Ausdruck gibt, bezüglich des Konfessionskonflikts in Aachen zu einem befriedigenden Ergebnis zu kommen: *Se così felicemente passassero gli altri negocii in questa Dieta pertinenti alla religione, come fece quella sessione magdeburgense, ne potressimo andare troppo lieti e triomfanti. Ma temo che il negocio di Aquisgrano ci voglia torre parte dell'allegrezza et dell'honore, poiché non lo vedo abbracciare con quel caldo ch'io desiderarei da questi principi, et parmi di vedere trepidatione, ubi non est timor. Iddio sia quello che al fine guidi il tutto ad honore et gloria sua et a sollevatione dell'afflittissima religione in questa misera provincia* (ebd. fol. 215r–216r, hier fol. 215r).

46 Bonomi an Gallio, 1582 VI 30, ebd. fol. 170r–173r, hier fol. 170v bzw. 171v–172r: *lo trovo tanto animato et sollecito nelle cose della religione, come se fusse uno di noi altri, non dirò solo ecclesiastici, ma ministri della Sede Ap.ca* [...] *il quale mi si mostra tanto amorevole che mi confunde, et hoggi mi ha detto di volere in ogni modo venire a visitarmi a casa, et che vuole trattiamo insieme, come amici particolari, senz'alcuna sorte di cerimonia.*

47 Vgl. die Schreiben Madruzzos vom 14. und 20. Juni aus München bzw. Augsburg, Hansen, Kampf um Köln (wie Anm. 11) Nr. 221 und 223.

48 Bonomi an Gallio, 1582 IX 5, ebd. AAV, Segr. Stato, Germania 104, fol. 218r–v, hier fol. 218r: [...] *tanto sta duro questo bon prelato, che peraltro è stato la miglior lancia che fusse in Dieta delli ecclesiastici.*

Letzterer in einem mehrjährigen Streit mit Rom lag wegen der unrechtmäßigen Vertreibung des Abts von Fulda.[49]

Betrachtet man die größeren Streitfälle auf dem Augsburger Reichstag von 1582 (etwa die Magdeburger Frage, das *Ius reformandi* der Reichsstädte, das Problem der konfessionellen Freistellung, die Restitution des Abts von Fulda[50]), so wird man feststellen können, dass Madruzzo lediglich beim Magdeburger Streit im Fürstenrat durch seine kompromisslose Haltung einen Teilerfolg erzielen konnte. Bonomi schrieb diesen Erfolg weitgehend dem Umstand zu, dass Madruzzo deutsch sprach: *Onde parmi di poter dire che nissuno altro bastava a far gli ufficii che ha fatto S. S. Ill.ma, perché, se ben altri haveria potuto moversi con pari animo, zelo et rissolutione, mancandogli però la lingua germanica, non haveria mai potuto persuadere, com'ella ha fatto, tutti questi Elettori et Vescovi.*[51]

Wie weit die römischen Vorstellungen und Erwartungen allerdings von der politischen Realität divergierten, wird wohl am deutlichsten bei den vergeblichen Bemühungen Madruzzos, Rudolf II. für eine Kaiserkrönung durch den Papst zu gewinnen.[52] Dabei hätte bereits der Konflikt um die kaiserliche Obödienz 1577 zeigen können, dass ein solches Unterfangen nicht die geringste Chance auf Realisierung bot.[53]

Trotz des ausgezeichneten persönlichen Verhältnisses zwischen dem Reichsoberhaupt und dem päpstlichen Legaten[54] gelang es Madruzzo überdies nicht, etwa in lehnsrechtlichen Fragen (z. B. in der Causa Borgo Val di Taro[55]) oder bei allgemeinen Themen von hoher gesellschaftlicher Relevanz wie der Reform des

[49] Vgl. Gerrit WALTHER, Abt Balthasars Mission. Politische Mentalitäten, Gegenreformation und eine Adelsverschwörung im Hochstift Fulda (Schriftenreihe der Historischen Kommission bei der Bayerischen Akademie der Wissenschaften 67) Göttingen 2002.

[50] Vgl. hierzu Bonomi an Gallio, Augsburg, 1582 IX 26, AAV, Segr. Stato, Germania 104, fol. 230r–232v, hier fol. 232v.

[51] Bonomi an Gallio, Augsburg, 1582 VII 24, ebd. fol. 185r–v, hier fol. 185r.

[52] HANSEN, Kampf um Köln (wie Anm. 11) S. 482, 488, 513, 525, 544, 547; VARESCHI, Legazione (wie Anm. 14) S. 232 f.

[53] Alexander KOLLER, Der Konflikt um die Obödienz Rudolfs II. gegenüber dem Hl. Stuhl, in: DERS. (Hg.), Kurie und Politik. Stand und Perspektiven der Nuntiaturberichtsforschung (Bibliothek des Deutschen Historischen Instituts in Rom 87) Tübingen 1998, S. 148–164 [= DERS., Imperator und Pontifex (wie Anm. 19) S. 88–102].

[54] Es wird sogar von einem Besuch Rudolfs II. im Quartier des Legaten berichtet, Bonomi an Gallio (wie Anm. 46) fol. 172v–173r.

[55] Das zwischen Papst und Kaiser wegen seiner Lehnszugehörigkeit umstrittene italienische Territorium bildete auch einen Punkt in der für Madruzzo ausgestellten Hauptinstruktion, HANSEN, Kampf um Köln (wie Anm. 11) S. 395; zu Borgo Val di Taro vgl. auch Alexander KOLLER, Reichsitalien als Thema in den Beziehungen zwischen Kaiser und Papst: Der Fall Borgo Val di Taro, in: Matthias SCHNETTGER / Marcello VERGA (Hg.), Das Reich und Italien in der Frühen Neuzeit (Jb. des italienisch-deutschen historischen Instituts in Trient, Beitr. 17) Bologna 2006, S. 323–345 [= KOLLER, Imperator und Pontifex (wie Anm. 19) S. 103–120].

Kalenders,[56] an denen dem Papst sehr gelegen war, Fortschritte, geschweige denn zufriedenstellende Ergebnisse zu erzielen.

Um das Auftreten der päpstlichen Gesandten beim Augsburger Reichstag von 1582 insgesamt zu beurteilen, darf der zeremonielle Aspekt ihrer Mission nicht unberücksichtigt bleiben. Die Frühneuzeitforschung hat in letzter Zeit verstärkt zeremonielle Handlungen in verschiedensten politischen Kontexten untersucht. Gerade in der frühneuzeitlichen ständischen und höfischen Gesellschaft dienten Zeremonien mit ihrer starken Formalisierung, ihrem Zeichencharakter (also der Abbildung einer sozialen Ordnung) und ihrem Öffentlichkeitsbezug (der Ausrichtung auf Zuschauer und Zeugen) dazu, die Reputation einer Person oder eines Territoriums sicherzustellen und Distanz zu anderen zu markieren.[57] Die zahllosen Präzedenz- und Sessionskonflikte jener Zeit zur Behauptung des eigenen Ranges können deshalb nicht verwundern. Der Reichstag bildete in diesem Zusammenhang ein besonderes *theatrum ceremoniae*, „ermöglichte" er doch, wie Barbara Stollberg-Rilinger feststellt, „die vollständige Selbstinszenierung der Adelsgesellschaft des Reiches als einer hierarchischen Gesamtordnung. An dieser Ordnung teilzuhaben und den darin beanspruchten Rang zu behaupten, war für jeden Reichsstand die unverzichtbare Grundlage seiner politisch-sozialen Identität",[58] wobei noch zu ergänzen wäre, dass auch die am Reichstag vertretenen Diplomaten auswärtiger Fürsten mit ihren jeweils eigenen Ranganspruchen in bestimmten zeremoniellen Kontexten in diese Ordnung zu integrieren waren, weniger bei den Reichstagssitzungen, sondern bei den feierlichen Einzügen, Banketten und diversen kirchlichen Feiern.

Wie verhält es sich nun mit der Sichtbarkeit des päpstlichen Legaten und der Nuntien bei diesen öffentlichen Anlässen während des Augsburger Reichstags von 1582? Zunächst ist festzustellen, dass hinsichtlich der kurialen Vertretung nicht nur die hohe Zahl der Vertreter (nämlich fünf) im wörtlichen Sinn ins Auge sprang, sondern insgesamt als große Gruppe wahrgenommen werden musste, wenn man alle Mitglieder der jeweiligen Familien (also die Haushalte) zusammennimmt; und dies, obwohl die *Entourage* des Kardinallegaten, der mit ca. 60 Personen am 17. Juni in Augsburg einzog, vergleichsweise bescheiden ausfiel, wie der englische Gesandte William Ashby registrierte.[59] Offensichtlich wollte der Legat bei seiner *Entrée* keine große Aufmerksamkeit erregen. Für diese Annah-

---

56 Vgl. Bonomi an Gallio (wie Anm. 50) fol. 232r–v.

57 Vgl. Barbara STOLLBERG-RILINGER, Zeremoniell als politisches Verfahren. Rangordnung und Rangstreit als Strukturmerkmale des frühneuzeitlichen Reichstags, in: Johannes KUNISCH (Hg.), Neue Studien zur frühneuzeitlichen Reichsgeschichte (ZHF, Beih. 19) Berlin 1997, S. 91–132, hier S. 94.

58 Ebd. S. 132.

59 LEEB, Reichstag zu Augsburg (wie Anm. 1) S. 197 f.

me spricht auch der Entschluss von Madruzzo, nicht gemeinsam mit Bonomi in Augsburg einzuziehen, obwohl beide die letzte Etappe von München aus hätten gemeinsam bestreiten können. Bonomi brach deshalb zeitverzögert aus der bayerischen Residenzstadt nach Augsburg auf.[60]

Bei zwei weiteren wichtigen Anlässen, den Eröffnungs- und Abschluss-Solennitäten, den am meisten formalisierten Handlungen des Reichstags mit hoher Symbolkraft,[61] war die Kurie nicht repräsentiert.

Madruzzo nahm weder beim Einzug des Kaisers und der anschließenden Feier im Dom am 27. Juni noch bei der Eröffnungssitzung am 3. Juli und der vorausgehenden Messe zum Hl. Geist teil[62] (zum Vergleich: 1530 hatte der päpstliche Legat Campeggio in herausragender Position am Einzug Karls V. in Augsburg teilgenommen und beim anschließenden *Te Deum* im Dom den Segen erteilt).[63] Bei der Abschiedssession am 20. September 1582 war Madruzzo ebenfalls nicht zugegen. Seine Abwesenheit am 27. Juni veranlasste Kardinal Gallio in Rom zu einer Rückfrage, v. a. in Bezug auf das Fernbleiben des Legaten beim kirchlichen Teil der Zeremonie. Madruzzo bezog dazu in seinem Bericht vom 1. August Stellung. Dort begründete er sein Verhalten damit, dass er es aufgrund von mangelnden jüngeren Präzedenzfällen vorgezogen habe, nicht zu erscheinen, zumal unsicher war, welchen Platz er einnehmen sollte. In seinem Entschluss sei er durch Nuntius Bonomi und seinen Auditor Fontana bestärkt worden. Zudem hätte sich der Legat Morone auf dem letzten Reichstag (1576 in Regensburg) genauso verhalten:

> [...] *non ritruovandosi fresco essempio di tal atto, né potendosi per ciò risolvere, qual luoco havesse ad essere il mio, fu giudicato meglio ch'io non comparissi, il che piacque a me ancora tanto più, perché uscendo il clero ad incontrare S. M.tà, io mi sarei rimaso* [!] *solo nel choro, nel qual parere concorsero meco monsignore di Vercelli et monsignor Fontana et tutto quelli che si ricordavano, non havere il cardinal Morone (che sia in gloria) tenuto in Ratisbona altro stile.*[64]

---

60 Bonomi an Gallio, 1582 VI 19, AAV, Segr. Stato, Germania 104, fol. 164r–165r, hier fol. 164r: *Io mi offersi in Monaco a Mons. Ill.mo Legato di fargli servitù sino in Augusta, però non essendosene curata S. S. Ill.ma, forse per modestia et per non voler fare entrata solenne, tardai mezo giorno dopo a partirmi di là; et così me ne venni hieri qui in Augusta, et subito andai a trovare S. S. Ill. ma, la quale era venuta il giorno avanti.*

61 Vgl. Barbara Stollberg-Rilinger, Die Symbolik der Reichstage. Überlegungen zu einer Perspektivenumkehr, in: Maximilian Lanzinner / Arno Strohmeyer (Hg.), Der Reichstag 1486–1613: Kommunikation – Wahrnehmung – Öffentlichkeit (Schriftenreihe der Historischen Kommission bei der Bayerischen Akademie der Wissenschaften 73) Göttingen 2006, S. 77–93, hier S. 87.

62 Vgl. Vareschi, Legazione (wie Anm. 14) S. 100 f., 104.

63 Luttenberger, Pracht und Ehre (wie Anm. 6) S. 302.

64 Hansen, Kampf um Köln (wie Anm. 11) Nr. 241, Zitat S. 485.

Der Vorgang zeigt zum einen deutlich die Zurückhaltung Madruzzos, zum anderen aber auch die Außenseiterrolle der päpstlichen Vertreter, offenbart jedoch gleichzeitig, dass weder die Kurie noch ihre Vertreter vor Ort über ein genaues protokollarisches Regelwerk für diesen wichtigen Anlass (den Einzug des Kaisers) verfügten und deshalb Unsicherheit hinsichtlich des Procedere herrschte.[65]

Die festlichen Gastmähler, die mit genau definierten Sitzordnungen ebenfalls die gesellschaftliche Rangordnung aufzeigten, bildeten Höhepunkte des öffentlichen Lebens während der Reichstage.[66] An ihnen übten bereits die Zeitgenossen (von Karl V. bis Martin Bucer) Kritik wegen des hohen Aufwands, der betrieben wurde,[67] sie spielten dessen ungeachtet weiter eine große Rolle auf den Reichstagen. Besonders trinkfreudig und exzessiv scheint es in Augsburg bei der kaiserlichen Tafel am 30. Juli hergegangen zu sein, denn bei Rudolf II. waren die Folgen des Katers noch nach Tagen zu spüren:

> *Spero che questa indispositione* [schreibt Bonomi] *sarà di poco rilevo et tutta sarà nata per haver fatto S. M.tà qualche disordine in bevere hieri, che fu a desinare con Sassonia all'improviso, et tanto più che lunedì egli ancora fece banchetto ai principi tutti, nel quale beve da sette volte, con tutto che sia solito di non bever mai se non due o tre volte al più.*[68]

In diesem Zusammenhang ist nochmals kurz auf den Vorschlag des Nuntius Bonomi zurückzukommen, der Carlo Borromeo als Legaten für Augsburg ins Spiel gebracht hatte. Bonomi, übrigens ein Protegé Borromeos,[69] nennt viele Vorzüge des Kardinals, glaubt aber, ihn am Ende seiner Ausführungen in Schutz nehmen zu müssen wegen seiner bescheidenen Lebensgewohnheiten, die bei den Reichsfürsten Anstoß erregen könnten:

> *Circa il non mangiare in argenti e non usar tapezzarie, in che ben credo che sarebbe difficile lasciare al suo instituto* [Legation], *sappia V. S. Ill.ma che sono*

---

65 Über sein Fernbleiben am 3. Juli informierte Madruzzo Gallio erst gar nicht, vgl. den Bericht Madruzzos vom 4. Juli (Hansen, Kampf um Köln [wie Anm. 11] Nr. 228) und Vareschi, Legazione (wie Anm. 14) S. 104.

66 Aulinger, Bild des Reichstages (wie Anm. 13) S. 282–287.

67 Luttenberger, Pracht und Ehre (wie Anm. 6) S. 296, 298.

68 Vgl. Bonomi an Gallio, Augsburg, 1582 VIII 3, AAV, Segr. Stato, Germania 104, fol. 205r–v, hier fol. 205r.

69 Vgl. Alexander Koller, Einige Bemerkungen zum Karriereverlauf der päpstlichen Nuntien am Kaiserhof (1559–1655), in: Armand Jamme / Olivier Poncet (Hg.), Offices et papauté (XIVe–XVIIe siècle). Charges, hommes, destins (Collection de l'École française de Rome 334) Rome 2005, S. 841–858, hier 851 f. [= Koller, Imperator und Pontifex (wie Anm. 19) S. 287–301, hier 293 f.]; Filipazzi (wie Anm. 37).

bagatelle che non rilevano, et io che sono un verme l'ho provato con effetti, perché con tutto che da principio alcuni dicessero che vi sarebbe vergogna a non far come gl'altri in questi paesi, dove tutti i prelati et ancho i gentilhuomini mediocri usano gli argenti alla tavola, nondimeno quasi tutti alla Corte sono stati meco a pranzo, e se bene non hanno visto gli argenti soliti, sono però rimasti sodisfatti, il che sia detto senza iactanza, [...] *sì che molto meno resterebbono offesi dal Cardinale, il cui modo di vivere è già noto per fama in queste parti e communemente venerato, e dirò anchora commendato.*[70]

Die bescheidene Lebensführung Borromeos spricht also, so Bonomi, zunächst nicht für seine Eignung als Legat im Reich, sondern eher dagegen, versucht diesen Punkt aber dann zu entkräften. Interessant ist, dass Bonomi dabei nicht die zeitgenössische Kritik an den Gastmählern der Reichsfürsten aufgreift, um gleichzeitig die Eignung Borromeos für das Legatenamt zu unterstreichen, und zwar dahingehend, dass mit Borromeo der protestantischen Polemik gegen das prunksüchtige Rom und die päpstliche Hofhaltung begegnet werden könnte.

Bei den 13 großen Banketten des Augsburger Reichstags von 1582, die Fleischmann in seinem zeitgenössischen Bericht mit Abbildungen der Sitzordnung auflistet, war Madruzzo dreimal zugegen, Bonomi nur ein einziges Mal, nämlich beim Festmahl, das der Trierer Kurfürst am 12. August nach seiner Bischofsweihe ausgerichtet hat (Abb. 1).[71] Es verwundert nicht, den Legaten (am Kopfende der Tafel, also hierarchisch an der ersten Position) und den Kaiserhofnuntius (zur Rechten von Madruzzo – vor dem Kurfürsten von Mainz!) anzutreffen, hatte doch Madruzzo zuvor selbst, assistiert von Bonomi und Francesco Sporeno, Bischof von Sebaste und Rat Erzherzogs Ferdinand von Tirol, die Bischofsweihe Johanns von Schönenberg im Augsburger Dom vorgenommen.[72] Der Anlass hatte also keinen unmittelbaren Bezug zum Reichstag, handelte es sich doch gewissermaßen um eine Feier, die akzidentell bei dieser Gelegenheit stattfand. Madruzzo begegnen wir dann noch zweimal bei Gastmählern – jeweils an der Stirnseite einer Tafel –, nämlich bei dem des Bischofs von Straßburg (Abb. 2)[73] und beim zweiten Bankett des Mainzer Kurfürsten, zu dem dieser am 13. August eingeladen hatte (Abb. 3).[74]

---

70 Vgl. Bonomi an Gallio (wie Anm. 29) fol. 52r–v.

71 Fleischmann (wie Anm. 12) S. 121.

72 Vgl. den Bericht Bonomis an Gallio, Augsburg, 1582 VIII 15, AAV, Segr. Stato, Germania 104, fol. 207r–208r, hier fol. 207r–v. Bonomi nahm am anschließenden Festbankett teil, nachdem seine zeremoniellen Bedenken ausgeräumt worden waren. In der Tat erhielt Bonomi die Präzedenz vor dem Mainzer Kurfürsten.

73 Fleischmann (wie Anm. 12) S. 157.

74 Ebd. S. 117.

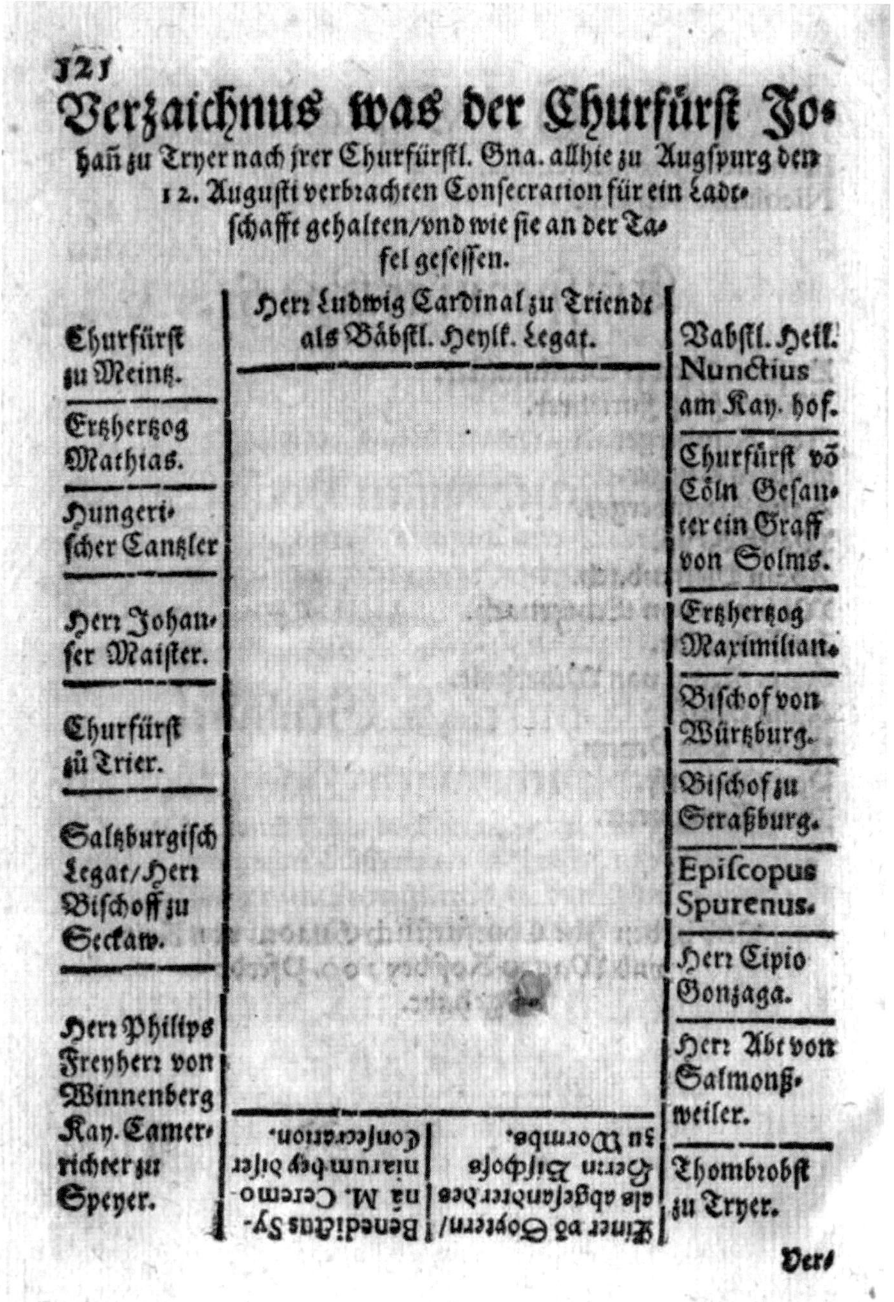

121

Verzaichnus was der Churfürst Johañ zu Tryer nach jrer Churfürstl. Gna. allhie zu Augspurg den 12. Augusti verbrachten Consecration für ein Ladtschafft gehalten/vnd wie sie an der Tafel gesessen.

Herr Ludwig Cardinal zu Triendt als Bäbstl. Heylk. Legat.

Churfürst zu Meintz.

Ertzhertzog Mathias.

Hungerischer Cantzler

Herr Johanser Maister.

Churfürst zu Trier.

Saltzburgisch Legat/Herr Bischoff zu Seckaw.

Herr Philips Freyherr von Winnenberg Kay. Camerrichter zu Speyer.

Babstl. Heil. Nunctius am Kay. hof.

Churfürst võ Cöln Gesanter ein Graff von Solms.

Ertzhertzog Maximilian.

Bischof von Würtzburg.

Bischof zu Straßburg.

Episcopus Spurenus.

Herr Cipio Gonzaga.

Herr Abt von Salmonßweiler.

Thombrobst zu Tryer.

Einer võ Goystern/ als abgesandter des Herrn Bischofs zu Wormbs.

Benedictus Synã M. Ceremoniarum bey diser Consecration.

Ver

1 Bankett des Kurfürsten von Trier am 12. August 1582 (in: Bayerische Staatsbibliothek München, Res/4 Herald. 69 Beibd. 1, fol. 121)

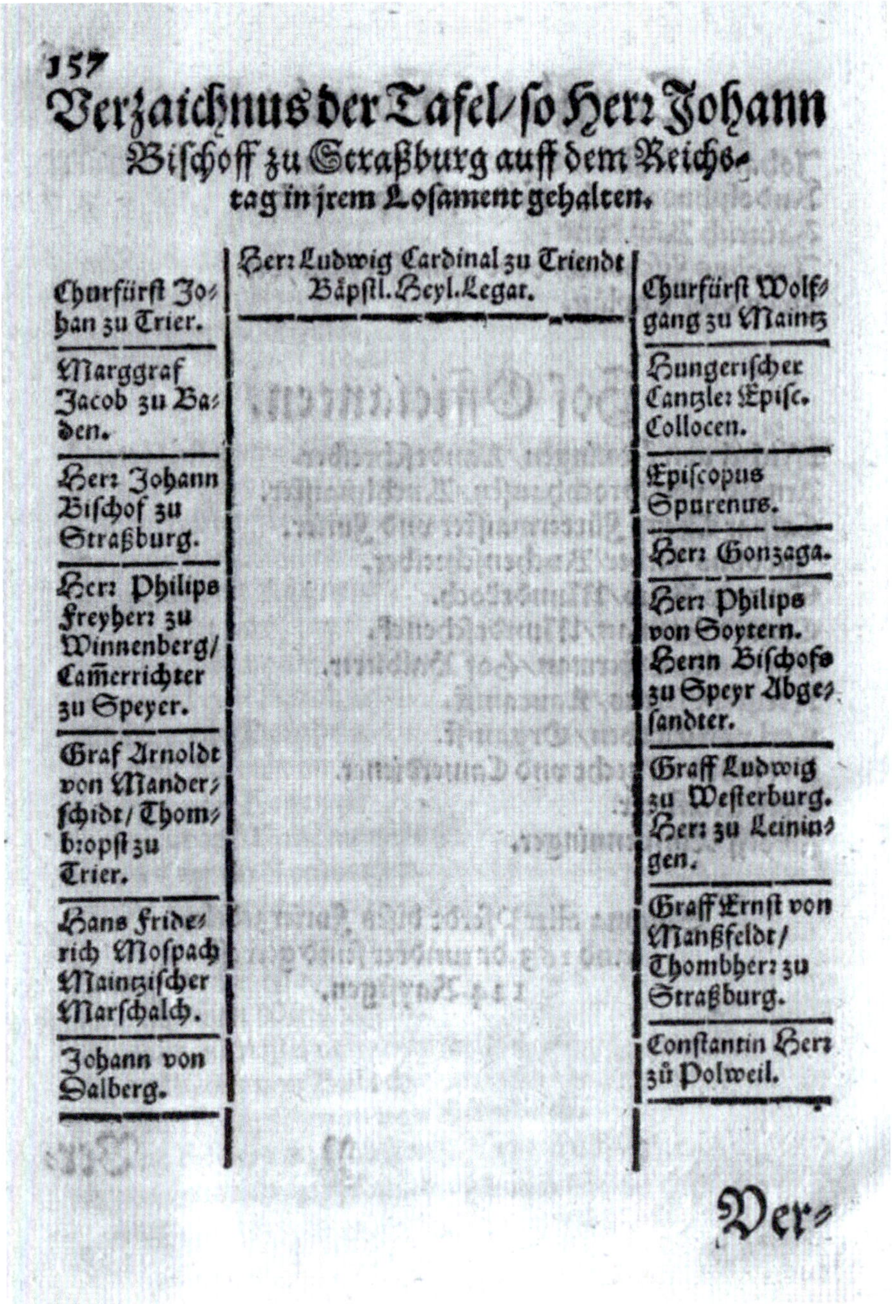

157

Verzaichnus der Tafel/ so Herr Johann Bischoff zu Straßburg auff dem Reichstag in jrem Losament gehalten.

Churfürst Johan zu Trier.	Herr Ludwig Cardinal zu Triendt Bäpstl. Heyl. Legat.	Churfürst Wolfgang zu Maintz
Marggraf Jacob zu Baden.		Hungerischer Cantzler Episc. Collocen.
Herr Johann Bischof zu Straßburg.		Episcopus Spurenus.
Herr Philips Freyherr zu Winnenberg/ Camerrichter zu Speyer.		Herr Gonzaga.
Graf Arnoldt von Manderschidt/ Thombropst zu Trier.		Herr Philips von Soytern. Herrn Bischofs zu Speyr Abgesandter.
Hans Friderich Mospach Maintzischer Marschalch.		Graff Ludwig zu Westerburg. Herr zu Leiningen.
Johann von Dalberg.		Graff Ernst von Manßfeldt/ Thombherr zu Straßburg.
		Constantin Herr zu Polweil.

Ver-

2 Bankett des Bischofs von Straßburg auf dem Reichstag von Augsburg 1582 (in: Bayerische Staatsbibliothek München, Res/4 Herald. 69 Beibd. 1, fol. 157)

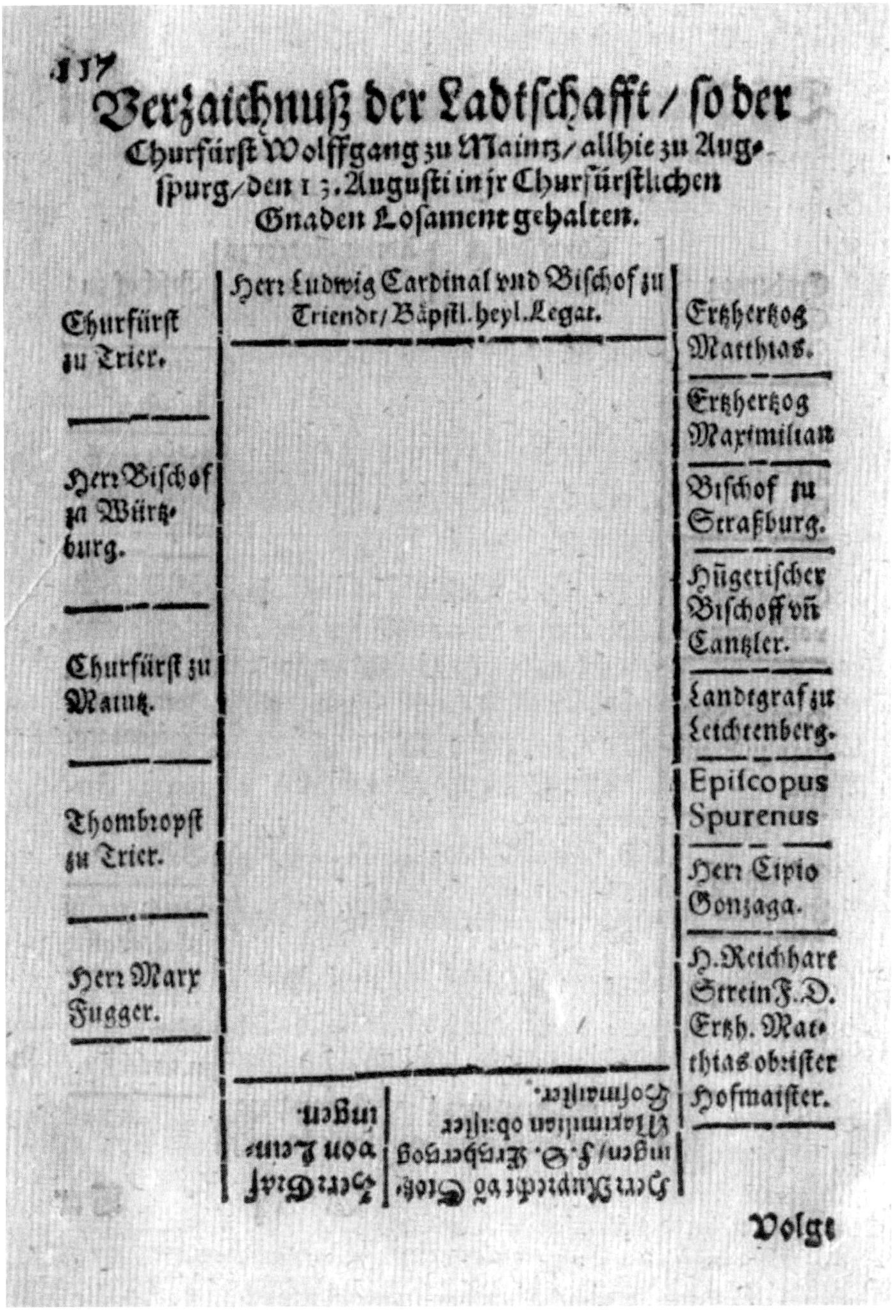
117

Verzaichnuß der Ladtschafft / so der Churfürst Wolffgang zu Maintz / allhie zu Augspurg / den 13. Augusti in jr Churfürstlichen Gnaden Losament gehalten.

Herr Ludwig Cardinal vnd Bischof zu Triendt / Bäpstl. heyl. Legat.

Churfürst zu Trier.

Herr Bischof zu Würtzburg.

Churfürst zu Maintz.

Thombropst zu Trier.

Herr Marx Fugger.

Ertzhertzog Matthias.

Ertzhertzog Maximilian

Bischof zu Straßburg.

Hügerischer Bischoff vñ Cantzler.

Landtgraf zu Leichtenberg.

Episcopus Spurenus

Herr Cipio Gonzaga.

H. Reichhart Strein F. D. Ertzh. Matthias obrister Hofmaister.

Herr Ruprecht zu Stolberg / F. D. Ertzhertzog Maximilian obrister Hofmaister.

Herr Graf von Leiningen.

Volgt

3 Bankett des Kurfürsten von Mainz am 13. August 1582 (in: Bayerische Staatsbibliothek München, Res/4 Herald. 69 Beibd. 1, fol. 117)

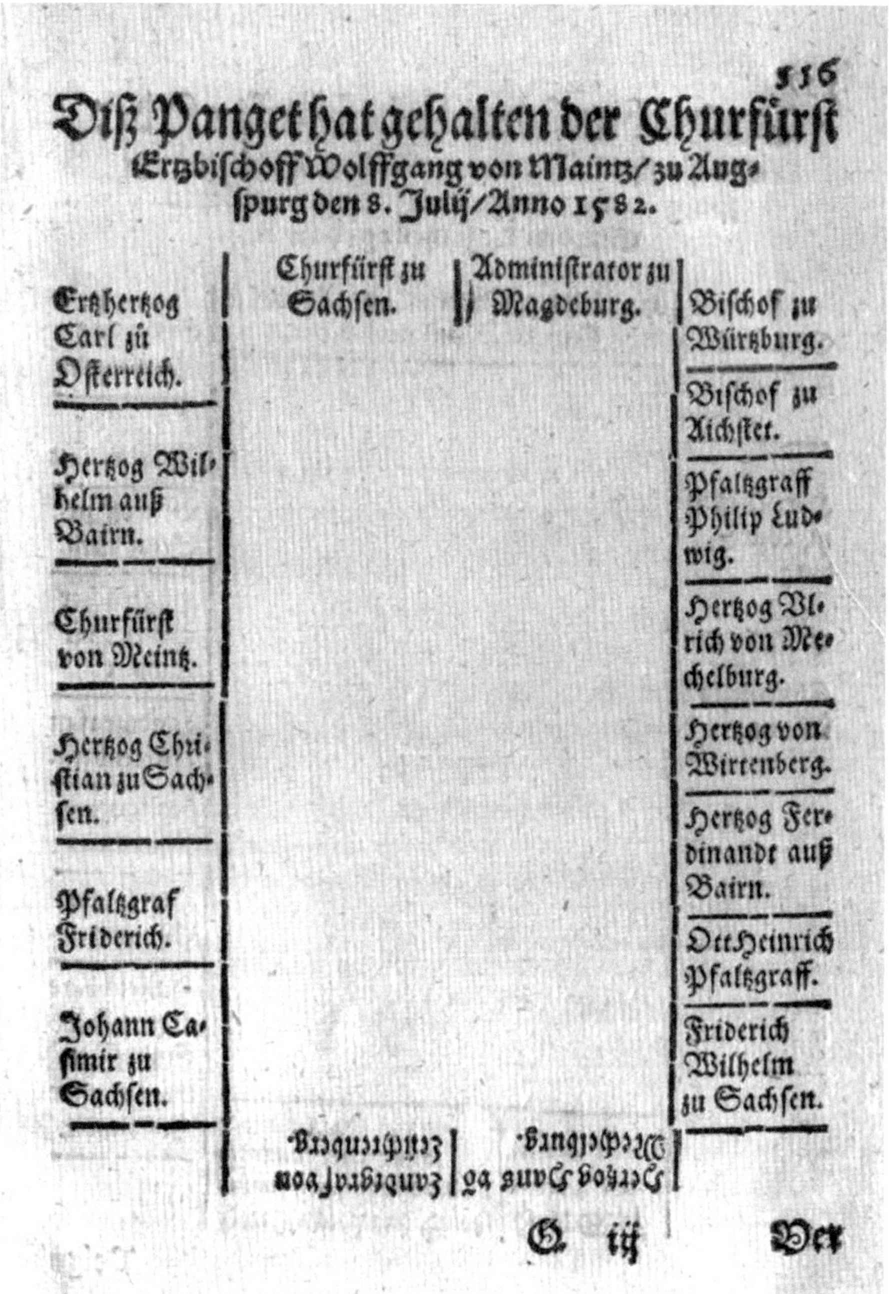
516

Diß Panget hat gehalten der Churfürst Ertzbischoff Wolffgang von Maintz/ zu Augspurg den 8. Julij/ Anno 1582.

	Churfürst zu Sachsen.	Administrator zu Magdeburg.	
Ertzhertzog Carl zu Osterreich.			Bischof zu Würtzburg.
			Bischof zu Aichstet.
Hertzog Wilhelm auß Bairn.			Pfaltzgraff Philip Ludwig.
Churfürst von Meintz.			Hertzog Ulrich von Mechelburg.
Hertzog Christian zu Sachsen.			Hertzog von Wirtenberg.
			Hertzog Ferdinandt auß Bairn.
Pfaltzgraf Friderich.			OttHeinrich Pfaltzgraff.
Johann Casimir zu Sachsen.			Friderich Wilhelm zu Sachsen.
	Lantgraf von Leuchtenberg.	Hertzog Hans zu Mechelburg.	

G. iij Der

4 Bankett des Kurfürsten von Mainz am 8. Juli 1582 (in: Bayerische Staatsbibliothek München, Res/4 Herald. 69 Beibd. 1, fol. 116)

Beim ersten Bankett des Mainzer Erzbischofs am 8. Juli (Abb. 4)[75] treffen wir ihn hingegen nicht an aufgrund der Inkompatibilität mit der Anwesenheit protestantischer Reichsfürsten. Ebenso wenig bei der kaiserlichen Tafel vom 30. Juli,[76] wo Rudolf II., wie bereits erwähnt,[77] zu tief ins Glas geblickt hatte. Selbst bei den beiden bayerischen Banketten (5. und 12. August) war der Legat nicht zugegen.[78] Auch hier fällt der Unterschied zur 1. Hälfte des 16. Jahrhunderts ins Auge, wo Nuntien an der Tafel eines protestantischen Fürsten Platz nehmen konnten, so 1521 Girolamo Aleandro und Marino Ascanio Caracciolo bei einem Mahl des Kurfürsten Joachim von Brandenburg.[79] Die römische Kurie war also auch auf diesem wichtigen zeremoniellen Gebiet nach 1555 selbst isoliert, ein negativer Befund, der allerdings durch die Tatsache abgemildert wird, dass Vertreter anderer europäischer Fürsten überhaupt nicht bei diesen Banketten zugegen waren!

Werfen wir abschließend noch einen Blick auf einen Zeremonialstreit, der sich in der kaiserlichen Kapelle während der sonntäglichen Messe auf dem Reichstag zutrug, ohne auf die Details einzugehen.[80]

Im Kern ging es um die Präzedenz zwischen den Kurfürsten und den Botschaftern auswärtiger Mächte, d. h. konkret Venedigs und Toskanas. Für die Sitzordnung wurde eine Lösung gefunden dahingehend, dass die Botschafter in der Mitte der Kapelle auf einer eigenen Bank platziert wurden. Der venezianische Botschafter beschreibt die Konstellation folgendermaßen:

> *Alli Ambasciatori ciò è a Mons. Nuncio, a me et a Fiorenza fu posta una panca et un scabello da ingenocchiarsi, secondo l'ordinario, dirimpetto all'altar grande fra le sedie di questi Principi nel mezo della capella; acciò che non precedessimo né cedessimo alli Elettori, ai quali desidera sempre l'Imp.re di sodiffare per suoi particolari interessi, sì come particolarmente potrà vedere la Ser.tà V.ra dall'occluso disegno.*[81]

Diese interessante Beilage (Abb. 5)[82] – interessant auch als kulturgeschichtliches Dokument – ist erhalten, ebenso wie zwei Skizzen, die Nuntius Bonomi nach Rom sandte (Abb. 6).[83] Die venezianische Zeichnung ist weit präziser. Sie zeigt eine Abbildung,

---

75 Ebd. S. 116.
76 Ebd. S. 33.
77 Vgl. Anm. 68.
78 Fleischmann (wie Anm. 12) S. 172 f.
79 Aulinger, Bild des Reichstages (wie Anm. 13) S. 282, Anm. 1.
80 Vgl. ausführlich Braun, Imagines Imperii (wie Anm. 15) S. 399–405.
81 Girolamo Lippomano an den Dogen Nicolò da Ponte, Augsburg, 1582 VII 20, AS Venezia, Senato–Dispacci degli ambasciatori, Germania 9, fol. 124r–126r, hier fol. 124r.
82 Ebd. fol. 127r.
83 AAV, Segr. Stato, Germania 104, fol. 202r und fol. 233r.

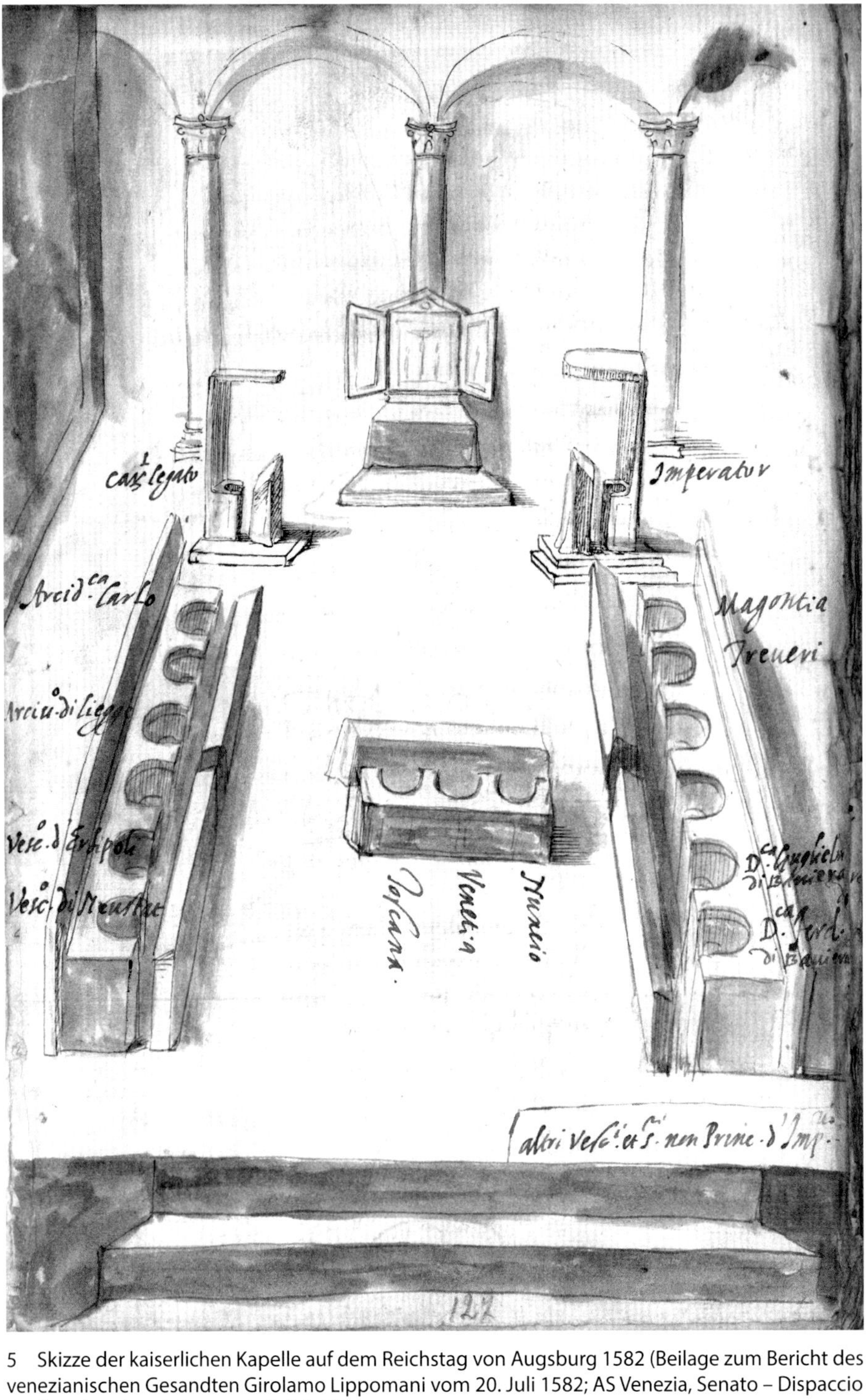

5 Skizze der kaiserlichen Kapelle auf dem Reichstag von Augsburg 1582 (Beilage zum Bericht des venezianischen Gesandten Girolamo Lippomani vom 20. Juli 1582; AS Venezia, Senato – Dispaccio degli ambasciatori, Germania 9, fol. 127r)

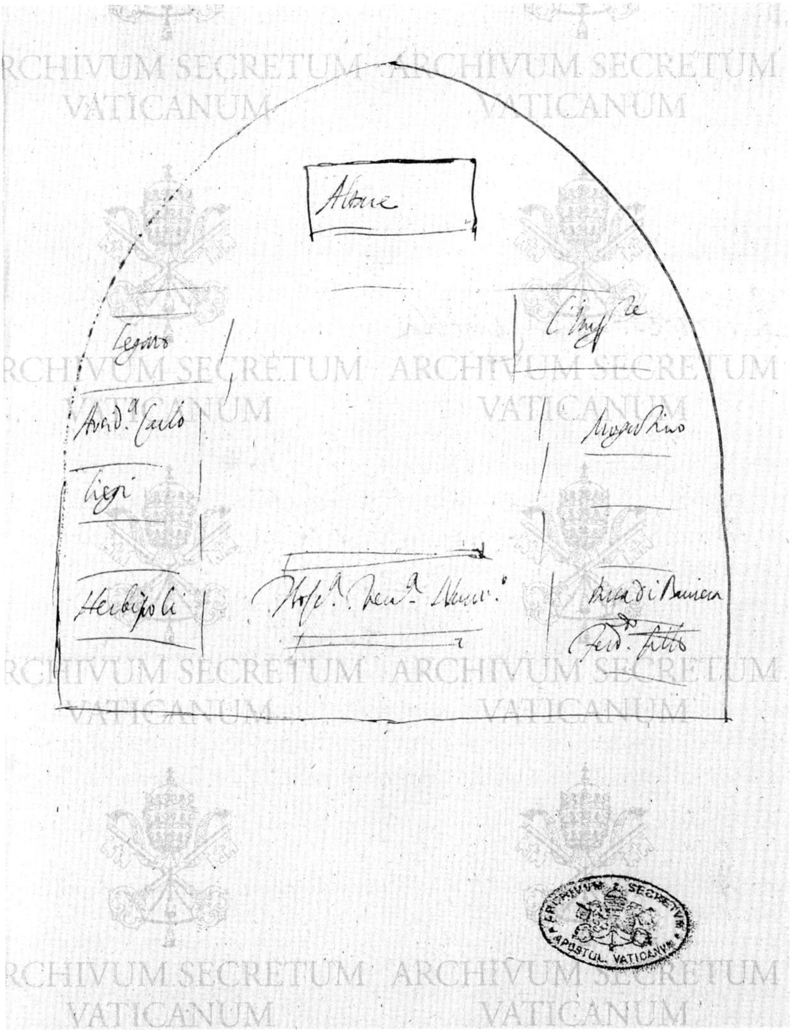

6 Skizze der kaiserlichen Kapelle auf dem Reichstag von Augsburg 1582 (Beilage zum Bericht des päpstlichen Nuntius Giovanni Francesco Bonomi vom 24. Juli 1582; AAV, Segr. Stato, Germania 104, fol. 202r)

wo Details der Architektur und Gegenstände, etwa die Baldachine für den Kaiser und den Legaten und die Bänke der Fürsten und Diplomaten, deutlich hervortreten.

Mit der Sitzordnung war allerdings das Problem noch nicht gelöst, wie sich zeigen sollte. Denn beim Ritus des *Asperges* (also der Besprengung der Anwesenden mit Weihwasser) vor Beginn der Messe wurden den drei italienischen Diplomaten nicht nur nach den Kurfürsten, sondern nach allen anderen anwesenden Reichsfürsten die Reverenz erwiesen, was Bonomi als *diminutione dell'honore o mio o della Sede Ap.ca* empfand.[84]

Bonomi protestierte daraufhin beim Kaiser und dessen Beratern dagegen. Der venezianische Botschafter berichtete folgendermaßen an den Dogen:

> *Onde, per quanto ho inteso, si dolse* [nämlich Bonomi] *con buona maniera dell'aggravio ricevuto, insieme con gl'altri Amb.ri, d'essersi data l'acqua santa dopo gli Elettori et altri Principi in luoco tanto publico et in occasione così solenne, mostrando che non era conveniente che fosse fatto pregiudicio alla grandezza di quei Principi che rappresentavimo con quel'atto.*[85]

Der Nuntius konnte aber nicht viel erreichen, im Gegenteil, der Konflikt spitzte sich zu und veranlasste Bonomi und den venezianischen Botschafter Girolamo Lippomano, Ende September die Kapelle vor der Messe zu verlassen, ohne den Kaiser zu grüßen, da bei dieser Gelegenheit dem Nuntius als letzter Person die Reverenz erwiesen wurde, obwohl zu diesem Zeitpunkt die geistlichen Kurfürsten bereits vom Reichstag abgereist waren.[86]

Es mag sein, dass der Nuntius das Opfer einer Maßnahme wurde, die sich eigentlich gegen Venedig und Toskana richtete, denen gegenüber die Kurfürsten und der Herzog von Bayern die Präzedenz beanspruchten[87] und hierin vom Kaiser Rückendeckung erhielten mit Verweis auf das Reichsherkommen.[88] Immerhin gibt es einige Beispiele, wo dem Nuntius vor einem geistlichen Kurfürsten auf dem Reichstag der Vortritt eingeräumt wurde,[89] aber eben nicht in der kaiserlichen Kapelle.

---

84 Bonomi an Gallio (wie Anm. 51) fol. 185r–v mit ausführlichem Bericht des Kapellenstreits als Beilage, ebd. fol. 200r–201r.

85 Lippomano an da Ponte, Augsburg, 1582 VII 25, AS Venezia, Senato-Dispacci degli ambasciatori, Germania 9, fol. 135r–138v, hier fol. 135r.

86 Bonomi an Gallio (wie Anm. 50) fol. 230r–231v; der kaiserliche Haushofmeister Adam von Dietrichstein versuchte die Angelegenheit mit einem auf Spanisch verfassten Schreiben an Bonomi zu entschärfen, vgl. eine Abschrift dieses Textes als Beilage des Berichts Bonomis vom 26. Juni, AAV, Segr. Stato, Germania 104, fol. 236r–v.

87 Bonomi an Gallio, 1582 VII 18, AAV, Segr. Stato, Germania 104, fol. 180r–181r, hier fol. 180v–181r.: *Soggiungerò solo che i ministri di S. M.tà, scusando il fatto, si fondano assai sopra questo che gli Elettori né 'l S. Duca di Baviera non devono né vogliono cedere all'Ambasciatore di Venetia né di Toscana, mostrando che s'io fussi stato solo, non vi saria stata difficoltà.*

88 Lippomano an da Ponte, Augsburg, 1582 VII 25 (wie Anm. 85) fol. 135r: *Mi dice S. S. RV. che, parendoli l'Imperatore alquanto sospeso per questo fatto, et parlandoli la M. S. con termini generali, concluse che li pesava molto questo nostro disgusto, et che, sendosi sempre tenuto quel medesimo stile et instituto in tutte le Diete, come manifestamente appare in scritti antichi, poterrimo accomodare il nostro desiderio, o col non trovarsi in capella, o con l'andare dopo la predica et data l'acqua nel principio solamente.*

89 Bonomi an Gallio (wie Anm. 60) fol. 164r–v; (wie Anm. 72) fol. 207v; (wie Anm. 48) fol. 218r.

Noch ein letzter Aspekt, den es zu bedenken gilt: Im Grunde war dieser Präzedenzvorfall in der kaiserlichen Kapelle kein Zeremonialkonflikt des Reichstags, denn es handelte sich um die Kapelle eines Reichsfürsten (in diesem Fall des Reichsoberhauptes), also einen höfischen Ort oder Raum. Allerdings muss festgehalten werden, dass sich die kaiserliche Kapelle am Reichstag von der der kaiserlichen Residenz dadurch unterschied, dass in Augsburg eben auch Reichsfürsten, v.a. geistliche Kurfürsten, im Protokoll zu berücksichtigen waren. Bezeichnenderweise berichtete Bonomi nach Abschluss des Reichstags im Dezember 1582 vom Kaiserhof, dass er hinsichtlich seiner Präzedenz keine Einschränkungen mehr hinnehmen müsse.[90]

Bonomi stand während des Konflikts in enger Rücksprache mit Rom, aber auch mit Madruzzo, der ihn von überzogenen Reaktionen (größeren Protesten; Boykott der Messe) abhielt. Im Grunde handelte es sich hier freilich nicht um eine Privatangelegenheit oder um die Befriedigung von persönlichen Eitelkeiten des Nuntius. Nein, Bonomi konnte und durfte mit Rücksicht auf die Reputation des Apostolischen Stuhls diese Einschränkung seiner Präzedenz nicht hinnehmen, da ein freiwilliger Verzicht aus Bescheidenheit oder wegen des Gebots der Höflichkeit genauso den damaligen Vorstellungen von öffentlichem und natürlichem Recht widersprochen hätte wie die unberechtigte Anmaßung einer Präzedenz.[91]

Resümee

Die römische Kurie war mit fünf Gesandten am Augsburger Reichstag von 1582 vertreten. Dieses diplomatische Großaufgebot spiegelt das enorme Interesse Roms an den Angelegenheiten des Reichs während des Pontifikats Gregors XIII. wider. Der Aktionsradius der kurialen Emissäre beschränkte sich weitgehend auf Informationsakquise und die Beeinflussung der Reichstagsverhandlungen durch die Nutzung informeller Kanäle, d.h. durch Kontakte mit den Rom-affinen katholischen Reichsfürsten. Die Bilanz der Tätigkeit des päpstlichen Legaten und der Nuntien musste zwangsläufig ernüchternd ausfallen auch vor dem Hintergrund der hohen römischen Erwartungshaltung. Am deutlichsten sichtbar wurde die Außenseiterrolle der kurialen Vertreter auf dem Augsburger Reichstag von 1582 im Bereich des Zeremoniells, das für erhebliche Unsicherheit, Benachteiligungen und Konflikte sorgte. Man wird freilich zu einer positiveren Bewertung der kurialen Reichstagsgesandtschaft kommen, wenn man deren Möglichkeiten mit denen

---

90 Bonomi an Gallio, Wien, 1582 XII 7, AAV, Segr. Stato, Germania 104, fol. 273r–274v, hier fol. 273r.

91 Vgl. Stollberg-Rilinger, Zeremoniell als politisches Verfahren (wie Anm. 57) S. 108.

der Vertreter anderer auswärtiger Mächte (etwa der italienischen Staaten Venedig, Modena, Savoyen, aber auch Englands, Polens oder Russland) vergleicht, die lediglich über einen Beobachterstatus verfügten. Vor diesem Hintergrund lässt sich sagen, dass die Vertreter der päpstlichen Kurie von allen auswärtigen Mächten hinsichtlich Repräsentation, Informationsgewinnung und Möglichkeiten der Einflussnahme auf das Reichstagsgeschehen wohl über den größten Spielraum aller Delegationen verfügten, den sie auch nach Kräften auszuschöpfen suchten.

Gerhard Seibold

Ein Augsburger in Venedig – Hans Jakob Widhol(t)z und sein Freundschaftsalbum

Abstractum: Hans Jakob Widholz war einer der zahlreichen oberdeutschen Kaufleute, welche im Verlauf des 16. Jahrhunderts und darüber hinaus bis in die zweite Hälfte des 18. Jahrhunderts hinein in Venedig ihren Geschäften nachgingen. Vor allem die Augsburger waren für diese Kontakte prädestiniert und die Regierungen der beiden Städte förderten diese Beziehungen im Rahmen ihrer Möglichkeiten. Konsequenz war, dass die deutschen Kaufleute oft über einen längeren Zeitraum hinweg in Venedig ansässig waren. Ein Aufenthalt in der Fremde war gute Voraussetzung dafür, dass man ein Stammbuch mit sich führte, in welches sich Bekannte auf Zeit eintrugen, eine Übung, die bis zum Beginn des 19. Jahrhunderts praktiziert wurde. Diese Niederschriften dienten unter anderem dazu, sich später dieser Zeiten erinnern zu können und waren gleichzeitig Ausweis der Eindrücke, welche in dieser Lebensphase erfahren wurden. Diese Sitte erhielt einen zusätzlichen Reiz, wenn die Texte von Zeichnungen begleitet wurden, was sich in der fraglichen Zeit häufig in den Wappen der Inskribenten äußerte oder auch in Milieudarstellungen. Diese Bilder wurden von Miniatoren mit mehr oder weniger großem Können und zumeist auf Pergament zur Darstellung gebracht. Kurzum, das Album von Widholz ist ein markantes Beispiel für diese Gegebenheiten.

Auch in der zweiten Hälfte des 16. Jahrhunderts war die Serenissima an der Adria für die oberdeutschen Kaufleute nach wie vor bedeutungsvoll. Das sollte sich jedoch allmählich ändern, da Tendenzen, welche anderenorts schon seit geraumer Zeit beobachtet werden konnten, auch für die Süddeutschen maßgeblich wurden. So konnte die Rivalin Genua jetzt endlich Venedig politisch und wirtschaftlich auf einen nachgeordneten Rang verweisen und die Städte am Atlantik von Antwerpen bis Hamburg bewirkten ein Übriges, was in der Konsequenz neue Handelswege zur Folge hatte. Als Hans Jakob Widholz in Venedig seine Kreise zog, war die Beziehung, die sich im Verlauf vieler Jahrzehnte zwischen der italienischen Weltstadt und Oberdeutschland entwickelt hatte, jedoch noch intakt, auch wenn die Augsburger Verhältnisse ebenfalls von Veränderungen gekennzeichnet waren. Mehrere bedeutende Handelshäuser mussten nämlich in den 1560er Jahren ihre Tätigkeit infolge wirtschaftlicher Schwierigkeiten einstellen und der Glanz der europaweit agierenden großen Unternehmen war am Verblassen.

Diese Konstellation eröffnete gleichzeitig auch Möglichkeiten, da sich zweitrangige Unternehmen entfalten und Bedeutung gewinnen konnten. Das Handelshaus der Familie Widholz ist ein Beispiel für diesen Trend. Immerhin handelte es sich um eine Sippe, welche bereits zu Beginn des Jahrhunderts in Verbindung mit Kaufmannsgeschäften nachweisbar ist, die aber allesamt – und das gilt ebenso für Hans Jakob – begrenzt blieben. Die Lücke, die infolge des Rückzugs der Fugger und anderer entstehen sollte, konnte man jedenfalls nicht ausfüllen. Christina Dalhede charakterisiert die Situation wie folgt: „Die Familie [Widholtz] unterhielt weitreichende Handelsbeziehungen u. a. nach Leipzig (Messe), Hamburg Thüringen, Sachsen, Schlesien, Böhmen und Polen, nach Italien und nach England. Schon in den 50er Jahren im Wechselgeschäft tätig. Die Firma handelte über Venedig und mit Baumwolle aus Kreta, mit italienischer Rohseide und Seidenstoffen, die sie in England verkaufte. Auch Levante-Güter, englische Tuche und Barchent gehörten zum Sortiment. Die W. unterhielten Geschäftsbeziehungen u. a. zu den Kaufmannsfamilien Cristell, Pemer, Rehm und Zangmeister."[1]

Mehr oder weniger zwangsläufig ergab sich in diesen Strukturen, dass der wirtschaftliche Erfolg in hohem Maße vom Konnubium determiniert wurde. Man fand seine Ehepartner zumeist in vergleichbar angesiedelten Familien, was auch deshalb förderlich war, weil man unter diesem Vorzeichen häufig gemeinsam Geschäfte betrieb. Dies gilt für Hans Jakob wie für seine Eltern Hans Widholz und Anna Mader. Hier finden sich klangvolle Namen in Serie, die allesamt von den goldenen Augsburger Jahren künden: Waiblinger, Stenglin, Weiß, Herzel, Walter, Buroner, Mair und Rem. Dem Patriziat gehörte allerdings nur die zuletzt genannte Familie an, auch die Widholz nicht, womit zum Ausdruck gebracht ist, dass man – wenigstens gesellschaftlich – zweitrangig war. Das sollte sich später zwar fallweise ändern, wobei Hans Jakobs Situation davon nicht mehr tangiert werden sollte. Immerhin war seine Familie in der Kaufleutestube inkorporiert, nach Patriziern und Mehrern die dritte Schicht innerhalb der Augsburger Sozialpyramide und diese Kreise fanden ihr Selbstverständnis vor allem in der Zugehörigkeit zu Stubengesellschaften. Dies ging damit einher, dass man protestantisch war, was für die Mehrheit der großen Kaufmannsfamilien galt.[2] Insoweit hat Hans Jakob 1585 seine Gattin Euphrosina auch in diesem Milieu gefunden, entstammte die Frau doch der bedeutenden Kaufmannsfamilie Weiß, womit seine Verhältnisse

---

* Verwendete Abkürzungen: AVA = Allgemeines Verwaltungsarchiv; ÖStA = Österreichisches Staatsarchiv; RAA = Reichsadelsakten; Stb = Stammbuch.

1 Christina Dalhede, Art. Widholtz, in: Augsburger Stadtlexikon, Augsburg 1998, S. 929; Christel Warnemünde, Augsburger Handel in den letzten Jahrzehnten des 16. Jahrhunderts und dem beginnenden 17. Jahrhundert, Freiburg / Breisgau 1956, S. 165 (Phil. Diss.).

2 Olaf Mörike / Katharina Sieh, Gesellschaftliche Führungsgruppen, in: Gunther Gottlieb (Hg.), Geschichte der Stadt Augsburg von der Römerzeit bis zur Gegenwart, Stuttgart 1984, S. 302–311; Hermann Kellenbenz, Wirtschaftsleben der Blütezeit, in: ebd. S. 258–295; Wolfgang Reinhard, Augsburger Eliten des 16. Jahrhunderts, Berlin 1996, S. 865.

dem bekannten Muster entsprachen. Davon wich erst Hans Jakobs einzige Tochter Susanna ab, die 1608 den Augsburger Heinrich von der Weyden heiraten sollte. Dieser war ursprünglich in Antwerpen beheimatet, wo er 1582 geboren wurde. Gewohnt hat Hans Jakob Widholz mit seiner Familie in Augsburg im Haus D 172, heute Ludwigstraße 24.[3]

Wir sind der Geschichte weit vorausgeeilt, denn das, was uns im Zusammenhang mit Hans Jakob Widholz besonders interessiert, sind die 80er Jahre des 16. Jahrhunderts. Damals war der um 1559 geborene Mann Mitte 20, gerade die richtige Zeit, um sich in der Fremde zu bewähren. Erste berufliche Erfahrungen werden ihm im Handelshaus des Vaters vermittelt worden sein, wobei dessen Tod im Jahr 1584 sicher einschneidend gewesen war. Vermutlich hielt sich Hans Jakob damals in Venedig auf und man wird annehmen können, dass er daraufhin in die Heimat zurückzitiert wurde, wofür auch seine Verehelichung in Augsburg im folgenden Jahr spricht. Ob der Jüngere daraufhin mit seinem älteren Bruder Hieronymus und den Nächstjüngeren Daniel und Andreas das Familienunternehmen gemeinsam betrieb, kann vermutet werden. Zumindest wissen wir, dass die Gesellschaft zeitweise unter der Bezeichnung Hieronymus Widholz & Gebrüder ihre Kreise zog, zu deren Gesellschaftern, wenigstens zeitweise, auch Hans Jakob zählte. Hieronymus wird wohl die führende Figur innerhalb dieses Zusammenschlusses gewesen sein. Dass Venedig unverändert für die Familie maßgeblich war, beweist der Umstand, dass Bruder Daniel 1589/90 im Handelshaus der Deutschen vor Ort, dem Fondaco dei Tedeschi, als Konsul fungierte und damit die dort domizilierenden deutschen Kaufleute anführte.[4] Diese Männer vertraten die deutsche Kaufmannschaft gegenüber den venezianischen Behörden und hatten gleichzeitig die Beschlüsse der Generalverwaltung der Kaufleute umzusetzen. In der fraglichen Zeit amtierten immer zwei Kaufleute parallel als Konsuln, die jeweils auf ein halbes Jahr gewählt wurden. Das zeigt, dass diese über einiges Ansehen verfügten, was wohl mit beruflichem Erfolg gleichzusetzen ist, denn Voraussetzung für die Erlangung dieser Würde war, dass man von seinen Kollegen gewählt wurde. Auffallend ist, wie häufig Inskribenten im Stammbuch von Widholz das Amt des Konsuls einnahmen.[5]

Im Übrigen war der Fondaco den Deutschen von Seiten der Serenissima für die Abwicklung ihrer Geschäfte bereitgestellt worden. In diesem Gebäude konn-

---

3 Reinhard, Eliten (wie Anm. 2) S. 963–969; StadtAA: Grundbuchauszüge Namensregister 364, S. 1059.

4 Reinhard, Eliten (wie Anm. 2) S. 963 f; Henry Simonsfeld, Der Fondaco dei Tedeschi in Venedig und die deutsch-venetianischen Handelsbeziehungen. Quellen und Forschungen (Bd. 2), Stuttgart 1887, S. 179, 210.

5 Simonsfeld, Fondaco (wie Anm. 4) S. 209 f.

ten die Kaufleute Kammern mieten, wo sie ihre Ware lagerten und potentiellen Käufern anboten. Im Fondaco dei Turchi gab es eine parallele Einrichtung, welche den Osmanen und Gewerbetreibenden aus der Levante für ihre Zwecke dienlich war. Dieses Haus befand sich in unmittelbarer Nähe des Domizils der Deutschen, nur auf der anderen Seite des Canal Grande. Über viele Jahrhunderte hinweg gab es vor Ort eine deutsche Kolonie, der in San Bartolomeo eine Kirche zur Verfügung stand, so dass auch für das Seelenheil gesorgt war, gelegentlich bis hin zum Scheiden von dieser Welt, was an Gräbern in der Kirche und auf einem der Toteninsel San Michele gegenüberliegenden Eiland, das für die Bestattungen der Neugläubigen reserviert war, sichtbar wird. Das alles kam erst 1798, als die Republik infolge des Einmarsches der Franzosen ihre Unabhängigkeit verlor, zu seinem Ende.[6]

1618 verstarb Hans Jakob in Augsburg. Bei seinem Tod werden seine Vermögensverhältnisse vergleichsweise bescheiden gewesen sein, denn in einem Verzeichnis der großen Augsburger Vermögen, welches exakt im fraglichen Jahr erstellt wurde, taucht er unter immerhin 142 Nennungen nicht auf.[7]

Aber dessen ungeachtet zeugt das von ihm hinterlassene Stammbuch noch heute von der Existenz des einstigen Eigentümers. Solche Bände sind auch unter dem Begriff Alba amicorum in der Wissenschaft bekannt, wobei zu Zeiten des Hans Jakob der Brauch, Widmungen von Freunden zu sammeln, erst seit ca. 50 Jahren gebräuchlich war. Die Tradition hatte sich in der Nachreformationszeit in Wittenberg entwickelt und war zunächst auf akademisch gebildete Kreise begrenzt. Schon bald sollte eine Erweiterung hin zu anderen Berufsgruppen stattfinden, was sowohl für die Eigner wie für die Inskribenten galt. In Frage kamen nun auch Adelige, höhere Beamte und Kaufleute, später außerdem Angehörige des Militärs. Unverändert geblieben war in jedem Fall, dass die Bände vor allem auf Reisen benutzt wurden, anlässlich des Besuchs einer Universität, einer Grand Tour junger Männer aus besseren Kreisen oder auch infolge geschäftlich begründeter Aufenthalte. Allgemeinverbindlich war zudem, dass die Bücher nach der Rückkehr in die Heimat nicht mehr benutzt wurden, womit deutlich wird, dass diese Bände zumeist im Alter zwischen 20 und 25 Jahren geführt wurden. Frauen lassen sich hier, entsprechend dem damals vorherrschenden Rollenverständnis, nur selten finden. Die Laufzeit der Alben lag meist bei etwa vier Jahren und sie wiesen im Durchschnitt ungefähr 70 Widmungen auf.

---

6 Ein Beispiel für diese Spätzeit kann in dem Stammbuch eines Gottlob Christian Haid gesehen werden, ebenfalls ein Augsburger, für den Venedig zur Heimat wurde. Vgl. Gerhard SEIBOLD, Stammbücher aus Schwaben, Alt-Bayern und der Oberpfalz, Augsburg 2017, S. 49–74.

7 Anton MAYR, Die großen Augsburger Vermögen in der Zeit von 1618 bis 1717, Augsburg 1931, S. 115–118.

Von dieser Norm weicht der von Widholz hinterlassene Band in mancherlei Hinsicht ab. Zunächst ist festzustellen, dass auf uns nur ein Fragment überkommen ist. Erhalten blieben nämlich ausschließlich Seiten, die Buchmalereien aufweisen. Neben den Inskriptionen waren Zeichnungen maßgeblicher Inhalt und nicht wenige sind sogar der Meinung, dass allein diese Beifügungen vom hohen Stellenwert der Bücher zeugen. Diese Ansicht muss man nicht teilen, aber die Einstellung hat immerhin dazu geführt, dass die Abbildungen, weil allgemein beliebt, gerne den Bänden entnommen wurden. Im Falle des Widholz-Albums ist es jedoch umgekehrt, weil die Textseiten verloren gingen, denn es ist kaum vorstellbar, dass sein Stammbuch nur aus Malereien bestand. Jedenfalls ist eindeutig, dass die erhalten gebliebenen Seiten in einen neuen Einband eingebracht wurden, weil der alte wohl schadhaft geworden war, was häufiger vorkam.[8] Der Zerstörungsprozess konnte schon zu Lebzeiten der ersten Benutzer einsetzen, da die Bände wegen der damit im Zusammenhang stehenden Reiseaktivitäten stark strapaziert wurden und der altersbedingte Verfall zwangsläufig ein Übriges tat. Im Falle des Widholz-Albums, das heute einen Pergament-Einband mit Rückenbeschriftung „Album amicorum 1583“ und völlig unpassend auch noch einen neuzeitlichen Goldschnitt aufweist, wird die Neubindung von dem späteren Eigentümer des Bandes, Rudolf von Gutmann, veranlasst worden sein. Doppelte goldfarbene Querfileten gestalten das Ganze wertiger. Damals kam es wohl auch zur Anfertigung eines Schubers, der noch heute vorhanden ist. Gutmanns Exlibris mit seinem Wappen unter Hinzufügung seines Namens findet sich auf dem rechten vorderen Vorsatz. Warum hier auf das Adelsprädikat verzichtet wurde, das auf anderen Stammbüchern aus seinem Nachlass Verwendung fand, muss dahingestellt bleiben.[9]

Rudolf Ritter von Gutmann (1880–1966) war eine interessante Erscheinung, nicht nur als Kunstsammler, sondern auch als Unternehmer, und genauso vielschichtig gestaltete sich sein Lebenslauf. Als reicher Jude war er zwar einerseits in vielerlei Hinsicht innerhalb der Wiener Gesellschaft privilegiert, andererseits aber Hass und Ausgrenzung zur Zeit des Nationalsozialismus ausgesetzt. Vor Letzterem bewahrte ihn auch seine gesellschaftliche Vernetzung nicht, welche höchste Kreise einschloss. So war seine Schwester Elsa mit dem Fürsten Franz I. von und zu

---

8 Gerhard Seibold, 250 Jahre Stammbuchgeschichte. Inskriptionen und Bildschmuck, Wien / Köln 2022, S. 97, 145, 207, 236.

9 Gerhard Seibold, Das Stammbuch des Braunschweiger Patriziers Philipp von Damm (1557–1599) und sein ehemaliger Besitzer in Wien Rudolf Ritter von Gutmann (1880–1966), in: Herold-Jahrbuch N. F. 21 (2006), S. 187–210; Gerhard Seibold, Das Stammbuch des Wolfgang Kern von Obervilslern, in: Verhandlungen des Historischen Vereins für Niederbayern (Bd. 133), Landshut 2007, S. 175–200; Gerhard Seibold, Das Stammbuch des Joannis Nicolai a Devenne, in: Verhandlungen des Historischen Vereins für Oberpfalz und Regensburg (Bd. 146), Regensburg 2006, S. 409–416.

Liechtenstein verheiratet und gemeinsam mit den Wiener Rothschilds betrieben die Gutmanns die Witkowitzer Eisenwerke bei Mährisch-Ostrau in der Tschechoslowakei.[10] Nach dem Ende des Zweiten Weltkrieges wurden von Gutmann zwar Teile seines Besitzes von Seiten des österreichischen Staates wieder zurückgegeben, nicht aber seine Stammbuchsammlung. Diese war nach der aus Sicherheitsgründen verfügten Einlagerung in einem Salzbergwerk in Alt-Aussee nach Kriegsende in die Österreichische Nationalbibliothek in Wien gelangt, da, wie im Rahmen der Restitution zum Ausdruck gebracht wurde, die Bände von Rudolf von Gutmann „indirekt erbeten" wurden, was wohl heißt, als Kompensation für andere zurückgegebene Objekte. Die quasi erzwungene Schenkung fand 1947 statt. Damals lebte Rudolf von Gutmann bereits seit vielen Jahren in Kanada, wo er auch verstorben ist. Unter der Signatur Ser. nov. 2968 wurde der Band gemeinsam mit weiteren Stammbüchern aus Gutmanns Besitz in die Bestände der in der Hofburg befindlichen Büchersammlung eingegliedert, wobei das Stammbuch Widholz immer wieder fälschlicherweise als Stammbuch Kueninger bezeichnet wurde, weil auf der ersten Seite im Rahmen einer Widmung dieser Name genannt wird, wobei dieses Blatt völlig missverständlich dorthin im Verlauf der Neubindung gelangt ist. Jedenfalls verblieb das Album in der Nationalbibliothek, bis es an von Gutmanns Erben zu Beginn des neuen Jahrtausends restituiert wurde.[11] Fürwahr, ein Buch mit Geschichte!

Immerhin blieb im Falle des Widholz-Albums das übrig, was den Wert dieser Blätter ausmacht, nämlich 54 Seiten, wovon 43 mit Bildern und Texten versehen sind. Das konnte sich sehen lassen, vor allem weil hier eine Serie von Wappen abgebildet wurde, die äußerst qualitätvoll gemalt sind. Die 21 Embleme wurden vermutlich von drei Miniatoren in Gouache-Technik auf Pergament gemalt, wobei zwölf – die wertvolleren – vor einem Stoffvorhang dargestellt sind (Maler 4). Weitere acht weisen im Hintergrund Landschaftsdarstellungen auf (Maler 5) und ein Wappen, welches das Emblem des Eigners zeigt, fällt insoweit aus diesem Rahmen, als es (Maler 6) von einer Torsituation umgeben ist, und damit singulär dasteht. Diese Darstellung wird wohl ursprünglich das Eröffnungsblatt des Bandes gewesen sein, heute Seite 16r. An diesem Umstand wird einmal mehr deutlich, dass die Reihenfolge der Blätter bei der Neubindung durcheinander geraten ist und die heute sichtbare Paginierung erst vorgenommen wurde, als die jetzige

---

10 Marie-Theres Arnbom, Friedmann, Gutmann, Lieben, Mandl, Strakosch, Wien / Köln / Weimar 2002, S. 100–103.

11 Allerdings ist der Band unter keinem der beiden Personennamen (Widholz, Kueninger) bei Wolfgang Klose, Corpus Alborum Amicorum – CAAC, Stuttgart 1988, erfasst. O. V.: Sektion Kultur. Restitutionsbericht 2003/2004, III-195 der Beilagen XXII. GP – Bericht – Hauptdokument, S. 21; Seibold, Damm (wie Anm. 9) S. 187–191.

Ordnung schon gegeben war.[12] Zu jener Gruppe, bei der die Reihenfolge der Blätter nicht mehr festzustellen ist, sind zwei Kostümdarstellungen zu zählen, die den Venezianer Alltag zeigen.[13]

Vergleichbares lässt sich ebenfalls im Zusammenhang mit den übrigen Bildern ausmachen, die entweder die Geschlechterbeziehungen bis hin zur Erotik[14] (Maler 1) zum Gegenstand haben oder auch Allegorisches (Maler 2) und diverse Einzelmotive (Maler 3) zeigen. Zumeist sind die Wappen mit Widmungen versehen, die neben dem Namen des Bucheigners den Inskribenten – jedoch ist dieser nicht immer lesbar – und dessen Herkunft nennen, Datum und gelegentlich zudem den Ort der Niederschrift erwähnen und, sofern der glücklichen Umstände damit nicht schon Genüge getan ist, auch noch zum Ausdruck bringen, wer die Zeichnung finanziert hat: „mein Wappen malen lassen". Sowohl Daniel Mader als auch Thomas Karg haben sich in diesem Sinne geäußert.[15] Wenn, was nicht selten vorkam, der Eigner diesen Part übernahm, konnte er weitestgehend das Programm bestimmen, was natürlich der Einheitlichkeit des optischen Erscheinungsbildes förderlich war und wofür die vergleichsweise große Homogenität der Malereien spricht.

Leider lässt die Lesbarkeit der Texte zu wünschen übrig, was in manchen Fällen der verwendeten Tinte geschuldet sein mag, aber glücklicherweise die Qualität der Zeichnungen nicht tangiert hat. Bleibt die Frage, wer für die Bilder verantwortlich zeichnete. Nachdem mehrere Maler ausgemacht werden können, ist nicht ausgeschlossen, dass diese Arbeiten an unterschiedlichen Orten vorgenommen wurden. Damit kommen eigentlich nur Augsburg oder Venedig in Frage, wo sich Widholz bevorzugt aufgehalten hat. Hier kann, wenn überhaupt, nur ein Vergleich mit dem Bildmaterial weiterer Stammbücher helfen, immer vorausgesetzt, dass die Heranziehung externer Beispiele mit einer guten Quellenlage einhergeht. Ob das gewährleistet werden kann, ist allerdings fraglich. Wenigstens wissen wir, dass die Niederschriften und die Zeichnungen Mitte der 80er Jahre des 16. Jahrhunderts entstanden sind. Das ist schon viel, wenn man bedenkt, wie schwierig es ist, derartige Aussagen vorzunehmen. Dies lässt sich außerdem durch den Umstand bestätigen, dass sowohl die Darstellung von Wappen als auch die anderen Bildinhalte durchaus zeittypisch sind und gleichfalls an anderer Stelle beobachtet werden können. Ungewöhnlich mag höchstens der hohe Anteil erotisch

---

12 Entsprechendes kann auch in Verbindung mit einem anderen, neu gebundenen Freundschaftsalbum beobachtet werden; vgl. Seibold, Stammbücher Schwaben (wie Anm. 6) S. 161.

13 Stb Widholz: S. 7v, 8v.

14 Diesen Aspekt thematisiert der Autor in seinem Aufsatz „Stammbuch-Erotik", welcher 2024 im Herold-Jahrbuch veröffentlicht wird.

15 Stb Widholz: S. 6r, 15r. ÖStA, AVA, Wien: RAA, 216.16.

motivierter Zeichnungen sein, welche durchaus auch anzügliche Bildinhalte zum Gegenstand haben. Zunächst werden die Geschlechterbeziehungen in der Darstellung von Mann und Frau unverfänglich zur Kenntnis gebracht. Was folgt, sind mehr oder weniger direkte Annäherungsbemühungen des Mannes an das Objekt seiner Begierde. Rasch gelangt man daraufhin zur unbekleideten Frau, die sich auf unterschiedlichste Art und Weise ihrem männlichen Betrachter präsentiert. Diese Optiken werden ergänzt um Kostümbilder, Allegorisches, eine Saul-David-Darstellung u. a.

Bleibt noch die Frage, in welcher Situation die Widmungen niedergeschrieben worden sind. Soweit die Namen der Inskribenten lesbar sind und die Personen identifiziert werden konnten, handelt es sich durchwegs um Männer, die mit Widholz gleichaltrig waren, das heißt, um 1560 geboren wurden und sich vermutlich wie der Stammbucheigner kaufmännisch betätigten. Sie stammten, soweit belegbar, aus Nürnberg, Biberach / Riss, Illertissen, Landsberg / Lech, Salzburg, Regensburg (?) und aus Augsburg, wo auch Widholz zu Hause war. Dies entspricht mehr oder weniger dem Publikum, welches am Fondaco dei Tedeschi verkehrte, der weitestgehend von den Süddeutschen beherrscht wurde.[16] Ebenso ist natürlich denkbar, dass sich diese Männer zeitweise an Wertach und Lech aufgehalten haben, um sich in dem erwählten Beruf zu vervollkommnen bzw. vor Ort ihren Geschäften nachzugehen. Das kann nicht ausgeschlossen werden, auch wenn eine ganze Reihe von Inskribenten Venedig als Ort der Niederschrift für ihre Widmungen benennen. Daher muss Widholz 1582 und 1583 hier präsent gewesen sein. Ob das nur punktuell der Fall war oder ob er hier dauerhaft als Vertreter eines größeren Handelshauses anwesend war, wissen wir nicht. Dieses Geschehen spielte sich jedenfalls auch 1584 ab, vielleicht noch im Januar 1585. Obwohl mindestens eine der Widmungen in Augsburg zur Niederschrift gelangte, bleibt es dabei, dass Venedig im Rahmen von Widholzens Album tonangebend war, wo die jungen Kaufleute zur Abwicklung ihrer Geschäfte zueinander fanden und vielleicht ihre Freizeit miteinander verbrachten. In diesem Zusammenhang muss daran erinnert werden, dass es noch nicht einmal zehn Jahre her war, dass das Augsburger Levantegeschäft – und damit indirekt auch die auf Venedig konzentrierten Geschäfte – in hohem Maße erschüttert worden war. 1574 machte nämlich das Handelshaus des Augsburgers Melchior Manlich Bankrott. Diese Feststellung gilt, obwohl Manlich sein Geschäft vor allem über Frankreich abwickelte.[17] Dass dieses Geschehen und die Präsenz Widholzens in Venedig mehr oder weniger parallel mit der Seeschlacht von Lepanto 1571 einherging, die bewirkte, dass die Türken-

---

[16] Simonsfeld, Fondaco (wie Anm. 4) S. 167–196.

[17] Heinz Friedrich Deininger, Das reiche Augsburg, München 1938, S. 172 f., 179 f; Gerhard Seibold, Die Manlich, Sigmaringen 1995, S. 146–154.

gefahr deutlich reduziert und die Handelswege sicherer wurden, darf nicht unerwähnt bleiben.

Im Falle des Martin Peller, der sich 1583 in Hans Jakobs Album verewigte, kann jedenfalls vermutet werden, dass die Beziehung zu dem Augsburger ihre Wurzeln in Venedig hatte. Peller stammte aus Radolfzell und war 1575 als Sechzehnjähriger nach Venedig gelangt, wo er wohl 1580 in Berührung mit Bartholomäus Viatis kam. Dieser war einer der Inhaber des Nürnberger Handelshauses Forst-Viatis. Viatis stammte aus der Terra ferma, und zog, nachdem er ins Fränkische gekommen war, hier wirtschaftlich äußerst erfolgreich seine Kreise. Im Übrigen sei darauf verwiesen, dass auch Peller einmal, 1588, als Konsul im Handelshaus der Deutschen amtierte und 1590 die Tochter Maria seines Prinzipals heiraten konnte.[18] Diesen Kontakt in der dargelegten Form verfolgen zu können, ist exemplarisch, aber leider nicht bei den übrigen Inskribenten möglich.

Immerhin lässt sich auch zu einigen der weiteren Schreiber etwas sagen. Martin Schweicker entstammte einer bekannten Nürnberger Kaufmannsfamilie. Da er über das Stammbuch hinaus nicht ausfindig gemacht werden kann, ist zu vermuten, dass er jung verstorben ist.[19] In diesem Sinne wird wohl auch Johann Baptist Miller beruflich positioniert gewesen sein, der Angehöriger einer Augsburger Kaufleutestubenfamilie war. Weiter ist bekannt, dass der Augsburger Hans Herz(e)l d. J. Widholzens Schwager war, seit 1584 verheiratet mit dessen Schwester Anna Maria. Herzel erlangte 1587 zweifelhafte Berühmtheit, als er falsche Münzen prägen ließ und diese in Umlauf brachte.[20] Daniel Mader war ebenfalls ein Verwandter von Hans Jakob, entstammte doch Widholzens Mutter dieser Familie. Bei Silvester Gaupp d. J. handelt es sich um ein Mitglied der bekannten Biberacher Familie, wofür das von ihm verwendete Wappen eindeutig spricht. Allerdings ist gleichzeitig auch sicher, dass er mit einem Gleichnamigen, der 1579 geboren wurde, nicht identisch sein kann.[21] Was Hans Huepher anbelangt, wissen wir zumindest, dass er einst in Landsberg am Lech zuhause war, seit 1583 der Augsburger Kaufleutestube als Mitglied angehörte und 1583, 1591, 1593 sowie 1595 in Venedig die deutschen Kaufleute als Konsul anführte. Eine Zuordnung von Hans Ronner ist bis auf Weiteres nicht möglich. Bei Hans Christoph Vöhlin scheint es sich um

---

18 Gerhard Seibold, Die Viatis und Peller, Köln/Wien 1977, S. 63, 77–80, CVIIL; Simonsfeld, Fondaco (wie Anm. 4) S. 210.

19 Gerd Wunder, Die Nürnberger Schweicker, in: Genealogie 17/18 (1968/69) S. 98. StadtA Nürnberg: E3, Nr. 3, S. 96r (Kienersches Wappenbuch).

20 Mark Häberlein, „Die Tag und Nacht auff Fürkauff trachten". Augsburger Großkaufleute des 16. und beginnenden 17. Jahrhunderts in der Beurteilung ihrer Zeitgenossen und Mitbürger, in: Johannes Burkhardt (Hg.), Augsburger Handelshäuser im Wandel des historischen Urteils (Colloquia Augustana 3) Berlin 1996, S. 55; Reinhard, Eliten (wie Anm. 2) S. 560.

21 Robert Gaupp, Chronik und Genealogie der Familie Gaupp, Waiblingen 1978, S. 137.

den gleichnamigen Sohn des Herrschaftsbesitzers von Illertissen und Neuburg an der Kammel zu handeln, der außerdem als kaiserlicher und erzherzoglicher Rat sowohl für Kaiser Ferdinand I. als auch für dessen Sohn Erzherzog Ferdinand von Tirol tätig war. Sollte die Identifikation richtig sein, so wird sich Vöhlin vermutlich im Rahmen einer Grand Tour zeitweise in Venedig aufgehalten haben, vielleicht war er auch an der Universität im nahen Padua zugange. Später war er Truchsess bei Erzherzog Ferdinand in Innsbruck.[22] Vom Sozialmilieu her beurteilt, käme aber eher ein gleichnamiger Sohn des Augsburgers Konrad Vöhlin in Frage.[23] Tobias Alt stammte aus Salzburg, 1614 verlieh ihm Kaiser Matthias den Adelstitel. Sein Schwager Bertold Widmann fungierte zeitweise ebenfalls als Konsul im Handelshaus der Deutschen in Venedig.[24] Diese Identifizierungsversuche gewinnen an Berechtigung, wenn man sich vergegenwärtigt, dass sich 1584 mit M. Berkowsky z Schbirzowa, vermutlich Mikuláš Beřkovský ze Šebířova, in Widholzens Stammbuch ein weiterer Adeliger als einer seiner Freunde äußerte. Diese Familie war in Böhmen ansässig. Marx Zimmermann gehörte der Ausburger Kaufleutestube an. Abraham Jenisch war Mitglied der Mehrergesellschaft in der Reichsstadt, womit in beiden Fällen eine Tätigkeit als Kaufmann vermutet werden kann.[25] Balthasar Erhardt war in Landsberg / Lech beheimatet.[26] Thomas Karg kann allein dahingehend nachgewiesen werden, dass er sich am Fondaco 1586 und 1587als Konsul betätigte. Möglicherweise stammte er aus Regensburg, vielleicht auch aus Ulm.[27] Von dem Handelsmann Christoph Helbi(e)g wissen wir immerhin, dass er seit 1601 in Augsburg lebte und 1598 seinen Berufskollegen im Fondaco die Tedeschi in Venedig als Konsul vorstand.[28] Das auf Seite 17r in Widholzens Stammbuch abgebildete Wappen kann der Ulmer Familie Ott zugeordnet werden, wobei dahingestellt bleiben muss, ob die zu Zeiten Widholzens in Venedig ansässigen Familienmitglieder nicht längstens dort ihren Lebensmittelpunkt hatten. Später war dies jedenfalls maßgeblich. Zur Zeit von Hans Jakob Widholz waren ein Christoph und ein Hieronymus Ott Konsul am Fondaco, der

22 Jürgen Arndt, Hofpfalzgrafen-Register (Bd. 3), Neustadt / Aisch 1988, S. 88.
23 Reinhard, Eliten (wie Anm. 2) S. 860.
24 Franz Martin, Hundert Salzburger Familien, Salzburg 1946, S. 153 f.
25 Johann Seifert, Stammtafeln einiger Augsburger Geschlechter, Regensburg 1721, Tafel III; Reinhard, Eliten (wie Anm. 2) S. 370 f.; StadtAA NL Zimmermann, Manuskript (S. 99999) S. 1239.
26 Karl Friedrich von Frank, Standeserhebungen und Gnadenakte für das Deutsche Reich und die Österreichischen Erblande (Bd. 1), Schloss Senftenegg 1967, S. 281; ÖStA, AVA, Wien: RAA 101.11.
27 Simonsfeld, Fondaco (wie Anm. 4) S. 169.
28 Eduard Zimmermann, Augsburger Zeichen und Wappen, Augsburg 1971, Tafel 63; StadtAA NL Zimmermann, Manuskript (S. 99999) S. 580; Simonsfeld, Fondaco (wie Anm. 4) S. 210; Reinhard, Eliten (wie Anm. 2) S. 262.

Letztere zeitgleich mit Daniel Widholz.[29] Insoweit scheint es auch nicht zu gewagt zu vermuten, dass das Wappen im Stammbuch des Augsburgers mit einem der beiden in Verbindung steht. Infolge ihres Konnubiums mit Venezianer Familien waren die Ott gesellschaftlich und wirtschaftlich äußerst erfolgreich.[30] Vergleichbares gilt für das Emblem auf Seite 19r, das der zeitweise in Augsburg ansässigen Familie Hochaicher zugewiesen werden kann. Vielleicht bezieht sich das Wappen auf den 1624 in Augsburg verstorbenen Handelsmann Hansjerg Hochaicher. Ein Vertreter dieser Sippe kann Mitte des 17. Jahrhunderts in Venedig nachgewiesen werden.[31]

Schließlich sei noch auf den einzigen namentlichen Eintrag ohne Wappen verwiesen, der von einem Christoph Kueninger stammt, mit dem heute das Stammbuch eröffnet wird und der sich besonders deftig der Sexualität in Wort und Bild verpflichtet fühlte.[32] Weitere Einträger lassen sich trotz ihrer beigegebenen Wappen nicht näher bestimmen, sei es, dass ihre Namen nicht lesbar sind, oder auch, dass nur ihr Emblem ohne Text zur Abbildung gelangte.[33] Immerhin wird deutlich, dass das wirtschaftliche Geschehen in Venedig, soweit es den Handel von und nach Deutschland betrifft, in hohem Maße von den Augsburger und Nürnberger Kaufleuten bestimmt wurde.

Die Tabelle auf den folgenden beiden Seiten gibt, soweit Informationen vorhanden waren, einen Überblick über die Inskribenten, das Bildmotiv sowie Ort und Datum der Entstehung.

---

29 StadtA Nürnberg: E56/VI, Nr. 284; Simonsfeld, Fondaco (wie Anm. 4) S. 208–210; StadtAA NL Zimmermann, Manuskript (S. 99999) S. 852.

30 Sibylle Backmann, Der Fondaco dei Tedeschi in Venedig. Inklusion und Exklusion oberdeutscher Kaufleute in Wirtschaft und Gesellschaft (1550–1650), Zürich 2018, S. 195–200.

31 Ottfried Neubecker, Großes Wappen-Bilder-Lexikon, München 1985, S. 189; Zimmermann, Augsburger Zeichen (wie Anm. 28) Tafel 106; Simonsfeld, Fondaco (wie Anm. 4) S. 180; StadtAA NL Zimmermann, Manuskript (S. 99999) S. 619 f.

32 Stb Widholz, S. 3v.

33 Stb Widholz: S. 8r, 23r.

S.	Inskribent	Bild	Ort	Datum	Bemerkung
3v	Christof Kueninger	Geschlechterbeziehung (Maler 1)		1583	
4r	Hans Hertzl d. J.	Wappen Hertzl (Maler 4)	Augsb.	9.1.1583	1558–1599, aus Augsburg
4v		Geschlechterbeziehung (Maler 1)			
5r	Martin Schweicker	Wappen Schweicker (Maler 5)	Venedig	3.2.1582	
5v		Allegorie (Maler 2)			
6r	Daniel Mader	Wappen Mader (Maler 4)		1583	1557–1607, aus Augsburg
6v		Geschlechterbeziehung (Maler 1)			
7r	M. Berkowsky z Sehbirowa auf Berkowsy	Wappen Beřkoský (Maler 5)		1584	viel. Mikuláš Beřkovský ze Šebířova
7v		Kostümbild (Maler 6)			
8r	…brecht …hauser	Wappen (Maler 4)	Venedig	15.1.1585?	
8v		Arzt und Patient (Maler 6)		1583	
9r	Martin Peller	Wappen Peller (Maler 4)		1583	1559–1629, aus Nürnberg
9v		Allegorie (Maler 2)			
10r	Hans Christoph Vöhlin	Wappen Vöhlin (Maler 4)	Venedig	3.?.1583	vermutl. Hans Christoph II., 1561–1587
10v		Allegorie (Maler 1)			
11r	Marx Zimmermann	Wappen Zimmermann (Maler 4)		1584	1559–1594, aus Augsburg
11v		Geschlechterbeziehung (Maler 1)			
12r	Tobias Alt	Wappen Alt (Maler 5)		30.1.1584	1559–1625, aus Salzburg
12v		Allegorie (Maler 2)			
13r	Silvester Gaup d. J.	Wappen Gaup (Maler 4)		29.1.1583	aus Biberach / Riss
13v		Allegorie (Maler 3)			
14r		Geschlechterbeziehung (Maler 2)			
15r	Thomas Karg	Wappen Karg (Maler 5)		16.3.1584	viel. aus Ulm / Regensburg

S.	Inskribent	Bild	Ort	Datum	Bemerkung
15v		Allegorie (Maler 2)			
16r		Wappen Widholz (Maler 6)			ursprüngl. wohl das Eröffnungsblatt
16v		Allegorie (Maler2)			
17r		Wappen Ott (Maler 4)			vermutl. aus Ulm oder auch ein Mitglied der gleichnamigen Venezianer Fam.
17v		Geschlechterbeziehung (Maler 2)			
18r	Hans Huepherr	Wappen Huepherr (Maler 4)	Venedig	3.12.1583	1557–1619, aus Augsburg
18v		Allegorie (Maler 2)			
19r		Wappen Hochaicher (Maler 4)			vermutl. aus Augsburg
19v		Allegorie mit Wappen (Maler 3)			
20r	Abraham Jenisch	Wappen Jenisch (Maler 5)		26.2.1584	1560–1639, aus Augsburg
20v		Allegorie (Maler 2)			
21r	Johann Baptist Miller	Wappen Miller (Maler 4)	Venedig	1582	1556/58–1634, aus Augsburg
21v		Saul und David (Maler 3)			
22r	Balthasar Erhardt	Wappen Erhardt (Maler 5)		3.4.1584	gest. 1621, aus Landsberg / Lech
22v		Geschlechterbeziehung (Maler 1)			
23r	Conrad St...	Wappen (Maler 4)		1584	
23v		Allegorie (Maler 2)			
24r	Hans Ronner	Wappen Ronner (Maler 5)		16.1.1583	
24v		Justitia (Maler 1)			
25r	Christoph Helbieg	Wappen Helbieg (Maler 5)			aus Augsburg

Abschließend ist noch zu sagen, dass das von Hans Jakob Widholz hinterlassene Stammbuch (Hochformat 15,4 x 10,9 cm) von exzellenter malerischer Qualität ist (siehe die folgenden Abbildungen, alle Privatbesitz) und einen perfekten Erhaltungszustand aufweist. Die Farben der Gouachen sind frisch und zumeist goldgehöht.

Wappen Widholz (Seite 16r)

Wappen Hertzl (Seite 4r)

Wappen Mader (Seite 6r)

Kostümbild (Seite 7v)

Arzt und Patient (Seite 8v)

Wappen Vöhlin (Seite 10r)

Wappen Zimmermann (Seite 11r)

Wappen Huepherr (Seite 18r)

Wappen Jenisch (Seite 20r)

Wappen Miller (Seite 21r)

Wappen Erhardt (Seite 22r)

Wappen Helbieg (Seite 25r)

Bernhard Niethammer

Brandschutz und Brandbekämpfung als herrschaftliche Aufgabe

Zur Feuerordnung des Reichsmarktes Thannhausen aus dem Jahr 1731

Abstractum: Im Jahr 1731 erließ Graf Johann Philipp von Stadion für seine erst wenige Jahre zuvor erworbene Herrschaft Thannhausen eine Feuerordnung. Sie basiert auf einer älteren Polizeiordnung, es finden sich aber auch Einflüsse anderer Feuerordnungen der umliegenden Reichsstädte. Es stellt sich uns nun die Frage, inwieweit die Feuerordnung zu einer effektiven Brandbekämpfung beitrug und wie diese mit den nur begrenzt vorhandenen Mitteln der damaligen Zeit realisiert werden konnte. Letztlich findet sich hierin vermutlich der Schlüssel zu einer für das 18. und 19. Jahrhundert gut organisierten Brandbekämpfung im Markt Thannhausen, die erst im Jahr 1873 durch die Gründung einer Freiwilligen Feuerwehr abgelöst wurde.

Feuer begleitet uns Menschen schon seit frühester Zeit. Zunächst als Naturphänomen, in der Regel durch Blitzschlag ausgelöst. Schon bald gelang es den frühen Menschen, das so entstandene Feuer zu zähmen und für sich zu nutzen. Es diente ihnen einerseits als Lichtquelle, andererseits als Energieträger zum Heizen und Kochen. Es wurde aber auch zum Schutz gegen wilde Tiere eingesetzt. Alle diese Möglichkeiten funktionierten nur dann, wenn das natürlich entstandene Feuer konserviert und in Gang gehalten werden konnte. Feuer selbst zu erzeugen, erlernten die Menschen erst relativ spät.[1] Gleichwohl blieb es immer auch gefährlich

---

1 Für die Entwicklung der Menschheit spielt das Feuer eine wesentliche Rolle. Hierauf weist u. a. Sabine Rieckhoff in „Faszination Archäologie – Bayern vor den Römern" mit den folgenden Worten hin: „Jahrtausende hatten vergehen müssen, in denen der Mensch, schwankend zwischen Furcht und Neugier, natürlich entstandene Brände beobachtete, bis er lernte, das Feuer zu nutzen. Die bisher ältesten Feuerstellen vor 350.000 bis 400.000 Jahren (Bilzingsleben in Thüringen, Terra Amata in Nizza) gehören in die Zeit des Frühmenschen Homo erectus. Das Feuer ermöglichte es ihm, in kühlere Breiten vorzustoßen, seine Ernährung zu verbessern, Spitzen hölzerner Speere zu formen, mit Fackeln auf Treibjagd zu gehen und sich nachts vor Raubtieren zu schützen." Sabine Rieckhoff, Faszination Archäologie – Bayern vor den Römern, Regensburg 1990, S. 118.
Einen kurzen, anschaulichen Überblick über die Nutzung von Feuer in der Frühzeit der Menschen bieten u. a. Rolf Schamberger und Daniel Leupold in ihrer 2015 veröffentlichten Brand-

und bedurfte deshalb einer besonderen Sorgfalt im Umgang. War dies nicht der Fall, konnte es seine zerstörerische Kraft entfesseln und Unglück über die Menschen bringen. So stellen bis heute Brände und deren Bekämpfung trotz moderner Methoden und Technik eine permanente Herausforderung dar. Nicht anders ist es den Menschen in früheren Zeiten ergangen. Erschwerend kam damals noch hinzu, dass sie meist nur mit bescheidenen Gerätschaften ausgestattet, ohne viel Erfahrung gegen das Feuer kämpften. Es stellt sich nun für uns die Frage, zu welchem Zeitpunkt die Brandbekämpfung auch in Thannhausen ihren Einzug hielt und wie die Bürger der Marktgemeinde vor Jahrhunderten die reale Gefahr durch Feuer in ihrem Umfeld zu bannen suchten.

Feuerschutz und Brandbekämpfung im ehemaligen Reichsmarkt Thannhausen[2]

Die Angst vor Feuer war für die Menschen im Mittelalter und der frühen Neuzeit stets präsent: Die kleinteilige, oftmals dicht gedrängte Bebauung in den Städten, Märkten und Dörfern, die Bauweise der Häuser aus Holz sowie die Lagerung leicht entzündlicher Materialien führten nicht selten dazu, dass aus einem kleinen Funken verheerende Brände entstehen konnten, die ganze Ortschaften bis auf wenige Reste zerstört haben. Aus diesem Grund entwickelten sich schon recht früh Methoden der Brandvorbeugung und -bekämpfung. Diese waren meist jedoch noch nicht in der Lage, Brände effektiv zu verhindern bzw. zu bekämpfen. Gleichwohl gelang es den Menschen dadurch erstmals, dem Feuer nicht mehr völlig hilflos gegenüberzutreten und mindestens Teile ihrer Besitztümer zu retten.

---

schutzgeschichte. Vgl. hierzu Rolf Schamberger / Daniel Leupold, Brandschutzgeschichte, Stuttgart 2015, S. 11–15.

2 Der ehem. Reichsmarkt Thannhausen liegt auf halber Strecke an der alten Handelsstraße von Augsburg nach Memmingen im Tal der Mindel. Im Jahr 1348 wird der Ort erstmals als Markt in einer Urkunde Kaiser Karls IV. bezeichnet. Trotz mehrfach wechselnder Herrschaftsträger konnte sich der Ort im Laufe des Mittelalters zu einem florierenden Gewerbezentrum entwickeln. Hierbei spielten vor allem Wollerzeugnisse und Lederwaren eine wichtige Rolle. Diese wurden nicht nur auf dem eigenen Wochenmarkt, sondern auch in den umliegenden Städten verkauft. Zu Beginn des 17. Jahrhunderts kam es erneut zu einem raschen Wechsel verschiedener Herrschaftsträger, der schließlich 1665 im Verkauf der Herrschaft an Graf Georg Ludwig von Sinzendorf mündete. Damals wurde der bisher reichsritterschaftliche Markt von Kaiser Leopold I. zur unmittelbaren Reichsgrafschaft erhoben. Finanzielle Schwierigkeiten der Sinzendorf führten am Beginn des 18. Jahrhundert zum Verkauf an Pfalzgraf Johann Wilhelm von Pfalz-Neuburg, der wiederum den Ort im Jahr 1706/07 an Graf Johann Philipp von Stadion mit sämtlichen Rechten veräußerte. Dessen Nachkommen blieben bis zum Ende des Alten Reichs und darüber hinaus im Besitz der Herrschaftsrechte. Vgl. hierzu ausführlich u. a. Joseph Hahn, Krumbach (Historischer Atlas von Bayern 12) München 1982, S. 118–128.

Gerade zwischen dem 12. und 14. Jahrhundert lassen sich vermehrt z. T. verheerende Feuersbrünste in einer ganzen Reihe mittelalterlicher Städte nachweisen. So wurde beispielsweise Regensburg 1152 fast gänzlich von den Flammen zerstört.[3] Dass diese derart heftig wüten konnten, lag in erster Linie an der damals üblichen Bauweise der Städte, die zu einem großen Teil aus Fachwerkhäusern bestanden. Nur Kirchen, Klöster und Repräsentationsbauten wurden mit steinernen Wänden und Ziegeldächern errichtet. Auch standen die Häuser meist dicht gedrängt nebeneinander und waren nur selten durch schmale Gassen voneinander getrennt, sodass sich ein Feuer ungehindert ausbreiten konnte. Erst im Laufe des 14. und 15. Jahrhunderts ging man allmählich zur Massivbauweise über, die Innenwände der Häuser wurden jedoch weiterhin in Holzbauweise errichtet. Die in den Hinterhöfen befindlichen Lager- und Werkstattbauten blieben ebenfalls noch lange Zeit der einfachen und billigen Bauweise aus Holz und Lehm verhaftet. Aus diesen Gründen waren Brandschutzmaßnahmen für das Zusammenleben der Menschen zwingend erforderlich und es wurden deshalb ab 1220 erste Verhaltensmaßregeln bei Bränden, ergänzt um entsprechende Bauvorschriften, schriftlich fixiert und die Brandbekämpfung in den Städten selbst organisiert.[4] In den Dörfern und Märkten wurden diese wichtigen Vorschriften meist erst viel später erlassen, nicht selten im Kontext der sich damals nach und nach auflösenden alten Ordnung.[5]

---

3 Vgl. hierzu u. a. Max Heuwieser, Die Entwicklung der Stadt Regensburg im Frühmittelalter, in: Aus Regensburgs Vergangenheit. Festgabe zur Haupt-Versammlung der deutschen Geschichts- und Altertumsvereine in Regensburg vom 30. August bis 4. September 1925, Regensburg 1925, S. 75–194, hier 139.

4 Einen ausführlichen Überblick über die Bebauung in mittelalterlichen Städten bietet das Standardwerk „Die mittelalterliche Stadt“ von Eberhard Isenmann. Er betont, dass die „[...] Masse der städtischen Häuser, von denen wir erst über Bauten, die an der Wende zum 14. Jahrhundert entstanden sind, genauere Kenntnisse haben, [...] zunächst als Holzbauten, [...] errichtet [wurden].“ Eberhard Isenmann, Die mittelalterliche Stadt 1150–1550, Wien / Köln / Weimar 2012, S. 103–110, hier 105.
Exemplarisch kann die Entwicklung von der hölzernen zur steinernen Stadt in regionalem Kontext am Beispiel der ehemaligen Reichsstadt Augsburg nachvollzogen werden. Hier setzt vor allem im 16. Jahrhundert eine rege Bautätigkeit ein, die viele hölzerne Gebäude durch neue, steinerne Bauten ersetzt. Hierzu u. a. auch Robert Pfaud, Das Bürgerhaus in Augsburg, in: Günther Binding (Hg.), Das deutsche Bürgerhaus, Bd. XXIV, Tübingen 1976. Vgl. hierzu u. a. Schamberger / Leupold, Brandschutzgeschichte (wie Anm. 1) S. 32–40; Kulturreferat der Stadt Ingolstadt (Hg.), Feuer aus! Das Ingolstädter Feuerlöschwesen im Wandel der Zeit, Gaimersheim 2007, S. 10–19; Manfred Heerdegen / Stefan Dieter (Hg.), Nothilfe ohne Lohn – 150 Jahre Freiwillige Feuerwehr Kaufbeuren, Thalhofen 2008, S. 10–41, hier 10 f.

5 Im ländlichen Raum lassen sich Bau- und Feuerordnungen, von wenigen Ausnahmen abgesehen, meist erst seit dem 18. Jahrhundert nachweisen. Vielfach wurden sie im Zuge der tiefgreifenden politischen Umwälzungen als Folge der französischen Revolution und der Neuordnung der europäischen Staaten nach dem Wiener Kongress im Jahr 1806 erlassen. Vgl. hierzu u. a. Generaldirektion der Staatlichen Archive Bayerns (Hg.), „Gott zur Ehr, dem Nächsten zur

Etwas mehr als ein halbes Jahrhundert nach der Einführung erster Verhaltensmaßregeln bei Bränden und entsprechender Bauvorschriften führten die großen Städte zum erweiterten Schutz ihrer Bürger Feuerordnungen ein. Darin regelten sie die Brandbekämpfung und verpflichteten die Stadtbewohner zur Nothilfe.[6] Neben der rechtsverbindlichen Festschreibung von Vorgaben im Umgang mit Feuer ist in der Regel auch eine Feuerschau eingeführt worden. Diese diente mehrmals im Jahr der Kontrolle der Brandwände, Kamine und Gebäude durch ein öffentlich bestelltes Gremium aus Werkleuten und Kaminkehrern. Mängel wurden in einem schriftlichen Bericht festgehalten und die betreffenden Bürger unverzüglich zu deren Behebung aufgefordert. Verstöße konnten mit nicht unbeträchtlichen Geldbußen geahndet werden. Gleichwohl finden sich bauliche Maßnahmen zur Brandverhütung im Mittelalter noch selten, diese setzen sich erst im Laufe der Zeit, wiederum zunächst in den Städten, durch. Auf dem Land dauert dieser Prozess vielfach bis ins 18. oder 19. Jahrhundert, als unter dem Eindruck verheerender Brände auch hier die Gebäude nach und nach versteinert oder zumindest in Teilen verputzt wurden. Gleichzeitig verschwanden die noch immer in bestimmten Gegenden verbreiteten Strohdächer und wurden gegen eine feuerfeste Deckung aus harten Materialien, wie beispielsweise Ziegel, ausgetauscht.[7]

Ohne dass wir nun über konkrete Brandereignisse informiert wären, bemühen sich die Ortsherrschaft und die Bürgerschaft spätestens seit der zweiten Hälfte des 17. Jahrhunderts um eine Regelung der Brandbekämpfung in Thannhausen. So stehen erstmals in der *Policey Ordnung dess heyl. Röm. Reichs Grafschafft und Markht Thannhaussen* konkrete Vorschriften zur Verhütung von Bränden innerhalb der Ortsgrenzen.[8]

Dieses im Stadtarchiv verwahrte Dokument, mit einiger Wahrscheinlichkeit bereits im letzten Drittel des 17. Jahrhunderts verfasst, enthält gleich mehrere Paragraphen, die sich mit dem Thema Bauen befassen. Damit verbunden sind Vorschriften zum Umgang mit Feuer. In Paragraph 33 heißt es beispielsweise:

Wehr". Zur Geschichte der Feuerwehr in Bayerisch-Schwaben, München 2000, S. 9 f. und 14. Walter Pötzl, Feurio! Es brennt. Zur Geschichte des Brandschutzes, der Brandbekämpfung und der Feuerwehren (Beiträge zur Heimatkunde des Landkreises Augsburg 23) Augsburg 2010, S. 13–71.

6 Vgl. hierzu u. a. Schamberger / Leupold, Brandschutzgeschichte (wie Anm. 1) S. 29–40. Siehe hierzu auch exemplarisch Heerdegen / Dieter, Nothilfe (wie Anm. 4) S. 42–45.

7 Vgl. hierzu u. a. Schamberger / Leupold, Brandschutzgeschichte (wie Anm. 1) S. 29–40.

8 Der Erlass einer Polizeiordnung für den Markt Thannhausen dürfte in Zusammenhang mit der Erhebung des Orts zur Reichsgrafschaft unter den Herren von Sinzendorf im Jahr 1677 stehen. Ob diese nun auf älteren Dokumenten basiert, lässt sich nicht mehr feststellen. Hierzu Hans Bronnenmaier, Thannhauser Heimatbuch, Augsburg 1955, S. 71–83, hier 75–83. StadtA Thannhausen, Policey Ordnung dess heyl. Röm. Reichs Grafschafft und Markht Thannhaussen, Fach 10 Lit. G I Ziff. 6 Nr. 7.

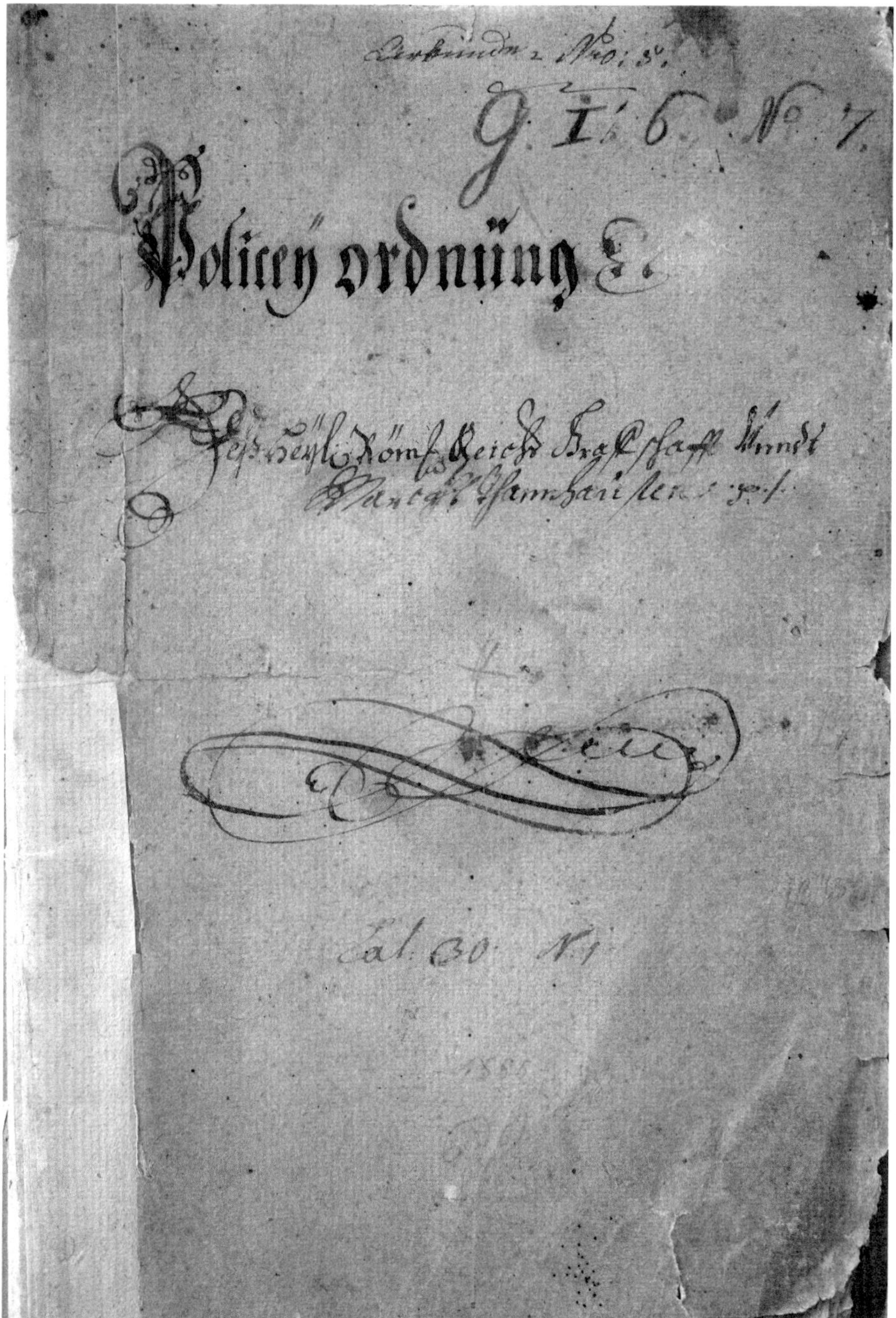

1 Deckblatt der *Policey Ordnung dess heyl. Röm. Reichs Grafschafft und Markht Thannhaussen* aus dem Bestand des Stadtarchivs Thannhausen. Die Polizeiordnung ist nicht datiert, sie wurde nachträglich in Bleistift mit der Jahreszahl 1665 versehen. (StadtA Thannhausen, Fach 10 Lit. G I Ziff. 6 Nr. 7)

Zwischen den 4 Schranken soll kein Haus, Stadel, Stallung oder anderes Gebäude mit Stroh sondern mit Ziegel gedeckt werden […] *bei Straf 10 Pfund Heller.*[9] Mit diesem Verbot der weichen Bedachung konnte von der Herrschaft ein wichtiger

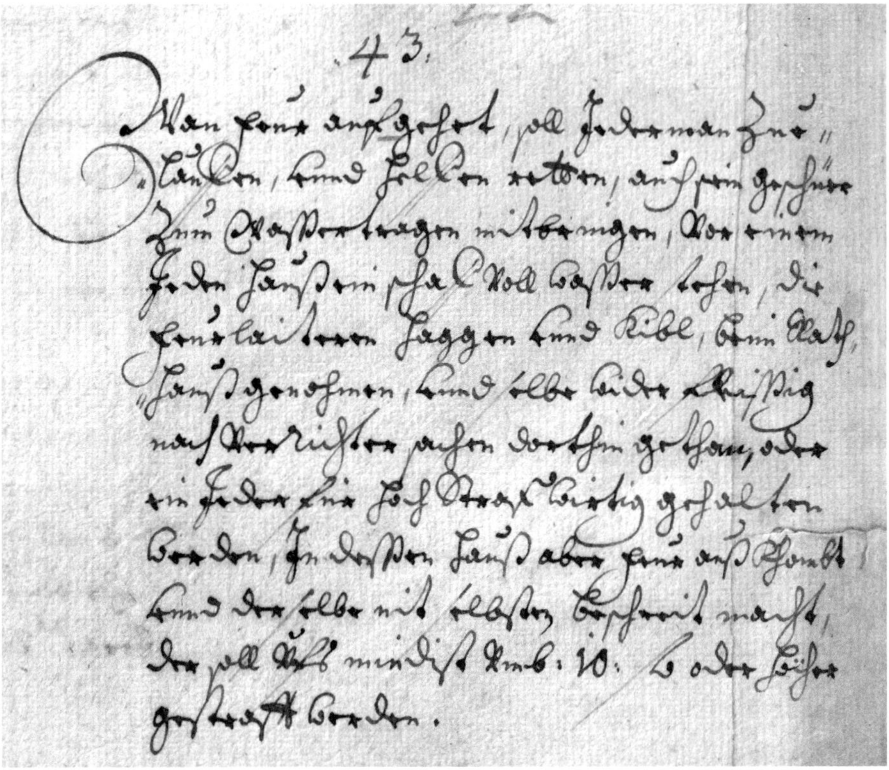

2 Ausschnitt aus der *Policey Ordnung dess heyl. Röm. Reichs Grafschafft und Markht Thannhaussen* mit einer Aufzählung der im Ort vorhandenen Feuerlöschrequisiten (StadtA Thannhausen, Fach 10 Lit. G I Ziff. 6 Nr. 7)

Aspekt zur Vermeidung von Bränden etabliert werden. Das Thema Feuer wird in Paragraph 43 explizit abgehandelt. Dort heißt es, [W]*ann Feuer aufgeht, soll jedermann herzulaufen und helfen retten, auch sein Geschirr zum Wasser tragen mitbringen – vor jedem Haus ein Schaff voll Wasser stehen – die Feuerleitern, Hacken und Kübel beim Rathaus genommen selbe nach verrichter Sachen wieder dorthin getan werden. In dessen Haus Feuer aufkommt, derselbe aber nicht selbst einschreitet, der soll mindest um 10 fl. oder höher gestraft werden.*[10]

[9] StadtA Thannhausen, Policey Ordnung (wie Anm. 8), § 33.
[10] Ebd. § 43.

Aus diesen Zeilen geht im Allgemeinen eine noch recht rudimentäre Regelung zur Bekämpfung von Bränden hervor. Um diese zu befördern bzw. zudem die Effektivität zu steigern, denn Eile ist bei einem Entstehungsbrand geboten, soll in jedem Haus neben einer Laterne ein Feuerkübel und eine Leiter vorhanden sein. Diese Geräte werden jedes Jahr von den vereidigten Gemeindedienern kontrolliert und auf Vollständigkeit geprüft. Fehlen die Gerätschaften oder sogar nur Teile davon, dann müssen die betreffenden Bürger 10 fl. (Gulden) an Strafgebühren zahlen.[11] Und auch der Umgang mit Asche ist festgeschrieben, diese soll gut abgelöscht in einem irdenen Hafen oder einer gemauerten Vertiefung entsorgt werden. Auf keinen Fall darf man sie in ein hölzernes Gefäß schütten. Damit in Verbindung steht die Anweisung, dass jeder Bewohner nur mit einer Laterne in den Stadel, den Stall oder sogar auf die Gasse gehen darf. Auch steht es unter Strafe, das Haus zu verlassen, ohne vorher das Herdfeuer und das Licht gelöscht zu haben. Das Dörren von Flachs im Backofen bei Nacht ist ebenfalls untersagt.[12] Und letztlich muss jeder Bürger in seinem Haus ein mit Wasser gefülltes Schaff vorhalten, damit im Brandfall schnell Löschwasser zur Verfügung steht.[13]

Alle diese Handlungsanweisungen dienten in erster Linie dem vorbeugenden Brandschutz und in vielerlei Hinsicht der Vermeidung von Entstehungsbränden. Hinweise zum organisierten Brandschutz lassen sich in der Polizeiordnung noch so gut wie keine finden, sieht man einmal von den wenigen in Paragraph 43 genannten Utensilien ab. Damit konnten die Bewohner der Gemeinde Thannhausen, den täglichen Umgang mit offenem Feuer gewohnt, kleinere Entstehungsbrände rasch und effektiv löschen. Erst wenn das Feuer eine bestimmte Größe erreicht hatte, war es mit den einfachen Bekämpfungsmitteln Eimer, Wasser, Leiter und Feuerhaken nicht mehr in Griff zu bekommen, sodass große Brände im Allgemeinen noch bis ins 19. Jahrhundert beinahe an der Tagesordnung blieben. Doch darüber sind in den Quellen für Thannhausen keine Hinweise vorhanden.[14]

Nun stellt sich die Frage, inwieweit diese Polizeiordnung des Marktes Thannhausen auf vergleichbare Regularien benachbarter Herrschaften Bezug nimmt

---

11 Die Strafe von 10 fl. entspricht nach vorsichtigen Schätzungen dem Monatsverdienst eines gut bezahlten Bauhandwerkers. Michael Thumb erhält für seine Arbeiten an der Klosteranlage in Wettenhausen für die 18 Bauhandwerker, die er vor Ort beschäftigt, 36 fl. Dieser Betrag ist auf fünf Tage gerechnet, sodass jeder 2 fl. in der Woche verdient. Vgl. hierzu Annalium Sive Chronologiae Imperialis Monastery Wettenhusiani, Bd. VI, 1, S. 109–112.

12 Vgl. hierzu StadtA Thannhausen, Policey Ordnung (wie Anm. 8), § 53–57.

13 Vgl. ebd. § 58.

14 In den Archivalien zur Ortsgeschichte finden sich keine Belege für größere Brandereignisse in Thannhausen. Lediglich einzelne Anwesen fallen im Laufe der Jahrhunderte einem Feuer zum Opfer und müssen in der Folge neu errichtet werden. So brannte im Jahr 1808 die Wirtschaft Zum Pflug ab, 1848 die Wirtschaft Zum Hirsch und auch in der Folgezeit noch weitere, einzelne Anwesen. Vgl. hierzu Bronnenmaier, Heimatbuch (wie Anm. 8) S. 98, 110 und 123–125.

oder ob sie gar etwas vollkommen Neues darstellt. Wir wissen, dass vor 1800 Maßnahmen zur Brandbekämpfung und zur Brandverhütung vornehmlich in den Dorf- oder Gerichtsordnungen ihren Niederschlag fanden. Diese wurden in der Regel von der jeweiligen Herrschaft im Rahmen der niederen Gerichtsbarkeit erlassen. Da jede Herrschaft nun aber unterschiedliche Schwerpunkte in ihrer Herrschaftspraxis legte, mussten auch zwangsläufig die Dorf- und Gerichtsordnungen voneinander abweichen.[15] Bei der Betrachtung ist ebenfalls auffallend, dass die jeweiligen Ordnungen nur einen beschränkten Wirkungsbereich haben. Erst relativ spät kommt es im Umgriff des Marktes Thannhausen durch das Hochstift Augsburg zur Einführung einer einheitlichen, gedruckten Feuerordnung im Jahr 1786.[16] Wie in Thannhausen sind die Bestimmungen der Ordnungen mit Strafen belegt, um diesen für die örtliche Sicherheit so wichtigen Regelwerken den notwendigen Nachdruck zu verleihen. Und dass es bei einem Fehlverhalten auch zu Bestrafungen kam, lässt sich aus den Gerichtsprotokollen ersehen.[17] Die Einhaltung der in der Polizeiordnung aufgeführten Bestimmungen, nicht nur zum Brandschutz und zur Brandverhütung, überwachten von der Gemeinde bestellte Personen. Im Verlauf des 18. Jahrhunderts übernahm diese Rolle dem Anschein nach ein Kollegium aus Kaminkehrern und örtlichen Bauhandwerkern, die neben der Besichtigung der Feuerstätten auch für die Einhaltung der Bauvorgaben verantwortlich waren.[18] Wie die Feuerschau vonstattenging und wie oft die Kamine gekehrt wurden, findet sich in den Kaminkehrer-Instruktionen vom 1. Juni 1741.[19] Doch bereits 1733 muss es einen Kaminkehrer am Ort gegeben haben, wie aus der Beschreibung aller Kamine und Rauchfänge in Thannhausen zu entnehmen ist. Darin heißt es: *Beschreibung Uber alle Kamin und Rauchfäng zue Thannhausen, auch waß dem Kamin feger vorhin in iedem Hauß für das Kamin zufegen Jährl. bezalt, auch khünftighin nach dem neuen accort bezalt weren muß.*[20] Bisher wurden die Kamine im Ort zweimal jährlich gekehrt, ab 1733 dann drei- bzw. bei besonderen Kaminanlagen sogar viermal. Der Betrag für das Kehren lag

---

[15] Vgl. hierzu Pötzl, Feurio (wie Anm. 5) S. 13

[16] Im Jahr 1786 erlässt Fürstbischof Clemens Wenzeslaus, Prinz von Sachsen und Polen, Kurfürst von Trier eine Feuerordnung, die sich in 38 Paragraphen mit der Verhütung von Bränden, in 11 Paragraphen mit dem Kauf von Feuerlöschgeräten, in 22 Paragraphen mit der Brandbekämpfung und den Nachlöscharbeiten befasst. Sie ist unter dem Titel *Fürstlich-Augsburgische Feuer- und Brandschaden-Versicherungs Anstalten* veröffentlicht worden. Vgl. hierzu Pötzl, Feurio (wie Anm. 5) S. 17.

[17] Vgl. hierzu u. a. Pötzl, Feurio (wie Anm. 5) S. 18 f.

[18] Vgl. hierzu StadtA Thannhausen, Kamingeldregister 1733 und 1769, Fach 10 Lit. G I Ziff. 3 Nr. 1 und 6. Hierzu u. a. Pötzl, Feurio (wie Anm. 5) S. 26–31.

[19] Vgl. hierzu StadtA Thannhausen, Kaminfeger Instruktionen vom 1. Juni 1741, Fach 10 Lit. G I Ziff. 3 Nr. 5.

[20] StadtA Thannhausen, Beschreibung uber alle Kamin und Rauchfäng […], beschrieben den 10. Marty 1733, Fach Lit. G I Ziff. 3 Nr. 1.

beim Regelvorgang bei 12 Xr. (Kreuzer), war kein Kamin vorhanden und wurde der Rauch über ein sog. Rauchdach aus dem Gebäude geführt, dann lag die Gebühr bei 6 Xr.[21] Im Bewusstsein um die Bedeutung der Kamine zur Reduzierung der Brandgefahren stiegen in den folgenden Jahren auch die dafür zu bezahlenden Gebühren, wie aus dem Einzugsregister von 1769 zu entnehmen ist. Das für den neuen Kaminkehrer Josef Baur duplizierte Schriftstück vermerkt, dass die Gebühren zweimal im Jahr je hälftig an Ostern und an St. Gallus (16. Oktober) bezahlt werden mussten. Die jährliche Abgabe lag nun bei 12 Xr. und bei 9 Xr., davon wurde nur dann abgewichen, wenn der Kamin viermal gekehrt werden musste. Dafür waren insgesamt 20 Xr. zu zahlen.[22] Alle diese Maßnahmen dienten in erster Linie der Vorbeugung gegen mögliche Brände, die Ausstattung zur Brandbekämpfung selbst findet zunächst keine Erwähnung. Erst nach dem Übergang der Herrschaft an die Grafen von Stadion im Jahr 1708 setzten Bestrebungen ein, auch aktiv die Brandbekämpfung im Markt anzugehen. So wurden im Jahr 1712 dem Kupferschmied Andreas Lieb 40 Xr. gezahlt, damit er einen neuen Zylinder für das Pumpwerk der Feuerspritze fertigt.[23] Nun ist der Betrag im Verhältnis zu den Kosten einer vernünftigen Feuerspritze relativ gering, sodass nicht klar wird, um was für ein Gerät es sich hierbei handelte. Es bleibt zu vermuten, dass es sich

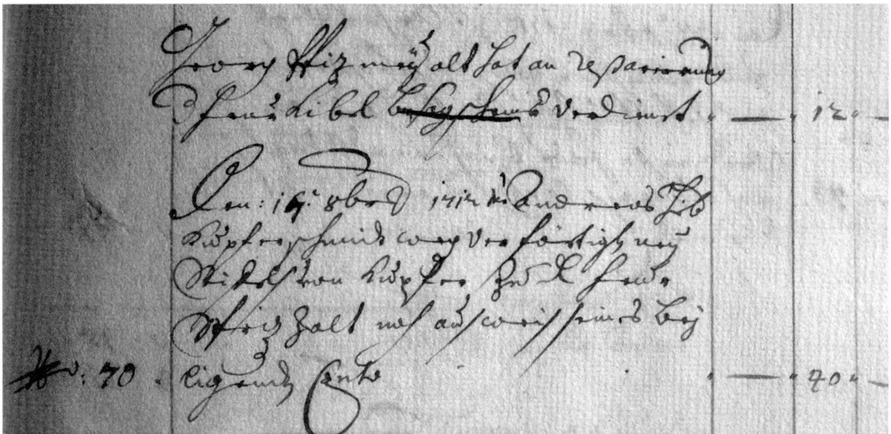

3 Ausschnitt aus dem Rapular der Marktgemeinde Thannhausen, die Reparatur der Feuerspritze durch Andreas Lieb belegend (StadtA Thannhausen, Rapulare: Alles Einnehmens und Ausgebens Bey dem gemeinen Markht u. Hochgräflich Stadionschen Reichs Graffschafft Thannhausen vom 1. January bis letzten Dezembers Anno 1712)

21 Vgl. hierzu ebd.

22 Vgl. hierzu StadtA Thannhausen, Einzug Register, Fach 10 Lit. G I Ziff. 3 Nr. 6.

23 Vgl. hierzu StadtA Thannhausen, Rapulare: Alles Einnehmens und Ausgebens Bey dem gemeinen Markht u. Hochgräflich Stadionschen Reichs Graffschafft Thannhausen vom 1. January bis letzten Dezembers Anno 1712.

um eine zweizylindrige Kolbenpumpe mit Saug- und Druckventilen gehandelt hat, wie sie bereits im frühen 16. Jahrhundert entwickelt wurde.

Frühe Feuerspritzen bestanden in der Regel aus einem sog. Wasserkasten, der mit Hilfe von Eimern befüllt werden konnte. Das Wasser wurde dann mittels Pumpwerk und Muskelkraft in ein um 360° zu drehendes Wenderohr gepresst und von dort über ein Mundstück abgegeben. Auf diese Weise konnte das Wasser weitgehend zielgerichtet bis zu einer Höhe von zwei Geschossen auf das Feuer gespritzt werden. Diese für damalige Zeiten innovativen Löschgeräte wurden in erster Linie durch Glockengießer und Kupferschmiede vertrieben, oftmals unter Zuhilfenahme weiterer Gewerke. Erstmals hat im Jahr 1518 der Friedberger Goldschmied Anton Platner für die ehemalige Reichsstadt Augsburg eine Feuerspritze konstruiert, die sich jedoch gut 30 Jahre später in den Eintragungen der Baumeisterbücher nicht mehr nachweisen lässt.[24] Auch bei Heinrich Schickhardt finden sich einige Zeichnungen von Feuerspritzen, sodass davon auszugehen ist, dass sich diese Löschgeräte seit der zweiten Hälfte des 16. Jahrhunderts allmählich immer mehr durchzusetzen begannen. Eine Weiterentwicklung erfuhr die Feuerspritze in der zweiten Hälfte des 17. Jahrhunderts durch die Erfindung des sogenannten Windkessels und der Druck- und Saugschläuche. Mit Ersterem wurde ein gleichmäßiger Wasserstrahl ermöglicht und dadurch ein besserer Löscherfolg erzielt. 1672 erfand dann Jan van der Heyden in Amsterdam den ledernen Druckschlauch. Mit diesem konnte das Feuer selbst an schwer zugänglichen Stellen zielgenau bekämpft werden. Wie auch heute noch wurden die einzelnen Schlauchlängen mit Kupplungen verschraubt, so konnte man die oberen Etagen eines Brandobjektes problemlos erreichen. Der Saugschlauch geht vermutlich ebenfalls auf van der Heyden zurück. Mit ihm konnte das Wasser aus Bächen und Flüssen selbst angesaugt werden, die Eimerkette wurde dadurch obsolet.[25] Trotz dieser Innovationen lässt sich insgesamt beobachten, dass die Erfindungen des 17. und 18. Jahrhunderts meist lange Zeit nur auf einen kleinen Kreis beschränkt blieben und sich erst nach zwei bis drei Generationen durchzusetzen begannen, sodass bei der Brandbekämpfung, gerade auf dem Land, noch lange Zeit auf recht einfache, vielfach unzulängliche Gerätschaften zurückgegriffen wurde.

Nun finden sich nur wenige Jahre nach der ersten Erwähnung einer Feuerspritze in Thannhausen im Inventar der Marktgemeinde neben dieser Feuerspritze, in einem feuersicheren, gewölbten Raum des Rathauses untergebracht, vier Feuerlei-

---

24 Vgl. hierzu u. a. Pötzl, Feurio (wie Anm. 5) S. 43; Schamberger / Leupold, Brandschutzgeschichte (wie Anm. 1) S. 43–49.

25 Vgl. hierzu u. a. Pötzl, Feurio (wie Anm. 5) S. 44–47; Schamberger / Leupold, Brandschutzgeschichte (wie Anm. 1) S. 43–49.

4 Der niederländische Maler und Kupferstecher Jan van der Heyden befasste sich im letzten Drittel des 17. Jahrhunderts ausführlich mit der Konstruktion von leistungsstarken Feuerspritzen und deren für die Brandbekämpfung sinnfälligen Einsatz. Die Zeichnung zeigt die Einsatzmöglichkeiten einer mit einem Schlauch versehenen Feuerspritze gegenüber der älteren, lediglich mit einem Wenderohr ausgestatteten Spritze. (Rijksmuseum Amsterdam, Vergelijking van de oude brandspuiten met Van der Heydens slangenbrandspuit, 1690, Objektnummer RP-T-00-731)

tern und fünf Feuerhaken. Des Weiteren werden noch 239 Feuerkübel mit dem Marktwappen aufgeführt.[26] Doch alle diese Hinweise auf eine wie auch immer geartete Brandbekämpfung im Markt Thannhausen bleiben zunächst doch eher unspezifisch und heben sich nicht von den Bemühungen der umliegenden Herrschaften ab. Erst im Jahr 1731 kommt es zu einer tiefgreifenden Veränderung auf dem Sektor des Brandschutzes in der Marktgemeinde. Am 30. November 1731 erlässt Graf Johann Philipp von Stadion als Ortsherr eine Feuerordnung, die in einigen Punkten durchaus als fortschrittlich und zugleich vorbildlich bezeichnet werden kann.[27] Den insgesamt 24 Punkten ist zunächst eine allgemeine Einführung vorangestellt, die relativ neutral den Grund für die Erlassung der Feuerordnung formuliert:

> *Weilen man bishero nit ohne soviele Bedaurung die leidtige Erfahrung gehabt, was gestallten durch Unvorsichtigkeit des ohnrechtsamen Gesindts hin und wieder zum merklichen Verderb und Schaden Feuer auskomen, daß obschon es gleich negst Gott hätte gewehrt und gedämpft werden könen, solches jedanoch durch Unfleiß und Unordnung der Leithen auch auß Mangel der hiezu erforderlichen Rüstung verwahrloset worden als wird hiemit von Obrigkeitswegen, diesem verderblichen Ohnheyl so viel möglich vorzukomen, und der hiesigen Bürgerschaft Schaden zu verhüten, folgende Feuerordnung aufgericht und denen samtlichen Unterthanen zu ihrem khünftigen Sorgfältigen Verhalt publicieret und khundt gemacht.*[28]

Bei genauer Betrachtung der Einführung fällt auf, dass eine Feuersbrunst nicht mehr als gottgegebene Strafe betrachtet wurde. Vielmehr lässt sich diese mit Gottes Hilfe, aber vor allem mit einem geordneten Vorgehen und einer guten Ausrüstung im Keim ersticken oder erfolgreich bekämpfen.[29]

An erster Stelle steht in der Feuerordnung der Hinweis auf die schon in der älteren Polizeiordnung verbotenen Strohdächer. Diese müssen in allen Häuser

---

[26] Vgl. hierzu StadtA Thannhausen, Gemeindts Rechnung Bey dem gemeinen Marckht der Hochgrafl. Stadion. Reichs Grafschaft Thannhausen Anno 1721.

[27] Vgl. hierzu StAA, Landesdirektion Ulm, Akten 317: Feuer-Ordnung.

[28] Ebd.

[29] In den Jahrhunderten zuvor wurden Schadensfeuer unter den Plagen der Menschheit subsumiert und vielfach als Inbild göttlichen Zornes gesehen, der die Menschen aufgrund ihres Fehlverhaltens heimsucht. Es kam in diesen Zeiten nicht selten vor, dass man ausschließlich auf ein Wunder hoffte und dem Feuer ohne jegliche Gegenmaßnahmen gegenübertrat. Und selbst in der Barockzeit finden sich noch Belege, dass man sich mit althergebrachtem Aberglauben gegen die Neuerungen der Naturwissenschaften stellte, die auch auf dem Sektor der Brandbekämpfung neue Erkenntnisse lieferten. Vgl. hierzu u. a. SCHAMBERGER / LEUPOLD, Brandschutzgeschichte (wie Anm. 1) S. 29–56, hier vor allem 29 f. und 56.

durch eine harte Deckung ersetzt werden und auch die Kamine sind als gemauerte Kamine bis über das Dach zu führen.[30] Zweitens sollen

> […] *die Feuer, Mauern, Stuben und Backöfen, Bräustätt, Malzdörren, Brandtweinhäfen, Schmidteßen, der Hafner Brenöfen, Badtstuben, und dergleichen Feuerstätt gebäwe, woraus einem andern Feuerschaden leichtlich zue wachsen möget, allso vorsichtlich verwahrt seyn, daß man sich keiner Feuersnot zubefahren habe. Weßwegen alle und jede Jahr ein so andmahl die Feuerstätt und Häuser ordentlich zu visitieren die befundene gefährlichkeit allsogleich abgestellet und die ohnfleissig betrettene Leith gebührend abzustrafen seient.*[31]

Hiermit wird der Aspekt der Umsicht und Vorbeugung sehr deutlich formuliert, dem gerade durch die Einführung einer Kaminkehrer-Ordnung in Verbindung mit der nun regelmäßig stattfindenden Feuerbeschau Rechnung getragen wird. Weiter führt die Feuerordnung aus, dass

> […] *samt und sonders bey ernstlicher Straf gebotten wirdtet, alle gebrauchente Camin und Feuerstätt das Jahr hindurch drey und viermahl wie der mit dem neuangenommenen Kaminfeger geschloßene Contract Specifice in sich haltet: nemblich zu 3 mahl Erstlich vor Ostern, andertens nach Michaeli und drittens vor Weyhnachten: zue 4 mahl aber wie oben und zugleich auf Joanni fleißig kehren und die an Kaminen, Oefen oder Feuermauern befundene Klüften, ohnverweilt auf das sicherste vermachen zulaßen, damit aber solches Kaminkehren nicht unterlaßen werde, ist bereits von seithen Bürgermeister und Rath mit dem Kaminfeger überhaubts für das ganze Jahr auf 54 fl. accordirt worden, daß er auf die Zeit sowohl ordentlich als auch wo es die Noth erfordert außer der Zeit schuldig seyn zu kehren, dagegen ihme die Zahlung aus der gemeinen bürgerlichen Cassa entrichtet und von denen Bürger die Umblag jährlich und zwar die Hälfte jedesmahlen nach St. Gallen Jahrmarkt, die andere Hälfte aber nach dem Oster Jahrmarkt bezahlet werden solle.*[32]

Die Bürger dürfen in diesem Kontext keine brennbaren Materialien wie Flachs, Holz oder Holzspäne im Umfeld der Kamine lagern. Das Dörren von Flachs in den Stubenöfen ist gleichfalls streng verboten. Hierunter fällt auch das Verbot, ohne Laterne mit einer brennenden Kerze auf die Dachböden, in die Ställe und Städel zu gehen. Kienspäne sind nun ebenfalls nicht mehr als Lichtquelle erlaubt.

---

30 StAA, Feuer-Ordnung (wie Anm. 27) § 1.
31 Ebd. § 2.
32 Ebd. § 6.

Selbst die brennende Tabakpfeife ist in den feuergefährlichen Räumen des Hauses untersagt. Am Johannistag ist jetzt das Feuerspringen verboten, ebenso die Strohfackeln am weißen Sonntag. Und abends ist das Feuer im Ofen und auf dem Herd zu löschen und die Glut sicher zu verwahren, damit es zu keiner Selbstentzündung kommen kann.[33]

Lassen sich alle diese Paragraphen unter dem Begriff vorbeugender Brandschutz subsumieren, so ist die zweite Hälfte der Feuerordnung letztlich dem abwehrenden Brandschutz gewidmet. Dabei steht an erster Stelle die Verpflichtung aller Bürger, in jedem Haus an geeigneter Stelle einen Feuerkübel vorzuhalten. Dieser muss gut zugänglich innerhalb das Hauses platziert sein und darf ausschließlich für die Brandbekämpfung verwendet werden.[34] Wenn

> […] *nun aber über all diese Nothdürftige Vorsorg etwan Feuer /: so Gott gnädiglich abwenden wolle :/ allhier im Markt durch böse Leith eingelegt oder sonsten durch Verwahrlosung außkommet, will man von Obrigkeitswegen um deßen zeitliche Wehr und Löschung willen verordnet haben, daß allfortenist die Hausleith bey welchen das Feuer ausgehet, ohnverweilt um Hülfe rufen und unterfangen würden, das vermerkte Feuer allein ohne angerufte Hilf heimlich zu verdrucken, daraus zu mehrmahlen großer Schaden erwachsen, der soll nicht allen seines Bürgerrechts verlustigt, sondern auch den etwan hierdurch seinem benachbarten verursachten Schaden zu ersetzen schuldig seyn.*[35]

Diese Zeilen zeigen deutlich die Brisanz eines Schadensfeuers für das Gemeinwesen auf, werden doch die unterlassene Feuermeldung und der heimliche Versuch, das Feuer selbst ohne fremde Hilfe zu löschen, mit dem Ausschluss aus der Gemeinschaft aller Bürger und dem Entzug der Bürgerrechte bestraft. Auf diese Weise waren diejenigen, die den Bestimmungen zuwiderhandelten, quasi für immer geächtet. Aber auch der Nachtwächter und die nächtlich patrouillierenden Wächter waren zu steter Wachsamkeit angehalten. Sie sollten einen Entstehungsbrand, auch in den Nachbarorten, frühzeitig melden und mit Hilfe verschiedener Glockensignale die Bürger des Marktes zum Feuerlöschdienst alarmieren.[36]

---

[33] Ebd. § 7 und 8. Die im Jahr 1765 publizierte Feuerordnung der Reichsstadt Memmingen formuliert ebenfalls ein Verbot, mit offenem Licht in die Bereiche der Häuser zu gehen, die besonders anfällig für einen Entstehungsbrand sind. Auch hier wird die brennende Tabakspfeife in das Verbot mit einbezogen. Vgl. hierzu Reichs=Stadt Memmingische Feuer=Ordnung. Erneuert, Vermehrt und Verbessert, Memmingen 1765, S. 11 § 6.

[34] StAA, Feuer-Ordnung (wie Anm. 27) § 9.

[35] Ebd. § 10.

[36] Ebd. § 11.

Letztlich stellen wir uns die Frage, wie dieser Feuerlöschdienst in der Realität ausgesehen haben mag. Hierzu stehen in der Feuerordnung sehr klare, das gesamte Feuerlöschwesen betreffende Anweisungen.

> *Bei Entstehung dergleichen Feuersbrunst in der Nachbarschaft ist mit der großen Glocken Sturm zu schlagen, worauf von zwey Viertel die Bürger mit Feuerkübeln zulaufen sollen und zwar bei ersterfolgender Brunst das Oberviertel mit dem Bachgassenviertel und bey ander Brunst daß Sandgassenviertel mit dem untern Viertel also Umwechslungsweiß continuierend. Mithin gleichwie bey jed Roth ein Rottenmeister bestellt wird, also hette solcher welchen es betreffet seine Leith außer dem Markt soviel möglich zu sammlen und diese an das beschreite Orth anzuführen.*[37]

Die Einteilung in Feuerrotten hat bis in das späte 19. Jahrhundert eine große Bedeutung für die Organisation der männlichen Einwohner einer Ortschaft im Kontext der Brandbekämpfung, die immer mit einer großen Anzahl an Kräften verbunden war. Die klare Zuordnung erlaubte stets auch für den Ernstfall im eigenen Ort, Kräfte zurückzuhalten, sodass dieser nie schutzlos dem Feuer ausgesetzt gewesen war. Wir dürfen wohl unterstellen, dass die Einteilung der männlichen Einwohner in Feuerrotten außerdem ein Mittel der Kontrolle war, da der Feuerlöschdienst eine bürgerliche Pflichtaufgabe gewesen ist.

Neben den allgemeinen Löschmannschaften gab es auch noch diejenigen Bürger – meist handelte es sich um Vertreter aus dem Holz- und Metallhandwerk –, die für die Bedienung der Feuerspritzen und deren Transport zuständig waren. Hierzu steht in der Feuerordnung: *Haben sich auf den Glockenstreich die zur Feuerspritzen bestellten Männer sowohl als auch die Fuhrleuth /: welche von Jahr zu Jahr umwechslungsweis darzu bestellt seint :/ samt angeschierten Pferden im Risthaus einzufinden und solche Feuerspritzen dem sturmlaufenden Roth nachzuführen* [...].[38]

Im Ort selbst waren bei einem Feuer alle Bürger aufgerufen, an dessen Bekämpfung mitzuwirken. Vor allem wurden neben den Feuerspritzen auch Wasserfässer auf Kufen und Wägen zum Brandplatz gebracht, um die Wasserversorgung sicherzustellen. Besonderes Augenmerk wurde dabei auf den Funkenflug gelegt, der in Windeseile weitere Gebäude in Brand setzen konnte. Deshalb waren in den an den Brandplatz angrenzenden Häusern die Frauen und Kinder verpflichtet, Dachböden und dem Feuer ausgesetzte Bereiche unablässig mit Wasser zu befeuchten, damit es hier keine weiteren Brände geben konnte.[39] Bei besonders

---

[37] Ebd. § 12.
[38] Ebd. § 13.
[39] Ebd. § 14–§ 17.

kritischen Situationen waren die Bürger angehalten, die dem Feuer am nächsten stehenden Häuser abzubrechen, um einen Feuerüberschlag zu verhindern. Diese Gebäude wurden dann mit Unterstützung der Marktgemeinde wieder errichtet, sodass den Anwohnern der entstandene Schaden von der Gemeinde ersetzt wurde.[40] Um das Feuer erfolgreich bekämpfen zu können, soll

> [...] *von gemeinem Markts wegen aunoch eine gute Wasserspritzen auf 4 Rädern beigeschaft auch eine mit Eisen beschlagene Wasserstanden auf einer Schlaiffe samt Schupfen verfertigt, und all diese dergestalten in Bereithschaft gehalten werden, daß wan auf jeden Nothfall ohne weiters aufladen, nur anspannen und darmit fortfahren könne, dieses alles aber unter trockenem Dach beschloßener zu halten, ist ein Rüsthaus bey dem gemeinen Hirtenhaus erbauet worden, zu dessen Thor 4 Schlüssel seint, davon zwei denen beeden Bürgermeistern und zwey denen jährlich bestellten Fuhrleuten einzuhändigen und sollen dergleichen Schlüssel wohl verwahrt, und bey Straf niemahlen verlegt werden.*[41]

Wie wir nun aus den Amtsrechnungen wissen, gab es vermutlich bereits 1712 eine erste Feuerspritze, die nach Ausweis in der Feuerordnung 1731 um eine weitere, große Landfeuerspritze ergänzt wurde. Dieses für die damalige Zeit teure und kostbare Gerät wurde ausschließlich von sachkundigem Personal betreut und betrieben. Für die Effektivität der Feuerspritzen war es darüber hinaus wichtig, dass sie stets gut gepflegt und auch regelmäßig auf ihre Funktionsfähigkeit getestet wurden. Die gemeindlich bestellten Fachleute sollten die Feuerspritzen [...] *alle 2 Monat im beiseyn eines Bürgermeisters einschmieren, mit dem Wasser probieren und allzeit sauber und gut erhalten.*[42]

Vergleichen wir nun die Feuerordnung des ehemaligen Reichsmarktes Thannhausen mit der anderer Orte, so fällt hier zunächst auf, dass keine namentliche Zuweisung von Funktionen an Einzelpersonen vorzufinden ist. Vielmehr wird immer wieder auf das Rotationsprinzip der Funktionen hingewiesen, das mit einiger Wahrscheinlichkeit eine bessere Identifikation des Einzelnen mit seinen Aufgaben im Rahmen der Brandbekämpfung erlaubte. Gleichzeitig führte dieses Prinzip dazu, dass verschiedene Personen unterschiedliche Aufgaben wahrnehmen mussten und so die Gerätschaften und Funktionen besser beherrschen lernten.

Im Vergleich zu anderen Feuerordnungen der Zeit wirkt die 1731 erlassene Feuerordnung in vielen Bereichen weniger starr und recht modern. Möglicherweise hat die Herrschaft verschiedene andere Feuerordnungen geprüft und aus ihrer

---

[40] Ebd. § 18.
[41] Ebd. § 20.
[42] Ebd. § 21.

Sicht wichtige Elemente übernommen. Es drängen sich bei näherer Betrachtung gewisse Ähnlichkeiten mit der im selben Jahr veröffentlichten Feuerordnung der Reichsstadt Augsburg auf. Auch dort waren öffentlich bestellte Zeugwarte für den Unterhalt und die Funktionsfähigkeit der an verschiedenen Orten in der Stadt zentral untergebrachten Geräte zur Brandbekämpfung verantwortlich. Diese wurden aber anders als in Thannhausen nur zweimal im Jahr einer Funktionsprüfung unterzogen, in Thannhausen fand diese hingegen mindestens sechsmal im Jahr unter den Augen eines der beiden Bürgermeister als oberstem Vertreter der Gemeinde statt.[43] Einen Schritt weiter ging die ehemalige Reichsstadt Kempten in ihrer Feuerordnung von 1798. Darin wurde festgehalten, dass diejenigen [...] *Bürger, welche zu den Spritzen bestellt sind, sollen sich nicht nur mit der Einrichtung dieses Löschwerkzeugs genau bekannt machen, sondern auch die Anwendung derselben in den so mancherley Fällen zu erlernen bemüht seyn.*[44] Hier wird vermutlich auf eine gewisse Eigeninitiative der Bürger gesetzt, die sich quasi freiwillig mit der Handhabung der Feuerspritzen befassen sollten. Dazu wurde eine Instruktion verfasst, die man an die Spritzenmannschaften zum Selbststudium ausgehändigte. Und um die Abläufe im Brandfall sicher zu beherrschen, finden in Kempten an verschiedenen Tagen im Jahr Übungen statt.[45] Dieses Element der Vorbereitung auf die eventuell eintretenden Brandereignisse kann durchaus als modern angesehen werden, findet sich in dieser Form jedoch in Thannhausen oder Augsburg nicht. Hier ist der Kreis der übenden Personen sehr klein und auf die Spezialkräfte an den Feuerspritzen beschränkt.

In der bereits im Jahr 1706 erlassenen Feuerordnung der Reichsstadt Ulm finden sich ebenfalls keine Hinweise dafür, dass die Bürgerinnen und Bürger der Stadt auf mögliche Brandereignisse vorbereitet wurden. Vielmehr wurden die zur Brandbekämpfung vorgehaltenen Feuerspritzen von einem kleinen Personenkreis bedient. Dieser stand unter der Aufsicht der städtischen Soldaten, die zum einen den reibungslosen Ablauf der Löscharbeiten garantieren, zum anderen Diebstähle und Plünderungen in der Stadt verhindern sollten.[46]

Die Feuerlöschgeräte, und im Besonderen die Feuerspritzen, wurden von den sog. Feuergeschworenen zweimal im Jahr inspiziert. Inwieweit hierbei auch eine Funktionsprüfung stattgefunden hat, ist aus der Feuerordnung nicht zweifels-

---

[43] Vgl. hierzu Eines Hoch-Edlen und Hochweisen Raths deß Heil. Röm. Reichs-Stadt Augspurg revidiert- und erneuerte Feuer-Ordnung de Anno 1731, Augsburg 1731, S. 19–22.

[44] Erneuerte Feuer-Ordnung der Reichsstadt Kempten, Kempten 1798, S. 36 f. § 81.

[45] Vgl. hierzu ebd. S. 66 § 159: *Zu den öffentlichen Löschübungen wollen wir jährlich einmal die Woche vor dem hiesigen Jahrmarkt oder Kirchweihe, sodann einen Tag im Herbst zwischen Michaelis* und *Simon und Juda festsetzen.*

[46] Vgl. hierzu Deß Heiligen Reichs=Stadt Ulm / Von neuem revidirt= nach der jetzigen Zeit eingerichtet= und verbesserte Feuer=Ordnung, Ulm 1706, hier § XVI.

frei zu erschließen. Doch letztlich ist schon davon auszugehen, dass die Spritzen auch auf ihrer Funktionsfähigkeit getestet wurden. Alles andere würde bei derart wichtigen Gerätschaften keinen Sinn ergeben. Hinzu kam noch die Kontrolle der Feuerkübel.[47]

Fazit

Letztlich dürfen wir festhalten, dass die Feuerordnung des Marktes Thannhausen durchaus schon Elemente enthielt, die im 19. Jahrhundert in die Entwicklung hin zur Freiwilligen Feuerwehr mit eingeflossen sind. Mit hoher Wahrscheinlichkeit ist davon auszugehen, dass das Feuerlöschwesen vor Ort so gut entwickelt war, dass es trotz vereinzelter größerer oder kleinerer Brände nie zu einem großen Schadensfeuer gekommen ist. Und dass dieses Szenario recht schnell eintreten konnte, zeigt sich beispielsweise in Günzburg. Dort brennen große Teile der Stadt während des 18. Jahrhunderts gleich zweimal ab. Zunächst kommt es 1703 im Zuge des Spanischen Erbfolgekriegs zu einem Brandausbruch im Schloss. Es brennen neben Teilen der Schlossanlage in der südlichen Oberstadt 40 weitere Gebäude ab. Und gut drei Jahrzehnte später kommt es zu einem weiteren Großbrand, der sich von der Inneren Vorstadt bis in die Oberstadt erstreckt und dort die ganze Nordhälfte zerstört.[48] Gerade bei diesem für die Stadtgeschichte einschneidenden Feuer zeigt sich, dass die damaligen Löschversuche nicht nur am auffrischenden Wind, sondern auch an einer nur mangelhaften Ausrüstung und einem wohl nachhaltigen Chaos in der Stadt ins Leere laufen mussten.[49]

Wir dürfen davon ausgehen, dass die Feuerordnung von 1731 gut ein Jahrhundert lang bis ins frühe 19. Jahrhundert nichts von ihrer Aktualität verloren hat und selbst dann noch für das Feuerlöschwesen bestimmend war, als in Deutschland an anderer Stelle bereits über die Etablierung einer freiwilligen Feuerwehr nachgedacht wurde.

---

47 Vgl. hierzu ebd. § XXV.

48 Die Ereignisse um den Stadtbrand 1735 schildert in eindrücklichen Worten die Chronik der Franziskanerinnen in Günzburg. Hierzu StadtA Günzburg, Stifft Buch und Prothocol (…) des Frauen Closters Ord. S. Francisci in Ginzburg 1433–1781, S. 131. Vgl. hierzu u. a. Markus Christopher Müller, Stadtbrand und Finanzmisere, Dominikus Zimmermann in Günzburg 1736/1741, in: ZBLG 79 (2016) S. 283–317. Klaus Kraft (Hg.), Stadt Günzburg (Die Kunstdenkmäler von Schwaben, Landkreis Günzburg 1) München 1993, S. 30–33. Serafin Stötter, Der große Brand in Günzburg anno 1735, in: Schwäbischer Heimatbote 8 (1930) S. 2–4.

49 Vgl. hierzu u. a. Müller, Stadtbrand (wie Anm. 48) S. 283–317; Kraft, Günzburg (wie Anm. 48) S. 30–33.

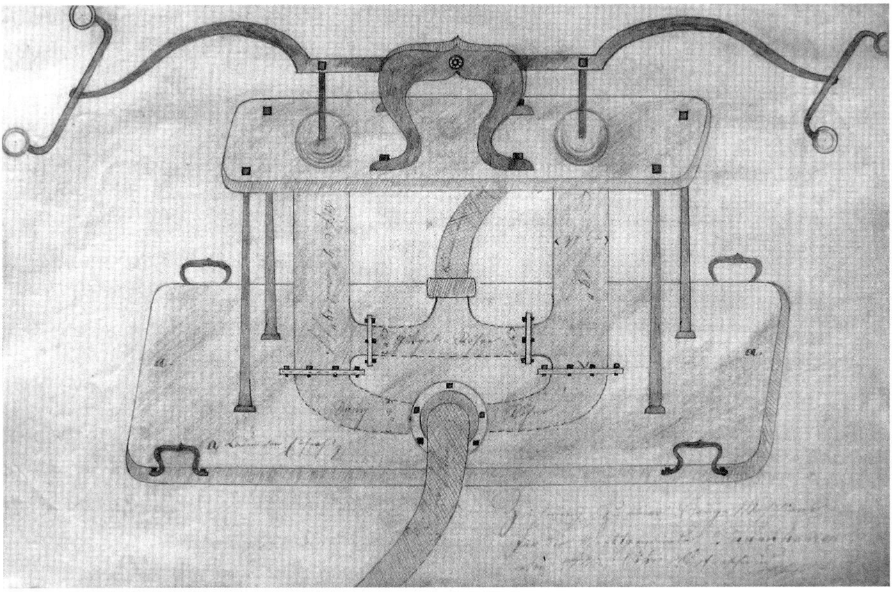

5 Zeichnung für eine sogenannte Zubringermaschine, von dem Thannhauser Kupferschmied Alois Wöhr im Jahr 1868 gefertigt. Damals hat man, um die alte Landfeuerspritze aus dem Jahr 1731 an die nach und nach steigenden Anforderungen anzupassen, eine Zubringermaschine angeschafft. Damit konnte das Wasser aus einem Bach oder See direkt angesaugt und in den Wasserkasten der Feuerspritze gepumpt werden. Deren Leistung lag bei rund 400 Liter in der Minute und war damit noch immer vollkommen ausreichend, Brände effektiv zu bekämpfen. (StadtA Thannhausen, Fach 10 Lit G. I Ziff. 3 Nr. 24)

Die Feuerordnung des Reichsmarktes Thannhausen von 1731[50]

Weilen man bishero nit ohne soviele Bedaurung die leidtige Erfahrung gehabt, was gestallten durch Unvorsichtigkeit des ohnrechtsamen Gesindts hin und wieder zum merklichen Verderb und Schaden Feuer auskommen, daß obschon es gleich negst Gott hätte gewehrt und gedämpft werden können, solches jedannoch durch Unfleiß und Unordnung der Leithen auch auß Mangel der hiezu erforderlichen Rüstung verwahrloset worden als wird hiemit von Obrigkeitswegen, diesem verderblichen Ohnheyl so viel möglich vorzukommen, und der hiesigen Bürgerschaft Schaden zu verhüten, folgende Feuerordnung aufgericht und denen sämtlichen Unterthanen zu ihrem khünftigen sorgfältigen Verhalten publicieret und khundt gemacht. Daß Erstlichen vermög Polizei Ordnung § 33 alle Strohe

[50] StAA, Landesdirektion Ulm, Akten 317: Feuer-Ordnung.

Dächer abgethan, und in allen Häußern gemauerte Kammin durch das Dach aufgeführt, und vor aller Gefahr bestens verwahrt werden sollen. Insonderheit aber

Andertens. Sollen die Feuer, Mauren, Stuben und Backöfen, Bräustätt, Malzdörren, Brandtweinhäfen, Schmidteßen, der Hafner Brennöfen, Badtstuben, und dergleichen Feuerstätt gebäwe woraus einem andern Feuerschaden leichtlich zue wachsen mögte, allso vorsichtlich verwahrt seyn, daß man sich keiner Feuersnoth zubefahren habe. Weßwegen alle und jede Jahr ein so andmahl die Feuerstätt und Häuser ordentlich zu visitieren die befundene Gefährlichkeit allsogleich abzuestellen und die ohnfleissig betrettene Leith gebührend abzustrafen seient. Zu solchem Ende

Drittens vorläufig Sammt und Sonders bey ernstlicher Straf gebotten wirdtet, alle gebrauchente Camin und Feuerstätt das Jahr hindurch drey und viermahl wie der mit dem neuangenommenen Kaminfeger geschloßnen Contract Specifice in sich haltet: nemblich zu 3 mahl Erstlich vor Ostern andertens nach Michaeli und drittens vor Weyhnachten: zue 4 mahl aber wie oben und zugleich auf Joanni fleißig kehren und die an Kaminen, Öeffen oder Feuermauern befundente Klüften, ohnverweilt auf das sicherste vermachen zulaßen damit aber solches Kaminkehren nicht unterlaßen werde, ist bereits von seithen Bürgermeister und Rath mit dem Kaminfeger überhaubts für das ganze Jahr auf 54 fl. accordirt worden, daß er auf die Zeit sowohl ordentlich als auch wo es die Noth erfordert außer der Zeit schuldig seyn zu kehren dagegen ihme die Zahlung aus der gemeinen bürgerlichen Cassa entrichtet und von denen Bürgern die Umblag jährlich und zwar die Hälfte jedesmahlen nach St. Gallen Jahrmarkt, die andere Hälften aber nach dem Oster Jahrmarkt bezahlet werden solle. …bens

Viertens. Sich niemand unterstehen wirdt an und um die Kamin einiges Holz oder Spene noch Werk und dergleichen hinzulegen, vielweniger auch den Flachs oder Werk in denen Stuben oder Öffen zu dörren, in gleicher Straf dann

Fünftens: Verbotten ist, ohne Lathernen mit offenem Licht auf die Böden, in die Ställ und Stadel oder in andere sorgliche Orth zu gehen. Wie dann auch die Spehn und Rushe statt des Licht zu brennen, durchaus abgethan sein, und niemandt mit brennender Tabakpfeiffen, weder in Stall, Stadl oder andere dergleichen gefährlichen Orthe gehen solle.

Sechstens. Solle hiefüro niemand innerhalb des Markts einiges Gewehr abschießen, oder in denen Gassen Feuer aufmachen, zu diesem ende auch das Feuerspringen an St. Johannis Tag und die Strohe faklen am weißen Sonntag verbotten seyn sollen.

Siebendtes. Solle kein Wirth oder Bürger denen Gästen und Gesindte, noch niemand anderen im Haus gestatten, etwas dergleichen wie obige Verbott zu thun: mithin:

Achtens: Jeder Bürger und Bürgerin nächtlicher Weyl das Feuer in Oefen und auf denen Herthen wohl verwahren und die Offenlöcher mit Offenthürlen oder fürgesezten Steinen beschloßen halten solln.

Neundtens. Gleichwie in jedem Hauß allhier ein Feuerkübel aufbehalten werden muß, also solchen auch an ein sauberes orth aufgehenkt und zu nichts anders gebraucht werden solle.

Zehendtens. Wann aber über all diese Nothdürftige Vorsorg etwas Feuer /: so Gott gnädiglich abwenden wolle :/ allhier im Markt durch böse Leith eingelegt oder sonsten durch Verwahrlosung außkömmete, will man von Obrigkeitswegen um deßen zeitlich Wehr und Löschung willen verordnet haben, daß allforterist die Hausleith bey welchen das Feuer augehete, ohnverweilt um Hülfe rufen und anzeigen sollen da im wiedrigen Selbiger sich unterfangen würde, das vermerkte Feuer allein ohne angerufte Hilf heimlich zu verdrucken, daraus zu mehrmahlen großer Schaden erwachsen, oder soll nicht allein seines Bürgerrechts verlustigt, sondern auch den etwan hierdurch seinem benachbarten verursachten schaden zu ersetzen schuldig seyn.

Eilfens. Wird sowohl der ordinäre Nachtwächter welcher die Stunden ausrufet als auch die nächtlich pattroulierenden Wächter ernstlich erinnert, daß diese hier oder in der Nachbarschaft eine Feuersbrunst vermerkten, solches allsobald anzuzeigen, damit Sturm geschlagen und nach der Ordnung zu hilf geloffen werden möge.

Zwölftens. Bei Entstehung dergleich Feuersbrunst in der Nachbarschaft ist mit der großen Glocken sturm zu schlagen, worauf von zwey Viertel die Bürger mit Feuerkübeln zu laufen sollen und zwar bei ersterfolgender Brunst das Oberviertel mit dem Bachgassenviertel und bey ander Brunst daß Sandgassenviertel mit dem untern Viertel also Umwechslungsweiß continuirend. Mithin gleichwie bey jed Roth ein Rottenmeister bestellt wird, also hette solcher welchen es betreffete seine Leith außer dem Markt so viel möglich zu sammlen und dies au das beschreite Orth anzuführen.

Gleichfalls
Dreyzehentens. Haben sich auf den Glockenstreich die zur Feuerspritzen bestellten Männer sowohl als auch die Fuhrleuth /: welche von Jahr zu Jahr umwechs-

lungsweis darzu bestellt seint :/ samt angeschierten Pferden im Risthaus einzufinden und solche Feuerspritzen dem sturmlaufenden Roth nachzuführen falls aber /: Gott verhüte es :/

Vierzehentens. Im hiesigen Markt eine Brunst entstünde solle mit allen Glocken gestürmet werden, und hierauf beede Rottenmeister mit ihren zugegebenen Bürgersleuthen samt Feuerkiblen auf das fürderlichste straks dem Feuer zueilen, und die Leith zum fleißigen Wehren, ermahnen nicht weniger sollen alle bestelltn Fuhrleith die Feuerspritzen, und die auf Schleifen stehenden Wasserstanden auf den Platz wohn man sie anweisen wird, beybringen auch die Bürger, so Pferd haben von einem Viertel stets das das Wasser aus der Mindel in Fäßern zu führen mithin die Spritzenmeister gedachte Feuerspritzen regieren.

Fünfzehntens: Sollen in jedem Viertel wehrender sothaner Feuersbrunst 2 Burger wachen, und patrouillieren welche in der die Bürgermeister zu bestellen haben.

Sechszehentens. Sollen die dem Feuer bis auf das 5 Hauß angrenzende Bürger durch ihre Weib und Kind auch Ehehalten das Wasser auf die Büden und Bühnen tragen, und auf das Flugfeuer in denen Höfen und auf Dächern gute Achtung geben lassen.

[Siebzehntens][51]

Achtzehntens muß dabei das Volk zur Arbeit angehalten auch maß und Ordnung gegeben werden damit keiner mußig stehe oder sonsten einer den andern am löschen verhindern und so es wegen großem Wind, die Nothdurft erforderte, solle man die anstoßendn zwei Häuser so der Gefahr am nächsten von Stund an niederreißen und abbrachen lassen zu deren Neuerbauung als dann der gemeine Markt eine ergiebige Bausteuer beizutragen hat.

Neunzehntens. Wie es in der Polizeiordnung gebotten ist, daß jed Bürger in seinem Haus nächtlicher Weyl das Wasser in Schäffern halten, also in dieser heilsamen Vorsorg nachzukommen sich fürohin befleißen wird.

Zwanzigstens. Solle von gemeinm Markts wegen aunoch eine gute Wasserspritzen auf 4 Rädern beigeschaft auch eine mit Eisen beschlagene Wasserstanden auf einer Schleiffe sammt Schupfen verfertigt, und all dieses dergestalten in Bereith-

---

51 In der Feuerordnung von 1731 wurde der Punkt 17 nicht ausformuliert. Dem Anschein nach ist dem Schreiber hier ein Fehler in der Zählung der einzelnen Punkte unterlaufen.

schaft gehalten werden, daß man auf jeden Nothfall ohne weiteres aufladen, nur anspannen und darmit fortfahren könne, dieses alles aber unter trockenem Dach beschloßener zu halten, ist ein Risthaus bey dem gemeinen Hirtenhaus erbauet worden, zu dessen Thor 4 Schlüssel seint, davon zwei denen beeden Bürgermeistern und zwei denen jährlich bestellten Fuhrleuten einzuhändigen und sollen dergleichen Schlüssel wohl verwahrt, und bey Straf niemahlen verlegt werden

Ein und zwanzigstens. Dasjenige Kupfer und Eisenschmidt, auch Axenmacher, so zu denen Feuerspritzen bestellt sind, sollen die Spritzen alleinig regieren, und niemand andern überlassen, auch alle 2 Monat in beiseyn eines Bürgermeisters einschmieren und mit dem Wasser probieren und allzeit sauber und gut erhalten. Zugleichen die Bürgermeister die Leithern, Haken und Wagen und was zur Feuersrüstung gehörig in genauer Obhuht haben, das abgängige reparieren lassen, und alles im wesentlichen Stand erhalten sollen.

Zwei und zwanzigstens. Wann bei einer Entstehung sothaner Feuersbrunst einige Gefangene allda innliegeten und die Gefängnuß der Feuersgefahr zu nahe warn, solln Amtsknecht nebst einer Wacht selbige also gleich aus dem Gefängnuß und wertshin wo keine Gefahr ist führen und so lang verwahren bis die Feuersbrunst gelöscht und gedämpft seyn wird welche abre nur in bürgerlichen Gehorsam oder Arrest sitzen, sollen zur selbigen Zeit ausgelassen und zum löschen gebraucht werden.

Drei und zwanzigstens. Wann einige Feuersbrunst vermerkt wurde, und Sturm anzuschalgen vonnöthen wäre, solle zuvor im Amtshaus die gebührende Anfrag geschehen. Sodan

Vier und zwanzigstens, wofern dergleichen Feuer aufgehet in der Nachbarschaft oder hier und es zur Zeit geschehete, da die Pferdt auf der Waid waren, solle der Roßhirth sobad er das Feuer in der nahe sehete oder den Glockenstreich allhier hören wird die Pferd unverweilt zur Roßstelle hereintreiben:
Welch vorstehende Feuersordnung von Ihro hochgrfl. Excell. gefl. ratificiert, und sodann bey der grossen Gemeindt publicirt worden.

Thannhausen den 30. November 1731

Thomas Freller

Der „Schwäbische" Hexenstreit

Ein Beitrag zur Geschichte der Aufklärung, Theologie und Volkskultur im Bistum Augsburg

Abstractum: Während der sogenannte große Hexenstreit bzw. „Bayerische Hexenkrieg" der 1760er Jahre von der neueren Forschung bereits eingehender diskutiert wurde, kam es bisher nicht zu einer Aufarbeitung der im Verlauf der 1780er Jahre besonders im schwäbischen Raum mit den Schwerpunkten Augsburg und Dillingen erneut und häufig polemisch aufflammenden Auseinandersetzung um die Frage des Einflusses des Satans und der Hexen auf das Alltagsleben und die physische und psychische Gesundheit der Bevölkerung. Dieser Konflikt besaß weit über theologische Bereiche hinausreichende Aspekte und Konsequenzen: Gerade für den „aufgeklärten" Staat und seine Maximen des Utilitarismus und angestrebten Staatskirchentums mussten diese Erscheinungen als Störungen und als unbequeme Wiederbelebungen „barocker" Volksfrömmigkeit und überwunden geglaubter religiöser Einflussnahme auf das Alltags-, vor allem Arbeitsleben erscheinen. Vorliegender Beitrag soll darüber hinaus andeuten, inwiefern es nicht zu einem, an ein fest umrissenes Zeitfenster gebundenen entscheidenden Durchbruch auf dem Weg zur Katholischen Aufklärung und siegreichen Bekämpfung des Aberglaubens im süddeutschen Raum kam, sondern diese Veränderungen der geistigen Disposition weiter Kreise vor allem der Bevölkerung des ländlichen Raumes als eine sich über einen längeren Zeitraum erstreckende Abfolge von Diskursen und Mentalitätsveränderungen zu begreifen ist.

Einführung

Der sogenannte große Hexenstreit bzw. „Bayerische Hexenkrieg" der 1760er Jahre wurde von der Forschung eingehend behandelt,[1] und als einer der entscheidenden Umbrüche auf dem Weg zur Katholischen Aufklärung und siegreichen Bekämp-

---

1 Zu dieser Thematik vgl. einführend Wolfgang BEHRINGER, Der „Bayerische Hexenkrieg". Die Debatte am Ende der Hexenprozesse in Deutschland, in: Sönke LORENZ / Dieter BAUER (Hg.), Das Ende der Hexenverfolgung, Stuttgart 1995, S. 287–313; DERS., Hexenverfolgung in Bayern. Volksmagie, Glaubenseifer und Staatsräson in der frühen Neuzeit, München 1987, S. 371–392; Heinz Dieter KITTSTEINER, Die Abschaffung des Teufels im 18. Jahrhundert. Ein kulturhistorisches Ereignis und seine Folgen, in: Alexander SCHÜLLER / Wolfert VON RAHDEN (Hg.),

fung des Aberglaubens im süddeutschen Raum interpretiert.[2] Wie fragil dieser angebliche Siegeszug gegen Wunderglauben, barocke Volksfrömmigkeit und tradierte Formen der Teufels- und Hexenbekämpfung indes war, zeigt der in der zweiten Hälfte der 1780er Jahre erneut aufflammende Konflikt zwischen Vertretern der Aufklärung bzw. Kritikern des Hexen- und Wunderglaubens und ihren – häufig aus dem Lager der Ex-Jesuiten stammenden – Gegnern. Zentrum dieses von der Forschung bisher weniger beachteten Konflikts war der schwäbische Raum, im speziellen Dillingen und Augsburg.[3] Diese häufig polemisch geführte Diskussion soll hier in Grundzügen dargestellt und einige ihrer zentralen Protagonisten und deren Publikationen vorgestellt werden. Dabei stehen mit Joseph Webers „Ungrund

---

Die andere Kraft. Zur Renaissance des Bösen (Acta humaniora. Schriften zur Kunstwissenschaft und Philosophie) Berlin 1993, S. 54–92; Hans Christian Erik Midelfort, Exorcism and Enlightenment: Johann Joseph Gassner and the demons of Eighteenth Century Germany, New Haven / London 2005; vgl. auch die Hinweise in Karl Baier, Mesmer versus Gaßner. Eine Kontroverse der 1770er Jahre und ihre Interpretationen, in: Maren Sziede / Helmut Zander (Hg.), Von der Dämonologie zum Unbewussten. Die Transformation der Anthropologie um 1800, Berlin 2015, S. 47–84; Wolfgang Petz, Die letzte Hexe. Das Schicksal der Anna Maria Schwägelin, Frankfurt a. Main / New York 2007; der Großteil der den „Bayerischen Hexenkrieg" betreffenden Dokumente und Schriften befindet sich in der Bayerischen Staatsbibliothek, München, Bavar. 1681, 3 Bde.

2 Zur Forschungslage vgl. Gunther Franz / Franz Irsigler (Hg.), Methoden und Konzepte der historischen Hexenforschung (Trierer Hexenprozesse. Quellen und Darstellungen 4) Trier 1998; zur Einführung in die Hexenverfolgungen und entsprechenden Rechtsanwendungen in den verschiedenen Regionen des Reichs vgl. Sönke Lorenz / Michael Schmidt (Hg.), Wider alle Hexerei und Teufelswerk. Die europäische Hexenverfolgung und ihre Auswirkungen auf Südwestdeutschland, Ostfildern 2004; speziell zum Schwäbischen Reichskreis im 18. Jahrhundert vgl. Sönke Lorenz, Einführung und Forschungsstand. Die Hexenverfolgung in den südwestdeutschen Territorien, in: Lorenz / Schmidt, Wider alle Hexerei, S. 195–212; Anita Raith, Herzogtum Württemberg, in: ebd. S. 225–236; Johannes Dillinger, Schwäbisch-Österreich, in: ebd. S. 283–294; Casimir Bumiller, Die Grafschaften und Fürstentümer Hohenzollern, in: ebd. S. 295–314; Wolfgang Behringer, Hochstift Augsburg, in: ebd. S. 355–364; Wolfgang Mährle, Fürstpropstei Ellwangen, in: ebd. S. 377–386; Wolfgang Zimmermann, Hochstift Konstanz, in: ebd. S. 365–376; und weitere Beträge über die Reichsstädte Rottweil, Schwäbisch Gmünd, Esslingen, Reutlingen und Schwäbisch Hall. Zur Kritik an den Hexenprozessen und der Verfolgung in den früheren Jahrhunderten vgl. Hartmut Lehmann / Otto Ulbricht (Hg.), Vom Unfug des Hexen-Processes. Gegner der Hexenverfolgung von Johann Weyer bis Friedrich Spee, Wiesbaden 1992. Zur entsprechenden Diskussion im 18. Jahrhundert vgl. Enno Rudolph (Hg.), Die Vernunft und ihr Gott. Studien zum Streit zwischen Religion und Aufklärung (Forschungen und Berichte der Evangelischen Studiengemeinschaft 46) Stuttgart 1992; speziell zur Situation in Augsburg und Bayerisch-Schwaben vgl. Wolfgang Wüst, Inquisitionsprozess und Hexenverfolgung im Hochstift Augsburg im 17. und 18. Jahrhundert, in: ZBLG 50 (1987) S. 109–126.

3 Die im Zentrum dieses Beitrags stehenden Publikationen Joseph Webers, Franz Joseph Schmids, Aquilinus Julius Caesars oder Friedrich Bauers werden beispielsweise nicht erwähnt in Wolfgang Behringers ansonsten sehr umfangreicher Zusammenfassung der „Geschichte der Hexenforschung", in: Lorenz / Schmidt, Wider alle Hexerei (wie Anm. 2) S. 485–668.

des Hexen- und Gespensterglaubens“ und Franz Joseph Schmids unter dem Dekorum „katholischer Weltmann“ veröffentlichter Gegendarstellung „Die Hexenreformation des Herrn Prof. Weber zu Dillingen“ vor allem die beiden zentralen, die Diskussion um Hexenglauben und übernatürliche Kräfte erneut befeuernden Schriften im Mittelpunkt. In diesem Zusammenhang sollen auch die entsprechenden Rezensionen dieser Schriften berücksichtigt werden.

1. Der erste Hexenkrieg

Bevor wir uns mit den Ereignissen der späten 1780er Jahre beschäftigen, scheint es angebracht, auf den sogenannten „Bayerischen Hexenkrieg“ einzugehen.[4] Er profiliert bereits grundlegende Aspekte der später von Joseph Weber, Friedrich Bauer, Franz Joseph Schmid, Aquilinus Julius Caesar, Johann Michael Sailer und anderen anonymen Autoren ausgetragenen, im Zentrum dieses Beitrags stehenden Diskussion. Blicken wir zunächst kurz auf die Rechtslage: Bereits 1665 hatte in Kurbayern die unter Kurfürst Ferdinand Maria „Erneuerte Landgerichts-Ordnung“ die Auswüchse von Hexenverfolgungen, Denunziation und Ermittlungen gegen Zauberei und Hexerei juristisch einzudämmen versucht.[5]

Auch Kaiserin Maria Theresia hatte kurz nach ihrem Regierungsantritt 1740 die in den habsburgischen Erblanden herrschende entsprechende Gesetzeslage verändert und zentralisiert. Gemäß ihrer *Kaiserl.-Königlich-Apostolischen Majestät allergnädigste*[n] *Landesverordnung, wie es mit dem Hexenprozesse zu halten sei* sollten in allen kaiserlich-habsburgischen Erblanden im Fall von derartigen Prozessen vor einer Entscheidungsfindung dem Wiener Kammergericht die entsprechenden Unterlagen zugeführt werden. Dieses sollte dann die entsprechenden Weisungen vornehmen.[6] Gemäß der neuen Gesetzeslage war nur dann ein einschlägiger Prozess anzustrengen, *wo die Vermuthung statt hat, daß eine erwiesene Unthat, welche nach dem Laufe der Natur von einem Menschen für sich selber nicht hat bewerkstelligt werden können, mit bedungener Zuthuung und Beistand*

---

[4] Der Hinweis Wolfgang Behringers, dass die Bezeichnung „Bayerischer Hexenkrieg“ erstmals 1776 in den Schriften über und gegen den Exorzisten Johann Joseph Gaßner auftaucht (Wolfgang BEHRINGER, Hexenverfolgung in Bayern. Volksmagie, Glaubenseifer und Staatsräson in der Frühen Neuzeit, München 1997, S. 398, Fn. 105), ist allerdings zu revidieren. Der Terminus findet sich in der Literatur bzw. Publizistik bereits früher, etwa in der „Allgemeine[n] Deutsche[n] Bibliothek“ (Bd. XXIV, 2. Stück [1775] S. 609 [= Artikel: „Zauberey“]).

[5] Vgl. Hans FIEGER, P. Don Ferdinand Sterzinger. Lektor der Theatiner in München, Direktor der historischen Klasse der Kurbayerischen Akademie der Wissenschaften, Bekämpfer des Aberglaubens und Hexenwahns und der Pfarrer Gaßnerschen Wunderkuren. Ein Beitrag zur Geschichte der Aufklärung in Bayern unter Kurfürst Maximilian III. Joseph, München / Berlin 1907, S. 89.

[6] Vgl. ebd. S. 140.

des Satans aus Verhängnis Gottes geschehen sei.[7] Zusätzlich sollte das Instrument der Folter und Gewalt abgeschafft bzw. reduziert werden. Im Artikel 58 der *Peinlichen Gerichtsverordnung* wurde beispielsweise die früher häufig angewendete sogenannte Wasserprobe, *nebst allen dergleichen mächtigen und abergläubischen Zaubergegenmitteln* abgeschafft.[8]

Öffentliche Kritik am Hexenglauben und Aberglauben insgesamt kam in dieser Zeit vor allem von Seiten der protestantischen *communitas litteraria*. In Nachfolge des Leipziger Juristen und Philosophen Christian Thomasius[9] war es vor allem der Hallenser Theologe Johann Salomo Semler, der diesbezüglich aktiv wurde. 1760 erschien seine „Abfertigung der neuen Geister und alten Irrtümer (...) nebst theologischem Unterricht von dem Ungrunde der gemeinen Meinung von leiblichen Besitzungen des Teufels und Bezauberungen der Christen". Gemäß Semler sind alle leiblichen *Besitzungen* erfunden. Noch im gleichen Jahr äußerte sich auch – allerdings mit anderer Meinung – der Hallenser Theologieprofessor Georg Friedrich Meier in seinen „Philosophische[n] Gedanken von den Würkungen des Teufels auf dem Erdboden".[10] Meier wiederholt die auch bei manchen Kirchenvätern bekannte Auffassung, der Teufel sei kein reiner *Geist*, sondern verfüge über einen *subtilen Körper.*[11] Semler wurde einige Jahre später unterstützt von einem anonym publizierenden Schüler („Versuch einer biblischen Dämonologie")[12] und dem märkischen Geistlichen Christian Wilhelm Kindleben mit seinem Buch „Ueber die Non-Existenz des Teufels".[13]

Der protestantische Landgeistliche Kindleben postuliert, *daß es keinen Teufel geben, wiefern man darunter eine Substanz, oder ein geistiges Wesen, dem eine Persönlichkeit zukommt* verstehe; vielmehr sei alles, was in der Bibel unter diesem Namen vorkomme, nur die uneigentliche Vorstellung von einem abstrakten Begriff, *den wir in der Philosophie das moralische Uebel, und das leibliche Böse überhaupt zu nennen pflegen.*[14] Der *Fürst, der in der Luft herrscht* (Eph. 2 v. 2) bedeutet da-

---

7 Ebd. S. 142 f.

8 Ebd.

9 Vgl. Christian THOMASIUS, Vom Laster der Zauberei. Über die Hexenprozesse, hg. v. Rolf LIEBERWIRTH, München 1986.

10 Georg Friedrich Meier, Philosophische Gedanken von den Würkungen des Teufels auf dem Erdboden, Halle 1760.

11 Ebd. S. 105 f.

12 Anonymus, Versuch einer biblischen Dämonologie, oder Untersuchung der Lehre der heil. Schrift vom Teufel und der Macht. Mit einer Vorrede und einem Anhang von Johann Salomo Semler, Halle 1776.

13 Anonymus (Christian Wilhelm Kindleben), Ueber die Non-Existenz des Teufels. Als Antwort auf die demüthige Bitte um Belehrung an die großen Männer, welche an keinen Teufel glauben, Berlin 1776.

14 Ebd. S. 4 f.

her nur *eine mächtig herrschende oder dicke Finsterniß, und dann, wenn wir den Tropus weglassen, Unglauben, Unwissenheit und herrschende Laster.*[15] Es folgt ein Echo des Utilitas-Denkens der Aufklärung:

> *Auch auf dem Gebiet der praktischen Moral werden Staat und Gesellschaft vom Verschwinden des Teufels nur profitieren: „Ists nicht weit besser und faßlicher, wenn ich dem gemeinen Mann gerade heraus sage: Die Hauptsache, darauf es bey dem Christenthum und bey der Erlangung des göttlichen Wohlgefallens ankommt, ist rechtschaffene Besserung und thätiger unermüdlicher Fleiße im Guten" – anstatt den langen Umweg von Buße, Glauben, Gnadenwahl, Bekehrung, Wiedergeburt, Erneuerung, Erlösung und Heiligung zu schicken.*[16]

Im Folgenden verlagerte sich der Schwerpunkt der Diskussion in den katholischen Süden des Reichs. Der später als „Bayerischer Hexenkrieg" bezeichnete, weit über theologische Belange hinausgehende Konflikt wurde im Wesentlichen durch eine von dem Theatiner Ferdinand Sterzinger[17] am 13. Oktober 1766 anlässlich des Namensfestes der Bayerischen Akademie der Wissenschaften gehaltenen Rede ausgelöst. Sie firmierte unter dem Titel „Von dem gemeinen Vorurtheile der wirkenden und thätigen Hexerey" und wurde noch am gleichen Tag Kurfürst Maximilian III. Joseph vorgelegt. Einige Jahre zuvor hatte es bereits in der italienischen Publizistik und Gelehrtenszene mit Traktaten von Girolamo Tartarotti und Lodovico Antonio Muratori[18] und deren Kritik an den nach wie vor spürbaren Nachwirkungen von Martino del Rios „Disquisitiones magicae" (1608) einen ähnlichen, wenngleich weniger polemischen und massiven Konflikt gegeben. Auch der aus Neustadt an der Saale stammende, lange Zeit in Italien verbringende deutsche Theologe und Augustiner Jordan Simon hatte mit seinem Werk

---

15 Ebd. S. 5.

16 Ebd. S. 17 f. Vgl. auch Christian Wilhelm Kindleben, Der Teufeleien des achtzehnten Jahrhunderts letzter Akt, Leipzig 1779.

17 Neben der bereits oben zitierten Biographie von Hans Fieger vgl. zu Sterzinger auch die älteren Zusammenfassungen, in: Allgemeine Deutsche Bibliothek 83 (1788) S. 523–525; Historisch-literarisches Handbuch berühmter und denkwürdiger Personen welche in dem achtzehnten Jahrhundert gelebt haben, hg. v. Friedrich Carl Gottlob Hirsching, Bd. 13, Leipzig 1809, S. 307–310; Johann Georg Meusel, Lexikon der vom Jahr 1750 bis 1800 verstorbenen teutschen Schriftsteller, Bd. 13, Leipzig 1813, S. 371; Heinrich Doering, Die gelehrten Theologen Deutschlands im achtzehnten und neunzehnten Jahrhundert, Bd. 4, Neustadt a.d. Orla 1835, S. 367; Constantin von Wurzbach, Sterzinger, Ferdinand, in: Biographisches Lexikon des Kaiserthums Oesterreich 38, Wien 1879, S. 311–314; Franz Heinrich Reusch, Sterzinger, Ferdinand, in: Allgemeine Deutsche Biographie 36, Leipzig 1893, S. 124 f.

18 Vgl. Girolamo Tartarotti, Del congresso noturno delle lammiè libri tre. S'aggiungono due dissertazioni epistolari sopra l'arte magica, Venedig 1750. Zu Muratoris Einfluss auf Sterzinger vgl. Fieger, P. Don Ferdinand Sterzinger (wie Anm. 5) S. 115 f.

1 Ferdinand Sterzinger. Porträt eines unbekannten Künstlers, ca. 1775 (wikipedia)

„Das Welt betrügende Nichts: die Hexerey" (1761) Sterzinger beeinflusst. Sicherlich nicht zufällig erlebte das Werk unter dem veränderten Titel „Die Nichtigkeit der Hexerey und Zauberkunst" 1766 eine Neuauflage.[19]

Der bayerische Historiker Sigmund von Riezler resümiert rückblickend am Ende des 19. Jahrhunderts: *Die Bedeutung der Rede liegt vor allem darin, daß sie in der Akademie der Wissenschaften von einem Geistlichen gehalten wurde, und des Redners größtes Verdienst ist es, daß er den Mut hatte, in Bayern und an solcher Stelle öffentlich auszusprechen, was außerhalb Bayerns vor ihm schon andere verkündet hatten.*[20] Bereits einige Wochen nach dem Vortrag erfolgte in München der Abdruck der „Akademische(n) Rede von dem gemeinen Vorurtheile der wirkenden und thätigen Hexerey". Mehr noch als die nur von einem begrenzten intellektuellen Zuhörerkreis wahrgenommene Rede sollte das Pamphlet im gesamten süddeutschen und österreichischen Raum eine lebhafte Diskussion entfachen. Primäres Anliegen Sterzingers war es – im Kontext des Wissenschaftsverständnisses der Aufklärung – den Glauben an die Hexerei *ad absurdum* zu führen und ihn im Sinn der sogenannten Katholischen Aufklärung als unvereinbar mit der göttlichen

[19] Jordan Simon, Die Nichtigkeit der Hexerey und Zauberkunst, Frankfurt / Leipzig 1766.
[20] Siegmund von Riezler, Geschichte der Hexenprozesse in Bayern. Im Lichte der allgemeinen Entwicklung dargestellt, Stuttgart 1896, S. 300 f.

Weisheit zu brandmarken: *Unsere aufgeklärte Zeit, in welcher die Wissenschaften den höchsten Gipfel zu erreichen scheinen, gedulden kein Vorurtheile mehr.*[21]

Sterzingers Haltung zur Hexerei und dem Vorgehen gegen sie ist im Kontext seines breiten intellektuellen Horizonts zu verorten. Der Geheime Rat und Archivar Johann Nepomuk Felix von Zech formuliert rückblickend in seiner „Rede zum Andenken des Don Ferdinand Sterzinger":

> *Er faßte den seiner ganz würdigen, rühmlichen Entschluß, seinen Mitbrüdern eine gereinigte, nicht mit scholastischen Grillen und sangenden labyrinthischen Schlußreden beladene Weltweisheit mitzuteilen, da mit denen bisher nach der Kunst eingerichteten Schlußsätzen die lernende Jugend irregemacht, das Eigentliche und das Erforderliche, wo nicht ganz verfehlt, doch gar zu sicher aufgehalten und der sich bilden sollende Verstand, statt solchen zur behörigen Schärfung zu bringen, in eine Kette oberflächlicher Verdrehungen oft schon vorher gewalttätig verwickelt worden, ehe man nur einmal in die Hauptsache schritte.*[22]

Zur theologischen Absicherung seines Standpunktes führt Sterzinger einen breiten Apparat von Quellen an. Darunter sind Textstellen aus dem Neuen Testament, in denen auf die Vernichtung der Dämonen durch Christus hingewiesen wird, oder des Kanonischen Rechts, in dem Hexenritte als Phantasien erklärt werden. Er betont ferner, dass die ältere Literatur, etwa die Werke von Stephan Coletus („Energumenos dignoscendi et liberandi [...] ratio"), Hieronymus Drexel, Giovanni Pietro Pinamonti („Exorcista rite edoctus seu accuratus methodus curandi" [1690]), Johann Christoph Beer („Der Höllische Intelligenzzettel" [1752]) oder Ubald Stoiber („Armamentarium ecclesiasticum complectens arma spiritualia fortissima ad insultus diabolicos elidendos" [1736]), mittlerweile vom Hl. Stuhl indiziert und für ungültig erklärt wurde.

Im Einklang mit den neuen Erkenntnissen der Medizin – so Sterzinger – schreibe auch die Kirche inzwischen nahezu alle Krankheiten nicht der Wirkung von Dämonen, sondern natürlichen Ursachen zu. Im Falle von Krankheiten und Gebrechen sollten daher zunächst Ärzte konsultiert werden.[23] Der Theatiner kritisiert auch die in seinen Augen massiven Auswüchse barocker Volksfrömmigkeit und des Aberglaubens, darunter Wahrsagerei, Zaubersprüche, den Glauben an Wiedergänger und Untote, an bestimmte Tage, an denen besondere Gefahr vor

---

21 Hier zitiert bei FIEGER, P. Don Ferdinand Sterzinger (wie Anm. 5) S. 103.

22 Ebd. S. 20. Vgl. auch die von Hans Fieger (S. 22) vorgenommene Übersetzung aus dem Lateinischen der „Institutiones Philosophicae Conscriptae in usus Clericorum Regularium a Don Ferdinando Sterzinger Clerigo Regulari ac Philosophiae Lectore 1753", BayStBM, Cod. Lat. 9414.

23 Ebd. S. 105.

Dämonen und Hexen drohe, den Gebrauch von Talismanen und die religiöse Deutung bestimmter Himmelsphänomene.[24] Vorausschauend – und auch mit Blick auf die zu erwartende Kritik an seinen Worten – mahnt er, inwiefern *die abgeschmackte blinde Beschuldigung der Freigeisterei die Stelle der Widerlegung und die Lücken vernünftiger Gründe ersetzen.*[25] Der Zeitgenosse Graf von Zech erinnert an die unmittelbaren Reaktionen auf Sterzingers Rede vom Oktober 1767:

> *Kaum wurde diese Rede, wie gewöhnlich abgelesen, so entstanden* [...] *schon während der Ablesung besondere Gärung in den Gemütern der Zuhörer, man lispelte sich sogleich stille wechselweise Entdeckungen in das Ohr, ja man glaubte kaum das Herabgelesene verstanden zu haben, man eilte nach Hause, man spitzte die Federn zu Widerlegungen, und die in so vieljähriger Ruhe gebliebenen alten Klassiker wurden von ihren Winkeln* [...] *hervorgegriffen.*[26]

Ferdinand Sterzingers Biograph Hans Fieger hat vor über hundert Jahren bereits einige Reaktionen von Teilen des Publikums zusammengefasst und beschreibt, wie der Theatiner als *ausgelassener Spötter*, *Frevler der Religion* beschimpft und zum *Gegenstand der Verleumdung* wurde.[27] Nahezu identische Worte werden wir später als Reaktion auf das im Folgenden diskutierte Werk des Dillinger Professors Joseph Weber hören.

Der mit Sterzinger gut bekannte Ex-Jesuit, Theologe und Professor für Poetik und Rhetorik Lorenz Westenrieder kommentierte: *Da war kein Palast, keine Hütte, keine Zelle, so still sie sonst sein mochte* [...] *die nicht ihre Stimme mit einem Eifer abgab, als komme es auf sie an, die Sache zu entscheiden.*[28] Auch der Akademie der Wissenschaften blies durch Sterzingers Auftritt der Wind der Kritik entgegen.[29] Einer der einflussreichsten Unterstützer Sterzingers war der ebenfalls an der Bekämpfung des angeblich überbordenden Wallfahrtswesens und der Verankerung des Aberglaubens in der Bevölkerung interessierte Direktor des kurbayerischen Geistlichen Rats, Theologe und Kirchenpolitiker Peter von Osterwald. In seiner anlässlich des Maximilians-Festes im Oktober 1767 gehaltenen Rede „Vom Nutzen der logikalischen Regeln, besonders wider die Freigeisterei und den Aberglauben“ verteidigte er Sterzinger und betonte die Unvereinbarkeit der Regeln einer vernünftigen Logik mit den Vorstellungen des Aberglaubens und der

24 Ebd. S. 101.
25 Ebd.
26 Ebd. S. 20.
27 Ebd. S. 101.
28 Lorenz Westenrieder, Geschichte der baierischen Akademie der Wissenschaften, auf Verlangen derselben verfertigt, 2 Bde., München 1784/1807, hier Bd. 1, S. 232.
29 Fieger, P. Don Ferdinand Sterzinger (wie Anm. 5) S. 61.

religiösen Wundererwartungen.[30] Bezüglich der von Sterzingers Gegnern ins Feld geführten Geständnisse von verurteilten „Hexen" fragt Osterwald: *Wie, wenn die Geständnisse der Hexen aus Wahnwitz oder Furcht vor der unmenschlichen Furcht geflossen wären? Hat man das corpus delicti allemal richtig konstatieren lassen? Sind bei den Verhören keine Suggestiva gebraucht worden? Waren die Richter nicht selbst von den abergläubischen Vorurteilen deren Zeit eingenommen?*[31]

Unter den nach Oktober 1766 als Reaktion auf Sterzingers Rede entstandenen Schriften ist zwischen sich an Spezialthemen abarbeitenden Werken und allgemeinen Kritiken zu unterscheiden.[32] Zu Ersteren gehörte „P. Angelus Merz kurze Vertheidigung der thätigen Hex- und Zauberey wider eine dem heiligen Kreuz zu Scheyern nachtheilige Akademische Rede";[33] ein im Januar 1767 publiziertes Pamphlet, welches den einträglichen Handel des Benediktinerklosters Scheyern mit Devotionalien um die Reliquie des Heiligen Kreuzes verteidigt. Benediktinerpater Merz fügte seiner Publikation das Protokoll einer durch ein Kreuz aus Scheyern bewirkten Wunderheilung bei einem Abensberger Karmeliter bei.[34] Der von Merz als *halbkatholisch*, *Lügner*, *gestiefelter Theologe* und *Abgesandte*[r] *des Teufels* diffamierte Sterzinger reichte umgehend beim Geistlichen Gericht in Freising Klage gegen den Verfasser ein. In der am 25. Februar 1767 in Freising abgehaltenen Verhandlung wurde Pater Merz mit folgenden Fragen konfrontiert:

> *I) Warum er die Vertheidigung der thätigen Hex- und Zauberey ohne Erlaubniß des Freysingischen Consistorium herausgegeben hätte? II) Warum er seinen Gegner, den P. Sterzinger für halbkatholisch und III) selbst für einen Abgesandten des Teufels in öffentlichen Blättern erklärt hätte? IV Warum er ihm zum Dr. Luther gewiesen hätte, wenn der Hl. Thomas nichts beweisen sollte? V. Warum er ihm einen gestiefelten Theologen, einen theologischen Marktschreier und endlich einen Lügner geheißen hätte?*[35]

Das Gericht zögerte allerdings mit der Verurteilung einer Seite der Parteien; offensichtlich versuchte der Geistliche Rat in München auf die Entscheidung Einfluss

---

[30] Ebd. S. 119.
[31] Ebd.
[32] Vgl. Gesammelte Schriften der Gelehrten in Bayern, die im Jahr 1766 und 67 (auch noch 68) von der Hexerey pro und contra geschrieben, 3 Bde., München 1768.
[33] Angelus Merz, P. Angelus Merz kurze Vertheidigung der thätigen Hex- und Zauberey wider eine dem heiligen Kreuz zu Scheyern nachtheilige – Akademische Rede, Ingolstadt 1767.
[34] Vgl. auch die Hinweise in Fieger, P. Don Ferdinand Sterzinger (wie Anm. 5) S. 124, und die kritischen Kommentare des Berliner Aufklärers Friedrich Nicolai anlässlich seiner Reise durch Bayern im Sommer 1781; Allgemeine Deutsche Bibliothek 83 (1788) S. 613; zu Angelus Merz vgl. auch, Neueste Religionsgeschichte 6 (1777), hg. v. Christian Wilhelm Walch, S. 391 f.
[35] Vgl. den Abdruck in Fieger, P. Don Ferdinand Sterzinger (wie Anm. 5) S. 135.

zu nehmen. Letztlich sollte eine – wie später aufgezeigt – Richtlinienentscheidung des Kurfürsten der Sache ein Ende bereiten.[36]

Der Disput zwischen Sterzinger und Pater Angelus Merz dokumentiert die polemische, erbitterte Dimension, welche die Auseinandersetzung um angeblichen Aberglauben und Irrwege der Volksfrömmigkeit mittlerweile erreicht hatte. An dieser Stelle können allerdings nur einige der vielen, diesen Streit betreffenden Schriften diskutiert werden.[37] Eine der bedeutenden, die Thematik über regionale und singuläre Aspekte hinaus auf eine allgemeine Ebene rückenden Gegenschriften zu Sterzinger war das noch im Dezember 1766 erschienene „Urtheil ohne Vorurtheil über die wirkend- und thätige Hexerey".[38] Verfasser war der Münchner Augustinerpater Agnellus Merz (in den Quellen auch März) – nicht zu verwechseln mit dem oben zitierten Benediktiner Angelus Merz aus Scheyern. Pater Merz entwickelt darin die damals von der gegenaufklärerischen, konservativen Fraktion der Katholischen Kirche vertretene Auffassung, nämlich dass *wir unter der heutigen und sogenannten Hexen- und Zauberkunst nichts anderes* [...] *verstehen, als ein ausdrückliches oder geheimes Bündnis mit dem Teufel, kraft dessen man sich demselben gegen die von ihm versprochenen Vorteile als eigen übergibt.* [...] *Der Vorteil hingegen von Seiten des Teufels ist der einzige Seelenraub.*[39]

Als Gewährsleute zitiert Merz nicht nur früher international anerkannte Autoritäten, wie den 1757 verstorbenen Lothringer Benediktiner, Theologen und Abt von Sénones Augustin Calmet, dessen populäre „Dissertations sur les apparitions des anges, des démons et des esprits. Et sur les revenans et vampire de Hongrie, de Boheme, de Moravie et de Silesie" in viele europäische Sprachen übersetzt worden waren. Die deutsche Übersetzung erschien 1749 unter dem Titel „Gelehrte Verhandlungen der Materie von Erscheinungen der Geisteren, und denen Vampiren in Ungarn, Mähren etc.". Merz streicht in diesem Zusammenhang noch einmal – in verkürzter Form – Calmets Aussage heraus, dass eine Leugnung der Hexerei letztlich ein Angriff auf den Glauben an die Katholische Kirche sei.[40] Ferner wird auf die Beschreibung von Hexerei in der Bibel, auf den Zauberer Simon, die Hexe von Endor oder die Zauberer des Pharaos, verschiedene päpstliche Bullen und die Schriften von Thomas von Aquin verwiesen.[41]

---

[36] Vgl. ebd. S. 145: *Der Hexenstreit würde* [...] *noch fortgedauert haben, wenn nicht der Kurfürst von Bayern selbst demselben Einhalt gegeben hätte.*

[37] Für weitere Schriften und Polemiken bzgl. des Hexenkriegs vgl. ebd. S. 135–142.

[38] Agnellus Merz, Urtheil ohne Vorurtheil über die wirkend- und tätige Hexerey, abgefasst von einem Liebhaber der Wahrheit. Gedruckt zu Sterzingen (sic) in Tiroll, Augsburg 1766.

[39] Fieger, P. Don Ferdinand Sterzinger (wie Anm. 5) S. 121.

[40] Ebd.

[41] Ebd.

Bereits im Sommer 1767 holte Ferdinand Sterzinger in seiner Schrift „Betrügende Zauberkunst und träumende Hexerey oder Vertheidigung der akademischen Rede von dem gemeinen Vorurtheile der wirkenden und thätigen Hexerey wider das Urteil ohne Vorurtheil"[42] zum Gegenschlag aus. In diesem Pamphlet verfolgt der Theatiner zunächst den Ursprung des Aberglaubens im germanischen und römischen Heidentum und dessen Infiltration in das Christentum.[43] Die Essenz seiner Verteidigung des Angriffs auf den Hexenglauben lautet:

> *Es ist nicht zu zweifeln, daß der Glaube an die Hexerey und Zauberkunst unserer heiligen Religion mehr als der Unglaube nachteilig sei; denn wenn wir glauben, daß der Teufel allen jenen Menschen erscheinen, die ihm ihre Seele durch geheime oder ausdrückliche Bündnisse verpflichten, ihn anrufen oder durch abergläubische Zeremonien beschwören, daß er ihnen ihren bösen Willen erfülle und Wunder wirke, sperren wir den Gottlosen und Verruchten, den Verzweifelten und Unglücklichen Türen und Angeln auf, ihr Zuflucht zu dem Satan zu nehmen, um zu ihren Ansichten zu gelangen. Belehren wir aber aufrichtig das Volk, daß der Satan nicht das mindeste durch Zaubereyen zu wirken fähig sei, so wird es von so verführerischen Einbildungen und sündhaften Ursachen ab und zu gesünderen Gedanken geführt.*[44]

Aus dem im weiteren Verlauf des Jahres 1767 und auch noch 1768 fortgesetzten publizistischen Schlagabtausch seien folgende Schriften hervorgehoben: Bereits im Sommer 1767 erschien die Antwort von Pater Agnellus Merz unter dem Titel „Vertheidigung wider die geschwulstige Vertheidigung der betrügenden Zauberkunst und träumenden Hexerey verfasset von einem Liebhaber der Wahrheit".[45] In ihr werden Ansichten über die Bedeutung des Glaubens in Bezug auf den Einfluss des Teufels auf den Menschen formuliert, welche auch einige Jahre später von dem Exorzisten Pater Johann Joseph Gaßner aufgegriffen werden: *Wenn man den Wahrgläubigen die Furcht vor den Nachstellungen des Satans benimmt, ihnen vorträgt, daß seine Macht gänzlich gehemmt, daß er in der Hölle wie ein Kettenhund angebunden und keinen mehr Schaden kann, so vereiteln wir die heiligen Gebräuche der Kirche, wir erwecken in den Herzen der Christen eine Verachtung*

---

[42] Ferdinand Sterzinger, Betrügende Zauberkunst und träumende Hexerey oder Vertheidigung der akademischen Rede von dem gemeinen Vorurtheile der wirkenden und thätigen Hexerey wider das Urteil ohne Vorurtheil, München 1767.

[43] Vgl. Fieger, P. Don Ferdinand Sterzinger (wie Anm. 5) S. 129.

[44] Ebd. S. 123.

[45] Agnellus Merz, Vertheidigung wider die geschwulstige Vertheidigung der betrügenden Zauberkunst und träumenden Hexerei verfasset von einem Liebhaber der Wahrheit, München 1767.

der geistlichen Mittel, welche uns die Kirche an die Hand gibt, weil sie auf diese Art unnütz werde.[46]

Die für die Vertreter der Aufklärung besonders provokanten Thesen des bereits oben zitierten Scheyerner Paters Merz fanden seitens des unter dem Pseudonym F. N. Blocksberger schreibenden, aus dem oberpfälzischen Vilseck stammenden, später in Regensburg und Pondorf wirkenden Pfarrers Andreas Ulrich Mayer ironische und teils satirische Antworten.[47] Neben seinem mehrmals neu aufgelegten „Sendschreiben an den Hochw. H. P. Agnellus März, [...] über seine Vertheidigung wider die schwulstige Vertheidigung der betrügenden Zauberey und Hexerey" (1767)[48] publizierte er mit „Nichtige, unbegründete, eitle, kahle und lächerliche Verwantwortung des H. P. Angelus März, Benedictiner zu Scheyern über die vom P. Don Ferdinand Sterzinger bey dem hochfürstlichen hochlöblichen geistlichen Rath in Freysing gestellten Fragen" (1767),[49] „Glückwunschschreiben an den Hochw. P. Angelus März, über seine Verteidigung der Hex- und Zauberey" (1767) und „Abhandlung des Daseyns der Gespenster" (1768) weitere, die Verteidiger des Hexenglaubens attackierende Pamphlete.[50]

In seinem ironischen „Glückwunschschreiben an den Hochwürdigen P. Angelus..." wünscht der Verfasser dem *gelehrten Adressaten* Glück, dass er *mit so unvergleichlicher Geschicklichkeit die Hexerey und die Hexenprozesse vertheidigt und den bösen Don Sterzinger* in die Schranken gewiesen habe und den Theatiner einen *Abgesandten des Teufels, theologischen Marktschreier* und *Stiefeltheologen* genannt hat. Mit dem Ex-Benediktiner, Schulreformer, Kanonikus am Münchner Liebfrauenstift und zukünftigen Mitglied des kurbayerischen Geistlichen Rats Heinrich Braun, dem Verfasser der „Drei Fragen zur Vertheidigung der Hexerey" (1767), stellte sich ein weiterer prominenter Vertreter der Katholischen Aufklärung an die Seite Sterzingers.[51]

---

46 Fieger, P. Don Ferdinand Sterzinger (wie Anm. 5) S. 131.

47 Der unter dem Pseudonym Blocksberger schreibende Regensburger Geistliche Rat Andreas Ulrich Mayer (1732–1802) wurde 1792 als Mitglied in die Bayerische Akademie der Wissenschaften aufgenommen.

48 Andreas Ulrich Mayer, Sendschreiben an den Hochw. H. P. Agnellus März, Priester des hochberühmten Einsiedler Ordens des H. Augustinus, wirklichen Lehrer der Gottesgelehrtheit bey den löblichen Augustiner Vätern zu München, über seine Vertheidigung wider die schwulstige Vertheidigung der betrügenden Zauberey und Hexerey, Straubing 1767.

49 Andreas Ulrich Mayer, Nichtige, unbegründete, eitle, kahle und lächerliche Verwantwortung des H. P. Angelus März, Benedictiner zu Scheyern über die vom P. Don Ferdinand Sterzinger bey dem hochfürstlichen hochlöblichen geistlichen Rath in Freysing gestellten Fragen, o. O. (Straubing?) 1767.

50 Vgl. Andreas Ulrich Mayer, Glückwunschschreiben an den Hochw. P. Angelus März, über seine Vertheidigung der Hex- und Zauberey, Straubing 1767; Ders., Abhandlung des Daseyns der Gespenster, Augsburg 1768.

51 Anonymus (= Heinrich Braun), Drei Fragen zur Vertheidigung der Hexerey, o. O. 1767.

Besonders für Brauns und Mayers Schriften gilt, was bereits Wolfgang Behringer, Hans Christian Erik Midelfort, Karl Beier und andere herausgearbeitet haben, nämlich die Katholische Gegenaufklärung vor dem Hintergrund der Hexendebatte zu entlarvenden Stellungnahmen zu provozieren und diese *im öffentlichen Disput lächerlich zu machen.*[52] Tatsächlich hatte es damals in Kurbayern schon seit über zehn Jahren keine Hinrichtung einer sogenannten „Hexe“ gegeben.

Die Analyse des Münchner Kanonikers, Geistlichen Rats – und späteren Illuminaten[53] – Jakob Anton Kollmann fiel komplexer aus. In seinen „Zweifel[n] eines Bayers über die wirkende Zauberkunst und Hexerey“ (1768)[54] diskutiert er die Schwachstellen sowohl in Sterzingers als auch in dessen Kritiker-Schriften und resümiert, inwiefern beide Parteien über ein Thema streiten würden, welches kaum fassbar und in empirischen Kategorien schwer zu bewerten sei: *Man will immer vor einer Sache streiten, von der man nur dunkle und unvollständige Berichte hat und auch keine anderen haben kann.*[55] Eine klar umrissene Definition des Satans könne kaum gelingen, *denn man kennt ihn nicht, und man will bestimmen, was er für eine Macht und Gewalt habe und wie weit sich selbe erstrecke.*[56] Der angesehene Salzburger Benediktiner, Theologe und Jurist Beda Schallhammer hatte schon zuvor in seinem umfangreichen, 1767 erneut posthum publizierten Traktat „Aliquid ex Theologia, contra grande nihilum, seu dissertatione de Magia nigra, critico-historico-scripturistico-theologica“[57] versucht, das Thema aus verschiedenen Blickwinkeln zu durchleuchten.

Sicherlich dienten die Debatten des „Hexenkriegs“ zur überregionalen Profilierung Sterzingers als aufgeklärter Gelehrter und vielbeachtetes Mitglied der *communitas litteraria*. Der Nördlinger Jurist und Historiker Georg Wilhelm Zapf notiert etwa im August 1780 während eines Aufenthalts in München: *Treffen mit Don Ferdinand Sterzinger, einen Mann, der sich durch seine aufgeklärte Denkungsart in der gelehrten Welt bekannt gemacht.*[58] Auch außerhalb Kurbayerns

---

52 BAIER, Mesmer versus Gaßner (wie Anm. 1) S. 49; vgl. auch Wolfgang BEHRINGER (Hg.), Hexen und Hexenprozesse in Deutschland, München 2010, S. 407 f.

53 BayHStAM, MA I. 379, „Ordensglieder nach Ordnung der Aufnahme und Enroullirung“; „Specification einiger Namen“; Bernhard BEYER, Freimaurerei in München und Altbaiern. Ein Beitrag zur Kulturgeschichte des 18. Jahrhunderts, Hamburg 1973, S. 72; Hermann SCHÜTTLER, Die Mitglieder des Illuminatenordens 1776–1787/93 (Deutsche Hochschulschriften 18) München 1991, S. 87.

54 Jakob Anton Kollmann, Zweifel eines Bayers über die wirkende Zauberkunst und Hexerey, Augsburg 1768.

55 Ebd. S. 12.

56 Ebd. S. 6.

57 Beda Schallhammer, Aliquid ex Theologia, contra grande nihilum, seu dissertatione de Magia nigra, critico-historico-scripturistico-theologica, Straubing 1767.

58 Georg Wilhelm Zapf, Ueber meine literarische Reise in einige Klöster Baierns im Jahre 1780, Augsburg 1782, S. 6 f. Zapf besuchte Sterzinger am 4. August 1780.

und Österreichs traten Akademiker an Sterzingers Seite, einer von ihnen war der Thüringer Mediziner und Publizist Ernst Gottfried Baldinger. In dem von ihm herausgegebenen „Neuen Magazin für Ärzte“ blickt Baldinger 1786 auf jene Zeit zurück, in der *er selbst im Feldzug des bayer. Hexenkriegs als treuer Verbündeter des Kriegsobersten Sterzinger in seiner Stellung als Volontär getan habe, da er die ersten zwei Jahre die Campagne mitgemacht.*[59]

In der Zwischenzeit hatte der Fall des in Oberschwaben, Ellwangen und Regensburg wirkenden – bereits oben erwähnten – Teufelsaustreibers Johann Joseph Gaßner das Thema Magie, Zauberei und Hexen wieder massiv in den Fokus einer breiten Öffentlichkeit gerückt. Das Konzept des Exorzisten sei hier kurz zusammenfasst: Gaßner war überzeugt, dass nur ein Teil von Erkrankungen auf organische Ursachen zurückgeführt werden kann, manche Krankheiten dagegen von dämonischen Mächten und dem Teufel verursacht werden. Der Einfluss des Antichristen würde sich schließlich auch im menschlichen Organismus festsetzen und so zu einem vermeintlich natürlichen Leiden werden. Gaßner argumentiert nun scheinbar logisch: Da diese Art der Krankheiten nicht auf natürlichem Weg entstanden sei, könne man sie auch nur mit geistlichen Mitteln, mit Beschwörungen und Gebeten bekämpfen. Die gemeine „physische“ Medizin könne hier nicht helfen. Nur ein mit besonderen Gaben ausgerüsteter Priester sei befähigt, diese „geistlichen“ Heilungen durchzuführen.[60]

Der anonyme Autor einer „Aufrichtige[n] Erklärung eines Geistlichen“ notiert 1775: *Er* [= Gaßner] *treibt im Namen Jesu die Teufel aus den Besessenen, er macht Blinde sehend, Gehörlosen gibt er das Gehör, den Stummen die Rede* […]. *Er heilet Kopf-, Augen- und Zahnschmerzen, Drucken auf der Brust, hartes Schnaufen,*

---

59 Neues Magazin für Ärzte, hg. v. Ernst Gottfried Baldinger VIII (1786) S. 8 f.

60 Vgl. ausführlich Johann Gaßner, Des wohlerwürdigen Herrn Johann Joseph Gaßners, der Gottesgelehrtheit und des geistlichen Rechts Candidaten, seeleifrigen Pfarrers in Klösterle, Weise fromm und gesund zu leben, auch ruhig und gottselig zu sterben, oder nützlicher Unterricht wider den Teufel zu straiten, Kempten 1774; Aloys Merz, Gründlicher Beweis, daß die Art, mit welcher der nun in ganz Deutschland berühmte hochw. Herr Pfarrer zu Klösterle Johann Joseph Gaßner die Krankheite zu heilen pflegt, den evangelischen Grundsätzen und den Gesinnungen der allerersten Kirche ganz gleichförmig sei, Augsburg 1775. Vgl. zusammenfassend Felix Joseph von Lipowsky, Leben und Thaten des Maximilian Joseph III. in Ober- und Nieder-Bayern, auch der Oberpfalz Herzogs, Pfalzgrafen bei Rhein, des heiligen römischen Reichs Erztruchseß und Churfürsten, Landgrafen zu Leuchtenberg, München 1833, S. 261: *Gaßner behauptete, daß es dreierlei Gattungen von bösen Geistern gepeinigter Leute gebe, nämlich umgeführten, (circumfessi) bezauberte, (obsessi) und besessene (possessi) Menschen. Ob nun eine Krankheit natürlich seye, oder ob dieselbe ein Spuck des bösen Geistes wäre, offenbare sich bei dem Exercismus, bei der Beschwörung des Kranken im Namen Jesu, des Seligmachers und Welterlösers.* Vgl. auch Bernhard Joseph Schleiß von Löwenfeld, Beyträge zu Gaßners Aufenthalt und Wesen in Sulzbach, Sulzbach 1776, S. 34: *Als vierte Kategorie der dem Teufel verfallenen, meint Gaßner, habe man jene Menschen anzusehen, welche einem „unmenschlichem Zorne“ ergeben seien; ja der Zorn selber komme nicht „vom Temperament, sondern von dem Teufel“.*

2 Johann Joseph Gaßner heilt Kranke und vom Teufel Besessene. Kupferstich, ca. 1775 (Historisches Museum Regensburg)

Steinschmerzen, Gichter, Bodengran [= Gicht]. *Wenn bei diesen Zuständen der böse Feind einen Einfluss dabei hat, alsdann hilft er. Wenn aber die Zuständ natürlich, kann er nicht helfen.*[61] Melchior Adam Weikard, Jurist und späterer russischer Staatsrat, formulierte damals den kritischen Standpunkt säkularer Zeitzeugen: *Nach Gaßner waren alle Krankheiten vom Teufel, und nur ein gesalbter Priester war der Mann dafür. Es verbreitete sich nun Lärm und Victoria, wo weit es nur Kapuzen und Schwarzröcke gab.* [...] *Alle christlichkatholische Städte und Dörfer in Franken und Schwaben liefen nun voll Vicegaßner, Emissarien, Substituten, Pfuscher, privilegirter Teufelsbanner und dergleichen.*[62]

Der damalige Status der vom Vatikan propagierten Teufelslehre und exorzistischen Praktiken basierte nach wie vor auf dem erstmals 1614 promulgierten und

61 Hier zitiert bei Gustav Widenmann, „Der Teufelsbanner Gaßner unter besonderer Berücksichtigung seiner Ellwanger Tätigkeiten" (maschinenschriftliches Manuskript, Stadtarchiv Ellwangen, Elvacensia 17/23, S. 11. Gemäß den Angaben des ehemaligen Ellwanger Stadtarchivars, Professor Immo Eberl, verfasste Widenmann seine Arbeit am Ende der 1940er Jahre.

62 Melchior Adam Weikard, Denkwürdigkeiten der Lebensgeschichte des kaiserlich Russischen Staatsraths, M. A. Weikard, Frankfurt / Leipzig o. J., S. 191.

publizierten *Rituale Romanum*.[63] Dabei wird große Vorsicht in der Klassifikation von Besessenen angeraten und ein Kanon von Merkmalen vorgestellt, welche tatsächlich Besessene von seelisch Kranken unterscheiden.[64] Die Heilerfolge Gaßners beziehungsweise deren medizinische Grenzen können im Rahmen dieses Beitrags allerdings nicht diskutiert werden. Mittlerweile beschäftigt sich die moderne Forschung mit den Operationen und Heilungen des Exorzisten auch im Kontext der Geschichte der Psychotherapie und Hypnose.[65]

Reduziert auf die bloßen Fakten, ergeben sich auf den ersten Blick zwischen dem „Hexenkrieg" und den Wunderheilungen Gaßners wenig Parallelen. Auf tieferer theologischer Ebene stehen beide Phänomene auf gleichem Boden.[66] Die Schriften des Exorzisten befürworten – sicherlich um eventuelle Provokationen der jeweiligen juristischen und politischen Autoritäten zu vermeiden – an keiner Stelle die Verfolgung von Hexen oder Ermittlungen gegen deren angeblichen Schadenszauber. Schon Wolfgang Petz und Karl Baier haben deshalb statuiert: „Keinem Teilnehmer an dieser Diskussion [um Gaßners Exorzismen und Wunderheilungen] war es darum zu tun, die Ära der Hexenjagden wieder aufleben zu lassen oder neue Teufelsbuhlerinnen aufzuspüren."[67] Gaßner umgeht in seiner in der dritten Person formulierten „Antwort auf die Anmerkungen, welche in dem

---

[63] Vgl. Adolf Rodewyk, Die Teufelsaustreibung nach dem Rituale Romanum, in: Geist und Leben. Zs. für Aszese und Mystik 25 (1952) S. 121–134; Cecile Ernst, Teufelsaustreibungen. Die Praxis der katholischen Kirche im 16. und 17. Jahrhundert, Bern / Stuttgart / Wien 1972, S. 17–23; Nils Freytag, Exorzismus und Wunderglaube im späten 18. Jh. Reaktionen auf die Teufelsbanner und Wunderheiler J. J. Gaßner und A. Knoerzer, in: Edwin Dillmann (Hg.), Regionales Prisma der Vergangenheit. Perspektiven der modernen Regionalgeschichte (19./20. Jahrhundert) (Saarland Bibliothek 11) St. Ingbert 1996, S. 92.

[64] Vgl. einführend Hans-Jürgen Wolf, Hexenwahn und Exorzismus. Ein Beitrag zur Kulturgeschichte, Kriftel / Ts 1980; Rainer Decker, Die Haltung der römischen Inquisition gegenüber Hexenglauben und Exorzismus am Beispiel der Teufelsaustreibungen in Paderborn 1657, in: Lorenz / Bauer, Das Ende der Hexenverfolgung (wie Anm. 1) S. 97–115.

[65] Vgl. einführend Burkhard Peter, Hypnotische Selbstkontrolle. Die wirksame Psychotherapie des Teufelsbanners Johann Joseph Gaßner um 1775, in: Hypnose und Kognition 17 (2000) S. 19–34; Ders., Gassner's exorcism – not Mesmer's magnetism – is the real predecessor of modern hypnosis, in: International Journal of Clinical Experimental Hypnosis 53 (2005) S. 1–13; Annelise Ego, „Animalischer Magnetismus" oder „Aufklärung". Eine mentalitätsgeschichtliche Studie zum Konflikt um ein Heilkonzept im 18. Jahrhundert (Epistemata. Würzburger wissenschaftliche Schriften. Reihe Literaturwissenschaft 68) Würzburg 1991; Baier, Mesmer versus Gaßner (wie Anm. 1) S. 47–83; Beate Meissner, Urformen der Psychotherapie, in: Zs. für Parapsychologie und Grenzgebiete der Psychologie 27 (1985) S. 181–208, hier 202 f.

[66] Vgl. kürzlich Walter Hauser, Anna Göldi – geliebt, verteufelt, enthauptet. Der letzte Hexenprozess und die Entdämonisierung der Frau, Zürich 2021. Gemäß Hauser befeuerte die von Gaßner *entfachte Satans-Hysterie* die letzten europäischen Hexenprozesse.

[67] Wolfgang Petz, Die letzte Hexe. Das Schicksal der Anna Maria Schwägelin. Frankfurt a. Main / New York 2007, S. 159; vgl. auch diesbezüglich Baier, Mesmer versus Gaßner (wie Anm. 1) S. 49; Midelfort, Exorcism and Enlightenment (wie Anm. 1) S. 98.

Münchner Intelligenzblatt vom 12. November wider seine Gründe und Weise zu exorzieren“ (1774) das Thema wie folgt: *Ob es sogenannte Hexen gebe, oder nicht, darum bekümmert sich der Pfarrer vom Clösterl nicht. Er behauptet, daß es böse Geister gebe, daß diese dem Menschen nachstellen, daß sie suchen ihm an Leib und Seele zu schaden, daß er* [= der Teufel] *wirklich vielen geschadet habe, wo er einen Zugang hat finden können.*[68] Dennoch waren sich Sterzinger und die Vertreter der Katholischen Aufklärung im Klaren darüber, dass Gaßner sich mit seinen Vorstellungen von Besessenheit des menschlichen Körpers und der Macht des Teufels auf den menschlichen Geist im Umfeld der Gegenaufklärung und von Anhängern des Glaubens an Teufelspakte und Hexerei bewegte. In diesem Umfeld war auch ein großer Teil seiner Anhänger und Förderer zu suchen.

Bezeichnenderweise knüpft der Herausgeber von „Des Hochwürdigen Herrn Johann Joseph Gaßnern, [...] Weise fromm und gesund zu leben, auch ruhig und gottselig zu sterben: oder nützlicher Unterricht wieder den Teufel zu streiten“[69] direkt an Sterzingers Kritik des Hexenglaubens an, als er dessen im Oktober 1766 gehaltene Rede als Verursacher eigener Zweifel an der Macht des Satans und der Existenz von Hexen beschreibt.[70] Es seien die durch Gaßner bewirkten *Wunder* und ein vertieftes Studium der Bibel gewesen, die ihn wieder auf den Weg der Rechtgläubigkeit gebracht hätten. Derartige Kommentare können als stellvertretend für den Standpunkt einer großen Zahl von Gaßners Anhängern gelten und müssen nicht nur Sterzinger vor Augen geführt haben, welche weit über das Medizinische hinausgehende Konsequenzen die sogenannten Wunderheilungen des Exorzisten hatten. Der geschärfte Blick des Wissenschaftlers und intellektuell gut und überregional vernetzten Mitglieds der kurbayerischen Akademie der Wissenschaft auf die am Beginn der 1770er Jahre zu einer Aufsplitterung, Fragmentarisierung und Zersetzung der Aufklärung führenden neuen Strömungen der Freimaurerei (Strikte Observanz, Templersystem), des Spiritismus und auch des literarischen Sturm und Drangs zeigten Sterzinger nur zu gut, inwiefern Gaßners Heilungsmethoden nicht nur in der Landbevölkerung, sondern auch bei Adel und Bildungsbürgertum große Wirkungen hinterließen.

---

68 Johann Joseph Gaßner, Antwort auf die Anmerkungen, welche in dem Münchner Intelligenzblatt vom 12. November wider seine Gründe und Weise zu exorzieren, wie auch von der Teutschen Chronik und anderen Zeitungsschreibern gemacht worden, Augsburg 1774 (auch Ellwangen 1775), S. 13.

69 Im vollen Titel: Des Hochwürdigen Herrn Johann Joseph Gaßnern, der Gottesgelehrtheit und des geistlichen Rechts Candidaten, freyresignirten Pfarrern zu Klösterl nun Hofcaplan, und geistl. Rath Sr. Hochfürstl. Gnaden des Bischofs von Regensburg, Probsten und Herrn zu Ellwangen Weise fromm und gesund zu leben, auch ruhig und gottselig zu sterben: oder nützlicher Unterricht wider den Teufel zu straiten, Augsburg 1775.

70 Vgl. auch den diesbezüglichen Kommentar in Petz, Die letzte Hexe (wie Anm. 67) S. 158 f.

2. Der neu aufflackernde Hexenstreit in Schwaben – Joseph Webers „Ungrund des Hexen- und Gespensterglaubens"

Ähnlich Sterzingers publizierter Rede „Von dem gemeinen Vorurtheile der wirkenden und thätigen Hexerey" war es eine auf Vorträgen basierende Schrift, welche die Diskussion um das Thema Zauberei und Hexen und ihre Bekämpfung zwanzig Jahre später erneut massiv anheizte. Die Rede ist von Joseph Webers „Ungrund des Hexen- und Gespensterglaubens"; ein Werk, dessen Folgen bisher von der einschlägigen Forschung nur – wenn überhaupt – am Rande beachtet wurde.[71] Wie im Folgenden aufzuzeigen, erscheinen Richard Van Dülmens und Wolfgang Behringers Kommentare zur Nachfolge des sogenannten „Bayerischen Hexenkriegs" etwas zu pauschalierend: *Seit dem öffentlichen Sieg der Aufklärer in der und durch die Hexendebatte, vor allem aber ihrer gleichzeitigen Etablierung hinter den Kulissen, d. h. in der staatlichen Administration, dominierte die rationalistisch-aufklärerische Partei.*[72] Tatsächlich konnte von der umfassenden Dominanz einer *rationalistisch-aufklärerischen Partei* der Intellektuellen im Süden des Reichs nicht die Rede sein. Werfen wir zunächst einen kurzen Blick auf den Verfasser des den neuen Konflikt auslösenden Pamphlets „Ungrund des Hexen- und Gespensterglaubens":

Joseph Weber wurde am 23. September 1753 in Rain am Lech geboren und nach einem Theologiestudium in Dillingen 1776 zum Priester geweiht.[73] Teilweise protegiert von Kurfürst und Bischof von Augsburg, Clemens Wenzeslaus, wurde der sich auch intensiv mit naturwissenschaftlichen, im Speziellen physikalischen Studien beschäftigende Weber nach einer zweijährigen Dienstzeit als Repetitor der Katechetik und des Kirchenrechts am Seminar von Pfaffenhausen 1781 zum Professor der Philosophie und Physik an der nach der Aufhebung des Jesuitenordens im Fürstbistum Augsburg nach Erlanger Vorbild reformierten Universität Dillingen berufen. Bereits zuvor (1777) war er in die Kurbayerische Akademie der Wissenschaften aufgenommen worden. Ein weiteres Indiz für seine intellektuellen Interessen und sein Bemühen, im aufklärerischen Sinn verschiedenste Bevölke-

---

71 Vgl. BEHRINGER, Hexenverfolgung in Bayern (wie Anm. 4) S. 397 f.; MIDELFORT, Exorcism and Enlightenment (wie Anm. 1) S. 145 f.; Henry Charles LEA, Minor Historical Writings and other essays. Ed. by Arthur C. Howland, Philadelphia 1942, S. 31.

72 BEHRINGER, Der „Bayerische Hexenkrieg" (wie Anm. 1) S. 312; vgl. auch Richard VAN DÜLMEN, Phasen der Aufklärung im katholischen Bayern, in: ZBLG 36 (1973) S. 662–679.

73 Zur Karriere Webers vgl. Franz-Carl FELDER / Franz Joseph WAITZENBERGER, Gelehrten- und Schriftsteller-Lexikon der deutschen katholischen Geistlichkeit, Bd. 2, Landshut 1820, S. 482–492; Christoph VON SCHMID, Joseph von Weber, in: Conferenz-Arbeiten der augsburgischen Diöcesan-Geistlichkeit im Pastoralfache und anderweitigem Gebiete der practischen Theologie Bd. 2, Augsburg 1831, S. 3–76; Heidrun ALZHEIMER-HALLER, Handbuch zur narrativen Volksaufklärung. Moralische Geschichten 1780–1848, Berlin / New York 2004, S. 664 f.

Ungrund
des Hexen- und Gespenster-
Glaubens,
in ökonomischen Lehrstunden
dargestellt
von Joseph Weber.

Ihn schrecket kein Gespenst

Verlegts Bernhard Kälin
akademischer Buchdrucker
in Dilingen.
1787.

Klauber Sc. A. V.

3 Titelblatt von Joseph Webers „Ungrund des Hexen- und Gespensterglaubens“ (SuStBA)

rungsgruppen zu erreichen, ist die Gründung einer aus Mitgliedern der lokalen Professoren, Studenten, Bürgern, Offizieren und Staatsbediensteten umfassenden Lesegesellschaft, deren Versammlungsort auch mit einer Bibliothek und einem Apparat von Zeitungen und Journalen ausgestattet war (siehe den Beitrag von Gerhard Hölzle in diesem Band). In diesem Zusammenhang beschäftigte sich Weber auch mit Themen der Ökonomie und Effizienzoptimierung in der Landwirtschaft.

Im Frühjahr 1787 erschien nach Einholung der Approbation des Augsburger Ordinariats seine bei Bernhard Kälin in Dillingen gedruckte Monographie „Ungrund des Hexen- und Gespensterglaubens, in ökonomischen Lesestunden dargestellt".[74] Die dort angekündigte zweite Schrift gegen den Gespensterglauben erschien – höchstwahrscheinlich auf Anordnung des bischöflichen Ordinariats – nicht mehr. Hintergrund dessen dürfte die wohl unerwartet heftige und häufig auch polemisch geführte Diskussion um Webers Angriffe auf den Hexenglauben gewesen sein. Eine weitere Eskalation sollte anscheinend vermieden werden. Es war daher nicht in Augsburg, sondern in Salzburg, wo Webers Schrift gegen den Hexenglauben wenige Monate später unter dem Titel „Die Nichtigkeit der Zauberey" mit marginalen Änderungen erneut abgedruckt wurde. Die Aktualität des Themas in der Region zeigte sich nicht zuletzt in der Tatsache, dass noch im April 1775 der Kemptener Fürstabt Honorius Roth von Schreckenstein die – letztlich nicht vollstreckte – Hinrichtung einer Hexe angeordnet hatte.[75] 1745 wurde unter Fürstbischof Joseph von Hessen (1740–1768) in der bischöflichen Hauptstadt Dillingen – und im gesamten Hochstift – letztmals eine Person wegen Hexerei exekutiert: Barbara Zielhauser.[76]

Die moderne Forschung hat sich bereits am Rande mit Webers Schrift und seinem Versuch beschäftigt, der Landbevölkerung die Furcht vor Hexenkraft *(active witchcraft)* und damit deren Leben von einer seelischen Last zu befreien.[77] Er berührt damit ein zentrales Problem der Thematik: die Schwierigkeiten bei der Infiltration der damals von den „aufgeklärten" Theologen ausgearbeiteten Programme zur Entmythisierung und Bekämpfung des Hexenglaubens und

---

74 Joseph Weber, Ungrund des Hexen- und Gespenster-Glaubens, in ökonomischen Lehrstunden dargestellt, Dillingen 1787.

75 Vgl. Behringer, Hexenverfolgung in Bayern (wie Anm. 4) S. 363–367.

76 StAA, Hochstift Augsburg, Neuburger Ausgabe, Akten Nr. 800, nach Behringer, Hochstift Augsburg (wie Anm. 2) S. 362.

77 *At the University of Dillingen natural philosophy Professor Joseph Weber found that there were still burning coals under the ashes of the supposedly dying controversy over demons when he tried in 1787 to finish off lingering beliefs in witchcraft and demons. He wrote, he said, because to his dismay ordinary country people continued to fear "active witchcraft".* Midelfort, Exorcism and Enlightenment (wie Anm. 1) S. 145.

magischer Riten in das Bewusstsein der Landbevölkerung, die nach wie vor den Großteil der Bevölkerung im Süden des Reiches ausmachte. Der Einbezug der aktuellen und zukünftigen Landgeistlichen – und damit vieler der die Dillinger Akademie besuchenden Eleven – war dabei ein Schlüssel.

Weber versucht, den – ungeachtet der oben geschilderten Bemühungen der aufgeklärten Kräfte – in seinem Umfeld beobachteten, immer noch vorhandenen breiten und umfangreichen Kanon der angeblich übernatürlichen, magischen und „teuflischen" Phänomene – und damit auch die gegen sie angewendeten Riten, Beschwörungen und Gegenzauber – als halt- und substanzlos zu entlarven. In seiner Einführung *(Veranlassung dieser Schrift)* schreibt er über die pragmatischen Hintergründe, warum er zur Feder griff:

> *Vor einem Jahre las ich in den ökonomischen Lehrstunden über die Viehzucht. Ich zeigte da, wie es die Sache fordert, die allgemeine Ursachen der Viehkrankheiten an; bewies, daß sie großen Theils aus Fehlern der Wirthschaft entspringen; sagte, daß Reinlichhalten, und andere gute Pflege des Viehes die besten Präservative gegen Viehkrankheiten seien; fügte hinzu, daß der Landmann alle Unglücksfälle bei einer Oekonomie, derer Ursache er nicht einsieht, auf Conto seiner alten Hexe schreibe, und deßhalb statt natürlicher Mittel, unnatürliche gebrauche. Ich erinnerte, daß eben diese Meinung nicht nur in Hinsicht auf die Landwirthschaft, sondern noch in gar vielerley Rücksichten für den Landmann die schlimmsten Folgen habe, und daß es denjenigen, welche Vorsteher und Führer des Volkes sind, zur Pflicht werde, den Ungrund dieses Wahns mit Nachdrucke darzustellen, und das Vorurtheil von den Wirkungen der Hexerei auszurotten.*[78]

Hier galt es – so Weber – anzusetzen, denn *die wenigsten, welche an die Stelle eines Lehrers oder Führers des Volkes kommen, haben über den Grund oder Ungrund des Hexenglaubens nachgedacht. Manche nehmen die Wirklichkeit der Zaubergewalt auf Treue und Glauben an.*[79] Von besonderem Interesse ist dabei Webers Skepsis bezüglich des auf keinem soliden Fundament befindlichen Standpunktes verschiedener „aufgeklärter" Kreise gegenüber Zauberglauben und Hexerei: *Viele läugnen die Zauberkraft aus Eitelkeit, weil das Wegwerfen des Hexenglaubens das Ansehen der Aufklärung verschaffet, diese deklamieren ohne Grundsätze, machen irre und taugen deßwegen zum Aufräumen eines Vorurtheils nicht.*[80] Der Dillinger Professor beobachtet die Auswirkungen dieser Ignoranz: *Nur wenige haben sich an der Zauberei einen deutlichen Begriff gemacht, – haben die Gründe pro und contra*

---

78 Weber, Ungrund (wie Anm. 74) S. III.
79 Ebd.
80 Ebd.

verglichen, gewogen, und das Unwesen der Zaubergewalt aufgedeckt. Daher kommt es, daß der Glaube an thätige Hexerei noch immer bei so vielen Christen im Besitze bleibt, und heimlich und öffentlich Schaden wirket.[81]

Bereits seine diesbezüglichen Vorlesungen in Dillingen fanden ein anscheinend nicht immer positives Echo

> *(Seit der Zeit nun, wo ich meine Vorlesungen über das Hexen- und Gespensterwesen gehalten, und seit dem meine Zuhörer während den Schulferien den Ungrund desselben herumgetragen, ergiengen allerlei Urtheile über den Lehrer und seine Lehre.)*:[82] *Dieß bestimmte mich, diesem meinen Gegenstande neuerdings nachzudenken. Ich las über die Materie alle Schriften, die ich finden konnte; belegte meine Sätze mit Dokumenten, die mir zur Milderung der Urtheile gewisser Leute gegen mich, tauglich schienen und gab's dann zum Druck.*[83]

Auf den folgenden Seiten beschäftigt sich der Dillinger Professor mit den verschiedenen Aspekten des ihm in seinem schwäbischen Umfeld begegnenden Hexen- und Gespensterglaubens und den zur Hexen- und übernatürlichen Schadensbekämpfung eingesetzten Mitteln;[84] darunter fallen Amulette, Segens- und Beschwörungsformeln, Bittprozessionen, Anbetung von Bildern und Monumenten, der Einsatz geweihten Wassers oder gesegneter Instrumente und *Weihbüschel.*

In dieser Form der pragmatischen Gegendarstellungen sei seine Schrift *so viel ich weiß das einzige Büchlein gegen Hexerei und Gespensterwesen.*[85] Als primäres Ziel wird noch einmal betont, *endlich* [...] *den schädlichen Hexenglauben vollends zum Grabe zu befördern* und gleichzeitig *zu zeigen, daß man deren läugnen darf, ohne aufzuhören ein Katholik zu sein.*[86] Weber erinnert zunächst an die Definition der Hexerei als *die Kunst, durch Hilfe des Teufels, Kraft eines Paktes mit ihm, Aenderungen hervorzubringen, welch die Menschen- und Körperkräfte übersteigen* und fragt dann rhetorisch: *Ist eine Hexerei wirklich?*[87] Die Antwort fällt dem Dillinger Professor und Naturwissenschaftler nicht schwer; *allein es gebe gar keine unbezweifelte Erfahrung für die Wirklichkeit derselben.*[88] Im Folgenden analysiert Weber den Beginn des *Hexenglaubens* als im *Heidenthum* liegend.[89] Dichter und

81 Ebd. S. V
82 Ebd. S. V f.
83 Ebd. S. VI.
84 Ebd. S. 13.
85 Ebd. S. 16.
86 Ebd.
87 Ebd. S. 15.
88 Ebd. S. 18.
89 Ebd. S. 19.

die *Aufnahme der Stoischen und Aristotelischen Philosophie in die christlichen Schulen* hätten zur Ausbreitung des Hexenglaubens entscheidend beigetragen,[90] *denn da der Glaube an Zauberei unter die Lehrmeinungen oben genannter Philosophie gehörte, so werde mit der herrschenden aristotelischen und stoischen Philosophie auch der Glaube an Hexerei so allgemein, daß ihm die meisten Gelehrten, selbst die Päbste und die Kaiser, auch die sogenannten Reformatoren anhiengen.*[91] Durch das Erstarken der *Philosophie, Naturlehre und Mathematik*[92] habe der Glaube an Hexerei dann an Kraft verloren.

Für sein zeitgenössisches Milieu benennt Professor Weber *Lappländer, Zigeuner, Landstreicher, Gauckler, Phantasten, Beutelschneider, Avanturios und dürftige Bettler* als *Leute, welche sich der Zauberei rühmten.*[93] Ihre Mittel, *den Teufel zu ihren Diensten zu kriegen, sind vornehmlich allerlei sinnlose Beschwörungen, und der Gebrauch solcher Salben die, aus Gift-Kräutern bereitet, einschläfern, betäuben, und die Phantasie erhitzen.*[94] Bezüglich ihres weiteren Vorgehens heißt es: *Ihre Anstalten treffen sie nur bei der Nacht, die am geschicktesten ist, die Betrüge zu decken und die Einbildungskraft in die Hitze zu bringen; sie überziehen das Zimmer schwarz, legen Todtenköpfe umher, brennen eine düstere Lampe, gebiethen unter entsetzlichen Drohungen das Stillschweigen, machen einen betäubenden Rauch aus Giftkräutern u. s. w.*[95] Als Resümee steht daher: *Die thätige Hexerei ist ein Hirnbild, gezeugt vom abergläubischen Heidenthum, genährt und erzogen vom dem Hange zum Wunderbaren, und von listigen Betrug.*[96]

In seiner *zweyten Vorlesung über den Ungrund des Hexenglaubens* beschäftigt sich Weber unter anderem mit den angeblichen *Beweisen* für die *Wirklichkeit einer Zauberei* durch den *kirchlichen Ritus, der Weihungen, Benediktionen u. dgl.*[97] Der Dillinger Theologe betont, diese seien nicht *bestimmt von der Kirche gegen die Hexerei.*[98] Die von vielen (*Stimme des großen Haufens*) angenommene Kraft der Benediktionen gegen Zauberschaden (… *das Uebel einer Verzauberung, und*

---

[90] Ebd. S. 23.

[91] Vgl. die Zusammenfassung des Textes von Weber (ebd. S. 22 f.) bei Friedrich Bauer, Gedanken eines Landpfarrers über den Ungrund des Hexenglaubens vom Herrn Professor Weber, und über die Hexenreformation, von einem katholischen Weltmanne, München 1789, S. 12 f.

[92] Weber, Ungrund (wie Anm. 74) S. 29 f.

[93] Ebd. S. 33.

[94] Ebd.

[95] Ebd. S. 35.

[96] Ebd. S. 36. Vgl. auch die Zusammenfassung bei Bauer, Gedanken (wie Anm. 91) S. 16 f. (nach Weber, Ungrund [wie Anm. 74] S. 29, 36, 37, 44). Zur Thematik der diesbezüglichen Konsultation und Interpretation des Alten und Neuen Testaments vgl. Jörg Haustein, Bibelauslegung und Bibelkritik. Ansätze zur Überwindung der Hexenverfolgung, in: Lorenz / Bauer, Das Ende der Hexenverfolgung (wie Anm. 1) S. 249–268.

[97] Weber, Ungrund (wie Anm. 74) S. 68 f.

[98] Ebd. S. 68.

die Benediktionen die Tilgung der Verzauberung gewesen) sei Einbildung.[99] Gemäß Weber *seien viele Wirkungen, die sich hie und da wunderbar am Menschen zeigen, psichologisch; denn es sei beinah unglaublich, was die Phantasie thun könne. Könne es geschehen, daß aus ganz natürlichen Ursachen eben in dem Zeitpunkte das Uebel aufhöre, wo benedicirt wird. Mithin sei der Schluß unsicher und ungewiß: „Also hat die Benediktion geholfen, und das Uebel war Verhexung.*"[100] Der Theologe und Naturwissenschaftler empfiehlt daher zunächst *das Natürliche vermuthen, z. B. bei einer Krankheit – eine natürliche Ursache ahnden, so lange für das Widernatürliche, für die Verhexung, kein offenbarer Beweis könne aufgestellt werden.*[101] Folglich bedeutet ein diesbezüglicher Rückgriff auf das *Benediktieren, den natürlichen Weg verlassen, und einen unnatürlichen einschlagen, die Benediktionen gegen etwas gebrauchen, wozu sie nicht bestimmt ist – heißte mithin abergläubisch handelen.*[102]

Das Segnen und die Benediktionen dürfen also nicht als medizinische Mittel missbraucht werden; *Segnen und benediciren heißt im Grunde Gutes wünschen, oder Gott um Gutes bitten. So segnete Abraham den Jakob, und hernach den Esau. – er wünschte ihnen Gutes, und bath für sie und ihre Nachkömmlinge zu Gott. Bethen und aus glaubigem Herzen, und aus reiner Absicht Gutes von Gott bitten ist Eins: und so ist Segnen ein gar löblich und nothwendig Ding.*[103] Im ähnlichen Kontext stehen *Wasserweihe*, Weihung von *Palm oder Oelzweige*[n], der *Bildniße Mariae* und anderer Gegenstände. Das Resümee ist einfach: *Daß sie alle eine gute Bestimmung haben, und heilsam seyn könne, daß sie aber 2) von der Kirche keineswegs zur Vertreibung der Hexerei bestimmt – mithin.*[104] Vollkommen abzulehnen ist der *Gebrauch der Amulette gegen Hexerei*; dabei handele es sich um *abergläubischen Unfug.*[105] Auch der Einsatz von Glocken könne nicht als Mittel der Vertreibung

---

99 Ebd. S. 69.
100 Ebd. S. 70.
101 Ebd.
102 Ebd. S. 65.
103 Ebd. S. 70. Es folgt eine Vertiefung der Thematik: *Da soll nach dem Begriffe der Meisten das Benediciren der Weihen der Sache, die benedicirt oder geweiht wird, eine innerliche Heiligkeit einprägen, das doch so leicht nicht angeht, und derer unbeseelte Dinge, die oft geweiht werden, nicht einmal empfänglich sind. Man vergißt, daß alles Sinnliches, das geweiht, gesegnet wird, keine andere als eine symbolische Kraft hat, und wäre denn daß die Weihung oder Segnung ein Stücklein Papier. –* [Lukas-Zettelchen] *auf das man unzusammenhängende Worte schreibt; eine Pflanze, die auf der Kohle unter einem übel riechenden Dampfe flüchtig wird, ein Bildlein, das unförmliche Drachen u. dgl. kräftig mache, dem Teufel eine Nase drehen, und die Hexen extra statum nocendi zu setzen. Dieß ist, was Rügung verdient, denn es ist Misbrauch der Weihungen, und eine Deutung derselben, welche dem Geiste der Kirche gerade entgegen ist.–* Mit Lukas-Zetteln bezeichnet man kleine Papierstückchen, auf welchen mit geweihter Hand Zitate aus der Bibel geschrieben waren. Sie wurden kranken Personen oder Tieren zum „verspeisen" verabreicht.
104 Ebd. S. 80 f.
105 Ebd. S. 81.

von bösen Kräften und Schadenszauber eingesetzt werden.[106] Die in diesem Zusammenhang selbst gestellte Frage nach dem Zweck der Gebete (*Aber die Kirche hat doch Gebethe eingesetzt wider die Hexerei.*) wird wie folgt beantwortet: *Die eigentlichen Kirchengebethe sind im Missale;* [...] *im Meßbuch kommt nicht ein Wort von einer Hexe oder von einem Zauberer vor. Darinn finden sich Gebethe um Abwendung des Krieges, oder Pest, des Hungers, und vieler anderer phisischen Uebeln; wäre die Kirche von einer wirklichen thätigen Hexerei vergewissert gewesen, so würde sie uns wohl nicht auch gegen ihren Schaden Gebeth vorgeschrieben haben.*[107]

Von besonderem Interesse sind Webers Einschätzungen der bis in die damalige unmittelbare Gegenwart reichenden Hexenprozesse. Nach Studium der *gerichtliche*[n] *Aussagen der Hexen in gar vielen Archiven* kommt er zum Schluss, dass auch *diese* [...] *nicht zuverlässig das Wirklichseyn der Zauberei beurkunden; denn bei der genauen Prüfung der sogenannten Hexenprozesse hat sich's gezeigt, daß die Hexerei allemal auf eine boshafte Betrügerei oder Dummheit und Wahnwitzigkeit der Beklagten, der auf ein anders Laster hinausgegangen sei.*[108] Abschließend wird der Leser ermahnt, den *Glauben an Hexerei* als grundlos aufzugeben; er sei vielmehr *höchst schädlich* für die *Religion, Sittlichkeit, und den Staate.*[109] Die wahre Antwort sei *lebhaftes Vertrauen auf Gott, warmes zuversichtliches Gebet um Segen und Gedeihen seiner Habschaften, und kummerlose Freude über Gottes Fürsehung, die für uns wacht und nie schläft.*[110] Im konkreten Fall heißt das: *Erkrankt in einer Haushaltung das Vieh, so soll man zu einem geschickten Arzt seine Zuflucht nehmen und riet zu einem Pater; Arznei, und nicht Lukaszettelchen, brauchen, wie es die Vernunft und das Christenthum gut heißt.*[111]

3. Kritik und Gegenkritik

Wie aktuell und einen Nerv der Zeit treffend Webers Versuche waren, zeigte sich wenige Monate später, als ein *katholischer Weltmann* in Augsburg unter dem Titel „Ueber die Hexenreformation des Herrn Prof. Weber zu Dillingen" eine scharfe Gegenschrift veröffentlichte.[112] Bei dem anonym publizierenden Autor handelt

---

106 Ebd.
107 Ebd. S. 89.
108 Ebd. S. 44.
109 Ebd. S. 44 f.
110 Ebd. S. 50 f.
111 Ebd.
112 Anonymus, Ueber die Hexenreformation des Herrn Professors Webers zu Dillingen von einem katholischen Weltmanne, o. O. 1787. Vgl. auch die Zusammenfassung bei Johann Baptist Schwab, Franz Berg. Geistlicher Rath und Professor der Kirchengeschichte an der Universität

es sich um den ehemaligen Jesuitenschüler am Augsburger Kolleg von St. Salvator und immer noch den Mitgliedern der mittlerweile in Kurbayern aufgehobenen *Societas Jesu* nahestehenden Tabakfabrikanten Franz Joseph Schmid.[113] Für Schmid enthielt Webers Schrift Elemente des Deismus, wenn nicht Atheismus. Die angeblich durch die Bibel und Schriften der Kirchenväter bewiesene Existenz von Dämonen und Hexen und die Riten zu ihrer Bekämpfung und Bannung bleiben für den *katholischen Weltmann* Teil des katholisch-christlichen Dogmas und der Moral.[114] Wie die gesamte Aufklärung – so Schmid – bewege sich auch der Dillinger Professor Weber weg vom wahren Christentum und auf den gefährlichen Pfad der Materialisten und Skeptiker.

Hinsichtlich der von Weber betonten Nichtexistenz des Hexenglaubens im christlichen Dogma heißt es: *Wahr ist's und ich bescheide mich gerne dahin, daß der Glaube an die Existenz der Hexerei kein erklärter dogmatischer Lehrsatz sei, aber dem ungeachtet läßt sich behaupten, daß das Dasein der Hexerei in einem wahren, wirklichen Dogma enthalten sei. Dieses Hauptdogma ist die Lehre. Es gibt verworfene Geister, die Widersacher Gottes und Feinde der Menschen sind.*[115] Wer dieses verkenne, *läugnet die Wirklichkeit der Hexen* [...], *die Wirklichkeit der Teufel, und ihre Einwirkung überhaupt.*[116] Schmid hält eine pauschale Leugnung des Einflusses von Hexen auf die Geschicke der Menschen für unverantwortlich und unhaltbar, müsste Professor Weber doch dann *alle von Simon Magus,*[117] *bis auf Anna Goldi*[118] *geschehenen Zauberfakten, die in Individualakten, Geschichtsschreibern, theologischen und philosophischen Schriften, in medicinischen und juridischen Dissertationen enthalten sind, derer so viele das Gepräge der Wahrheit und der schärfsten Untersuchung haben, und zwar jedes Faktum einzeln mit allen Umstän-*

Würzburg. Ein Beitrag zur Charakteristik des katholischen Deutschlands, zunächst des Fürstbisthums Würzburg im Zeitalter der Aufklärung, Würzburg 1869, S. 254.

113 Zu Franz Joseph Schmid, Tabakfabrikant, vgl. Intelligenz-Blatt und wöchentlicher Anzeiger von Augsburg, 18. Mai 1822, S. 161.

114 Vgl. Midelfort, Exorcism and Enlightenment (wie Anm. 1) S. 145: *Just as amazing, perhaps, was the reaction of an Augsburg Catholic tobacco merchant, Franz Joseph Schmid, who immediately replied to Weber, blasting his "Witches' Reformation" and accusing him of fostering deism or even atheism. Rehashing the refutations of Semler and other Enlightenment interpreters of demons, Schmid declared that the belief in demons and witchcraft was an important pillar of Christian dogma and morals. In other words, even at the level of debate over demons and witchcraft, a certain level of controversy continued to bubble beneath the notice of most self-proclaimedly Enlightened writers.*

115 Anonymus, Ueber die Hexenreformation (wie Anm. 112) S. 7.

116 Ebd. S. 7 f.

117 Der 65 AD verstorbene Simon Magus oder „Simon der Magier“ gilt als erster Häretiker der Katholischen Kirche.

118 Die Rede ist von der im Juni 1782 im Kanton St. Gallen als Hexe hingerichteten Magd Anna Goldi.

den und Verbindungen, durch mustern und alle lediglich alle, als nicht bestehende, als Folgen des Betrugs, oder als Wirkungen unerkannter Naturkräfte, mathematisch uns vordemonstriren etc.[119]

Im Alten Testament lassen sich – so der *katholische Weltmann* – genug Hinweise auf das Wirken der Zauberer und Hexen geben:

> *Im 2ten Buch Mosis C. 7 und im folgenden wird klar angezeigt, daß die ägyptischen Zauberer durch den Zaubereien und Beschwörungen es dem Moses und Aaron nachgemacht, Frösche, Drachen hervorgebracht, das Wasser in Blut wirklich verwandelt haben etc., wie Theodoret und andere ausdrücklich sagen, und die Worte der Vulgata unstreitig beweisen – und der Pr. Weber scheut sich nicht, die Authenticität unserer Vulgata, die doch von der allgemeinen und unfehlbaren Kirche bestätigt ist, anzustreiten und zu meistern.*[120]

Im folgenden Abschnitt weist der *Weltmann* noch einmal darauf hin, dass die *Vulgata [...] ausdrücklich von Zauberern redet* und kritisiert, inwiefern *der Prof. Weber [...] diese Leute omnioni artium periti nennet, also meistert er ja die Vulgata, die doch auf der Vollgültigkeit des Ansehens der Kirche beruht.*[121] Schmid zitiert in diesem Zusammenhang konkrete Beispiele: *Wenn der Hr. Professor Weber von der Erscheinung Samuels bei der Hexe zu Endor redet. So schmeckt er nach Semlerei,*[122] *indem er dreist und keck genug ist, die Erscheinung des Propheten Samuels, die mit so vieler Ausdrücklichkeit mit so vieler Bestimmung der Umstände, im ersten B. der Könige 28. Kap. erzählt wird, Betrug zu nennen.*[123] Die im Folgenden detailliert aufgeführten Beispiele des *Simon und Elimas* können an dieser Stelle aus Platzgründen nicht weiter vertieft werden.[124]

Der nächste Kritikpunkt richtet sich indirekt an die gesamte Riege der sogenannten katholischen Aufklärer:

> *Bei wahren Katholiken war es immer die Sitte, daß man die H. Väter in Ehren hielt, ihre Aussprüche respektirte und sie als hochgelehrte, vom H. Geist besonders geleitete, Männer gelten ließ und hauptsächlich wegen der besonderen Authentizität, in der ihre Meinungen bei der Kirche Gottes, in Koncilien und Glaubensentscheidungen standen, allen Kredit, alle Achtung und Ehrerbietung verdient*

---

119 Anonymus, Ueber die Hexenreformation (wie Anm. 112) S. 18.
120 Ebd. S. 19 f.
121 Ebd. S. 37.
122 Hier liegt eine Anspielung auf den in Halle lehrenden evangelischen Theologen Johann Salomo Semler (1725–1791) vor.
123 Anonymus, Ueber die Hexenreformation (wie Anm. 112) S. 39.
124 Ebd.

> *haben; und Hr. Prof. Weber ist so dreist, um die Note der Leichtgläubigkeit aufzudrücken, die, gleich einem alten Mütterchen, auf das erste beste Hörensagen ihren Weiberkram zu verbreiten pflegen. Indem er S. 40 sagte: „Die heiligen Väter lebten später, trauten dem Hörensagen, und Hörensagen verbreitet falsche Legenden und Fabeln.“*[125]

Die Diskussion von Übersetzungsinterpretationen und damit verbundenen eventuellen Unkorrektheiten sind für den *katholischen Weltmann* ein wichtiger Bestandteil der Auseinandersetzung mit Webers Schrift: *Origines sagt, nach der lateinischen Uebersetzung, „Atque res ipsa declaravit, nihil divinum in Simone fuisse“ – und Hr. Prof. Weber übersetzt: es war nichts Wunderbares in ihm gewesen.*[126] Auch das Buch Exodus wird diesbezüglich herangezogen.[127] Schmid durchforschte auch das Neue Testament nach relevanten Passagen; *dort ist die Stelle Matthäi 24 K. 24 – der decisiveste Beweis für die Zauberei.*[128] Darüber hinaus werden Textstellen aus Friedrich Spees „Cautio Criminalis“ (1631) und die Protokolle früherer Hexenprozesse herangezogen.[129]

Schmid konzentriert sich im zweiten Abschnitt seiner Schrift auf die von Professor Weber vorgelegten konkreten Beispiele des Missbrauchs katholischer Riten und Liturgie im Einsatz gegen Hexenzauber und böse Kräfte und bezichtigt Letzteren, damit *durch seine Beweise* [den] *Ritus der Kirchen dem Spott aus*[zusetzen], *und die Segnungen herab*[zusetzen].[130] Gemäß dem *katholischen Weltmann muß das Segnen* [...] *doch mehr seyn, als blos Gutes wünschen – Christus segnete, und fügte gleich auch die Gabe bei:*[131] *Wegen der eigenen Verbindungen mit Jesu* sei die Kirche *werkthätig* und könne *wirklich segnen* [...] *– daß sie nemlich von Sünden losbinde, das Brod und Wein in das Fleisch und Brot Jesu verwandle.*[132]

Ferner argumentiert Schmid: *Die Kirche weihet das Wasser hauptsächlich und vorzüglich zur Vertreibung aller teuflischen Gewalt; also auch,* [...] *gegen die Hexerei.*[133] Webers Aussage, *daß die Wasserwerke, und die Ceremonie, die bei derselben vorgeht, wie eine jede andere simbolisch und nur zur Erinnerung da sei: daß wir rein und unbefleckt an der Seele seien*[134] wird zurückgewiesen bzw. korrigiert; denn

125 Ebd. S. 31 f.
126 Ebd. S. 35.
127 Ebd. S. 37.
128 Ebd.
129 Ebd. S. 49.
130 Ebd. S. 49 f.
131 Ebd. S. 50.
132 Ebd.
133 Ebd. S. 53 f.
134 Ebd. S. 54.

die Kirche hingegen bittet bei dieser Funktion fast, daß er diesem Element die Kraft geben wolle, die Teufel zu vertreiben, die Krankheiten zu heilen, alle Unreinigkeiten zu tilgen – und eine schädliche Luft zu verbessern.[135]

Für den *katholischen Weltmann* war *das Segnen* mehr als *Gute Wünsche, und bei Gott um Gutes bitten.* [Prof. Weber]: *Die Kirche hingegen will: daß dieses Wasser, das sie im Namen der allerheiligsten Dreifaltigkeit exorziert, den Menschen zum wirklichen Dienst wider teuflische und natürliche Plagen seyn soll.*[136] Das Weihwasser und Segnen bleibt Thema: *Die Geschichte, welche Epiphanius erzählt, beweiset offenbar eine Hexerei, und die Wirksamkeit des Weihwassers gegen die Hexerei.*[137]

Schmid betont in diesem Zusammenhang, dass auch *die Palm- oder Oelzweige von der Kirche nicht ausdrücklich zu dem Ende geweiht sind, Zauberei damit zu vertreiben; so mags doch nur ein Sache für den stolzen Spötter seyn, fromme Menschen zu beladen, welche die Zweige in ihren Ställen aufheben.*[138] Auch die *Weihungsceremonie der Glocken* wird einbezogen und *giebt den offenbaren Beweis, daß sie nicht allein für Zusammenberufung der Gläubigen zum Gebeth, sondern zur Vertreibung schädlicher Ungewitter und zur Abhaltung der teuflischen Macht, von dem Bischof eingesetzt wird.*[139]

Es bleibt nicht ohne polemische Einwürfe: *Wenn der H. Hieronymus mit dem Prof. Weber zu sprechen käme, und sehen würde, wie er bald sich zum Korrektor der Vulgata aufwirft, bald die Kirche meistert, bald die heiligen Kirchenväter heruntersetzt – was werde wohl dieser Heilige mit ihm sprechen?*[140] Großen Ärger bereitete dem *katholischen Weltmann* Joseph Webers Kommentar, inwiefern *der wahre Philosoph selber nach*[denkt], [...] *selber das Neue prüft, wie das Alte, das Allgemeingeglaubte, wie das Sonderbare, das Beliebte, wie das Verhaßte, das Kanonisierte.*[141] Für Schmid bedeutet dies eine Gleichsetzung der Kirchenväter mit den weltlichen Kräften und damit eine Erniedrigung der Katholischen Religion.[142] Wir werden auf einige wesentliche Punkte von Schmids Kritik an Weber im Zusammenhang der durch den *Weltmann* provozierten Stellungnahmen bzw. Pamphlete zurückkommen.

Als Reaktion auf Schmids Schrift erfolgte Anfang November 1787 eine in Dillingen gedruckte „Erklärung an das Publikum" durch Professor Weber: *Da die kleine Schrift von dem Ungrund des Hexenglaubens, die ich im Hornung dieses*

---

135 Ebd.
136 Ebd.
137 Ebd. S. 58.
138 Ebd. S. 60.
139 Ebd. S. 66.
140 Ebd. S. 72.
141 Ebd. S. 72 f.
142 Ebd. S. 73.

Jahres mit Erlaubniß der Obern hauptsächlich zum Besten meiner Schüler herausgegeben, gegen meine Vermuthung eine Gährung und namentlich eine Gegenschrift veranlasset, die mit Verunglimpfung der Person zu Felde geht, und die Religion ins Interesse zieht, von dem Verfasser unverhört außer Credit zu setzen, so finde ich mich um der Wahrheit die Ehre unserer Akademie willen genötigt, folgende Erklärung an das Publikum zu thun.[143]

Der Dillinger Gelehrte unterstreicht: *Ich erkläre hiemit in den Augen des Publikums erstens, daß ich, ob ich gleich fern bin von aller Streitlust, und von der Richtigkeit meiner Begriffe fest überzeugt, dennoch aus Achtung gegen meine Mitmenschen ich die Wahrheit bereit bin, jedem, der mit Bescheidenheit Gründe gegen meine Schrift vorbringt, und in einem Tone spricht, der sich für geistliche Leute, und für unser Jahrhundert schickte, Rechenschaft zu geben, und den gegründeten Tadel nicht zu scheuen, sondern mit Freuden anzunehmen.*[144]

Ob Weber damals wusste, dass sein bekannter Dillinger Kollege Johann Michael Sailer eine umfangreiche Stellungnahme zu diesem Konflikt vorbereitete, ist unbekannt, aber wahrscheinlich. Tatsächlich erschien wenige Wochen später unter anonymer Autorenschaft Sailers „Brüderliches Sendschreiben an den katholischen Weltmann, der die Piece schrieb: Ueber die Hexenreformation des Herrn Professor Webers zu Dillingen. Von einem Freunde der Wahrheit".[145] Gleichzeitig wurde in Salzburg eine erweiterte Neuauflage von Webers Kritik am Hexenglauben unter dem Titel „Die Nichtigkeit der Zauberey" publiziert. Diese Neuauflage und auch das bald vier weitere Editionen (auch in München) erfahrende Pamphlet des *Weltmannes* verdeutlicht, auf welches große Interesse das Thema – zumindest im Süden des Reiches – immer noch stieß. Sailers „Brüderliches Sendschreiben" versucht – gleichsam im Einklang mit dem Titel – eine konziliante Rolle einzunehmen, dennoch wird bereits in der Einführung deutlich, in welche Richtung der bekannte Theologe tendiert: *Da stehe ich so in der Mitte zwischen Herrn Professor Weber und dem katholischen Weltmanne – und sehe und höre, und weine eine wehmütige Träne über die harte, lieblose, unbrüderliche, und eben darum unchristliche Art, mit der ein Mensch, ein Christ, ein katholischer, ein Weltmann seinen Mitmenschen, Mitchristen, Mitkatholiken und seinen Priester behandelt, wie er auf ihn schimpft, ihn geiselt, und so gar in seiner heiligen Religion verdächtig zu machen sucht.*[146]

---

143 Joseph Weber, Erklärung an das Publikum. Mit Billigung einer hohen Obrigkeit, Dillingen, o. J., ohne Seitenzählung.

144 Weber, Erklärung (wie Anm. 143).

145 Johann Michael Sailer, Ein brüderliches Sendschreiben an den katholischen Weltmann, der die Piece schrieb: Ueber die Hexenreformation des Herrn Professor Webers zu Dillingen. Von einem Freunde der Wahrheit, Dillingen 1787.

146 Ebd. S. 3.

Vollkommen inhaltlich verurteilen möchte Sailer den *Weltmann* allerdings nicht: *Du schriebst in deiner Piece so manches, das mir auch lieb und willkommen war; aber warum gibst du das Liebe und Willkommen auf eine so unwillkommene, lieblose Art? Warum schmähest du, da du belehren, und warum geiselst du, da du widerlegen solltest?*[147]

Im Folgenden zitiert Sailer einige der zentralen Attacken des *Weltmanns*, unter anderem den Vorwurf, Weber sei *ein Mann, der entweder Voltaires Metaphysik studirt, oder bereits um einen Groschen Flitterehe ein Miethling der Aufklärung geworden ist.*[148] Als angeblicher *Dogmenbeschneider* sei Weber – so der *Weltmann* die *Schande des Priesterthums,* [...] *seiner Religion,* [...] *der Akademie* [...] *und die Schande seines hochwürdigsten Bischofs* [= Clemens August],[149] der *Tag und Nacht sein liebes Aufklärungslied* singe.[150]

In diesem Kontext folgt Sailers rhetorische Frage: *Er ist ein böser Aufklärer – und das blos darum, weil er eine Hexenreformation schrieb?*[151] In direkter Antwort zu Schmids Herabwürdigung des *Aufklärungsdreistling*[s] Weber, *der die unschätzbare Zeit zur Schande seiner Religion und zur Entehrung seines hohen Berufes misbraucht*, heißt es: *Lieber Weltmann! Das glaubt dir von Webern wohl kein Mensch, als der ihn so wenig kennt, wie du. Alle, die ihn kennen, haben an Webern das Gegentheil gesehen.*[152] Auch zu Schmids Vorwurf, der Dillinger Professor habe *entweder Voltaires Methaphysik studirt* [...], *oder* [sei] *bereits um einen Groschen Flitterehr ein Miethling der Aufklärung,*[153] wird Stellung bezogen: *Und zum Ueberfluße will ichs dir beweisen, daß Weber weder ein Schüler Voltaires Metaphysikus, noch ein Bettler von Ehre gewesen, da er sein Hexenbüchlein schrieb. Fürs erste sind Webers Grundsätze und sein ganzer Lebenswandel der Metaphysik Voltaires, vollkommen entgegen – willst mir nicht glauben, so komm und sieh! Das freylich schon vor diesen ersten Schreiben hätte geschehen sollen.*[154]

Der Vorwurf, Weber sei ein *Dogmenbeschneider* wird wie folgt gekontert: *Lieber Weltmann, so gehört das wirklich, offenbar ausgemacht zu unsern katholischen Dogma, was Weber in seinem Hexenbüchlein verwirft? Muß ich als dogmatische Wahrheit glauben, daß es Hexen und Zauberer gäbe?*[155] Der Dillinger Professor sei vielmehr betrübt, *daß viele die Teufelsmacht den Menschen zu schaden – mehr*

---

147 Ebd. S. 4.
148 Ebd. S. 9.
149 Ebd. S. 10.
150 Ebd. S. 11.
151 Ebd. S. 12.
152 Ebd. S. 16.
153 Ebd. S. 19.
154 Ebd.
155 Ebd. S. 21.

fürchten, als auf Gottes Helfersmacht [zu] *vertrauen.*[156] Die Gleichsetzung der Kommentare von Christus und Sokrates *(Was Sokrates, und was Christus sagte und lehrte – ist mir gleich willkommen)* sei eine Fehlinterpretation.[157]

Eine ähnlich ausgleichende, deeskalierende und konziliante Absicht verfolgte das gleichzeitig, ebenfalls anonym publizierte, siebzigseitige, bald erneut aufgelegte Pamphlet „Was hält man anderswo von Hexerey, Zauberey, Gespenstern, Amuletten, Ignatibohnen, geweihten Kräutern!"[158] In der Wortwahl zeigt sich der Anonymus allerdings schärfer. Bereits im Schmutztitel wird ein Bibelwort (*Wer zu seinem Bruder sagt: Du Narr! Machet sich des ewigen Feuers schuldig.*) gemäß der Auslegung des Matthäus-Evangeliums in Ignaz Weitenauers zwischen 1779 und 1781 in zwölf Bänden in Augsburg edierter „Biblia sacra oder die Hl. Schrift verdeutscht und mit Anmerkungen versehen"[159] an den *katholischen Weltmann* gerichtet: *Wer seinen Bruder durch Schmachreden, Schimpf und Lästerungen schwehrlich beleidiget, macht sich des ewigen Feuers schuldig!*[160] Der aus Augsburg stammende (*unserer Vaterstadt*) Anonymus liefert – nicht ohne Übertreibung – Einblicke in das Echo von Webers Schrift in Schwaben und der Bischofsstadt im Speziellen. Zurzeit *lärme die ganze Stadt Augsburg*: *Jetzt muß das Hefte* [= Ungrund des Hexen- und Gespensterglaubens] *so gefährlich als der Professor seyn, jetzt muß Herr Professor Weber ein Neuerer, ein Aufklärer, ein gefährlicher Mann seyn; jetzt erlaubt sich der gemeinste Bürger und Christ die abscheulichsten Worte, um seinen fanatischen Haß gegen den Professor, und die ganze nachbarliche Universität recht lebhaft ausdrücken zu können.*[161]

Der Anonymus kommt anschließend direkt auf den *katholischen Weltmann* zu sprechen und deutet dessen Instrumentalisierung durch die konservative Klientel des ehemaligen, 1776 in eine Gemeinschaft von Weltpriestern umgewandelten Jesuitenkollegs St. Salvator[162] an: *Bald steht unter Bürgern ein Mann auf, der sich*

---

156 Ebd. S. 25.

157 Ebd. S. 28 f.

158 Anonymus, Was hält man anderswo von Hexerey, Zauberey, Gespenstern, Amuletten, Ignazibohnen und geweihten Kräutern! Mit kleinen Ausfällen begleitet von einem andern katholischen Weltmann in Augsburg, Stuttgart / Karlsruhe 1787; die zweite Auflage erschien im folgenden Jahr unter dem gleichen Titel ebenfalls in Stuttgart und Karlsruhe.

159 Ignaz Weitenauer war nach der Aufhebung des Jesuitenordens in Österreich seines Lehrstuhls für orientalische Sprachen an der Universität Innsbruck enthoben worden. Abt Anselm II. Schwab nahm den Professor im November 1774 im Kloster Salem auf und ernannte ihn zum Hofkaplan und Bibliothekar.

160 Anonymus, Was hält man (wie Anm. 158) Schmutztitel.

161 Ebd. S. 4.

162 Zur Bedeutung von St. Salvator für das geistige Leben von Augsburg und Umland vgl. Peter Rummel, Katholisches Leben in der Reichsstadt Augsburg (1650–1806), in: JVAB 18 (1984) S. 40–42, S. 112–119; Wolfgang Wüst, Das Fürstbistum Augsburg. Ein geistlicher Staat im Heiligen Römischen Reich Deutscher Nation, Augsburg 1997, S. 343–351.

hinter den erhabenen Namen eines katholischen Weltmanns verbergen will: sagt uns in einer Piece zum Theile ganz gute und wahre Sachen; verfehlt sich aber so sehr gegen die ganze wesentliche Lehre des süßen Christus und seines großen Gebothes, daß man nicht weis, ob man einen Heyden, der vom Evangelium noch niemal etwas gehört hat, oder einem Sitten-Anstand- und erziehungslosen Gassenjungen sprechen hört.[163]

In einer Fußnote werden persönliche Beobachtungen eingebracht: *Man sagt sich in Augsburg so stille ins Ohr, daß es die ganze Stadt weiß: „Unser katholischer Mitbürger borge diese guten und wahren Sachen von gewissen Gelehrten, die ihn lieben, und mit ihm freundschaftlichen Umgang pflegen."*[164] Diese durch Archivalien schwer nachvollziehbaren Kontakte können im Rahmen dieses Beitrags nicht weiter verfolgt werden. Festzuhalten bleibt, inwiefern hier die „Affäre" Weber benutzt wird, um die in Dillingen verfolgte Katholische Aufklärung zu diskreditieren.

Der Erfolg von Schmids Pamphlet ließ sich im Herbst 1787 indes nicht leugnen. Als Gründe werden genannt: *Und nun, weil der Pöbel diese Art zu schreiben recht schmackhaft findet; so wird die Piece von demselben so häufig aufgehäuft, daß man dieselbe schon drey mal auflegen mußte.*[165]

Der anonyme Augsburger mokiert sich weiter über das Verhalten seiner Landsleute: *Die Hexenreformation ist nun hier der lärmende Ton in den Schenken und öffentlichen Gesellschaften.* [...] *Nun erfreuet sich der Pöbel aus ganzem Herzen, und mit ihm eine gewisse Klasse Priester, daß die Welt wieder wie ehevor mit Teufeln und Hexen angefüllet ist und daß Skapulire, Amuletten, Lukaszettelchen, Hexenrauch, Kräuter, Scharlachfleckchen, Korallen, Wolfzähne, das Hexenläuten, Ignazibrod, Ignaziwasser, Ignazibohnen, Ignazizeichen etc. ihre vorige Kraft und Ansehen haben.*[166]

Insgesamt bleibt eine Desillusion hinsichtlich der Wirkung von Webers Schrift auf die Meinungsbildung der lokalen Bevölkerung.[167] Die polemische Kritik des *Weltmanns* habe wesentlich dazu beigetragen, Momente der Vernunft außer Kraft zu setzen: *Allein auf solche Weise hätte die ganze Sache von Hexerey in Augsburg, und unserm lieben Schwabenlande zwar Aergerniß genug, aber nicht den mindesten Nutzen verursacht, und die menschenfreundliche Absicht des Herrn Professor Weber wäre völlig vereitelt worden.*[168]

---

163 Anonymus, Was hält man (wie Anm. 158) S. 5.

164 Ebd.

165 Ebd. S. 6.

166 Ebd. S. 7.

167 Zur Hexendiskussion und ihren Mustern und Konsequenzen bei der sogenannten Landbevölkerung vgl. einführend die Untersuchungen von Rainer Walz, Der Hexenwahn vor dem Hintergrund dörflicher Kommunikation, in: Zs. für Volkskunde 82 (1986) S. 1–18; vgl. auch Fintan Michael Phayer, Religion und das gewöhnliche Volk in Bayern in der Zeit von 1750–1850, München 1970.

168 Anonymus, Was hält man (wie Anm. 158) S. 9.

Um diesen Tendenzen und der Vorverurteilung abzuhelfen, sei ein Rückgriff auf andere, allgemein anerkannte und angesehene Autoren und deren Stellungnahmen zum Thema unerlässlich. Nur durch dieses Korrektiv sei eine so notwendige Deeskalation zu erreichen: *Wie, wenn wir einen wahrhaft katholischen, wahrhaft gelehrten, unpartheyischen, Heucheley, Schmeichelei und leidenschaftslosen, gewissenhaften, zum Lehrstuhle berufenen Mann fänden, und ihm bloß um seine Meynung über Zauberey und Hexerey bäten (denn decidiren kann er nicht, weil die Kirche niemals hierüber etwa feyerliches decidirt hat, und vielleicht niemals thun wird).*[169] Der Anonymus hat hier vor allem eine Persönlichkeit im Auge:

> *Unser liebster Landsmann Peter Simpert Schwarzhueber, ein Augsburger, öffentlicher Lehrer der Dogmatik und Kirchengeschichte zu Salzburg, auch geistlicher Rath allda, soll uns mit seinem praktisch-katholischen Handbuche für nachdenkende Christen über die Materie von Hexerey, Gespenster und Zauberey Auskunft geben.* [...] *Er verspricht in seinem Buche keinen Nagelbreit von der katholischen Lehre abzuweichen, und er hält getreulich und pünktlich Wort. Es mußte sein Religionshandbuch alle geistliche und weltliche Richterstühle deutscher Nationen durchpassiren, und wurde aller Orden mit Lob und Beyfall beehret.*[170]

Der 1727 in Augsburg geborene Schwarzhuber hatte das dortige Jesuitengymnasium St. Salvator und das Lyzeum in Freising besucht, bevor er 1745 nach seinem Eintritt in den Benediktinerorden seine theologischen Studien in Wessobrunn und Oberalteich vorantrieb. 1757 wurde er als Professor der Rhetorik an die Universität Salzburg berufen; 1765 übernahm er den Lehrstuhl für Geschichte und Ethik. In den 1770er und 1780er Jahren übernahm er eine Reihe weiterer Aufgaben und Ämter und wurde zum erzbischöflichen Geistlichen Rat, Universitätsbibliothekar, Präses der Kongregation und Prokanzler der Universität.[171]

Für die von oben zitiertem Anonymus diskutierte Thematik war vor allem Schwarzhubers, erstmals zwischen 1784 und 1786 in vier Bänden publiziertes „Praktisch-katholisches Religionshandbuch für nachdenkende Christen“[172] von

---

[169] Ebd. S. 11.

[170] Ebd.

[171] Zu Schwarzhubers Vita und Karriere vgl. Clemens Alois BAADER, Lexikon verstorbener baierischer Schriftsteller des achtzehnten und neunzehnten Jahrhunderts, Bd. 1, Tl. 2, Augsburg/Leipzig 1824, S. 227; Johann Georg MEUSEL, Lexikon (wie Anm. 17) Bd. 12, S. 629; DOERING, Die gelehrten Theologen (wie Anm. 17) Bd. 4, S. 125; Constantin VON WURZBACH, Schwarzhuber, Simpert, in: Biographisches Lexikon des Kaiserthums Oesterreich, Bd. 32, Wien 1876, S. 338–340.

[172] Simpert Schwarzhuber, Praktisch-katholisches Religionshandbuch für nachdenkende Christen, auf höchsten Befehl verfaßt, 4 Bde., Salzburg 1784–1786; vgl. auch Ders., Faßlicher Auszug

wesentlicher Bedeutung.[173] Nach mehr als 40-seitigem Zitieren – vor allem des Paragraphen 12 – aus Schwarzhubers „Religionshandbuch" wird resümiert: *Ich traue es nun jedem Bürger von Augsburg zu, daß er es von selbsten einsehen werde, – daß sowohl Herr Professor Weber, als unser katholischer Weltmann zu weit gegangen, und daß der Mittelweg für beyde der beste, und rathsamste gewesen wäre. Ich traue es jedem gemeinen Mann zu, daß er es itzt glauben werde, daß die Welt nicht mehr so voll von Teufeln und Hexen sey, als es uns unser katholischer Mitbürger und mit ihm gewisse Leute gerne weis machen wollen.*[174]

In Anbetracht der Ausführungen Schwarzhubers gelte es besonders, der Verunglimpfung von Webers Kritik an der blinden Anbetung von Devotionalien und Fetischen zu begegnen.[175] Erneut wird der Ton des *Weltmanns* gebrandmarkt: *Wer erlaubt es ihm wegen Gegenständen, die kein Dogma sind, einen öffentlichen Lehrer, einen Priester, dem es die ganze vernünftige Welt nach sagen muß, daß er es gut gemeynet hat, mit solch einer Wuth, mit so ausgedachten Schmähworten so derbe, zu geiseln, so derbe, daß das Resultat herausfallen muß, Herr Professor Weber sey die Schande des Priesterthums, seiner Religion, der Akademie, seines hochwürdigen Bischofs.*[176]

In einem *Nachtrag* werden von dem Augsburger Anonymus auch einige für die Dillinger Hochschule bedeutsame Konsequenzen von Webers Schrift aufgezeigt und diskutiert. Der Autor schöpft dabei aus eigener Anschauung: *Gewisse Leute in Augsburg legen es ihren Freunden sehr vertraulich in die Schooße, daß sie mit vereinten Kräften daran arbeiten, – oder durch Entziehung der Zöglinge die Akademie zu Dillingen zu schwächen, – oder die Professoren selbst durch andere Wege verdächtig zu machen, um mit der Zeit wieder solche Leute auf die Lehrstühle der Akademie zu helfen, wie ehedessen waren.*[177]

Es folgt eine Apologie der Hochschule: *Ich habe die Ehre alle die Professoren in Dillingen sehr gut zu kennen; indem ich zwey Jahre allda gewohnt habe. Ich fand sie alle in ihrem Wandel äußerst untadelhaft, auch erbaulich, und von einer einfachen Lebensart.*[178] Der pädagogische Nutzen und die Kompetenz des Dillinger Lehrpersonals sei unbestritten:

> *Ihre Lehrart ist neuer, aber besser nützlicher, brauchbarer, faßlicher und genießbarer, als die alte; – kurz; sie handeln in allen Stücken nach der Vorschrift der*

---

aus dem practisch-katholischen Religionshandbuche des Pater Simpert Schwarzhuber, für nachdenkende Christen und auch das gemeine Volk, Hildesheim 1793.

173 Anonymus, Was hält man (wie Anm. 158) S. 13.

174 Ebd. S. 59 f.

175 Ebd.

176 Ebd. S. 61.

177 Ebd. S. 62 f.

178 Ebd. S. 63.

> *wahren Religion und der geläuterten Vernunft.* [...] *Allein sie sind aber dennoch Aufklärer, und diese Gattung Menschen ist uns Augsburgern im höchsten Grade verhaßt gemacht worden.* [...] *Ja, die Professoren zu Dillingen sind Aufklärer, aber solche, von welchen die Religion und gute Sitten gewiß nichts zu befürchten, sondern vielmehr recht viele Vortheile zugewarten haben.*[179]

Die damit angestoßene und verknüpfte Debatte um die Berechtigung und den Nutzen der Katholischen Aufklärung bzw. der Aufklärung allgemein und der mit dem Begriff verbundenen Konnotationen führt über das eng gesteckte Thema dieses Beitrags weit hinaus und kann daher hier nicht vertieft werden. Der Anonymus wiegt ab: *So wie es Leute gibt, die mit ihrem rastlosen, stürmischen Eifer für Aufklärung, Weisheit und Tugend mehr zurückschlagen als befördern; so gibt es andere, die mit ihrem blinden Eifer gegen die Aufklärung, dem wohltätigen Stabe der Wahrheit überall im Wege stehen.*[180] Der Begriff Aufklärung erfordere daher einen sorgfältigen Umgang.[181] Abschließend richtet der Augsburger Anonymus diesbezüglich mahnende Worte an sein Publikum:

> *Aufklärung ist ein Abstractum, hat keine Hände und keine Füße, thut selbst nichts – sondern die Aufklärer, die aufklärenden Personen sind, wirken, veranlassen. Wenn ihr also über Aufklärung ohne Ausnahme schimpfet, so brecht ihr zu gleicher Zeit den Stab über Christus, der Licht in die Welt brachte, und der erste Aufklärer, ohne seines Gleichens heißen kann, und aber Satan, der unsre Stammutter mit blendender Aufklärung über „Verbot und göttliche Weisheit" täuschte, und zum Fall brachte.*[182]

Nur wenige Wochen später, im Frühjahr 1788 – mittlerweile waren Webers Salzburger Neuedition „Die Nichtigkeit der Zauberey" und seine kurze „Erklärung an das Publikum" erschienen – publizierte Schmid alias *katholischer Weltmann* in Augsburg bereits ein Folgepamphlet: „Des katholischen Weltmanns Erörterung der Prof. Weber'schen Erklärung ans Publicum die Hexenreformation betreffend".[183] Schmid setzt seinen Lesern zunächst die unmittelbare Vorgeschichte sei-

---

179 Ebd. S. 64.
180 Ebd. S. 65.
181 Ebd. S. 66.
182 Ebd. S. 68.
183 Vgl. den vollen Titel; Anonymus, Des katholischen Weltmanns Erörterung der Prof. Weber'schen Erklärung ans Publicum die Hexenreformation betreffend. Nebst einem Capitel: Wie widerlegen die Aufklärer? Augsburg 1788; vgl. auch die diesbezüglichen Verweise in Georg Christoph Hamberger/Johann Georg Meusel (Hg.), Das gelehrte Teutschland oder Lexikon der jetztlebenden Teutschen Schriftsteller, Bd. 7, Lemgo 1798, S. 200.

ner neuen Publikation auseinander. Offensichtlich war ihm allerdings während des Abfassens seiner Schrift Sailers „Brüderliches Sendschreiben“ noch nicht bekannt: *Auf meine, der Weberschen Hexenreformation entgegen gesetzte Gegenschrift kam im verflossenen Monat November ein Blätgen angeflogen, in welchem Herr Professor Weber dem Publikum in möglichster Eilfertigkeit berichtet, wie unerwartet und unglimpflich er wegen seiner Schrift angegriffen worden sey.*[184] Insgesamt rückte der *katholische Weltmann* in seiner zweiten Schrift nicht von dem schon zuvor dargelegten Standpunkt und vorgebrachten Argumenten ab.

4. Die Ausweitung des Disputs

Die folgenden, sich mit der Materie beschäftigenden Pamphlete bzw. Monographien waren ausgereifte und mit teilweise umfangreichem Quellenapparat angereicherte Werke. Sie erschienen daher erst im Verlauf des Jahres 1789. Zunächst schaltete sich der österreichische Priester und Theologe Aquilinus Julius Caesar in die Diskussion ein.[185] Caesar wurde 1720 in Graz geboren und trat 1736 in das regulierte Augustiner-Chorherrenstift von Vorau ein. 1743 erfolgte seine Priesterweihe; in den folgenden Jahren unterrichtete er an den Schulen des Stiftes. Zwischen 1761 und 1764 war er als Pfarrer von Dechantskirchen, nach 1764 als Pfarrer von Friedberg tätig. Nach seinem gesundheitsbedingten Rückzug vom Pfarramt lebte er bis zu seinem Tod 1792 als Stiftspensionär in Waizberge bei Graz.

1789 erschien in München sein Pamphlet „Ist die Nichtigkeit der Zauberey ganz erwiesen?“[186] Es bettet die von Webers Schrift provozierte Diskussion in den größeren Gesamtkontext der Schriften für und wider den Hexen- und Teufelsglauben ein:

> *Die Bestürmung der Zauber-Teufelskunst ist nicht den heutigen Aufklärern, sondern den älteren Lehrern zuzuschreiben. Vacco von Verulam, so viel mir bekannt ist, hat die Erste, und nach ihm Thomasius, die Nichtigkeit der Zauberey also vorgestellet, daß man hoffen konnte: dieses Idol wäre gestürzt und zerschmettert. Allein man irrte sich; es fehlt noch in unsern Tagen nicht an Männern, die in allem Ernste behaupten; daß die Magie bestanden, und noch wirklich bestehe,*

---

184 Anonymus, Des katholischen Weltmanns Erörterung (wie Anm. 183) S. 2.

185 Zur Vita und Karriere von Aquilinus Julius Caesar vgl. Johann Georg Megerle von Mühlfeld (Hg.), Memorabilien des österreichischen Kaiserstaats, Wien 1825, S. 280; Annalen der Literatur und Kunst des In- und Auslandes, Wien 1810, S. 539; Ignaz de Luca, Das gelehrte Deutschland, Bd. 1, 1. Stück, Wien 1776, S. 53.

186 Aquilinus Julius Caesar, Ist die Nichtigkeit der Zauberey ganz erwiesen? Untersucht von Julius Cäsar, München 1789.

> *nicht zwar, im allgemeinen Sinne des Pöbels, welcher alles Lumpen-Hexenwerk, alle Gaukeleyen, als Werke des Teufels ansiehet, sondern in Vorstellung der Gelehrten, welche tiefere Einsicht in die Teufelskünste haben, diesen nicht so ohnmächtig halten, daß er aus besonderer Zulassung Gottes den Menschen nicht sollte schaden können.*[187]

In diesem Zusammenhang erinnert der Grazer Theologe auch an den bereits oben erwähnten, durch *unermüdetes Befehden der Hexen, Unholden und abergläubigen Dümmlinge berühmte*[n] *Theatiner, Don Ferdinand Sterzinger und seine Bemühung, den Aberglauben zu stürzen.*[188] Besonders in dessen Büchern „Bemühung, den Aberglauben zu stürzen" (1785) und in dem posthum publizierten „Die Gespenster-Erscheinungen, eine Phantasie oder Betrug, durch die Bibel, Vernunft und Erfahrung bewiesen" (1786) habe dieser Folgendes *bestritten: 1) Die Magie, Zauberkunst, Hexerey 2) Die ausdrücklichen und geheimen Bündnisse mit dem Teufel 3) das Beschreyen, Verwünschen 4) Das Schatzgraben und Geisterbannen 5) Die claviculas Salomons. 6) Die Nachtmänner, Alpedrut. 7) Die Vampüren und mehrere andere, in allem 50 Stücke* und resümiert *Sterzinger leugnet den Teufel nicht, aber er nennt es Aberglauben, ihm zu viel einzuräumen.*[189]

Auf dieser Basis diskutiert Caesar nun die Schriften Webers und seiner Gegner und Unterstützer: *Herr Professor Joseph Weber hat den Ungrund des allgemeinen Hexen- und Gespenster-Glaubens in ökonomischen Lehrstunden, gründlich dargestellt,* [...] *und die Nichtigkeit der Zauberey in einer Vorlesung in ökonomischen Stunden erwiesen* [...]. *Bald nachher erschien wider ihn eine Piece: Ueber die Hexenreformation des Pr. Weber in Dillingen* [...] *der armseligste Wisch.*[190] Der Grazer Theologe konzentriert sich unter anderem auf des *Weltmann*[s] Heranziehen der durch Wallfahrten bewirkten Wunder und die angeblich vielen durch die Exorzismen Johann Joseph Gaßners bewirkten Heilungen.[191] Sailers anonym herausgegebenes „Brüderliches Sendschreiben" wird als *mäßige Schrift*[192] bezeichnet und wie folgt zusammengefasst: *Diese, obschon eine sehr friedliche Schrift, gab sich die Mühe, obschon umsonst, die gute Sache des Prof. Webers zu vertheidigen. Denn es kamen mehrmal wider den Prof. Weber Schriften hervor, die ihn zwar beleidigen, jedoch nicht Schaden konnten; als eine erdichtete nach dem Muster des Bruders*

---

187 Ebd. S. 3.
188 Ebd.
189 Ebd.
190 Ebd. S. 8 f.
191 Vgl. ebd. S. 9.
192 Vgl. ebd. S. 10: *Eben zu Dillingen kam im J. 1787 eine sehr mäßige Schrift hervor: Ein brüderliches Sendschreiben an den katholischen Weltmann, der die Piece schrieb: Ueber Hexenreformation des Herrn Prof. Weber in Dillingen, von einem Freunde der Wahrheit.*

4 Aquilinus Julius Caesar. Porträt eines unbekannten Künstlers, ca. 1750 (wikipedia)

Gerundio erschienene Hexen- und Gespenster-Predigt des P. Simplizian Bockbart zu Schafskopfen [...][193] *von welcher gar nichts zu melden ist.*[194]

Auch auf die oben zitierte anonyme Schrift „Was hält man anderswo von Hexerey, Zauberey, Gespenstern, Amuletten, Ignatibohnen, geweihten Kräutern" geht Caesar ausführlich ein:

> *Der Verfasser dieser letzten Schrift schlägt den Mittelweg zwischen beyden Meynungen ein (Loc. Cit. 79 v. 3. d.); da er kein Gottesgelehrter ist, so beruft er sich auf den Ausspruch des obgedachten Herrn Prof. Schwarzhuber; indem er durch 12 §§ (3) auf die Frage; ob und was für eine Gewalt haben die bösen Geister über die menschlichen Güter, und Leben? Also entscheidet. Es kann vom Teufel Besessene geben, dieses ist aus meinem Bedenken von den Besessenen zu sehen. Ferner behauptet Herr Prof. Schwarzhuber: Die teuflischen Zauberkünste haben*

193 Hier bezieht sich Caesar auf einen Artikel in der „Oberdeutsche[n] Allgemeine[n] Litteraturzeitung" (Jahrgang 1788, S. 1511).

194 Caesar, Ist die Nichtigkeit (wie Anm. 186) S. 9.

in den Büchern des A. sowohl als N. Testaments guten Grund. Ich gestehe es: der Mittelweg ist gemeiniglich der beste. Die Alten schwärmten immer zu weit aus; und unsere aufklärend seyn wollende Helden wollen, daß man ihnen auf ihre Faust, Geschrey, wenige Lektüre der alten und neuen Gelehrten glauben sollte. Wer thut aber dieses gern, da man ihre kleine Einsicht gleich erblicket, da sie auf jenes, was sie nicht gelesen, und sie drängt, antworten! Das weis, und verstehe ich nicht: non poma natamus.[195]

Die ausführlichste, sich 1789 mit dem oben geschilderten Konflikt auseinandersetzende Schrift wurde von dem damals in Mertingen wirkenden, 1748 in Ellwangen geborenen Pfarrer Friedrich Bauer mit seinen fast 90-seitigen „Gedanken eines Landpfarrers über den Ungrund des Hexenglaubens vom Herrn Professor Weber, und über die Hexenreformation, von einem katholischen Weltmanne" vorgelegt.[196] Auch dieses in der Erstauflage in München publizierte umfangreiche Pamphlet fand in zeitgenössischen Rezensionen und auf dem Buchmarkt ein beachtliches Echo.[197] Noch im gleichen Jahr kam es in Landshut zu einer Neuauflage. Bauer erhielt seine erste theologische Ausbildung am Jesuitenlyzeum in Ellwangen, die er 1768 erfolgreich abschloss.[198] Zwischen 1768 und 1771 studierte er Theologie in Dillingen. Nach dem Abschluss mit einer *öffentliche*[n] *Defension ex tractatu der Sacramentis* und dem Erhalt des Weihesakraments trat er 1772 die Stelle eines Hofmeisters bei Baron von Bernhausen an. 1776 wurde er zum Repetitor für Dogmatik am Seminar des Hl. Hieronymus in Dillingen und auch zum Vorstand der Bruderschaft des Allerheiligsten Altarsakraments ernannt. In Zusammenarbeit mit dem Augsburger Generalvikar und Weihbischof Johann Nepomuk August Ungelter von Deisenhausen visitierte Friedrich Bauer in den folgenden Jahren verschiedene Pfarreien in Schwaben, Tirol und Vorarlberg und erhielt damit umfassenden Einblick in das Milieu der Landpfarreien und

---

195 Ebd. S. 11.

196 Bauer, Gedanken (wie Anm. 91) auch Landshut 1789.

197 Vgl. Christoph Gottlieb Kayser (Hg.), Vollständiges Bücher-Lexikon enthaltend alle von 1750 bis zu Ende des Jahres 1832 in Deutschland und in den angrenzenden Ländern gedruckten Bücher, Leipzig 1843, Tl. 1–2, S. 158; Medicinisches Schriftsteller-Lexicon der jetzt lebenden Ärzte, Wundärzte, Geburtshelfer, Apotheker, und Naturforscher aller gebildeten Völker, hg. v. Adolf Carl Peter Callison, Bd. 22, Kopenhagen 1835, S. 202; Allgemeines Repertorium der Literatur für die Jahre 1785 bis 1790 II, Tl. 2, Jena 1793, Sp. 521–531; Johann Georg Theodor Grässe (Hg.), Bibliotheca Magica et Pneumatica, Leipzig 1843.

198 Zur Vita Friedrich Bauers vgl. Hamberger / Meusel, Das gelehrte Teutschland (wie Anm. 183) Bd. 22, S. 132 f.; Gelehrten- und Schriftsteller-Lexikon der deutschen katholischen Geistlichkeit, hg. v. Franz Joseph Waitzenberger, Bd. 3, Landshut 1822, S. 31–37; Franz Xaver Ries, Ein guter Hirte. Die „Merkwürdigkeiten" des Pfarrers Friedrich Bauer, o. O. 2012. Im „Status Ecclesiasticus Schematismus der Geistlichkeit der Dioöces Augsburg für das Jahr 1829" (Augsburg 1829, S. 59) erscheint er als Johann Friedrich Bauer.

landwirtschaftlich geprägten Regionen. 1786 trat er seine Stelle als Pfarrer von Mertingen an. Daneben war er schriftstellerisch tätig.

Bauers im März 1789 mit Lizenz des Augsburger Ordinariats[199] erschienene „Gedanken eines Landpfarrers über den Ungrund des Hexenglaubens" rekurrieren zunächst auf die massiven Reaktionen auf Webers und Schmids Schriften:

> *Von beiden Schriften gieng nun auf einmal in allen Gesellschaften das Gerede und es fehlte nirgend an Vertheidigern, sowohl des Hrn. Professor Webers, als des Weltmannes* […] [Frage] *Ist der Herr Professor Weber so schlimm, wie es der Weltmann sagt, und sind seine Grundsätze so religionswidrig, wie es der Weltmann behauptet, so ist's mir ganz unerklärbar, wie der Hr. Professor in seinem öffentlichen Lehramte gelassen, und wie sein Buch nach cum facultate reverendissimi Ordinariatus Augustani gedruckt werden können.*[200]

Bauer nennt seine „Gedanken" eine von mehreren Geistlichen geprüfte Auftragsschrift, die sich um größtmögliche Objektivität und Genauigkeit bemühe.[201] Bereits im Einführungskapitel wird ein Resümee der Prüfung des Konflikts gezogen: *Ich hielt die Beschuldigungen und die Einwürfe des Weltmanns dagegen, und das Resultat meines Lesens, meines Vergleichens, und meines Nachdenkens war die: Daß der Hr. Professor nicht eine Silbe geschrieben, die nicht ächt katholisch, und nicht eine Silbe, die mit der heiligen Religion nur von weitem in einigem Widerspruche wäre.*[202]

Wie schon zuvor Professor Weber unterstreicht Bauer: *Gewiß, die Praxis, zu benediziciren und weihen gilt durchaus für keinen Beweis der Wirklichkeit einer Zauberei – und der Gebrauch der geweihten Dinge gegen Hexerei widerspricht sogar dem Geiste der Kirche.*[203]

---

199 *Datur Licentia imprimendi, Augustae Vindel. 25. Martii 1789. Joann. Nepom. Episcopus pellensis, vicarius generalis.*

200 Bauer, Gedanken (wie Anm. 91) S. 3.

201 Ebd. S. 8 f.: *Und da sagte ich,* […] *ich bin in der Schriftstellerei ungeübt, und dennoch sollte es mir nicht schwer seyn, auf alle Einwürfe des Weltmanns befriedigende Antwort zu geben, und die angehäuften Trugschlüsse desselben aufzudecken. Ich wurde dazu aufgefordert, und da entstand dieser Aufsatz, der* […] *die vornehmsten Einwürfe und Bedenklichkeiten des Weltmanns getreu anführt,* […] *Der Aufsatz gieng anfangs in den Händen mehrerer Geistlichen herum, und sie gaben mir einstimmig den Rath, daß ich ihn drucken lassen.* […] *dem der Weltmann unternahm nicht blos, die Grundsätze des Hrn. Professor Webers zu widerlegen, sondern er fand auch für gut, seine Person anzugreifen, und seine Mordität verdächtig zu machen. Dies ist nun die Geschichte von der Veranlassung dieses Schriftleins; Gott gebe, daß es zu Hervorbringung des Guten, wozu es einzig bestimmt ist, dienen, und da sie die Ehre rettet, eben so viele Leser als Verbreiter finden möge, als die Schrift des Weltmanns, welche die Ehre genommen hat.*

202 Ebd. S. 5 f.

203 Ebd. S. 54.

Im Folgenden arbeitet der Mertinger Pfarrer folgende Vorwürfe gegen Professor Weber ab:

> *1) Daß der Hr. Professor Weber mit der Behauptung: Es giebt keine Hexe, gar nichts als eine bloße Lehrmeinung behauptet hat, wie es schon mehrer Katholiken vor ihm gethan haben. 2) Daß diese Lehrmeinung bei weitem nicht in einem Dogma enthalten sei. 3) Daß es also nur ein ganz überflüßiger Alarm war, den der Weltmann erreget, als würde die Religion dadurch untergraben. 4) Daß alle Sätze des Hr. Prof. vom Weltmann auf eine umfängliche Seite schief und misdeutig dargestellet worden. 5) Daß der Weltmann dem Hr. Prof. ganz unrecht gethan, ihm die ungerechtesten Aufbürdungen gemacht, und aus dem Buche desselben Meinungen herausgefolgert, die der Professor wohl nicht hineingeleget hat.* […] *6) Daß mithin der Weltmann, der sich zum Vertheidiger der Religion aufwarf, den Hrn. Pr. Weber auf eine recht irreligible Weise mißhandelt, und denselben in den Ruf eines gefährlichen Mannes gebracht habe. 7) Daß der Weltmann, was noch das irreligiöseste und ungerechteste ist, daß er sogar die Absichten nahmhaft gemacht, aus welchen der Hr. Prof. Weber geschrieben, und dieselben recht bösartig und unmoralisch vorgestellt hat, da doch niemand, als Gott, die Absichten weis, und uns die Liebe gebeut, die Absicht zu entschuldigen, wenn auch kein Mantel mehr groß genug wäre, das Faktum zuzudecken.*[204]

Diese Apologie endet mit einem Appell an das Publikum: *Dieß, liebe Leser! Erkennet, und helfet mit, den Hrn. Prof. Weber wieder in seine Rechte eines rechtschaffenen und orthodoxen Mannes einzusetzen, aus denen er aus Misverstand, oder aus blindem Eifer, oder aus was immer für einer vielleicht unschuldigen, Meinung, eines katholischen Weltmannes, bei vielen, die ihn nicht von Person kennen, verstossen wurden, – Es ist Pflicht und erste Billigkeit.*[205]

Im finalen Abschnitt werden unmittelbar aktuelle Entwicklungen und auch die zweite Schrift Schmids behandelt: *Auch der Hr. Prof. Sailer, und seine Apologie gegen Nikolai, und der Bogen, den Prof. Weber bei dieser Gelegenheit schrieb, werden unter die Rubrik „Hexenreformation" gezogen, und vom Weltmann so elend, grundlos und absprechend, aber auch eben so unartig, als wie der Ungrund des Hexenglaubens censirt.*[206] Joseph Weber in das Lager der Religionsspötter oder -kritiker zu versetzen, wird strikt zurückgewiesen: *Herr Prof. Weber, den der Weltmann hauptsächlich zur Zielscheibe seiner Ausfälle gemacht hatte, schrieb keine Silbe, welche nur von Weitem den Glauben untergraben, oder die guten Sitten verderben*

---

[204] Ebd. S. 46.
[205] Ebd.
[206] Ebd. S. 74 f.

könnte; denn der Satz: Es giebt Hexen, ist weder ein Dogma, noch in einem Dogma enthalten – wie ich aber gezeigt habe.[207] Für Friedrich Bauer sind die Verdienste des Dillinger Professors unbestreitbar:

> *Die Frage: giebt es wohl Hexen? Gehört unter die bloßen Lehrmeinungen; und da müssen wir Lehrer vielmehr dem Hr. Prof. Weber danken, daß er so kurz, so faßlich und so überzeugend die Lehrmeinung: Es giebt keine Hexen, bewiesen hat. Daß der H. Pr. Weber sich zum Korrektor der Vulgata aufgeworfen, die Kirche in ihrem Ritibus gemeistert, und das Ansehen der Hl. Väter herabgesetzt habe* [...] *sind verläumderische Aufbürdungen, welche sich ein Religionsvertheidiger eben so wenig, als die vielen Personalitäten und feindseligen Witzeleien, die für die Hexerei ohnehin nichts beweisen, hätte erlauben sollen.*[208]

Auch Webers souveränes Verhalten gegenüber den Attacken wird gelobt.[209]

Ungeachtet dieser sich verstärkenden Front von Kritik setzte die konservative Fraktion der Verteidiger der aktiven, auch das Alltagsleben einbeziehenden Maßnahmen gegen Hexen und Magie ihre Kampagne fort. Ihr Sprachrohr, der *katholische Weltmann*, publizierte in Augsburg 1791 erneut anonym sein – mit besonderem Bezug auf Bauers „Gedanken" entworfenes – Pamphlet „Teuflische Magie existiert, bestehet noch. In einer Antwort des katholischen Weltmanns auf die von einem Herrn Landpfarrer herausgegebene Apologie der Professor Weberschen Hexenreformation".[210] Da es über die bereits in den ersten Schriften Schmids formulierten Gesichtspunkte wenig hinausgehendes innovatives Gedankengut enthält, soll diese Schrift hier nicht weiter erörtert werden.[211] Bauer war indes nicht bereit, diese neuerlichen Attacken unwidersprochen stehen zu lassen. 1791 publizierte er in Donauwörth seine Gegenschrift „Die teuflische Magie existiert nicht".[212] Auch diese Monographie wiederholt primär die schon von ihm zuvor behandelten Themen zur Verteidigung Webers und soll daher an dieser Stelle nicht diskutiert werden. Die Hexenfrage blieb aktuell: Auch in den folgenden Jahren – wenn auch mit zeitlicher Verzögerung – reagierte der Buchmarkt auf das ungebrochene Interesse

---

207 Ebd. S. 82.
208 Ebd. S. 82 f.
209 Ebd.
210 Anonymus, Teuflische Magie existiert, bestehet noch. In einer Antwort des katholischen Weltmanns auf die von einem Herrn Landpfarrer herausgegebene Apologie der Professor Weberschen Hexenreformation, Augsburg 1791.
211 Vgl. auch die Hinweise in Alexander Tille, Die Faustsplitter in der Literatur des sechzehnten bis achtzehnten Jahrhunderts, Hildesheim / New York 1980, S. XXXXVI f.
212 Hamberger / Meusel, Das gelehrte Teutschland (wie Anm. 183) Bd. 22, S. 132 f.; Gelehrten- und Schriftsteller-Lexikon (wie Anm. 198) Bd. 3, S. 36 f.

an der Thematik. Ein Konsens wurde allerdings nicht gefunden. Noch 1797 kam es in Augsburg zu einer vermehrten Neuauflage von Webers „Ungrund des Hexen- und Gespensterglaubens in ökonomischen Lehrstunden dargestellt".[213]

5. Das Echo in den Rezensionen und der Presse

Nahezu sämtliche oben zitierten Schriften fanden im Bereich der Journale und Rezensionszeitschriften – auch in den nördlichen Regionen des Reichs – ein lebhaftes Echo. Während die in Augsburg herausgegebene, den Jesuiten nahestehende Zeitschrift „Kritik über gewisse Kritiker, Rezensenten, und Broschürenmacher" für den *katholischen Weltmann* und die konservative Front der *Zaubergläubigen* Partei ergriff, lobte der Großteil der vor allem im protestantischen Raum und in von den Repräsentanten der Aufklärung herausgegebenen Journale Webers und Bauers Versuche, den Aberglauben in seine Schranken zu weisen. Für Johann Michael Sailers Versuch der Vermittlung („Brüderliches Sendschreiben") wurde seitens dieser rigide aufklärerisch orientierten Plattformen kaum Verständnis aufgebracht (…*eine schwache Schrift*…).[214] Besonders in den einschlägigen Rezensionen der vor allem protestantisch beeinflussten, aufgeklärten Journale und Zeitschriften werden die hier im Zentrum stehenden Bücher und Pamphlete zum hochwillkommenen Anlass für Rundumschläge gegen Aber- und Hexenglauben und die Katholische Kirche allgemein.

Der Rezensent von Webers „Nichtigkeit der Zauberey" resümiert in den „Freyburger Beyträge[n] zur Beförderung des ältesten Christenthums und der neuesten Philosophie":

> *Diese kleine Schrift hat die Vernichtung, oder wenigstens Verminderung des nicht nur unter dem gemeinen Volke, besonders unter den Landleuten, sondern auch bey manchen Gelehrten noch immer herrschenden Zauber- und Hexenglaubens, zur Absicht. Sehr richtig urtheilt der V., der Professor an der Universität zu Dillingen ist, daß der Glaube an Hexen und ihre Künste in Absicht auf den Staat und die Religion nicht gleichgültig seyn können; daß er einen gewaltigen Einfluß auf die Vorstellungen von Gott und auf das sittliche Betragen der Menschen habe, und nicht nur das Glück einzelner Familien, sondern das Wohl ganzer Staaten interessiere.*[215]

---

213 Joseph Weber, Ungrund des Hexen- und Gespensterglaubens in ökonomischen Lehrstunden dargestellt, Augsburg 1797 (vermehrte Auflage).

214 Freyburger Beyträge zur Beförderung des ältesten Christenthums und der neuesten Philosophie, hg. v. Kaspar Ruef, 2 (1789) S. 31.

215 Ebd. S. 30–38.

Schlechte und fehlende Erziehung – ein Schlüsselthema der Aufklärungsdiskussion – erscheint als Ursache der Fehlentwicklung. Joseph Webers Schrift erscheint daher – besonders aufgrund ihrer *einleuchtende*[n] *und faßbare*[n] *Art* – als willkommenes Mittel, *daß weder aus der heil. Schrift, noch aus den alten Hexenprozessen etwa für die Wirklichkeit der Zauberey könne geschlossen werden, und macht auch den Ursprung und Fortgang des Zauberglaubens, aus den Eigenschaften der Personen, die sich mit Zauberkünsten abgeben, aus den Mitteln, deren sie sich bedienen, und aus den Anstalten, die sie dabey machen, begreiflich, daß alle Zauberey eine Frucht der Unwissenheit, des Aberglaubens und der Betrügerey sey.*[216]

Im Folgenden rekapituliert der Rezensent Professor Webers Gedanken zu den Wurzeln des Hexenglaubens im Heidentum *(aus welchem die christlichen Lehrer so vieles beybehalten, oder ins Christenthum herübergebracht haben)* und betont, dass sich die Hochzeiten des Geister- und Hexenglaubens immer dann einstellten, *je unwissender und dümmer die Völker waren.* Oft hätten die Päpste und verschiedene Theologen diese Unwissenheit *aus politischen Absichten befödert.*[217] Die Hexenprozesse und -hinrichtungen seien eines der dunkelsten Kapitel deutscher Geschichte und erst das Erwachen des *Prüfungsgeist*[s] und *die Philosophie, die Naturlehre, die Mathematik* verbreiteten ein *wohltätiges Licht* und Erhellung. *Landstreicher, Zigeuner, Markt-Schreyer, Phantasten*[218], aber auch Mönche und Geistliche verschiedener Orden versuchten allerdings weiterhin, den Glauben an Hexen aufrecht zu erhalten: *Die Mittel, deren sie sich bedienen, sind Täuschung und Betrug. Selbst die gerichtlichen Aussagen von Hexen beweisen nichts. Die gemarterten und verbrannten Hexen waren unglückliche Opfer der Unwissenheit, theils durch die Folter gezwungen, die abgeschmackten Fragen der Richter mit Ja zu beantworten, theils blödsinnige, kindische, betäubte, in hohem Grade hysterische oder gar epileptische Weiber.*[219]

Der Rezensent beschäftigt sich im Folgenden mit Webers Auslassungen zum Missbrauch von Weihungen und Benediktionen gegen Hexen: *Dieß geweihte Zeug taugt nicht wider ein Ding, das nicht existirt, wohl aber entehrt es die Religion, von der man wähnt, daß sie mit ihrem Ansehen den Aberglauben heilige.*[220] Allein eine tiefergehende Reform könne hier Abhilfe schaffen:

> *So lange die römisch katholische Kirche noch unter die mindern Orden (ordine minores) auch den Orden oder die Werke eines Exorcisten oder Beschwörers zählet, und jeden, der Priester werden will, zuvor zum Teilbeschwörer bevollmäch-*

216 Ebd. S. 31.
217 Ebd.
218 Ebd. S. 32.
219 Ebd. S. 33.
220 Ebd. S. 34.

tigt [...], *so lange die Geistlichen auf Befehl der Kirche nicht nur alle Wochen frisches Weihwasser, sondern auch zu gewissen Jahreszeiten, Wein, Brod, Salz, Fleisch, Eyer, Wachs, Palmen, Holz, Kräuter und andere Dinge weihen, und als heilsame Mittel gegen die Anfälle und Unternehmungen des Teufels und seiner Gehilfen anpreisen, so lange sie Menschen und Vieh, Speis und Trank, fahrendes und liegendes Gut, Luft und Wetter vorschriftmäßig benediciren; so lange man den althergebrachten aber erzdummen Exorcismus in der Taufe beybehält, in öffentlichen Kirchengebethen die aereas potestates feyerlich beschwört, und die partes adversas in die Flucht jagt; so lange ist auch nicht zu hoffen, daß das Volk seine Meinung von der Existenz der Zauberey ändern werde.*[221]

Auf diese Reform könne man allerdings vergeblich warten, denn *läßt sich insbesondere von Rom erwarten, daß es auch nur seine Agnus Dei, seine Kreuzpartikel, Reliquien, und andere Siebensachen, womit es die blindgläubige Welt hintergeht, aufgeben werde? Nimmermehr!*[222] Hier könnten daher nur Eingriffe der Staatsmacht *und freymüthige Schriftsteller* den Missbrauch beseitigen.

Im Anschluss an die Besprechung von Webers Schrift folgt eine Rezension von Schmids Pamphlet zur „Hexenreformation des Hrn. Prof. Weber zu Dillingen“.[223] Der anonyme Rezensent sieht hier von Anbeginn grundlegende Denkfehler:

Der katholische Weltmann hält es für sehr gefährlich, die Zauberey außer Kurs zu setzen, weil dergleichen Dinge als Folgesätze der beständigen Praxis der Kirche, der Tradition und der Erzählungen der heil. Schrift von jeher wären geglaubt worden. Nach des V. Meynung ist also die Lehre von der Zauberey wenigstens nicht als eigentliche Glaubenslehre, sondern nur als Folgesatz zu betrachten, und zwar erstens als Folgesatz der beständigen Praxis der Kirche. Wer kann aber die, zumal wenn sie allgemein seyn soll, beweisen? [...] *Und wäre sie beständig und allgemein, so fragt sich doch, ob sie in der Bibel Grund hat.*[224]

Diese Thematik gibt – gemäß dem protestantischen Standpunkt – willkommene Gelegenheit zu einer allgemeinen Kritik an der katholischen Theologie: *Der ächte, Evangelische Sinn, der wahre Geist des Christenthums hat bereits ein zweytes Jahrhundert angefangen, merklich verfälscht zu werden. Daher ist auch zweytens die Tradition ein zweydeutiges Ding, woraus man alles machen und womit man alles beweisen kann, was man will. Wie sehr widersprechen sich nicht selbst die hh. Väter,*

221 Ebd. S. 34 f.
222 Ebd. S. 35.
223 Ebd. S. 36.
224 Ebd. S. 37.

die die Aufbewahrer der Tradition seyn sollen in Dingen, die man für sehr wichtig hält, ob sies gleich nicht allemal sind![225]

Die vom *katholischen Weltmann* vorgebrachten Beispiele aus dem Alten und Neuen Testament lässt der Rezensent nicht gelten: *Was drittens die Erzählungen der heil. Schrift betrifft, so werden in ihr ja auch Betrügereyen erzählt. Hielten doch selbst Tertullian, Hieronymus und Gregorius von Nissa dafür, die Zauberey Aegyptens, deren im 2. Buch Moses gedacht wird, seyn weiter nichts als Taschenspieler und Betrüger gewesen; und die Hexe von Endor, wovon im ersten Buche der Könige Meldung geschieht, hat nach der Meynung des Hieronymus und vieler Gelehrten den Saul mit der Erscheinung damals bloß getäuschet.*[226] Besonders provokant sei Schmids These *Wer die Existenz des Teufels läugne, sey kein Christ.* Laut Rezensenten ist die Antwort einfach: *Man kann die Existenz des Teufels zugeben und doch seine Einwirkung läugnen, zumal nachdem Christus die Werke des Teufels zerstört hat.*[227]

Auch der Rezensent der in Jena erscheinenden „Allgemeine[n] Literatur Zeitung“ von Webers „Ungrund des Hexen- und Gespensterglaubens“ bzw. „Nichtigkeit der Zauberey“ findet nach kurzer Überlegung die darin behandelte Thematik aktuell und einer tieferen und erneuten Diskussion würdig: *Als Recens. diese Schrift zu Hand nahm, war ihm der Titel auffallend. Wie? Dachte er, ist es der Mühe Werth, davon zu schreiben? Bald aber fielen ihm Schröpfer, Cagliostro, Gassner etc. ein. Unsere Geisterseher, geheimen Künstler – was sind die besser? Täuschen sie allein den Pöbel? Wir haben noch Exorcismen u. dgl. in katholischen Landen gibt's noch Hexenpatres, und auch Protestanten laufen zu ihnen.*[228]

Ungeachtet bereits zuvor häufig vorgebrachter und bekannter Argumente bleibt Webers Pamphlet wichtig und nützlich: *Der Vf. hat* [...] *seine Materie in diesem Hefte, wo es nur von ausserordentlichen Gründen, Autoritäten, Zeugnissen und kirchlichen Einrichtungen die Rede ist, so gut bearbeitet, als es in einem Compendium (denn dies ist das Buch) möglich war; alles kurz. Eine Menge Citata sind gute Beyträge zur Geschichte dieser Lehre. Das Werk kann denen, die nicht ganz im Aberglauben versunken sind, sehr gute Dienste leisten.*[229]

Wie nicht anders zu erwarten, stellt sich auch der Rezensent des damals führenden Sprachrohrs aufgeklärter, laizistischer Kreise des Alten Reiches, der von Friedrich Nicolai herausgegebenen „Allgemeine[n] Deutsche[n] Bibliothek“, auf die Seite Webers:[230]

---

225 Ebd.
226 Ebd.
227 Ebd. S. 38.
228 Allgemeine Literatur Zeitung (Jena), September 1787, S. 624.
229 Ebd.
230 Vgl. auch den ähnlichen Tenor in der Rezension von Ernst Urban Keller „Gegen den Aberglauben“, in: Allgemeine Deutsche Bibliothek 77, Stuttgart 1786, S. 432 f.

Daß Bücher dieser Art noch heut zu Tage von großen Nutzen seyen, davon giebt der Hr. V. S. 17 den Aufschluß, wo er angiebt, daß der Hexenglaube noch so ziemlich in unsern Tagen fortdauere, und der Gebrauch des sogenannten Hexenrauches u. dgl. ungeachtet bischöflicher Verbote unter dem katholischen Volk noch in großer Verehrung stehe; noch trauriger war was die Aeußerung des V., in welcher er versichert: „daß auch Lutheraner und Calvinisten Gebrauch davon machen, und ihre Ställe von Ordensgeistlichen gegen Zauberey beräuchern und segnen lassen, dafür habe ich Zeugnisse aus der Schweiz und aus den Gränzen Württemberg in Händen.“[231]

Ähnlich dem Rezensenten der „Allgemeine[n] Literatur Zeitung“ lobt auch sein Kollege die didaktische Vorgehensweise und Verständlichkeit der Argumentation Professor Webers:

Der Verf., ein Exjesuit und guter Physiker, untersucht den Ursprung, den Fortgang und die weiteren Schicksale der Zauberey und Hexerey, und zeigt den Ungrund derselben in einem sehr faßlichen Tone, so daß man hoffen muß, daß er seine Absicht, den schädlichen Hexenglauben zu Grabe zu befördern, bey vielen erreichen wird; er zeigt es vornehmlich aus dem Stand der Personen, welche im Rufe der Zauberey stehen, aus den Mitteln, welche sie anwenden, und aus den Umständen, welche ihre Handgriffe begleiten, daß die thätige Hexerey seye ein Hirnbild, gezeugt von abergläubischem Heidenthum, genährt und erzogen von dem Hange zum Wunderbaren und vom listigen Betrug.[232]

Beide oben zitierten Rezensenten sind sich einig, dass Päpste und andere katholische Autoritäten den Aber- und Hexenglauben für ihre Zwecke und den Machterhalt instrumentalisiert hatten. Gleichfalls werden die Hexenverfolgungen und in deren Gefolge die Hexenprozesse scharf verurteilt. Gemäß dem Rezensenten der „Allgemeine[n] Literatur Zeitung“ gebe es noch weit mehr und auch aktuelle diesbezügliche Punkte anzusprechen, *wodurch der Aberglauben in der katholischen Kirche mehr unterhalten wird, aber freylich schien dem Verf. das Gegentheil vermuthlich zu heicklich.*[233]

Nicht nur im protestantisch geprägten, bzw. im mittel- und norddeutschen Raum, stieß Webers Schrift damals auf Wohlwollen. Auch in den „Würzburger gelehrte[n] Anzeigen“ vom August 1787 beschließt der anonyme Rezensent seine Ausführungen mit der festen Hoffnung:

---

[231] Ebd.
[232] Ebd. S. 434.
[233] Ebd.

> *Wir zweifeln nicht, daß diese Schrift recht viel Gutes stiften, und manchen Hexenpropheten seine Träumereyen, und sein Handwerk niederlegen wird. Wir* [...] *wünschen dem Hrn. W. Muth, und Unterstützung, da es nicht an Ketzermachern fehlen wird, die ihm seine guten Absichten verdächtig machen wollen, weil er jenes schändliche* [...] *aufgedeckt hat, welches auf Kosten des nichtgläubigen Pöbels von geistlichen Quacksalbern noch so stark getrieben wird.*[234]

Der in den oben zitierten Schriften geschilderte Konflikt der Ansichten spiegelt sich auch in der Rezensionslandschaft. Das in Augsburg erscheinende, den Ex-Jesuiten nahestehende Organ „Kritik über gewisse Kritiker, Rezensenten, und Broschürenmacher" verteidigt in seiner November-Ausgabe 1787 Schmids Kritik an Webers Pamphlet:

> *Dieß* [= Schmids] *Werkchen ist kein armseliger Wisch, keine Makulatur für Tabakdutten,* [...] *sondern es muß gute Waare seyn, weil es schon dreymal aufgelegt worden, nämlich zweymal in Augsburg, und einmal in Dillingen. Wird Herr Rezensent, oder Prof. Weber, oder einer seiner Mitathleten diese Schrift gründlich widerlegen; so sollen sie von mir die feyerlichste Versicherung wirklich schon haben, daß sie mich in der Liste ihrer Proselyten für die Aufklärungspuppe zu oberst umsetzen dürfen. Aber, wohlgemerkt, meine Herren, Beweise fordere ich, nicht Schnick Schnack, und Hokus Pokus Sprüche, nicht Ach und Weh, nicht Wimmern und Weinen, wie es der Nikodemus in seinem brüderlichen Sendschreiben an den Weltmann machte.*[235]

Auch Schmids Folgeschrift „Teuflische Magie existirt, bestehet noch" fand 1791 umgehend ihr positives Echo in „Kritik über gewisse Kritiker":

> *Selbst die Gegner dieses Weltmanns, den ganz Augsburg kennt, werden ihm einen systematisch und hell denkenden Kopf, eine erhabene Schreibart, und eine ganz besondere Belesenheit nicht absprechen können. Es ist unstreitig, daß er sich nicht allein mit katholischen Authoren bekannt gemacht, und aus den berühmtesten protestantischen Gelehrten,* [...] *selbst solche Thatsachen und Begebenheiten, für seine Absicht, herbeygebracht, die unläugbar sind.*[236]

---

[234] Würzburger gelehrte Anzeigen, LXVI. Stück (Samstag, 18. August 1787) S. 149 f.

[235] Kritik über gewisse Kritiker, Rezensenten, und Broschürenmacher, Jahrgang 1, Nr. 19 (5. November 1787) S. 149.

[236] Kritik (wie Anm. 235) Jahrgang 5, Nr. 43 (24. Oktober 1791) S. 417 f.

Resümee

Die oben zitierten Monographien, Pamphlete und Kommentare sowie ihr Echo in der Presse und Rezensionslandschaft dokumentieren, inwiefern das Thema des Hexenglaubens und die Auseinandersetzung um angeblichen Aberglauben und Irrwege der Volksfrömmigkeit auch noch zwanzig Jahre nach dem Ende des sogenannten „Bayerischen Hexenkriegs“ – zumindest im schwäbischen Raum – großes Interesse in den Kreisen der allgemeinen Bevölkerung als auch der *communitas litteraria* und der Kirche fanden. Die Schriften Joseph Webers, Franz Joseph Schmids oder Friedrich Bauers zeigen ferner, dass in den Kreisen der Stadtbürger, der Dorfbewohner und der Landgeistlichkeit die Bekämpfung von Schadenszauber mit geistlichen Mitteln noch massiv präsent war und bis dahin von den einschlägigen Konzepten und laizistischen Lehrmodellen der Aufklärung nur marginal beeinflusst worden war.

Entgegen dem Tenor der einschlägigen modernen Forschung war der sogenannte Hexenstreit nach 1770 also keineswegs beendet, sondern wurde – wie oben aufgezeigt – mit der Publikation von Joseph Webers Vorlesungen zum „Ungrund des Hexen- und Gespensterglaubens“ wieder massiv angefacht. Mit Johann Michael Sailer oder Aquilinus Julius Caesar kam es zur Beteiligung namhafter Theologen und Autoren an diesem Disput.

Historiker wie Wolfgang Behringer und andere verkennen hier die beharrende Kraft der Volksreligiosität und tradierten Muster von „Aberglauben“ bei einem Großteil der Bevölkerung nicht nur auf dem Land, sondern auch in den Städten.[237] Im Besonderen der unter dem Inkognito eines *katholischen Weltmann*[s] schreibende Franz Joseph Schmid und ein Letzteren kritisierender, aus Augsburg stammender Anonymus liefern hier in ihren Pamphleten „Ueber die Hexenreformation“ bzw. „Was hält man anderswo von Hexerey“ gute Einblicke in das geistige Milieu der Zeit. Die Geschehnisse in Schwaben stützen Hans Christian Erik Midelforts Hinweis [...] *to the dismay of the Enlightened, "superstitious" cures and religious approaches to illness continued to characterize most parts of Germany on into the nineteenth century.*[238] Die anlässlich des zwei Jahrzehnte zuvor ausgetragenen „Bayerischen Hexenkriegs“ angestellten Analysen bezüglich einer *Aufklärungsdebatte* [...], *die bald die Grenzen der üblichen gelehrten Debatten sprengte, weil alle Schichten der Bevölkerung daran Anteil nahmen,*[239] können – mit entsprechender

---

[237] Hier muss also Wolfgang BEHRINGER, Hexenverfolgung in Bayern (wie Anm. 4) S. 398, Anm. 105 widersprochen werden, der für die Epoche nach dem Ende des „Bayerischen Hexenkriegs“ konstatiert: *Für die Aufklärer war das Thema passé.*

[238] MIDELFORT, Exorcism and Enlightenment (wie Anm. 1) S. 145.

[239] BEHRINGER, Der „Bayerische Hexenkrieg“ (wie Anm. 1) S. 310.

Moderation und Zurückhaltung – auch für die in diesem Beitrag skizzierte Debatte im schwäbischen Raum angenommen werden. Ebenso ist anzunehmen, dass *diese Resonanz* [...] *den Prozeß der Aufklärung* [...] *beförderte.*[240]

Auf der Ebene des intellektuellen Disputs zwischen der Avantgarde der Katholischen Aufklärung und den konservativen Kräften – besonders der Augsburger Ex-Jesuiten – bleibt festzuhalten, inwiefern die „Affäre" Weber benutzt wurde, um Teile des nach der Aufhebung des Jesuitenordens auch an der Hochschule Dillingen reformierten Lehrpersonals zu diskreditieren. Dagegen war der „schwäbische" Hexenstreit vor allem für protestantische Journale und Rezensenten eine willkommene Gelegenheit, auf die Rückschrittlichkeit und angeblich mangelnde Bildung in den süddeutschen geistlichen Staaten und Regionen hinzuweisen und die dortige Weiterexistenz mittelalterlicher Relikte zu brandmarken. Damit war der in diesem Beitrag kurz umrissene „schwäbische Hexenstreit" Teil einer umfassenderen Kontroverse und philosophisch-theologischen Debatte um die Wirklichkeit des Bösen und das Reservatrecht des Glaubens in einer Welt, in der scheinbar mehr und mehr Bereiche des Lebens und Glaubens, selbst die Offenbarung, der Kritik durch Empirie und Vernunft unterworfen wurden.

240 Ebd.

Karl-Georg Pfändtner

Unbeachtete Schätze der Staats- und Stadtbibliothek Augsburg

Entwurfszeichnungen zu vier Rahmen und zum Bildnis des Kurt Christoph Graf von Schwerin aus der Hand des Philipp Andreas Kilian

Abstractum: Die Grafische Sammlung der Staats- und Stadtbibliothek Augsburg hütet unter ihren teils bis heute unbeachteten Schätzen auch vier Zeichnungen zu Rahmungen und eine Skizze für ein Bildnis des preußischen Generalfeldmarschalls Kurt Christoph Graf von Schwerin. Diese Originalzeichnungen, bisher nur als „Verzierungen" im handschriftlichen Katalog verzeichnet, können hier als Entwürfe für Kupferstiche des Augsburger Künstlers und Kupferstechers Philipp Andreas Kilian (1714–1759) identifiziert und diesem somit zugeschrieben werden.

Die Staats- und Stadtbibliothek Augsburg hütet in ihrer Grafischen Sammlung mit ca. 22.000 Blättern auch einen größeren Bestand an Drucken und einigen Zeichnungen des Augsburger Kupferstechers Philipp Andreas Kilian (Augsburg 1714–1759 Augsburg).[1] Ein Teil hiervon gelangte wohl bereits über den Künstler selbst in die ehemalige Augsburger Stadtbibliothek. Sein Bruder Georg Christoph Kilian (Augsburg 1709–1781 Augsburg) berichtet jedenfalls in seinen handschriftlichen Biografien Augsburger Künstler, heute unter den Signaturen 2 Cod H 30 und 2 Cod H 31 der Staats- und Stadtbibliothek Augsburg: [...] *Eine ganze Samlung seiner Arbeiten verehrte er in hiesige Stadt Bibliothek* [...].[2] Des Weiteren wurden Bestände aus dem Nachlass dieser Augsburger Kupferstecherfamilie, also auch des Philipp Andreas, über Georg Christoph Kilians Erben Hofrat Georg Wilhelm Zapf (Nördlingen 1747–1810 Biburg) der Stadtbibliothek Augsburg überlassen.[3] Welche Blätter davon wann genau in die heutige Staats- und Stadt-

---

1 Die meisten Zeichnungen finden sich in der Grafischen Sammlung der SuStBA unter verschiedenen Kupferstichen des Philipp Andreas Kilian im barocken Klebealbum SuStBA, Graph Kilian, Ph. And. 1–193. Zu Kilian vgl. Kurt Pilz, Art. Kilian, Philipp Andreas, in: NDB 11 (1977) S. 604 f.

2 SuStBA, 2 Cod H 30: „Biographische und künstlerische Nachrichten über die Familie Kilian sowie über einige andere Künstler", Blatt 43v.

3 Siehe Georg Caspar Mezger, Geschichte der vereinigten königlichen Kreis- und Stadtbibliothek in Augsburg, Augsburg 1842, S. 32: [...] *Nach dem Willen des fleißigen Christoph Kilian bekam*

bibliothek Augsburg gelangten, ist bisher noch nicht im Detail erforscht. Alle finden sich jedenfalls im 1903 bis 1907 angelegten handschriftlichen Bandkatalog der Grafik der SuStBA aufgelistet.

Die meisten Kupferstiche und Zeichnungen des Philipp Andreas Kilian werden in der Grafischen Sammlung der SuStBA unter dem Künstlernamen aufbewahrt, andere in verschiedensten thematisch geordneten Fachgruppen. Unter den Zeichnungen der Grafiksammlung, die bisher noch keinem Künstler zugeschrieben sind, können vier Entwürfe für Schmuckrahmen sowie eine Skizze zum Kupferstich des Kurt Christoph Graf von Schwerin hier für Philipp Andreas Kilian in Anspruch genommen werden. Im oben genannten Bandkatalog, Bd. 1, S. 248 sind diese unter dem Konvolut der Nummern 457–466 einfach als „Verzierungen" bezeichnet.

Der aufwendigste Entwurf unter diesen, Graph 15/465 (Abb. 1), zeigt einen reich mit Rocaillen gezierten, mit einem fingierten Ziervorhang versehenen Bilderrahmen. Rechts hält ein Putto diesen Vorhang empor, links verdecken Wolken mit drei Puttoköpfchen das obere linke Eck. Der innere Rahmen ist mit dem Messer und Bleistift scharf gezogen. Der Entwurf, auf kräftigem Papier ohne Wasserzeichen, ist in Blei- bzw. Metallstift angelegt, darüber wird mit Kohle und Weiß, oft auch mit kräftigem, teils trockenem, teils heute korrodiertem sehr flüssig aufgetragenem Weiß modelliert.[4] Da dieser Rahmenentwurf von Philipp Andreas Kilian auch im Format 1:1 als Rahmen seiner Kupferstiche verwendet wurde, so zum Beispiel auf dem 1757 für Graz hergestellten Thesenblatt mit der Darstellung des Christus nach Paris Bordone (Treviso, um 1500–1570/71 Venedig), (Abb. 2),[5] oder als Rahmen eines Blanco-Thesenblattes mit der Geburt Jesu nach Charles André van Loo (Nizza 1705–1765 Paris) im Musée des Beaux-Arts in Chartres,[6] wird man davon auszugehen haben, dass auch der Entwurf für diesen Rahmen von Philipp Andreas Kilian stammt.

Weitaus häufiger verwendet Philipp Andreas Kilian einen weiteren, weniger aufwendigen Rahmenentwurf, heute SuStBA, Graph 15/464 (Abb. 3).[7] In Tinte

---

man auch im Jahre 1781 von dessen Erben Hofr. Zapf die Arbeiten dieses Künstlers und aller seiner Vorfahren in 7 Cahiers [...]

4 Blattgröße: 55,0 x 53,4 cm.

5 SuStBA, Graph Kilian, Ph. And. 281, Gesamtgröße der Platte: 67,9 x 52,4 cm. Das Thesenblatt ist für die Jesuiten-Universität Graz im Jahre 1757 verwendet. Defendent: *Reverendissimus* [...] *Dominus Mathias Nusmayr.* Genannt im Codex Halder, SuStBA, 2 Cod H 31, S. 97, Nr. 6: *Salvator Mundi, nach Bordoni von Paris* [...]. Als Vorlage diente ein Kupferstich Philipp Andreas Kilians nach dem Original in der Brühl'schen Sammlung, der mit *M. Oestereich del.* bezeichnet ist. Das Exemplar in der Staats- und Stadtbibliothek Augsburg trägt die Signatur: SuStBA, Graph Kilian, Ph. And. 213.

6 SuStBA, Graph Kilian, Ph. And. 209.

7 Das Blatt misst 52,5 x 68 cm.

mit grauer Farbe laviert, mit deutlichen Pausspuren, umschließt er, seitenverkehrt einige Blätter seiner in Kupfer gestochenen großformatigen Bibelfolge zu folgenden Themen: Josef wird von seinen Brüdern verkauft (nach Sylvester Manaigo, Friaul um 1670?–1734? Venedig?),[8] Josef gibt sich den Brüdern zu erkennen nach Gerard Lairesse (Lüttich 1640/41–1711 Amsterdam), (Abb. 4),[9] Tobias heilt die Augen seines Vaters nach Antoine Coypel (Paris 1661–1722 Paris),[10] die Predigt Johannes des Täufers,[11] die Flucht nach Ägypten,[12] Jesus und die Samariterin nach Jeremias Wachsmuth (Augsburg 1711/12–1771 Augsburg?) nach Philippe de Campaigne (Brüssel 1602–1674 Paris) aus dem Jahre 1648 bzw. direkt nach Letzterem,[13] der Einzug Jesu in Jerusalem,[14] Jesus als guter Hirte[15] sowie das 1751 datierte, für die Grazer Jesuiten verwendete Thesenblatt mit der Salbung Salomos nach Gerard Lairesse.[16]

Auch der halbseitige Entwurf Graph 15/463 (Abb. 5), Bleistift, Tinte und Tusche, laviert, mit Bandelwerk und Rocaillen,[17] diente Philipp Andreas Kilian als Rahmung für einige seiner großformatigen Stiche. Auf der Rückseite erkennt man dieselben Formen in Rötel mit deutlichen Pausspuren (Abb. 6). Er umrahmt, als einziger der hier vorgestellten Entwürfe in der Ausführung im Kupferstich deutlich vereinfacht, im Bestand der Staats- und Stadtbibliothek Augsburg andere Szenen der Bibelserie, etwa die Kupferstiche Joas wird König (Abb. 7)[18] und Christus heilt die Lahmen.[19]

---

8 SuStBA, Graph Kilian, Ph. And. 195.

9 SuStBA, Graph Kilian, Ph. And. 196. Eine Vorzeichnung hierzu von Lairesse gibt es im Art Institute of Chicago, Gerard de Lairesse, Joseph Recognized by His Brothers, https://www.artic.edu/artworks/84174/joseph-recognized-by-his-brothers [18.3.2024]. Die mittleren beiden Viertel der Szene verarbeitet Philipp Andreas Kilian in seinem Kupferstichwerk: Philipp Andreas Kilian, Historische Abbildungen der Geschichten Alten Testaments, Augsburg 1758, Nr. 21.

10 SuStBA, Graph Kilian, Ph. And. 197.

11 SuStBA, Graph Kilian, Ph. And. 199.

12 SuStBA, Graph Kilian, Ph. And. 200.

13 SuStBA, Graph Kilian, Ph. And. 201.

14 SuStBA, Graph Kilian, Ph. And. 204.

15 SuStBA, Graph Kilian, Ph. And. 205.

16 SuStBA, Graph Kilian, Ph. And. 273. Von Lairesse stammt bereits ein Kupferstich mit den Maßen 39 x 52 cm im British Museum in London, der dem Stich Kilians näher steht als das Lairesse zugeschriebene Ölbild dieser Thematik, das heute in Bradford in der Cartwright Hall Art Gallery aufbewahrt wird. Siehe zu diesem: François Marandet, ‚The anointing of Solomon' by Gerard de Lairesse discovered in the Cartwright Hall Art Gallery, Bradford, in: Burlington Magazine CLVIII (Februar 2016) S. 101–102. Auch diese Szene verwendet Kilian verkürzt in seinem Kupferstichwerk: Kilian, Historische Abbildungen (wie Anm. 9) Nr. 44 allerdings unter dem Titel: *Salomo rex coronatus* bzw. *Salomo zum Könige gekrönet.*

17 Das Blatt misst 45,5 x 26,0 cm.

18 SuStBA, Graph Kilian, Ph. And. 198.

19 SuStBA, Graph Kilian, Ph. And. 203.

1 Philipp Andreas Kilian zugeschrieben, Entwurf für einen Rahmen (SuStBA, Graph 15/465, Foto: © Andreas Brücklmair)

2 Philipp Andreas Kilian, Thesenblatt für Graz mit der Darstellung des Christus nach Paris Bordone, 1757 (SuStBA, Graph Kilian Ph. And. 281, Foto: © Andreas Brücklmair)

3 Philipp Andreas Kilian zugeschrieben, Entwurf für einen Rahmen (SuStBA, Graph 15/464, Foto: © Andreas Brücklmair)

4 Philipp Andreas Kilian, Josef gibt sich seinen Brüdern zu erkennen, nach Gerard Lairesse (SuStBA, Graph Kilian, Ph. And. 196, Foto: © Andreas Brücklmair)

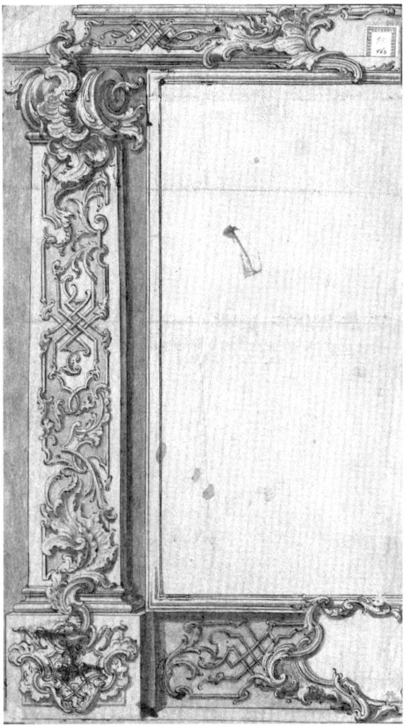

5–6 Philipp Andreas Kilian zugeschrieben, Entwurf für einen Rahmen (SuStBA, Graph 15/463, links: Vorderseite, rechts: Rückseite, Foto: © SuStBA)

7 Philipp Andreas Kilian, Joas wird zum König gekrönt, nach noch nicht identifiziertem Vorbild (SuStBA, Graph Kilian, Ph. And. 198, Foto: © Andreas Brücklmair)

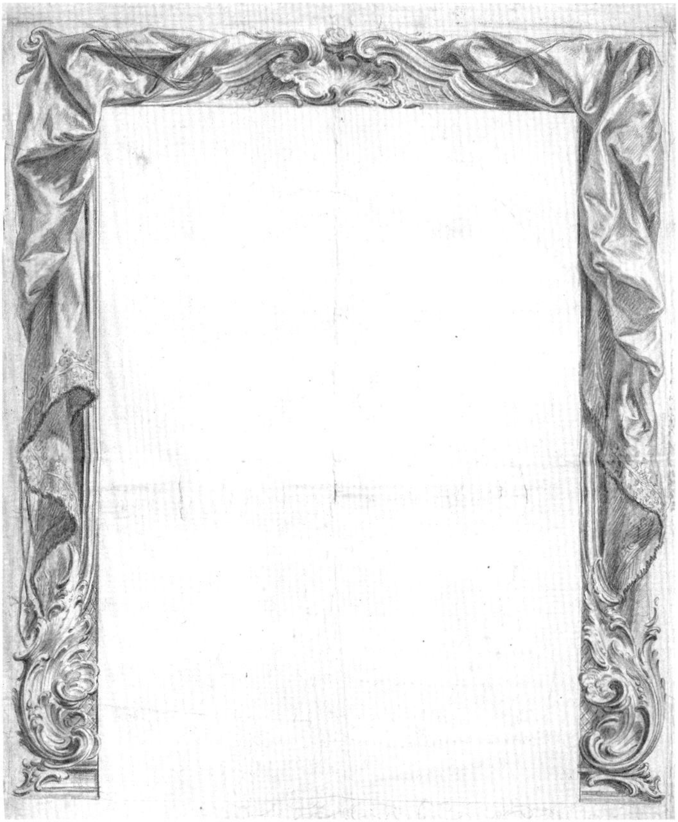

8 Philipp Andreas Kilian, Entwurf für einen Rahmen (SuStBA, Graph 15/466, Foto: © Andreas Brücklmair)

Der letzte der hier Philipp Andreas Kilian zuschreibbaren Rahmenentwürfe schließlich, SuStBA Graph 15/466 (Abb. 8), auf Bleistiftvorzeichnung in Rötel ausgeführt, findet sich etwa für das Blanko-Thesenblatt mit der Darstellung der Mariae Himmelfahrt (Abb. 9)[20] und um das Blanko-Thesenblatt[21] mit der Darstellung der 1683 datierten Geburt Christi nach Johann Heinrich Roos (Otterbach-Otterberg 1631 – 1685 Frankfurt a. M.), einem Gemälde, der Bayerischen Staatsgemäldesammlungen.[22] Der Entwurf ist seitenverkehrt, aber mit denselben Maßen wie auf den Kupferstichen.[23]

---

[20] SuStBA, Graph Kilian Ph. And. 287.

[21] SuStBA, Graph Kilian Ph. And. 276.

[22] Johann Heinrich Roos, Geburt Christi, 1683, Bayerische Staatsgemäldesammlungen, URL: https://www.sammlung.pinakothek.de/de/artwork/ZKGPoDyLgA (Zuletzt aktualisiert am 19.6.2023) [18.3.2024]. Das Bild, das derzeit im Historischen Museum der Pfalz in Speyer aufbewahrt wird, misst 67,0 x 50,5 cm. Vgl. auch Hermann Jedding, Johann Heinrich Roos. Werke einer Pfälzer Tiermalerfamilie in den Galerien Europas, Mainz 1998, S. 97 f. mit Abbildung. Den Ausschnitt

9 Philipp Andreas Kilian, Blanko-Thesenblatt mit Mariae Himmelfahrt nach noch nicht identifiziertem Vorbild (SuStBA, Graph Kilian, Ph. And. 287, Foto: © Andreas Brücklmair)

der zentralen Mittelszene verarbeitet Philipp Andreas Kilian auch in seinem Kupferstichwerk: Kilian, Historische Abbildungen (wie Anm. 9) Nr. 1: *Princeps pacis natus in stabulo / Der Friedensfürst im Stalle geboren.*

23 Blatt: 90,7 x 67,0 cm, gezeichneter Rahmen in Rötel: 74,0 x 64,0 cm, darunter anders ausgeführte Bleistiftskizze des Sockels.

In nämlicher Mappe liegt auch der sehr skizzenhafte Entwurf zum Kupferstich des Kurt Christoph Graf von Schwerin (Löwitz 1684–1757 bei Prag), Preußischer Generalfeldmarschall unter Friedrich dem Großen, unter der Signatur Graph 15/467 (Abb. 10).[24] Zunächst mit stumpfem Bleistift angelegt, ist auf dem Blatt die Porträtbüste mit feinen Zügen in Bleistift eingezeichnet und mit Rötel ergänzt. Vorhang, Wappen und Inschrift sind mit Tinte nachgezogen. Der untere Teil der Skizze ist quadriert. Der Kupferstich im Exemplar der SuStBA, Graph Kilian, Ph. And. 264 (Abb. 11) basiert auf dieser Skizze und ist annähernd in den gleichen Maßen.[25] Er ist unten rechts mit der Signatur des Philipp Andreas Kilian ver-

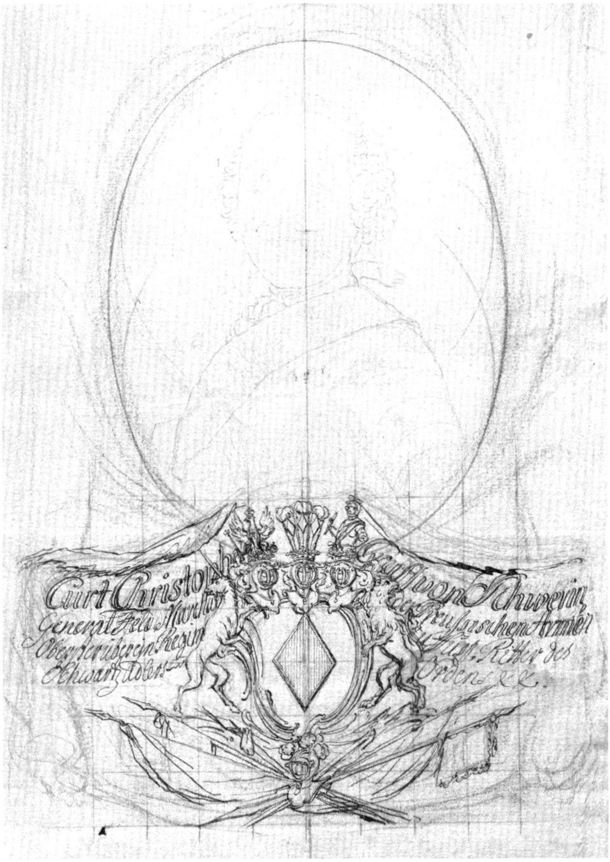

10 Philipp Andreas Kilian zugeschrieben, Entwurf für den Kupferstich des Curt Christophel Graf von Schwerin (SuStBA, Graph 15/467, Foto: © SuStBA)

[24] Papier, 42 x 26 cm
[25] Plattengröße 37,2 x 25 cm.

sehen: *Phil. Andr. / Kilian Sculpt Reg: / Sculpsit / Aug: Vind:*, links unten ist der Maler der Vorlage genannt: *peint par / I. G. Strantz / Berol.*, also der Berliner Johann Georg Strantz (gest. 1798).

Somit können gleich mehrere bisher nicht zuschreibbare Zeichnungen der Staats- und Stadtbibliothek Augsburg Philipp Andreas Kilian zugeordnet werden und erweitern dessen bisher bekanntes zeichnerisches Œuvre. Wann und warum das Wissen um den Bezug der Studien zu den Kupferstichen dieses Augsburger Künstlers verloren gegangen ist, entzieht sich unserer Kenntnis.

11 Philipp Andreas Kilian, Kupferstich des Curt Christophel Graf von Schwerin (SuStBA, Kilian, Ph. And. 264, Foto: © SuStBA)

Gerhard Hölzle

Lesegesellschaften in Bayerisch-Schwaben

Abstractum: Der Aufsatz beschreibt Lesegesellschaften, die ab Beginn des 19. Jahrhunderts in schwäbisch-bayerischen Ortschaften entstanden sind, um die im Nachklang der Aufklärung gesteigerte Nachfrage nach Belletristik und auf praktische Verwertbarkeit zielende Periodika zu befriedigen, deren Anschaffung für den einzelnen, vorrangig aus dem – gehobenen – Bürgertum stammenden Leser zu teuer gewesen wäre. Die literarische Unterhaltung konnte – je nach Selbstverständnis und finanzieller Ausstattung des Leservereins – um gesellige Veranstaltungen erweitert werden, wo Frauen gern gesehen waren. Der Facettenreichtum der in unserer Region anzutreffenden literarisch(-geselligen) Lesegesellschaftsformen konnte im Vergleich mit einer anhand der Forschungsliteratur konstruierten Muster-Lesegesellschaft dargestellt werden. Die Lesegesellschaft als Vorgängerinstitution des städtischen Kulturamtes und/oder als Erblasserin ihres Buchbestandes zugunsten der Ortsbibliothek sind weitere bemerkenswerte Ergebnisse.

Die Wiederentdeckung der Kemptener Lesegesellschaft Harmonie im November 2022 ist der Anlass,[1] diese und weitere hauptsächlich im 19. Jahrhundert gegründete, schwäbisch-bayerische Lesegesellschaften zu besprechen und mit einer anhand der konsultierten Forschungsliteratur konstruierten Muster-Lesegesellschaft zu vergleichen, um Gemeinsamkeiten und Unterschiede zwischen reichsweiten und regionalen Gesellschaften darlegen zu können. In den Stadtarchiven der Region, im Staatsarchiv Augsburg sowie im Bayerischen Hauptstaatsarchiv konnten einschlägige Quellen der Leseinstitute eingesehen werden.

Das Muster einer Lesegesellschaft

Gebildete Stadtbürger, die es sich zeitlich leisten konnten zu lesen, die das Lesen geradezu als Standeskennzeichen erachteten[2] und sich über die *neuesten Weltbegebenheiten* besser informieren und austauschen wollten,[3] organisierten sich ab

---

1 Vgl. Ralf LIENERT, Als noch „Harmonie“ herrschte, in: Allgäuer Zeitung Nr. 265 vom 17. November 2022, S. 28 und Christine TRÖGER, Wo Harmonie drauf stand, war nicht nur Harmonie drin, in: Kreisbote Kempten Nr. 46 vom 16.11.2022, S. 2 und Nr. 47 vom 23.11.2022, S. 2.

2 Richard van DÜLMEN, Kultur und Alltag in der Frühen Neuzeit, 3. Bd.: Religion, Magie, Aufklärung, München ²1999, S. 247.

3 Vgl. Helmuth JANSON, 45 Lesegesellschaften um 1800 bis heute, Mannheim 1963, S. 15. – Die Neuesten Weltbegebenheiten erschienen im Kemptener Verlag Tobias Dannheimer seit 1784,

etwa 1750 in Lesegesellschaften, da kommunale, öffentliche Bibliotheken fehlten oder deren Bücherbestand veraltet war.[4] Lesegesellschaften waren Kennzeichen eines aufklärerischen Bildungsstrebens,[5] das mit technischen Neuerungen im Verlagswesen korrelierte.[6] Sie bezogen vorrangig aktuelle Periodika auf dem ständig wachsenden Zeitungs- und Zeitschriftenmarkt, um die *Lesewuth* ihrer Mitglieder zu befriedigen. Mit den trotz gesunkener Preise immer noch teuren Aktualitäten aus allen Bereichen des öffentlichen Lebens kamen die Mitglieder durch ihren Jahresbeitrag in den Genuss von Literatur, für die sie als Nicht-Mitglieder tiefer in die Tasche hätten greifen müssen.[7] Auch wenn die lesende Bildungsschicht in der zweiten Hälfte des 18. Jahrhunderts stark zunahm – man sprach gar von einer *Leserevolution* –,[8] stand ihr am Ende dieses Jahrhunderts immer noch mindestens 60 % analphabetische Gesamtbevölkerung gegenüber.[9]

In der Lexikographie werden unter dem Lemma „Lesegesellschaft" auch Lesekabinette oder private Lesezirkel für die Lektüre und Diskussion neuerschienener, womöglich auch untereinander verliehener Bücher und Zeitschriften verstanden.[10]

---

vgl. Tobias Dannheimer (Hg.), Neueste Weltbegebenheiten. 225 Jahre Verlag und Buchhandlung Tobias Dannheimer, Kempten 2008.

4 Zur schlechten Literaturversorgung durch Bibliotheken als Grund für das Entstehen von „Gesellschaftsbibliotheken" vgl. Georg Leyh (Hg.), Handbuch der Bibliothekswissenschaft, 3. Bd., Wiesbaden ²1955, S. 32. Vgl. Rolf Engelsing, Der Bürger als Leser. Lesergeschichte in Deutschland 1500–1800, Stuttgart 1974, S. 220.

5 Vgl. Friedrich Jaeger (Hg.), Enzyklopädie der Neuzeit, 7. Bd., Stuttgart / Weimar 2008, Sp. 843 f. Zur regionalen Aufklärung exemplarisch vgl. Walter Brandmüller, Aufklärung im Fürststift Kempten, in: ZBLG 54 (1991) S. 239–252.

6 Vgl. Roger Chartier / Gugliemo Cavallo, Einleitung, in: Dies. (Hg.), Die Welt des Lesens. Von der Schriftrolle zum Bildschirm, Frankfurt a. Main 1999, S. 11–57, hier 43 f. Die These, das intensive Leseverhalten habe sich in der Aufklärung zum extensiven gewandelt, wird in diesem Aufsatz aufgegeben, da in anderen Epochen ebenso intensives bzw. extensives Lesen festzustellen ist. So konnte man mit Hilfe des Bücherrads im Zeitalter des Humanismus mehrere Bücher gleichzeitig lesen, während in der Epoche des Sturm und Drang – also während der Aufklärung – Goethes ‚Leiden des jungen Werther' beispielsweise wieder und wieder gelesen wurde.

7 Vgl. Richard van Dülmen, Die Gesellschaft der Aufklärer. Zur bürgerlichen Emanzipation und aufklärerischen Kultur in Deutschland, Frankfurt a. Main 1986, S. 82. Vgl. Ders., Kultur (wie Anm. 2), S. 228–230, S. 232 f. Vgl. Otto Dann (Hg.), Lesegesellschaften und bürgerliche Emanzipation. Ein europäischer Vergleich, München 1981, S. 15. Vgl. Marlies Prüsener, Lesegesellschaften im 18. Jahrhundert, in: Archiv für Geschichte des Buchwesens XIII (1972) Sp. 369–595, hier 382. Lorenz Westenrieder unterstellt den Lesewütigen, nicht um ihrer Bildung willen zu lesen, sondern um sich zu unterhalten (vgl. Lorenz Westenrieder [Hg.], Beyträge zur vaterländischen Historie, Geographie Staatistik [sic!], 6. Bd., München 1800, S. 299 f.).

8 Vgl. Rolf Engelsing, Analphabetentum und Lektüre, Stuttgart 1973, S. 56.

9 Vgl. Dann, Vergleich (wie Anm. 7) S. 15. Vgl. Reinhard Wittmann, Gibt es eine Leserevolution am Ende des 18. Jahrhunderts?, in: Chartier / Cavallo, Welt des Lesens (wie Anm. 6.) S. 419–454.

10 Irmgard Schweikle, Art. Lesegesellschaft, in: Metzler Literatur Lexikon (1984) S. 252. Vgl. Jaeger, Enzyklopädie (wie Anm. 5) Sp. 843. Vgl. Matthias Wellnhofer, Die Anfänge der

Ferner stellten Lesebibliotheken „einen erweiterten Typ der Lesezirkel (dar), wo die Mitglieder zu bestimmten Zeiten ihre Lesestoffe entleihen konnten und bei denen es sich häufig um (...) von Buchhändlern kommerziell betriebene Leihbibliotheken handelte".[11] In Memmingen beispielsweise gründete der Buchhändler Andreas Seyler spätestens 1792 eine solche Lesebibliothek – *ein sehr nützliches Institut für Freunde der Gelehrsamkeit und Lektüre* –, die in der Quelle aber *Lesegesellschaft* genannt wird.[12] Seyler verlangte von Einheimischen im Quartal drei Gulden, von den Auswärtigen einen Betrag von einem Gulden 30 Kreuzer Ausleihgebühr. Lesegesellschaften nahmen aber in der Regel nur Ortsansässige auf, wie noch ausgeführt werden wird.

Das Lemma wird noch unschärfer, wenn man sich Lesegesellschaften vor Augen führt, deren Name keinen reinen Literatur-Verein erwarten lässt. In einem *Casino*, einer *Harmonie*, einem *Club* oder auch einem *Museum* hielt sich die Bedeutung der Bibliothek mit dem Unterhaltungsangebot die Waage. Im 19. Jahrhundert nahm die nichtliterarische Unterhaltung an Fahrt auf, was an Lexikoneinträgen ersichtlich ist: Das bis 1754 erschienene Universallexikon von Zedler kennt das Lexem *Unterhaltung* nicht im Unterschied zu Hübners Zeitungs- und Conversationslexikon zu Beginn des 19. Jahrhunderts.[13] Der Begriff der Unterhaltung indes ist ambivalent: Die Mitglieder finanzierten und organisierten Feiern, Bälle, Konzertabende, Ausflüge, konnten aber auch ihren Geist mittels Literatur unterhalten. Die Geselligkeit verdrängte jedenfalls nicht die Beschäftigung mit Literatur.[14]

Exklusive Lesegesellschaften wandten das Ballotageverfahren (geheime Stimmabgabe) an, um Bewerber aufzunehmen, die von den Mitgliedern als gebildet erachtet und somit imstande gehalten wurden, die damit verbundenen finanziellen Belastungen im Verein zu tragen. So blieb die homogene Mittel- und Oberschicht eines Ortes unter sich,[15] konnte aber je nach finanzieller Potenz oder Aufent-

---

Leihbibliothek und Lesegesellschaften in Bayern, Traunstein 1949. Wellnhofer steht exemplarisch für den unklaren Begriff „Lesegesellschaft" in der Forschungsliteratur: Lesegesellschaften bezeichnet er als „Literarische Gesellschaften" (vgl. S. 13). Den „Philomatische[n] Verein" und den „Literarische[n] Verein" subsumiert er unter „Lesezirkel" (vgl. S. 14). Diese und das „Lese-Institut" der Literarisch-artistischen Anstalt der Cotta'schen Buchhandlung – eine Leihbibliothek? – zählt er auf S. 15 zu den „Lesevereinen."

11 Uta Motschmann, Handbuch der Berliner Vereine und Gesellschaften 1786–1815, Berlin 2015, S. 570. Vgl. auch Jaeger, Enzyklopädie (wie Anm. 5) Sp. 843.

12 Vgl. Deutsche Zeitung 1792 im 42. Stück, Sp. 706–708.

13 Vgl. Johann Hübner's Zeitungs- und Conversations-Lexikon. Ein vaterländisches Handwörterbuch, 4. Teil, Leipzig [31]1828, S. 725.

14 Das sieht Prüsener, Lesegesellschaften (wie Anm. 7) Sp. 414 anders.

15 Dass diese Schicht aus ortsansässigen Bürgern aller Wirtschaftszweige, aber auch aus Vertretern des – vereinzelt – Klerus, Militärs und aus Frauen bestand, die in der Lesegesellschaft diverse Posten bekleideten, berechtigt nicht, von einer „heterogene[n] Gruppe von Akteuren" zu sprechen (vgl. Harun Maye, Lesegesellschaft. Ein Grenzobjekt der Spätaufklärung, in: Zs. für

haltsdauer am Gesellschaftsort in ordentliche und außerordentliche Mitglieder klassifiziert werden.

Bildung musste als Zugangsvoraussetzung mitgebracht werden, wurde aber auch durch den gesellschaftlichen Umgang – auf geselligen Veranstaltungen etwa – eingeübt. Deshalb darf nicht von einer „Trivialisierung der Lesegesellschaft" gesprochen werden:[16] Beides, die Unterhaltung des Intellekts durch Lektüre und die Unterhaltung um der Geselligkeit willen, hatten, wie erwähnt, gleichermaßen ihre Berechtigung.[17]

Bis zum Ende des 18. Jahrhunderts dürften wohl 500 bis 600 Lesegesellschaften aller Couleur mit ca. 25.000 Mitgliedern bestanden haben, die in protestantischen Ortschaften zwar früher, aber nicht stärker als in katholischen vertreten waren.[18] Zwischen 1800 und 1810 wurden 130 Lesegesellschaften gegründet, „um 1848 soll es kaum einen nennenswerten Ort gegeben haben, wo sich nicht ein Lese- und Geselligkeitsverein befand".[19] Literarisch-gesellige Vereine, die etwas auf sich hielten, stellten oft einen Sekretär und/oder einen Bibliothekar sowie einen Vergnügungswart an für die Organisation der bibliothekarischen Aufgaben bzw. unterhaltenden Veranstaltungen.

Gesellschaftsmitglieder waren berechtigt, über die Literaturauswahl mitzubestimmen.[20] In den daraus resultierenden Bücherlisten / Katalogen lassen sich der literarische Geschmack, aber auch die Anschaffungen, die praktische Verwertbarkeit verhießen, ablesen. Anders als im privaten Lesezirkel wurde die individuelle

---

deutsche Philologie 139 [2020] S. 263–285, hier 269). – Arbeiterbildungsvereine werden hier nicht besprochen. In Auswahl seien genannt: Dieter Langewiesche / Klaus Schönhoven, Arbeiterbibliotheken und Arbeiterlektüre im Wilhelminischen Deutschland, in: Archiv für Sozialgeschichte 16 (1976) S. 135–204; Paul Röhrig, Volksbildung, in: Karl-Ernst Jeismann / Peter Lundgreen (Hg.), Handbuch der deutschen Bildungsgeschichte, 3. Bd.: 1800–1870 Von der Neuordnung Deutschlands bis zur Gründung des Deutschen Reiches, München 1987, S. 333–361, hier 352–359; Klaus Tenfelde, Lesegesellschaften und Arbeiterbildungsvereine. Ein Ausblick, in: Dann, Lesegesellschaften (wie Anm. 7) S. 253–274 und Karl Birker, Die deutschen Arbeiterbildungsvereine 1840–1870, Berlin 1971.

16 Vgl. Maye, Lesegesellschaft (wie Anm. 15) S. 275.

17 Vgl. Georg Jäger, Lesegesellschaften und literarische-gesellige Vereine, in: Ders. (Hg.), Geschichte des deutschen Buchhandels im 19. und 20. Jahrhundert, 1. Bd., Teil 3: Das Kaiserreich 1871–1918, Berlin 2010, S. 314–340, hier 316.

18 Vgl. Motschmann, Handbuch (wie Anm. 11) S. 570. Jäger, Lesegesellschaften (wie Anm. 17) S. 316 geht ebenfalls „von einer dreistelligen Zahl" aus. Uwe Puschner, Verzögerte Aufklärung. Lesegesellschaften in Kurbayern, in: Alltag in der Zeit der Aufklärung 2 (1991) S. 31–48, hier 37 stellt für Kurbayern und die angrenzenden Gebiete in den 1790er Jahren mehr als 200 Lesegesellschaften fest. Vgl. auch Prüsener, Lesegesellschaften (wie Anm. 7) Sp. 384. Van Dülmen, Kultur (wie Anm. 2) S. 232 betont die gleicherweise Ausbreitung der Lesegesellschaften in katholischen und protestantischen Gebieten.

19 Röhrig, Volksbildung (wie Anm. 15) S. 335 und S. 338.

20 Vgl. Prüsener, Lesegesellschaften (wie Anm. 7) Sp. 388 und Anonym, Art. Lesegesellschaft, in: https://www.kruenitz.uni-trier.de/xxx/l/kl04507.htm [eingesehen am 26.9.2023].

Lektüre gepflegt, die in einen Diskurs über zufällig oder gemeinsam Gelesenes mit anderen Gesellschaftern münden konnte. Angeregt von der Lektüre in den Periodika war das politische Tages- und gesellschaftliche, kulturelle und staatliche Zeitgeschehen am ehesten für Debatten prädestiniert, die aber die „‚harmonische Ordnung' der Lesegesellschaft nicht [...] stören"[21] sollten.

Anhand überlieferter Bücherverzeichnisse lassen sich der Umfang des Literaturbestands sowie das Verhältnis zwischen Periodika und Monographien und somit die Lesegewohnheiten der Mitglieder feststellen. Ob das in der Literatur behauptete geringe Maß an schöner Literatur und Unterhaltungsliteratur zugunsten von Fach- und Sachbüchern, Zeitungen und Journalen sowie Nachschlagewerken sich in den schwäbisch-bayerischen Katalogen widerspiegelt, wird ebenso zu untersuchen sein wie das Maß sozialen und literarischen Engagements der Gesellschafter.[22]

Die Lesegesellschaft im Allgemeinen gilt als gut erforscht.[23] Die Muster-Lesegesellschaft, wie sie einleitend besprochen worden ist, soll nun zunächst mit der Lesegesellschaft Harmonie Kempten verglichen werden.

Vorstellung der Lesegesellschaft Harmonie Kempten im Spiegel ihrer Jubiläumsschrift 1905[24]

Nach der 1905 erschienenen Jubiläumsschrift wurde die Gründung der Harmonie 1805 als Folge der *neuen Ideen der französischen Revolution* und der nachfolgenden politischen Umwälzungen begründet.[25] Die bayerische Landesregierung habe damals Lesegesellschaften gefördert und dafür von ihnen die Verbreitung einer *bayerisch-loyale*[n] *Gesinnung* – gerade in den neubayerischen Gebieten – erwartet. Das erst seit drei Jahren dem bayerischen Kurfürstentum einverleibte, knapp 5.200 Seelen zählende Kempten wurde von einem mittleren und oberen Bürgertum geleitet,[26] das maßgeblich für die Gründung der Harmonie, die Besetzung der Vorstandsposten und ihre Prägung verantwortlich war.

21 Van Dülmen, Emanzipation (wie Anm. 7) S. 89.

22 Vgl. Linda Leskau, Lesegesellschaft / Lesekabinett, in: Dies. u. a. (Hg.), Handbuch Medien der Literatur, Berlin 2013, S. 589–593, hier 591; vgl. auch Jäger, Lesegesellschaften (wie Anm. 17) S. 324 f., S. 329.

23 Die wichtigsten Beiträge: Dann, Vergleich (wie Anm. 7); Jäger, Lesegesellschaften (wie Anm. 17), S. 314–340; Prüsener, Lesegesellschaften (wie Anm. 7) Sp. 369–595.

24 Die Langversion der Harmonie-Besprechung ist im Allgäuer Geschichtsfreund 124 (2024) nachzulesen.

25 Vgl. im Folgenden Geschichte der Gesellschaft Harmonie in Kempten, München 1905.

26 Vgl. Franz-Rasso Böck, Kempten vom Übergang an Bayern bis 1848, in: Karl Filser (Hg.), Geschichte der Stadt Kempten, Teil IV: Kempten im 19. und 20. Jahrhundert, Kempten 1989, S. 351–371, hier 352 f., 355, 362 f.

Treibende Kraft für die Gründung der Harmonie dürfte der städtische Polizeidirektor Georg Ernst von Preuß (1764–1823) gewesen sein, der am 3. Juni 1805 bei der Gründungsversammlung von den 82 Anwesenden zum Ersten Vorsitzenden gewählt worden ist.[27] Nach den an diesem Tag beschlossenen Statuten bezweckte die Harmonie *durch vereinigte Kräfte* den Bezug vorzüglicher Zeitschriften, womit auch und vor allem Zeitungen gemeint waren, deren Benutzung *mit einem anständigen und geistvollen Umgang* verbunden war. Jeder gebildete Bewohner der Stiftsstadt Kempten – die Vereinigung mit der Reichsstadt erfolgte erst 1811 – könne laut Statuten Mitglied werden, weder Stand noch Rang seien für die Aufnahme ausschlaggebend. Die Neuaufnahme erfolgte per Ballotage, einem Abstimmungsverfahren mit Kugeln, das Anonymität garantierte und das für die Aufnahme standesgemäßer Bewerber sorgte. Überdies sorgten die hohe Aufnahmegebühr, der hohe Jahresbeitrag und die Gebühren für die Teilnahme an Unterhaltungsmöglichkeiten für eine soziale Abschließung nach unten.

Die Jubiläumsschrift listet danach 30 überregionale Schriften aus allen Bereichen des kulturellen Lebens auf, für welche die Gesellschaft den nicht unerheblichen Betrag von 174 Gulden auszugeben bereit war. An anderer Stelle bemerkt sie, dass das gegen die restaurative Politik Bayerns eingestellte Oppositionsblatt Deutsche Tribüne sehr gern gelesen worden sei und widerlegt so die Behauptung, die Harmoniemitglieder seien politisch abstinent und nur auf Vergnügen aus gewesen.[28] Oft nachgefragt worden sei auch, so die Schrift weiter, Stielers Hand-Atlas sowie ein Konversationslexikon, es wurden Werke von Wieland, Scott und Buwler-Lytton gelesen; Schiller war zumindest vorhanden, Goethe dagegen nicht. *Sehr gesucht waren Bücher, die aktuelle Fragen behandelten, so z. B. 1832 die Geschichte von Kaspar Hauser und die Beschreibung von Algier, das Frankreich eben zu erobern im Begriffe war.* Es war Aufgabe eines inzwischen bestellten Bibliothekars, der Polizei jährlich ein Schriftenverzeichnis auszuhändigen. 1845 hatte die *Preßpolizei* tatsächlich Grund zur Beanstandung: Jede Nummer des Frankfurter teutschen Journals wurde nachzensiert,[29] die leider nicht überlieferten Bücherkataloge wurden vorzensiert.[30]

Die Klage über den schwankenden Mitgliederstand durchzieht die ganze Jubiläumsschrift. Grund hierfür war die Ernennung Kemptens 1808 zur Regierungshauptstadt des Oberillerkreises und der Verlust dieses Ranges 1817 sowie die vom Verlauf des napoleonischen Kriegs abhängige Versetzung von Beamten und Offizieren nach und von Kempten.

---

27 Vgl. StadtA Kempten NL-Harmonie 072.
28 Vgl. Neueste Weltbegebenheiten (wie Anm. 3) S. 72.
29 Unter diesem Titel nicht nachweisbar.
30 Ein erster 1854 hergestellter Bücherkatalog ist leider nicht überliefert (vgl. S. 17).

Da *die Lesegelegenheit allein kein hinreichender Ritt für eine größere Gesellschaft ist*, entschloss man sich 1816, die Lesegesellschaft *in eine Harmonie umzuwandeln*, mit anderen Worten: Die Lesegesellschaft erweiterte sich zum Geselligkeitsverein. Um in den Genuss der Unterhaltungsmöglichkeiten zu kommen – ein Billardzimmer war von Beginn an eingerichtet, eine Kegelbahn kam hinzu[31] – mussten die Mitglieder Extragebühren entrichten, wozu man offenbar gerne bereit war, denn die Schrift berichtet vom *sehr befriedigenden* Stand der Finanzen, der es der Gesellschaft schließlich erlaubte, 1821 das *Grieserische Haus* anzumieten, in dem die Gesellschafter dem Spiel und der Lektüre nachgehen konnten, mit dem die Harmonie aber auch nach außen repräsentieren konnte.[32] Die winterlichen Schlittenpartien seien insofern erwähnt, als die Reihung der Schlitten gelost wurde, was auf einen freundschaftlich-egalitären, demokratischen Umgang miteinander schließen lässt.

Exkurs

Bevor die Geschichte der Harmonie weitererzählt wird, soll ein knapper Exkurs den *bürgerliche*[n] *Leseverein* Kempten kurz besprechen, der als Reaktion auf die Erweiterung der Harmonie zum literarischen Geselligkeitsverein zu werten ist.[33] 1833 reichten Leseinteressierte dem Magistrat ein Mitgliederverzeichnis samt *haltenden Zeitschriften* zur Genehmigung ein. 1845 wandelte sich der *Lese-Verein in der Altstadt* in *den Bürger-Verein* um, was aber seinem Zweck, sich *theils belehrende*[r] *und unterhaltende*[r], *theils gesellige*[r] *Unterhaltung* zu widmen, keineswegs Abbruch tat. Hierfür schaffte er sich die *interessanten politischen und belletristischen Blätter und Zeitschriften* (§ 1) an und kaufte belehrende und unterhaltende Werke. Ein Ausschuss war zuständig für die Anschaffung *kleiner Piecen* (§ 10 b), die *Plenarversammlung* bestimmte, welche Periodika abonniert werden sollten. Zwei Bibliothekare wurden für die Erledigung der entsprechenden Aufgaben bestellt, besonders für die Bearbeitung der Ausleihe, für welche die üblichen Bestimmungen galten. Wie die Harmonie trennte der Bürgerverein in ordentliche und außerordentliche Mitglieder, die alle nur vier Gulden Jahresbeitrag zu entrichten hatten (vgl. § 25). Auch die Aufnahmegebühr war mit 30 Kreuzern niedrig angesetzt (vgl. § 25). Der bürgerliche Leseverein legte seinen rund 100 Mitgliedern nahe, bestimmte Gesellschaftstage wahrzunehmen zur Pflege

---

31 Ab 1887/88 erhob die Harmonie noch einen *Bier-Pfenning*, dessen Jahrertrag stets mit Abstand höher war als die Erträge der beiden anderen Vergnügungsentgelte zusammen (vgl. StadtA Kempten NL-Harmonie 072).

32 Vgl. StadtA Kempten NL-Harmonie 049.

33 Vgl. im Folgenden StadtA Kempten, Bürger-Leseverein Kempten 1833.

gesellschaftlicher Unterhaltung; weitere Veranstaltungen konnten hinzukommen – so die Statuten (vgl. § 3) –, wenn die Vereinseinkünfte es erlaubten. Sollte sich der Verein auflösen (vgl. § 26), würde sein Vermögen, d. h. die Bibliothek, der Stadtbibliothek zugutekommen. Die überlieferte Mitgliederliste nennt Namen, die auch in den Listen der Harmonie auftauchen.

Die Statuten des Jahres 1861 schärften das Profil des Bürgervereins dahingehend, dass § 1 nicht mehr nur vom *Bürger-Verein* spricht, der die Lektüre zur Geistesunterhaltung bezweckt, sondern dass *der Zweck des Bürger-Lese-Vereins* [...] *ausschließlich nur belehrende und unterhaltende Lektüre* [ist]. Fallengelassen wurde die Klassifizierung in ordentliche und außerordentliche Mitglieder, der Leseverein öffnete sich vielmehr für gebildete Kemptener Bürger ab 18 Jahren, aber auch für Witwen und *ledige selbstständige Frauenzimmer.* Weitere Kontur verlieh sich der Leseverein, indem er der Beschreibung bibliothekarischer Aufgaben einen eigenen Paragraphen widmete (vgl. § 9). Fremde konnten auf Vermittlung eines Vereinsmitglieds sich vier Wochen mit der aufliegenden Lektüre unterhalten und hatten sich in ein Fremdenbuch einzutragen (vgl. § 21). Im November 1922 löste sich der *Bürger-Lese-Verein* auf und übergab seine *Bücherei* dem Bürgerverein, was nur bedeuten kann, dass der Leseverein als Lesezirkel innerhalb des Bürgervereins aktiv war, ähnlich der *Casinogesellschaft* (s. u.) innerhalb der Harmonie, von der jetzt wieder die Rede sein soll.

1844 entschloss sich die Harmonie zur Aufnahme außerordentlicher Mitglieder, die Beiträge entrichten, aber nicht die Geschicke des Vereins mitbestimmen sollten. Wer über ein Jahreseinkommen von über 600 Gulden verfügte, wurde automatisch ordentliches Mitglied.

Eine kurzzeitige Episode war die eingangs schon erwähnte *Casinogesellschaft* innerhalb der Harmonie, deren Akteure dem Geselligkeitsgedanken den Vorzug vor dem Literaturgedanken gaben, ohne diesen gänzlich zu verwerfen. Zu hoch seien die Austrittszahlen, den Mitgliedern müsse mehr Unterhaltung geboten werden, lautete die Begründung der Casino-Bewegten. Zum lebhaften Unterhaltungsbedürfnis passte das politische Desinteresse: Eine von dem Harmoniemitglied und Frankfurter Abgeordneten Johann Haggenmüller (1792–1862) organisierte politische Kundgebung in Sulzberg rief trotz bestem Wetter kein Interesse hervor,[34] dagegen wurde einem *Bolzschießen* und einem Kinderfest mit abschließendem Feuerwerk der Vorzug gegeben. Dass die Lesegesellschaften „wesentlich zur soziopolitischen Bewußtseinsbildung der aufsteigenden Schichten beigetragen

[34] Die Kemptner Zeitung Nr. 220 vom 17.8.1848 kündigt auf S. 912 *eine Landparthie nach der Schloßruine bei Sulzberg* an für den 20. August zusammen mit der Gesellschaft Liederkranz, über die Kundgebung selbst berichtet das Blatt nicht.

haben,“[35] wie in der Literatur behauptet wird, darf also selbst für das sogenannte Revolutionsjahr 1848 in Frage gestellt werden. Im Gegenteil: Die Harmonie feierte 1855 ihren 50. Geburtstag, und mit der Feier Wittelsbachischer Jubiläen stellte sie die von der Obrigkeit geforderte Loyalität zum jungen Königreich Bayern unter Beweis.

Die Schrift bezeichnet die Jahre ab 1866/67 als die *Blütezeit der Geselligkeit*, was sich nicht nur in der Anschaffung eines Flügels und eines zweiten Billardtisches für die 228 Mitglieder – ein sonst nicht mehr erreichter Höchststand – bemerkbar machte, sondern auch im umfangreicheren Literatureinkauf für die Bibliothek.[36]

Die Gewichtung der beiden Vereinszwecke Literatur und Unterhaltung war ständig Gegenstand von Diskussionen. Bälle wurden veranstaltet, und Familienunterhaltungen mit Vorträgen strebten eine Synthese der beiden Zwecke an. 1899 wurde die Bibliothek abermals mit aus heutiger Sicht allenfalls meist neuester, aber zweitrangiger belletristischer Literatur aufgestockt und katalogisiert – bei Lichte besehen ein Zugeständnis an die Mitglieder, denen der Bildungsgedanke nicht so wichtig war. Die unterschiedliche Gewichtung zwischen Bildungsanspruch und Unterhaltungswunsch fand Eingang in den § 1 der 1844 (?) veröffentlichten Satzung: *Die unter dem Namen „Harmonie“ bestehende Gesellschaft hat zum Zwecke: Beförderung des geselligen Umgangs zwischen gebildeten Personen aus allen Ständen, zwanglose Zerstreuung durch Lecture, durch anständige mündliche Unterhaltung, Musik, Tanz und durch erlaubte Gesellschaftsspiele.*[37] Die Zerstreuung erfuhr mit ihrer Benennung im § 1 eine klare Rangerhöhung gegenüber 1834, sie war jetzt deutlich ausgewiesener Vereinszweck.[38]

Literatur und Unterhaltung wollten bezahlt werden. Für *Vergnügen* wie Musiken, Tanz, Jubiläumsfeiern und Ausflüge wurde 1855 fast zweieinhalb mal so viel wie für die Literatur ausgegeben.[39] Auch das für Bälle etc. engagierte Per-

---

35 Vgl. Dann, Vergleich (wie Anm. 7) S. 22.

36 Im Folgenden wieder die Jubiläumsschrift aus dem Jahr 1905 (wie Anm. 25). Der zweite Billardtisch wurde 1879 schriftlich beantragt und musste von der *General-Versam*[m]*lung* bewilligt werden (vgl. StadtA Kempten NL-Harmonie 046).

37 file:///Users/gerharddrholzle/Desktop/Die%20Harmoniegesellschaft%20in%20Kempten%20und%20ihre%20Geschichte%20.html [eingesehen am 21.8.2023]. Das Würfelspiel – *Hazardspiel* – wurde wohl immer wieder gespielt, sonst wäre das gesetzliche Verbot nicht erwähnt worden. Ich zitiere nach der 2. (?) Auflage 1852.

38 Daran ändert auch die 1852 beschlossene Satzung nichts, welche die Satzung des Jahres 1844 aufhebt (vgl. StadtA Kempten Harmonie NL 003, veröffentlichte Satzung 1855, S. 14). Mir liegt die 1855 erschienene 2. (?) Auflage vor.

39 Dieses Verhältnis hat sich im Laufe der Zeit zuungunsten der Literatur verschlechtert: Die Kalkulation für die Jahre 1927/28 weist ein Verhältnis von 470 zu 1.580 Mark aus, d. h. *Regie* und *Vergnügen* stehen also zum Posten *Bibliothek* und *Zeitungen* in einem Verhältnis von etwa 3:1. Zu beachten ist aber, dass ein Posten wie Vergnügungssteuer im 19. Jahrhundert wohl noch

sonal musste bezahlt werden. Den *Herr*[n] *Gesellschafts Sekretär* entlohnte die Gesellschaft mit einer jährlichen *Remuneration* (Spesenersatz), die in den Statuten 1859/1862 sogar festgeschrieben wurde (vgl. § 31).[40] Lang ist die Liste der über das Jahr getätigten *Geräthe*, d. h. für Spielgerät, aber auch für Reparaturarbeiten zur Aufrechterhaltung eines behaglichen, repräsentativen Clublebens.

Ab 1874 war den Familienangehörigen ohne Begleitung des Gesellschaftsmitglieds die Benutzung der Gesellschaftsräume und Teilnahme an Unterhaltungen gestattet. Bücher und Zeitschriften durften für drei Wochen ausgeliehen werden (vgl. § 8), nicht aber Periodika.

Dass in der Harmonie sich immer wieder Mitgliederflügel bemerkbar machten – die auf Unterhaltung setzende *Casinogesellschaft* wurde oben besprochen – zeigt auch der Literarische Verein innerhalb der Harmonie, der 1873 das Rad der Geschichte zurückdrehen und die Harmonie wieder als reine Lesegesellschaft geführt wissen wollte. Nach 1889 taucht dieser *Ausschuss*, der sich um den Bibliothekar geschart haben dürfte, aber nicht mehr in den Akten auf.

Die Harmonie – eine Lesegesellschaft

Exemplarische Rechnungen aus den Jahren 1909 und 1913 offenbaren ein breites Literaturangebot von mehr als 20 Zeitungen und Zeitschriften: Vom staatskonformen Blatt bis zum Satireblatt, für jeden war etwas dabei. Die teilweise internationalen, hochwertigen und daher hochpreisigen Zeitschriften waren mitunter erst seit kurzem auf dem Markt. Mit den Themen Kolonien und Militärwesen fand der Konservative staatsloyale Bestätigung, aber auch der Liberale, dem der Sinn mehr nach Themen des Avantgardismus stand und der gerne auch mal gegen den wilhelminischen Stachel löckte, kam auf seine Kosten. Unterhaltende Kurznachrichten, die Erörterung politischer Themen und nicht zuletzt der Spott über Affären – auch und gerade wenn er auf dieselbe Kaste abzielte, der auch der Leser angehörte –, schließlich belletristische und kunstgeschichtliche Beiträge sowie die Vorstellung neuer Literatur auf diesen und verwandten Gebieten, um den Überblick über die Flut der Neuerscheinungen zu behalten: Sowohl populärwissenschaftliche Beiträge aus verschiedenen Sachgebieten als auch literarische

---

nicht erhoben worden ist. Erst für die Jahre 1933/34 ist das Verhältnis ausgeglichen: Für Bibliothek und Zeitschriften wurden 164 Mark ausgegeben, für *Vergnügen* 176,65 Mark, davon 150 Mark für das *Winterhilfswerk*. Ein Vergnügen?

40 Damit wurde er etwas besser bezahlt als ein einfacher Soldat oder eine gelernte Köchin (https://www.pressglas-korrespondenz.de/aktuelles/pdf/pk-2011-3w-klose-preise-1800-1900.pdf [eingesehen am 23.8.2023]). Der erste Harmonie-*Diener* hieß Städele, er wurde 1821, als die Harmonie das Grieser'sche Haus bezog, angestellt (vgl. StadtA Kempten NL-Harmonie 072).

Unterhaltung waren beim Harmonie-Leser gefragt. Am Abonnement von Frauenzeitschriften hatte die Harmonie offenbar kein Interesse.[41]

Lesestoff war in der Harmonie auch in Gestalt von Monographien vorhanden. 1913 stellte die Buchhandlung Dannheimer der *verehrl. Gesellschaft ‚Harmonie‘* eine Rechnung über eine Reihe gelieferter Büchertitel von Schriftstellern, die auch heute noch bekannt sind.[42] Hermann Löhns' Roman „Der Wehrwolf“ wurde ebenso bestellt wie Ludwig Thomas „Wittiber“ – beides erst in den letzten Jahren erschienen –, während die von Ricarda Huch unter dem Titel „Aus der Triumphgasse“ veröffentlichten Lebensskizzen sowie Oscar Wildes Lebensbilanz „De profundis“ schon etwas älteren Datums waren. Joseph Arthur de Gobineaus „Renaissance“-Studie, 1892 verdeutscht, ist im Gegensatz zu Romanen heute unbekannter Autoren noch erwähnenswert. Die aus heutiger Sicht mehrheitlich vertretenen künstlerisch anspruchslosen Autoren fanden nur zeitgenössische Anerkennung.

Dieses Urteil gilt im Großen und Ganzen auch für die im 1925 herausgegebenen „Bücher-Verzeichnis“ (s. Abb. 1) aufgelisteten Titel, die in vier Rubriken eingeteilt sind:[43]

„A. Deutsche Belletristik“: Sie macht 72 % des Gesamtbestandes aus. Mehrheitlich handelt es sich hier um Autoren, die uns Heutigen nicht mehr bekannt sind. Überwiegend leichte Kost aus Gegenwart und jüngster Vergangenheit wurde katalogisiert, Novellen und Biographien finden sich ebenso darunter wie kulturhistorische Werke. Der Bestand an Reisebeschreibungen ist als Indiz für Benutzer zu werten, die sich Reisen leisten konnten.

„B. Ausländische Belletristik“: „D'Annunzio, Gabriele“ eröffnet die ausländische Abteilung der Schönen Literatur, „Wilde, Oskar“ (sic!) beendet sie. Zusammen mit den angehängten Anonymi zählte der Bibliothekar 380 Nummern (23 % des Gesamtbestandes). Auch hier überwiegt, abgesehen von ein paar literarischen Schwergewichten, die populärwissenschaftliche Literatur, wie man sie heute im Modernen Antiquariat findet. Die Harmoniemitglieder unterhielten sich mit deutscher und ausländischer Belletristik, die rund 95 % des gesamten Bibliotheksbestandes einnimmt.[44]

---

41 Die mit der Frauenbewegung in Verbindung gebrachten Frauenzeitschriften in der zweiten Hälfte des 19. Jahrhunderts wurden ebenso wenig abonniert wie die heimische „Illustrierte Frauenzeitung“ des Dannheimer-Verlages (vgl. Alexandra ZELFEL, Erziehen – Die Politik von Frauen. Erziehungsdiskurse im Spiegel von Frauenzeitschriften im ausgehenden 19. Jahrhundert [Studien zur historisch-systematischen Erziehungswissenschaft] Bad Heilbrunn 2004, S. 86–101); zu Wilhelm Dannheimer vgl. Neueste Weltbegebenheiten (wie Anm. 3) S. 33.

42 Vgl. StadtA Kempten NL-Harmonie 036.

43 Vgl. im Folgenden StadtA Kempten NL-Harmonie 072.

44 Herbert G. GÖPFERT, Vom Autor zum Leser. Beiträge zur Geschichte des Buchwesens, München

„C. Geschichte und Geographie" mit 57 Titeln in einer eigenen Abteilung subsumiert eine große Spannbreite: Von Bismarcks „Gedanken und Erinnerungen" über Cooks „Drei Reisen um die Welt" bis zu Hübners „Bayer. Militärhandbuch 1907" oder auch Stegemanns „Geschichte des Krieges 1914/18" ist alles zu finden, was man über die deutsche Geschichte – sie beginnt hier bei „Prinz Eugen" (Arneth) – und die Welt wissen sollte. Werke über die amerikanische oder asiatische Geschichte oder Geographie sucht man vergebens, der deutsche Kolonialismus ist mit einem Titel vertreten: „Achtzehn Jahre Farmer in Afrika" von Otto Reiner. Dieses Genre ist mit 3,5 % des Gesamtbestandes nicht gerade ausgeprägt.

Unter den oben beschriebenen „D. Periodische[n] Schriften" mit Informationen aus Gegenwart und jüngster Vergangenheit sind noch weitere Zeitschriften erwähnt, unter denen die im Kemptener Kösel-Verlag erscheinende katholische Kulturzeitschrift „Hochland" besondere Erwähnung verdient. 1924 hatte die Harmonie 29 Zeitschriften (1,5 % des Gesamtbestandes) abonniert. Zahlenmäßig zwar das kleinste, ist dieses Genre aber mit Abstand das bedeutendste unter den vier Rubriken, bietet es doch den Mitgliedern Zugang zur Allgemeinbildung, sittlichem Verhalten und aktuellen Informationen aus Politik und Wirtschaft, alles in allem also Ingredienzien, die praktisch genutzt werden konnten. Der Schwerpunkt der Harmoniebibliothek auf schöngeistiger Literatur ist vermutlich auf entsprechende Wünsche vor allem weiblicher Familienmitglieder zurückzuführen.

Im Februar 1923 beklagte die Gesellschaft ein bedenkliches Defizit wegen der *fortschreitenden Teuerung.*[45] Die bürgerlichen Schichten verarmten und mit ihr die Harmonie. Es war eher von der Auflösung als vom Fortbestand der Gesellschaft die Rede, da ein fester Etat wegen der fortschreitenden Geldentwertung nicht aufgestellt werden konnte. Im Protokoll der außerordentlichen Hauptversammlung blieb die Stelle für die zu erwartenden Mitgliederbeiträge leer, für die Ausgaben wurden aber 3.000.000 Mark geschätzt. Über Sparmaßnahmen und Einnahmeerhöhungen wurde debattiert. Nach überwundener Hyperinflation wurde im April 1925 die *Anschaffung von Zeitungen und Zeitschriften* zwar wieder auf die Tagesordnung gesetzt, ab dieser Zeit sind aber so gut wie keine Vereinstätigkeiten mehr aktenkundig.

1977, S. 80 stellt für das 18. Jahrhundert einen „bescheidenen Platz" fest, den die Belletristik in der Bibliothek einer Lesegesellschaft einnimmt. Die Belletristik war Domäne gewerblicher Leihbibliotheken und wurde im 19. Jahrhundert „wohl auf dem Weg über die Unterhaltungsblätter, literarische[n] Zeitschriften, Musenalmanache und dergleichen konsumiert" (Ingo Tornow, Das Münchner Vereinswesen in der ersten Hälfte des 19. Jahrhunderts mit einem Ausblick auf die zweite Jahrhunderthälfte [Neue Schriftenreihe des Stadtarchivs München 95] München 1977, S. 65). Im 20. Jahrhundert waren die Bände mit schöngeistiger Literatur angeschafft, wie am hohen Bestand in der Kemptener Harmonie ersichtlich ist.

45 StadtA Kempten NL-Harmonie 069.

1 Bücherverzeichnis der Harmonie Kempten 1925 (Foto: privat)

Lesegesellschaften im übrigen Schwaben

Memmingen

Im Dezember 1803 wurde in Memmingen eine Lesegesellschaft errichtet, eigentlich: wiedererrichtet, da 1790 schon *eine sehr zahlreiche LeseGesellschaft* existierte, die allerdings nach einigen Jahren erlosch.[46] Ähnlich wie in Kempten sorgte hier die Verlegung einer Behörde, hier des *HofGericht*[s] in die ehemalige *ReichsStadt Schwabens,* für die Gründung einer *Lese- und UnterhaltungsGesellschaft.* Auch sie begriff sich als Verein, der den tonangebenden *Gebildeten* aus Memmingen und Umgebung in einem Domizil, dem *PatrizierHaus,* ermöglichte, sich mit Literatur – *GeistesBildung* – zu beschäftigen und der Geselligkeit – *Erholung und Umgang* – zu pflegen.

Die Grenze zwischen außerordentlichen und ordentlichen Mitgliedern, so der Rothenfelder-Nachlass, lag bei 500 Gulden. Neben der für die Aufnahme eines Mitglieds bei Stimmengleichheit ausschlaggebenden Stimme des *Direktors* ist die Übergabe der Bücher und Schriften an die hiesige Stadtbibliothek im Falle der Gesellschaftsauflösung bemerkenswert. Nach Leyh waren die vernachlässigten öffentlichen Bibliotheken froh, selbst abgegriffenes Lesegut übernehmen können.[47] Offenbar sollte eine Memminger Leihbibliothek keinen Umsatz aus dem Bestand erzielen. Hier wie in Kempten handelte die Gesellschaft gelegentlich sozialcaritativ und in einem Fall parteipolitisch.[48] Fühlte sich ein Leser im Lesezimmer gestört, konnte er mit einer Glocke zur Ruhe mahnen. Ansonsten dürfte sich der Kemptener Gesellschafter in Memmingen wie zuhause gefühlt haben.[49] Der Bürgerliche Leseverein Memmingen dagegen spezifizierte, wie die Lesegesellschaft Oettingen (s. u.), das Literaturangebot für seine 80 Mitglieder *in wissenschaftlicher, gewerblicher und politischer Richtung,*[50] jedenfalls in Genres mit der Möglichkeit praktischer Verwertbarkeit.

---

46 Vgl. Schwäbische Chronik vom 19.12.1803 und vom 29.12.1803. Vgl. auch BayHStA NL Rothenfelder, Ludwig vorläufige Nr. 107. Mir liegt die dritte Auflage der Satzungen vor.

47 Vgl. Leyh, Handbuch (wie Anm. 4) S. 33.

48 1899 musste sich die Harmonie Memmingen den Vorwurf gefallen lassen, im Rahmen der Gemeinderatswahlen der liberalen Partei einen Wahlvorschlag unterbreitet zu haben, der vor allem städtische Hyper-Nationalisten listete (vgl. Paul Hoser, Die Geschichte der Stadt Memmingen. Vom Neubeginn im Königreich Bayern bis 1945. 2. Teil, Stuttgart 2001, S. 150).

49 Vgl. auch StAA, Regierung von Schwaben und Neuburg. Kammer des Innern 3189.

50 Vgl. ebd.

Oettingen

Dem Grundsatz des ‚prodesse et delectare' (‚nützen und erfreuen') folgte auch die Harmonie Oettingen:[51] Die Mußestunden sollten *im traulichen Zirkel* mit *Lectüre, Conversation, Spiel und andere*[n], *gesellige*[n] *Vergnügungen* gewährleistet werden (vgl. §§ 1 und 2). Zimmer für *Conversation, Tabakrauchen* und Billard wurden im örtlichen Bräuhaus gemietet, ferner erlaubte die *Gnade* [der] *Durchlauchtigsten Frau Fürstinn* [...] *den Gebrauch des Gewächshaussaales und der Kugelbahn* [sic!] *im Hofgarten.* Der Gesellschafter konnte aus nicht weniger als 25 Journalen und Zeitungen wählen – darunter zwei französischsprachigen –, um fundierte *Conversation* zu betreiben. Zeitschriften aus dem ganzen Reich lagen auf, sie beschäftigten sich mit Literatur, Kunst, Wissenschaft und der Tagespolitik; die heimatnahe „Augsburger Zeitung" sowie der „Schwäbische Merkur" aus dem benachbarten Württemberg wurden doppelt abonniert. Die Literaturauswahl bemaß sich nach dem Geschmack (vgl. § 17,5). Beim satzungsgemäß verpflichtenden Besuch des Instituts am Donnerstagnachmittag (vgl. § 8) konnte sich der Gesellschafter mit Speisen und Getränken stärken. Frauen wurde der Zugang in der 1809 ins Leben gerufenen Harmonie mit folgenden zitierenswerten Worten erlaubt: *Die bekannte Güte des schönen Geschlechts berechtiget zu der Hoffnung, daß dasselbe an der Harmonie Theil nehmen, und dadurch dem allgemeinen Wunsche entsprechen werde. Ungewiß jedoch, ob die Damen an jedem Tage genug Unterhaltung finden würden, so wagt man die Bitte, daß dieselben nur die größeren, donnerstägigen Versammlungen durch ihre Gegenwart glänzend machen möchten* (§ 9). Die Empfehlung eines Mitglieds, einen aus Oettingen stammenden Bewerber *von Bildung und guten Sitten, ohne Unterschied des Standes und des Ranges* (§ 22) aufzunehmen, wurde entweder dem Ausschuss oder der ganzen Gesellschaft vorgetragen, die Gesellschafter stimmten per Ballotage über den Bewerber ab (vgl. §§ 12 und 18 c). Wie man über den Literaturgeschmack streiten konnte, konnte man auch diskutieren, wann ein *Ceremoniel* begann steif und ein *Compliment* überflüssig zu werden: beides war verboten (vgl. § 43). Auch die politische Diskussion sowie der Plausch über Familien- und Geschäftsverhältnisse waren nicht erwünscht (vgl. § 44), denn bei Meinungsverschiedenheiten hätte man sich im kleinen Oettingen nicht aus dem Wege gehen können. Die tonangebenden Familien des Ortes – in erster Linie Juristen und Kaufleute – waren in der Harmonie versammelt. Der Öffentlichkeit ein harmonisches Bild der *gesetzliche*[n] *Ordnung und Eintracht* (§ 27) zu vermitteln, verstand sich von selbst. Störenfriede wurden ausgeschlossen.

---

[51] Vgl. im Folgenden StAA, Generalkommissariat des (1.) Oberdonaukreises 105.

Augsburg

Der geselligen Lese-Gesellschaft Augsburg lag nicht weniger an einer harmonischen Außenwirkung als der Lesegesellschaft Oettingen.[52] Noch vor Nennung des Vereinszwecks steckte sie in den ersten beiden Paragraphen den für die Aufnahme in Frage kommenden Bewerberkreis ab: aus der Lehre schon entlassene ledige, aber auch verheiratete Männer aus dem Bürgerstande, die einen guten Leumund vorweisen können (vgl. §§ 1 und 2). Zum bekannten Vereinszweck, der Bildung von Geist durch Lektüre und ihrer *Erweiterung gemeinnütziger, gewerblicher, industrieller und commercieller Kenntnisse durch gesellige Conversation,* trat noch ein moralisches Kriterium hinzu: die *Vermeidung des gewöhnlichen oft so verderblichen Wirtshausbesuches.* Andernorts als Privatsache betrachtet und als überflüssig zu erwähnen erachtet, erlaubten es sich die Augsburger Lesegesellschafter, Einfluss auf die Freizeitgestaltung ihres Mitglieds auszuüben aus Sorge, dass dessen Leumund und letztlich die Reputation der Lesegesellschaft Schaden nehmen könnte. Diese Mahnung zur Mäßigung passt nicht zur exklusiven, literarisch-geselligen Lesegesellschaft, sondern eher zum Leseverein, in dem Unterhaltung kleingeschrieben ist. Den literarischen Fokus macht auch das vierseitige, engbeschriebene Bücherverzeichnis deutlich, das überwiegend religiöses, vor allem katholisches Schrifttum auflistet; drei von nur fünf aufliegenden Zeitschriften sind religiöser Natur, ausländische Blätter werden nicht geführt. Soweit erkennbar, ist die Lese-Gesellschaft Augsburg mit ihrer Verengung auf die literarische, ja katholische Sozialisation ihrer Mitglieder die einzige Lesegesellschaft Bayerisch-Schwabens dieser Art. Ähnlich religiös prägend wie die Lese-Gesellschaft Augsburg agiert nur die Lesegesellschaft Altenstadt, die gegenüber der Regierung von Schwaben und Neuburg besonders auf den Bezug jüdischer Periodika hinweist,[53] aber ihren Mitgliedern keine Verhaltensempfehlungen gibt.

Ein Artikel in der Schwäbischen Chronik vom 3. Januar 1803 berichtet von der Errichtung einer *LeseAnstalt* am 1. Januar dieses Jahres durch den Augsburger Buchhändler Gerstle.[54] Diese Anstalt zerfiel in zwei Teile, nämlich in eine Leihbibliothek mit breitem Literaturangebot, und in ein nicht weniger gut ausgestattetes *LeseKabinett der besten und interessantesten Zeitungen und Journale* [sic!] *des Inn-* [sic!] *und Auslandes. Der Anfang ist bereits mit 32 Zeitungen und 74 Journalen gemacht.* Der Artikel spricht nicht von Mitgliedern, sondern von *Abonnenten,*

---

[52] Vgl. im Folgenden StAA, Regierung von Schwaben und Neuburg. Kammer des Innern 1572.

[53] Sollte mit dem *Leseverein* die Lesegesellschaft gemeint sein, würde Hermann Rose, Geschichtliches der Israelitischen Kultusgemeinde Altenstadt, Altenstadt 1931, S. 18 mitteilen, dass der 1838 gegründete Leseverein jüdische Auswanderer unterstützt habe.

[54] Vgl. im Folgenden Schwäbische Chronik vom 7.1.1803.

denen ein Zimmer von morgens bis abends 22 Uhr offenstand, was vermuten lässt, dass die Leselustigen aus allen Ständen die Wahl hatten, die Leihbibliothek in Anspruch zu nehmen, d.h. sich Literatur gegen Gebühr für die Lektüre nach Hause mitzunehmen, oder im Zimmer des Deuring'schen *Kaffeehaus*[es] auf das breite Angebot nichtentleihbarer Periodika zuzugreifen. Der unterschiedliche Zuschnitt der beiden eben besprochenen Augsburger Leseinstitute – Auswahl an Periodika, Fehlen einer Vereinsstruktur und eines Moralappells – machen es sehr wahrscheinlich, dass die oben besprochene Augsburger Lesegesellschaft nicht mit der aus kommerziellem Interesse ins Leben gerufenen Lese-Anstalt von Herrn Gerstle identisch ist.

Nördlingen / Günzburg

Literatur spielte im Casino Nördlingen und Casino Günzburg so gut wie keine Rolle, die jeweiligen Ortsansässigen *jeden Standes* trafen sich lediglich *zu geselligen Zwecken.*[55] Das Casino Nördlingen übernahm kulturvermittelnde Aufgaben für die Stadt: Den Akten liegt ein Blatt bei, welches das Konzertprogramm des hiesigen Gesangsvereins unter Mitwirkung eines Cello-Virtuosen bekanntgibt, Mitglieder des Casinos selbst traten aber als Ausführende nicht in Erscheinung. Darüber hinaus bot die Gesellschaft ihren Mitgliedern noch Tanzunterhaltungen, Bälle, Theateraufführungen und Landausflüge an (vgl. § 20). Seinen Zweck formulierte das Casino so: *Erhöhung des geselligen Vergnügens und angenehmer Genuß der Erholungsstunden im traulichen Zirkel.*[56] Für alle Arten von Unterhaltung war der Sonntag und ein zu bestimmender Wochentag vorgesehen (vgl. § 21). Zwei Bälle pro Jahr mussten veranstaltet und die dafür geltende *Tanz-Ordnung* (s. Abb. 2) von jedem eingehalten werden: *Extratouren sind nicht gestattet.* Einen numerus clausus legte die Gesellschaft in Nördlingen zwar nicht fest – *Ordentliches Mitglied der Gesellschaft kann jeder gebildete Einwohner hiesiger Stadt sein* (§ 3) –, aber wie in den anderen Städten auch sah sich das Nördlinger Casino als sozial-homogene Gruppe an, die es verstand, sich nach unten abzugrenzen. Wie in Oettingen wurden auch hier Störer ausgeschlossen (vgl. § 13).

Füssen / Fellheim / Günzburg / Ichenhausen / Burgau

Anders als in Kempten, wo ein Flügel der Harmonie seinen Wunsch nach mehr Unterhaltungsveranstaltungen kurzzeitig unter dem Titel Casino zu etablieren

---

[55] Vgl. im Folgenden die Casino-Statuten Nördlingen, immer noch BayHStA NL Rothenfelder, Ludwig vorläufige Nr. 107 bzw. StAA, Regierung von Schwaben und Neuburg. Kammer des Innern 3177.

[56] Vgl. BayHStA (wie Anm. 55), Statuten für das Casino zu Nördlingen 1863.

2 Tanzordnung Casino Nördlingen (Foto: privat)

versuchte, hatte das Casino in Füssen Bestand.[57] Es wurde 1863 als Leseverein eingerichtet, dehnte seinen Zweck später aber auf die gesellige Unterhaltung aus und änderte deshalb seinen Namen in Casino – was nicht nötig gewesen wäre, denn der Zweck des Casino glich dem der Kemptener Harmonie ab 1816 wei-

[57] Vgl. im Folgenden StAA, Regierung von Schwaben und Neuburg. Kammer des Innern 3176.

testgehend: *Möglichst vielseitige Bildung des Geistes durch Anschaffung einer ausgewählten Lektüre und gesellige Unterhaltung.* Wenn auch der Unterhaltungsgedanke im 19. Jahrhundert mächtigen Auftrieb erhielt: Selbst in Casinos besaß der alte, aufklärerische Gedanke der Bildung durch Lektüre und die Unterhaltung über das Gelesene immer noch Wirkkraft. Auch in anderen, kleineren Orten Schwabens hielten sich Literatur und gesellige Unterhaltung in Lesegesellschaften die Waage. Der Lese-Verein Fellheim spricht von *gesellige*[r] *Unterhaltung*, die durch *gemeinschaftliches Halten von Zeitungen und Zeitschriften* hervorgerufen werden soll,[58] der Zweck des Lesevereins in Günzburg, Ichenhausen und Burgau ist die *literarische Unterhaltung* seiner Mitglieder.[59] Wie schon mehrfach betont, sollte man nicht der Versuchung erliegen, einen Trennungsstrich zwischen Geselligkeit und Literatur zu ziehen, vielmehr einen Bindestrich, denn beides wird in der Lesegesellschaft – womöglich unterschiedlich – gewichtet.

Exkurs: Lesegesellschaften aus amtlicher Sicht und in Lexika des 19. Jahrhunderts

Bemerkenswert ist das Verständnis, das die Behörden einer Lesegesellschaft und einer Harmonie entgegenbringen:[60] Das Bezirksamt Kempten beispielsweise versteht unter einer Lesegesellschaft einen geselligen Verein aus Bürgern, die sich mit der Lektüre von politischen und belletristischen Zeitschriften belehren und unterhalten möchten, Harmonie-Gesellschaften – so lautet ein weiterer Eintrag – dienen nach Ansicht des Amtes der Unterhaltung durch Lektüre und gesellige Vergnügungen. Mit anderen Worten: Das Bezirksamt betrachtet im Unterschied zu einer Lesegesellschaft eine Harmonie als Lesegesellschaft, die ihren Mitgliedern zusätzlich unterhaltende Veranstaltungen anbietet im Sinne eines Amüsements. Das Bezirksamt zieht ziemlich willkürlich einen Trennungsstrich zwischen einer Lesegesellschaft und einer Harmonie und übersieht, dass beides miteinander harmoniert.

Ferner wurden Harmonien und Casinos im Amtsdeutsch *Lese-Anstalten* genannt. Ein amtlicher Auszug des Oberdonaukreises zählt für die Jahre 1830/31 insgesamt 22 solcher Anstalten inklusive der Leihbibliotheken auf.[61] Je zwei, im Folgenden zu besprechende *Leseanstalten* waren in Dillingen und Kaufbeuren angesiedelt, die ihr Publikum mit Romanen und geschichtlichen Werken respektive politischen Zeitungen versorgten.

---

[58] Vgl. StAA, Regierung von Schwaben und Neuburg. Kammer des Innern 3179, auch im Folgenden.
[59] Vgl. StAA, Regierung von Schwaben und Neuburg. Kammer des Innern 3177.
[60] Vgl. StAA, Regierung von Schwaben und Neuburg. Kammer des Innern 3182.
[61] Vgl. BayHStA, MInn 15390.

Dillingen

Die im Januar 1787 von dem an der theologisch-philosophischen Hochschule Dillingen Philosophie und Physik lehrenden Professor Josef Weber (1753–1831) beim Fürstbischof Clemens Wenzeslaus (1739–1812) beantragte Errichtung einer Lesegesellschaft an der Dillinger Akademie war ebenso ein Kind der Aufklärung wie die Einführung der deutschen Sprache als Vorlesungssprache.[62] Begründet wurde der Antrag mit dem *viele*[n] *Nutzen für die Aufnahme der Wissenschaften und* [...] *brauchbare*[n] *Kenntnisse, sonderlich auch für die Erziehung und Bildung junger Akademiker.* Die über 100 Mitglieder umfassende sozial homogene Schicht der Professoren, Beamten, Offiziere, Studenten und anderen gebildeten Männer aus der Stadt waren die Vertreter des lokalen Bildungsbürgertums. Die Statuten werden leider nur angedeutet: Spielen, *Tobak-Rauchen und Zechen* sei ebenso wenig gestattet wie der Zutritt von *Frauen Zimmer*[n]; die Gesellschaft sei *für lectür und gute Gespräche* [...] *bestimmt.* Die Lesestunden boten den Studenten nicht nur die Gelegenheit, sich mit lehrendem Akademiepersonal über *wissenschaftliche Gegenstände* zu unterhalten, sondern waren für sie auch *Lehrstunden der Conduite und des Wohlstandes*,[63] was die Lesegesellschaften des 19. Jahrhunderts übernahmen und unter dem Begriff *Unterhaltung* verbuchten. Der Fürstbischof stellte als Protektor vier Räume zur Verfügung. „In zwei Zimmern des vormaligen Jesuitencollegiums wurden die besten theologischen und philosophischen, auch einige schönwissenschaftliche Zeitschriften aufgelegt. Der Graf Fugger-Glött ließ dort auch eine große Zahl von werthvollen, namentlich naturwissenschaftlichen Werken aus seiner Bibliothek aufstellen."[64]

3 Josef Weber (Foto: wikipedia)

---

[62] Vgl. zum Deutschen als Vorlesungssprache Herbert Rösch, Entwicklungsfaktoren im 17./18. Jahrhundert und die Auseinandersetzung mit der Aufklärung, in: Rolf Kiessling (Hg.), Die Universität Dillingen und ihre Nachfolger. Stationen und Aspekte einer Hochschule in Schwaben, Dillingen 1999, S. 97–128, hier 99–103; vgl. zur Lesegesellschaft Dillingen S. 103–105; vgl. sonst in diesem Abschnitt StAA, Hochstift Augsburg, NA Akten 153 V/1.

[63] Vgl. Christoph von Schmid, Joseph von Weber. Eine kurze Lebensgeschichte des Verklärten, in: Conferenz-Arbeiten der Augsburgischen Diöcesan-Geistlichkeit im Pastoralfache und anderweitigen Gebieten der practischen Theologie, 2. Bde., Augsburg 1831, S. 29.

[64] Heinrich Reusch, Art. Weber, Joseph von, in: ADB 41 (1896) S. 316–318. Vgl. auch Rösch, Entwicklungsfaktoren (wie Anm. 62) S. 105.

Kaufbeuren

Für den Dezember 1804 berichtet der Kaufbeurer Chronist Emanuel Christa, wie eingangs erwähnt, von der Errichtung einer Lesegesellschaft, welche die sogenannte Kaufmannsstube als Domizil wählte.[65] Das von *Lese-Liebhabern*, d. h. von hiesigen, aber auch fremden männlichen Bürgern 1820 nochmals gegründete Lese-Institut Bürgerverein Kaufbeuren formulierte in Paragraph 1 seiner Statuten den ursprünglichsten Gedanken, der zur Errichtung einer Lesegesellschaft führte, nämlich *mit gemeinschaftlichen Mitteln solche Schriften* [anzuschaffen], *welche für jeden Einzelnen zu kostspielig sind.*[66] Später wurde der Zweck dahingehend abgewandelt, den Mitgliedern den Zugang zu den *neueren Erscheinungen der Literatur* zu verschaffen.[67] In jedem Fall waren damit belehrende, schöngeistige und unterhaltende Schriften gemeint, um *durch deren Lektüre in der jedem Gebildeten nöthigen Kunde der Vor- und Mitwelt fortschreiten zu können* (§ 2). Der zweite Vereinszweck beinhaltete die gesellschaftliche Unterhaltung an bestimmten Tagen im Gesellschaftslokal. Seit Gründung wurde für die Bibliothek ein Zimmer eingerichtet, in der ein honorierter Bibliothekar sein Amt ausübte. Die Zeitschriften wurden von der Gesellschaft jedes Jahr neu zur Disposition gestellt, damit deren Aktualität gewahrt blieb. Jedes Mitglied durfte Bücherwünsche äußern, die ein Ausschuss beriet und dessen Ergebnis dann von der Gesellschaft genehmigt werden musste (vgl. § 14). Ein Buch sollte nach spätestens acht Tagen zum nächsten Mitglied zirkulieren (vgl. § 15). Zeitungen politischen Inhalts durften die Mitglieder nicht länger als eine Stunde behalten, es sei denn, ein Mitglied war nicht ortsansässig. Der Zeitungsturnus, d. h. die Reihenfolge der Leser wurde quartalsweise durch Los bestimmt (vgl. § 25). Eine dreimal fehlende Bücherrückgabe hatte den halbjährigen Ausschluss vom Turnus zur Folge (vgl. § 26).

Gesellige Veranstaltungen fanden im Gesellschaftshaus *Tänzelhölzchen* statt, das mit einer Veranda und einer Kegelbahn ausgestattet war.[68] Außerordentliche Mitglieder waren bei gesellschaftlichen Anlässen zugelassen, ordentlichen Mitgliedern war darüber hinaus die Benutzung der Zeitschriften und der Bibliothek erlaubt. 1934 waren 150 ordentliche und 26 außerordentliche Mitglieder eingeschrieben.

---

65 Vgl. Jürgen Kraus (Hg.), Die Christa-Chronik 1801–1875. Chronik der Stadt Kaufbeuren als Fortsetzung der von Hörmannschen Chronik, worin vom Jahre 1801 bis 1850 (1875) alle merkwürdigen Begebenheiten daselbst mit möglichstem Fleiße zusammengetragen, Thalhofen 1999, S. 86.

66 Vgl. im Folgenden StadtA Kaufbeuren FB 12.

67 Vgl. Statuten 1888, § 1 sowie die Statuten aus dem Jahr 1909 (StadtA Kaufbeuren A 2741). Im Folgenden wieder die Statuten des Jahres 1820.

68 Vgl. StadtA Kaubeuren A 2741.

Der Katalog des Bürgervereins nennt 1904 nach der allgemeinen Abteilung mit über 1.700 Bänden die Rubrik Engelhorn's Romanbibliothek, wobei jeder Band, und nicht – wie üblich –, jeder Titel eine Nummer verliehen bekam. 1933 wurden 1.112 Werke und Zeitschriften ausgeliehen. 1934 zählte die Bücherei 3.700 Bände. Das Protokoll dieses Jahres hält fest, dass *durch die politische Umstellung bedingt* [...] *alle Bücher, die im Verdacht standen, undeutsch, jüdisch oder marxistisch zu sein, ausgeschieden* [wurden]. *Es kamen davon nur 4 Werke in Betracht, darunter auch das bekannte Remarque-Buch ‚Im Westen nichts Neues.' Es muss zur Ehre des Vereins gesagt werden, dass kommunistische oder religionsfeindliche Bücher überhaupt n i c h t in der Bücherei des Vereins zu finden waren* [...] *Auch den nationalsozialistischen Werken wurde ein grosser Platz eingeräumt* [...] *Der Verein hat nunmehr eine rein nationale Bücherei.* Der Ausleihrückgang wurde auf die Konkurrenz des Radios zurückgeführt.

Ein zweites, im Jahre 1851 als Leseverein Kaufbeuren gegründetes Leseinstitut nannte sich irgendwann in der zweiten Hälfte des 19. Jahrhunderts nach der Gaststätte *Zur Rose*,[69] wo der Verein seinen Sitz hatte.[70] Mit der Anschaffung von Periodika und *von Werken der Literatur in rein wissenschaftlichen und belletristischen Inhaltes* sollte den Mitgliedern Gelegenheit gegeben werden, *sowohl die Zeitereignisse zu verfolgen als sich stets weiter auszubilden* (§ 1). Der Verein kannte keine außerordentlichen Mitglieder, jedes Mitglied musste ortsansässig sein. Nur der Mitgliedsausschluss erfolgte per Ballotage, nicht aber die Mitgliedsaufnahme. Ein Ausschuss entschied über die zu haltenden Zeitschriften und die Anschaffung von Büchern. 1865 legte der Verein in Verbindung mit seiner neuen Satzung einen in Rubriken eingeteilten Katalog der in den letzten zehn Jahren angeschafften Bücher vor, wobei die 15 *Zeitschriften und Zeitungen* sich auf die gängigsten Zeitschriften beschränken und die drei abonnierten Zeitungen nicht über den bayerischen Bereich hinausgehen. Da jeder einzelne Band, wie erwähnt, eine Nummer erhielt, ist die Größe der Bibliothek nur schwerlich mit denen an anderen Orten vergleichbar, wo nur die Titel nummeriert wurden. Der Katalog verzeichnet 795 Bände, 1887 besaß der Verein 1.536 Bände. 1904 waren knapp die Hälfte der 3.330 Bände zählenden Bibliothek Periodika. Nach dem 1. Weltkrieg dienten die 1.000 noch vorhandenen Bände der Stadtbibliothek Kaufbeuren als Grundstock.

Darüber hinaus waren in Kaufbeuren bis 1830/31 nach Kaluza noch zwei weitere Lesevereine beheimatet:[71] Die Pavillon-Gesellschaft wurde 1821/22 als Leseverein gegründet, wandelte sich aber gegen Ende des Jahrhunderts in einen

---

69 Vgl. StadtA Kaufbeuren P 18, 1 Leseverein Kaufbeuren 1851–1891.

70 Vgl. StadtA Kaufbeuren A 1574. Im Folgenden P 18, 1 Leseverein Kaufbeuren 1851–1891.

71 Vgl. https://fabian.sub.uni-goettingen.de/fabian?Stadtbibliothek_(Kaufbeuren) [eingesehen am 25.9.2023].

geselligen Unterhaltungsverein um. Schließlich wurde Kaluza zufolge 1820 die evangelische Lesegesellschaft *Zur blaue Ente* – benannt nach dem Gründungslokal – ins Leben gerufen, welche die Bildung ihrer aus dem Handwerker- und Kleinbürgertum stammenden Mitglieder zu heben bezweckte; sie entpuppt sich aber bei näherer Betrachtung als Lesezirkel, da die genannten Schriften – später kam Belletristik hinzu – unter den Mitgliedern weitergegeben wurden.[72]

Nochmals Kempten und Memmingen/Ottobeuren

Ferner meldet der o. g. amtliche Auszug 1830/31 *eine gewöhnliche Leihbibliothek für Liebhaber-Lectüre, welche Romane, Reisebeschreibungen, darbieten* [sic!] *in dero Stadt Kempten.* Damit könnte das an die Dannheimer'sche Buchhandlung angegliederte Institut gemeint sein.[73] Mit dem anschließend erwähnten *Lesezirkel zu Memmingen* ist vermutlich eine periodisch wechselnde Mitgliederanzahl innerhalb der Lesegesellschaft Memmingen gemeint, die *den Theilnehmern politische Zeitungen, Literatur, Kirchenblätter über Musik usw. liefert,*[74] also ein vereinsinterner Zustelldienst zugunsten solcher Mitglieder, die nicht den Weg zum Vereinslokal auf sich nehmen mochten oder konnten. Abschließend nennt der Auszug noch eine Lesegesellschaft *zu Ottobeuren*, bestehend aus den Geistlichen des Landkapitels, *die Werke liefert* [sic!]. Die Geistlichen dürften sich nicht nur Bücher ausgeliehen, sondern auch gespendet haben. Die letztlich künstliche Trennung zwischen Lesegesellschaft und Harmonie einerseits sowie die Subsumierung von Lesegesellschaften und Leihbibliotheken unter dem Titel Leseanstalten andererseits lässt den Verdacht aufkommen, dass den Behörden der Unterschied zwischen den genannten Gesellschaftsarten und einer auf Gewinn und Verlust arbeitenden Leihbibliothek nicht klar war.

Exkurs: Lexem „Lesegesellschaft" in Lexika des 19. Jahrhunderts

Die führenden Lexika des 19. Jahrhunderts sehen in den Lesegesellschaften den Nutzen, den die „jetzige Civilisation" von einem „Lesekreis" erzielt:[75] Durch das „wohlfeile Lesen neuer Schriften" üben sie „einen großen, wenn auch allmäligen Einfluß auf ihr Zeitalter aus." 1825 hält der Enthusiasmus für die Aufklärung

[72] Der Vollständigkeit halber soll noch eine zeitlich nicht näher eingegrenzte, von der Kaufbeurer Buchhandlung Georg Mayr betriebene Leihbibliothek erwähnt werden (vgl. https://fabian.sub.uni-goettingen.de/fabian?Stadtbibliothek_(Kaufbeuren) [eingesehen am 25.9.2023]).

[73] Vgl. Neueste Weltbegebenheiten (wie Anm. 3) S. 32 und S. 52.

[74] Vgl. Jäger, Lesegesellschaften (wie Anm. 17) S. 331.

[75] Vgl. Johann Hübner's Zeitungs- und Conversations-Lexikon, Ein vaterländisches Handwörterbuch, 2. Teil, Leipzig [31]1825, S. 525.

und das „Mißtrauen wider [die, G. H.] Verfinsterer" ihrer Ideen immer noch an. Dass Lesegesellschaften zu dieser Zeit dem Unterhaltungssegment nicht unerhebliche Bedeutung zumaßen, nimmt das vaterländische „Zeitungs- und Conversations-Lexikon" von Johann Hübner nicht zur Kenntnis. Selbst noch in der Mitte des 19. Jahrhunderts gab das Staats-Lexikon [...] der Staatswissenschaften nur teilweise Auskunft über den realen Inhalt des Lexems „Lesegesellschaft:"[76] Erstens solle Literatur in einer Versammlung einander vorgelesen werden, was dem Gedächtnis einprägsamer als das einsame Lesen sei und was helfen würde, Zeit zu sparen, da während des Vorlesens einer geräuschlosen Arbeit nachgegangen werden könne; hier dachte der Artikelverfasser Welcker an das Vorlesen in Fabriken oder Gefängnissen. Weniger aufklärerisch-utilitaristisch, so der Artikel weiter, bestünde die zweite Variante der Lesegesellschaft, wie in einem Lesezirkel üblich, im Zirkulieren von Büchern zwischen den Gesellschaftern, die zuhause der Lektüre nachgehen. Handwerker, Lehrer, Beamte oder auch Geistliche kämen so in den Genuss von Büchern, die sie sich nicht leisten könnten oder wollten. Das Gelesene könne zwischen ihnen korrespondierend fruchtbar gemacht werden, war der humanistische Gedanke. Schließlich erläutert das Staats-Lexikon die „Lese- oder auch Museums- oder Harmonie-Gesellschaften" als literarisch-gesellige, ständenivellierende Vereine, die ihr Entstehen dem seit den napoleonischen Befreiungskriegen „erwachte[n] höhere[n] patriotische[n] Sinn und Gemeingeist" zu verdanken gehabt und die, so Welker, für die errungene Freiheit und den Patriotismus einzustehen hätten. Diese staatstragende Forderung des Lexikons fand tatsächlich ihren Ausdruck in der Staatsloyalität der Lesegesellschaften, wie am Beispiel der Harmonie Kempten oben aufgezeigt.

Augsburg

Fernab vom exkursorisch ausgeführten Amtsverständnis vermittelte die Literarische Gesellschaft Augsburg, ebenso wie das Nördlinger Casino, der Öffentlichkeit Kultur und warb dafür.[77] Mit den Mitgliedsbeiträgen sollte ein Fonds gesammelt werden, dessen Erträge literarische und andere Vorträge für *die geistig Interessierten aller Kreise* zu veranstalten erlaubte. So konnte das Augsburger Bildungsbürgertum in den 20er-Jahren des 20. Jahrhunderts Rezitationen aus den Werken

---

76 Vgl. im Folgenden Carl von ROTTECK / Carl WELCKER (Hg.), Staats-Lexikon oder Encyklopädie der Staatswissenschaften, 9. Bd., Altona 1840, S. 709–713.

77 Vgl. im Folgenden StadtAA Fach E IV 3/1967 und Hauptaktenverwaltung Aktengebiet 5 (Volksbildung, Kunst und Wissenschaft) 47. Der Literarische Verein Augsburg scheint der Vorgänger der Literarischen Gesellschaft gewesen zu sein, er löste sich 1875 auf (vgl. StAA, alte Signatur B. StA Neuburg Nr. 5270).

Gerhard Hauptmanns oder Thomas Manns, Lesungen von Will Vesper, Joachim Ringelnatz oder auch von dem Augsburger Eigengewächs Richard Euringer und schließlich Liederabende in öffentlichen Sälen besuchen. Neben literaturwissenschaftlichen Vorträgen wurden auch solche aus Philosophie und Psychologie mit Themen angeboten, um *die Beziehungen mit den geistigen Bestrebungen unserer Zeit und deren künstlerischer Gestaltung* [...] *herzustellen und aufrechtzuerhalten.* Flugblätter kündigten das Programm für das kommende Halbjahr an. Die Literarische Gesellschaft handelte wie eine Agentur, sie mietete einen Saal, honorierte die Ausführenden – Hans Carossa und Hermann Hesse lasen ebenfalls –, erhob für Nicht-Mitglieder Eintritt und hatte für diesen Umsatz Steuern beim *städtischen Taxamt* zu bezahlen. So verwundert es nicht, dass sie den Augsburger Stadtrat um Steuerermäßigung oder gar Steuerfreiheit für ihre Veranstaltungen bat, schließlich habe sie *den Zweck, das kulturelle und geistige Leben in Augsburg zu fördern und zu pflegen, den Mitgliedern dieser Gesellschaft für einen geringen Jahresbeitrag hochwertige Vorträge und Vorlesungen bekannter Dichter zu bieten.* Gesellschaftsmitglieder lasen also nicht selber, sondern hörten Gelesenes! Die Stadt Augsburg bezuschusste die Arbeit des Literaturvereins mit einer jährlichen Pauschale, um dem literaturinteressierten Publikum die Teilnahme an seinen Veranstaltungen zu ermöglichen und um eine Erhöhung des Jahresbeitrags zu verzögern. Im Gegensatz zu den eher esoterisch wirkenden Lesegesellschaften, die für die allgemeine Öffentlichkeit nur beschränkt zugänglich waren, wirkte die Literarische Gesellschaft ausschließlich exoterisch, war also wesentlich offener.

Augsburg-Pfersee

Die Lesegesellschaft Augsburg-Pfersee unterlief gegen Ende des 19. Jahrhunderts den elitär-akademischen Dünkel der Allgäuer oder auch Dillinger Lesegesellschaften mit standesnegierenden Statuten. Sie hielt zwar immer noch am Geselligkeitsgedanken *durch periodische Zusammenkünfte* fest, stellte aber besonders die Versorgung ihrer Mitglieder *mit Lesestoff belehrenden und unterhaltenden Inhalts* heraus – eine Aufgabe, die in erster Linie einer Volks-Bibliothek, der späteren Stadt(teil)bibliothek, zukam.[78] Mit einer Aufnahmegebühr von nur zwei Mark stand jedem der Zugang offen, jedem war es unbenommen, beim Vorstand schriftlich um Aufnahme in den Verein ohne Mittelsmann anzusuchen (vgl. alles § 2), von einem Aufnahmeverfahren durch Ballotage ist nichts zu lesen. Obwohl leider keine früheren Statuten vorliegen, verstand es diese 1821 errichtete Lesegesellschaft, sich mit ihren 1895 vorgelegten Statuten der Moderne anzupassen. In Pfersee hatten nicht

[78] Vgl. im Folgenden StadtAA Fach E IV 3/1160. Mir liegen die Statuten des Jahres 1895 vor.

mehr honorige Standesvertreter, womöglich noch mit persönlichem Adelstitel, die Kompetenz zu bestimmen, wer als vermeintlich Gebildeter in den exklusiven Club aufgenommen werden soll und wer nicht, sondern jetzt beschlossen Angehörige einer mittleren Bürgerschicht Statuten für einen „niedrigschwelligen" Verein, der seine Mitglieder mit ausreichend Literatur zu versorgen beabsichtigte.

Lese-Club Augsburg

Für Arbeiter war die Schwelle, in die Lesegesellschaft Augsburg-Pfersee einzutreten, allerdings immer noch zu hoch. Sie gründeten 1894 den Lese-Club Augsburg links der Wertach – so der vollständige Name –,[79] der es sich zur Aufgabe machte, seinen Mitgliedern leihweise lehrreiche Bücher zu überlassen, um ihnen *Unterhaltung zu verschaffen*. Von behaglicher Clubatmosphäre, wie sie sich ein Clubmitglied 100 Jahre vorher gefallen ließ,[80] war der Lese-Club aber weit entfernt: *In den Lese-Club können nur solche aufgenommen werden, welche die Bücher rein halten und nicht zerreißen* (§ 2). Offenbar sprach der Lese-Club – anders als sein Vorgänger 100 Jahre früher – Leserschichten an, denen der pflegliche Umgang mit vermutlich niedrigpreisigen Monographien nicht vertraut war. Zum Milieu passt auch, dass der Club sich kein eigenes Vereinslokal leisten konnte. In der Wohnung des Vorstandes wurden die Vereinsangelegenheiten geregelt, dort befanden sich auch die Bücher. Eine Bibliotheksordnung, die Leihfristen und -mengen, Ersatzleistungen im Schadensfalle und Öffnungszeiten etc. regelte, ist erst ab 1901 überliefert. Bis zum Wert von 5 Mark konnte der Bibliothekar selbstständig Bücher kaufen (vgl. Bibliotheksordnung § 6). Das Angebot, sich Literatur auszuleihen, nahmen im Gründungsjahr 14 Arbeiter, Gastwirte und Handwerker wahr. Sie konnten aus wenigen Unterhaltungstiteln wählen – der Autorenname fehlt meistens in der Liste –, die heute zu Recht vergessen sind außer die Titel Robinson (Crusoe) und Lederstrumpf. Politische Bücher und Flugschriften wurden nicht angeschafft (vgl. Bibliotheksordnung § 9). Die Aufnahmegebühr von 15 Pfennig und – außer im Krankheitsfall – der Monatsbeitrag von 20 Pfennig trugen zum Literaturankauf bei, die Bibliothek wurde aber auch von Gönnern so reich beschenkt, dass der Club 1905 mit dem Hinweis auf eine ca. 4.000 Bände umfassende Vereinsbibliothek um Mitglieder warb. Im Unterschied zu diesem eher der Lesebibliothek zuzurechnenden Verein war der Lesegesellschaft honorigen Zuschnitts die Mitgliederwerbung fremd, sie nahm Bewerber erst nach deren Antichambrieren auf.

Das bescheidene Vereinsleben des Lese-Clubs wurde mit Christbaumfeiern, Faschingskränzchen und Familienunterhaltungen angereichert, überhaupt er-

---

[79] Vgl. im Folgenden StadtAA Fach E IV 3/662.
[80] Vgl. Prüsener, Lesegesellschaften (wie Anm. 7) Sp. 508 f.

hoben die revidierten Statuten des Jahres 1901 den Aspekt der Erholung zum Vereinszweck (vgl. § 1). Hervorzuheben ist ein religiöses Moment, das sonst nur noch in Altenstadt anzutreffen ist: Der Club [hat] *dem Verlebten bei der Beerdigung das Geleite zu geben. Dem Verlebten ist ein Kranz mit Schleife, worauf der Name des Clubs gedruckt ist, auf das Grab zu legen* (§ 14). Der Club war mehr als nur ein Verein, der den lesenden Arbeiter fördert und ihm Erholung verschafft: Er verstand sich als arbeiterständische Bruderschaft, die mit ihrem Ehrengeleit für das tote Mitglied der üblichen, religiösen Gepflogenheit nachkommt.[81]

Donauwörth

Ebenso 1894 gründete sich in Donauwörth ein sozialdemokratischer (?) Lese- und Bildungsverein,[82] dessen Mitglieder der mittleren bis unteren Gesellschaftsschicht angehörten: als Beisitzer wurde beispielsweise ein *Taglöhner* gewählt. Schon mit 18 Jahren konnte man Mitglied werden, Ausschussmitglied aber erst mit 21 Jahren. Der Vereinszweck nennt die *Hebung und Förderung der geistigen Ausbildung der Mitglieder. Zu diesem Zwecke wird der Verein Vorträge über gemeinnützige Gegenstände, Redeübungen und Leseübungen auf volkswirtschaftlichem Gebiete veranstalten* (§ 2). Es ist unklar, ob mit Hilfe der Zeitschriften, die sich der Verein anzuschaffen verpflichtete, und einer aufzubauenden Bibliothek die Mitglieder entweder selbst zur Vortragstätigkeit oder zum Hören von Vorträgen angehalten wurden. Mit Blick auf den erwähnten Tagelöhner war der Vereinszweck in jedem Fall sehr ambitioniert.

Mindelheim

Nach Friedrich Zoepfl agierte die 1784 ins Leben gerufene Lesegesellschaft Mindelheim als ein reiner Leseverein für ihre Mitglieder: „Die Mitglieder hatten vierteljährlich einen Beitrag von 24 Kreuzer oder ein Buch im gleichen Wert zu geben. Vierteljährlich wurden von den sechs Unternehmern mit den eingelaufenen Beiträgen Bücher angeschafft. Die Mitglieder hatten das Recht, Bücher zum Ankauf in Vorschlag zu bringen. Vierteljährlich wurde auch ein gedrucktes Verzeichnis der Bücher und Mitglieder ausgegeben."[83] Die Bibliothek war, wie beim Lese-Club Augsburg später, in der Wohnung des Benefiziaten Ägidius Fischer untergebracht. Die o. g. sechs „Unternehmer" dürften zu den 25 aus dem Handwerk

---

81 Bis in die jüngste Vergangenheit sprachen sich Mitglieder in Männerchören als Sangesbruder an.

82 Vgl. StAA, Regierung von Schwaben und Neuburg, Kammer des Innern (1837–1935) 3175.

83 Vgl. im Folgenden Friedrich Zoepfl, Geschichte der Stadt Mindelheim in Schwaben, München 1948, S. 261.

stammenden Mitgliedern, die das Mitgliederverzeichnis aufzählt, gehört haben. In das Bücherverzeichnis ging, so Zoepfl, vor allem aufklärerische Literatur ein, was die Gegnerschaft des Stadtpfarrers und 1785 schließlich die Einstellung des Lesevereins zur Folge hatte.[84] Nach Zoepfl wurde Fischer erst des Illuminatismus verdächtigt, nachdem der Leseverein erloschen war.[85] 1848, so schließt Zoepfl, entstand neben einer Leihbibliothek „wieder ein Leseverein".[86]

Fazit

Den durch die Aufklärung vermehrten Informations- und Gesprächsbedarf Lesemächtiger konnten die wenigen Bibliotheken im neubayerischen Schwaben nicht decken, der Literaturerwerb war für den einzelnen Leser oftmals zu teuer. So rief ab dem Ende des 18. Jahrhunderts eine sozial homogene Schicht eines Ortes – etwa die Bürgerschaft, Akademiker, Handwerker – eine Lesegesellschaft ins Leben. Gründerpersönlichkeiten werden nur vereinzelt genannt: in Kempten Beamte, in Dillingen ein Akademiker, in Mindelheim ein Priester. Die Gründerväter, die sich aus anderen Konstellationen kannten, organisierten in Abgrenzung zur staatlichen Monarchie mit ihrer ständischen Gesellschaft die Lesegesellschaft wie einen demokratischen Verein, der imstande war, den gewünschten Literaturbedarf durch die Beiträge ihrer Mitglieder zu beschaffen und in Vereinsräumen zur Lektüre anzubieten, wo die Leser – beim vereinzelt satzungsmäßig bestimmten jour fixe – mit ihresgleichen über das Gelesene debattieren konnten. Es wird deutlich, dass der in der Forschungsliteratur oftmals angeführte finanzielle Aspekt der für den einzelnen Leser zu teuren Anschaffung von Literatur nur einmal erwähnt wird (Kaufbeuren), dass vielmehr der gesellschaftlich-demokratische Aspekt, in eine Lesegesellschaft einzutreten, mindestens dasselbe Gewicht für sich beanspruchen kann. Die bayerisch-schwäbischen Lesegesellschaften gingen zwar nicht so weit, ihre Mitgliederzahl mit einem numerus clausus festzulegen, regulierten sie aber häufig durch das Ballotageverfahren, wenn ihnen an ihrer gesellschaftlichen Exklusivität lag. Überdies klassifizierten sie ihren Mitgliederbestand durch eine

---

84 Nach Franz X. Bronners Leben von ihm selbst beschrieben, 3. Bd., Zürich 1797, S. 18 wurde Fischer der Besitz eines indizierten Buches in der Bibliothek des Lesevereins zum Verhängnis: Pierre Charron, De la Sagesse, Bordeaux 1601, in dem Charron die Erkenntnis außerhalb offenbarter Wahrheiten für möglich hält. „Augsburg", d. h. der Augsburger Bischof ließ wegen der angeblichen Gefährlichkeit dieses einen Buches den Leseverein „aus geistlicher Machtvollkommenheit" schließen.

85 Vgl. Puschner, Aufklärung (wie Anm. 18) S. 32, der Fischer unmittelbar mit dem Illuminatismus in Verbindung bringt.

86 Zoepfl, Geschichte (wie Anm. 83) S. 262.

hohe Jahreseinkommensgrenze in ordentliche und außerordentliche Mitglieder; letztgenannte waren bei geringeren Beiträgen nicht vollwertige Mitglieder. Unter den ordentlichen Mitgliedern gab es grundsätzlich keinen Standesunterschied. Harmonie-Gesellschaften nahmen Frauen als Mitglieder auf, nicht so die akademisch geprägte Dillinger Lesegesellschaft. Die Exklusivität einer Lesegesellschaft kam einerseits durch den sozialen Abschluss nach unten oder durch die Wahrung desselben Milieus – in Kempten z. B. die Kaufmannschaft, im Augsburger Lese-Club durch die Arbeiterschaft – zum Tragen, andererseits durch unterhaltende Veranstaltungen, in denen sich die Hautevolee eines Ortes ein Stelldichein gab. Die beiden Vereinszwecke, Lektüre und Unterhaltung, partizipierten vom jeweils andern: Ein Mitglied las, übte sich im Gespräch – was womöglich auf seinen literarischen Geschmack Einfluss hatte – und lernte, sich in Gesellschaft richtig zu bewegen. ‚Prodesse et delectare' galten gleichermaßen. Parteiungen innerhalb einer Lesegesellschaft, welche die Literatur mehr in den Mittelpunkt der Vereinsarbeit zu rücken oder der Unterhaltung mehr Raum zu geben beabsichtigten, hatten nur eine kurze Lebensdauer. So sollte man sich nicht verführen lassen, beispielsweise eine Casino-Gesellschaft von vornherein als literaturfernen Verein zu qualifizieren, andererseits konnten sich Lesevereine, -kabinette und -clubs – je nach finanzieller Ausstattung – auch teure Unterhaltungsveranstaltungen leisten. Alles in allem erfuhr die Geselligkeit im 19. Jahrhundert aber einen großen Schub, die mit Damen bereicherten Unterhaltungsveranstaltungen traten neben den bislang von Männern dominierten Literaturbereich. Gesellschaften, die sich dieser Mode verweigerten oder sich wegen einer geringen Mitgliederzahl nicht leisten konnten, mussten mit Austritten rechnen. Literatur und Geselligkeit können jedenfalls unter dem (allzu) weiten Begriff der Lesegesellschaft subsumiert werden.

Die bayerisch-schwäbischen Lesegesellschaften wurden besonders buchwissenschaftlich untersucht. Die vielen Zeitschriften aus Wirtschaft, Recht, Kunst und Kultur sowie Gesellschaft verliehen den Lesegesellschaften besondere Attraktivität und waren – gemessen an den nur in Kempten und Kaufbeuren überlieferten Katalogen – insofern bedeutender als die in hohem Maß vorhandene Belletristik, da sie ihren Lesern im täglichen Leben praktische, ja berufliche Verwertbarkeit verhießen. Somit zählten die numerisch geringen Zeitschriften zur bedeutendsten der drei Sparten, Periodika waren das literarische Rückgrat einer Lesegesellschaft. Die unterschiedliche Nummerierung in den Katalogen von Kaufbeuren und Kempten lässt leider keinen Vergleich des Medienvolumens zu. Welche Breite des politischen Spektrums die abonnierten Zeitungen abdeckten, bemaß sich am geistigen Horizont der über die anzuschaffende Literatur entscheidenden Vorstandschaft oder deren Ausschuss und der Höhe der Vereinskasse. Zeitschriften und Zeitungen werden oft unter Periodika subsumiert, die – wie eben erwähnt – für eine Lesegesellschaft kennzeichnend waren. Der hohe Anteil schöngeistiger Literatur in den Gesellschaftsbibliotheken stammte zumeist von heute nicht oder kaum mehr bekannten Autoren, die dem Zeitgeschmack entsprachen und deren Titel auch in von Buchhändlern betriebenen Leihbibliotheken angeboten wurden. Abgelehnte Gesellschaftsbewerber und andere Leser konnten sich in diesen Buchfirmen also mit adäquater belletristischer Literatur versorgen, entbehrten aber des sozialen Prestiges und der damit verbundenen wirtschaftlichen Vorteile, die eine Mitgliedschaft in einer exklusiven Lesegesellschaft unter der Hand mit sich brachte. Überdies hatten die Lesegesellschaften mit der Vielzahl ihrer angebotenen Periodika gegenüber den Leihbibliotheken, die mit Blick auf ihren Umsatz nur Gängiges anboten, die Nase vorn.

Die Ausleihfrequenz einer Gesellschaft war nicht festzustellen, sehr wohl aber, dass die Familie des Mitglieds mit Literatur – außer Periodika – mitversorgt wurde. Lesegesellschaften arbeiteten der kommunalen Kulturarbeit vor: Stadtbibliotheken verdanken zum einen aufgelösten Lesegesellschaften oftmals einen Teil ihres Bücherbestandes, zum anderen ist die Funktion der Lesegesellschaften als Kulturvermittler für die Öffentlichkeit in Klein- und Mittelstädten (z. B. Casino Nördlingen) nicht zu unterschätzen. Mit der Organisierung von Konzerten, öffentlichen Bällen, Vortragsabenden, Ausstellungen etc. können Lesegesellschaften geradezu als Vorläufer städtischer Kulturämter gelten. In der Großstadt konnte die Lesegesellschaft das städtische Kulturangebot mit literarischen Veranstaltungen ergänzen, die Literarische Gesellschaft Augsburg wirkte sogar ausschließlich in diesem exoterischen Sinne.

Es hat den Anschein, dass mit dem westlichen Gebietszuwachs Bayerns 1802 ein Gesinnungswandel stattfand: Von den einst des demokratischen Illuminatentums verdächtigten Lesegesellschaften – besonders von den neubaierischen – wurde jetzt besondere Staatsloyalität erwartet, die – mit Blick auf 1848, als von revolutionären Umtrieben nichts zu lesen ist – auch eingelöst wurde. Unter anderen Vorzeichen erwies sich der Bürgerverein Kaufbeuren als linientreu, als er 1934 seine Bibliothek von nichtnationalsozialistischer Literatur säuberte; dieser Loyalitätsbeweis könnte auch in anderen Orten vorgenommen worden sein, ohne dass darüber berichtet wurde.

Vereinzelt wurden Lesegesellschaften sozialcaritativ tätig und verbanden ihren literarisch(-geselligen) Zweck mit einem moralischen (Lese-Gesellschaft Augsburg), religiösen (Lesegesellschaft Altenstadt, Lese-Club Augsburg) oder sozialpolitischen (Bildungsverein Donauwörth, Lese-Club Augsburg) Anliegen. Für die beiden letztgenannten, die Arbeiterschaft, Handwerker und kleinen Angestellten als ihre Mitglieder zählenden Vereine, ist von einer linken Gesinnung auszugehen, wobei aber in den Archivalien keine Parteinamen genannt werden und nicht zu politischen Aktionen aufgerufen wird. Mit Ausnahme der Lesegesellschaft Dillingen und der Lese-Gesellschaft Augsburg, die dem katholischen Lager angehörten, spielte die Konfession der Mitglieder keine Rolle.

Eberhard A. Merk

Der Fabrikant, Baumeister und Bankrotteur Carl Wilhelm Rösling (1806–1887) aus Neu-Ulm

Ein genealogischer Streifzug durch Schwaben, die Schweiz und Amerika zwischen Früh- und Hochindustrialisierung

Abstractum: Im folgenden Artikel werden anhand einer quellengesättigten Ulmer/Neu-Ulmer Familiengeschichte einige wesentliche Aspekte und Kategorien jenes großen Transformationsprozesses erörtert, den man auch als Modernisierung, Industrialisierung oder Verwandlung der Welt bezeichnen kann. Expliziert werden diese Kategorien am Beispiel der alltäglichen Bewältigungstatsachen einzelner Familienmitglieder. Im Kern ein lebensnahes Panorama der Urbanisierung Schwabens im 19. Jahrhundert, verweist der vorliegende Beitrag auch auf die Konfliktlinien in der Beziehung der beiden benachbarten Gemeinwesen Ulm und Neu-Ulm einerseits sowie auf umfassendere Dynamiken und Entwicklungen innerhalb Deutschlands, Europas und des sogenannten Westens andererseits. Nicht zuletzt handelt es sich um eines der authentischsten Porträts der frühen Neu-Ulmer Stadtgeschichte.

Einleitung

Fiat Nachricht an Karl Rösling wies der Neu-Ulmer Polizeikommissär und Landrichter Johann Georg Hummel (1777–1855) in einer Randnotiz eines auf den 9. August 1831 datierten Schreibens an den Ulmer Stadtrat seinen Assessor/Polizeidiener an.[1] Besagter Rösling sollte davon unterrichtet werden, dass am Vormittag des 12. August 1831 die, von demselben sehnlichst erwartete, Vermessung beziehungsweise *Vermarkung* des ihm für die Errichtung seiner projektierten *Fabrik* zugewiesenen Bauplatzes am Fahrweg nach Reutti erfolgen werde.[2] Der Ulmer

1 StAA, Bezirksamt Neu-Ulm Akten 95 b. Zwar wurde das Landgericht und Polizeikommissariat Neu-Ulm bereits mit allerhöchster Entschließung vom 7.8.1831 aufgelöst und mit dem Landgerichts-Bezirk Günzburg vereinigt, de facto aber setzte die Behörde ihren Betrieb als *Polizeybureau* und Außenstelle des Landgerichts (älterer Ordnung) Günzburg bis April 1832 fort. Erst zum 1.7.1842 nahm das eigentliche Landgericht (ä. O.) Neu-Ulm seine Arbeit auf.

2 Eine (regionale) Etymologie und historische Semantik des Begriffsfeldes Fabrik kann im Rahmen dieses Beitrags nicht geleistet werden. Vgl. hierzu unter Vorbehalten den entsprechenden

Stadtrat wurde als *Angränzer* beziehungsweise als Grundbesitzer der an den Bauplatz angrenzenden (Ulmer) *Riedtheile* ebenfalls über die anstehende Vermessung informiert.[3] Alle Beteiligten waren dazu aufgerufen, diesem Rechtsakt als Zeugen beizuwohnen.

Für die Geschichte Neu-Ulms ist die erwähnte Randnotiz insofern von Bedeutung, als sie den Beginn der mehr oder weniger planmäßigen Bebauung außerhalb des eigentlichen Siedlungskerns markiert. Selbst wenn man den Siedlungskern Neu-Ulms, hier im engeren Sinne verstanden als die Donauinsel und die in den 1820er Jahren errichteten Gebäude im halbkreisförmigen *Gefüge* zwischen Kleiner Donau, Marien-, Augsburger und Donaustraße, um die Ausflugslokale und vereinzelten Wohn- und Gartenhäuser entlang der Landstraßen Richtung Süden (Weißenhorn / Memmingen) und Osten (Günzburg / Augsburg) erweitert, bedeutete das Ausgreifen ins Ried einen qualitativen Sprung.[4] Mögen die Existenz der Wohnung des *Hüters saemtlicher Koppenswerthgarten*, der 1811/15 lediglich als Provisorium (Unterstand) eingerichteten Illerüberfuhr / Maut (gegenüber dem württembergischen Wiblingen) und des jahrhundertealten sogenannten Gurrenhofs nördlich von Gerlenhofen für die Ulmer Grundbesitzer gerade noch hinnehmbar gewesen sein,[5] so empfand man eine gewerbliche Ansiedlung inmitten der angestammten Acker- und Wiesengründe des Ulmer Bürgertums in der ehemaligen Reichsstadt als eine Provokation. Für die, von bis in die jüngste Vergangenheit durch beiderseitige Missgunst und Eifersucht geprägten, Beziehungen der jungen Gemeinde auf dem rechten Donauufer zu ihrer großen Schwester Ulm erwies sich das Schreiben daher als eine der ersten großen Belastungsproben.[6]

Artikel in den Geschichtlichen Grundbegriffen (GG), Dietrich Hilger, Fabrik, Fabrikant, in: GG 2 (1979) S. 229–252.

3 Als weiterer Angrenzer wurde der *Goldochsenwirth* [Johann Jakob] *Wieland von Ulm* (1798–1859), der jüngere Bruder (und spätere Schwiegervater) des Ulmer Industriepioniers Philipp Jakob Wieland (1793–1873), zur Vermessung bestellt. Philipp Jakob Wieland heiratete 1862 in zweiter Ehe seine Nichte und zugleich Großcousine bzw. Nichte zweiten Grades Mathilde Wieland (1838–1920). Mit dieser zeugte er mehrere Kinder.

4 Barbara Treu, Dokumentation der Ausstellung, in: Stadtarchiv Neu-Ulm (Hg.), Materialien zu den baulichen Anfängen der Stadt Neu-Ulm im 19. Jahrhundert. Dokumentation der Ausstellung „Im Schatten des Münsters. Neu-Ulm. Die baulichen Anfänge im 19. Jahrhundert" veranstaltet vom 18. Mai bis 10. Juni 1990 im Edwin-Scharff-Haus in Neu-Ulm (Dokumentationen des Stadtarchivs Neu-Ulm 4) Neu-Ulm 1993, S. 11–173, hier 32.

5 Amt für Digitalisierung, Breitband und Vermessung (ADBV) Günzburg, Liquidationsprotokolle der Steuergemeinde Neu-Ulm (1834).

6 Leider liegt der Schwerpunkt der Grenzgeschichten von Michael Loerke auf der Nachkriegszeit (Zweiter Weltkrieg) des 20. Jahrhunderts. Die Beziehungen Ulms und Neu-Ulms im 19. Jahrhundert, zumal in der ersten Hälfte des 19. Jahrhunderts, finden hier kaum Berücksichtigung und werden, wenn überhaupt, nur am Rande gestreift. Vgl. Michael Loerke, Grenzgeschichten. Das Verhältnis zwischen Ulm und Neu-Ulm in der öffentlichen Meinung (Kleine Reihe des Stadtarchivs Ulm 2) Ulm 2004. Auch in der sonstigen Lokalgeschichtsschreibung hat das eigen-

Bekanntlich sah man sich in Neu-Ulm von Anfang an mit dem Umstand konfrontiert, dass sowohl die Ulmer Stadtverwaltung als auch vor allem die Ulmer Einwohner in Form der bürgerlichen Kollegien (Stadtrat und Bürgerausschuss) *sehr schel auf die hiesige Ansiedlung sehen, und gewiss alle Mittel versuchen werden, um dieser entgegen zu arbeiten und wo möglich sie zu hintertreiben.*[7] Dem heutigen Neu-Ulmer Stadtteil Schwaighofen hingegen eröffnete das *Fiat Nachricht* gleichsam das Licht der Welt.[8] Wer aber war jener Carl Wilhelm Rösling, der sich im Sommer 1831 anschickte, mitten im Ried eine Fabrik zu errichten und wegen dieser und anderer Unternehmungen, von welchen in der Folge die Rede sein soll, zweifelsohne verdient hat, in die Reihe der heute vergessenen Gründer der Stadt Neu-Ulm aufgenommen zu werden?

Carl Wilhelm Rösling – Herkunft, Kindheit und Reifejahre

Carl Wilhelm Rösling wurde am 11. Februar 1806 in Erlangen oder in (Hamburg-)Altona als drittes Kind des jungen preußischen Universitätsprofessors, Publizisten und Privatlehrers Dr. Christian Lebrecht Rösling (1774–1836) geboren.[9] Derselbe war als Sohn eines (evangelischen) Pfarrers und Schulrektors im sogenannten Meininger Oberland, einer Exklave des Herzogtums Sachsen-Meiningen, am Fuß des Hohen Thüringer Schiefergebirges in Schalkau und Mengersgereuth aufgewachsen. Die Mutter Carl Wilhelm Röslings, Anna Martha Barbara geb. Schlegel (1769–1830), war die Tochter des (evangelischen) Pfarrers von (Sugenheim-)Ullstadt (Lkr. Neustadt an der Aisch-Bad Windsheim) und diente vor der Heirat mit Christian Lebrecht Rösling im Jahr 1802 als Kammerfrau, sprich als erste und vertrauteste Kammerdienerin der in Erlangen residierenden verwitweten und kinderlosen Markgräfin von Brandenburg-Bayreuth Sophie Caroline

tümliche Verhältnis beider Gemeinwesen zueinander, von einigen Ansätzen abgesehen, bis heute noch keine ausführliche Darstellung erfahren.

7 StAA, Bezirksamt Neu-Ulm Akten 95 a. Vgl. hierzu unter Vorbehalten auch Eberhard A. Merk, Die Ortsgeschichte von Offenhausen zwischen 1309 und 2019, in: Stadtarchiv Neu-Ulm (Hg.), Offenhausen 1309–2019 (Dokumentationen des Stadtarchivs Neu-Ulm 15) Neu-Ulm 2020, S. 15–303, hier 224–231.

8 Vgl. hierzu die für 2024 geplante Veröffentlichung des entsprechenden Bandes der Dokumentationen des Stadtarchivs Neu-Ulm und die darin enthaltene Stadtteilgeschichte des Verf. Hier findet sich im Vorwort (Prolog) auch eine ausführliche Darstellung über die Umstände des Verlustes der Neu-Ulmer Altregistratur (Archiv).

9 Laut eigenen Angaben kam Rösling in Altona zur Welt. Vgl. Archiv des Evang.-Luth. Pfarramts Pfuhl (St. Ulrich), Familienbuch (1821–1856). Getauft wurde er jedoch zweifellos zehn Tage später in Christian Erlang(en) bzw. der Erlanger Neustadt (Universitätsgemeinde). Den Namen erhielt er nach seinem Paten und Onkel (Dr.) Johann Carl Wilhelm Rösling (1785–?), späterhin bayerischer Rentbeamter und Patrimonialrichter in Buttenheim (Lkr. Bamberg).

Marie von Braunschweig-Wolfenbüttel (1737–1817). Die Röslings verschlug es in den napoleonischen Wirren im Sommer 1809 schließlich in die damalige bayerische Provinz- beziehungsweise Kreishauptstadt Ulm. C. L. Rösling wurde zum (ersten) Professor an der hiesigen Studienanstalt (Gymnasium) ernannt und unterrichtete fortan die Ulmer Bürgersöhne in den Fächern Mathematik und Naturlehre (Physik).[10] Darüber hinaus hatte sich C. L. Rösling durch ein weitschweifiges mathematisches Lehrbuch (1805), den ersten Band seines Kompendiarischen Handbuchs der Technologie (1806, zusammen mit seinem Bruder Johann Carl Wilhelm) und vor allem durch seine dreibändige sogenannte Neue Fabriken-Schule (1806–1808, als Autor und Herausgeber) bereits einen gewissen Bekanntheitsgrad erworben. Insbesondere der zweite Band der Fabriken-Schule wurde vom Publikum geradezu begeistert aufgenommen.[11]

In Ulm hingegen erfuhr der eigensinnige Akademiker zeitlebens nur wenig Anerkennung. Zwar durfte er auch nach der Übergabe der Stadt an Württemberg sein Amt und seinen Professorentitel behalten, die Familie befand sich seit ihrer Ankunft an der Donau jedoch *in einer äußerst beschränkten Lage.*[12] Nachdem Rösling in Ulms bayerischer Zeit noch gestattet wurde, Quartier im eigentlich für den Rektor vorgesehenen Schulgebäude auf dem westlichen Münsterplatz (ehemaliges Barfüßerkloster) zu nehmen, musste er mit seiner inzwischen siebenköpfigen Familie Anfang 1812 in die wesentlich kleinere Amtswohnung in der heutigen Sattlergasse 4 (Ulm) umziehen. C. L. Rösling sollte es in der Folge, trotz intensiver Bemühungen, aussichtsreicher Bewerbungen und publizistischer Achtungserfolge, nicht mehr gelingen, seine von den Franzosen in Erlangen jäh unterbrochene akademische Karriere fortzusetzen. Er fühlte sich *in dem Lande, in welchem* [er] *zu dienen das Glück genieße,* [je länger umso mehr als] *ein Fremder.*[13] Der ehemalige außerordentliche Universitätsprofessor Rösling *(einige sagen: blos Privat-Docent)* repräsentierte aus Sicht des Ulmer (Aktiv-)Bürgertums, wie kein anderer (halb-)staatlicher Beamter, sowohl den Verlust der reichsstädtischen Freiheiten als auch den, das städtische Gemeinwesen bisweilen überfordernden, Reformeifer des württembergischen Landesregiments (Beamtenherrschaft).[14] Die Ulmer konnten Rösling zudem nie verzeihen, dass er in Ulms bayerischer Zeit den förmlichen Vorrang vor einem Mitglied einer alteingesessenen Familie erhalten

---

[10] Eine ausführliche Lebensbeschreibung Christian Lebrecht Röslings erscheint (voraussichtlich 2025) in Bd. 64 der Zeitschrift Ulm und Oberschwaben (UO).

[11] Vgl. Allgemeiner Kameral- Oekonomie- Forst- und Technologie-Korrespondent für Deutschland 2 (1807) S. 253–256 sowie Göttingische Gelehrte Anzeigen v. 18.6.1808 (1808,1) S. 961–966.

[12] HStA Stuttgart, E 200 Bü 326.

[13] Ebd.

[14] HStA Stuttgart, E 200 Bü 327.

hatte. Dass er glaubte, sich – zu allem Überfluss und beruhend auf gegenseitiger Ablehnung – ausgerechnet mit dem einflussreichen Stiftungsverwalter Senator Conrad Daniel (von) Dieterich (1769–1856), *der grauen Eminenz des Ulmer Biedermeier*, anlegen zu müssen, dürfte spätestens seit Ende der 1820er Jahre jegliche Aussicht auf ein berufliches und gesellschaftliches Fortkommen zunichte gemacht haben.[15] Es nimmt daher kein Wunder, dass auch C. L. Röslings Gesuche um das Ulmer Bürgerrecht ohne Erfolg blieben.

Carl Wilhelm Rösling wuchs seit seinem neunten Lebensjahr als Einzelkind auf. Zwei ältere und zwei jüngere Geschwister waren bereits im November 1813 in kurzer Folge an Scharlach gestorben, eine jüngere Schwester verstarb einige Wochen nach der Geburt im September 1814. Über das Heranwachsen und die Reifejahre von Carl Wilhelm Rösling erfahren wir ansonsten so gut wie nichts. Ob er, wie sein 1813 verstorbener älterer Bruder, das Ulmer Gymnasium besuchte, ist nicht bekannt.[16] In den Matrikeln der süddeutschen Universitäten jedenfalls findet sich sein Name nicht. Der Abschluss einer Ausbildung zum Handwerker und der anschließende Besuch einer der in den 1820er Jahren aufkommenden staatlichen Baugewerksschulen gilt ebenfalls als nahezu ausgeschlossen. Vieles spricht dafür, dass Carl Wilhelm Rösling sich die für seinen späteren Werdegang erforderlichen Kenntnisse überwiegend im väterlichen Haus angeeignet hatte. In einer gegen Georg Wilhelm Muncke (1772–1847) in Heidelberg gerichteten Antikritik aus dem Jahr 1823/24 jedenfalls merkte der Vater C. L. Rösling beiläufig an, dass ihm sein Sohn bei physikalischen Experimenten assistiere.[17] Womöglich verbrachte Carl Wilhelm auch einige Zeit bei seinem Onkel Friedrich Timotheus Rösling (1790–1870) in Ansbach oder nahm Unterricht im Privatinstitut des Kunstschreiners und architektonischen Zeichenlehrers der (seit 1826 bestehenden) Ulmer Sonntags- beziehungsweise Gewerbeschule Johann Konrad Me(t)zger (1766–1834).[18]

Ansonsten dürfte sich der junge Mann in den Ulmer Kaffeehäusern und den Ausflugslokalen der Umgebung herumgetrieben und nach einer passenden Braut Ausschau gehalten haben. Tatsächlich heiratete Carl Wilhelm Rösling am 13. Oktober 1829 in (Neu-Ulm-)Pfuhl (St. Ulrich) die aus Göppingen stammen-

---

15 Rudolf Max Biedermann, Ulmer Biedermeier im Spiegel seiner Presse (Forschungen zur Geschichte der Stadt Ulm 1) Ulm 1955 (zugl. Diss. Univ. München 1954) S. 213.

16 Vgl. StadtA Ulm, B 230/00 Nr. 2/2.

17 Christian Lebrecht Rösling, Antikritik, in: Intelligenz-Blatt für die Heidelberger Jb. der Literatur NF 4,1 (1824) Nr. 2, S. VIII–XI, hier IX.

18 Friedrich Rösling hatte bereits 1805 ein Architekturstudium in Erlangen aufgenommen. 1817 war er als Dessinateur bei der bayerischen Generalforstadministration und als Zeichenlehrer am Erziehungs-Institut für Studierende (sog. Hollandeum), vormals Albertinum, in München angestellt. 1822 heiratete er, inzwischen (Forst-)Rechnungskommissär bei der Kammer der Finanzen der Regierung des Rezatkreises, in Ansbach die Tochter eines Oberförsters aus Baumholder. Späterhin übernahm er das Filial-Zahl- und Stempelamt in Nürnberg, wo er 1870 verstarb.

de Johanna Charlotte (Lotte) geb. Bäuerle (1808–1846). Lotte Bäuerle war vor der Hochzeit mit Rösling (bis mindestens Herbst 1827) indes mit dem gelernten Schriftsetzer / Buchdrucker Karl Friedrich Joseph Rath (1802–1876) verlobt. Für eine nähere Bekanntschaft von Karl Rath mit der Familie Rösling gibt es zwar keinerlei hinreichende Belege, vieles, insbesondere das (namentlich nachgewiesene) gemeinsame soziale Umfeld, scheint jedoch darauf hinzudeuten. Es lohnt sich daher, einen etwas ausführlicheren Blick auf das Schicksal dieses aus Stuttgart gebürtigen Sohnes eines württembergischen Leibgrenadiers und Zollvisitators zu werfen.

Exkurs Karl / Carlos Rath (1802–1876): Ulm / Neu-Ulm, Tübingen, Heilbronn, São Paulo

Karl Rath war bereits im Sommer / Herbst 1826 *im Begriff,* [sich] *in NeuUlm als Mahler, Bildhauer und Dosenfabrikant niederzulassen, wenn* [er] *nicht von den alle Gewerbe niederdrückenden Mauthverhältnisse*[n] *genauere Kenntniß erhalten hätte.*[19] Noch war der Vertrag über den Bayerisch-Württembergischen Zollverein (Süddeutscher Zollverein, 1. Juli 1828) nicht unterschrieben. Neu-Ulm blieb vorerst, obgleich sich schon einige Gewerbetreibende und Privatleute hier niedergelassen hatten, wenig attraktiv für eine Ansiedlung. Der in Derendingen (Tübingen) heimatberechtigte Rath wandte sich daher Anfang November 1826 an den Ulmer Stadtrat mit der Bitte um Aufnahme in das Ulmer Bürgerrecht. Immerhin sei es ihm in kürzester Zeit gelungen, *durch das Mahlen namentlich auf Leinwand, wovon* [er] *auch hier bei der Verfertigung zweier Decorationen für das hiesige Theater Proben abgelegt habe, einen schönen Verdienst* zu erhalten.[20] Außerdem verfertige er, *nach dem Urtheile der Kenner*, durchaus gelungene Schnitzereien aus Holz, kleinere Steinbildhauer- sowie *Papparbeiten* (lackierte Tabaksdosen) und könne, da geschwisterlos, in nicht allzu ferner Zukunft mit einer auskömmlichen Erbschaft rechnen.[21]

Allerdings war das junge Königreich Württemberg politisch, sozial und wirtschaftlich noch kaum integriert. Weder war die Freizügigkeit eindeutig geregelt, noch der gewerbliche Zunftzwang abgeschafft und setzte vor allem der Ulmer Bürgerausschuss, als selbstbewusster Repräsentant der politischen (Stadt-)Gemeinde, alles daran, jeglichen Zuzug Unvermögender sowie die dauernde Aufnahme Ortsfremder (und Heimatloser) in das Ulmer Bürgerrecht zu verhindern.[22]

---

19 StadtA Ulm, B 122/51 Nr. 23 § 38.

20 Ebd. Rath betonte, dass seine *Art zu mahlen von keinem der hiesigen Mahler angewendet wird.*

21 Ebd.

22 Vgl. hierzu Simon PALAORO, Städtischer Republikanismus, Gemeinwohl und Bürgertugend. Politik und Verfassungsdenken des Ulmer Bürgertums in Umbruchzeiten (1786–1825) (For-

Raths *Erwerbszweig* würde nicht nur *meistens von Zufall und Mode* abhängen.[23] Auch lieferten die Ulmer Kaufleute weitaus bessere fabrikmäßig hergestellte Produkte und war Rath aus Sicht der Ulmer *wie bekannt* ohnehin *kein großer Künstler.*[24] Der Stadtrat folgte der Empfehlung des Bürgerausschusses und wies das Aufnahmegesuch kurzerhand ab, nicht ohne *aber dabey erkennen zu geben, daß man* [dem Rath] *erlauben wolle, seine Kunst* [Malerei und Bildhauerei] *hier auszuüben.*[25] Nachdem sich auch das Oberamt diese Auffassung zu eigen gemacht hatte, formulierten die zünftig organisierten Ulmer Flachmaler ihren entschiedenen Vorbehalt. Einerseits fürchteten sie die Konkurrenz des als Pfuscher, sprich unzünftigen Handwerker, überführten Rath – für Säcklermeister Theodor Kießling (1784–1846) gestaltete er eine *Tafel an* [dessen] *Laden* in Lit. A Nr. 342, im Kaffeehaus von Johann Christoph Falschebner (1773–1834) strich er auf Wunsch eines Hauptmanns das sogenannte *Gold Zimmer* und für den Ulmer Mohren-Apotheker und passionierten Geschichtsfreund Carl Reichard (1783–1869) hatte er *an der Bordüre eines Zimmers* gepfuscht.[26] Andererseits fühlten sich die hiesigen Gewerbetreibenden in ihrer Ehre als brave *Bürger und Familien-Väter* gekränkt.[27] Rath war bei den Ulmer Caffetiers ein gern gesehener Gast und verkehrte mit Lotte Bäuerle, dem Vernehmen nach, in einem sittlich keineswegs einwandfreien Verhältnis. Unter diesem Eindruck gelang es den Flachmalern, eine offizielle Abmahnung zu bewirken, *indem man* [den Rath] *bei wiederholten Klagen aus der Stadt weisen müßte.*[28] Da Rath auch sein angegebenes Barvermögen in Höhe von

schungen zur Geschichte der Stadt Ulm 33) (zugl. Diss. Fernuniv. Hagen 2013) Stuttgart 2013, S. 253–258; Raimund Waibel, Stadt und Verwaltung. Das Bild des Ulmer Gemeinwesens im 19. Jahrhundert, in: Hans Eugen Specker (Hg.), Ulm im 19. Jahrhundert. Aspekte aus dem Leben der Stadt (Forschungen zur Geschichte der Stadt Ulm – Dokumentation 7) Ulm 1990, S. 279–354, hier 285. Wolf-Dieter Hepach, Ulm im Königreich Württemberg 1810–1848. Wirtschaftliche, soziale und politische Aspekte (Forschungen zur Geschichte der Stadt Ulm 16) (zugl. Diss. Univ. Erlangen 1973) S. 52 f., S. 100, S. 108. Instruktive Einführungen zur Entwicklung des Bürgertums im 19. Jahrhundert im Spannungsfeld zwischen Staat und Stadt bieten Hans-Walter Schmuhl, Bürgertum und Stadt, in: Peter Lundgreen (Hg.), Sozial- und Kulturgeschichte des Bürgertums. Eine Bilanz des Bielefelder Sonderforschungsbereichs (1986–1997) (Bürgertum. Beitr. zur europäischen Gesellschaftsgeschichte 18) Göttingen 2000, S. 224–248; Dieter Langewiesche, Stadtbürger – Staatsbürger. Grundmuster bürgerlicher Interessenpolitik im 19. Jahrhundert, in: Hans Eugen Specker (Hg.), Einwohner und Bürger auf dem Weg zur Demokratie. Von den antiken Stadtrepubliken zur modernen Kommunalverfassung (Forschungen zur Geschichte der Stadt Ulm 28) Ulm 1997, S. 162–174.

23 StadtA Ulm, B 005/5 Nr. 22, Ratsprotokoll (RP) v. 12.11.1826 § 1721.

24 Ebd.

25 StadtA Ulm, B 122/51 Nr. 23 § 38. Vgl. hierzu auch ebd. B 005/5 Nr. 22, RP v. 7.11.1826 § 1571.

26 StadtA Ulm, B 121/15 Nr. 33. Vgl. hierzu auch ebd. B 005/5 Nr. 23, RP v. 23.1.1827 § 104.

27 Ebd.

28 Ebd.

500 fl. (Gulden) nicht hatte nachweisen können, entschied die zuständige Kreisregierung Ende Februar 1827 schließlich auf Ablehnung des Gesuchs.

Der junge Lebenskünstler ließ sich davon jedoch nicht beeindrucken und stellte im September 1827 für sich und seine Verlobte Lotte Bäuerle erneut die Bitte um Aufnahme in das Ulmer Bürgerrecht.[29] Rath, seit Ende März 1827 Vater eines unehelichen Kindes aus einer offenbar flüchtigen Bekanntschaft zu Maria Magdalena Feiner, Tochter des Forstwarts Franz Xaver Feiner (in oder aus Neuburg an der Donau), sah sich nun in der Lage, auf ein gemeinsames Barvermögen von über 1.500 fl. zu verweisen.[30] Außerdem habe die Mutter Lottes, die Witwe des Kupferschmieds Friedrich Bäuerle (1758–1820) aus Göppingen, für ihre Tochter inzwischen ein Haus erworben, weshalb die Verlobten *dereinst auf ein Gesamtvermögen von wenigstens 5000 fl. zu hoffen* vermochten.[31] Tatsächlich hatte Charlotte Bäuerle geb. Remshard (1767–1836) zur selben Zeit von Kasernenverwalter (Zeughaus) Johann Immanuel Allich (1767–1850) das dreistöckige Wohnhaus Lit. D Nr. 142 (heute Bockgasse 11, Ulm) gekauft. Im Stadtratsprotokoll vom 18. September 1827 wurde jedoch ausdrücklich festgehalten, *daß durch diesen Hauskauf der Käuferin und ihrer Tochter kein Recht auf das hiesige Bürgerrecht erwachße*.[32] Das Gesamtvermögen hätte ohnehin lediglich einen jährlichen Zins von etwa 50 fl. abgeworfen. Die Ulmer Behörden ließen sich nicht mehr von ihrer ursprünglichen Einschätzung abbringen. Das Gesuch wurde abermals abgelehnt. Wenige Tage später wurde die Verbindung von Karl Rath und Lotte Bäuerle auf die Anzeige der Braut hin wieder gelöst.[33] In der Folge verlobte sich Bäuerle mit Carl Wilhelm Rösling.

Der weitere Lebensweg Raths soll hier als Vergleichsfolie und Möglichkeitshorizont wenigstens in seinen Grundzügen dargestellt und angedeutet werden. Rath verließ das biedermeierliche Ulm, kehrte damit auch einer durchaus möglichen Zukunft in Neu-Ulm den Rücken, trat Ende Januar 1828 eine Stelle als Aufwärter beziehungsweise Konservator beim Tübinger Universitäts-Naturalien-Cabinet an und heiratete im darauffolgenden April, ebenfalls in Tübingen, die bereits im zweiten Monat schwangere Ulmer Halbwaise Elisabeth Benigna Buck

---

[29] Vgl. StadtA Ulm, B 005/5 Nr. 23, RP v. 11.9.1827 § 1266.

[30] Laut Taufregister soll der Maler und Bildhauer Rath das Kind in Ulm eigenhändig zur Welt gebracht haben. Als Pate wurde bezeichnenderweise der Caffetier Peter Spangenberg(er) (1780–1835) eingetragen. Hier im Spangenberg(er)schen Kaffeehaus des Sohnes Karl Ludwig Spangenberg(er) (1812–1848) sollte 1838 die am *gewerblichen Fortschritt* orientierte (dritte) Ulmer Bürgergesellschaft gegründet werden. Hepach, Ulm im Königreich Württemberg (wie Anm. 22) S. 145.

[31] StadtA Ulm, B 122/51 Nr. 23 § 38.

[32] Hier StadtA Ulm, B 054/74 Nr. 18.2 fol. 123v.

[33] Vgl. StadtA Ulm, B 005/5 Nr. 23, RP v. 2.10.1827 § 1364.

(1804–1841).[34] Neben seiner vorgesehenen Tätigkeit trat er zudem als Entomologe, Kartograph und Geoplastiker in Erscheinung. Die Universität honorierte seine, wenn auch eigensinnigen, so doch außergewöhnlichen Leistungen mit einer Art Lehrbefugnis für Naturgeschichte (Württembergs), Geographie und Petrefaktenkunde (Paläontologie). Rath scheint spätestens seit dieser Zeit auch ein ausgeprägtes Fernweh verspürt zu haben. 1832 gab er einem seiner Söhne, womöglich nach dem Vorbild des Hauff'schen Märchens vom falschen Prinzen, den Namen Omar. 1833 soll er ein sehr detailliertes Reliefmodell von Holländisch-Guyana (Surinam) angefertigt haben.[35] Im folgenden Jahr veröffentlichte Rath mit seiner *Beschreibung der bei Erpfingen* [...] *neu entdeckten Höhle* (Reutlingen, 1834) einen, seinerzeit nahezu unbeachtet gebliebenen, „Meilenstein der Höhlenforschung in Württemberg".[36] 1835 holte ihn der Verdacht der Teilnahme an der sogenannten Franckh-Koseritz'schen Verschwörung von 1832/33 wieder ein.[37] Als ehemaliger Druckergeselle gehörte Rath zweifelsohne zu jenem „gärenden Element", aus welchem sich der wirtschaftliche und vor allem der politische (Ultra-) Liberalismus des Vormärz speiste.[38] Tatsächlich konnte ihm eine, wenn auch geringe, Beteiligung an diesem erfolglosen radikaldemokratischen, ja revolutionären

---

34 Der Ulmer Stadtrat hatte bereits seit Ende Januar Kenntnis von der beabsichtigten Verheiratung und befürwortete, im Gegensatz zum Pfleger der Braut, eine Verbindung der Buck mit Rath. Gerne wollte man ihr in Ulm *gegen Deponirung eines Bürgerrecht-Verzichtbriefs* den für die Hochzeit erforderlichen Geburtsbrief ausstellen. StadtA Ulm, B 005/5 Nr. 24, RP v. 29.1.1828 § 119.

35 Nach mehreren Autor:innen könnte Rath 1833 für diesen Zweck auch eine (erste) Reise nach Südamerika unternommen haben. Vgl. Friedrich Sommer, Gestalten aus dem alten São Paulo. Die beiden Rath, in: Deutsche Nachrichten v. 28.9.1948 (Zeitungsartikel, Arquivo do Instituto Martius-Staden, G IV b, n° 43/10); Friedrich Sommer, Die beiden Rath, in: Friedrich Sommer (Hg.), Die Deutschen in São Paulo, Bd. 3,1 São Paulo 1945 (Manuskript, Arquivo do Instituto Martius-Staden, 3862/00) S. 55–59; Ariadne de Freitas Acosta Baldin, A presença alemã na construção da cidade de São Paulo entre 1820 e 1860, Diss. Univ. São Paulo 2012, S. 145 f. https://www.teses.usp.br/teses/disponiveis/16/16133/tde-26062012-120300/publico/tese_adriane.pdf [7.10.2021]. Rath selbst erweckte in späteren Veröffentlichungen den Eindruck, er habe die Daten für das Modell vor Ort erhoben. Vgl. ebd. S. 145. Laut eigenen Aussagen hatte er im Gefolge der Herrnhuter Mission [s]*chon früher* [vor 1846] *in Surinam* an einer *Aufgrabung* teilgenommen. Karl Rath, Die Sambaquis oder Muschelhügelgräber Brasiliens, in: Globus. Illustrirte Zs. für Länder- und Völkerkunde 26 (1874) S. 193–198, S. 214–218, hier 194.

36 Thomas Rathgeber, Zum 175-jährigen Jubiläum der Erpfinger Bärenhöhle wurde das erstaunliche Leben des angeblich verschollenen Karl Rath (1802–1876) in Brasilien bekannt, in: Laichinger Höhlenfreund 44 (2009) S. 228–231, hier 228.

37 Vgl. Wilfried Setzler, Carl Rath, Conservator am Naturalien-Cabinet in Tübingen, in: Abh. zur Karst- und Höhlenkunde 7 (Reihe F, Geschichte der Speläologie, Biographien) (1978) S. 25–29, hier 27. Herrn Thomas Rathgeber, ehrenamtlicher Mitarbeiter am Staatlichen Museum für Naturkunde in Stuttgart, sei an dieser Stelle für die Überlassung einer Reproduktion dieser Spezialliteratur gedankt.

38 Gad Arnsberg, „... über die Notwendigkeit einer deutschen Republik". Die württembergische Militär- und Zivilverschwörung 1831–1833 (Veröffentlichungen der Kommission für ge-

Umsturzversuch nachgewiesen werden. Eine Entfernung vom Dienst empfahlen die zuständigen Esslinger Richter indes nicht. Erst im August 1836 wurde Rath, nicht zuletzt wegen seines als überheblich empfundenen Auftretens, eine Weiterbeschäftigung an der Universität versagt.[39] Das Urteil gegen Rath erfolgte hingegen erst Anfang 1838. Zwar hatte sich der *Verdacht der Beihülfe zu der versuchten Befreiung* des Stuttgarter Buchhändlers Friedrich Gottlob Franckh (1802–1845) aus dem Oberamtsgerichtsgefängnis in Tübingen nicht erhärtet, der Kriminalsenat des Gerichtshofes für den Neckarkreis verurteilte Rath jedoch wegen *fortgesetzter Collusionen* [i. S. v. Verschwörung] *mit diesem Arrestanten* (Franckh) zu einer zehntägigen Gefängnisstrafe.[40]

Nach weiteren Stationen in Heilbronn, wo er unter anderem ein Porträt (Wachsbossierung) des Heilbronner Arztes und Physikers Julius Robert (von) Mayer (1814–1878) erstellte, und Öhringen (ab 1841/42) und mehr oder weniger erfolgreichen Versuchen, sich als Modellbauer, Erfinder und Mechanikus selbständig zu machen, schiffte sich Rath im August 1845, wenige Wochen nach der Geburt seiner jüngsten Tochter aus zweiter Ehe, ohne Familie nach Südamerika beziehungsweise Brasilien ein und kehrte nicht wieder nach Deutschland zurück.[41] In Brasilien unternahm er, im Auftrag der Provinzregierungen von Santa Catarina, Paraná und São Paulo zahlreiche naturkundliche Expeditionen und erwarb sich durch seine vielseitigen Kenntnisse und Fertigkeiten rasch ein gewisses Ansehen und Einkommen. 1854 beantragte Rath die brasilianische Staatsbürgerschaft. Bereits seit Anfang der 1850er Jahre stand er als Wasser- und Straßenbauingenieur, Kartograph, Stadtplaner, Gutachter und Berater auch in den Diensten der Gemeinde São Paulo, wo er sich zur selben Zeit niedergelassen hatte. In der deutschen Kolonie der Stadt spielte er als Vereinsgründer und Theatermacher eine zentrale Rolle. Neben seinen beruflichen, sozialen und kulturellen Engagements und Verpflichtungen fand er auch im Alter noch Gelegenheit, seine wissenschaftliche Neugierde zu befriedigen. So soll er mit seiner Naturaliensammlung den Grundstein für das heutige Museu Paulista (Museu do Ipiranga) gelegt und sich zuletzt auch als (Kultur-)Anthropologe betätigt haben. Fünf Jahre vor seinem Tod

---

schichtliche Landeskunde in Baden-Württemberg Reihe B Forschungen 211) Stuttgart 2017, S. 122. Zum Begriff des Ultraliberalismus, vgl. ebd. S. 163–167.

39 Vgl. Setzler, Carl Rath (wie Anm. 37) S. 27.

40 StA Ludwigsburg, E 319 Bü 5. In diesem Prozess musste u. a. auch der aus Ulm stammende Koredakteur des vermutlich ersten deutschen (liberalen) Parteiorgans, der von Ende 1830 bis Anfang 1833 in Stuttgart erscheinenden Zeitung Der Hochwächter, (Prof.) Dr. Johannes Mährlen (1803–1871) aussagen. Vgl. hierzu auch Peter Huber, Visionär in Zeiten des Umbruchs. Johannes Mährlen. Ökonom, Sozialreformer und Freund Mörikes, Stuttgart / Leipzig 2008, S. 60.

41 Besagte Wachsbossierung ist im Stadtarchiv Heilbronn überliefert, vgl. StadtA Heilbronn, D032-408. Späterhin folgte Rath einer seiner Söhne nach Brasilien.

verfasste Rath auf Portugiesisch ein Manuskript über die sogenannten Sambaquis oder Austern-, Kalk- beziehungsweise Muschelhügelgräber der Küsten Brasiliens. Selbst der brasilianische Kaiser Dom Pedro II. (1825–1891), Rath seit spätestens 1846 persönlich bekannt, interessierte sich für diese Forschungen und ließ sich darüber unterrichten.

Es ist hier, wie gesagt, nicht der Ort, alle Einzelheiten des Werdegangs dieses schwäbischen Abenteurers, sowohl in der alten als auch in der neuen Welt, nachzuzeichnen. Festzuhalten bleibt lediglich, dass Karl Rath, nach glücklosem Beginn in Ulm beziehungsweise Neu-Ulm, als (Dr.) Carlos Frederico José Rath einen nicht unerheblichen Anteil an der frühen urbanen Entwicklung São Paulos hatte.[42] Er gilt dort nicht umsonst als eine der wichtigsten Persönlichkeiten der europäischen Einwanderung.[43] In der heutigen Megacity ist im Stadtteil Alto do Pinheiros, unweit der Universität USP, eine Straße in einem bürgerlichen Wohnquartier nach ihm benannt. In Ulm und Neu-Ulm hingegen erinnert nichts mehr an diesen talentierten Tausendsassa und Autodidakten. Aus der Rückschau ließe sich immerhin die Frage stellen, welche Rolle Rath, sofern er seine Absicht, sich in Neu-Ulm oder Ulm ansässig zu machen, verwirklicht haben würde, beim Aufbau der Gemeinde beziehungsweise der (Weiter-)Entwicklung des Neu-Ulmer oder Ulmer Gemeinwesens gespielt haben könnte. Die Beantwortung dieser Frage bliebe freilich eine kontrafaktische Spielerei. Schließlich war es nicht Karl Rath, sondern Carl Wilhelm Rösling, der im Sommer / Herbst 1829, zusammen mit seiner Braut / Ehefrau Lotte, das Neu-Ulmer Bürgerrecht erwarb und sich in der jungen Gemeinde an der Donau ansässig machte.

Carl Wilhelm Rösling als junger Familienvater, Chemiker und Fabrikant

Carl Wilhelm Rösling und Lotte Bäuerle heirateten, wie schon erwähnt, am 13. Oktober 1829 in Pfuhl (St. Ulrich). Im eigentlichen Neu-Ulm existierten zu diesem Zeitpunkt noch keine Kirchengebäude. Das Heiratsregister des Pfuhler Pfarramts wies den Ehemann als *Inhaber einer chemisch.*[en] *Fabrik* aus.[44] Etwa zur selben Zeit veröffentlichte Carl Wilhelm Rösling zusammen mit seinem Vater bei der Stettin'schen Buchhandlung (Ulm) ein ziemlich weitschweifiges Lehr-

---

[42] Während Raths über 25-jährigem Aufenthalt in São Paulo verdoppelte sich die Einwohnerzahl der Stadt von schätzungsweise unter 15.000 auf deutlich mehr als 30.000 Einwohner und hatte damit in etwa so viele Einwohner wie Ulm.

[43] „Uma das figuras mais importantes da história da imigração alemã para São Paulo." BALDIN, A presença alemã (wie Anm. 35) S. 144. Vgl. hierzu auch Ariadne de Freitas Acosta BALDIN, Tijolo sobre tijolo. Os alemães que construíram São Paulo, Curitiba 2014.

[44] Archiv des Evang.-Luth. Pfarramts Pfuhl (St. Ulrich), K 14.

buch über den Gewölb-Bogen-Bau mit Schwerpunkt auf das Druckverhalten der Steine bestimmter (Kreis- und Korb-)Bogenformen. Der Titel des Buches weist Carl Wilhelm Rösling jedoch nicht als einen Fabrikanten, sondern als einen *der Architekt.*[ur] *Befl.*[issenen] aus.[45] Die Autoren unterließen es freilich nicht, ihrer Schrift *Erläuterungen durch Rechnungsbeispiele für die neue Donaubrücke bey Ulm* beizufügen.[46] Der Beginn der (Erd-)Bauarbeiten an der (am 9. Juni 1832 eröffneten und am 24. April 1945 gesprengten) Ludwig-Wilhelms-Brücke zwischen Neu-Ulm und Ulm (heute Herdbrücke) datierte auf den Mai 1828, die feierliche Grundsteinlegung des Baus wurde am 15. Oktober 1829, zwei Tage nach der Hochzeit C. W. Röslings mit Lotte Bäuerle, begangen. Ob es den Röslings mit ihrem *völlig neuen und äußerst mühevollen Werke* gelang, die Fachwelt und die zuständige Baukommission unter der Leitung von Kreisbaurat Georg Bühler (1797–1859) nachhaltig zu beeindrucken, darf ebenso in Frage gestellt werden, wie Zweifel an einer gemeinsamen Autorenschaft durchaus angebracht sind.[47]

Bereits einen Monat nach der Hochzeit, im November 1829, annoncierte Carl Wilhelm Rösling im Ulmischen Intelligenzblatt (UIB) als ein *Chemiker zu Neu-Ulm*: *Bey Unterzeichnetem ist Beinschwarz, welches auch unter dem Namen Frankfurter Schwarz und gebranntes Elfenbein bekannt ist, das Pfund zu 6 Kreuzer zu haben. Wird es in größerer Quantität genommen, so kann es um noch billigern Preis verabfolgt werden.*[48] Bei diesem Beinschwarz handelte es sich um vornehmlich aus Tierknochen und anderen tierischen Bestandteilen qua Pyrolyse hergestellte (Aktiv-)Kohle, welche gewinnbringend in erster Linie bei der Reinigung / Entfärbung von (Rüben-)Zucker, der Konservierung von Lebensmitteln und der Klärung von

---

45 Christian Lebrecht Rösling / Carl Wilhelm Rösling, Neugegründeter und vollständiger Unterricht in dem Gewölb-Bogen-Bau, gestützt auf Berechnung der Pressungen von Keil zu Keil, gemeinfaßlich gegeben und noch besonders nützlich gemacht durch Beifügung eines deutlichen Werkmeister-Büchleins, welches die durch Rechnungsbeispiele verdeutlichten Regeln für die Beantwortung aller möglichen in der Gewölbbogen-Construction aufgestellten Fragen enthält, Ulm 1829, Titelblatt. In gewisser Weise handelte es sich hierbei lediglich um die Weiterentwicklung der von C. L. Rösling bereits 1809/10 angestellten Gedanken und Berechnungen. Vgl. Christian Lebrecht Rösling, Analytisch-praktische Abhandlung über die Berechnung der Gewölbe [...] Geschrieben als Einladungsschrift zu den auf höchsten Befehl an der Königl. baier. Studienanstalt zu Ulm auf den 25 April d. J. festgesetzten Redeübungen der Gymnasiasten [...], Ulm 1810.

46 Rösling / Rösling, Unterricht (wie Anm. 45) Inhaltsverzeichnis und S. 210.

47 Ebd. Vorrede. Ein durchaus wohlwollender Rezensent im Allgemeinen Anzeiger bemerkte gar, dass die Rösling'sche Schrift in seinen Irrtümern lediglich einen Scheideweg markiere bzw. *das den Gewölbebau seit Jahrtausenden umgebende Dunkel beschließen* würde und empfahl seinen Lesern stattdessen ein Werk des Weinbrenner-Schülers Gottfried Bandhauer (1790–1837). O. A., Literaturgeschichte der Gewölbe, in: Allgemeiner Anzeiger und Nationalzeitung der Deutschen Nr. 104 (v. 19.4.1831), Sp. 1473–1477; Nr. 106 (v. 20.4.1831), Sp. 1489–1493; Nr. 108 (v. 22.4.1831), Sp. 1513–1517, hier Sp. 1516.

48 Ulmisches Intelligenzblatt (UIB) v. 12.11.1829.

Flüssigkeiten Verwendung fand (und im Übrigen auch noch heute Verwendung findet). An geeigneten Rohstoffen dürfte Rösling schwerlich Mangel gelitten haben. Nachdem 1813 die sich heute auf dem Neu-Ulmer Stadtgebiet befindlichen Orte und Weiler dem Distrikt des Wasenmeisters im relativ weit entfernten Leipheim zugeteilt worden waren, müssen die umliegenden Ökonomen und Tierhalter des Riedsaums (und somit auch einige Ulmer Bürger, v. a. Gastwirte und Metzger) über die zusätzliche Möglichkeit der Kadaverbeseitigung durchaus erfreut gewesen sein.[49] So oder so, Rösling muss spätestens zu diesem Zeitpunkt (November 1829) in einem der Gärten entlang des *Offenhauser Gäßchen* (gemeint ist hier die heutige Augsburger Straße) oder vielmehr entlang des sogenannten Geigergässchens ein Laboratorium beziehungsweise eine Knochenbrennerei, im damaligen Sprachgebrauch also ein chemisches *Fabrik-Geschäft* unterhalten haben.[50] Viel mehr als eine zweckmäßig eingerichtete, nicht notwendig gemauerte Gartenhütte mit Laboratorium, Pyrolyse- beziehungsweise Kalzinierofen und Rauchfang sollte man sich darunter aber nicht vorstellen. Der genaue Standort dieses Fabrik-Geschäfts ließ sich, trotz intensiver Nachforschungen, leider nicht mehr ermitteln; vieles spricht jedoch für eine Lokalisierung im nördlichen Bereich der zu diesem Zeitpunkt (Sommer / Herbst 1829) noch als solcher (Geigergässchen) bezeichneten, seit spätestens Mitte des 14. Jahrhunderts existierenden Wegführung.[51]

---

49 Zur ehemaligen Ulmer Klee- oder Wasenmeisterei im heutigen Offenhausen, vgl. Merk, Offenhausen (wie Anm. 7) S. 155–178, hier 171. Zum Begriff Riedsaum, vgl. Horst Gaiser, Der „Ulmer Winkel". Riedzaun? Riedsaum! Die Geschichte eines Mißverständnisses, in: Geschichte im Landkreis Neu-Ulm 15 (2009) S. 53–56.

50 StAA, Bezirksamt Neu-Ulm Akten 95 b. Wie schon in Anm. 2 erwähnt, kann eine (regionale) Etymologie des Begriffsfeldes Fabrik im Rahmen dieses Beitrags nicht geleistet werden. Zwar wurden in Ulm bereits seit Ende der 1750er Jahre vereinzelt Salmiak-, Berlinerblau- und Knochenbrennereien konzessioniert. Vgl. StadtA Ulm, A Rep. 10 (Städtische Produktionen und Konzessionen: Salmiakbrennerei). Und seit 1794 verleidete die *Salmiac Brennerei Hütte* von Hans Jakob Conrad(i) (1740–1799) im Herbelhölzle den Spazierenden die Promenade entlang der Donau Richtung Steinhäule. Vgl. Merk, Offenhausen (wie Anm. 7) S. 168 f. Röslings Unternehmung jedoch gründete auf einer, zumal für die hiesigen Verhältnisse, neuartigen Produktionsweise. Chemische Betriebe waren 1832 eine im (württembergischen) *Donaukreise ganz fremde Gattung von Fabriken.* Württembergische Jb. für vaterländische Geschichte, Geographie, Statistik und Topographie (WJbb) 15,1 (1832) S. 168. Vgl. StadtA Ulm, B 121/18 Nr. 4. Die Bezeichnung chemische Fabrik war im deutschen Sprachraum vermutlich erst um 1800 aufgekommen und orientierte sich nicht zuletzt an ausländischen Vorbildern sowie der gemeinhin als erste Chemiefabrik Deutschlands bezeichneten Salmiak-, Salz- und Farbenfabrik der Gebrüder Gravenhorst in Braunschweig. Vgl. Peter Albrecht, Die Farben und Chemikalien, in: Karl Heinrich Kaufhold u. a. (Hg.), Die Wirtschafts- und Sozialgeschichte des Braunschweigischen Landes vom Mittelalter bis zur Gegenwart, Bd. 2 Frühneuzeit, Hildesheim u. a. 2008, S. 573–579, hier 575.

51 Lediglich als ein Relikt dieses (spät-)mittelalterlichen Verbindungsweges von der Donau in den im 15./16. Jahrhundert abgebrochenen Ulmer (Pfalz und Reichsstadt) Vorort Schwaighofen muss das heutige Geigergässchen in der Neu-Ulmer Innenstadt angesehen werden.

Das Knowhow für diese Unternehmung dürfte Röslings Vater beigesteuert haben. Das notwendige Startkapital hingegen stammte in erster Linie von seiner Göppinger Schwiegermutter, der bereits erwähnten Charlotte Bäuerle geb. Remshard. Die Witwe Bäuerle hatte im August 1828 das erst kurze Zeit vorher erworbene Haus in der Ulmer Bockgasse (s. o.), *unter Beistand ihres bisherigen KriegsVogts*, an den Bäckermeister beziehungsweise Viktualienhändler / Merzler Georg Philipp Wagner (1797–1831) verkauft.[52]

Im darauffolgenden Jahr (1829) ließ sie für ihre Tochter und deren neuen Verlobten beziehungsweise Ehemann in Neu-Ulm das (Doppel-)Haus alt Nr. 57/58 (heute Standort Hafengasse 3, Neu-Ulm) errichten.[53] Seit Sommer 1829 nahmen auch die Eltern Röslings vorübergehend ihren Wohnsitz in Neu-Ulm.[54] Hier kam am 20. Mai 1830 auch das erste Kind des frisch vermählten Paars, Friedrich Rösling, zur Welt.

Die Geschäfte des jungen Hausvaters und Unternehmers scheinen indes nicht sonderlich gut gelaufen zu sein. Als potentieller Großabnehmer für die Rösling'sche Tierkohle kam zwar der Ulmer Kaufmann und Schlossherr aus (Neu-Ulm-)Reutti Johann Georg Friedrich Kispert (1778–1853) in Betracht. Kispert betrieb seit 1827/28 (bis mindestens 1844) unterhalb des Reuttier Schlossbergs eine Zuckerfabrik (spätere Schlossbrauerei) und hatte bereits auf der Augsburger Industrieausstellung im August 1829 für die Produktion von *Hutzucker eigener Raffinerie aus Rohrzucker* eine Silbermedaille erhalten.[55] Darüber hinaus bekam Kispert, zusammen mit sechs weiteren bayerischen Zuckerfabrikanten und -händlern, von der General-Zoll- und Maut-Direktion Begünstigungen *für die Einfuhr des Rohzukers* [...], *jedoch unter der Bedingung, daß sie denselben mit thierischer Kohle vermischen, und dadurch für jede andere Verwendung als zum Raffiniren unbrauchbar machen.*[56] Den Rohzucker bezog der Großhändler aus den Niederlanden / Holland beziehungsweise aus Übersee (Karibik).[57] Die Ulmer Kolonialwaren-Händler waren über die Konkurrenz der Reuttier *Zucker-Raffinerie* verständlicherweise

52 Vgl. StadtA Ulm, B 054/74 Nr. 18.2 fol. 124a. Bei diesem Kriegsvogt handelte es sich um einen gerichtlich bestellten Kurator oder Vormund. Witwen waren zur damaligen Zeit nicht beziehungsweise nur eingeschränkt rechtsfähig.

53 Vgl. hierzu u. a. StAA, Rentamt Neu-Ulm Kataster 17/I.

54 Vgl. StadtA Ulm, B 373/80 Nr. 3 und B 005/8 Nr. 6 (1829) § 466.

55 O. A., Bericht über die sechste Industrie-Ausstellung zu Augsburg welche im August 1829 bei der höchstbeglückenden Anwesenheit Ihrer Majestäten [...] von dem polytechnischen Verein für den Oberdonau-Kreis in Verbindung mit dem Magistrate der Königl. Kreishauptstadt Augsburg veranstaltet wurde, Augsburg 1829, S. 26. Kispert hatte als Einziger einen *Zucker von eigener Raffinerie* eingereicht. Ebd. S. 14.

56 Allgemeine Handlungs-Zeitung (Nürnberg) v. 23.2.1831, S. 97.

57 Vgl. Wolfgang Zorn, Handels- und Industriegeschichte Bayerisch-Schwabens 1648–1870 (Veröffentlichungen der SFG bei der KbL, Reihe 1, Bd. 6) Augsburg 1961, S. 199 f.

wenig erfreut.[58] Argwöhnisch beobachteten zudem die Engländer die wirtschaftspolitischen Entwicklungen auf dem europäischen Festland. Kisperts Raffinerie war zeitweise eine der größten in Bayern. Für die Produktion der hierfür benötigten Mengen an Tierkohle dürfte Röslings Unternehmung jedoch schlichtweg zu klein beziehungsweise zu unrentabel gewesen sein. Kispert führte auf dem Fahrweg immerhin *jährlich wenigstens 16000 Centner* [!] *theils rohen, theils veredelten Zucker mit schwer beladenem Fuhrwerk* [zwischen Ulm und Reutti] *hin und her.*[59] Womöglich hatte Kispert, entgegen den Bestimmungen der General-Zoll- und Maut-Direktion, anfangs auch mit Kalkmilch als Reinigungsmittel des Zuckerrohsaftes gearbeitet. Das nach 1834 angefertigte Grundsteuerkataster (Urkataster) der Steuergemeinde Reutti jedenfalls verzeichnete neben dem *Rafinerie Gebäude* auch eine Werkstatt nebst einer *Kalk, und Holzhütte.*[60] Noch 1835/36 wurde der Absatz der Kispert'schen Fabrik als so bedeutend bezeichnet, *daß er gegenwärtig eine zweite Raffinerie unter der Firma eines Magazins errichten muß.*[61]

Rösling hingegen scheint anfangs überhaupt kein regelmäßiges Einkommen mit der (in diesem Maßstab ohnehin saisonal schwankenden) Produktion von Beinschwarz erzielt zu haben. Aus diesem Grund richtete er im Erdgeschoss des Hauses (alt) Nr. 57/58 alsbald eine Schnapsbrennerei und Essigsiederei ein. Für Mitte Januar 1830 ist ein Kaufgesuch Carl Wilhelm Röslings für einen *Branntweinhafen von ungefähr 40 wirtemb. Maaß* überliefert.[62] Bereits Ende des Monats sah er sich in der Lage, das Angebot seiner *NeuUlmer chem.*[ischen] *Fabr.*[ik] um Spirituosen (*Branntwein* und *alle Arten Liqueurs*), Heilmittel und Stimulanzien (*Karmeliter Geist, Hofmännische Tropfen*), Duftwasser und Haushaltswaren (*Cöllnisches Wasser, Essig von bester Qualität*) sowie verschiedene chemische Zwischenprodukte (*blausaures Kali, Berliner Blau* und *Alleamarin*) zu erweitern.[63] Seine Tierkohle (*Beinschwarz, ganz feines*), wie alle Artikel *in jeder Quantität* abzugeben, empfahl er nurmehr für die Herstellung von *Glanzwichsen.*[64] Dementsprechend wandte sich im Frühjahr 1830 auch sein, inzwischen in den einst-

---

58 Johann Daniel Georg von MEMMINGER (Hg.), Beschreibung des Oberamts Ulm, Stuttgart/Tübingen 1836, S. 99.

59 StadtA Ulm, B 652/46 Nr. 12.

60 StAA, Rentamt Neu-Ulm Kataster Bd. 21. Besagte Kalkhütte wurde im Nachhinein aus dem Kataster gestrichen bzw. durch eine *Fabrick* ersetzt und tauchte in der Folge auch in den Briefprotokollen des Landgerichts Neu-Ulm nicht mehr auf. Ebd. Vgl. StAA, Landgericht Neu-Ulm Bd. 35.

61 O.A., Bericht der allerhöchst angeordneten Königlich Bayerischen Ministerial-Commission über die im Jahre 1835 aus den acht Kreisen des Königreichs Bayern in München stattgehabte Industrie-Ausstellung, München 1836, S. 191.

62 UIB v. 21.1.1830.

63 UIB v. 28.1.1830.

64 Ebd.

weiligen Ruhestand versetzter, Vater mit einer neuen *Chemische*[n] *Entdeckung* an das Ulmer und Neu-Ulmer Publikum.[65]

> *Bey physikalischen Versuchen entdeckte ich zufällig ein von allen das Leder zerfressenden Stoffen freyes Pulver, welches mit Wasser oder besser mit Bier zu einem dünnen Schleime angerührt, auf trockenes Leder getragen oder auch nur auf solches dünn aufgestreut, sodann aber gehörig auseinander gebürstet sehr geschwind einen schönen Glanz gibt. Diese Entdeckung habe ich meinem Sohne mitgetheilt, welcher ein Pfund des erwähnten Pulvers für 24 kr., aber in großen Quantitäten noch weit wohlfeiler, zu liefern vorräthig hat.*[66]

Am 18. September 1830 starb Röslings Mutter. Zu ihrem Todeszeitpunkt hielt sie sich, laut den Ulmer Kirchenbüchern, in Neu-Ulm auf. Noch im selben Jahr verließ auch Christian Lebrecht Rösling den Neu-Ulmer Hausstand und mietete sich bei dem oben erwähnten Säcklermeister Kießling ein.

Im Frühjahr 1831 stellte Carl Wilhelm Rösling beim Polizeikommissariat beziehungsweise Landgericht Neu-Ulm die Bitte, *daß ihm behufs der Zubereitung des Salmiaks und Amoniums* [sic] *aus thierischen Knochen ein dem K. Aerar gehöriger Platz zu Errichtung einer hierzu erforderlichen Hütte in einem billigen Anschlag überlassen werden möchte.*[67] Diese Bitte wurde über Günzburg an die Regierung des Oberdonaukreises weitergeleitet. Die Kammer des Innern der Regierung in Augsburg hatte gegen die käufliche Überlassung des in Frage kommenden Platzes *an den Fabrikanten Rössling in polizeylicher Hinsicht nichts zu erinnern.*[68] Die Kammer der Finanzen jedoch forderte das Rentamt in Günzburg Ende Juli 1831 auf, sich insbesondere über die eigentümlichen Besitzverhältnisse vor Ort zu äußern. Das Regierungsreskript landete via Günzburg also wieder in Neu-Ulm, woraufhin Polizeikommissär und Landrichter Hummel in seiner Erwiderung die näheren Umstände des projektierten Verkaufs erläuterte. In einem weiteren Schreiben an das Rentamt vom 4. August präzisierte Hummel, dass Rösling

> *bisher sein Fabrik-Geschäft in einem gemietheten Garten im Offenhauser Gäßchen* [sic] *zu Neuulm betrieben* [habe], *wegen dem unangenehmen Geruche* [aber gezwungen sei], *diese seine Fabrik in eine größere Entfernung und von allen Wohnungen weit abgelegen zu versezen. Der hiezu gewählte Plaz* [am Reuttier Fahrweg] *ist ein bisher ödgelegener Grund, der hiezu bequem und entbehrlich*

65 UIB v. 8.4.1830.

66 Ebd.

67 StAA, Rentamt Günzburg Akten 249. Vgl. hierzu und im Folgenden auch die ausführlicheren Erörterungen in der Stadtteilgeschichte von Schwaighofen (s. o. Anm. 8).

68 Ebd.

> *ist. Ein gelegenerer Grund ist nicht vorhanden, ausser kultivirte Privat-Gründe. Diese sind nur um äusserst hohe Preise zu haben, und dem Rösling würde die Ueberkommung* [der Erwerb] *eines solchen überdieß noch sehr erschwert werden, weil Niemand wegen diesen Geruch ihn zu einem Nachbar zu haben wünscht. Würde der fragl. Plaz öffentl. versteigert werden; so würde er aus dem nemlichen Grund von den angrenzenden Ulmer Gründebesizern überbothen werden, und es wäre zu befürchten, daß er solchen Grund nie erhalten möchte. Rösling hat sich hier als bairisch. Unterthan angesiedelt und die chemische Fabrik-Concession von der Regg. erhalten. Die Gartenmiethe möchte selbst auch schon auf künftiges Jahr zu Ende gehen. Da der Eigenthümer dessen demnächst von der Fremde zurückkommt, und den Garten wieder zurücknehmen; Rösling wäre in jeder Hinsicht dann an seiner Existenz sehr gefährdet. Der K. Regierung wird mehr an der Existenz einer angesiedelten Familie liegen, als an einem um etliche Gulden höheren Kaufpreis; zudem ist der befragl. Grund ein verlassener Gemeinds-Feldweg, und in seiner Wesenheit immer ein Gemeinds Grund.*[69]

Leider konnte, wie schon angemerkt, weder der genaue Standort noch der Eigentümer des genannten Gartens ermittelt werden. Rösling jedenfalls hatte seinen Pyrolyse- beziehungsweise Kalzinierofen bereits weit vor Ablauf des Mietvertrages auf den neuen Standort an der Reuttier Straße verlegt. Tatsächlich berichtete der Ulmer Stadtrat Christoph Friedrich Becker (1768–1840) seinen Kollegen in der Sitzung vom 26. Juli, dass Rösling *auf den Reutemer Weg eine Hütte gebaut – und* [ihm, Becker gegenüber] *geäußert habe, noch mehr Plaz in Anspruch zu nehmen, da die Stadt Ulm dorten kein Eigenthum besitze.*[70] Die Ulmer protestierten, unter Verweis auf den Staatsvertrag vom 5. August 1821, gegen die Vermarkung des ihrer Meinung nach widerrechtlich und *eigenmächtig in Besiz genommenen Plaz*[es] *am Reutemerweg* und sprachen sich gegen die Beteiligung eines Bevollmächtigten an der für den 12. August 1831 vorgesehenen *Marksezung* aus.[71]

Der letztlich unbegründete Protest der Ulmer blieb jedoch ohne Erfolg und mit Reskript vom 3. September 1831 erteilte schließlich auch das Staatsministerium der Finanzen in München der käuflichen Überlassung (Versteigerung) des fraglichen Grundes an Rösling die allerhöchste Bewilligung. Der Bau des sogenannten Riedhofs (Haus alt Nr. 75, heute Standort Reuttier Straße 71, Neu-Ulm), sprich eines Wohnhauses *mit chemischen Fabrikgebäuden und Stallung* erfolgte umgehend.[72]

---

69 StAA, Bezirksamt Neu-Ulm Akten 95 b.
70 StadtA Ulm, B 005/5 Nr. 27, RP v. 26.7.1831 § 1007.
71 StAA, Bezirksamt Neu-Ulm Akten 95 b. Vgl. StadtA Ulm, B 003/3 Nr. 1.
72 ADBV Günzburg, Liquidationsprotokolle der Steuergemeinde Neu-Ulm (1834). Vgl. StAA, Rentamt Neu-Ulm Kataster Bd. 17/I.

Die neue *Vorstadt von Ulm*, wie selbst die bayerischen Staatsbehörden bisweilen noch zu sagen pflegten, begann sich von der Bevormundung durch die große Schwester auf dem linken Donauufer zu lösen und tastete sich langsam aber sicher aus dem Schatten der reichsstädtischen Tradition.[73] Für das Jahr 1831 notierte der bekannte Ulmer Pfarrer und Chronist August Schultes (1810–1891) folgerichtig: *Von dieser Zeit an bildet sich nach und nach, aber sehr langsam ein „Neu-Ulm". [...] Jetzt kamen neue Häuser dazu.*[74] Zwar dürfte Schultes vornehmlich die Neubauten in der heutigen Donau- und vor allem der Schützenstraße im Blick gehabt haben, umso mehr aber scheint es berechtigt, das Jahr 1831 als einen Meilenstein der Neu-Ulmer (Stadt-)Geschichte zu betrachten. Die Gewissheit der baldigen Fertigstellung der Ludwig-Wilhelms-Brücke (s. o.) tat ihr Übriges. Die nun einsetzende, wenn auch gemächliche Dynamik wurde weder durch den Verlust des landgerichtlichen Wirkungskreises des Neu-Ulmer Polizeikommissariats im Oktober desselben Jahres noch durch die Rückgemeindung Offenhausens 1832/33 gehemmt.

Am 7. Juli 1831 wurde in Haus (alt) Nr. 57/58 (Hafengasse 3, Neu-Ulm) die Tochter Auguste Rösling geboren. Dieser Umstand scheint auch Charlotte Bäuerle die Ältere veranlasst zu haben, ihren Wohnsitz vorübergehend von Göppingen nach Neu-Ulm zu verlegen. Mit ziemlicher Sicherheit ist das Gesuch um eine Stelle als Gouvernante oder Kindermädchen vom Herbst 1831 auf die Schwiegermutter Röslings zurückzuführen.[75] Unterm 19. November inserierte Rösling zusammen mit seinem neuen Geschäftspartner (und Taufpaten der Tochter Auguste), dem Ulmer Kaufmann Johann Leonhard Schneidenbach (1758–1845), welcher bereits seit Jahrzehnten Handel unter anderem mit der Nord- und Ostschweiz getrieben hatte, eine Anzeige in der Neuen Zürcher Zeitung (NZZ). *Die Besitzer der außerhalb Neu-Ulm neuerbauten chemischen Fabrik, genannt Riedhofen, unter Raggion* [i. S. v. unter dem Namen]*: Rösling und Schneidenbach in Neu-Ulm, empfehlen sich mit ihren nachbenannten, vorzüglich guten und reinen chemischen Fabrikaten, nehmen auch auf andere chemische Fabrikate Bestellungen an; sie versprechen gute und billige Bedienung.*[76] Das Inserat erschien gleichlautend in mehreren überregionalen (Handels-)Zeitungen, wie etwa in St. Gallen, Kempten oder München. Die Produktion von Tierkohle oder Beinschwarz spielte keine herausragende Rolle mehr. Stattdessen scheinen Vater und Sohn Rösling verstärkt

---

73 Regierung des Oberdonaukreises (Hg.), Kreis-Intelligenzblatt der Königlich Baierischen Regierung des Ober-Donau-Kreises, für das Jahr 1821, Augsburg 1821, S. 126.

74 D. August Schultes, Chronik von Ulm von den Zeiten Karls des Großen bis auf die Gegenwart (1880), Ulm [7]1937, S. 428.

75 Vgl. UIB v. 25.9.1831.

76 NZZ v. 19.11.1831, Extrabeilage.

mit der Herstellung alltäglicher Verbrauchsgüter experimentiert zu haben. Zudem bewarben sie ihre technologischen Dienstleistungen in der Lokalpresse. So annoncierte C. L. Rösling wenig später im Ulmischen Intelligenzblatt (UIB) ein *(Anerbieten der Entdeckung der vortheilhaftesten Fabrikation der weissen Stärke.) Durch praktische Versuche über diese Fabrikation bin ich zur Erkenntniß derselben gelangt, nachdem ich die bisher übliche Methode als unvortheilhaft befunden hatte. Wer den Unterricht hierüber so wünscht, daß ich die Anlage selbst mache, und für den Erfolg bürge, kann sich an mich wenden. Wer kein mit Wasser versehenes eigenes Haus und überdieß noch über 500 fl. zu disponiren hat, wird nicht angenommen.*[77] Die Zukunftsaussichten schienen durchaus vielversprechend. Carl Wilhelm Rösling setzte seine Planungen fort. Mitte März 1832 sann er auf eine Erweiterung des Riedhofs. *Nachdem ich durch den Betrieb meines chemischen Geschäftes, welches sich von Tag zu Tag mehr vergrößert einsehen lernte, wie vielen Nachtheil Beschränktheit an Localität bringe, so entschloß ich mich dieses Jahr* [1832] *mein Local durch einen Anbau an die bereits stehende Fabrik zu gründen um das zu meinem Bedürfniß hinreichende Local zu erhalten und die noch* [ermangelnden] *Geräthschaften und Einrichtungen in demselben zu treffen.*[78] Die Pläne zur Vergrößerung dieser *chemischen Fabrick* zielten vor allem auf die Einrichtung eines Pferdegöpels und eines Mühl-, Stampf- und Rührwerks.[79] Während sein erneutes Baugesuch keinerlei Beanstandungen erfuhr, konnte Rösling mit seiner Bitte um unentgeltliche Überlassung der angrenzenden ärarialischen, sprich staatlichen Ödgründe vorerst nicht durchdringen.

Nachdem bei der, von einer schriftlichen Beschwerde des Ulmer Magistrats begleiteten, öffentlichen Versteigerung der *sämtliche*[n] *Oedgründe* und *ehemalige*[n] *Feldwege und Gräben* auf Neu-Ulmer Markung am 25. April 1832 dieselben *um sehr hohe Meistgebothe an Privaten von Ulm gekommen* waren, verweigerte die Regierung in Augsburg kurzerhand den Verkauf und überließ der jungen Gemeinde im Folgejahr alle in Frage kommenden Flurstücke und Parzellen um den Schätzungspreis.[80] Schließlich war *der allerhöchsten Stelle* in München sehr an der *größeren Ausdehnung*, sprich *Vergrößerung* der *neuen Ansiedlung* auf dem rechten Donauufer gelegen.[81] In diesem Zusammenhang bemerkte das Rentamt in Günzburg späterhin, *daß von jeher von Seite der Stadt Ulm beinahe gegen alle Staatsrealitäten-Verkäufe zu Neuulm protestirt wurde, weil die Stadt* [Ulm] *das Aufblühen der neuen Ansiedlung immer mit neidischen Augen betrachtet und derselben alle*

---

77 UIB v. 3.2.1832.
78 StAA, Bezirksamt Neu-Ulm Akten 280.
79 Ebd.
80 StAA, Rentamt Günzburg Akten 249.
81 Ebd.

Hindernisse in den Weg gelegt habe.[82] Auch das Landgericht in Günzburg zeigte sich *um die Existenz* [der] *Bayern angehörigen Gemeinde* besorgt.[83] *Die Ulmer Bürger suchen den Neu-Ulmern alle mögliche Erschwerungen zu machen, alle nur mögliche Hindernißе in den Weg zu legen, um diese Vergrößerung zu hintertreiben, und es fällt in die Augen, daß dieses den weisen Absichten K. Staatsregierung, welche für das Wohl ihrer Unterthanen besorgt ist, geradezu entgegen sey.*[84] Rösling dürfte sich daran nicht weiter gestört haben. Es gelang ihm letztlich, eine sich am Reuttier Fahrweg in unmittelbarer Nachbarschaft seines Anwesens befindliche hospitalische (Ulm) Wiese (Holzlege) in Pacht zu nehmen. Der Produktion en gros auf dem sogenannten Riedhof stand daher nichts mehr im Wege. Im Juni 1832 verzeichnete das topographische Handbuch des angesehenen Augsburger Heimatkundlers und Lithographen Johann B. Bautz die Rösling'sche *chemische Fabrik bereits* als eigenständigen Siedlungsplatz (Weiler).[85]

Noch scheint die Familie jedoch in Haus (alt) Nr. 57/58 gewohnt zu haben. Tochter Emilie kam hier am 25. Oktober 1832 zur Welt. Zur selben Zeit bot Rösling das nämliche Haus *an der kleinen Donau in der besten Lage* samt *Branntweinbrennerey und Essigsiederey nebst Geräthschaften und zwey Essigstuben* zum Verkauf an.[86] *Dieses Gebäude ist wegen seiner guten Lage und Einrichtung jedem Gewerbstreibenden zu empfehlen und kann, da dasselbe sehr leicht für drey Familien Wohnung darbietet und sehr billige Kaufsbedingungen stattfinden, leicht bestritten werden.*[87] Zwei Wochen später, am 7. November 1832, unterzeichnete die Schwiegermutter Bäuerle als Eigentümerin des Anwesens einen Tauschvertrag mit dem schon erwähnten Ulmer Kauf- und Handelsmann Johann Leonhard Schneidenbach. Bäuerle trat das *ihr eigenthümlich gehörende* [Doppel-]*Hauß No 57 und 58 in Neu Ulm, bisher noch Steuerfrey, gegen die Chemische Fabrick Riedhofen unter der Firma Roesling & Schneidenbach erbaut ab.*[88] Der äußerst umtriebige und im Alter als zank- und verschwendungssüchtig geltende Schneidenbach hielt als Gesellschafter offenbar auch Anteile am Riedhof.[89] Nun aber trennte er sich, aus unbekannten Gründen, von Rösling. Schneidenbach übernahm *die auf dem Hauß* [Nr. 57/58] *der Charlotte Bäuerlen stehende Capital Schuld von 1300 fl.* [...] *sowie den Rückständigen Zinß* [...] *Frau Joh. Charlotte Bäuerle* [hingegen] *die*

---

82 Ebd.
83 Ebd.
84 Ebd.
85 Johann B. Bautz, Topographisches Handbuch für den Oberdonau-Kreis oder alphabetisch geordnetes Verzeichniß aller im Kreise gelegenen Städte [...], Augsburg o. J. [1832], S. 158.
86 UIB v. 16.10.1832, 19.10.1832 und 26.10.1832 (jeweils gleichlautende Anzeigen).
87 Ebd.
88 StAA, Landgericht Günzburg Bd. 57.
89 Zu Schneidenbach vgl. auch StadtA Ulm, B 054/75 Nr. 34.

auf Riedhofen stehende Schuldsumme von 1000 fl. und deren Rückständige Zinßen [...] *zur ferner Verzinßung.*[90] Darüber hinaus machte sich Schneidenbach *verbindlich die Currentschulden des Chem.* [ikers] *Wilhelm Rößling mit circa 400 fl.* sowie einen *dreymonatlich Rückständigen Zinß des Hrn. W. Rößling* zu bezahlen, *so daß derselbe keine Obligo* [Obligationen, Verpflichtungen] *mehr, rücksichtlich dieser Schuldsumme hat.*[91]

Auf den ersten Blick scheint dieser Tauschvertrag für die Familie Rösling / Bäuerle durchaus von Vorteil gewesen zu sein. Carl Wilhelm Rösling hatte sich nicht nur eines Teils seiner (laufenden) Verbindlichkeiten entledigt, er war nun, vorbehaltlich des Eigentumsrechts der Schwiegermutter, auch Alleinbesitzer des Riedhofs. Allerdings trug er nach dem Ausscheiden von Schneidenbach auch das alleinige unternehmerische Risiko und konnte wohl nicht mehr ohne Weiteres auf dessen mitunter europaweite Geschäftskontakte zurückgreifen. Hätte Rösling mit seiner chemischen Fabrik dauerhaft Gewinne erwirtschaften können, wären er und sein Vater wohl als schwäbische Industriepioniere in die Geschichte eingegangen. Weder in den Sprengeln der umliegenden bayerischen Landgerichte noch im gesamten (württembergischen) Donaukreis gab es zu jener Zeit, wie erwähnt, auch nur eine einzige vergleichbare Unternehmung.[92] Zwar ist im Königreich Bayern im Verlauf der 1820er Jahre *in Ansehung der Gewerbe, welche auf der Kenntniß in der Chemie beruhen*, durchaus eine gewisse *Regsamkeit* bemerkt worden, allein [d]*er Mangel an genugsamer Verbreitung der Kenntniß der Chemie* sowie die mangelnde Nachfrage *der inländischen Gewerbe an chemischen Präparaten* hemmte einstweilen, von wenigen Ausnahmen abgesehen, das Aufkommen einer regelrechten chemischen Industrie dies- und jenseits von Donau und Iller.[93] Als eine Mischung aus „naturwissenschaftlich gebildete[m] Unternehmer" und „Außenseiter" hätte Rösling unschwer das Ansehen etwa eines Dingler von Neu-Ulm erlangen können.[94] Aufgrund ihrer, wenn auch letztlich gescheiterten,

---

90 StAA, Landgericht Günzburg Bd. 57.

91 Ebd.

92 Vgl. oben Anm. 50.

93 Ignaz von Rudhart, Ueber die Gewerbe, den Handel, und die Staatsverfassung des Königreichs Bayern (Ueber den Zustand des Königreichs Bayern nach amtlichen Quellen 2) Erlangen 1827, S. 92–96. Zur Entwicklung der chemischen Industrie im rechtsrheinischen Bayern in der Zeit von 1819 bis 1853, vgl. Helga Wiest, Die Entwicklung des Gewerbes des rechtsrheinischen Bayern in der Frühzeit der deutschen Zolleinigung, Diss. Univ. München 1970, S. 229–232.

94 Zorn, Industriegeschichte (wie Anm. 57) S. 210. Zum Augsburger Chemiker und Fabrikanten Dr. Johann Gottfried Dingler (1778–1855) vgl. u. a. Peter Fassl, Johann Gottfried Dingler (1778–1855) – Apotheker und Chemiker, Unternehmer und technologischer Schriftsteller, in: Rainer A. Müller (Hg.), Unternehmer – Arbeitnehmer. Lebensbilder aus der Frühzeit der Industrialisierung in Bayern (Veröffentlichungen zur Bayerischen Geschichte und Kultur 7) München 1987, S. 171–176. In dem von Dingler seit 1820 herausgegebenen Polytechnischen Journal scheint man von den Röslings im Übrigen keine Notiz genommen zu haben.

Anstrengungen, die Produktivkräfte der Natur zu heben und damit den Übergang vom Agrar- zum Industriekapitalismus zu beschleunigen, könnte man die Röslings, aus marxistischer Perspektive, gar als Wegbereiter des Klassenzeitalters bezeichnen. In gewisser Weise waren die Röslings ihrer Zeit also durchaus voraus. Zumindest sind sie zweifellos der Gruppe jener „zahlreichen Mechaniker, ‚Künstler', Handwerker, Kaufleute und Angehörigen sonstiger Berufe" zuzurechnen, „die den Mutterboden bereiteten, aus dem die [technologischen] Spitzenleistungen jener Zeit hervorwuchsen".[95] Es gibt jedoch, wie gesagt, keinerlei Hinweise dafür, dass Rösling jemals bedeutende Umsätze beziehungsweise Gewinne mit seinem protoindustriellen Gewerbe erzielt hätte.

Carl Wilhelm Rösling – Bankrott und Fortsetzung der Unternehmungen als Nachhilfelehrer, Autor technologischer Sachbücher und Pyrotechniker

Auch die Jahre 1833 und 1834 (Dt. Zollverein) brachten für Carl Wilhelm Rösling und seinen Riedhof nicht den erhofften Erfolg. Spätestens seit Ende 1833/Anfang 1834 sah er sich nicht mehr in der Lage, seine laufenden Rechnungen zu begleichen. Im Frühjahr 1834 scheint sich auch das für die Finanzierungsvorhaben von Carl Wilhelm Rösling so wichtige Verhältnis zu seiner, inzwischen wieder nach Göppingen zurückgekehrten, Schwiegermutter bedeutend verschlechtert zu haben. Der Ulmer Stiftungsrat belangte den *Oekonom Rößling in NeuUlm* […] *wegen seiner pro 1833 schuldigen Pacht* [für besagte hospitalische Wiesmahd / Wiese, s. o.] *à 52 fl 48 xr* [Kreuzer] *beim Landgerichte in Günzburg* […], *worüber noch keine Resolution erfolgt sey, indessen habe seine Schwiegermutter Charlotte Bäuerlin in Göppingen die Bürgschaft aufgekündet.*[96] Ohne diese Bürgschaft drohte Rösling die Gant, sprich die gerichtlich angeordnete Zwangsversteigerung seines Betriebsvermögens. Weil es ihm bis in den Sommer hinein nicht gelungen war, einen weiteren Bürgen anzugeben, beschloss der Ulmer Stiftungsrat schließlich, beim Landgericht in Günzburg *Anzeige zu machen und um Hilfsvollstreckung anzusuchen.*[97] Rösling scheint es zwar gelungen zu sein, das Gericht davon zu überzeugen, die Insolvenz vorerst hinauszuzögern. Seine kurze und unglückliche Laufbahn als Neu-Ulms erster fabrikmäßiger Hersteller von chemischen Zwischenprodukten und Haushaltswaren neigte sich im Herbst 1834

---

95 Rudolf Forberger, Die industrielle Revolution in Sachsen 1800–1861, Bd. 1. Erster Halbbd., Die Revolution der Produktivkräfte in Sachsen 1800–1830, Berlin 1982, S. 5.

96 StadtA Ulm, B 005/8 Nr. 9 (1834) § 254.

97 Ebd. § 366.

jedoch unaufhaltsam ihrem Ende entgegen. Während er seinen Neu-Ulmer Betrieb abzuwickeln begann, sah er sich gezwungen, neue Einnahmequellen zu generieren. *Vielfältiger Aufforderung zu Folge habe ich mich entschlossen*, so Rösling in einer Anzeige im Ulmischen Intelligenzblatt (UIB) von Mitte Oktober 1834, *wiederum* [sic] *Unterricht im Fache der Mathematik und Architektur zu ertheilen und zwar namentlich für solche Individuen, welche Lust haben, sich zu Maurer- oder Zimmermeistern zu bilden. Dabey bemerke ich, daß ich auch solche Leute (Lehrjungen und Gesellen) in Unterricht nehme, welche nicht die geringsten Vorkenntnisse besitzen. Der Unterricht geschieht unmittelbar in Neu-Ulm. Das Nähere ist zu erfragen bey dem Maurergesellen* [Joseph] *Alt, wohnhaft im Rosengäßchen* in Ulm[98] Diese und ähnliche Anzeigen unterzeichnete Rösling stets als ein *Chemiker, vormaliger Architekt.*[99]

Anfang Dezember 1834 erhielt er vom Studienrat in Stuttgart *so wie von einem verehrlichen Rectorate* [des Ulmer Gymnasiums und der Realschule] *dahier die Genehmigung meines Privatinstitutes für Handwerker im Fache der Mathematik und Architektur* und wiederholte seine Einladung an *diejenigen Individuen, welche Lust bezeugen, sich in diesen Fächern ausbilden zu wollen, mit dem Bemerken* [...] *daß auch solche Individuen an dem Unterricht Theil nehmen können, welche noch gar keine Vorkenntnisse besitzen. Der Unterricht wird ausser des Sonntags auch noch in den Abendstunden von 7 – 10 Uhr ertheilt.*[100] Ob es Rösling erlaubt worden war, seinen Unterricht anfangs noch in Neu-Ulm abhalten zu dürfen und wie viele Schüler seine Dienste letztlich in Anspruch genommen haben, ist leider nicht überliefert. Das Projekt Riedhof jedenfalls dürfte er zu diesem Zeitpunkt längst aufgegeben haben. Resigniert veröffentlichte er Mitte Dezember eine weitere Anzeige im UIB. *Da sich die Bereitung des Beinschwarzes mit einer chemischen Bleiche wegen des schwarzen Staubes nicht wohl zusammen verträgt, so habe ich mich entschlossen, meine chemische Bleicheinrichtung im Aufstreich zu veräußern, wobey ich bemerke, daß ich mich verbindlich mache dem Käufer jeden Vortheil zu entdecken, um das Bleichen gründlich zu erlernen. Die Verhandlung geschieht Sonntags den 21 De. 1834 im Hause des Branntweinbrenners Adrion* [Jakob Adrion (1797–1856), Zur Bierhalle, Haus alt Nr. 8, heute Marienstraße 6] *zu Neu-Ulm.*[101] Röslings Rückkehr nach Ulm stand unmittelbar bevor. Mit Beschluss des Ulmer Stadtschultheißenamts vom 27. Dezember 1834 wurde ihm und seiner Familie *nach Artikel 11 des Bürgerrechtsgesezes der Aufenthalt* [in Ulm] *gegen Vorausbezahlung der Wohnsteuer gestattet, nachdem sich derselbe über sein u. seiner*

[98] UIB v. 14.10.1834.
[99] Ebd.
[100] UIB v. 5.12.1834.
[101] UIB v. 16.12.1834.

Familie Bürgerrecht in Neu-Ulm und über sein Prädikat ausgewiesen hat auch der Studienrath nichts dagegen einwendet wenn Rösling in hiesiger Stadt Handwerksgehülfen u. Lehrlinge in der Mathematik u. Architektur unterrichtet.[102] Offenbar bemühte sich Rösling nun auch verstärkt, selbst Schnitt- und Planzeichnungen anzufertigen. Dem Ulmer Stadtrat verehrte er Anfang Februar 1835 *mehrere Blätter über die Aufnahme des hiesigen Bronnenwerks. Hierauf wurde zu erwidern beschlossen: daß der Stadtrath H. Rösling für sein Anerbiethen zwar Danke, daß er aber die Zeichnungen an denselben wieder zurückfolgen lasse, weil das Werk indessen verändert worden seye.*[103]

Anfang Mai 1835 starb Röslings viertes Kind keine zwei Monate alt in Lit. C Nr. 325 (heute Herrenkellergasse 15, Ulm). Auch sonst scheinen seine Unternehmungen keine Früchte getragen zu haben. Nach wie vor sah er sich nicht in der Lage, weder seinen kurzfristigen Verbindlichkeiten nachzukommen, noch seine beziehungsweise die Gläubiger seiner Schwiegermutter zu befriedigen. Beinahe verzweifelt erscheint das Vorhaben, den Sohn des (katholischen) Maurergesellen Alt aus der Ulmer Rosengasse wegen des Ausstandes der letztlich unbedeutenden Summe von 12 fl. *für 4.monatlichen Zeichnungsunterricht* ausschreiben zu lassen.[104] Vermutlich diente Alt als Vermittler der Dienstleistungen Röslings. Das Stadtschultheißenamt verwies den, Ende April 1835 immer noch als *Chemiker* unterzeichnenden, Beinahebankrotteur in dieser Angelegenheit an das Oberamtsgericht.[105] Zwischenzeitlich hatte Röslings Vater, der freigestellte Professor, seinen unfreiwilligen Ruhestand genutzt, um bei der von Buchhändler Karl Friedrich (von) Jenisch (1771–1847) geführten Augsburger (und Leipziger) Jenisch und Stage'schen Verlagshandlung mehrere, teils voluminöse und von der Fachpresse durchaus wohlwollend rezensierte, Oktavbändchen zu praktischen architektonischen, chemischen und technologischen Fragen (der angewandten Mathematik) zu veröffentlichen. Darunter befand sich auch ein *Ausführlich praktischer Unterricht in der Pottaschen-Bereitung* [...] *u. ferner in dem verbess. Sied- u. Kalcinirofen-Bau für lernende Maurer* [...] *genommen aus den Angaben alter erfahrener Pottaschensieder und der praktischen chemischen Fabrikanten H. Adam zu Hemhofen bey Erlangen und C. W. Rösling zu Riedhofen bey Ulm* vom März 1835.[106]

---

102 StadtA Ulm, B 054/11 Nr. 17 (1834) § 370.

103 StadtA Ulm, B 005/5 Nr. 31, RP v. 10.2.1835 § 195.

104 StadtA Ulm, B 054/11 Nr. 18 (1835) § 102.

105 Ebd.

106 Im Grunde handelte es sich bei dieser Arbeit um eine aktualisierte und gekürzte Neuauflage des ersten Teils seiner Fabriken-Schule von 1806 (s. o.). In der Rösling bereits aus seiner Erlanger Zeit bekannten Adam'schen Fabrik in Hemhofen (Lkr. Erlangen-Höchstadt) war im Jahr 1820 für kurze Zeit der Chemiker, Physiker, Naturforscher und Entdecker des Ozons sowie des Prinzips der Brennstoffzelle, Christian Friedrich Schönbein (1799–1868), als Direktor angestellt.

Wie erdrückend Carl Wilhelm Röslings Misswirtschaft inzwischen war, verdeutlicht auch die wiederholte Forderung des (katholischen) Hufschmieds Meister Fidel Magg (1801–1858) nach Begleichung einer bereits seit Ende 1833 ausstehenden Schuld.[107] Um an Barmittel zu kommen und etwaigen Diebstählen auf dem inzwischen verlassenen Neu-Ulmer Riedhof vorzubeugen, sah sich Rösling in seinem finanziellen Engpass zur Liquidation seines restlichen Betriebsvermögens, darunter auch ein Windofen, genötigt. Dies dürfte den (Hypotheken-) Gläubigern Röslings beziehungsweise Bäuerles nicht verborgen geblieben sein. Röslings Schuldverhältnisse waren überstrapaziert und mit Gerichtsbeschluss vom 21. August 1835 folgte schließlich, im wahrsten Sinne des Wortes, der Hammer. *Auf Andringen mehrerer Gläubiger werden die zur chemischen Fabrik des Karl Wilhelm Rösling, nunmehr seiner Schwiegermutter Charlotte Bäurle zu Neu-Ulm resp. Riedhof gehörigen Gebäude nebst ½ Tagw. Garten bey denselben am Dienstag den 15ten September* [1835] *Vormittags 10 Uhr in dem K. Polizey-Bureau in Neu-Ulm im Executionswege nach §. 64 des* [bayerischen] *Hypothekengesetzes* [von 1822] *öffentlich an den Meistbietenden verkauft und Steigerungslustige eingeladen. Auswärtige und dem Gerichte nicht Bekannte haben sich über Leumund und Vermögen legal auszuweisen.*[108] Der Hinschlag fiel auf das Gebot eines Ulmer Essigmachers. Der endgültige Verkauf verzögerte sich, aufgrund der wiederholten Eingaben und Beschwerden des Ulmer Stadtrates, jedoch bis Anfang April 1836. Erneut wurde Hufschmied Magg beim Ulmer Stadtschultheißenamt vorstellig und forderte, dass besagter Windofen *ihm eigenthümlich überlassen werde u. daß er hirnach auf jede weitere Forderung gegen Rösling verzichte. Rösling erklärt hierauf, daß er nichts dagegen habe, wenn Magg diesen Ofen an Zahlungsstatt annehme, denn seine ganze Fabrikeinrichtung sowie das Haus seyn verkauft.*[109] Das Protokoll unterschrieb Rösling bezeichnenderweise nicht mehr als Chemiker, sondern als *Architekt.*[110]

In Göppingen starb am 22. April 1836 die Schwiegermutter Charlotte Bäuerle geb. Remshard im Alter von 68 Jahren. Am 26. August folgte ihr in Ulm das Familienoberhaupt Professor Dr. Christian Lebrecht Rösling ins Grab. Die materielle Hinterlassenschaft des unvermögenden Professors dürfte recht bescheiden ausgefallen sein. So sah sich der offenbar mit den Röslings bekannte Ulmer Straßenbauinspektor und spätere Stadt- und Stiftungsbaumeister sowie erste Münsterbaumeister der Neuzeit (ab 1844/45) Ferdinand Thrän (1811–1870) dazu genötigt, *wegen der Röslingschen SchuldGeschichte* Anfang September des Jahres eine

---

107 Vgl. StadtA Ulm, B 054/11 Nr. 18 (1835) § 201.
108 UIB v. 4.9.1835.
109 StadtA Ulm, B 054/11 Nr. 19 (1836) § 95.
110 Ebd.

Quittung ans CameralAmt auszustellen.[111] Trotz der wenig ermutigenden Vorzeichen versuchte Carl Wilhelm nun in zweierlei Beziehung, in die Fußstapfen des verstorbenen Vaters zu treten.

Zum einen trat er seit 1836 als selbständiger Verfasser technologischer, gewerblicher und architektonischer (Sach- und) Lehrbücher auf. Bereits 1836 erschien bei Hofbuchhändler Bernhard Friedrich Voigt (1787–1859) in Weimar Röslings *Gründliche Eröffnung für Zuckerraffinerien*. Der Titel wies den Verfasser (nach wie vor) als einen *chemische*[n] *Fabrikanten und Architekten zu Neu-Ulm* aus.[112] Im Vorwort ließ Rösling seinem Unmut über *die Geheimnißkrämereien der Fabrikinhaber und Laboranten* freien Lauf.[113] In gewisser Weise kompensierte er mit der detaillierten Beschreibung der Anlage, Einrichtung und des Betriebs einer chemischen Fabrik beziehungsweise Zuckerraffinerie seinen eigenen wirtschaftlichen Misserfolg als *Gewerbsmann*.[114] Als mögliche Adressaten seiner Schrift dürfte Rösling nicht zuletzt die (Gründungs-)Aktionäre und Vorstände der Ende Februar 1836 ins Leben gerufenen Ulmer Runkelrüben-Zuckergesellschaft in Betracht gezogen haben. Nicht auszuschließen, dass er sich mit seiner Publikation als Betriebsführer derselben ins Gespräch hat bringen wollen.

Dr. Gustav Ernst Leube (1808–1881), der Ulmer Bürgersohn und Begründer der deutschen Zementindustrie, hatte sich schon als Apothekergehilfe seines Onkels, des Kronen-Apothekers Christoph Jakob Faulhaber (1772–1842), für die Reuttier Zuckerfabrik (s. o.) interessiert. Leube war befreundet mit den Kindern des Schlossherrn und späterhin ein gern gesehener Gast beim Reuttier Pfarrer. Bereits im April 1830 hatte Leube, anlässlich eines gemeinsamen Ausflugs mit der Familie seiner zukünftigen Ehefrau Auguste Dieterich (1810–1897), der Tochter des Stiftungsverwalters Senator Dieterich, auch die *Zuckerraffinerie* Kisperts besucht.[115] Im Mai 1831 hatte er, im Rahmen seiner Gesellenwanderung, die Gelegenheit genutzt, eine *Knochenfabrik* bei Magdeburg in Augenschein zu nehmen.[116] Nicht zufällig waren die Apotheker Reichard (s. o.) und Leube, Letzterer inzwischen Alleininhaber der Kronen-Apotheke, neben einigen Gewerbsmännern, die treibenden Kräfte hinter jener weniger *ominösen*, als vielmehr ruinösen Unter-

---

111 StadtA Ulm, H Thrän, Ferdinand Nr. 1. In der Überlieferung des Ulmer Kameralamtes konnte indes kein Hinweis auf besagte Schuldgeschichte aufgefunden werden. Vgl. hierzu die Bestände StadtA Ulm, C 12 und StA Ludwigsburg, F 90.

112 Carl Wilhelm Rösling, Gründliche Eröffnung für Zuckerraffinerien der aus eigener Erfahrung genommenen Praxis in der Fabrikation des Beinschwarzes und aller der sich dabei ergebenden Nebenprodukte […] Mit dem Bauplan einer Fabrik in 14 vollkommen hergestellten Baurissen (Neuer Schauplatz der Künste und Handwerke 86) Weimar 1836, Titelblatt.

113 Ebd. Vorwort, S. V.

114 Ebd. Vorwort, S. VI.

115 Gustav Leube, Leube Tagebuch, in: Leube Familien-Blätter Heft 1–21 (1954–1970) S. 81/33.

116 Ebd. S. 129/53.

nehmung einer Ulmer Runkelrüben-Zuckerfabrik in den Jahren 1836 bis Anfang 1839.[117] Reichard hatte schon vor Jahrzehnten zusammen mit Röslings Vater eine *Kurze und verständige Anweisung zur leichten und vortheilhaften Benutzung der Kartoffeln auf Stärke und Zuckersyrup und zur vollkommenen Einrichtung des dabey nöthigen Dampfapparats* (Ulm 1812) veröffentlicht.[118] Leube war seit 1835 korrespondierendes Mitglied des (regierungsnahen) Württembergischen landwirtschaftlichen Vereins. Die sogenannte Centralstelle dieses Vereins intensivierte just zu dieser Zeit ihre Bemühungen um die Gewinnung von (billigem) Zucker aus heimischen Runkelrüben.[119] Reichard soll sich aufgrund von persönlichen Differenzen mit Leube bereits in der Planungsphase von dem Projekt zurückgezogen haben. Das Kapitalvolumen dieser größten württembergischen Unternehmung in diesem Bereich betrug letztlich sage und schreibe knapp 100.000 fl. – Reichard scheinen die Risiken und Missproportionen der ganzen Anlage von Anfang an bewusst gewesen zu sein.[120] So schreibt Reichard in seinen Erinnerungen über das Jahr 1836:

> *Wie ich stets für alles neue und nüzliche eingenommen bin, hat auch auf mich die Runkelzukerfabric*[ier]*ung ihren Eindruck nicht verfehlt, indem ich mich schon 1812 für die Benüzung der Kartoffel auf Stärke und Zucker Syrup beschäftigte und hiefür eine kleine Schrift bekannt gemacht* [s. o.]. *Ich war auch daher bereit mich dem neuen Unternehmen zu unterziehen und machte mehrere*

---

[117] Albert HAUG, Die Ulmer industrielle Revolution – beim Bier, in: Ulm und Oberschwaben 53/54 (2007) S. 316–397, hier 372. Zur genauen Lage der Zuckerfabrik (bzw. der späteren Malzfabrik) an der sog. Promenade vgl. ebd. und Peter SCHALLER, Die Industrialisierung der Stadt Ulm zwischen 1828/34 und 1875 (Forschungen zur Geschichte der Stadt Ulm 27) Ulm / Stuttgart 1998 (zugl. Diss. Univ. Tübingen 1995) S. 78.

[118] Für seine chemischen Proben wurde Reichard, höchstwahrscheinlich vermittelt durch C. L. Rösling, von der Universität Erlangen sogar das Ehrendiplom überreicht. *Daß meine Fortschritte in der Pharmacie auch im* [bayerischen] *Ausland Anklang fanden, wurde durch ein Diplom der Erlanger Universität den 11. September 1812 anerkannt. (Kartoffel Syrup wegen der Continentalsperre.).* Carl Georg Ludwig REICHARD, Erinnerungen aus meinem Leben, hg. v. C. Schwenk, Ulm 1936, S. 20.

[119] Vgl. Rainer LOOSE, Kein Zuckerschlecken für Spekulanten. Die Württembergische Gesellschaft für Runkelrüben-Zuckerfabrikation (1836–1854), in: ZWLG 72 (2013) S. 313–355 sowie DERS., Die Centralstelle des Württembergischen landwirtschaftlichen Vereins. Die Erneuerung von Landwirtschaft und Gewerben unter König Wilhelm I. von Württemberg (1817–1848) (Veröffentlichungen der Kommission für geschichtliche Landeskunde in Baden-Württemberg, Reihe B Forschungen 221) Stuttgart 2018, S. 285–300.

[120] Zum Vergleich: Im Jahr 1838 betrug der Versicherungswert der gesamten Wielandschen Betriebsanlagen, sprich Maschinen, Handwerkszeug, Fuhrwesen und sonstige Mobilien in der Gießerei in der Rosengasse sowie im Messingblechwalzwerk in der sog. Bochsler(s)mühle bzw. Sägmühle Unter den Fischern, Lit. A Nr. 362a, heute Fischergasse 37/39 (Ulm) etwa 75.000 fl. Vgl. SCHALLER, Industrialisierung (wie Anm. 117) S. 76.

> *Versuche. Der Apotheker Leube schloß sich mir an, ich konnte mich aber mit seinen exaltirten Ansichten, da dieselbe nach meiner Überzeugung ohne einen sichern Standpunkt vor uns zu haben, nicht vereinigen, bey den dießfallsigen Conferenzen mit dem Ausschuß trug ich darauf an die im Ried von Prof. Rösling* [sic] *gegründete Chemische Fabrique, welche um nur ein paar 1000 fl. zu kaufen gewesen wäre, zu erstehen um in derselben die ersten Versuche über das Gelingen der Zuckerbereitung zu machen. Leube beharrte auf Errichtung eines großen Etabl*[issements] *und so wurde der Schwenk Garten für die Summe von 10.000 fl. gekauft um in demselben ein großes Fabrique Gebäude zu erbauen. Nach diesen Vorgängen und da ich sah, daß Leube theilweiß eifersüchtig auf mich war, tratt ich von der Theilnahme zurück, und habe demselben die weitere* [technische und organisatorische] *Leitung überlassen.*[121]

Bevor die Gesellschaft den Betrieb aufnehmen konnte, musste ein geeigneter Standort für eine *Knochenbrennhütte* gefunden werden.[122] Am 1. Juni 1836 begaben sich Leube und der Ulmer Stadtrat Leonhard Schmid (1792–1867) *ins* [Ulmer] *Ruhetal, machten Platz ausfindig zum Knochenbrennen.*[123] Bereits kurze Zeit später hatte man im Lehrer- beziehungsweise Ruhetal *jedoch ohne stadträthliche Erlaubniß zu bauen angefangen.*[124] Nach einer Beschwerde des *Ruhethalwirths* musste der Bau der dortigen *Schwarzbein Brennerey* auf Anordnung des Oberamtes aber wieder eingestellt werden.[125] Offenbar wurde die Knochenbrennerei daraufhin in die Nähe der Ziegelei beim Grimmelfinger Weg auf den Unteren Kuhberg verlegt. Ende August 1836 wurden dort *das erstemal Knochen verbrannt für die Fabrik.*[126] Im Oktober 1838 gab der Ulmer Stadtrat einer Eingabe der Gesellschaft statt, in der angeschlossenen Brennerei Branntwein zu *fabrizieren, oder später eine eigene Brantweinbrennerey errichten zu dürfen.*[127] Die eigentliche Runkelrüben-Zuckergesellschaft blieb ein Verlustgeschäft. Die Gründe für das Scheitern der Fabrik waren vielfältig.[128] Mitte Februar 1839 musste schließlich auch Leube einsehen, dass sich die Produktion *bei den ungeheuerlichen Gebäulich-*

---

121 Historisches Archiv der Schwenk Zement GmbH & Co. KG, T 71 (Altsignatur), S. 41. Die um einige Passagen gekürzte Edition von 1936 basierte offenbar auf einer ungenügenden Transkription des Originals. Beispielsweise wurde hier versäumt, die Ortsangabe *im Ried* zu übertragen. Vgl. Reichard, Erinnerungen (wie Anm. 118) S. 38.

122 StadtA Ulm, B 121/16 Nr. 2.

123 Leube, Tagebuch (wie Anm. 115) S. 244/114.

124 StadtA Ulm, B 121/16 Nr. 2.

125 Ebd.

126 Leube, Tagebuch (wie Anm. 115) S. 248/118.

127 StadtA Ulm, B 121/16 Nr. 2.

128 Vgl. hierzu Schaller, Industrialisierung (wie Anm. 117) S. 77–82 und Loose, Zuckerschlecken (wie Anm. 119) S. 319 f.

keiten schlichtweg nicht rentierte.[129] Die beteiligten Gesellschafter beklagten im Nachhinein *das große Opfer, welches mit der Errichtung der hiesigen Zuckerfabrik von Privaten für vaterländische Interessen gebracht worden ist.*[130] Allein Leube verlor 10.000 fl., die Stadt Ulm verlor ihren Anteil in Höhe von 5.000 fl. Lediglich der schlaue Senator Dieterich hatte es verstanden, als Gläubiger der Gesellschaft vom Konkurs beziehungsweise vom Ende April 1839 erfolgten Verkauf sowie der damit einhergehenden Umwandlung *der ehemaligen Zuckerfabrik, nunmehr Malzfabrik* in einen *Hypothekenverband* zu profitieren.[131]

Carl Wilhelm Rösling scheint in keiner Form, weder bei den Planungen noch beim Bau oder dem Betrieb der Anlagen beteiligt gewesen zu sein. Leider ist nicht überliefert, wie Rösling das Scheitern der Gesellschaft aufgenommen hatte. Eine gewisse Genugtuung dürfte er wohl empfunden haben. Womöglich war er aber auch zu sehr mit seiner beruflichen Neuorientierung beschäftigt, als dass er sich um jene allzu ulmischen Belange groß hätte kümmern wollen. Zwischen 1838 und 1851 verfasste er immerhin fünf beziehungsweise sechs weitere, zum Teil bis auf den heutigen Tag bei Sammlern und Liebhabern begehrte, Abhandlungen über praktische Fragen des Handwerks (Technologie) und der Architektur, darunter auch jenes, zusammen mit Valentin Stoß (1792–1861) verfasste, Standardwerk des Turmuhrenbaus *Der Thurm-Uhren-Bau auf seiner jetzigen Stufe der Vollkommenheit, mit Berücksichtigungen der neuesten Stoß'schen und Mannhardt'schen Patent-Thurm-Uhren*, erschienen 1843 bei Ebner in Ulm. Laut Dr. Johannes Graf vom Deutschen Uhrenmuseum in Furtwangen im Schwarzwald handelte es sich bei diesem Werk um *das erste eigentliche Handbuch für den Turmuhrenbau in deutscher Sprache.*[132] Ob und inwiefern Rösling bei seinen Projekten auf den schriftlichen Nachlass seines Vaters zurückgegriffen haben könnte, entzieht sich unserer Kenntnis. Vieles spricht jedoch dafür, dass es sich um jeweils eigenständige Leistungen handelte.

Andererseits versuchte Rösling, sich als Zeichen-, Mathematik- und Chemielehrer zu etablieren. In seiner neuen Wohnung bei Zinngießermeister Sprandel in Lit. C Nr. 29 (heute Walfischgasse 11, Ulm) richtete er eine Sonntagsschule ein, erteilte Nachhilfeunterricht *für junge Leute und Gymnasialschüler in frühen Morgen und Abendstunden* und bewarb im Herbst 1836 wiederum seinen *Unterricht im Zeichnen und im Fache der Mathematik für solche Werkleute (Maurer und Zimmerleute)* [...], *die sich zur Meisterprüfung vorbereiten wollen.*[133] Mitte

---

129 Leube, Tagebuch (wie Anm. 115) S. 326/150.

130 StadtA Ulm, B 121/16 Nr. 2.

131 Ebd.

132 Schriftliche Mitteilung von Herrn Dr. Johannes Graf v. 10.2.2022. Vgl. Johannes Graf, Der kunstreiche Uhrmacher. Kostbarkeiten aus der Bibliothek des Deutschen Uhrenmuseums (Furtwanger Beitr. zur Uhrengeschichte NF 3) Furtwangen 2010, S. 116 f.

133 UIB v. 21.10.1836.

November 1836 kam Sohn Carl Richard Hugo Lebrecht (1836–1840) auf die Welt. Laut Taufregister waren beide Eltern nach wie vor bürgerlich in Neu-Ulm. Rösling wurde weiterhin als Chemiker und Architekt geführt. Ende Dezember 1836 erhob der Bruder von Lotte Rösling, der Kupferschmied Friedrich Bäuerle jun. (1802–1885) in Göppingen, gegenüber dem Ulmer Stadtschultheißenamt Ansprüche *an Verlassenschaftsstüke seiner bei* [sic] *der Architekt Röslingin geb. Bäuerlin gestorbenen Mutter, womit er, da Rösling diese Ansprüche nicht anerkennen wollte, an das Landgericht Günzburg, das Forum des Rösling, gewiesen worden ist.*[134] Offenbar zehrte Rösling inzwischen auch vom Erbteil des Schwagers.

Anfang Dezember 1837 veröffentlichte Rösling, inzwischen wohnhaft bei Hafnermeister Molfenter in Lit. A Nr. 139 (Köpfingergasse, Ulm) im Ulmer Landbothen (ULB) abermals eine *Unterrichts-Anzeige* für seine Bauwerkschule.[135] Die als Privatlehrer gemachten Erfahrungen mündeten schließlich in dem zweibändigen Werk *Vollständiges theoretisch-practisches Lehrbuch der Landbaukunst für Werkleute*. Dieses 1838 und 1839 ebenfalls bei Ebner in Ulm erschienene Lehrbuch fand selbst in der bayerischen Haupt- und Residenzstadt Anerkennung. Im August 1839 wurde es als erster Preis im zweiten Kurs der Zeichenklasse der Kreis-Landwirtschafts- und Gewerbe-Schule in München ausgelobt.[136] Dem Münchner Zeichenlehrer, Maler und Lithographen Lorenz Schöpf (1793–1871) muss Röslings Werk also bekannt gewesen sein. Schöpf war immerhin ein früherer Schüler, Gehilfe und Kollege des einflussreichen (Berufs-)Schulgründers und Ehrenmitglieds der bayerischen Akademie der Bildenden Künste, Professor Hermann Joseph Mitterer (1762–1829). Schöpf leitete nach dem Tod Mitterers für mehrere Jahre auch dessen europaweit geschätzte lithographische Kunstanstalt.

Neben seiner schriftstellerischen Tätigkeit und der (in den Wintermonaten) fortgesetzten Lehre in den Fächern Mathematik und Zeichnungskunde, betätigte sich Rösling gelegentlich auch als Feuerwerker beziehungsweise Pyrotechniker. Im Herbst 1838 annoncierte er, wiederum als ein *Chemiker*, ein Feuerwerk im Garten des vom zurückgetretenen königlich griechischen Bataillonsquartiermeister und Ministerialsekretär Carl Sauer (1808–1847) betriebenen Neu-Ulmer Gasthauses Zur Stadt Athen an der Donau (heute in etwa Donaustraße 53, Neu-Ulm).[137] *Durch die Mitwirkung einiger Freunde* sah er sich *in den Stand gesetzt, das* […] *Feuerwerk* Sonntagabend, den 21. Oktober abzubrennen.[138]

---

[134] StadtA Ulm, B 054/11 Nr. 19 (1836) § 315.
[135] ULB v. 2.12.1837.
[136] Vgl. O.A., Jahresbericht über die königliche Kreis-Landwirthschafts- und Gewerbeschule zu München im Schuljahre 1838/39, München 1839, S. 17.
[137] Ulmer Schnellpost (USP) v. 19.10.1838.
[138] Kronik der Kreishauptstadt Ulm (KKU) v. 20.10.1838. Ob und inwiefern sich Rösling dabei an den überlieferten Ideen Joseph Furttenbachs d.Ä. (1591–1667) orientiert haben könnte,

Ende August 1839 bot Rösling der Stadt Ulm an, einen von Straßenbauinspektor Thrän 1836–1838 entworfenen Ulmer *Stadtbauplan unentgeltlich zu copiren.*[139] Thrän muss mit der Familie Rösling, wie schon angedeutet, durchaus eine gewisse Bekanntschaft gepflegt haben. Über den Schwiegervater Thräns, den Neu-Ulmer Weinhändler Ferdinand Friedrich Pfeiffer (1791–1840), Vorbesitzer des erst seit Herbst 1837 so bezeichneten Gasthauses Zur Stadt Athen, könnten ebenso Verbindungen bestanden haben wie über Thräns Lehrjahre in Neu-Ulm oder die mit Sicherheit vorhandenen gemeinsamen Interessen an technologischen und architektonischen Fragen.[140] Man erteilte Rösling schließlich die Erlaubnis, den Plan *in einem Zimmer auf dem* [Ulmer] *Rathaus* einzusehen und zu vervielfältigen, *vorausgesetzt, daß Rösling denselben schonend behandle.*[141]

Der Architekt beziehungsweise Baumeister Carl Wilhelm Rösling in Ulm / Neu-Ulm

Seine vorletzte Wohnung in Ulm dürfte Rösling seit Ende 1838 in Lit. C Nr. 45 (obere Pfauengasse, Ulm) bezogen haben. 1840 und 1842 verstarben hier, jeweils wenige Monate nach ihrer Geburt, zwei weitere Söhne. Inzwischen hatte sich Rösling als Plan- und Bauzeichner offenbar einen gewissen Ruf erworben. Zumindest verfertigte er 1842 im Auftrag des Ulmer Stiftungsrates einen nicht näher bezeichneten *Riss über die Kirchensitze im Münster*, für den er, ob der guten Qualität der abgelieferten Arbeit, im August 1842 *neben seinem decretirten conto noch 15. fl. Geschenk aus der Kirchenstiftungs Casse* erhielt.[142] Während er sich in Ulm mit

entzieht sich leider unserer Kenntnis. Furttenbach hatte mehrere bedeutende Werke über die Pyrotechnik veröffentlicht und war nicht unwesentlich an der Entwicklung sogenannter Abbrennvorschriften im deutschsprachigen Raum beteiligt. Vgl. hierzu u.a. Arthur Lotz, Das Feuerwerk. Seine Geschichte und Bibliographie (Quellen zur Geschichte der Feuerwehr und Feuerwerkerei 2) Zürich 1978 (zuerst Leipzig 1940) S. 30 und S. 79. Zur Weltanschauung von Furttenbachs Kunstfeuerwerken vgl. Simon Werrett, Fireworks. Pyrotechnic Arts and Sciences in European History, Chicago / London 2010, S. 68–71.

139 StadtA Ulm, B 005/5 Nr. 35 (1839) RP v. 3.9.1839 § 1459. Die Überlieferung dieses, mit dem sog. Schlumberger-Plan nicht identischen, Ulmer Stadtbauplans ist bis heute nicht geklärt.

140 Vgl. hierzu Carl Dieterlen, Thrän's Lebensgang. Zu seinem 100. Geburtstag, in: Ulm und Oberschwaben 17 (1910/11) S. 1–18, hier 4. Pfeiffer war im Übrigen der Sohn des gleichnamigen Retters der Räuber-Handschrift von Schiller. Vgl. hierzu Werner Gebhardt, Die Schüler der Hohen Karlsschule. Ein biographisches Lexikon, Stuttgart 2011, S. 413 und Julius von Hartmann, Schillers Jugendfreunde, Stuttgart / Berlin 1904, S. 337–339.

141 StadtA Ulm, B 005/5 Nr. 35 (1839) RP v. 3.9.1839 § 1459.

142 StadtA Ulm, B 005/8 Nr. 20 (1842) § 215. In der Tat war die Erneuerung der über die Jahrhunderte durch *Zufälligkeiten* und *Einschachtelungen* arg in Mitleidenschaft gezogene *Anordnung der Kirchstühle* in den ersten Jahrzehnten des 19. Jahrhunderts eines der drängendsten Pro-

der Anfertigung von Plänen und Bauzeichnungen bescheiden musste, scheint er in Neu-Ulm zwischen 1842/43 und 1846 auch als Werkmeister beziehungsweise bauausführender Architekt hervorgetreten zu sein. Zumindest unterschrieb er die von ihm angefertigten Pläne in diesem Zeitraum stets als Maurermeister. Bereits im Februar 1842 hatte er den Ulmer Stadtrat *Behufs seiner Bewerbung um eine vacante Baustelle* gebeten, ihm ein Prädikats-Zeugnis über seine (polizeiliche) Aufführung vor Ort auszustellen.[143] Der Ulmer Stadtrat bezeugte, *daß gegen denselben diesseits noch nichts Unrechtes vorgekommen sey, und er sich vielmehr während seines hiesigen Aufenthaltes gut betragen habe.*[144] Für den aus Ingolstadt stammenden Schlossermeister Franz Koller oder Kohler (um 1787–1845), der im Juni 1842 erklärt hatte, von Günzburg *nach Neuulm zu übersiedeln*, zeichnete Rösling bereits die Pläne für den Neubau eines Wohnhauses und einer Werkstatt.[145]

Im August 1842 bat der *Architekt Rößling von Neu-Ulm* den Ulmer Stadtrat erneut um ein Zeugnis, diesmal allerdings mit dem konkreten Ziel *seiner Zulassung zur Prüfung als practischer Werkmeister* bei der Königlichen Regierung von Schwaben und Neuburg.[146] Es wurde beschlossen, dem *Bittsteller Architekt Rößling von Stadtraths wegen zu bezeugen, daß er sich während seines mehrjährigen Aufenthalts in Ulm klaglos betragen, Unterricht der Mathematik und Bauzeichnung gegeben, sich überhaupt Mühe gegeben habe, seine Familie auf redliche Weise zu ernähren.*[147] Inzwischen hatten die Planungen zur Bundesfestung (auch auf dem rechten Donauufer) an Fahrt aufgenommen und der noch zu erstellende Grund- und Erweiterungsplan der jungen Gemeinde war Gegenstand von Erörterungen der beteiligten Zivil- und Militärbauingenieure.[148] Die bauliche Entwicklung Neu-Ulms

---

bleme der Innengestaltung *in unserer schoenen Münster Kirche*. StadtA Ulm, B 372/132 Nr. 1. Vgl. hierzu sehr ausführlich Emil von Loeffler, Vorgeschichte der Münster-Restauration, in: Sonntagsbeilage des Ulmer Tagblatts Nr. 50–52 (1894) und Nr. 1 (1895); vgl. auch StA Ludwigsburg, E 179 II Bü 1201.

143 StadtA Ulm, B 005/5 Nr. 38 (1842) RP v. 22.2.1842 § 269.

144 Ebd.

145 StAA, Bezirksamt Neu-Ulm Akten 280.

146 StadtA Ulm, B 005/5 Nr. 38 (1842) RP v. 16.8.1842 § 1512.

147 Ebd.

148 Vgl. hierzu Hellmut Pflüger, Die Entwicklung des Neu-Ulmer Stadtplanprojekts und seine Beziehungen zum Befestigungsentwurf, in: Stadtarchiv Neu-Ulm (Hg.), Materialien zu den baulichen Anfängen der Stadt Neu-Ulm im 19. Jahrhundert. Dokumentation der Ausstellung „Im Schatten des Münsters. Neu-Ulm. Die baulichen Anfänge im 19. Jahrhundert" veranstaltet vom 18. Mai bis 10. Juni 1990 im Edwin-Scharff-Haus in Neu-Ulm (Dokumentationen des Stadtarchivs Neu-Ulm 4) Neu-Ulm 1993, S. 174–191. Bereits 1994 wurden einige Korrekturen an Pflügers – keineswegs erschöpfender – Darstellung vorgenommen. Vgl. Ferdinand Zenetti, Neu-Ulm von den Anfängen bis 1918, in: Barbara Treu (Hg.), *Stadt Neu-Ulm 1869–1994. Texte und Bilder zur Geschichte* (Dokumentationen des Stadtarchivs Neu-Ulm 6) Neu-Ulm 1994, S. 111–227, hier 138–143. Vgl. hierzu auch BayHStA München IV, C 2370–2373.

kam mehr oder weniger ins Stocken. Während der Hausbau Kollers oder Kohlers vorerst nicht bewilligt werden konnte, drängte der Schlossermeister umso mehr auf die Errichtung seiner Werkstätte. Koller / Kohler war schließlich gerade wegen des Baus der Bundesfestung an die Obere Donau gezogen.

Am 27. März 1843 bestand der 37-jährige Carl Wilhelm Rösling als Jahrgangsbester *mit der Note 2,69 oder sehr gut* die Prüfung zur Erlangung der Maurer-Konzession am Sitz der Regierung von Schwaben und Neuburg im Augsburger Fronhof.[149] Bereits Ende Juli 1843 wandte sich die Regierung mit einem Schreiben an das erst im Vorjahr (wieder-)errichtete Landgericht (älterer Ordnung) II. Klasse Neu-Ulm. *Gegen den Maurermeister Roeßlin* [sic] *sowohl, welcher bei Ausführung des fraglichen Baues* [der Werkstatt] *von dem genehmigten Plane ohne vorherige Anzeige abwich, als gegen den Bauherrn* [Koller / Kohler] *selbst ist nach vorherhiger Vernehmung des erstern wegen vorschriftswidriger Bauführung geeignet einzuschreiten.*[150] Rösling erhielt eine Vorladung und erklärte am 8. August 1843 gegenüber Landrichter Dr. Anton Kienast, *daß er den Bau nicht geführt habe, weshalb ihn eine Verantwortung nicht treffen könne. Den Bauplan habe er auf Ansuchen des Koller zwar gemacht, dagegen habe der Maurermeister Staiger die Werkstätte des Koller gebaut, und wenn dabei von dem genehmigten Plane abgewichen worden sey, so treffe lediglich diesen eine Verantwortung.*[151] Ende September 1843 wurde Neu-Ulms Bürgermeister beziehungsweise Gemeindevorsteher Maurermeister Peter Staiger (1790–1861) *vorgerufen, und wegen der vorschriftswidrigen Bauführung der Werkstätte des hiesigen Schloßers Kohler zur Verantwortung gezogen. Derselbe gibt an: Der Schloßer Kohler hat mir einen Bauplan übergeben, welchen der nunmehrige Maurermeister Rößling gefertiget hat, mit dem Bemerken, daß dieser Plan bereits genehmiget sey; ich möchte hiernach seine Werkstätte bauen, da er mit dem Rößling wegen des Baues nicht übereingekommen sei. Nach dem mir übergebenen Plan, habe ich den Bau geführt, jedoch statt Riegelwände aufzurichten, wurde alles massiv von Stein gebaut.*[152] Schließlich gestand Koller / Kohler Mitte November, auf Anraten Röslings die Länge des Baus eigenmächtig um 14 Schuh ausgedehnt zu haben.

Anfang desselben Jahres (1843) hatte Rösling im Auftrag des Ulmer Stadtrats eine Kopie des vom bayerischen Festungsbaudirektor Ingenieur-Major Friedrich Herdegen (1793–1843) sowie dem Zivilbauinspektor bei der Regierung von Schwaben und Neuburg Hermann (von) Herrmann (1809–1898) im Oktober

149 Königliche Regierung von Schwaben und Neuburg (Hg.), Intelligenz-Blatt der Königlich Bayerischen Regierung von Schwaben und Neuburg für das Jahr 1843, Augsburg 1844, Sp. 282.
150 StAA, Bezirksamt Neu-Ulm Akten 280.
151 Ebd.
152 Ebd.

1842 entworfenen *Plan*[s] *der neu zu gründenden Stadt Neu-Ulm* (sogenannter Herdegen-Herrmann-Plan) angefertigt, der sowohl die bestehende Bausubstanz Neu-Ulms, eine mögliche zukünftige Gliederung der Straßenzüge und Quartiere (Baulinien) als auch die Ulmischen (städtischen, wie hospitalischen) Besitzanteile innerhalb der projektierten Hauptumwallung akribisch verzeichnete.[153] Als Belohnung hierfür erhielt er immerhin 20 (silberne) Kronentaler, umgerechnet also 34 fl. aus der Stadtkasse.[154] Zum Vergleich: Zur selben Zeit kopierte Maurermeister Peter Staiger denselben Plan für die bayerische Festungsbaudirektion. Staiger benötigte, ohne die aufwendige Verzeichnung des Ulmer Grundbesitzes, allein für diese Arbeit *13 Tage Zeitaufwand.*[155]

Mitte Mai 1843 bat Rösling den Ulmer Stadtrat, auf hospitalischem Grund bei der sogenannten Wallenlache *Steine nieder legen zu dürfen.*[156] Eine Woche später bat er darum, *ihm die Arbeiten in Ansehung der Vervielfältigung des hiesigen* [Ulmer] *Stadtbauplans zu übertragen* [bzw.] *denselben in gleicher Größe und gleichen Farbentone vierfach um ein Honorar von 11 Carolinen* [= 33 Goldgulden oder 121 fl.] *herzustellen.*[157] Da Geometer Martin Beck bei der Königlich lithographischen Anstalt in Stuttgart bereits mehrere Kopien des von Straßenbauinspektor Thrän 1836–1838 angefertigten Ulmer Stadtbauplans (s. o.) bestellt hatte, wurde *das Rößlingische Gesuch der BauInspection vorerst zur baldigen Begutachtung zugestellt.*[158] Einstweilen hatte sich Rösling mit kleineren Arbeiten zu begnügen. Am 27. Oktober 1843 quittierte Lotte Rösling für ihren Mann eine ausstehende Forderung für die Kopie eines nicht näher bezeichneten Situationsplanes in Höhe von 1 fl.[159] Nachdem Straßenbauinspektor Thrän 1844 zum Stadtbaumeister gewählt wurde, scheint sich auch Rösling wieder in Erinnerung gebracht zu

---

153 StadtA Ulm, C 10 Pl. 300/1. Vgl. Treu, Dokumentation (wie Anm. 4), Kat. Nr. 49, S. 56. Im Gegensatz zum Originalplan vom Oktober 1842 (Herdegen-Herrmann-Plan) ist Röslings Kopie, der Ulmer Perspektive und den althergebrachten (Seh-)Gewohnheiten der ehemaligen Reichsstädter entsprechend, gesüdet. Der aus Aschaffenburg gebürtige Hermann (von) Herrmann hatte als Baukondukteur bereits die Aufsicht über den Bau der Alten Pinakothek in München geführt und kam von der Bauinspektion in Zweibrücken bzw. vom Kreisbaubureau in Speyer, nach einer unmittelbar vorhergegangenen, sechswöchigen Bildungsreise nach Rom, als funktionierender Zivilbauinspektor Mitte Juli 1842 nach Augsburg; späterhin leitete er als Bezirksingenieur die Bauinspektion in (Bad) Reichenhall. Seit 1854 war er bei der Obersten Baubehörde (OBB) in München angestellt. Seit 1872 leitete er als Oberbaudirektor die OBB und wurde schließlich zum Geheimen Rat ernannt und geadelt. Zu Herrmann, vgl. u. a. BayHStA München II, MInn 40483.

154 StadtA Ulm, B 005/5 Nr. 39 (1843) RP v. 16.3.1843 § 971.

155 BayHStA München IV, C 2370.

156 StadtA Ulm, B 005/5 Nr. 39 (1843), RP. v. 23.5.1843 § 1011.

157 StadtA Ulm, B 005/5 Nr. 39 (1843), RP v. 30.5.1843 § 1054.

158 Ebd.

159 Vgl. StadtA Ulm, B R 901 (1843/44) Bd. 12, Nr. 2011.

haben. Mit Schreiben vom 29. Juni 1844 ersuchte der Zeichenlehrer und Architekt, inzwischen auch von den Ulmern als solider *Werkmeister* anerkannt, den Ulmer Stadtrat, *den 15 fl. betragenden Rest seines Verdienstes für die angefangene Copirung des* [Ulmer] *Stadtbauplans ausbezahlen lassen zu wollen.*[160] Insgesamt verlangte er für die Anfertigung einer Kopie des Thränschen Planes 30 fl.

Der Ulmer Stadtrat hatte Rösling diese verantwortungsvolle Aufgabe zu einem für die weitere städtebauliche Entwicklung äußerst kritischen Zeitpunkt übertragen. Mehrere staatliche Behörden warteten ungeduldig auf die Einsichtnahme des aktualisierten Ulmer Stadtbauplans. So scheint sich das Original Anfang Juli 1844 beim Katasterbureau in Stuttgart befunden zu haben.[161] Der Ulmer Stadtrat behielt sich eine Rücksprache mit dem Stadtbaumeister vor, dahingehend, *ob Herr Thrän die Copirung des StadtbauPlans auf sich nehmen wolle, und ob Rößling für seine angefangene Copie 30 fl. verdient habe, zugleich soll aber auch Herr Thrän dazu aufgefordert werden, die baldigste Zurückgabe des Stadtbauplans zu bewerkstelligen.*[162] Ende des Monats zeigte Thrän schließlich an, *daß der Stadtbauplan* [zwischenzeitlich] *durch die königl. Kreisregierung der kgl. Eisenbahn-Commission in Stuttgart mitgetheilt worden seye, daß er aber wegen dessen Zurückgabe bereits das kgl. O*[ber]*Amt dahier um die geeigneten Einleitungen ersucht habe. Die Forderung des Werkmeisters Rösling mit 30 fl. für die begonnene* [!] *Copie des StadtbauPlans hält Herr Stadtbaumeister Thrän nicht für unbillig, und behält sich wegen der Vollendung der Copie des Plans – entweder durch ihn selbst oder durch Rösling – mündliche Aeusserung bevor.*[163] Am 25. Juli quittierte der *Maurermeister* beziehungsweise wiederum Lotte Rösling, in Abwesenheit ihres Gatten, den Empfang der ausstehenden Restsumme in Höhe von 15 fl.[164]

Nachdem sich Mitte August 1844 Oberbaurat Carl (von) Etzel (1812–1865) aus Stuttgart für den kommenden Monat angemeldet hatte, um *wegen des Bauplans der Stadt Ulm mit den betreffenden königlichen und städtischen Beamten daselbst, so wie mit dem FestungsbauDirector* [Ingenieur-Major Moritz Karl Ernst von Prittwitz und Gaffron (1795–1885)] *mündliche Rücksprache* [zu] *nehmen*, wies der Stadtrat die städtische Baukommission an, *die von Rösling angefangene Copie* [schleunigst] *vollenden zu lassen.*[165] *Zugleich sollen in den Stadtbauplan, so weit es noch nicht geschehen, die inzwischen ausgeführten oder doch genehmigten Bauwesen, deren Ausführung wirklich beabsichtigt wird, eingezeichnet* [...]

---

160 StadtA Ulm, B 005/5 Nr. 40 (1844), RP v. 16.7.1844 § 1326.
161 Vgl. StadtA Ulm, B 005/5 Nr. 40 (1844), RP v. 2.7.1844 § 1243.
162 Ebd.
163 StadtA Ulm, B 005/5 Nr. 40 (1844), RP v. 23.7.1844 § 1383.
164 StadtA Ulm, B R 901 (1844/45) Bd. 12, Nr. 2025.
165 StadtA Ulm, B 005/5 Nr. 40 (1844), RP v. 13.8.1844 § 1548.

werden.[166] Carl (von) Etzel kam schließlich in seiner Funktion als (technisches) Mitglied der im Vorjahr eingerichteten staatlichen Eisenbahn-Commission nach Ulm. Etzel verantwortete als leitender Ingenieur und Chefplaner ab Anfang 1844 die gesamte Organisation und Ausführung des württembergischen Eisenbahnprojekts.[167] Dabei hatte er vor allem die seit 1835/36 von seinem Vorgänger, dem ehemaligen Ulmer Kreisbaurat und Onkel des Ulmer Stadtbaumeisters Thrän, Oberbaurat Georg Bühler (s. o.), angestellten, aus verschiedenen Gründen jedoch als nutzlos erachteten Planungen zu überarbeiten.[168] Zum Zeitpunkt seines Besuchs in Ulm war der Bau der ersten Sektion der Königlich Württembergischen Staats-Eisenbahnen, sprich die sogenannte Zentralbahn zwischen Ludwigsburg, Stuttgart und Esslingen, bereits im Gange und die Vor- beziehungsweise Erdarbeiten zum Bau der Ulm / Neu-Ulmer Bundesfestung (Grundsteinlegung am 18. Oktober 1844) so gut wie abgeschlossen. Die wichtige Frage des Standorts des zukünftigen Ulmer Hauptbahnhofs war zwar noch keineswegs entschieden, doch schon jetzt zeichnete sich ab, dass der Bau von Festung und Eisenbahn (württembergische Südbahn; ab Ende 1851 dann auch bayerische Maximiliansbahn – letzter Streckenabschnitt von Nersingen nach Neu-Ulm beziehungsweise Ulm) in vielerlei Hinsicht den Ulmer und Neu-Ulmer Alltag des folgenden Jahrzehnts bestimmen sollte.[169] Beide Gemeinden wurden von Arbeitsuchenden geradezu überschwemmt. So sah sich beispielsweise die Regierung von Mittelfranken in Ansbach im Mai 1847 dazu genötigt, sämtliche sich in ihrem Sprengel befindliche Polizeibehörden und Stadtkommissariate darauf hinzuweisen, dass es unmöglich sei [b]*ei den Festungsbauten zu Neu-Ulm* [...] *weitere Arbeiter aufzunehmen.*[170]

---

166 Ebd.

167 Vgl. hierzu Roland MÜLLER (Hg.), Carl von Etzel und die Anfänge der Eisenbahn in Württemberg. Dokumentation der Ausstellung des Stadtarchivs Stuttgart zum 200. Geburtstag des Eisenbahnpioniers (Veröffentlichungen des Archivs der Stadt Stuttgart 110) Stuttgart / Leipzig 2013; Julius FEKETE, Karl von Etzel. Zum 150jährigen Jubiläum der württembergischen Eisenbahn und zum 130. Todestag des Architekten, in: ZWLG 55 (1996) S. 233–281; Andreas M. RÄNTZSCH, Württembergische Eisenbahn-Geschichte, Bd. 1, 1830–1854: Planungsphase und Realisierung der Bauvorhaben, Schweinfurt 1996; Eberhard KITTER, Die Eisenbahn-Empfangsgebäude im Königreich Württemberg vor 1854, Diss. Univ. Stuttgart 1973.

168 Bühler wurde per königlichem Dekret vom 9.10.1844 als Mitglied der Eisenbahnkommission entlassen und *wieder definitiv auf die Stelle eines technischen Raths des Ministeriums des Innern versezt.* HStA Stuttgart, E 146 Bü 4605.

169 Vgl. aus wirtschafts- und sozialgeschichtlicher Perspektive, SCHALLER, Industrialisierung (wie Anm. 117) S. 100–113. Zur Entscheidung der Stadt Ulm im Jahre 1847 über die Lage des Bahnhofs im Zusammenhang mit einer erstmaligen Aufstellung des Generalbebauungsplans und den sich daraus ergebenden, bis auf den heutigen Tag anhaltenden, städtebaulichen Konsequenzen, vgl. u. a. Otto BORST, Die Verkehrsentwicklung der Stadt Ulm. Ein Beitrag zur Landesplanung, Ulm 1930, S. 12–18.

170 Königliche Regierung von Mittelfranken (Hg.), Königlich Bayerisches Intelligenz-Blatt für Mittelfranken, Jahrgang 1847, Ansbach 1848, S. 231.

Ebenfalls 1844 zeichnete Rösling für den aus Göppingen stammenden Neu-Ulmer Schützenwirt Philipp Weiß (1815–?) Pläne für eine (weitere) Kegelbahn, ein Wäschehaus sowie eine *Brantweinbrennerey* beim (Oberen) Schießhaus (heutiger Standort in etwa Schießhausallee 7, Weststadtschule, Neu-Ulm).[171] Da sich das Schießhaus außerhalb der geplanten Festungsanlagen befand, musste die sich unmittelbar auf dem Fortifikationsterrain befindliche, sehr beliebte ehemalige Franz Raiber'sche Bierwirtschaft in Verlängerung des Geigergässchens (Neu-Ulm Haus alt Nr. 41, Pl. Nr. 283), an eben jener Wallenlache, umgehend abgerissen werden. Der bisherige Besitzer besagter Bierwirtschaft, der ehemalige Weißenhorner Stadtwirt Dominik(us) (Selzle oder) Sälzle (1810–1847) von Attenhofen, veräußerte das Grundstück an die bayerische Festungsbaudirektion.[172] Im Gegenzug hatte er das an der damaligen Weißenhorner beziehungsweise Memminger Straße gelegene Gartenhaus Neu-Ulm alt Nr. 16 (Pl. Nr. 132) des aus Moosburg an der Isar stammenden Kunst- und Theatermalers Anton Schober (1815–?) erworben.

Bereits im Dezember 1842 hatte Sälzle einen von Rösling gefertigten Bau- und Situationsplan eingereicht, *gemäß welchem er* [Sälzle] *neben* [dem schon bestehenden] *Anwesen einen großen Gasthof mit der Fronte gegen die Memmingerstraße heraus, dann hinter demselben eine Pferdestallung* [und eine Kegelbahn] *erbauen will.*[173] Bei der Gelegenheit der Übersendung von Sälzles Baugesuch(en) nach Augsburg Anfang Januar 1845 kam man seitens des Neu-Ulmer Landgerichts *nicht umhin, zu bemerken, wie wünschenswerth die baldige Genehmigung des Stadtplans von Neu-Ulm wäre, den* [sic] *es naht sich die Bauzeit und wenn das Frühjahr abermals ungenützt verstreichen muß, so wird der Schaden der Baulustigen, von denen Mehrere seit Jahren schon die Baumaterialen* [sic] *herbey geführt haben* weiter zunehmen.[174] Im Übrigen, so der zuständige Beamte, sei in letzter Zeit *die allgemeine Entmuthigung* spürbar gewachsen, *was den Aufschwunge Neu-Ulm's auf viele Jahre hinaus zurückschlägt. Geruhe daher hohe Stelle in gnädiger Berücksichtigung dieser Verhältnisse die baldmöglichste Genehmigung des Stadtplans zu erwirken.*[175] Schließlich wurde dem König Ende Dezember 1842 der (letztlich nicht umgesetzte) Herdegen-Herrmann-Plan vorgelegt. Nachdem Ludwig I. den (definitiven) Stadtgrundplan am 24. März 1845 schließlich be-

---

171 StAA, Bezirksamt Neu-Ulm Akten 280. Weiß emigrierte mit seiner und der Familie seiner Schwester 1854 nach Amerika (USA).

172 Zu Selzle / Sälzle, vgl. auch die äußerst informative(n) und lesenswerte(n) Geschichte(n) aus Weißenhorn (hier Historische Weißenhorner Gastwirtschaften; Die Stadtwirtschaft), https://geschichten-aus-weissenhorn.de/die-stadtwirtschaft-hauptstr-28/ [15.2.2024].

173 StAA, Bezirksamt Neu-Ulm Akten 280.

174 Ebd.

175 Ebd. Vgl. hierzu Treu, Dokumentation (wie Anm. 4) Kat. Nr. 56, S. 63.

willigt hatte, konnte Sälzle die Baugenehmigung für das späterhin als Bayerischer Hof bekannte Gasthaus (bis 1945 Marienstraße 20, Neu-Ulm, heutiger Standort Petrusplatz 15) schließlich erteilt werden.[176] Wie viele andere Bauherren musste auch Sälzle die vollständige Aussteckung der neuen Straßenzüge abwarten. Nicht wenige Neubürger sahen sich in ihrer Not und Verlegenheit jedoch gezwungen, den Bau ohne förmliche Genehmigung zu beginnen.[177]

Anfang August 1845 versuchte die Gemeinde Neu-Ulm (erfolglos), eine Erhebung des Orts zur Stadt zu bewirken.[178] Zur selben Zeit wurde *Maurermeister* Rösling bei den Bauvorhaben von Bürstenmacher David Seeßle (1815–?) aus Bächingen an der Brenz (Lkr. Dillingen) sowie Hafnermeister Georg Rübenak (1802–1883) als Sachverständiger (Brandschutz, Feuerpolizei) der Neu-Ulmer Lokalbaukommission hinzugezogen.[179] Womöglich hatte er sich durch die Errichtung eines (russischen) Kamins im Anwesen von Metzgermeister Joseph Thoma(e) (1806–?) in Haus alt Nr. 68 a (heute Schützenstraße 30, Neu-Ulm) für diese Tätigkeit qualifiziert. Ein vollwertiges Mitglied der Lokalbaukommission und somit der Neu-Ulmer Gemeindeverwaltung scheint Rösling indes nie gewesen zu sein.

Am 27. Januar 1846 starb in Lit. B Nr. 118 (an der Großen Blau hinter dem Deutschen Haus, Ulm) Röslings Ehefrau Lotte an einer Verblutung in Folge einer Totgeburt (Mädchen).[180] Von diesem Zeitpunkt an trat Rösling noch bei mindestens zwei weiteren Neu-Ulmer Bauprojekten als Architekt beziehungsweise Maurermeister in Erscheinung. Unter anderem zeichnete er den Plan für den im Mai 1846 genehmigten Erweiterungs- beziehungsweise Neubau des Konditors und staatlichen Postexpeditors, sprich des örtlichen Postamtsverwalters Elias Diet(e)rich Kallhardt jun. (1808–1887) an der Ecke Marien-/Augsburger Straße (Café Kallhardt, späterhin Café Fromm, heute Augsburger Straße 2, Neu-Ulm).[181] Ob Rösling auch in Ulm als Baumeister tätig gewesen sein könnte, darf zwar durchaus angenommen werden, entzieht sich aufgrund der ungünstigen Quellenlage jedoch unserer Kenntnis. Im Frühsommer des Jahres 1846 verliert sich seine Spur vor Ort. Fünf Jahre später (1851) erschien bei Ebner in Ulm zwar noch Röslings architektonisches *Lehrbuch über die Säulenordnungen nach Vignola, Scamozzi, Palladio, Vitruv und Andern*, es gibt jedoch keinerlei Anzeichen dafür, dass Mau-

---

176 An den Bayerischen Hof erinnert heute die Adresse Bayerisch Hofgässchen in Neu-Ulm.
177 Vgl. hierzu BayHStA München II, MInn 58018.
178 Vgl. ebd.
179 StAA, Bezirksamt Neu-Ulm Akten 280.
180 Das Familienbuch (1821–1856) des Pfarramts Pfuhl (St. Ulrich) vermerkte zur Todesursache schlicht *Zangengeburt*. Bereits 1840 und 1842 waren zwei weitere Söhne im Säuglingsalter gestorben.
181 Kallhardts gleichnamiger Vater verstarb im Mai 1847.

rermeister Rösling sich um 1850 überhaupt noch vor Ort, in Ulm oder Neu-Ulm, aufgehalten haben könnte.[182]

Die Röslings verlassen Ulm und Neu-Ulm – Eisenbahnarbeit in Württemberg und ein Wiedersehen in der Schweiz

Sein Sohn, der Maurer- und Steinhauergeselle Friedrich Rösling (1830–1909), war im Gefolge seines aus Bernstadt (Alb) stammenden Lehrmeisters Johann Jakob Wachter (1815–?) nach Leutkirch im Allgäu gezogen und zwischen 1846/47 und 1849/50 als Arbeiter beim Bau der Empfangsgebäude der Bahnhöfe Friedrichshafen Stadt und / oder Hafen tätig.[183] Außerdem scheint Friedrich Rösling zwischen 1849 und 1853, im Auftrag seines Meisters Wachter, auch bei Baumaßnahmen des schillernden Fürsten Constantin von Waldburg-Zeil-Trauchburg (1807–1862), insbesondere beim Bau des neuen Brauhauses (heute Eschacher Straße 1, Burgstall) in Aichstetten (Lkr. Ravensburg), maßgeblich beteiligt gewesen zu sein.[184] Zu einem nicht näher bestimmten Zeitpunkt zwischen 1846/47 und 1854/55 muss sich auch Carl Wilhelm Rösling *b. d. Eisenbahnarbeit* befunden haben.[185] Dabei dürfte er anfangs von seinen zwei Töchtern Auguste und Emilie begleitet worden sein.

Über Röslings Verhalten während der Revolution 1848/49 ist uns nichts bekannt. Nach dem bisher Gesagten dürfen wir jedoch annehmen, dass er (1.) ein mitunter sehr persönliches Interesse an den politischen, wirtschaftlichen und sozialen Diskursen gehabt haben muss und (2.) ein Anhänger (national-)liberaler, wenn nicht gar radikal demokratischer Ideen gewesen sein könnte. Anfang / Mitte der 1850er Jahre begegnet er uns, nach einem vagen Hinweis auf einen Aufenthalt in Neubreisach (Neuf-Brisach, Frankreich), dann am mittleren Neckar wieder. Das Adressbuch der Stadt Heilbronn von 1855 verzeichnete einen in der Frankfurter Straße 9 (Gasthof zum Ritter), unweit des 1848/49 nach Plänen von Oberbaurat (von) Etzel errichteten Heilbronner Bahnhofsgebäudes, wohnhaften *Rößlinly, Carl Wilh. Bauführer an der Eisenbahn.*[186] Im März 1855 ersuchte *Auguste Röslingly v. Neuulm, Tochter des Bauführers Röslingly, welche* [...] *nun*

---

[182] Eine zweite Auflage des Buchs erschien 1858 in Tuttlingen bei Kling.

[183] Vgl. Friedrich Rösling, Biography of Friederich Roesling (Typoskript), Privatbesitz Fam. Roesling, San Diego, CA (USA), S. 1.

[184] Schriftliche Mitteilung von Herrn Rudolf Beck, Waldburg-Zeil'sches Gesamtarchiv, Leutkirch v. 1.5.2022. Vgl. Rösling, Biography (wie Anm. 183) S. 1.

[185] Archiv des Evang.-Luth. Pfarramts Pfuhl (St. Ulrich), Familienbuch (1821–1856).

[186] Gabriel Füger (Hg.), Adreß-Buch der Stadt Heilbronn von 1855. In alphabetischer Ordnung mit Angabe der Gewerbe. Aufgestellt im Juni – Juli 1855, Heilbronn 1855, S. 100

ein Putzgeschäft in Neuulm gründen will den Gemeinderat von Heilbronn um ein *Prädicats-Zeugniß* über ihren Leumund und ihr Benehmen während ihres zweijährigen Aufenthaltes in der Stadt.[187] In Heilbronn war über die 23-Jährige nichts Nachteiliges bekannt. Auguste Rösling verzog offenbar wieder nach Neu-Ulm und war seit spätestens 1860 mit dem aus (Arnstein-)Reuchelheim-Marbach (Lkr. Main-Spessart) stammenden Bataillonsschneider im K. B. 12. Infanterie-Regiment Georg Schneider (1823/24–?) liiert. Nach dessen Versetzung zum K. B. 4. Infanterie-Regiment 1864/65 in die Bayerische Pfalz folgte sie ihm nach Speyer. Nach wie vor ledig und ohne Gewerbe brachte sie dort im August 1865 das vierte gemeinsame Kind zur Welt. Danach verliert sich ihre Spur.

Ob Carl Wilhelm Rösling als Subakkordant oder Bauführer bereits beim Bau der württembergischen Südbahn (Stuttgart – Geislingen – Ulm – Ravensburg – Friedrichshafen) mitgewirkt hatte, ließ sich aufgrund der wenig vorteilhaften Quellenlage leider nicht mehr nachvollziehen.[188] Auch eine untergeordnete Anstellung Carl Wilhelm Röslings beim Bau der Bayerischen Maximiliansbahn (Streckenabschnitt Nersingen-Neu-Ulm / Ulm) konnte nicht nachgewiesen werden. Ab 1851 sicherten sich die Ulmer Zimmermeister Johann Ludwig Daitmaier sen. (1814–1864) und Andreas Ried (1813–1879) als Akkordanten beziehungsweise *Werk- und Geschäftsführer* die Baulose von Nersingen nach Neu-Ulm.[189]

---

187 StadtA Heilbronn, A004-274 (1855), RP v. 15.3.1855 § 740.

188 Zum Bau der württembergischen Staatseisenbahnen im Allgemeinen und dem Bau und Betrieb der Südbahn im Besonderen, vgl. oben Anm. 167 sowie u. a. Stefan Lang (Hg.), Von Zeiten und Zügen. Eisenbahngeschichte(n) im Landkreis Göppingen, Göppingen 2018; Peter Eitel, Geschichte Oberschwabens im 19. und 20. Jahrhundert, Bd. 1, Der Weg ins Königreich Württemberg (1800–1870) Ostfildern 2010, S. 179–186; Uwe Schmidt, Die Südbahn. Eisenbahn und Industrialisierung in Ulm und Oberschwaben, Ulm 2004; Bernhard Stille, Filsthalbahn und Alpüberquerung. Erinnerungen an den Bau der Geislinger Steige (Veröffentlichungen des Stadtarchivs Geislingen 4) Geislingen 1985; Hans Kuhn, Ulmer Eisenbahngeschichte, 1835 bis 1945, Langenau / Ulm 1983. Beim Bau der Geislinger Steige jedenfalls dürfte Carl Wilhelm Rösling wohl nicht beteiligt gewesen sein. Zumindest wird er nicht in einem jener vier Bände / Verzeichnisse über sämtliche in Geislingen im Zeitraum Ende Dezember 1845 bis Ende März 1848 beschäftigten und übernachtenden Eisenbahnbau-Arbeiter geführt, vgl. StadtA Geislingen, G 280 Nr. 271–274. Die Geislinger Verzeichnisse sind eine äußerst seltene Quellengattung. In der Regel ist die Überlieferung zur Geschichte der beim Bau beteiligten Arbeiter- und Helfer:innen in den Gemeindearchiven, falls überhaupt vorhanden, äußerst fragmentarisch und wenig aussagekräftig. Auch eine, zwar keineswegs umfassende, doch allemal gediegene Recherche in den einschlägigen Beständen des Landesarchivs Baden-Württemberg förderte keine konkreten Hinweise für den Aufenthalt und die Tätigkeit Röslings in besagtem Zeitraum (1846 bis 1855) zutage, vgl. u. a. StA Ludwigsburg, E 79 I Bü 81; E 79 I Bü 134; ebd. E 79 I Bü 529; ebd. E 79 I Bü 688; ebd. E 79 I Bü 1288; ebd. E 79 III Bü 19; E 228 II Bü 216; ebd. E 228 II Bü 93; E 234 II Bü 216; ebd. E 251 IV Bü 175 und Bü 176.

189 Vgl. StAA, Bayerische Staatseisenbahnen, Streckenpläne Nr. 310–316; ebd. Verkehrsarchiv, Eisenbahnbausektion Neu-Ulm, Nr. 28204 und 28209. Als Stellvertreter wurde der Ulmer Maurermeister Johann Wilhelm Schwithelm (1816–?) aufgestellt.

Das Baulos der *Doppelbahn zwischen Ulm u. Neuulm* (Erd und Dammarbeiten) hingegen erwarb Ende Oktober 1854 der bereits beim Bau der Festungen Ingolstadt und Ulm als *Schachtmeister* angestellte Neu-Ulmer Zimmermeister Joseph Stammel.[190] Stammel wiederum vergab die eigentlichen Arbeiten an den Subakkordanten Maurermeister Johann Ansprenger. Dieser soll *Arbeiter aufgenommen u. beschäftiget* haben, *ohne von dem Bauführer die vorschriftmäßige Aufnahmskarte erholt, sich der gerichtsarztlichen Visitation unterzogen und von dem K. Landgerichte* [Neu-Ulm] *die vorgeschriebenen Aufenthaltskarten erhalten zu haben.*[191] Die Vorschriften für die Behandlung der Eisenbahnarbeiter wurden regelmäßig missachtet. Egal ob in Württemberg, Bayern oder den Schweizer Kantonen, die staatlichen Kontrollorgane waren mit der Überwachung der Baustellen überfordert und es ist im Nachhinein kaum möglich, festzustellen, wer wann bei welchem Baulos als Bauführer, Subakkordant oder Arbeiter eingesetzt wurde. Vieles spricht jedoch dafür, dass Carl Wilhelm Rösling zumindest im Zeitraum 1846 bis 1849 auf Streckenabschnitten zwischen Friedrichshafen, Ravensburg und Aulendorf als Bauführer tätig war.

Im Frühjahr 1855 reichte der in Ravensburg wohnhafte ehemalige (Rottenburger) Oberamtspfleger Ferdinand August Osiander (1793–1860) beim Heilbronner Stadtschultheißenamt eine Klage wegen *Forderung v. Deserviten und Auslagen* gegen Rösling ein.[192] Dieser erklärte gegenüber dem Stadtschultheißenamt, *daß kein Proceß in dieser Sache nöthig seye, indem er bezahlen wolle, was von der verlangten Summe nach gesezlicher Moderation übrig bleibe.*[193] Offenbar hatte Rösling zu einem vorhergegangenen, nicht näher bestimmten Zeitpunkt die Dienste Osianders in Rechtsangelegenheiten in Anspruch genommen und es bis dahin versäumt, die hierfür in Rechnung gestellten Deserviten, sprich Gebühren in Höhe der veranschlagten 5 fl. 38 xr. zu entrichten. Der Heilbronner Gemeinderat kam der (nicht überlieferten) Bitte Röslings um Moderation, sprich Ermäßigung der Gebührensumme auf 2 fl. 51 xr. nach und beschloss, dem Osiander in Ravensburg davon *unter Anschluß der Erklärung des Beklagten Mittheilung zu machen.*[194]

Spätestens zu diesem Zeitpunkt scheint Rösling mit der exakt 20 Jahre jüngeren Wilhelmine Lisette Landsee beziehungsweise Gröninger, geboren am 11. Februar 1826 in Heilbronn, verlobt gewesen zu sein. Die Landsee / Gröninger war die uneheliche Tochter der Caroline Henriette Elisabeth Gröninger von Heilbronn und des katholischen Handlungsgehilfen Wilhelm Landsee von Rottenburg am

[190] StAA, Verkehrsarchiv, Betriebsingenieur Neu-Ulm, Nr. 37270.
[191] Ebd.
[192] StadtA Heilbronn, A0024-274 (1855) RP v. 24.5.1855 § 1588.
[193] Ebd.
[194] Ebd.

Neckar. Die Mutter war schon 1842 von Heilbronn nach Ossingen (ZH) in die Schweiz ausgewandert, offenbar ohne ihr Heimatrecht beziehungsweise ihre württembergische Staatsangehörigkeit aufzugeben.

Im Herbst 1855 beschuldigte Ritterwirt Martin David Gimmi (1796–1857) in Heilbronn die Landsee / Gröninger und ihre Tante Johanna Friederike Gröninger (1794–1869) der *heimliche*[n] *Wegschaffung der Effecten*, sprich der wirklichen Vermögenswerte *des Rößlingly aus dem Hause des Gimmi.*[195] Rösling stand bei seinem Wirt mit knapp 24 fl. in der Kreide und Gimmi befürchtete nicht zu Unrecht, dass sein Vorzugsrecht *bei dem in Aussicht stehenden Gant* [...] *in Frage gestellt werden* könnte.[196] Rösling selbst hatte die Stadt zu diesem Zeitpunkt (Anfang Oktober 1855) bereits verlassen. Außer einigen Möbelstücken, *welche sich im Ritter hier befinden*, hinterließ er eine Reihe offener Schuldforderungen.[197] Nachdem das Heilbronner Stadtschultheißenamt auf Antrag des Ritterwirts die von der Landsee / Gröninger und ihrer Tante weggeschafften *2. Fässer mit Effecten des von hier in die Schweiz gezogenen Bauführers Rößlingly auf der Eisenbahn* beschlagnahmen ließ, gingen laufend neue Klagen ein.[198] Zwei Heilbronner Handwerker und ein Kleiderhändler in Aulendorf (Lkr. Ravensburg) machten eine Summe von insgesamt über 46 fl. geltend. Zudem erhob Röslings Tochter Emilie *auf Fahrniß im Werth von ca. 87 fl., die er* [Rösling] *im Besitz habe* Anspruch.[199] Rösling war wieder einmal überschuldet und der Heilbronner Gemeinderat sah sich, zumal in der Erwartung, dass *bei einem Aufruf noch mehr Gläubiger des Rößlingly sich melden werden*, dazu gezwungen, beim Oberamtsgericht Heilbronn einen Antrag auf Vermögens-Untersuchung sowie Einleitung eines Gantverfahrens zu stellen.[200] Da der Bauführer Rösling *hier nur bei vorübergehenden Geschäften verwendet worden seye*, er *seinen hiesigen Aufenthalt schon vor längerer Zeit verlassen* und seinen *Wohnsitz im rechtlichen Sinne* nach wie vor in Neu-Ulm hatte, verwies das Gericht den Gemeinderat an das für Rösling zuständige Landgericht (ä. O.) Neu-Ulm.[201] Da dem Gemeinderat *eine Correspondenz mit höher gestellten Behörden des Auslandes* jedoch nicht zustand, blieb den Heilbronnern nichts anderes übrig, als das Oberamtsgericht zu bitten, die Vermögensverhältnisse Röslings *im Interesse der hiesigen Gläubiger* in Neu-Ulm ermitteln zu lassen.[202] Die beschlagnahmten

---

195 StadtA Heilbronn, A004-275 (1855) RP v. 4.10.1855 § 2987.

196 Ebd.

197 Ebd. § 2988.

198 Ebd.

199 Ebd.

200 Ebd.

201 StadtA Heilbronn, A004-275 (1855) RP v. 12.10.1855 § 3021. Leider konnte nicht ermittelt werden, um welche Art von Bau-Geschäften es sich dabei gehandelt hat.

202 Ebd. In den in Frage kommenden Beständen der Staatsarchive in Augsburg und Ludwigsburg sind keinerlei Hinweise auf einen diesbezüglichen Schriftverkehr überliefert.

Fässer sollten einstweilen von einem eigens aufgestellten *Abwesenheits-Pfleger* sichergestellt werden.[203] Der Pfleger erhielt weiterhin den Auftrag, *von den mit Beschlag belegten Effecten des Rößlingly diejenigen Gegenstände, welche erweislich und unzweifelhaft seiner Braut, der Wilhelmine Landsee v. hier, gehören der lezteren auszufolgen.*[204] Noch bevor der Pfleger *vor versammeltem Gemeinderath in Pflichten genommen* werden konnte, waren sowohl die Landsee / Gröninger, als auch *die auf der Eisenbahn gewesenen 2. Fässer mit Fahrnißgegenständen des Rößlingly* verschwunden.[205] Offenbar hatte sich die (schwangere) Landsee / Gröninger mit den Effekten ebenfalls Richtung Schweiz abgesetzt. Unterm 24. Oktober 1855 inserierte Carl Wilhelm Rösling in der Berner Tageszeitung *Der Bund* eine *Anzeige und Empfehlung. Der Unterzeichnete empfiehlt sich für Herstellung von allen Arten von Feuerwerken, als Kunstheerden, der Abhülfe rauchender Kamine, der Einmauerung von Braukesseln, Braupfannen und Destillationsapparaten, der Anlage von Malzdörren der neuesten Konstruktion, und der Herstellung aller Arten Feuerungen für Färbereien, chemische Fabriken und sonstige Gewerke und steht geneigten Aufträgen entgegen. C. W. Rösling, Architekt, derzeitig zu Untermurgenthal, Kantons Aargau.*[206]

Im Februar 1856 muss sich Rösling nach wie vor in Murgenthal (AG) oder im vormaligen Obermurgenthal, heute zu Wynau (BE), aufgehalten haben. Im benachbarten Roggwil (BE) wurde Ende Februar 1856 das neugeborene Mädchen der Landsee / Gröninger getauft. Das Kind erhielt den sonderbaren Namen Cathinka Amata.[207] Der entsprechende Eintrag im Roggwiler Taufrodel (= Taufregister) ließ an der Vaterschaft Röslings keinen Zweifel. *Dieses Kind wurde zur hl. Taufe angegeben von dem unbedingt geständigen Vater desselben Hr. Carl Wilhelm Rösling, Christian Lebrechts Sohn, von Neu-Ulm, Königreich Baiern, Architect, gegenwärtig in Murgenthal.*[208] Entbindung und Kindbett im Februar 1856 verbrachte die offenbar vollkommen mittellose Landsee / Gröninger beim Roggwiler Arzt, Frühsozialisten und Philanthropen Dr. Johannes Glur (1798–1859). Glur und eine seiner Töchter fungierten auch als Taufzeugen für das bereits im darauffolgenden August verstorbene Kind. Zu Anfang der 1840er Jahre hatte Dr. Glur

---

203 Ebd.

204 Ebd. Hervorhebung im Original.

205 StadtA Heilbronn, A004-275 (1855) RP v. 18.10.1855 § 3100.

206 Der Bund v. 24.10.1855.

207 Amata ist der Name der Gattin des mythologischen Königs Latinus. Womöglich handelte es sich auch um eine Anspielung auf den, zu diesem Zeitpunkt durchaus bekannten, bürgerlichen Namen (Amantine) der Schriftstellerin George Sand (1804–1876). Kathinka hingegen war der Titel eines 1844 erschienenen Romans von Louise Otto-Peters (1819–1895).

208 StA Bern, K Roggwil 4 fol. 198. Vgl. die entsprechende Mitteilung des Amtsgerichtes Aarwangen an das Heilbronner Stadtschultheißenamt beziehungsweise den Heilbronner Gemeinderat mit Schreiben vom 10.3.1856, StadtA Heilbronn, A004-276 (1858) RP v. 13.3.1856 § 794.

die Bekanntschaft zum benachbarten Zofinger Armenarzt und sozialpolitischen Schriftsteller Dr. Rudolf Sutermeister (1802–1868), dem Zofinger Fabrikanten Gustav Siegfried (1808–1843) und zum Aarauer Utopisten / Chiliasten Andreas Dietsch (1807–1845) gepflegt und dürfte auch mit dem Frühsozialisten, Esoteriker und Begründer des Bundes der Gerechten Wilhelm Weitling (1808–1871) kurzzeitig in Kontakt gestanden haben.[209] Sowohl in seiner praktischen Arbeit als auch in seinen Veröffentlichungen verfolgte Glur einen (volks-)aufklärerischen, von christlicher Nächstenliebe und klassenkämpferischen Ideen geprägten, sozialreformerischen Ansatz.

Im Mai 1857 wurde abermals ein Mädchen der inzwischen im 1848 aufgehobenen Kloster St. Urban im benachbarten Pfaffnau (LU) wohnhaften Landsee / Gröninger in Roggwil getauft. Wiederum wurde Rösling als Vater eingetragen, das Kind starb im Februar 1862 in Heilbronn. Als Zeugen wurden der *Zollner bei St. Urban* Johann Mangold, eine Anna Maria Mösching geb. Hauswirth von Gsteig bei Gstaad (BE) und die (dritte) Ehefrau Glurs benannt.[210] Leider konnten, trotz umfassender Recherchen in den Staatsarchiven in Aarau und Bern sowie vor Ort in Murgenthal (AG) und Wynau (BE), keine Hinweise auf den weiteren Verbleib Röslings und der Landsee / Gröninger in der näheren und weiteren Umgebung gefunden werden.[211] Glur, durch seine Schriftstellerei selbst hoch verschuldet, nahm im *Spätherbst 1857* [...] *die Stelle eines Bahnarztes für die Linie Bern-Freiburg an, die damals im Bau war.*[212]

Friedrich Rösling und die Auswanderung der Familie in die Vereinigten Staaten (USA)

Inzwischen war der von Murrhardt stammende Apothekersohn Wilhelm Otto Beger (1815–1868), 1854/55 provisorischer Bauinspektor (Verweser) des Eisenbahnbauamts Geislingen und von 1855 bis 1857 in Friedrichshafen als Archi-

---

209 Zu Glurs Biographie vgl. zuletzt Simon Kuert, Die Roggwiler Chronisten, in: Ders. u. a., Roggwil im Wandel der Zeit. Eine neue Roggwiler Chronik, Roggwil o. J. [2006], S. 17–77.

210 StA Bern, K Roggwil 4 fol. 224.

211 Einen vagen familiären Bezug hatte Carl Wilhelm Rösling zudem nach La Neuveville (Neuenstadt) am nahegelegenen Bielersee. Die Ehefrau des Effelder Pfarrers Timotheus Heim (1751–1820), Lehrer seines Vaters und Taufpate eines Onkels, Mariane Heim (1750–1811) war eine geborene Tütsch und stammte aus Schafis beziehungsweise (La Neuveville-)Chavannes, BE. Mariane Heim war außerdem die Taufpatin einer lediglich zehneinhalb Jahre älteren Tante Carl Wilhelm Röslings aus (Föritztal-)Judenbach (Lkr. Sonneberg).

212 Kuert, Chronisten (wie Anm. 209) S. 52. Vgl. W. Glur, Johannes Glur. 1798–1859, in: Historischer Verein des Kantons Bern (Hg.), Slg. Bernischer Biographien 2, Bern 1896, S. 593–603, hier 602.

tekt tätig, auf Röslings Sohn Friedrich aufmerksam geworden.[213] Beger, *who was charged with the construction and completion of the new Lake Constance harbor in Friedrichshafen*, nahm den jungen Maurer unter Vertrag und übertrug ihm vielfältige Aufgaben bei der Bauvollendung des württembergischen Bodenseehafens.[214] Währenddessen soll sich Friedrich Rösling auch im benachbarten schweizerischen Kanton Thurgau aufgehalten haben, wo er alsbald von einem Bauunternehmer namens Braun im Bezirk Bischofszell als Bauführer bei einem Schulhaus angestellt wurde. Derselbe Braun vermittelte Rösling daraufhin eine Anstellung bei der Zürcher Firma Locher & Cie. Für diese beaufsichtigte Rösling die Steinhauerarbeiten von etwa 90 Mann beim Bau der Hafenanlage von Romanshorn. Anschließend fand er, weiterhin für Locher & Cie. tätig, Verwendung beim Bau der Eisenbahnbrücke über die Thur bei Eschikofen (TG) sowie beim Bau der Schweizerischen Centralbahn (SCB). Die technische Planung und Oberleitung über die verschiedenen anspruchsvollen Bauvorhaben der SCB, wie etwa die Hauensteinlinie (mit Tunnel) Basel – Olten, die Tunnels bei Aarburg oder die zahlreichen Brücken und Viadukte der Bahnlinien Olten – Bern sowie Bern – Luzern lagen seit Ende 1853 in der Hand Wilhelm Pressels (1821–1902). Pressel, der sich bereits beim Bau der württembergischen Südbahn und insbesondere bei den Arbeiten im Abschnitt der Geislinger Steige bewährt hatte, folgte hierin seinem Mentor Carl (von) Etzel, der in der Mitte der 1850er Jahre auch als Berater und Oberbauleiter anderer Schweizer Eisenbahngesellschaften fungierte.[215] Nur zu gern griff man in der bergigen Schweiz auf die im Eisenbahnbau über die Schwäbische Alb erfahrenen Nachbarn zurück. Es verwundert daher kaum, dass zwischen April 1855 und Mai 1858 etwa im Kanton Basel-Landschaft die Württemberger „mit 94,1 % den weitaus grössten Anteil unter den Ausländern" stellten.[216] Womöglich waren sowohl der Vater Carl Wilhelm als auch sein Sohn Friedrich Rösling, obschon keine Württemberger, als Bauführer oder Werkmeister beim Bau der SCB tätig.

> „Die beim Sektionspersonal aufgeführten Bauführer können als eine Art Oberaufseher betrachtet werden. Im Prinzip hatte ein Bauführer die Aufsicht über ein Baulos […] Die Bauführer wurden auf Vorschlag des Sektionsingenieurs

213 Beger war der Vater des späteren Leiters der Bauabteilung der Domänendirektion bei der württ. Oberfinanzkammer bzw. beim Finanzministerium Albert (von) Beger (1855–1921).

214 Rösling, Biography (wie Anm. 183) S. 1.

215 Etzel gilt daher auch in der Schweiz als einer der großen Eisenbahnpioniere des 19. Jahrhunderts, vgl. Ernst Mathys, Karl von Etzel, in: Ders., Männer der Schiene, 1847–1947, Bern 1947, S. 135–143.

216 Heinz Frey / Ernst Glättli, schaufeln, sprengen, karren. Arbeits- und Lebensbedingungen der Eisenbahnbauarbeiter in der Schweiz um die Mitte des 19. Jahrhunderts, Zürich 1987 (zugl. Diss. Univ. Zürich 1986), S. 146.

> durch den Oberingenieur angestellt und entlassen. Als Auswahlkriterium galt, was ganz allgemein von Bauaufsehern der Centralbahn verlangt war: ‚Bei der Wahl der Bauaufseher ist vorzugsweise darauf zu achten, dass dieselben das Maurer-, Steinmetz- oder Zimmerhandwerk erlernt haben, praktisch erfahren und in der Behandlung der Arbeiter gewandt seyen.‘ Für die Centralbahngesellschaft hatten die Bauführer die Aufsicht auf den verschiedenen Baustellen. Dazu konnte z. B. auch einmal ein Zeichner des Sektionsbüros für eine gewisse Zeit als Aufseher eingesetzt werden. […] Dazu kamen Unteraufseher und Aufsehervorarbeiter bei den einzelnen Arbeitsgruppen. Dort, wo Arbeiten an Unterakkordanten vergeben wurden, sind sowohl weitere Aufseher, die selber einen Akkord übernommen hatten (‚Schachtmeister‘), denkbar. Unklar ist, ob der [in den Quellen] immer wieder erwähnte ‚Werkmeister‘ eher einem solchen Akkordübernehmer gleichkam oder einem Vorarbeiter des Unternehmers.“[217]

Friedrich Rösling jedenfalls sah seine Zukunft nicht in Europa. Anfang 1857 ließ er sich von besuchsweise aus den Vereinigten Staaten zurückgekehrten Schweizer Emigranten dazu überreden, sich mit ihnen nach Nordamerika einzuschiffen. Schweren Herzens kündigte er seine Anstellung bei Johann Jakob Locher (1806–1861), für welchen er gerade an einer Eisenbahnbrücke über die Sihl bei Zürich arbeitete. Zusammen mit weiteren Auswanderern unterzeichnete er unter dem 15. März 1857 im französischen Le Havre ein in der NZZ abgedrucktes *Zufriedenheits-Zeugniß* für das Speditionshaus Paravacini & Roth.[218] Für den 27. April 1857 verzeichnen sowohl die Deutsche Auswanderer-Datenbank (DAD) am Historischen Museum Bremerhaven als auch die Datenbank der Ellis Island Foundation die Ankunft von Friedrich Rösling in New York City (Castle Garden).[219]

Zu diesem Zeitpunkt hatten bereits zahlreiche deutsche (Arbeits-)Emigranten und politische Flüchtlinge (1848/49), vor allem aus Württemberg, Baden und der Bayerischen Pfalz, in den industriell verhältnismäßig hoch entwickelten Tälern des schweizerischen Mittellandes eine neue Heimat gefunden. Indes stöhnten nicht nur die Aargauer Bezirke über die fortwährende Belastung der Wohlfahrtsanstalten durch Armut und Bettel. Insbesondere die Zentral- und Nordschweiz war, wie schon angedeutet, im 19. Jahrhundert selbst ein ausgesprochenes Abwanderungsgebiet und erlebte, mit regionalen und lokalen Unterschieden, mehrere Phasen mit zum Teil starker überseeischer Auswanderung.[220] Der Langenthaler (BE) Bur-

---

217 Ebd. S. 136 f.

218 NZZ v. 21.3.1857.

219 Vgl. Deutsche Auswanderer-Datenbank (DAD) Bremerhaven.

220 Vgl. hierzu am Beispiel des Kantons Aargau, Berthold Wessendorf, Die überseeische Auswanderung aus dem Kanton Aargau im 19. Jahrhundert, in: Argovia. Jahresschrift der Historischen Gesellschaft des Kantons Aargau 85 (1973) S. 5–370.

gerrat [sic] etwa mitunterzeichnete 1854 eine Eingabe an den Regierungsrat des Kantons Bern folgenden Inhalts: *Überhaupt finden wir in der Auswanderung, oder besser gesagt Fortschaffung des Proletariats nach Nordamerika oder Australien das wirksamste Mittel zur allmählichen Verminderung unserer Armenlast.*[221] Der auch für Riken / Murgenthal zuständige Amtsstatthalter des Bezirks Zofingen (AG) berichtete Mitte Mai 1857, dass man [b]*ereits in allen Gemeinden unsers Bezirks* [...] *darauf bedacht* [war], *liederliche Vaganten und sonst den Gemeinden Ueberlästige nach Amerika zu spediren. In einigen Gemeinden hat sich die Armenlast durch den Abfluß dieser Menschen bedeutend verringert.*[222]

Ob Carl Wilhelm Rösling nun von den helvetischen Behörden gezwungen wurde, das Land zu verlassen oder dem Ruf seines Sohnes Friedrich gefolgt war, am 23. beziehungsweise 24. Juni 1859 landeten jedenfalls auch er und seine Tochter Emilie an Bord des Frachters Mary mit 319 Passagieren im Hafen von New York.[223] Die Mary war ebenfalls von Le Havre aus in See gestochen, die Überfahrt hatte 30 Tage gedauert. Emilie Rösling, inzwischen immerhin 26 Jahre alt, und ihr 53-jähriger Vater wurden bei ihrer Ankunft, wie zuvor Friedrich Rösling, als Schweizer registriert. Zu diesem Zeitpunkt hielt sich Letzterer bereits in der Umgebung von Madison, der Hauptstadt des US-Bundesstaates Wisconsin, auf. In Dane County hatte er sich in kürzester Zeit einen sehr guten Ruf als Maurer und Bauzeichner erarbeitet. *Enriched by experience I devoted myself to construction work on contract*, so Friedrich Rösling in seiner 1909 verfassten autobiographischen Skizze.[224] *After the arrival of my father and my sister*, so Rösling weiter, begann er schließlich, als Werkmeister zu arbeiten. In kurzen Abständen errichtete er sowohl Lager- und Wohnhäuser als auch Sakralbauten. Die ersten beiden waren die katholischen Kirchen St. Peter in Ashton, Town of Springfield und St. Mary in Pine Bluff, Town of Cross Plains, Wisconsin. Außerdem legte er den Grundstein zu St. Martin in Martinsville, Town of Springfield. Alle drei Bauten sind verhältnismäßig frühe Zeugnisse eines schnörkellosen Gothic Revival. Im Frühjahr 1861 heiratete Friedrich Rösling die bereits in den USA geborene Elizabeth Knipschi(e)ld (1842–1918) und trat der katholischen Kirche bei. Nach Ausbruch des Amerikanischen Bürgerkrieges zog die Familie weiter nach Cleveland, Ohio. Auch hier, in der aufstrebenden Industriemetropole am Südufer des Lake Erie, setzte Friedrich Rösling seine Laufbahn als Architekt und Bau- beziehungsweise Werkmeister fort.

221 StA Bern, BB XII D 53, zit. nach Martin Matter, Wirtschaftsflüchtlinge. Langenthaler verlassen ihre Heimat, 1850–1860, in: Jb. des Oberaargaus 37 (1994) S. 227–250, hier 241.
222 StA Aargau, DIA02/0221.
223 Vgl. DAD Bremerhaven und The New York Times v. 24.6.1859.
224 Rösling, Biography (wie Anm. 183) S. 5.

Zwischenzeitlich könnte Carl Wilhelm Rösling besuchsweise nach Deutschland zurückgekehrt sein. Ende Juni 1862 jedenfalls brachte die Wilhelmine Lisette Landsee / Gröninger im Stuttgarter Katharinenhospital einen weiteren Jungen, Emil Carl August, zur Welt. Danach verliert sich ihre Spur. Der Junge starb drei Monate später, ebenfalls in Stuttgart. Eine Vaterschaft Röslings gilt zwar als unwahrscheinlich, kann aber, wie gesagt, nicht ausgeschlossen werden. Die Namen des Kindes immerhin verweisen auf eine sehr starke emotionale Verbindung der Landsee / Gröninger zu den Röslings. Womöglich wurde Carl Wilhelm bei dieser Reise auch von seiner Tochter Emilie begleitet. Am 28. Dezember 1865 veröffentlichte der Schwäbische Merkur eine notarielle Gläubiger-Aufforderung an *Architekt Karl Wilhelm Rößling, früher in Friedrichshafen.*[225] Rösling, dessen Aufenthaltsort dem zuständigen Großherzoglich Badischen Notariat freilich unbekannt war, wurde als Rechtsvertreter seiner forderungsberechtigten Tochter Emilie benachrichtigt, dass die noch offenen Pfandforderungen derselben gegenüber dem ledigen Gerber Albin Martin in Staufen im Breisgau anlässlich der richterlich verfügten Versteigerung der Liegenschaften desselben bis zum Tag der Versteigerung schriftlich anzumelden seien. Carl Wilhelm Rösling dürfte sich, falls er das Land überhaupt verlassen hatte, zu diesem Zeitpunkt längst wieder in den USA befunden haben.

Die Tätigkeiten seines Sohnes Friedrich wurden immer anspruchsvoller und nach Beendigung des Bürgerkrieges wurde derselbe damit beauftragt *to build the Cleveland chemical sulphur factory, which my* [...] *father designed.*[226] Ob es sich dabei um den Betrieb des aus Straßburg stammenden Eugene Ramiro Grasselli (1810–1882), einen der Hauptlieferanten von Schwefelsäure für die in großer Zahl neu entstehenden Ölraffinerien, gehandelt haben könnte, entzieht sich unserer Kenntnis.[227] Womöglich handelte es sich auch um die zur selben Zeit (1866) in unmittelbarer Nachbarschaft gegründete Anlage der Cleveland Chemical Works (späterhin Marsh & Harwood). Diese Schwefelwerke bestanden entweder aus einer Vielzahl gemauerter Galeerenöfen oder aus einer sogenannten Bleikammeranlage. In beiden Fällen war die Geruchsbelästigung der Umgebung erheblich. Tatsächlich verzeichneten die örtlichen Einwohnerbücher für die Jahre

---

225 Schwäbischer Merkur v. 28.12.1865.

226 Rösling, Biography (wie Anm. 183) S. 6.

227 Die Handschriftenabteilung der Bibliothek der Western Reserve Historical Society (WRHS) in Cleveland, Ohio verwahrt unter der Signatur MS 3311 eine umfangreiche Sammlung der Grasselli Family Papers, 1778–1967, beinhaltend unter anderem Vertrags- und Rechnungsunterlagen sowie Baupläne und -tagebücher zu einigen der ggf. in Frage kommenden Fabrikanlagen. Wegen Umbau- und Umstrukturierungsmaßnahmen blieb die Bibliothek der WRHS bis Ende des Jahres 2023 geschlossen. Eine Anfrage an die WRHS blieb daher bis Drucklegung unbeantwortet.

1866/67 einen unweit der Industrieanlagen entlang des Cuyahoga River und des Ohio-Erie-Kanals wohnenden Baumeister *(builder)* Frederick Roesling.[228]

Cleveland war zu dieser Zeit nicht nur eine Hochburg der Stahlproduktion, die verkehrsgeographisch (Schifffahrt, Eisenbahn) äußerst günstig gelegene Stadt entwickelte sich, wie schon angedeutet, im Laufe der 1860er Jahre auch zum Zentrum der US-amerikanischen Ölraffination. Ende des Jahres 1866 verzeichnete die Handelskammer von Cleveland bereits 50 Raffineriebetriebe.[229] Mit großer Wahrscheinlichkeit dürfte die in der von Carl Wilhelm und seinem Sohn Friedrich Rösling geplanten beziehungsweise errichteten Fabrik erzeugte Schwefelsäure auch für die Reinigung der Destillate (Petroleum, Heizöl, Benzin) der allerersten Raffinerien von John D. Rockefeller (1839–1937) verwendet worden sein. Im Anschluss an den Bau der *Cleveland chemical sulphur factory* errichtete Friedrich Rösling 1867/68 das Mauerwerk für die neuen Ofen- beziehungsweise Bessemeranlagen des aus Schottland stammenden amerikanischen Stahlmagnaten Henry Chisholm (1822–1881) im damaligen Newburg(h) Township (Cleveland Rolling Mill Company).

Nach dem Umzug der Familie in einen an der Küste gelegenen Vorort nordöstlich der Stadt (Nottingham Village) und der Errichtung einer evangelisch-lutherischen Kirche in Cleveland Central verschlug es Friedrich Rösling als Leiter eines noch heute existierenden Steinbruchs auf die Halbinsel Marblehead in Ottawa County, Ohio. 1887 verkaufte er den Steinbruch für 54.000 US-Dollar und nahm seinen Wohnsitz wieder in Nottingham bei Cleveland.[230] Hier verstarb im Juli 1887 auch Carl Wilhelm Rösling. Als Charles W. Roseling wurde er auf dem Woodland Cemetery in Cleveland beerdigt. Offenbar hatte er gegen Lebensende beabsichtigt, die Landsee/Gröninger nach Amerika zu überführen und zu heiraten. Laut einer flüchtigen Notiz in den Familienregistern des evangelischen Stadtpfarramts (I) von Heilbronn habe es sich jedoch *nachträglich herausgestellt, daß die beiden nicht getraut worden sind, indem Rösling in Amerika ehe seine Braut nachkommen konnte starb.*[231] Nach dem Tod des Vaters zog Friedrich Rösling mit seiner Familie wieder nach Wisconsin (WI). 1888 veröffentlichte er in einem kleinen New Yorker Architekturverlag einen reich bebilderten *Guide to the Construction of Gothic Details*. In Janesville, WI errichtete er, zusammen mit dem Architekten Frank Kemp (1864–1944), sein letztes Bauwerk und Vermächtnis,

---

228 Vgl. Cleveland Leader Company (Hg.), City Directory for 1866–67, Cleveland 1866, S. 235 sowie City Directory for 1867–68, Cleveland 1867, S. 239.

229 Vgl. hierzu Ida M. Tarbell, The History of the Standard Oil Company, Bd. 1, New York 1905, S. 39.

230 Die erwähnte Summe entsprach im Jahr 2020 schätzungsweise knapp 1,5 Millionen US-Dollar.

231 Gesamtkirchengemeinde Heilbronn, Familienregister 1870–1874, Bd. 26 fol. 843.

die katholische Kirche Nativity of Mary. Im Herbst 1909, ziemlich genau hundert Jahre nach der Ankunft der Röslings in Ulm, verstarb Fred Roesling in Janesville als ein durchaus wohlhabender Mann. Er hinterließ mehrere Kinder. Sein ältester Enkel Ralph J. Roesling (I.) (1895–1995) war der größte Kopra- und einer der einflussreichsten Pflanzenöl-Händler der Vereinigten Staaten. Dessen Enkel wiederum ist der Architekt Ralph J. Roesling (II.) in San Diego, Kalifornien.[232]

Resümee

Die archivalische Überlieferung der Stadt Neu-Ulm vor 1945 wurde in der Kriegsendphase beziehungsweise der Nachkriegszeit durch mutwillige Zerstörungen und Fahrlässigkeit beinahe vollständig vernichtet.[233] Die Parallelüberlieferung in den staatlichen, kirchlichen sowie benachbarten Stadt- und Gemeindearchiven, Bibliotheken etc. kann keinen vollwertigen Ersatz für das Fehlen der allermeisten kommunalen Amtsbücher und Sach- beziehungsweise Verwaltungsakten darstellen. In seiner Gesamtheit erlaubt das vorhandene Material dennoch zahlreiche wohl fundierte Rückschlüsse auf die historischen Entwicklungen innerhalb des heutigen Neu-Ulmer Stadtgebiets. Auch für den hier vorliegenden genealogischen Streifzug erwies sich diese Parallelüberlieferung als ergiebig. Insbesondere die biographischen Angaben zu Carl Wilhelm Rösling verdichteten sich zu einem der authentischsten Porträts der frühen Neu-Ulmer Stadtgeschichte.[234] Hierbei handelt es sich jedoch

---

232 Vgl. https://www.rntarchitects.com/ [18.2.2024].

233 Vgl. oben Anm. 8.

234 Vgl. hierzu unter Vorbehalten Frank RABERG, Biografisches Lexikon für Ulm und Neu-Ulm, hg. v. den Stadtarchiven Ulm und Neu-Ulm, Ulm u. a. 2010. Eine annähernd ähnlich kohärente Beschreibung, allerdings für einen wesentlich späteren Zeitraum, gelang meines Wissens bisher lediglich für den Neu-Ulmer Marien-Apotheker und ersten Bürgermeister nach der Stadterhebung von 1869 Dr. Wilhelm Sick (1837–1899), vgl. ebd. S. 409 f. und Wilhelm KOHLHAAS, Wilhelm Sick, in: Adolf LAYER (Hg.), Lebensbilder aus dem Bayerischen Schwaben 12 (Veröffentlichungen der SFG bei der KbL, Reihe 3) Weißenhorn 1980, S. 225–235. Die Stilisierung des bayerischen Ministerialbeamten, Diplomaten und Generalkommissärs Carl Ernst Freiherr (bzw. Graf) von Gravenreuth (1771–1826) zum „Gründungsvater Neu-Ulms" erachte ich indes als einigermaßen problematisch, um nicht zu sagen fragwürdig. Marcus JUNKELMANN, „Sie allein können Bayern retten". Carl Ernst von Gravenreuth. Eine Karriere zwischen Napoleon und Montgelas, Regensburg 2022, S. 491. Vgl. Johannes MOOSDIELE-HITZLER, Generalkommissär Karl Ernst Graf von Gravenreuth: vermögender Adeliger und ehrgeiziger Diplomat, in: Marita KRAUSS / Rainer JEDLITSCHKA (Hg.), Verwaltungselite und Region. Die Regierungspräsidenten von Schwaben 1817 bis 2017, München 2017, S. 25–32, hier 30. Sowohl Junkelmann als auch Moosdiele-Hitzler stützten sich dabei im Wesentlichen auf die leider wenig überzeugende Arbeit von Marita Krauss. Vgl. Marita KRAUSS, „Am Anfang war Napoleon". Neu-Ulm – eine bayerische Stadtgründung in napoleonischer Zeit, in: Christof PAULUS (Hg.), Perspektiven einer europäischen Regionengeschichte. FS für Wolfgang Wüst zum 60. Geburtstag (ZHVS 106)

um einen ausgesprochenen Glücksfall. Dass die Recherchen zur Lebensgeschichte des Fabrikanten und Bankrotteurs Rösling in einer derart materialreichen Chronologie der Widerstände und des Scheiterns aufgingen, war keineswegs absehbar. Die Überlieferung dieser lebensweltlichen, zwischen Hoffnung, Trägheit und Devianz oszillierenden, Daten verleitete zur Ausarbeitung einer Art Negativfolie, vor deren Hintergrund mehrere Aspekte der historisch vielfach gebrochenen Dynamik der inzwischen drittgrößten Stadt Bayerisch-Schwabens deutlich an Kontur gewinnen.[235]

Nicht selten beschränken sich die offiziellen Lokalgeschichtsschreibungen nach wie vor auf historiographische Selbsterhöhungen zum Zwecke des Stadtmarketings und der sogenannten Identitätsbildung. Im Falle Neu-Ulms hingegen macht die

---

Augsburg 2014, S. 95–109. Zu diesem Zeitpunkt hatte man in Neu-Ulm bereits Fakten geschaffen und den Staatsmann und Beamten etwas voreilig und willkürlich für die städtische Gründungstradition in Anspruch genommen. Offenbar empfand man die vermeintliche historische Leerstelle nach knapp 200 Jahren als zu schmerzhaft und verfüllte sie, mit Paul Parin (1916–2009) gesprochen, kurzerhand mit einer Plombe. Vgl. hierzu Paul Parin, Heimat, eine Plombe. Rede am 16. November 1994 beim 5. Symposion der Internationalen Erich Fried Gesellschaft für Literatur und Sprache in Wien. Mit einem Essay von Peter Paul Zahl (EVA Reden 21) Hamburg 1996, S. 7–18. Tatsächlich wurde im April 2013 im Rahmen des Festaktes anlässlich der Einweihung des sogenannten Karl-von-Gravenreuth-Platzes (Ecke Wilhelm- und Maximilianstraße) eine „Bronzebüste, die den Gründervater [sic] Neu-Ulms, Karl Ernst von Gravenreuth zeigt“, enthüllt. https://nu.neu-ulm.de/stadt-politik/stadtentwicklung/stadtplanung/strassenraum/maximilianstrasse/ [12.2.2024]. Ob nun Gründungs- oder Gründervater, die Bezeichnung und die damit in Verbindung stehende Ehrung in Form einer Bronzebüste dürfte doch einigermaßen weit hergeholt sein. Noch zwei Jahre zuvor hatte der inzwischen leider verstorbene Ulmer Historiker Uwe Schmidt (1955–2018) weitaus vorsichtiger – und treffender – formuliert. Vgl. Uwe Schmidt, 200 Jahre Neu-Ulm. Vom Dorf zur Stadt (Dokumentationen des Stadtarchivs Neu-Ulm 12) Neu-Ulm 2011, S. 10. Nach wie vor ungeklärt in diesem Zusammenhang ist nicht nur das Verhältnis Gravenreuths zum (provisorischen) Neu-Ulmer Polizeikommissär (und quasi Landrichter) Johann Baptist Ritter von Zenetti (1785–1856) sowie die genaue Datierung und Gewichtung der Vorgänge in den Jahren 1810/11 und darüber hinaus. Zu Zenetti vgl. u. a. Ludwig Zenetti, Johann Baptist Ritter von Zenetti und seine Familie, in: Götz von Pölnitz (Hg.), Lebensbilder aus dem Bayerischen Schwaben 5 (Veröffentlichungen der SFG bei der KbL, Reihe 3) Weißenhorn 1956, S. 344–370. Dass an diesem aus politischer, militärisch-strategischer, verkehrsgeographischer, polizeilicher und nicht zuletzt ökonomischer Perspektive äußerst wichtigen Grenzort mit Zoll- und Mautstation an der Peripherie einer historisch gewachsenen, nunmehr seines quasi natürlichen Zentrums beraubten, Landschaft (Ulmer Winkel bzw. Ulmer Bann / Riedsaum) früher oder später ohnehin eine größere Ansiedlung (Stadt oder Gemeinde) entstanden wäre, lag gewissermaßen in der Luft und dürfte auch in München zu keinem Zeitpunkt ernsthaft in Zweifel gezogen worden sein. Einige Hinweise hierzu sind enthalten in Merk, Offenhausen (wie Anm. 7) S. 224–231. Eine systematische Durchsicht und Zusammenfassung des an verschiedenen Orten durchaus zahlreich vorhandenen Materials die Gründung und Frühgeschichte Neu-Ulms betreffend bleibt eines der vielen Desiderate der Neu-Ulmer Stadtgeschichtsforschung.

235 Zum Begriff der Lebenswelt, vgl. Guy van Kerckhoven, Zur Genese des Begriffs „Lebenswelt“ bei Edmund Husserl, in: Archiv für Begriffsgeschichte (AfB) 29 (1985) S. 182–203 sowie neuerdings Armin Nassehi, Gesellschaftliche Grundbegriffe. Ein Glossar der öffentlichen Rede, München 2023, S. 247–257.

Not erfinderisch. Die Stadtgemeinde kann auf eine lange Tradition der Hindernisse, des Ausprobierens und des Unvermögens zurückblicken. Nicht von ungefähr erinnert der hier vorgelegte genealogische Streifzug, zumindest in seinen Anfängen, auf frappierende Weise an den großen, posthum veröffentlichten und nie vollendeten Roman der Fehlschläge *Bouvard et Pécuchet* des französischen Schriftstellers Gustave Flaubert (1821–1880).[236] Ähnlich den dilettantischen Versuchen und pfiffigen Experimenten der beiden (Nicht-)Helden Flauberts scheinen auch die Unternehmereinfälle von Vater (Professor) und Sohn (Carl Wilhelm) Rösling zum Scheitern verurteilt gewesen zu sein. Als müßige Erfinder unnützer Systeme und fleißige Urheber mehr oder weniger fruchtbarer Entdeckungen bereiteten sie zwar den Mutterboden, aus dem die technologischen Spitzenleistungen jener Zeit hervorwuchsen (s. o.), gärtnerten selbst aber weitestgehend vergeblich auf dem akademischen Ideenfriedhof.

Trotz oder gerade wegen der unentwegten Fehl- und Rückschläge eröffnet der Streifzug immer auch einen Blick auf sehr spezifische lokale und regionale Entwicklungen sowie allgemeine, mithin globalhistorische Panoramen (Sesshafte und Mobile; Lebensstandards; Urbanisierung; Revolutionen; Staat) und Themen (Energie und Industrie; Arbeit; Netze; Hierarchien; Wissen).[237] In der Meistererzählung von der Verwandlung der Welt findet der Röslingsche Schelmen- und Generationenroman ebenso seinen Platz wie in der deutschen Gesellschaftsgeschichte zwischen der (süddeutschen) Reformära und der zweiten Restauration nach 1848/49.[238] Besondere Schlaglichter werden auf das schwierige Verhältnis der ungleichen Schwestern Ulm und Neu-Ulm, den Eisenbahnbau (auch in der Schweiz) sowie auf die Frühphase jener „Expansion auf nahezu allen Gebieten" der modernen Ulmer (und Neu-Ulmer) Stadtentwicklung geworfen.[239] Als drängende Kräfte des Klassenzeitalters sprengten die Röslings den sozioökonomischen Rahmen des Biedermeier, überwanden mühsam altständische, räumliche und konfessionelle Grenzen und hatten als erfolgreiche Protagonisten des Industrie- und Handelskapitalismus schließlich einen gehörigen Anteil an der größten säkularen Glücksverheißung der Neuzeit: *The American Dream*. Begonnen hat dieser Traum in der Enge der politischen und gesellschaftlichen Verhältnisse der bayerisch-schwäbischen Grenzprovinz.

---

236 Vgl. hierzu u. a. Gustave FLAUBERT, Bouvard und Pécuchet. Der Werkkomplex. Herausgegeben, aus dem Französischen übersetzt und annotiert von Hans-Horst Henschen, 4 Bde. Göttingen 2017.

237 Vgl. Jürgen OSTERHAMMEL, Die Verwandlung der Welt. Eine Geschichte des 19. Jahrhunderts, München 2009.

238 Zum Begriff der zweiten Restauration, vgl. Hans-Ulrich WEHLER, Deutsche Gesellschaftsgeschichte, 3. Bd.: Von der „Deutschen Doppelrevolution" bis zum Beginn des Ersten Weltkrieges 1849–1914, München 1995, S. 197–221.

239 Hans Eugen SPECKER, Vorwort, in: DERS. (wie Anm. 22) S. 9–12, hier 10.

Anthony Rowley

Das Allgäuer Dialektwort *Feel/Fechel* (‚Mädchen')

Abstractum: In diesem Beitrag werden Formen und Verbreitung des Allgäuer Dialektworts *Feel/Fechel* (‚Mädchen') vorgestellt. Die beiden Wortformen, in unterschiedlichen Arealen verbreitet, lassen sich auf eine gemeinsame Vorform zurückführen, die oft zu lat. *filia* gestellt wird. Es gibt auch andere Herleitungen. Eine Fortsetzung von *filia* ist aus semantischer Sicht sehr plausibel; die Rekonstruktion der lautlichen Entwicklung aber birgt große Schwierigkeiten. Die Ableitung von einer Weiterbildung zu *Fohe* (‚Füchsin') dagegen ist aus lautlicher Sicht problemlos. Die semantische Entwicklung jedoch ist ungewöhnlich, auch wenn Parallelfälle angeführt werden. Weitere etymologische Vorschläge werden als unbegründet abgelehnt. Der Artikel schließt mit einer Bewertung der besprochenen Etymologien.

Bei der Deutung der Herkunft eines Wortes, der Etymologie, versucht man, einen plausiblen Grund für die Prägung des Wortes in der vorgefundenen besonderen Form – am geeignetsten unter Heranziehung vergleichbarer Bildungen aus verwandten Sprachen – zu eruieren und die Entwicklung der Wortbedeutung im Verlaufe der Zeit plausibel nachzuerzählen. Manchmal passen Form- und Bedeutungsgeschichte gut zueinander, gelegentlich lässt die Deutung der einen oder anderen Seite zu wünschen übrig. Im Falle des allgäuischen Wortes *Feel/Fechel* (‚Mädchen') bieten sich zwei Lösungen an, von denen eine die formale Seite passgenau erklären kann, im Bereich der semantischen Entwicklung aber weniger plausibel ist, und die andere die semantische Seite gut abdeckt, jedoch Schwächen bei der formalen Erklärung hat. In beiden Fällen können die Schwächen durch Zusatzannahmen und durch Parallelen kompensiert werden. Es können nicht beide Lösungen gleichzeitig richtig sein, aber wie kann man in einem solchen Fall entscheiden, welche die richtige ist?

Die Bezeichnung *Feel* für ‚Mädchen' gilt als Allgäuer Kennwort. Es ist seit dem 18. Jahrhundert belegt (siehe unten), stets als Femininum. Die areale Ausdehnung zeigen Fischer und der Deutsche Wortatlas.[1] Neuere Untersuchungen bestätigen im Grunde diese Verbreitungsbilder. Das Wort begegnet in Bayerisch-Schwaben

* Mein Dank gilt Werner König (Augsburg), Brigitte Schwarz (München), Hans Goebl (Salzburg), Thomas Krefeld (München), Ursin Lutz (Chur) und Guntram Plangg (Innsbruck) für hilfreiche Informationen und Anregungen.

1 Hermann Fischer, Atlas zur Geographie der schwäbischen Mundart, Tübingen 1895, Karte 25; Deutscher Wortatlas (DWA), hg. v. Walther Mitzka u. a., 21 Bde., Gießen 1951–1987, Bd. 4 (Karte „Mädchen"). In Hermann Fischer, Schwäbisches Wörterbuch, 6 Bde., Tübingen 1901–1936, Bd. 2, Sp. 1032, wird angemerkt, dass die Verbreitung auf der Karte von 1895 im Westen

südlich einer Linie Memmingen–Mindelheim, es reicht sogar in benachbarte Orte des südwestlichen Oberbayerns hinein,[2] ins benachbarte Württemberg[3] und nach Außerfern in Westtirol[4] und den Bregenzer Wald in Vorarlberg.[5]

Lautformen

Im Allgäu ist die weit verbreitete Lautung *vẹ̄l* mit langem, geschlossenem *-e-*. Gottsched nennt in einer Schrift vom Jahr 1733 fürs Allgäu *Föhl* ein *junges Weibsbild*.[6] Außerdem kennt Schrank 1786 für Schwangau (im heutigen Landkreis Ostallgäu) *Fechel*,[7] und Schmid verzeichnet in seinem Schwäbischen Wörterbuch nebeneinander die Formen *veel* und *fechel*.[8] Auch Schmeller nennt im Bayerischen Wörterbuch neben *Fé-l* die Aussprache *die Föhhəl* und zitiert eine Meldung für *Föchel* „um Füssen".[9] Fischer belegt die Form mit *-ch-* noch für Pfronten (Landkreis Ostallgäu),[10] Schweizer für Füssen, Pfronten und Hindelang.[11] Der Tirolische Sprachatlas (TSA) nennt sie für die benachbarte Gegend um Reutte in Westtirol (*fẹ̄g̃l* mit velarem Lenisreibelaut),[12] wo schon das Wörterbuch von Schöpf *fêl* und *fêchl* verzeichnete,[13] und belegt ferner zweimal daneben Anlaut *pf-*.

---

und Nordwesten „um einige Kilometer zu eng angegeben" sei. Tatsächlich zeigt der DWA in diesem Bereich eine Ausbuchtung.

2 Manfred Renn / Werner König, Kleiner Bayerischer Sprachatlas, München ²2006, S. 112.

3 Hubert Klausmann, Kleiner Sprachatlas von Baden-Württemberg, Heidelberg u. a. 2020, S. 59, S. 139.

4 Tirolischer Sprachatlas (TSA), hg. v. Karl Kurt Klein / Ludwig Erich Schmitt, 3 Bde., Innsbruck 1965–1971, Bd. 3, Karte 33; Vorarlberger Sprachatlas mit Einschluß des Fürstentums Liechtenstein, Westtirols und des Allgäus (VALTS), bearb. v. Eugen Gabriel, 5 Bde., Bregenz 1985–2006, Bd. 4, Karte 182.

5 Leo Jutz, Vorarlbergisches Wörterbuch mit Einschluss des Fürstentums Liechtenstein, 2 Bde., Wien 1955–1965, Bd. 1, Sp. 963.

6 Johann Christoph Gottsched, Anmerkungen über die Erklärung altdeutscher Schriften, aus noch übrigen Provinzialwörtern, und besonderer Mundart, zumal des Oberschwäbischen [1733], in: Ders. (Hg.), Beyträge zur Critischen Historie der Deutschen Sprache, Poesie und Beredsamkeit, Bd. 5, Leipzig 1737, S. 270–287, hier 281.

7 Franz von Paula Schrank, Baiersche Reise, München 1786, S. 142.

8 Johann Christoph von Schmid, Schwäbisches Wörterbuch, Stuttgart 1831, S. 198.

9 Johann Andreas Schmeller, Bayerisches Wörterbuch, 2 Bde., München ²1872–1877, Bd. 1, Sp. 702; *ö* ist hier Schreibung für geschlossenes *e*, vgl. Stefan Kleiner, Geschriebener Dialekt in Bayerisch-Schwaben, Tübingen 2006, S. 40 f., S. 240–256.

10 Fischer, Wörterbuch (wie Anm. 1) Bd. 2, Sp. 1032.

11 Bruno Schweizer, Dialektatlas für Altbayern. Handschriftlich um 1950, Kartenentwurf „Mädchen", im Archiv des Bayerischen Wörterbuchs, Bayerische Akademie der Wissenschaften, siehe https://bwb.badw.de/fileadmin/user_upload/Files/BWB/SchweizerKarten/2207_Maedchen.jpg.

12 TSA (wie Anm. 4) Bd. 3, Karte 33.

13 Johann Baptist Schöpf, Tirolisches Idiotikon, vollendet von Anton J. Hofer, Innsbruck 1866, S. 129.

Der Vorarlberger Sprachatlas (VALTS) bezeugt *vẹ̄xl* (mit velarem Reibelaut) ebenfalls im Außerfern um Reutte.[14] Von Schmeller stammt eine diphthongierte Lautung *Féəl* (aber „plur. *Félə-*" ohne Diphthong),[15] für die ich keine weiteren Belege finden konnte. Für Orte im Tannheimer Tal in Westtirol (Bezirk Reutte) bezeugt der TSA ferner Singular *fēlə*.[16] Jutz schließlich nennt für Vorarlberg eine Form *Föl* mit gerundetem Vokal aus Hittisau (Bregenzer Wald).[17]

Das Wort hat also geschlossenes langes *ē*, wie es aus althochdeutschem Primärumlaut in Dehnung entsteht[18] oder aus Entrundung von *-ö-* in entsprechender Stellung; der Vokal lautet gleich wie in den mundartlichen Aussprachen von ‚eben', ‚Gläser', ‚heben', ‚legen', ‚Öfen' u. a.[19] Ausgangsform müsste aus germanischer Sicht, wenn lautgesetzlich, **fali-*, **fëli-* oder **foli-* sein. Die Füssener und Außerferner Formen mit *-ch-*wären lautgesetzlich etwa auf **fahil-*, **fëhil-*, *fohil-* zurückzuführen. Es ist möglich und etymologisch sinnvoll, die erstgenannten Formen ohne *ch-* durch Schwund des inlautenden intervokalischen ahd. *-h-* zu erklären. In Fällen wie ‚höher', ‚sehen' u. ä. zeigt der VALTS ein westliches Gebiet mit Schwund und ein östliches, allerdings weiter nach Westen als im Falle *Feel/Fechel*, ja teilweise bis ins Illertal reichendes, mit Erhalt.[20]

Überlieferung

Erstmals erscheint unser Wort 1733 in einer Liste schwäbischer Idiotika: *Föhl* ein *junges Weibsbild*.[21] 1784 ist für Kaufbeuren *Föhl, filia* (‚Tochter, Mädchen') belegt,[22] ferner kennt Schrank 1786 in einer Liste Schwangauer Dialektausdrü-

---

14 VALTS (wie Anm. 4) Bd. 4, Karte 182.

15 SCHMELLER, Wörterbuch (wie Anm. 9) Bd. 1, Sp. 693.

16 TSA (wie Anm. 4) Bd. 3, Karte 33.

17 JUTZ, Wörterbuch (wie Anm. 5) Bd. 1, Sp. 963. Der Ort liegt im Rundungsgebiet nahe der Isoglosse zum nördlicheren Entrundungsgebiet entlang der Staatsgrenze zu Bayern, siehe VALTS (wie Anm. 4) Bd. 3, Karte 168b. Das *-ö-* könnte hier also als echter gerundeter Vokal gelesen werden.

18 Sprachatlas von Bayerisch-Schwaben (SBS), Bd. 2: Wortgeographie I, bearb. v. Christine FEIK, Heidelberg 1996, Karte 101; VALTS (wie Anm. 4) Bd. 4, Karte 182. Geschlossener Monophthong heute im Westen des Allgäus auch aus mhd. *ê* (vgl. SBS Bd. 5: Lautgeographie III, bearb. v. Susanne KUFFER, Heidelberg 1998, Bd. 5, Karte 3; VALTS (wie Anm. 4) Bd. 2, Karte 39; Anton GRUBER, Die westallgäuer Mundart, hg. v. Manfred RENN, 2 Bde., Heidelberg 1989, Bd. 1, S. 55), aber nicht überall, wo auch das Wort *Feel* mit diesem Vokal belegt ist, etwa nicht in Fischen (Lkr. Oberallgäu), wo nach Eugen GABRIEL, Die Mundart, Orts- und Flurnamen und Hausnamen der Gemeinde Fischen, masch. Wangen 2004, S. 17, mhd. *ê* als Diphthong *eə* erscheint.

19 SBS Bd. 4: Lautgeographie II, bearb. v. Heike HEIDENREICH, Heidelberg 1999, Karten 79, 92; VALTS (wie Anm. 4) Bd. 1, Karten 40, 168b.

20 VALTS (wie Anm. 4) Bd. 3, Karte 54.

21 Gottsched, Anmerkungen (wie Anm. 6) S. 281.

22 Christian Jakob Wagenseil, Verzeichnis einiger Kaufbeurischen Provinzialwörter, in: Olla Po-

cke die Form *Fechel.*[23] Anfragen bei den Stadtarchiven[24] in Füssen, Immenstadt, Kaufbeuren und Kempten und eine Sichtung der Editionen in der Publikationsreihe „Allgäuer Heimatbücher" haben keine früheren Belege ergeben. Die späte Bezeugung könnte eine relativ junge Wortprägung nahelegen. Allerdings gibt es Fälle, in denen als derb empfundene mundartliche Formen über die Jahrhunderte hinweg vermieden werden und erst in neuzeitlichen Mundartverschriftungen auftauchen. Paradebeispiele sind hier die bairischen Personalpronomina *ess* ‚ihr' und *enk* ‚euch'.[25]

Etymologische Deutungen

Zu lat. *filia*

Bereits Wagenseil hatte in seinem Kaufbeurer Idiotikon von 1784 neben *Föhl* im Stichwortansatz lat. *filia* mit angeführt[26] und somit eine Beziehung zum lateinischen Wort unterstellt. Auch Schmeller sieht als eine der möglichen Erklärungen, dass das alemannische Wort eine Fortsetzung des lateinischen *filia* (‚Tochter') sein könnte.[27] Klausmann / Krefeld nennen die Herleitung „offensichtlich" und behandeln das Wort als eines der „Indizien einer spätantik-mittelalterlichen Siedlungskontinuität im Allgäu" (so der Titel ihres Beitrags);[28] die Entlehnung erfolgte demnach in einer Periode der Zweisprachigkeit nach der germanischen Besiedlung des Allgäus, das heißt wohl, am ehesten im 6., 7. oder 8. Jahrhundert.[29] Auch im VALTS ist das Wort unter dem Titel „Frühe Lehnwörter" in die

---

trida. Eine Vierteljahresschrift, hg. v. H. A. O. Reichard, Jahrgang 1784, 2. Stück, Berlin 1784, S. 149–154, hier 150.

23 Schrank, Reise (wie Anm. 7) S. 142. Nicht berücksichtigt habe ich einen Beleg aus dem Jahr 1435 aus den Schriften des Elsässers Konrad von Dangkrotzheim, siehe Karl Pickel (Hg.), Das heilige Namenbuch von Konrad Dangkrotzheim, Straßburg 1878, S. 87: *der tuot das füdel früge uffston* (‚er lässt die Magd früh aufstehen'). Das Belegwort hier gehört schon wegen des Genus zu einem anderen Lemma, nämlich dem Diminutiv von *Fud.*

24 Mein Dank gilt den Stadtarchivaren von Füssen, Immenstadt, Kaufbeuren und Kempten Tobias Ranker, Gerhard Klein, Peter Keller und Franz-Rasso Böck für ihre freundliche Hilfe.

25 Eberhard Kranzmayer, Der pluralische Gebrauch des alten Duals ‚es' und ‚enk' im Bairischen, in: FS für Dieter Kralik, Horn (NÖ) 1954, S. 249–259, hier 250.

26 Wagenseil, Verzeichnis (wie Anm. 22) S. 150.

27 Schmeller, Wörterbuch (wie Anm. 9) Bd. 1, Sp. 708.

28 Hubert Klausmann / Thomas Krefeld, Sprachliche Indizien einer spätantik-mittelalterlichen Siedlungskontinuität in den Alpen, in: Monfort 49 (1997) S. 55–71, hier 59.

29 Manfred Renn, Das Allgäuer Dialektbuch, Augsburg 1999, S. 36, hält es für gesichert, dass Romanen „noch Jahrhunderte neben den neuen Herren" lebten. Nach Franz Ludwig Baumann, Geschichte des Allgäus, Bd. 1: Von der ältesten Zeit bis zur Zeit der schwäbischen Herzöge

Kartenreihe eingeordnet.[30] Klausmann nennt es „ein Reliktwort aus der römischen Besatzungszeit", das auf lateinisch *filia* zurückgehe.[31] Vorsichtiger schreibt Fischer in seinem Schwäbischen Wörterbuch, dass „doch wohl nur an lat. (oder, der geogr. Lage wegen, ital.) *filia* gedacht werden" kann.[32] In Renns Allgäuer Dialektbuch lesen wir: „[...] der Ausdruck *Feel*, der mit großer Wahrscheinlichkeit auf lat. *filia* zurückgeht",[33] und im Dialektwörterbuch von Bayerisch-Schwaben heißt es, das Wort stamme „wohl aus lat. *filia* (‚Kind, Tochter')".[34]

Die hier geübte Zurückhaltung beruht neben der fehlenden historischen Überlieferung auf Unsicherheiten der Lautgeschichte. König / Renn nennen das Hauptproblem ausdrücklich: *Feel* sei „wohl zu lateinisch *filia* (‚Tochter') zu stellen, das es bei der romanischen Vorbevölkerung des Südens in der Lautung **fēlia* gegeben haben muss".[35] Das Problem ist die Lautung des Wortes mit einem geschlossenen *e*, das mit einer Ausgangsform **fīli-* inkompatibel ist und damit, wie gleich zu zeigen ist, lat. *ī* nicht unmittelbar fortsetzen kann.

Warum ist die Lautung mit *-e-* für lat. *-i-* merkwürdig? Nach Aussage der anderen lateinischen und vorlateinischen Lehnwörter[36] mit *i* würde man je nach Länge des Ausgangsvokals im Vulgärlateinischen entweder ein kurzes *i* erwarten wie in *Kriß* (‚dürres Reisig') aus galloromanisch **krisso-*[37] oder *Ziger* (‚Quark') aus galloromanisch **tsigrun*;[38] oder aber bei langem *ī* im Süden des Allgäus einen Monophthong *ī*, nördlicher einen Zwielaut *ẹi*, zuweilen *êi* oder ähnlich wie in den Lehnwörtern aus dem Latein ‚Meile', ‚Pfeil', ‚Wein', ‚schreiben' u. ä.[39] So lautet etwa der Ortsname *Weiler* im Landkreis Oberallgäu (Gemeinde Fischen) aus romanisch *vīllāre wīlar*,[40] *Weiler* im Landkreis Unterallgäu (Gemeinde Eppishau-

---

(1268), Kempten 1881 (ND Aalen 1971), S. 65, war die Assimilation der Allgäuer Romanen spätestens „vor der Mitte des 9. Jahrhunderts" vollzogen.

30 VALTS (wie Anm. 4) Bd. 4, Karte 182.

31 Klausmann, Kleiner Sprachatlas (wie Anm. 3) S. 59.

32 Fischer, Wörterbuch (wie Anm. 1) Bd. 2, Sp. 1032.

33 Renn, Dialektbuch (wie Anm. 29) S. 69.

34 Brigitte Schwarz / Werner König, Dialektwörterbuch von Bayerisch-Schwaben, Augsburg 2013, S. 185.

35 Renn / König, Sprachatlas (wie Anm. 2) S. 142.

36 Vgl. fürs Allgäu und Vorarlberg Klausmann / Krefeld, Sprachliche Indizien (wie Anm. 28); für die Schweiz Jakob Jud, Zur Geschichte der romanischen Reliktwörter in den Alpenmundarten der deutschen Schweiz, in: Vox Romanica 8 (1946) S. 34–109; für Tirol Elmar Schneider, Romanische Entlehnungen in den Mundarten Tirols, in: Deutsche Wortforschung in europäischen Bezügen, hg. v. Ludwig Erich Schmitt, Bd. 3, Gießen 1963, S. 443–679.

37 Klausmann / Krefeld, Sprachliche Indizien (wie Anm. 28) S. 60.

38 VALTS (wie Anm. 4) Kommentarbd. zu Bd. 4, S. 209.

39 SBS Bd. 5 (wie Anm. 18) Karte 1 „schreiben", Karte 6 „Wein"; VALTS (wie Anm. 4) Bd. 2, Karte 57.

40 Richard Dertsch, Landkreis Sonthofen (Historisches Ortsnamenbuch von Bayern. Schwaben 7) München 1974, S. 187.

sen) aber mit Diphthong *wəilr.*[41] Sollte sich *filia* nicht lautlich ähnlich entwickeln wie *vīlla*?

Kann ein lateinisches *-i-* im Deutschen zu *-e-* werden? Es gibt tatsächlich in unserem Gebiet Fälle, in denen ein kurzes lateinisches *-i-* zu einem deutschen *-e-* wurde, allerdings zu einem offenen *ę* wie aus germanischem *ë*, während *Feel* geschlossenes *ē* hat. Es handelt sich um die Flussnamen *Lech* und *Wertach,*[42] die in griechischer bzw. lateinischer Form als *Likíou* (2. Jh.), *Virdo* (6. Jh.) erscheinen. Die Entlehnung ins Deutsche wird sehr alt sein; Legionäre germanischer Herkunft im römischen Heer in Rätien werden sie wohl bereits vor der Landnahme gekannt haben. Die Flussnamen gehören in den Rahmen des Übergangs vom Westgermanischen zum spezifisch Deutschen; auch einige Fälle von Wörtern mit einem alten westgerm. *i* erscheinen im Deutschen mit *ë,*[43] etwa ahd. *lëbên* (‚leben') gegenüber englisch *live*, und auch ahd. *pëh* (‚Pech') aus lat. *picem* hat sich hier angeschlossen.

Aber bei Folgesilbe *-i-* wie in *filia* ist eine solche Entwicklung ausgeschlossen; erstens handelt es sich um einen Langvokal, zweitens wird in dieser Position auch germanisch *ë* zu einem *i*, nicht umgekehrt.[44] Somit ist auch ausgeschlossen, dass die geschlossene *e*-Lautung in *Feel* durch einen später getilgten Reflex des zweiten *-i-* in lat. *filia* aus einem offeneren *e*-Laut gehoben worden wäre; das *-i-* der zweiten Silbe hätte eine Senkung von vornherein verhindert.[45] Wenn wir die lautlichen Diskrepanzen nicht ad hoc wegerklären wollen, ist dieser Entlehnungsweg nicht plausibel. Die deutsche und alemannische Lautentwicklung führt hier nicht von *filia* zu *Feel.* Gründe für die Senkung wären allenfalls im Romanischen zu suchen (siehe unten).

Drei weitere lautliche Probleme bietet die Ableitung von lat. *filia*. Erstens gibt es im Südosten des Verbreitungsgebiets Lautungen mit *-ch-* (siehe oben). Eugen Gabriel vermutet, dass das *-chl-* ein Reflex eines älteren romanischen palatalen *-l-* des Romanischen (vgl. ital. und bündnerromanisch *figlia*) sein könnte,[46] womit die

---

[41] Ralf-Gerhard Heimrath, Landkreis Mindelheim (Historisches Ortsnamenbuch von Bayern. Schwaben 8) München 1989, S. 121.

[42] Wolf-Armin von Reitzenstein, Lexikon schwäbischer Ortsnamen, München 2013, S. 228, S. 416 f. *Lech* mit *-ęa-* aus *-ë-* etwa bei Thaddäus Steiner, Füssen (Historisches Ortsnamenbuch von Bayern. Schwaben 9) München 2005, S. 107, *Wertach* bei Dertsch, Sonthofen (wie Anm. 40) S. 189.

[43] Wilhelm Braune / Frank Heidermanns, Althochdeutsche Grammatik, I: Laut und Formenlehre, Tübingen 2018, S. 52 f.

[44] Braune / Heidermanns, Grammatik (wie Anm. 43) S. 50.

[45] Das Mittellateinische Wörterbuch, Bde. 1 ff., München 1959 ff., Bd. 4, Sp. 236 f. verzeichnet eine seltene Nebenform *fila* zu *filia*. Gegen diese als Ausgangsform spricht die geschlossene Artikulation des heutigen mundartlichen Worts.

[46] VALTS, Kommentarbd. zu Bd. 4 (wie Anm. 38) S. 860.

Herleitung von *filia* nicht in Frage gestellt wäre. Die Übernahme von palatalem -[ł]- als *-chl-* ist jedoch nicht durch andere Beispiele gestützt.[47]

Das zweite Problem: Jutz schließt eine Ableitung von *filia* wegen des gerundeten Vokals im Beleg *Föl* aus dem Ort Hittisau (Bregenzerwald) aus.[48] Ob dieses Argument stichhaltig ist, hängt vom Status dieses Belegs ab, der mir nicht bekannt ist. Jutz merkt selber zu der Form mit *-ö-* an „soferne sie bodenständig [...] ist". Sollte es sich um eine schriftliche Meldung eines Sammlers handeln, dann kann damit durchaus ein geschlossenes *-e-* gemeint sein. Manche Sammler des Wörterbuchs für Bayerisch-Schwaben haben ebenfalls das Wort als *Föl* o. ä. geschrieben;[49] in Bayern, zumal in Bayerisch-Schwaben, gilt *ö* als traditionelle Verschriftung eines geschlossenen *-e-*.[50] Für die Stichwörter *Schwester* und *dreschen* verzeichnen Veith / Putschke in Vorarlberg innerhalb und außerhalb des Rundungsgebiets *-ö-*Schreibungen aus dem Material des Deutschen Sprachatlasses.[51] Es scheint mir also nicht ausgeschlossen, dass ein Sammler den Beleg mit *-ö-* verschriftete, um einen geschlossenen *e*-Vokal anzuzeigen.

Das dritte Problem ist der Weg des lat. Wortes ins Alemannische; dieser ist aus phonologischer Sicht problematisch, aber möglich. Ich gehe davon aus, dass das Wort der romanischen Gebersprache, wie von König / Renn postuliert, **fēlia* lautete,[52] und zwar mit langem geschlossenem *ē*. Im Althochdeutschen gibt es zwei kurze *e*-Laute: Primärumlaut *-e* und germ. *ë*, und einen langen *e*-Laut *ê*. Das lange *ê* entstand im 7. Jahrhundert aus einem älteren Diphthong in bestimmten Lautumgebungen.[53] Wir nehmen an, dass das Wort im 7. oder 8. Jahrhundert nach Entstehung des Langvokals *ê* entlehnt wurde. Es bieten sich verschiedene Szenarien an: (1) Der Langvokal wird in den heutigen westlichen Dialekten des Allgäus und im Umland von Kempten durch den gleichen geschlossenen Monophthong *ẹ̄* fortgesetzt wie im Wort *Feel.*[54] Es schiene nahelegend, dass das la-

---

47 Schneider, Entlehnungen (wie Anm. 36) S. 492, belegt die Übernahme von [ł] als *-lg-*: vlat. *liliu* als *gilgə* (‚Lilie'), *palea* als *palgŋ* (‚Heuabfälle'); Jud, Reliktwörter (wie Anm. 36) S. 82 f. als *-il-*, lat. *favilla*, unterengadin. *Veglias,* als *Fäule(n)* < **feile* (‚Rückstand beim Buttersieden'); ferner nach Jud S. 86, vulgärlat. *foenile*, engadin. *fanigl* als *Fenille*, *Pfnill(a)* (‚Nebenraum für Heu, Streu').

48 Jutz, Wörterbuch (wie Anm. 5) Bd. 1, Sp. 963.

49 Freundliche Mitteilung von Brigitte Schwarz, Dialektologisches Informationssystem von Bayerisch-Schwaben der Bayerischen Akademie der Wissenschaften in München.

50 Kleiner, Geschriebener Dialekt (wie Anm. 9) S. 240–256.

51 Werner H. Veith / Wolfgang Putschke, Kleiner Deutscher Sprachatlas, Vokalismus. Teil 1: Kurzvokale, Tübingen 1995, Karten 280, 281. Eine Einzelmeldung *Föchel* für ‚Mädchen' aus dem DWA (wie Anm. 1) Bd. 4, S. 28, wohl für Heiterwang bei Reutte in Westtirol verwendet ebenfalls das Schriftzeichen *-ö-*.

52 Renn / König, Sprachatlas (wie Anm. 2) S. 142.

53 Braune / Heidermanns, Grammatik (wie Anm. 43) S. 66 f.

54 Fischer, Atlas (wie Anm. 1) Karte 10, zeichnet die östliche Grenze zum Diphthong etwa entlang der Iller; vgl. SBS Bd. 5 (wie Anm. 18) Karte 3, VALTS (wie Anm. 4) Bd. 2, Karte 39.

teinische Wort beim Übergang ins Deutsche diesen Vokal übernahm. Nach gut begründeter Auffassung jedoch war im Allgäu einst „das offene *ę̄* auf einem weit größeren Gebiete verbreitet" als heute.[55] Früher, so scheint es, erschien im Zentrum wie noch heute im Osten des Allgäus mhd. *ê* als Diphthong *eə*, der auf einen ahd. offenen Langvokal zurückgeht.[56] Die Annahme eines offenen langen *ę̄* in der Nehmersprache erschwert die Beschreibung der lautlichen Übernahme. Es wäre leichter, die Herkunft des Wortes westlich des Allgäus zu suchen, wo der Vokal geschlossen gesprochen wird.[57]

Wenn der Vokal aber tatsächlich offen war, dann gäbe es drei Wege, wie die Alemannen diesen Ausgangslaut hätten übernehmen können: (2a) mit dem geschlossenen Kurzvokal ihrer eigenen Dialekte, oder (2b) mit ihrem offenen Langvokal, oder (2c) mit einem geschlossenen Langvokal, der sonst nicht vorkam. Im ersten Fall muss der heutige Langvokal regulär durch Einsilberdehnung oder Dehnung in offener Silbe in spätmittelhochdeutscher Zeit entstanden sein; im zweiten Fall (2b) muss man davon ausgehen, dass der Langvokal später in einer ad-hoc-Sonderentwicklung zum geschlossenen Langvokal geworden sei. Im Falle (2c) kann man spekulieren, ob die Seltenheit des geschlossenen Langvokals dazu geführt hat, dass er als Folge Vokal + *h* interpretiert wurde, *-h* also durch falsche Restitution nachträglich hineininterpretiert wurde. Dies würde die *Fechel*-Formen des Südostens erklären. Ich finde zwar, anders als im benachbarten Bairischen,[58] keine weiteren Beispiele für sonstige falsche Restituierung des *-h*, aber Erhalt und Schwund des inlautenden *-h-* sind in den niederalemannischen Dialekten recht unterschiedlich verteilt,[59] was in Einzelfällen zu falschem Ausgleich geführt haben könnte.

Die zweisilbige Form *fēlə* im Tannheimer Tal (Bezirk Reutte) (siehe oben „Lautformen") ist erklärungsbedürftig. Da hier die übliche Diminutivendung des Sing. *-le* lautet,[60] kann es sich kaum um eine Diminuierung handeln. Unbelebte Feminina haben im Dialekt oft ein *-ə* als Reflex von mhd. *-en* der schwachen Flexion, aber es wäre sehr merkwürdig, wenn ein belebtes Femininum, zumal eine Personenbezeichnung, die Endung aufwiese. Könnte *-ə* Reflex des lat. *-i-* sein?

---

[55] Siehe Leo Jutz, Die alemannischen Mundarten, Halle a. d. Saale 1931, S. 56, von ihm auch das Zitat, und Peter Wiesinger, Phonetisch-phonologische Untersuchungen zur Vokalentwicklung in den deutschen Dialekten, 2 Bde., Berlin 1970, Bd. 1, S. 200.

[56] Eberhard Kranzmayer, Historische Lautgeographie des gesamtbairischen Dialektraumes, Wien 1956, S. 44; Wiesinger, Untersuchungen (wie Anm. 55) Bd. 1, S. 200.

[57] Hier könnte man darauf hinweisen, dass Schmid, Wörterbuch (wie Anm. 8) S. 198, das Wort außer im Allgäu auch am Bodensee lokalisiert. Angesichts des Verbreitungsgebiets als Allgäuer Reliktwort (siehe unten) scheint diese geographische Bestimmung unwahrscheinlich.

[58] Kranzmayer, Lautgeographie (wie Anm. 56) S. 92.

[59] Vgl. Jutz, Mundarten (wie Anm. 55) S. 230–235.

[60] VALTS (wie Anm. 4) Bd. 3, Karten 176, 177. Aber laut Karte 179 im Plural *-lə*.

Eine Entlehnung von *filia* ist grundsätzlich plausibel. Bezeichnungen für ‚Knabe', ‚Mädchen' können entlehnt werden, zum Beispiel ist furlanisch *fràla* (‚Mädchen') aus dem Deutschen entlehnt,[61] ferner lauten die entsprechenden Wörter im Bündnerromanischen verbreitet *buab* u. ä. (‚Knabe') und davon abgeleitet *buaba* (‚Mädchen') aus mhd. *buobe,*[62] in diesen Fällen allerdings eher nicht aus einer Substratsprache.

Aus semantischer Sicht ist anzumerken, dass die Bedeutung ‚Mädchen' nicht zu den typischen Denotatsbereichen von Reliktwörtern zählt, die etwa Krefeld aufzählt[63] als: Geländeformationen, atmosphärische Besonderheiten, Pflanzen und Tiere, Viehhaltung, Milchverarbeitung, Heuen. Die Annahme einer Zwischenbedeutung ‚Bauernmagd' würde die Zuordnung zum Bereich Viehhaltung oder Milchwirtschaft ermöglichen.[64] Klausmann / Krefeld weisen darauf hin, dass die Wortverbreitung wie vergleichbare Fälle *loreijen* (‚kleine Heuschwaden machen') und *Schump* (‚einjähriges Rind') ein für Reliktwörter typisches Bild gibt.[65] Und semantisch passt die Herleitung von *Feel* aus *filia* sehr gut.

Aus ital. *figlia*

Die von Fischer oben zitierte Möglichkeit einer direkten Entlehnung aus einem italienischen Dialekt scheint sehr unwahrscheinlich; in Nordostitalien ist im rätoromanischen Gebiet die mundartliche Entsprechung von *figlia* (‚Tochter') stets mit geschlossenem *-i-* oder ähnlich belegt;[66] andere norditalienische Mundarten südlich des Ladinischen haben meist eine Fortsetzung der Ableitung *filiola*, etwa

---

61 Giuseppe FRANCESCATO, Denominazioni friulani per ‚bambino', ‚ragazzo', ‚giovane', in: Italia dialettale 27 (1964) S. 1–52, hier 25, 40.

62 Vgl. Ivan PAULI, ‚Enfant', ‚Garçon', ‚Fille' dans les langues romanes. Essai de lexicologie comparée, Lund 1919, S. 365 f.; für Graubünden Sprach- und Sachatlas Italiens und der Südschweiz (SIS), hg. v. Karl JABERG und Jakob JUD, 8 Bde., Zofingen 1928–1940, Bd. 1, Karte 45 „ragazzo, ragazza", z. B. *púab, púaba* in Zernez (Engadin). Im Romanischen finden wir *Bub* dort (Karte 46) ebenfalls als Lehnwort im Norden Friauls; vgl. FRANCESCATO, Denominazioni (wie Anm. 61) S. 13 f., S. 40, auch in den Schweizer Kantonen Bern, Jura und Neuenburg nach dem Atlas linguistique de la France (ALF), hg. v. Jules GILLIÈRON und Edmont EDMONT, 13 Bde., Paris 1902–1910, Bd. 2, Karte 567.

63 Thomas KREFELD, Reliktwort und Arealdistribution: Einige Fälle aus dem Gebiet des Vorarlberger Sprachatlas (VALTS), in: Montfort 45 (1993) S. 33–47, hier 36.

64 Eine entsprechende Bedeutungsentwicklung postuliert Guntram PLANGG, Romanische Lehn- oder Reliktwörter im Süddeutschen?, in: Günter HOLTUS / Johannes KRAMER, Rätoromanisch heute, Tübingen 1987, S. 83–90, hier 86, für das aus dem Romanischen stammende Südtiroler Wort *Gitsche* (‚junges Mädchen').

65 KLAUSMANN / KREFELD, Sprachliche Indizien (wie Anm. 28) S. 58 f., S. 65 f., Karten 7, 8, 9.

66 Hans GOEBL (Hg.), Atlant linguistich dl ladin dolomitich y di dialec vejins, Bd. 1, Wiesbaden 1998, Karte 294.

fióla u. ä. Man findet zwar sehr gelegentliche *-e*-Lautungen für *figlia*, auch für *figlio* (‚Sohn'),[67] aber es handelt sich um einzelne weit verstreute Belege in der Lombardei, im Piemont, in den Marken und der Toskana. Auch Rohlfs kennt solche Senkungen in italienischen Mundarten; er hält sie alle für „jungen Datums".[68]

Eugen Gabriel interpretiert den gesenkten Vokal *-e-* als deutliches Indiz für eine frühe Entlehnung;[69] für ihn kommt spätere, italienische Herkunft nicht in Frage.

Zu *Föhe* (‚Füchsin')

Welche anderen etymologischen Anknüpfungen sind vorgeschlagen worden? Schöpf verzeichnet *fêl*, *fêchl*, *föle* für die Gegend um Reutte und schreibt dazu: „Da auch im Vinschg[au] *fochá* für Weib (auch im guten Sinn) vorkommt, so wäre es fast geraten, an mhd. *vohe*, ahd. *foha* [Füchsin] [...] zu denken."[70] Auch Karl Reiser schlägt die Herleitung aus mhd. *vohe*, *vohelîn* (‚Füchsin') vor;[71] gerade wegen des inlautenden *-ch-* in den Belegen *Föchl* u. ä. im Osten des Verbreitungsgebiets (siehe oben) hält er diese Etymologie für angezeigt. *Fohe / Föhe* (‚Füchsin') ist mundartlich bezeugt.[72] Der betonte Vokal in *Fechel* entspricht der Entwicklung aus Entrundung von mhd. *-ö-* in Dehnung in offener Silbe. Eine Ausgangsform **fohil-* wurde bereits oben als eine der denkbaren Grundlagen für unser heutiges Wort *Feel* erwogen, wohl mit Suffix *-il*, *-ila*, ungewöhnlich bei belebten Feminina.[73] Die zweisilbige Form *fêlə* im Tannheimer Tal (Bezirk Reutte) (siehe oben „Lautformen") legt eine längere Suffixform nahe. Dass es sich nicht um eine Diminutivform handeln kann, wurde oben dargelegt, ebenfalls die sehr geringe Wahrscheinlichkeit von *-ə* als Reflex der schwachen Flexion. Die westlichen Formen mit *-ch-* passen in das Bild der Fortsetzung von inlautendem ahd. *-h-*

---

67 SIS (wie Anm. 62) Karte 45 (figlia), Karte 9 (figlio).

68 Gerhard Rohlfs, Historische Grammatik der italienischen Sprache und ihrer Mundarten, Bd. 1: Lautlehre, Bern 1949, S. 97.

69 VALTS Kommentarbd. zu Bd. 4 (wie Anm. 38) S. 860.

70 Johann Baptist Schöpf, Tirolisches Idiotikon, Innsbruck 1866, S. 129, vintschgauisch *Focha* bei Schöpf S. 146. Der TSA (wie Anm. 4) Bd. 3, Karte 33, und der DWA (wie Anm. 1) Bd. 4, Karte „Mädchen", enthalten keine Meldungen für das Wort. Josef Schatz, Wörterbuch der Tiroler Mundarten, 2 Bde., Innsbruck 1955–1956, Bd. 1, S. 183, registriert für das Ötztal *fôha* in der Bedeutung ‚Füchsin'.

71 Karl Reiser, Sagen, Gebräuche und Sprichwörter des Allgäus, 2 Bde., Kempten 1895, Bd. 2, S. 699.

72 Fischer, Wörterbuch (wie Anm. 1) Bd. 2, Sp. 1618; Jutz, Wörterbuch (wie Anm. 5) Bd. 1, Sp. 962.

73 Vgl. etwa Walter Henzen, Deutsche Wortbildung, Tübingen ^{3}1965, S. 155–158; Wilhelm Wilmanns, Deutsche Grammatik, Bd. 3.2: Flexion. Nomen und Pronomen, Straßburg 1909 (ND Berlin 1967) S. 265 f.

in den Dialekten des Allgäus, siehe oben. Von der Lautung her würde *Föhel* als Ausgangspunkt für *Feel* besser passen als *Füdlein* oder *Füllen* (siehe unten), auch wenn die Suffigierung nicht leicht erklärbar ist. Fischer schließt diese Herleitung schon wegen der Unwahrscheinlichkeit der semantischen Entwicklung aus,[74] aber Schöpfs Beleg aus Südtirol zeigt, dass eine Bedeutungsentwicklung ‚Füchsin' zu ‚Frau' im Prinzip denkbar ist, die Formen mit Erweiterung durch *-l* in der Bedeutung ‚Mädchen' könnten diminuierend gemeint sein.

Ist es plausibel, dass Tierbezeichnungen als Quellen für die Bezeichnung junger Frauen dienen? Paulis Studie zu Bezeichnungen für Buben und Mädchen in romanischen Sprachen bestätigt, dass dies der Fall ist; der Abschnitt „métaphores tirées du règne animal" ist bei weitem der umfangreichste der Abhandlung, auch wenn Füchse und Füchsinnen fehlen; der größte Unterabschnitt lautet „Chien".[75] Furlanisch *canài* (‚Bub') und *canàia* (‚Mädchen') etwa beruhen auf einer Ableitung von lat. *canis* (‚Hund').[76] Das in Südtirol verbreitete Wort *Gitsche* (‚Mädchen') wird schon von Eberhard Kranzmayer auf ein romanisches Wort *chicia* für Hund zurückgeführt – von Kranzmayer und Plangg als furlanisch, von Kramer als ladinisch identifiziert.[77] Englisch *kid* (‚child') ist ursprünglich ‚young goat', also Geißkitz. Andere Bezeichnungen aus Tiermetaphern haben eine starke konnotative Komponente, z. B. englisch *cub* (‚young fox […] undeveloped, uncouth, unpolished youth'), *bitch* (‚female of the dog […] applied opprobiously to a woman […] a lewd or sensual woman'), *bird* (‚feathered vertebrate animal […] maiden, girl'), *chick* (‚chicken […] young woman (slang)').[78]

Der *Fuchs* steht metaphorisch in aller Regel für einen schlauen Menschen oder für Rothaarige;[79] entsprechend auch italienisch *volpe* – ein Femininum übrigens. Darüber hinaus bedeutet English *vixen* ‚female fox' auch ‚ill-tempered, quarrelsome woman'.[80] Man könnte postulieren, dass diese Bedeutungskomponenten bei *Foha* (‚Füchsin; (junge) Frau (mit konnotativen Komponenten)') sowie bei einer Allgäuer Ableitung **Föhila* o. ä. zum selben Wort abgeschwächt wurden und zuletzt nur die Bedeutung ‚junge Frau, Mädchen' blieb.

---

74 Fischer, Wörterbuch (wie Anm. 1) Bd. 1, Sp. 1032.

75 Paul, Enfant (wie Anm. 62) S. 297–364, darin „Chien" S. 298–309.

76 Francescato Denominazioni (wie Anm. 61) S. 4 f.

77 Mündlicher Hinweis Eberhard Kranzmayers, siehe Maria Hornung, Mundartkunde Osttirols, Graz 1964, S. 19, Anm. 37; Plangg, Lehn- oder Reliktwörter (wie Anm. 64); Johannes Kramer, *Gitsche* „Mädchen": Ein ladinisches Lehnwort in den deutschen Mundarten Südtirols, in: Der Schlern 61 (1978) S. 603–607.

78 Oxford English Dictionary (OED), 13 Bde., Oxford ^{2}1933 (ND 1970–1975) Bd. 4, Sp. 101 (cub), Bd. 2, Sp. 228 (bitch), Bd. 2, Sp. 213 f. (bird), Bd. 3, Sp. 105 (chick).

79 Zum Deutschen etwa Deutsches Wörterbuch (DWB) von Jacob und Wilhelm Grimm, 16 Bde., Leipzig 1854–1954 (ND München 1984) Bd. 5, Sp. 337 f.

80 OED (wie Am. 78) Bd. 19, Sp. 717. Ähnlich etwa auch schwedisch *ragata*,

Ursin Lutz (Chur) weist mich auf verbreitete abergläubische Erzählungen hin, in denen Frauen (oft Hexen) die Gestalt wandeln und zu Füchsen werden; entsprechende Episoden werden aus Tirol und Graubünden gemeldet.[81] Wenn das die Grundlage für ein Benennungsmotiv einer neutralen Bezeichnung für Frauen oder Mädchen ergeben sollte, dann müsste auch hier ein starker Abbau konnotativer Beiklänge erfolgt sein.

Zu *Fud* (,Vulva')

Wie oben erwähnt, sah Schmeller in der zweiten Auflage seines Wörterbuches mehrere Möglichkeiten. Aber in der ersten Auflage deuten Schmeller und nach ihm das Deutsche Wörterbuch die allgäuische Form *Fe'l* als Spielform des Lemmas *Füdel*, einer Ableitung von *Fud* (,Vulva').[82] Semantisch ist die Ableitung zwar plausibel – auch das deutsche Wort *Weib* wird indogermanisch entsprechend hergeleitet,[83] und Schmeller belegt *Fud* in der Bedeutung ,Frau' für Altbayern „auf dem platten Lande [...] ohne arg gebraucht".[84] Formell jedoch müsste man eine ad-hoc-Entwicklung zu den belegten Allgäuer Lautungen annehmen; so sieht es auch Fischer,[85] der dagegen einwendet, „dass dann statt *-ö-* ein *-ü-* zu erwarten wäre". Senkung von alten *i* oder *ü* zu *e* sind im Allgäu nicht bezeugt. *Fud* ist in den einschlägigen Wörterbüchern nur mit *-u-* belegt.[86] Mhd. *ü* (ahd. *u* in Umlautposition) bleibt als *i* oder *ü* erhalten in Dialektwörtern wie *siis* (,sonst'),[87] *Küll-*

---

[81] Handwörterbuch des deutschen Aberglaubens, hg. v. Hanns Bächtold-Stäubli, 10 Bde., Berlin / Leipzig 1927–1942 (ND Berlin / New York 1987) Bd. 3, Sp. 178 f., auch bei Christian Falkner, Sagen aus dem Ötztal, in: Raimund Klebelsberg (Hg.), Ötztaler Buch (Schlern-Schriften 229) Innsbruck 1963, S. 111–182, hier 163 f.; ferner Dietrich Jecklin / Kaspar Decurtins, Volksthümliches aus Graubünden, 3 Bde., Zürich 1874–1878, Bd. 1, S. 56 f., S. 66 u. ö.). Eine entsprechende Sage wohl aus dem Salzkammergut hat Ludwig Ganghofer, Die Fackeljungfrau, Stuttgart 1894, literarisch verarbeitet.

[82] Johann Andreas Schmeller, Bairisches Wörterbuch, 3 Bde., Augsburg [1]1822–1827, Bd. 1, Sp. 513; DWB (wie Anm. 79) Bd. 4, Sp. 364.

[83] Klaus T. Schmidt / Klaus Strunk, Toch. B kwipe „Scham, Schande", A kip „Scham" und germ. *wīƀa- „Weib", in: Karin Heller u. a. (Hg.), Indogermanica Europaea. FS für Wolfgang Meid zum 60. Geburtstag, 2 Bde., Graz 1989, Bd. 2, S. 274–284.

[84] Schmeller, Wörterbuch (wie Anm. 9) Bd. 1, Sp. 694; Fischer, Wörterbuch (wie Anm. 1) Bd. 2, Sp. 1032, wendet hierzu ein, „dass indecente und Scheltwörter [...] nie als t. t. [terminus technicus] für [...] Verwandtschaft" gebraucht werden, also wohl für die Bedeutung ,Tochter', die allerdings im Deutschen sekundär ist zur Bedeutung ,Mädchen'.

[85] Fischer, Wörterbuch (wie Anm. 1) Bd. 2, Sp. 1032. Ausführlich über mhd. *i* und *ü* vor *l* berichtet Eugen Gabriel im VALTS (wie Anm. 4) Bd. 1, Karte 185c und Kommentar S. 606–609, S. 628–631.

[86] Etwa Fischer, Wörterbuch (wie Anm. 1) Bd. 2, Sp. 1812; Jutz, Wörterbuch (wie Anm. 5) Bd. 1, Sp. 1014.

[87] Etwa *sīs* Hindelang, Lkr. Oberallgäu, zu einer umgelauteten Nebenform von mhd. *sus*, siehe Schwarz / König, Wörterbuch (wie Anm. 34) S. 560.

hase (‚Kaninchen'),[88] und wird nicht zu *ö* gesenkt. Weitere Beispiele wären *billen* (‚den Mühlstein schärfen'),[89] *stüren* (‚stochern, wühlen').[90]

Die *-ch*-Formen Westtirols lassen sich durch diese Herleitung nicht erklären. Zudem wird in der Lautfolge *-del* in Wörtern wie *Nadel*, *Stadel* der Dentalverschluss in westlechischen Mundarten Bayerisch-Schwabens nicht vom Lateral geschluckt, sondern bleibt.[91] Die Entwicklung **Füdel* zu **Fül* ohne *d* ist also ad hoc und nicht durch Parallelfälle gestützt.

Zu *Füllen* (‚Fohlen')

Schmid sieht die Herkunft des Wortes, dass er als „vohle, vöhle, veel, fechel" ansetzt, als in der „Begriffsverwandtschaft zwischen Füllen und Weib" begründet.[92] Eine weitere von Schmeller ins Spiel gebrachte Anknüpfung ist das Wort *Fülchen*, „weibliches Füllen [...] im Scherz: Mädchen".[93] Hier knüpft auch Jutz an; für ihn ist die lateinische Herleitung wegen der gerundeten Hittisauer Dialektaussprache *Föl* ausgeschlossen: „Dagegen spricht die vlbg. Form mit *-ö-*, soferne sie bodenständig [...] ist. In diesem Falle wäre wohl noch am ehesten an mhd. *vülle*, Füllen, zu denken."[94] Schon Schmeller (a. a. O.) hatte als Parallele auf englisch *filly* (‚junge Stute, junges Mädchen') hingewiesen.[95] Aber *Füllen* ist in den einschlägigen Wörterbüchern und Sprachatlanten[96] nur mit geschlossenem Vokal *-i-* oder *-ü-* belegt. Hier bietet die Formseite die gleichen Probleme wie im Falle der Ableitung von *Fud*. Beide Vorschläge sind in Hinblick auf die unterstelle Vokalsenkung fragwürdig.

Vorläufiges Fazit

Schon aus lauthistorischen Überlegungen sind Weiterentwicklungen zu den Lemmata *Fud* und *Füllen* sehr unwahrscheinlich. Aus lautlicher Sicht scheint eine Herleitung von einer Ableitung von mhd. *vohe* (‚Füchsin') die einfachste Option. Aus

---

88 Mhd. *küniclîn* zu lat. *cuniculus*, siehe FISCHER, Wörterbuch (wie Anm. 1) Bd. 4, Sp. 830; SCHWARZ/KÖNIG, Wörterbuch (wie Anm. 34) S. 372; SBS Bd. 11: Wortgeographie IV, bearb. v. Lars LÖBER, Heidelberg 2001, Karte 143; VALTS (wie Anm. 4) Bd. 5, Karte 8.

89 FISCHER, Wörterbuch (wie Anm. 1) Bd. 1, Sp. 1115.

90 Aus mhd. *stüren*, FISCHER, Wörterbuch (wie Anm. 1) Bd. 5, Sp. 1929, etwa in Ustersbach, Lkr. Augsburg, *štī̜rə*, siehe SCHWARZ/KÖNIG, Wörterbuch (wie Anm. 34) S. 585.

91 SBS Bd. 7, 2: Lautgeographie IV, bearb. v. Sabine IHLE, Heidelberg 2001, S. 532–535.

92 SCHMID, Wörterbuch (wie Anm. 8) S. 198.

93 SCHMELLER, Wörterbuch (wie Anm. 9) Bd. 1, Sp. 708, 711 (Füllchen).

94 JUTZ, Wörterbuch (wie Anm. 5) Bd. 1, Sp. 963.

95 Vgl. OED (wie Anm. 78) Bd. 5, Sp. 913: *filly* ‚young female horse', ‚young lively girl'.

96 Etwa FISCHER, Wörterbuch (wie Anm. 1) Bd. 2, Sp. 1822 f.; JUTZ, Wörterbuch (wie Anm. 5) Bd. 1, Sp. 1021); VALTS (wie Anm. 4) Kommentarbd. zu Bd. 5, S. 463.

semantischer Sicht kommt auch die Entlehnung aus romanisch *filia* in Frage, wenn für die angeführten lautlichen Probleme überzeugende Lösungen gefunden werden können, und diese müssen in der romanischen Vorgeschichte des Worts liegen.

Romanische Grundlagen?

Das Hauptproblem war die in der romanischen Ausgangsvariante anzusetzende Senkung des alten lateinischen *ī*. Gab es nun eine vulgärlateinische Senkung von *-i-* zu *-e-* in Wörtern wie *filia* (‚Tochter') ? Lehnwörter in unseren Dialekten geben keinen Hinweis darauf.[97] Bei Klausmann / Krefeld wird *Feel* als Beispiel angeführt, aber ich habe keine weiteren Allgäuer Dialektwörter mit einer ähnlichen Lautentwicklung gefunden. Es ist aber unbestritten, dass in spätlateinischer Zeit der Vokal *i* auf verschiedene Art zu *e* gesenkt werden konnte.

(1) Fürs Mittellateinische schreibt Stotz:[98] „Überaus häufig trifft *e* anstelle von ungedecktem *ĭ* in Vor-, Zwischen- und Nachsilben auf [...] Mitunter stellt sich *e* für *i* (bei diesen Akzentuierungen) auch in gedeckter Stellung ein [...]." Beim langen *i* wie in *filia* allerdings meint er: „Das ursprüngliche *ī* hat sich seinem Lautwert nach im Vlat und im Rom im allgemeinen gehalten." Es sind vor allem die unbetonten Silben, in denen lateinisches *i* als *e* ins Deutsche übernommen wurden, etwa im Ortsnamen *Bregenz*[99] und Wörtern wie *menen* (‚Zugtier führen').[100]

(2) Zu den allermeisten romanischen Einzelsprachen hin fallen klassisches schriftlat. *ē* und *ĭ* als *e* zusammen.[101] Somit gibt es in den Einzelsprachen, zum Beispiel im Italienischen, Beispiele für *e* aus (alt kurzem) *i* auch in betonter Stellung: italienisch *neve* (‚Schnee', lat. Akkusativ *nivem*), *pera* (‚Birne', lat. Plural *pira*), *secco* (‚trocken', lat. *siccum*), *semplice* (‚einfach', lat. Akkusativ *simplicem*), *sete* (‚Durst', lat. Ablativ *site*) u. a. m. Aber *filia* gehört nicht in diese Gruppe, da es im klassischen Latein langes *ī* hatte.

---

97 Die offenkundigen Beispiele romanischer Entlehnungen in die Dialekte des Allgäus behandeln KLAUSMANN / KREFELD, Sprachliche Indizien (wie Anm. 28) – dort *Feel* auf S. 58; überprüft wurden ferner die Zusammenstellungen bei KREFELD, Reliktwort (wie Anm. 63); JUD, Reliktwörter (wie Anm. 36) und SCHNEIDER, Entlehnungen (wie Anm. 36).

98 Peter STOTZ, Handbuch zur lateinischen Sprache des Mittelalters, III. Lautlehre, München 1996, zu kurzem *i* S. 36, zu langem *ī* S. 38.

99 *Bregenz* (*Brigántion* in Strabos Geographie, um Christi Geburt), erscheint etwa bereits lateinisch in den Notitia Dignitatum (4. Jh.) als *Brecantia*. Dazu Manfred NIEMEYER (Hg.), Deutsches Ortsnamenbuch, Berlin / Boston 2012, S. 89.

100 Ahd. *mennen*, mhd. *menen* aus vulgärlat. *menare* zu lat. *minari* (‚drohen'), vgl. SCHMELLER, Wörterbuch (wie Anm. 9) Bd. 1, Sp. 1614–1616; DWB (wie Anm. 79) Bd. 4, Sp. 1464.

101 Wilhelm MEYER-LÜBKE, Grammatik der romanischen Sprachen, I. Lautlehre, Leipzig 1890, S. 52, S. 81.

(3) Speziell zum Fall *filia* in den romanischen Einzelsprachen ist eine Bemerkung von Meyer-Lübke zum langen lateinischen *ī* einschlägig:[102] „Folgt dem *i* unmittelbar ein *i* [...] oder ein palataler Konsonant, so kann es durch Dissimilation zu *e* werden.“ Er nennt unter anderem Beispiele aus Lecce und dem Tessin. Senkung ist also prinzipiell nicht ausgeschlossen. Aber Rohlfs hält solche Senkungen für jung.[103]

Gibt es in der romanischen Nachbarschaft des Allgäus Beispiele für Senkungen? Geben etwa die nächstgelegenen romanischen Varianten, das Ladinische in Südtirol und das Bündnerromanische der Schweiz, Hinweise auf eine regelhafte Senkung von *i* zu *e*? Lateinisches *i* wird im Ladinischen stets als *i* fortgesetzt,[104] im Bündnerromanischen aber wird es in bestimmten Gegenden tatsächlich gesenkt.[105] Heutige rätoromanische Varianten der Surselva zeigen diese Senkungen auch in Wörtern wie *filia,* hier *fẹ́ła.*[106] Weitere romanische Vokalsenkungen im Wort *filia* gibt es in der französischen Schweiz; das Lemma *fille* neben *fi-* durch Lautformen mit Anlaut *fe-*, *fœ-*, *fœ́-*, *fë-* vertreten.[107] Senkungen des *-i-* zu *-e-* sind also auch in den Nachfolgern des Wortes *filia* durchaus belegt und sind auch für das Romanische des Allgäus nicht auszuschließen.

Neben der Senkung des *-i-* war zudem der Reibelaut einiger ostallgäuischer und westtiroler Dialekte erklärungsbedürftig. Oben wurde eine Erklärung durch falsche Restitution innerhalb des Alemannischen umrissen. Aber es bietet sich alternativ schemenhaft eine mögliche Beziehung zu einigen Entwicklungen des alten *ī* im Bündner und Walliser Romanischen an. „Die älteste Stufe“ der Entwicklung des alten langen *-i-* ist im Bündnerromanischen eine „Verhärtung“;[108] so entsteht „durch Verhärtung des *I* zu *y*, *χ*, *g*, *k* in [Oberhalbstein / Surses, Bergün (Albulatal), Oberengadin] sehr oft *ig*, *eg*, *ęg* oder *ik*, *ek*, *ęk*“.[109] Daher resultieren Lautungen wie Oberengadin *fikl* aus *filum*, Bergün *fẹkl*, *vegver* aus *vivere.*[110] Die

102 Ebd. S. 60.

103 Rohlfs, Grammatik (wie Anm. 68) S. 97.

104 Johannes Kramer, Historische Grammatik des Dolomitenladinischen. Lautlehre, Gerbrunn 1977, S. 75 f.

105 Theodor Gartner, Raetoromanische Grammatik, Heilbronn 1883 (ND Wiesbaden 1973) S. 48 f.

106 Dicziunari rumantsch grischun, Bde. 1 ff., Chur 1938 ff., Bd. 6, Sp. 289 f. *(figlia, feglia)*; vgl. SIS (wie Anm. 62) Bd. 1, Karte 9, Helmut Stimm / Karl Peter Linder, Bündnerromanisch. Interne Sprachgeschichte I. Grammatik, in: Lexikon der romanistischen Linguistik, Bd. 3. Die einzelnen romanischen Sprachen und Sprachgebiete von der Renaissance bis zur Gegenwart. Rumänisch, Dalmatisch / Istroromanisch, Friaulisch, Ladinisch, Bündnerromanisch, Tübingen 1989, S. 764–785, hier 765.

107 Glossaire des Patois de la Suisse Romande, Bde. 1 ff., Neuchâtel 1924 ff., Bd. 7. Sp. 446–453.

108 Meyer-Lübke (wie Anm. 101) S. 58.

109 Gartner (wie Anm. 105) S. 48.

110 In unterschiedlicher Verteilung in den verschiedenen Gebieten, siehe Mena Grisch, Die Mundart von Surmeir (Ober- und Unterhalbstein). Beitrag zur Kenntnis einer rätoromani-

Erscheinung betrifft auch weitere Langvokale. Ausgangspunkt wird eine leichte Diphthongierung sein, eine Senkung im ersten und eine Hebung in zweiten Teil des geschlossenen Langvokals (etwa *i̯i̯*), wie im Sprachatlas der deutschen Schweiz für heutige deutsche Dialekte Graubündens vermerkt.[111] Ein ähnliches Phänomen finden wir im Frankoprovenzalischen des Oberwallis,[112] hier auch vereinzelt mit Frikativ *h*.[113] Das Vorkommen in verschiedenen isolierten Gebieten (drei im Bündnerromanischen, eines im Wallis) sieht auf Anhieb aus wie ein Relikt früherer viel größerer Verbreitung, also nach Monogenese. Erste Beleg im Romanischen stammen aus dem 17. Jahrhundert; nach Erörterung der Zusammenhänge kommt Eichenhofer zum Schluss, die Verhärtungen seien doch keine „älteste Stufe", sondern „jungen Datums" und datiert ihren Ursprung ins 15. Jahrhundert.[114] Nach dem Urteil der befragten Fachleute ist es nicht begründbar, dass die „Verhärtung" bis ins 7. oder 8. Jahrhundert zurückreichen könnte, und somit unwahrscheinlich, dass die genannten Randgebiete Relikte einer früher viel weiter verbreiteten Erscheinung seien. Nach dieser Auffassung wäre die Erscheinung an unterschiedlichen Orten – wenn auch vielleicht aus gemeinsamer Ursache – unabhängig entstanden. Sonst hätte man spekulieren können, ob solche Lautungen des älteren Romanischen – gerade die Zwischenstufe *-χl-* – Grundlage gewesen sein könnten für die Außerferner Lautung *vēxl*. Eher könnte die den alpinen Dialekten des Romanischen eigene Tendenz zur „Verhärtung" damals schon in romanischen Varianten des Allgäus zur Geltung gekommen sein.[115] Danach wäre für

---

schen Sprachlandschaft (Romanica Helvetica 12) Zürich 1939, S. 24–28. In Bergün etwa nur vorkonsonantisch in einst offener Silbe, siehe C. Martin Lutta, Der Dialekt von Bergün und seine Stellung innerhalb der rätoromanischen Mundarten Graubündens, Halle a. d. Saale, S. 88–90, S. 313–319. *Filia* ist hier nicht betroffen, da die Erstsilbe im Bündneromanischen als geschlossen gilt.

111 Sprachatlas der deutschen Schweiz, 9 Bde., Bern 1962–2003, Bd. 1, Kommentar zu Karte 105.

112 ALF (wie Anm. 62) Bd. 2, Karte 567; Franz Fankhauser, Das Patois von Val d'Illiez (Unterwallis), in: Revue de dialectologie romane 2 (1910) S. 198–344, 3 (1911) S. 1–70, hier 256; Jules Gilliéron, Petit atlas phonétique du Valais roman (sud du Rhone), Paris 1881, S. 24, spricht nicht von „Verhärtung", sondern von „*k* [...] parasite".

113 Gilliéron, Petit atlas (wie Anm. 112) S. 24.

114 Wolfgang Eichenhofer, Diachronie des betonten Vokalismus im Bündnerromanischen seit dem Vulgärlatein (Romanica Rætica 6) Zürich, S. 166–168. Ähnlich die Einschätzung von Helmut Lüdtke, Zur Lautlehre des Bündnerromanischen, in: Vox Romanica 14 (1955) S. 223–242, hier 239–242.

115 Dem Verfasser als Germanisten fällt als Parallele die nordgermanische „Verhärtung" von germanisch (Kurzvokal +) *-i̯-* zu *-ggj-* ein; vgl. Hans Krahe / Wolfgang Meid, Germanische Sprachwissenschaft. 1. Einleitung und Lautlehre, Berlin 1969, S. 97; man vergleiche den Namen der Göttin westgerm. *Frija*, nordgerm. *Frigga*. Beispiele für *j* > *g* im Deutschen gibt es vor allem im Hiat wie in schwäb. *Veigl* aus lat. *Viola*, siehe Fischer, Wörterbuch (wie Anm. 1) Bd. 2, Sp. 1016 f.; vgl. auch Kranzmayer, Lautgeographie (wie Anm. 56) S. 74; weitere Beispiele sind etwa *Venedig* (aus *-ia*), *Scherge*, bair. **erjo-* > *Erge-tag* (Dienstag).

den Südosten und Außerfern eine romanische Ausgangsform des Typs *fējl* oder *fēχl* mit stimmhaftem Reibelaut anzunehmen, der sich dann im Alemannischen so verhielt wie die Nachfolger von germ. *h*. Analog dem regulären Schwund des germ. *-h-* nach Vokal außer im Osten des Allgäus[116] könnte eine solche Form sogar die Grundlage für die Form *vẹ̄l* im restlichen Allgäu bieten. Allerdings wäre *Feel* das einzige Wort mit einer entsprechenden Lautentwicklung. Weitere Relikte einer „Verhärtung“ von romanischem Langvokal konnte ich nicht finden. Die Entwicklung etwa in den Nachfolgern von lat. *villa* wurde oben angesprochen.

Diese Spekulation bietet immerhin eine mögliche Erklärung für die Formen mit *-ch-*. Will man ihr nicht folgen, aber die Herleitung aus dem Romanischen dennoch aufrechterhalten, bleibt nur die Vermutung einer falschen Restitution des *-h*, um die Formen zu erklären.

Fazit

Ich konnte keine absolut sichere Entscheidung zwischen zwei Herkunftsmöglichkeiten treffen, der Ableitung von *Fohe* („Füchsin‘) und der frühen Entlehnung aus lat. *filia*. Von der phonetischen Entwicklung her bietet nur *Fohe* eine Grundlage für bekannte lautgesetzliche Entwicklung zu den modernen Mundartformen hin, während die Entwicklung aus *filia* nur unter Zuhilfenahme erheblicher Spekulationen über die Lautentwicklung nachvollziehbar ist. Von der semantischen Seite her allerdings bietet *filia* eine nachvollziehbare und oftmals vorgefundene Bedeutungsentwicklung, während diese bei *Fohe* zwar nachvollziehbar, aber spekulativ ist. Der Fund eines weiteren Wortes aus dem lexikalischen oder onomastischen Bereich mit der Lautentwicklung eines lateinischen *ī* zu deutsch *ech* würde die Ableitung aus *filia* sichermachen, ein weiteres Wort für ‚Füchsin‘ aus einer europäischen Sprache, das die Bedeutung ‚Mädchen‘ in neutralem Sinne angenommen hat, die Ableitung von *Fohe*.

116 VALTS (wie Anm. 4) Bd. 3, Karte 54.

Nachhaltiges Wirtschaften in Schwaben

Die nachfolgenden Beiträge beruhen auf Vorträgen, die im Jahr 2016 anlässlich der Tagung „Die Schwäbische Hausfrau – sparsam, sorgfältig und innovativ" bei der Schwabenakademie Irsee gehalten wurden. Die Bezirksheimatpflege Schwaben als Veranstalter der Tagung bat den Historischen Verein für Schwaben um Aufnahme der Beiträge in diese Zeitschrift; eine Bitte, der die Redaktion gerne nachgekommen ist. Mittlerweile sind die Diskurse, Forschungsstände und Erkenntnisse zu den Themen Ressourcenkreislauf, Nachhaltigkeit und Recycling weiter fortgeschritten. Dies konnte bei der Überarbeitung der Manuskripte für diese Ausgabe der ZHVS nicht mehr berücksichtigt werden.

Felix Guffler

Nachhaltigkeit und bäuerliche Subsistenzwirtschaft im 16. Jahrhundert in Bayerisch-Schwaben im Spiegel ländlicher Rechtsquellen

Abstractum: In diesem Beitrag werden mehrere Dorfordnungen auf Regelungen zum nachhaltigen Wirtschaften untersucht und miteinander verglichen. Daraus ergeben sich mehrere Kategorien, anhand derer die einzelnen Vereinbarungen geordnet werden. Der Autor stellt fest, dass für die bäuerliche Subsistenzwirtschaft in Schwaben das Thema „Nachhaltigkeit" grundlegend war. Zahlreiche Artikel sicherten das Zusammenleben auf dem Dorf und den Erhalt der Lebensgrundlage für kommende Generationen.

1. Einführung

Die frühneuzeitliche Policeygesetzgebung beeinflusste das Leben der Menschen massiv; durch die verschriftlichen Rechtsdokumente wurden viele Bereiche des dörflichen Zusammenlebens geregelt.[1] Die Sozialdisziplinierung, die damit angezielt wurde, war jedoch nicht nur auf das friedliche Auskommen der Untertanen ausgerichtet, sondern auch auf die Wirtschaft, das Handwerk und das ländliche Gewerbe: „Die Verzahnung der Policey mit dem konkreten Anliegen, ökonomische Strukturen zu verbessern und letztlich die fiskalischen Erträge aus der Landwirtschaft, aus der Viehzucht und aus dem Gewerbe zu optimieren, wird in fast allen dieser Ordnungen deutlich."[2] Um dies jedoch zu ermöglichen, musste die Herrschaft über die Verhältnisse vor Ort Bescheid wissen und diese Gegebenheiten in den Rechtsdokumenten berücksichtigen. Daher spiegeln etliche Dorfordnungen die bäuerliche Subsistenzwirtschaft zumindest teilweise wider.

Die Untersuchung der Rechtsquellen auf Elemente der ländlichen Wirtschaft und Versorgung stellt bislang ein Desiderat dar. Die Abhandlungen, die sich mit den Dorfordnungen als Quellen beschäftigen, legen ihren Fokus hauptsächlich auf den herrschaftspolitischen Aspekt;[3] der Blick auf die Untertanen fehlt weitest-

---

1 Vgl. zur Policeygesetzgebung allgemein Karl Härter, Art. Polizei, in: Friedrich Jaeger (Hg.), Enzyklopädie der Neuzeit 10 (2009) S. 170–180. Zu Bayerisch-Schwaben speziell Wolfgang Wüst, Die „gute Policey" im Schwäbischen Reichskreis, unter besonderer Berücksichtigung Bayerisch-Schwabens, Berlin 2001.

2 Wüst, Policey (wie Anm. 1) S. 40.

3 Vgl. Gabriele von Trauchburg, Ehehaften und Dorfordnungen. Untersuchungen zur Herr-

gehend. Das Ziel dieses Beitrages soll es daher sein, die Elemente der Nachhaltigkeit bei der bäuerlichen Subsistenzwirtschaft in ausgewählten Rechtsquellen zu identifizieren und zu kategorisieren. Dabei sollen auch Versuche der Herrschaft zur nachhaltigen Entwicklung der Dorfgemeinde aufgezeigt werden.[4] Im Folgenden werden sowohl die Ordnungen vorgestellt als auch dargelegt, weshalb sie sich für einen Vergleich eignen, und welcher zeitliche Rahmen abgedeckt wird.

2. Die ausgewählten Quellen

Die Rechtsdokumente lassen sich alle in einem Zeitraum von elf Jahren um das Jahr 1550 situieren; sie beziehen sich auf kleinere Orte, die teilweise mehrere herrschaftliche Zugehörigkeiten hatten. Die Beschreibung folgt einer alphabetischen Reihenfolge. Bei der Auswahl der Rechtsquellen wurde auf eine ähnliche Struktur geachtet, wobei sich die Ordnungen nur auf jeweils einen Ort beziehen und so konkrete Maßnahmen repräsentieren. Dabei wurde versucht, ein möglichst breites Spektrum abzudecken: Es finden sich geistliche und weltliche Herrschaften, Orte mit einheitlicher oder geteilter Herrschaft, explikative und enumerative Ordnungen sowie allgemeine und zweckgebundene Ordnungen. Dadurch entsteht aus den Quellen ein weiter Überblick, wobei die unterschiedlichen Entstehungskontexte und Absichten bei gleichzeitig ähnlichen Ausgangsbedingungen relativ allgemeingültige Aussagen zu den gefundenen Konvergenzen erlauben.

Die Dorfgerichtsordnung von Buxheim (Unterallgäu) wurde von der dort ansässigen Kartause im Jahr 1553 erlassen.[5] Die Kartause hatte die niedere Gerichtsbarkeit im gesamten Dorf inne; die Bauern von Buxheim waren ihr als Leibeigene unterstellt. Den Vorsitz über das Dorfgericht hatte der Ammann, der auch die Rechte der Ortsherrschaft wahrnahm. Die Vierer hingegen waren ein Kollegium aus gewählten Dorfbewohnern, die deren Rechte und Interessen gegenüber der Herrschaft vertraten; ihre Kompetenz erstreckte sich besonders auf das agrarisch bestimmte Wirtschaftsleben des Dorfes. 1553 wurden sie jedoch der Kontrolle

---

schafts-, Rechts- und Wirtschaftsgeschichte des Rieses anhand ländlicher Rechtsquellen aus der Grafschaft Oettingen, Augsburg 1995, S. 307–341.

4 Als Überblick: Wolfgang Wüst, Das Prinzip der Nachhaltigkeit – Holz-, Forst- und Waldordnungen als Quellen für ökologisches Wirtschaften, in: Wolfgang Wüst / Gisela Drossbach (Hg.), Umwelt-, Klima- und Konsumgeschichte. Fallstudien zu Süddeutschland, Österreich und der Schweiz, Berlin 2018, S. 315–349.

5 Im Folgenden abgekürzt mit DO Buxheim. Zur Edition und Publikation vgl. Peter Blickle, Die Dorfgerichtsordnung von Buxheim vom Jahr 1553, in: Memminger Geschichtsblätter 1965 (1966) S. 15–89. Bei der Zitation aus der DO Buxheim wird die in diesem Aufsatz verwendete Folium-Angabe verwendet.

des Ammanns unterstellt. Die Dorfgerichtsordnung von Buxheim zeichnet sich „durch epische Breite und Ausführlichkeit“[6] des Textes aus und bietet damit einen tiefen Einblick in die bäuerliche Subsistenzwirtschaft in der Memminger Gegend.

Die Dorfordnung von Kutzenhausen (Augsburg-Land) wurde 1553 von den fünf Grundherrschaften (Domkapitel Augsburg, Benediktinerkloster und Reichsstift St. Ulrich und Afra in Augsburg, Augustiner-Chorherrenstift St. Georg in Augsburg, Zisterzienserinnenkloster Oberschönenfeld sowie Endrissen Widemann aus Augsburg) gemeinsam für die dortigen 34 Anwesen erlassen.[7] Sie behandelt Angelegenheiten der Dorfgemeinschaft, die einer gemeinsamen Regelung bedurften. Die Vierer waren die zentralen Amtsträger und Bevollmächtigten und somit Ansprechpartner der Herrschaftsträger. Der Text liest sich als Aneinanderreihung von 42 Artikeln, die Ge- und Verbote aufzählen, ohne diese jedoch zu erklären.

Die Dorfordnung von Langenneufnach (Augsburg-Land) wurde 1667 von der Herrschaft Seifriedsberg und den Fuggern zu Mickhausen erlassen.[8] Sie ist *inn allen puncten der alten gleich lauttendt*, die 1559 erlassen wurde. Langenneufnach setzte sich zu dieser Zeit aus drei Gemeinden zusammen, wobei sich die Dorfordnung nur auf das Unterdorf bezieht. Auch in dieser Dorfordnung stellen die Vierer das ordnende und weisende Element dar. Die zwölf Artikel mit Ge- und Verboten stehen unkommentiert aneinandergereiht.

Die folgenden drei Rechtsquellen stammen sämtlich aus dem Ries. Vom Dorf Hechlingen liegen sieben verschiedene Rechtstexte vor, von denen in dieser Untersuchung die Dorfordnungen von 1533, 1550 und 1781 untersucht werden sollen.[9] Die Dorfordnung von 1550 ist hierbei als Erweiterung der Dorfordnung von 1533 zu sehen, da andere Punkte angeführt werden und somit die älteren Regelungen weiterhin Bestand hatten. Die Dorfordnung von 1781 soll auf Kontinuitäten und Brüche untersucht werden. Dies bietet sich bei diesem Ort an, da er

---

6 Ebd. S. 22.

7 Im Folgenden abgekürzt mit DO Kutzenhausen. Zur Edition und Publikation vgl. Lorenz Fleiner, Die Dorfordnung Kutzenhausen aus dem Jahre 1553, Bobingen 1987. Bei der Zitation aus der DO Kutzenhausen wird die in diesem Aufsatz verwendete Artikel-Angabe verwendet.

8 Im Folgenden abgekürzt mit DO Langenneufnach. Zur Edition und Publikation vgl. Richard Merz, Die Dorfordnung von Langenneufnach aus dem Jahr 1559/1667. Ein Beitrag zur Rechtsgeschichte der Gemeinde Langenneufnach, in: Jahresbericht des Heimatvereins für den Landkreis Augsburg 17 (1980/1981) S. 257–264. Bei der Zitation aus der DO Langenneufnach wird die in diesem Aufsatz verwendete Artikel-Angabe verwendet. Zu den Erwerbsverhältnissen in Langenneufnach vgl. Anke Sczesny, Von Handwerkern, Zünften und Bauern: Gewerbe und Gesellschaft im ländlichen Ostschwaben der Frühen Neuzeit, in: ZHVS 95 (2002) S. 139–158, hier 155 f.

9 Im Folgenden abgekürzt mit DO Hechlingen mit Angabe des Jahres. Zur Edition und Publikation vgl. Thaddäus Steiner/Rolf Kiessling (Hg.), Die ländlichen Rechtsquellen aus der Grafschaft Oettingen, Augsburg 2005, S. 492–551. Bei der Zitation aus den DO Hechlingen wird die in diesem Band verwendete Artikel-Angabe verwendet.

über den gesamten Zeitraum unter der geteilten Herrschaft der Grafen von Oettingen und der Markgrafschaft Brandenburg-Ansbach, Amt Hohentrüdingen, stand. Es werden mehrere Ämter erwähnt, beispielsweise der Bader, der Knecht, der Flurer oder die Vierer, die wiederum die Gemeinde nach außen vertraten. Außerdem gibt es das Amt des Holzwartes, der die Nutzung der Wälder kontrolliert, womit Hechlingen eine Ausnahme im Ries bildet.[10]

Ein vergleichsweise knappes Rechtsdokument stellt die Viehordnung von Heuberg aus dem Jahr 1563 dar.[11] Die Dorfrechte hatten seit ca. 1400 die Grafen von Oettingen inne; demnach war die Errichtung einer solchen Ordnung eine wirtschaftspolitische Entscheidung: „Die schlechte und eingeschränkte Erschließung von Weideflächen in Heuberg machte eine verbindliche Festlegung notwendig, wie viel Vieh – speziell Rinder, Schafe, Schweine, Gänse und Tauben – gehalten werden durften und wie die Nutzung der Weiden organisiert werden sollte."[12] Der Fokus liegt somit auf der Viehzucht, wodurch dieser Aspekt der Subsistenzwirtschaft noch deutlicher beleuchtet werden kann.

Einen ähnlichen Rechtsstatus hatte der Ort Spielberg, wo die Grafen von Oettingen eine einheitliche, feste Dorfherrschaft aufbauen konnten. Die Spielberger Dorfordnung von 1552 besteht aus 26 Artikeln,[13] die „Bestimmungen betreffen die Wahl der Bürgermeister und ihre Rechnungspflicht, die Waldnutzung, insbesondere die Vergabe von Bau- und Brennholz, die Viehweiderechte" und andere Aspekte des bäuerlichen Lebens. Die Ordnung besteht aus Regelungen, Ge- und Verboten, wobei die Ziele, die hinter den einzelnen Artikeln stehen, vom Verfasser nicht thematisiert wurden.

3. Vergleich

Um die vorgestellten Rechtsquellen vergleichbar zu machen, ist ein einheitliches Raster notwendig, in das diese eingefügt werden können. Anhand der drei Aspekte Reduktion, Regie und Reservoir lassen sich die unterschiedlichen Facetten des nachhaltigen Wirtschaftens gliedern und ausführen.

Reduktion fasst Bereiche wie die Bedarfsreduktion und den Verschwendungsstopp, aber auch Aufrufe zur Mäßigung oder die Prävention von Schäden zusammen.

---

10 Vgl. von Trauchburg, Ehehaften und Dorfordnungen (wie Anm. 3) S. 288 f.

11 Im Folgenden abgekürzt mit VO Heuberg. Zur Edition und Publikation vgl. Steiner/Kiessling, Rechtsquellen (wie Anm. 9) S. 416–418. Bei der Zitation aus der VO Heuberg wird die in diesem Band verwendete Artikel-Angabe verwendet.

12 Ebd. S. 417.

13 Im Folgenden abgekürzt mit DO Spielberg. Zur Edition und Publikation vgl. ebd. S. 580–582. Bei der Zitation aus der DO Spielberg wird die in diesem Band verwendete Artikel-Angabe verwendet.

Das Ziel dieser Maßnahmen ist es, den Verbrauch von Rohstoffen und Lebensmitteln zu reduzieren, sodass freigewordene Reserven anderweitig genutzt werden können.

Regie bezeichnet Verordnungen, mit denen die Herrschaft versuchte, die Nutzung bestimmter Güter und Landschaften zu steuern, um so die Effektivität und den Ertrag zu steigern. Teilaspekte dieses Punktes sind Ge- und Verbote für die Arbeit im Wald und auf den Feldern, aber auch die Kontrolle der Einwohnerzahl oder Maßnahmen zur Versorgung der Untertanen.

Der dritte Aspekt, Reservoir, zeigt, welche Möglichkeiten die Untertanen hatten, um an die benötigten Lebensmittel zu gelangen. Es wird zusammengefasst, welcher Mittel sie sich dabei bedienen konnten, welche Reserven in Zeiten von Mangel angebrochen, aber auch wie bestimmte Objekte umgenutzt, weiter- oder wiederverwertet wurden oder wo gegebenenfalls ein Ersatzstoff gefunden werden konnte. Dabei muss auch betont werden, dass dies teilweise zum Missfallen der Herrschenden geschah.

3.1 Reduktion

Die Reduktion ist der Aspekt der Gesetzgebung, der direkt auf das Handeln der Untertanen ausgerichtet ist. Durch eine Verhaltensänderung sollten so individuelle Einsparungen möglich werden.

Ein erster Ansatz ist das Verbot der Völlerei und die Verschwendungsprävention von Lebensmitteln, Geld und Rohstoffen, diese sollen nicht verbraucht werden, wenn dies nicht notwendig ist. So verbietet die DO Buxheim ausdrücklich das überflüssige und viehische Zutrinken, da dies schlimme Folgen wie *mißwachs, hunger, theurung, pestilenz und sonst allerlay kannkheiten* haben werde.[14] Die Wirte waren ebenfalls dafür verantwortlich, dass ihre Kundschaft sich nicht betrank, und wenn dies doch geschah, musste es der Obrigkeit angezeigt werden.[15] Durch

14 DO Buxheim, fol. 7: *Dieweil auß dem überflüssigen und vihischen zutrincken dz grausamlich unnd erschrockenlich gottlästern, fluochen unnd schworen, Item auch die verbottne unchristliche spil, unfrid, zannck und hader (dardurch dann gott der herr, zu gerechtem zorn bewöggtt, unnd unns, mit zusenndung und überhallsschickung, allerlay plag und straffen alls da ist krieg, mißwachs, hunger theurung, pestilenz und sonst allerlay kannkhaiten unnd ungelück züchtigt) erwachsen thut, Ist der herrschafft ernnstlich gebott, dz man sich nun hinfüro sollches zutrinckens ennthallten, unnd dz man an kainem ortt noch ennd, weder zu halben noch zu vollen gläsern ainander zutrincken, noch durch kain wortt oder weis, wie die darzu erdacht möchten werden. Es soll auch kainer den anndern zu sollchen oder anndern ungewonlichen und unbequenem trincken raizen.* Diese Prävention des Alkoholkonsums scheint eine Eigenart der geistlichen Gesetzgebung zu sein, vgl. die Policeyordnung des Augsburger Heilig-Geist-Hospitals, in: Wüst, Policey (wie Anm. 1) S. 213, 218 f.; die Policeyordnung des Klosters Oberschönenfeld, in: ebd. S. 264 und die Policeyordnung des Augsburger Domkapitels, in: ebd. S. 285, 288 f.

15 DO Buxheim, fol. 7: *Es soll auch der wiertt seinen gästen, sie seyend frembd oder einheimbsch, unnhersagen, dz sie sich schwörens und lösterens gottlichs namens, auch halber, ganntzer oder sonst*

diese Maßnahme sollten sowohl die Arbeitskraft als auch die Ressourcen geschont werden, auch wenn Blickle dazu bemerkt: „Der Sonntagnachmittag gehörte dem Tanzvergnügen oder dem Wirtshausbesuch. Kartenspielen, übermäßige Trinkereien und Raufereien mögen diese Wirtshausbesuche begleitet haben, gegen die Dorf- und Landesordnungen ebenso tapfer wie vergeblich ankämpften.“[16] Auch das Verbot des Spiels in Buxheim kann in diesem Rahmen als Verschwendungsprävention gesehen werden.[17] Weiterhin müssen unter diesem Punkt die Regelungen zum Holzabbau in der DO Hechlingen von 1533 aufgeführt werden: Wenn Holz nicht verbraucht wurden konnte, sollte es nicht erst geschlagen werden,[18] wenn jedoch Bauholz übrig war, *daß solt er einer gemein lassen ligen, das man es verpaw,*[19] außerdem sollte Holz, das über vier Wochen ungenutzt blieb, von jedem Gemeindebewohner verwendet werden dürfen.[20] Auf diese Weise wurde versucht, eine nutzungsorientierte Sicht auf das Bauholz zu erhalten und bei Überschüssen dieses der Gemeinschaft zur Verfügung zu stellen. In engem Zusammenhang stehen hier auch Maßnahmen zum Erhalt der Arbeitskraft. In Kutzenhausen war es den Wirten verboten, abends nach neun Uhr Einwohner zu bedienen; eine Ausnahme wurde nur bei Gästen, Wöchnerinnen und Kranken gemacht.[21] In dieser Anordnung zeigt sich ein Bewusstsein über den bäuerlichen Tagesablauf und die Notwendigkeiten des Arbeitslebens. In Hechlingen wurde den Metzgern aufgetragen, dass die Fleischqualität derjenigen aus den anderen Gemeinden des Fürstentums entsprechen sollte.[22] Auch hier zeigt sich, dass durch gute Lebensmittel die Arbeitskraft gesichert werden sollte.

Damit die Untertanen keine Verluste bei Geldgeschäften erleiden mussten, wurde ein Zinsverbot erlassen, außerdem wurden regelmäßig Preiskontrollen durchgeführt, um Wucher zu unterbinden. So erläutert die DO Buxheim ausführlich, warum Zinsen und überhöhte Preise schlechte Folgen für die Gemeinschaft haben, die Argumentation untermauerte man mit vielen Bibelzitaten.[23] In Langenneufnach setzte man den Preis für Fische fest,[24] in Hechlingen sollte der Fleischpreis dem der Nachbargemeinden entsprechen.[25] Ein Verbot des Ein- und

---

gemessener trünck enthalltend mit vermeldung, wo es in dem überschritten, dz er verpflicht sollichs der oberkait anzuzaigen.

16 Peter Blickle, Schwaben von 1268 bis 1803, München 1979.

17 DO Buxheim, fol. 8': *Die herrschaft gebeutet auch ernnstlich, das nun hinfüro kain irer hindersässen oder unnderthanen weder in deß wiertts, in sein aignen noch in ainichen anndern hawse höher oder theurer spile, dann umb ain haller oder uf das allerhöchst umb ain pfennigg.*

18 DO Hechlingen von 1533, S. 106.

19 Ebd. S. 149.

20 Ebd. S. 150.

21 DO Kutzenhausen, S. 11.

22 DO Hechlingen von 1533, 168.

23 DO Buxheim, fol. 4'–5.

24 DO Langenneufnach, S. 9.

25 DO Hechlingen von 1533, 168.

Verkaufs von Samen und Getreide außerhalb der Gemeinde wurde für Kutzenhausen erlassen;[26] damit wurde die Spekulation auf der Schranne unterbunden. Im Stil des Merkantilismus konnten so Überschüsse von der Obrigkeit abgeschöpft werden, sodass es sich für die Händler nicht mehr lohnte, ihre Waren zu Höchstpreisen zu verkaufen. In diesem Zusammenhang kann auch das Gebot, rechte Maße und Gewichte zu verwenden, gesehen werden. Dadurch sollte vermieden werden, dass die Untertanen durch unbekannte oder falsche Maße oder Gewichte betrogen wurden. Die richtige Eichung der Behältnisse war gleichfalls von Bedeutung und ein Vergehen wurde mit Strafe geahndet.[27]

Die bisherigen Maßnahmen betrafen die Reduktion im Alltagsleben der Bewohner. Nachfolgend werden konkret Maßnahmen in der Produktion vorgestellt, die hier den Aufwand mindern sollten. Dazu zählt in erster Linie Schadensprävention. In Spielberg wurde ausdrücklich verboten, dass Pferde mit Rindern auf dieselbe Weide getrieben werden,[28] um, mit Hilfe der getrennten Haltung, Schäden an den Rössern durch die Hörner der Rinder zu vermeiden. Außerdem kann durch die Separierung der Tierarten bei Krankheiten schneller reagiert werden, was ebenfalls explizit erwähnt ist: Ein krankes Tier darf nicht auf die Weide getrieben werden, sondern muss im Stall bleiben,[29] um eine Übertragung der Krankheit oder aggressives Verhalten des kranken Tiers gegenüber den anderen Herdentieren zu verhindern.

Der Wald und die Felder waren in den Dorfordnungen stark berücksichtigt, wenn es um die Reduktion des Schadens durch Vieh geht; vier der ausgewählten Rechtsdokumente bestimmen entsprechende Maßnahmen. In Buxheim wurden gewisse Gebiete komplett für Tiere gesperrt,[30] ebenso in Langenneufnach,[31] wo

---

26 DO Kutzenhausen, S. 22.

27 DO Buxheim, fol. 8: *Item so unnd wann der wiertt ain kanndten mit wein, daraus man einschennken soll, aufträgt, unnd aber die gäst gewahr wurden, das die kanndt oder geeicht maß nit getrewlich und redlich auftgetragen werden, und gerecht gemessen oder nit ain probierte memminger maß wär, und das der herrschaft* [...] *für käm, so soll und wirdet der wiertt jedesmals so offt er also erfundne, fünff gulden straff zu bezalen verfallen sein. Wenn er auch den wein mit zugiessung unnd vermischung des wassers dermaßen schwächen und vernachthailen, das mans groblich merckt und darob murmlet, so würdet er jederzeit, seinem überträtten gemäß, umb 1 fl gestrafft werden.*

28 DO Spielberg, S. 11: *Des viehetribs halben, soll inn allweg die roß, jung oder alt, vnder das gehornndt vihe nit getribenn werdenn, vff wellicher waid das gehörndt vihe geet, sollenn die ros, ann das ander ort getriben werden, bey straff XV d.*

29 Ebd. S. 12: *Item welcher ain ros, kue, oder ander vihe hat, so ain böse vffgestoßne kranckhait het, das soll er im stall behaltenn, vnd nit außtreybenn, bey straff XV d. So offts geschicht.*

30 DO Buxheim von 1553, fol. 13': *Es ist auch verbotten, das niemandt, weder roß noch vich in das buoch jendert treiben noch im felld irgenndts uff saumen sj wären weß sj wöllten, gohn lassen, sonnder solls unnderm tag und nachthierten schlagen.*

31 DO Langenneufnach, S. 11: *Ailfftens solle kheiner khein herttweeg auch waid unnd geäckherrich* [Viehweide im gemeindlichen Buchen- und Eichenwald] *nit auß noch auffrezen* [auffressen], *auch kheiner aichelen khlauben.*

auch die Weidezeiten reguliert wurden.[32] Den Erlass der Viehordnung in Heuberg begründete man mit der Problematik der zu geringen Anzahl an Weideflächen, deren sinnvolle und nachhaltige Bewirtschaftung eine übergroße Anzahl an Vieh unmöglich gemacht hatte.[33] Daher legte man fest, wie viele Tiere pro Haushalt unterhalten werden konnten, ohne dass die Weiden ausgelaugt und abgewirtschaftet werden würden.[34] Allgemeiner formulierte man dies in Spielberg; dort musste jeder für den Verlust, den sein Vieh auf Gemeindeboden angerichtet hatte, geradestehen.[35] Durch diese flexible Formulierung konnte situativ nach Art des Schadens reagiert werden. Doch auch die Menschen wurden in diesen Gedanken integriert: In der DO Spielberg sind drei Artikel angeführt, die das Verhalten des Menschen im Wald regeln sollten. Wer ein altes Stammreis[36] fällte, musste Strafe zahlen, ebenso wenn er anderen Schaden im Wald anrichtete oder in frisch aufgeforsteten Gebieten blätterte.[37]

Wie im Wald, wurde auch auf Weiden und Feldern versucht, die Einbußen durch Verhaltensfehler möglichst gering zu halten. In Kutzenhausen sollte der Hirte die Kälber und Gänse nach einem eingeteilten Muster auf den Weiden und Feldern zum *umessen* verteilen, damit der bislang immer wieder entstandene Verlust verhindert werden konnte.[38] Außerdem mussten den Gänsen die Flügel gestutzt werden, um ihre Bewegungsfreiheit einzuschränken und so *verderblichen*

---

32 Ebd. S. 4: *Viertens solle kheiner inn kheine verpottenen waid weder im enget* [Zeit, in der die Wiesen nicht abgemäht werden dürfen, von Georgi bis Peter und Paul] *noch herbst, biß solche vonn dem vierer erlaubt, auch vor Galli weder ross noch vich in kheinen anger schlagen.*

33 VO Heuberg, Vorwort: *Wir Ludwig graff zue Öttingen, bekennen vnd thuen kundt offentlich, gegen menniglich mit diesem Brieff, allß sich vnnsere vnderthonen, vierer, gericht, vnd gantze gemein des dorffs Hewberg, vor vnnß beclagt, wie daß sie mitt rinder viech, kühen, schaafen, vnd gennsen dasselbst zum höchsten dermaßen überschlagen, vbersetzt, vnd beschwert werden; das ihnen vnmüglich, weil die waidtnutzung des orts gar schlecht, vnd eng eingezogen, so große zahl viechs lennger zuerhaltten* [...].

34 Steiner / Kiessling, Die ländlichen Rechtsquellen (wie Anm. 9) S. 417.

35 DO Spielberg, S. 16: *Item welchen den andern, inn gemelten beden gemainden, durch ros oder ander vihe schaden thut, der hat macht, dasselbig zeruegen, vmbzeschlagen, oder zupfennden nach erkanndtnus der verordnetten, vnnd die herschafft mit irer straff, inn allweg hindan gesetzt.*

36 Ein aus dem Stamm oder aus der Wurzel eines Baumes herausgewachsener Sprössling.

37 DO Spielberg, S. 7: *Item welcher ain alts stamreis, so ain haw, oder lennger gestanndenn were, abhawet, der soll verfallen sein ainer gemain, ain ort geltz.* Ebd. S. 20: *Item welcher, oder welliche im holtz, oder schlegen, vnnd anndern verbottnen ortten mit grasen schaden thut der soll umx XV d. Geruegt, vnd gestrafft werdenn.* Ebd. S. 21: *Item es soll auch niemands in der gmain holz inn den jungen schlegen nit blettern bey straf XV d.*

38 DO Kutzenhausen, S. 31: *Item es soll auch wo von notten jarlich kolber und ganz hyrten im flecken Kutzenhausen durch die erwälten Vierer an und auffgenomen und umgbeesset werden; dardurch gefarlicher schad am getrayd und sumen uff dem veld so bißanher taglich und sichtparlich gescheen und noch geschicht; damit sollichen verderblichen und unleidenlichen schaden zufurkhomen und zu verhieten.*

und unleidenlichen schaden zufurkhomen und zu verhieten.[39] Die DO Hechlingen von 1533 gebot bereits, auf Wegen, Wiesen, Äckern und Viehwegen Schäden zu beheben und diese auch möglichst zu vermeiden.[40] In der DO Hechlingen von 1550 wurde dies weiter konkretisiert; dort wurde entschieden, wie bei Delikten zu verfahren ist, bei denen ein Knecht auf dem Feld oder durch schlechtes Hüten des Viehs Schaden anrichtet.[41] In Buxheim waren eigene Initiativen bei der Viehweide verboten; die Tiere durften nicht auf das Feld getrieben werden, sondern mussten unter die Aufsicht eines Hirten gestellt werden. Außerdem wurde in diesem Ort ausdrücklich untersagt, auf fremden Feldern Gras oder Getreide zu schneiden, Gemüse und Obst zu ernten oder aufzusammeln.[42] Neben dem Delikt des Diebstahls ist auch hier die Schadensprävention von Bedeutung, da durch unbedachtes, spontanes Ernten die Erträge geringer ausfallen konnten.

Eine Besonderheit stellt die DO Langenneufnach dar, die noch zwei weitere Aspekte der Reduktion enthält. Erstens wird ausdrücklich die Verhinderung von Beschädigungen an den Fischereiinstallationen angestrebt. Die Fischer hatten dafür Sorge zu tragen, dass das Wasser richtig durch die Anlage fließen konnte und der Bach in gepflegtem Zustand war. Außerdem waren die Fischzeiten auf den Freitag beschränkt, um so der Überfischung vorzubeugen.[43] Zweitens wurde den Bewohnern das Flachstrocknen im Haus unter Strafe verboten.[44] Anhand dieses Erlasses zeigt sich die Reduktion in doppelter Hinsicht: Einerseits ist dies eine klare Brandschutzmaßnahme von Seiten der Herrschaft, da sich der Flachs beim Trocknen leicht entzünden konnte. Die Strafe wurde daher auch unter der Herrschaft und der Gemeinde, die durch die Handlung eines Einzelnen gefährdet wurde, aufgeteilt. Andererseits versuchten die Bauern durch dieses Verhalten die Investition in eine separate Einrichtung zum Flachstrocknen zu vermeiden. Da-

---

39 Ebd. S. 32.

40 DO Hechlingen von 1533, S. 109.

41 DO Hechlingen von 1550, S. 27, 31.

42 DO Buxheim, fol. 13'–14: *Es ist auch verbotten, das niemandt, weder roß noch vich in das buoch jendert treiben noch im felld irgenndts uff saumen sj wären weß sj wöllten, gohn lassen, sonnder solls unnderm tag und nachthierten schlagen.* [...] *Item es soll auch gar niemandts dem anndern* [...] *in dem seinen weder grasen oder ander unkrautt, on erlaubnus außruffen, hinweg tragen und also in denn früchten schaden thun, auch gar kainerlay früchten darmit außgewinnen. Dessgleichen auch kains dem anndern kain obbst, kaimpsch noch wilts schitten, abschlagen noch aufflesen. Auch sonnst nirgendts an ainichen schaden thun oder zufüegen soll weder an zeünen, kürbis, krautt, flachs, rieben und an anndern dingen, wie die ann genannt werden möchten, im dorff, inn gardten oder ußerhalb in feldern* [...].

43 DO Langenneufnach, S. 8.

44 Ebd. S. 11: *Nach deme solle jeder sein feürstatt versorgen und kheinen flax inn die stuben thuen. Welcher aber solches gebott ybertretten, der soll der herrschafft zween gulden unnd der gemain dreyssig pfennig zue straff verfallen haben.*

durch konnten sie das Holz, das zum Heizen und Kochen verwendet wurde, noch einer weiteren Nutzung unterziehen.

Zusammenfassend lässt sich zur Reduktion feststellen, dass es durchaus Versuche von Seiten der Obrigkeit gab, Schadensprävention zu betreiben. Wenn der Schaden dann eintrat, wurde versucht, diesen möglichst gering zu halten (wie bei überschüssigem Holz oder der Quarantäne für kranke Tiere). Durch die Gesetzgebung sollte zudem ein Bewusstsein für die Vermeidbarkeit mancher Verluste entstehen, dies zeigt sich vor allem bei den Maßnahmen gegen die Völlerei. Es wird außerdem deutlich, dass sich die Untertanen ebenfalls Gedanken machten, wie die Reduktion umzusetzen war. Dafür kann einerseits das Flachstrocknen in Langenneufnach als Beleg gesehen werden. Andererseits darf nicht unbeachtet bleiben, dass einige Rechtsdokumente aus der Initiative der Dorfgemeinschaft entstanden waren, wie die VO Heuberg, die DO Langenneufnach und die DO Kutzenhausen.[45] Die Einsicht über die Notwendigkeit einiger Maßnahmen von Seiten der Dorfbewohner, die sich durch die Aufnahme einzelner Artikel in die Dokumente äußert, zeigt, dass auch auf dieser Seite die Sensibilität vorhanden war.

3.2 Regie

Die Regie bündelt Maßnahmen, die auf eine Nutzungssteuerung und -kontrolle der gemeindeeigenen Flächen und Objekte abzielen. Dabei liegt der Fokus nicht mehr auf dem Individuum, das durch eigenes Verhalten nachhaltiger wirtschaften kann, sondern auf der Dorfgemeinschaft als Ganzes, die durch geschicktere Nutzung der gemeinschaftlichen Flächen dauerhaft einen höheren Ertrag zum Wohle aller Dorfbewohner erreichen kann.

Die Kontrolle über die Waldnutzung stellt den gewichtigsten Punkt in dieser Kategorie dar. Alle hier untersuchten Rechtsdokumente, bis auf die VO Heuberg, erwähnen diesen Aspekt mindestens einmal. In Kutzenhausen durfte ohne Wissen der Vierer kein Holz im Gemeindewald geschlagen werden.[46] Daraus lässt sich folgern, dass – nach Erlaubnis der Vierer – die Möglichkeit bestand, legal im Gemeindewald Holz zu schlagen. Den Vierern kam die Aufgabe zu, festzulegen, wer wann wo welche Quantität von Holz schlagen durfte. Dabei konnten sie die geeignetsten Plätze auswählen, um eine nachhaltige Forstwirtschaft zu betreiben.

45 Zur VO Heuberg vgl. von Trauchburg, Ehehaften und Dorfordnungen (wie Anm. 3) S. 103, zur DO Langenneufnach vgl. Merz, Dorfordnung Langenneufnach (wie Anm. 8) S. 258, zur DO Kutzenhausen vgl. Fleiner, Dorfordnung Kutzenhausen (wie Anm. 7) S. 7.

46 DO Kutzenhausen, S. 2: *Zum andern, daß kainer on vergunst und vorwissen der verornedten Vierern im dorff zu Kutzenhausen furohin in der Gemaindt holtz noch uff dem Veld, Mädern oder äckern kain perhafften Bome umb noch abhauen soll.*

Dasselbe verordnet auch die DO Buxheim, nach der grundsätzlich in den verbotenen Wäldern kein Holz ohne Erlaubnis geerntet werden durfte.[47] Obstbäume genossen außerdem einen besonderen Schutz, sogar abgestorbene Bäume durften ohne Genehmigung nicht gefällt werden.[48] In Langenneufnach waren *waid und geäckherrich*, Viehweiden im gemeindlichen Buchen- und Eichenwald, für die Dorfbewohner tabu, auch die Tiere durften dort nicht zur Fütterung hineingetrieben werden.[49] All diese Regelungen finden sich in der DO Spielberg wieder: Auch dort durfte nur mit dem Vorwissen der Bürgermeister im gemeindlichem Wald Holz geschlagen werden.[50] Weiter wird spezifiziert, dass Rodungen in nicht erlaubten Gebieten eine Strafe zur Folge hatten.[51] Gleichsam wurde das Weiden der Tiere im Wald reglementiert: Lediglich am Dienstag und am Freitag waren die Wälder zugänglich,[52] allerdings wurden in ihnen auch bestimmte Flächen ausgewiesen, an die sich die Hirten halten mussten. Der Grund dafür wird eigens genannt: Das Grasen bedeutet einen Schaden am Waldbewuchs, da die jungen Pflanzen von den Tieren abgefressen werden.[53] Dennoch war der Gemeindewald auch zur Versorgung der Bevölkerung vorgesehen, sofern dies unter regulierten Umständen erfolgte: Es gab geregelte Zeiten, in denen die Dorfbewohner eine bestimmte Menge Holz aus dem Wald entnehmen durften – unter der Voraussetzung, dass frische Eichentriebe wiederum geschützt blieben.[54] Auch in Hechlingen gab es entsprechende Regelungen, laut denen Holz im Gemeindewald ge-

---

47 DO Buxheim, fol. 13: *Item es ist verbotten, das niemandt in der herrschafft bannhölzern, im buoch, boloch oder sonnst irgenndts, wie die genannt sein, hawen soll, noch das umbgefallen on erlaubnus auffscheittenn oder sonnst annder ligennd holz gefahrlichen soll auflesen.*

48 Ebd.: *Item es ist verbotten an 1 guldin, das kainer kain berenden baum niderhawen soll, weder in noch ußerhalbs dorffs, es seyen öpffel oder bierobäum oder sonnst annder berend bäum. Unnd obn schon ainer oder mer dirr wären so ists ime dannocht verbotten an das obgenannt gellt, der trags dann mit ainer herrschafft zuvor ab unnd werde ime erlaubt und zugeben.*

49 DO Langenneufnach, S. 11: *Ailfftens solle kheiner khein herttweeg auch waid unnd geäckherrich* [Viehweide im gemeindlichen Buchen- und Eichenwald] *nit auß noch auffrezen, auch kheiner aichelen khlauben. Da nuhn aber einer oder der anndere unnder vorbeschribenen articul, kheinen aussgenohmmen, ybertretten wurde, solle er seiner herrschafft jedesmahls sechzig unnd der gemain dreyssig pfennig zuer straff zuebezahlen schuldig sein.*

50 DO Spielberg, S. 9: *Es soll auch kainer inn der gemain, kaine zeungertten, nit hacken, one vorwissenn vnnd verordnung der burgermaister, vnd des gemain knechts, bey peen XV d. Oder merers nach gestallt der sachen.*

51 Ebd. S. 10: *Es soll auch kainer in der gemain, kain anderlay holtz, klains oder gros gruns, oder durs nit abhawenn, wie dasselbig sein möcht, ausserhalb seiner hufft, bey obgemelter straff, so offt ainer, oder aine ergriffen wuerdt, XV d.*

52 Ebd. S. 21: *Es solle auch inn den wuchen, an denen verbottnen ortten nit mer dann am* [*aftermontag vnd*] *freytag gegrast werden.*

53 Ebd. S. 16, 20.

54 Ebd. S. 4 f.; DO Spielberg, S. 5: *Es soll auch ain jeder in seiner hufft schuldig sein, aine gut, vnd die beste aichin stamreis steen zulassen, vnnd nicht abhawenn, bey straff XV d.*

schlagen werden durfte, wenn dies dem Holzwart mitgeteilt wurde und dieser entsprechende Bäume auswies.[55] Der Holzwart war in dieser Hinsicht der zentrale Ansprechpartner; er verwaltete den Gemeindewald und regulierte den Verbrauch. 1550 wurde dies nochmals spezifiziert; die Dorfbewohner durften Holz hacken, wenn die Vierer vorher informiert waren.[56] Weiterhin wurden genaue Regelungen getroffen, wie mit überzählig gefälltem Holz umzugehen war, welchen Anteil der Holzwart erhielt und was verkauft werden konnte.[57] Die Nutzung des Waldes als Viehweide war auch in Hechlingen reglementiert, wo es verbotene Gebiete gab, auf denen das Weiden unter Strafe stand.[58]

Wie bereits oben erwähnt, kann die VO Heuberg als aussagekräftiges Dokument zur Kontrolle über das Vieh und dessen Zucht gesehen werden. Die Dorfgemeinschaft musste eine Regelung finden, mit der die begrenzten Flächen, die zur Verfügung standen, sinnvoller genutzt werden konnten. Die Höchstkontingente an Vieh sollten ein gleichmäßiges Abweiden ermöglichen, sodass die Flächen das ganze Jahr lang ausreichend Futter zur Verfügung stellten und immer die festgelegte Anzahl an Tieren über den Winter gebracht werden konnte. Doch auch andere Orte befassten sich mit Regelungen zur Viehzucht. In Kutzenhausen sollte der Hirte die Kälber und Gänse nach einem, von den Vierern festgelegten Muster auf die Weiden treiben,[59] in Langenneufnach wurde die Freigabe der Felder von der Entscheidung des Gemeindehirten abhängig gemacht.[60] In Spielberg wurde ausdrücklich festgehalten, dass die beiden Orte Gnotzheim und Spielberg jeweils nur die eigenen Weideflächen nutzen durften,[61] obwohl beide Orte der Herrschaft Oettingen unterstanden. Außerdem wurde noch angemerkt, dass bei der Gänsezucht nach alter Gewohnheit verfahren werden solle,[62] wobei hier bemerkenswert ist, dass dem bisherigen Zuchtverhalten von der Herrschaft zugestimmt und es damit für gut befunden worden war. Einen weiteren Aspekt bringt die DO Hechlingen 1533 ein: Hier wurde festgelegt, dass ein Müller das Wasser von elf bis zwölf Uhr nicht stauen durfte, *daß die in dem vnter dorff ihr viehe mögen trenck-*

---

[55] DO Hechlingen von 1533, S. 107.

[56] DO Hechlingen von 1550, S. 65: *Verner wan ainer kumpt, vnnd bit von ainer gemein, vmb bauholtz, soll er anzeigen, was er bauen will, soll man ihme nacher gelegenheit deß baw, geben und ohn deß holzwarthen unnd der vierer vorwissen nit hakhen.*

[57] Ebd. S. 66

[58] Ebd. S. 32.

[59] DO Kutzenhausen, S. 31.

[60] DO Langenneufnach, S. 2: *darzue kheiner weder ross noch vich weder inn daß wüntter noch sommer weisch hinein treiben, biß der gemainde hiert darinnen waidet unnd waiden khann.*

[61] DO Spielberg, S. 13 f.: *Es habenn die vonn Gnotzhaim nit macht, vff der vonn Spilberg waid zutreybenn, an kainem ort, vnnd zu kainer zeitt. Es soll auch durch die gemaindt zu Spilberg, hinwiderumb vff der von Gnotzkaim waid auch nit getriben werden.*

[62] Ebd. S. 23: *Vnd mit den gensen soll es nach altem gebrauch gehalten werden.*

hen.[63] Somit wurde die Trinkwasserversorgung für das Dorf sichergestellt, was auch zur Folge hatte, dass sich die Bauern an einen geregelten Tränk-Rhythmus halten mussten.

Neben den Viehweiden stellte die Regie des Anbaugebietes in Langenneufnach und in Hechlingen, bei Verfassung der DO, ein Desiderat dar. So wurde in der DO Langenneufnach geregelt, dass vor Jacobi die Wiesen, wenn das Wetter günstig war, komplett abgemäht sein mussten,[64] weiterhin hatte, im Sinne der Dreifelderwirtschaft, ein Viertel des Anbaugebietes bis zum Urbanstag in Brache zu liegen.[65] Außerdem sollten manche Weideflächen, die nach Ansicht der Vierer in Frage kamen, auch für den Feldbau verwendet werden.[66] In Hechlingen wurde eine Liste mit allen Wiesen, die als Herbstwiesen bearbeitet werden müssen, erstellt,[67] außerdem wurden sämtliche Viehdurchgänge festgelegt, sodass eine Umnutzung der Felder verhindert wurde.[68] Dazu wurden alle Schäden an Wiesen und Äckern verboten, wie beispielsweise eine Bebauung mit Hütten oder Häusern, sodass die Fläche zunächst konstant gehalten werden konnte.[69] Schlussendlich wird in dieser Gemeinde auch ausdrücklich geregelt, welche Flächen als Kräuter- und Gemüsegarten genutzt werden durften und sollten, außerdem kamen diese Flächen nach einer gewissen Zeit auch für das Weiden von Tieren in Frage.[70] In der DO Kutzenhausen ist ebenfalls vermerkt, dass die Dorfbewohner an bestimmten Tagen im Kräutergarten arbeiten mussten.[71] Diese Regelungen zielten auf eine sinnvolle und rechtzeitige Ernte der Kräuter ab.

In engem Zusammenhang mit den Anbauflächen steht zudem die Sorge um die Sicherung der Ernährungsgrundlage für die Gemeinde. In Heuberg wurde diese durch Festsetzung des Viehbestandes erreicht, in den anderen Orten bediente man sich differenzierterer Mittel, die unter dem Begriff Bevölkerungskontrolle subsumiert werden können. Die DO Kutzenhausen regelt, dass ohne Erlaubnis der Herrschaft kein neues Haus an Orten gebaut werden durfte, wo es vorher keines gab.[72]

---

63 DO Hechlingen 1533, S. 119.

64 DO Langenneufnach, S. 7: *Sibendens solle jeder seine mäder, da man anderst wetters kalber khann, vor Jacobi völlig mehen unnd heyen.*

65 Ebd. S. 1: *Erstlichen solle jeder, der zue pauen hat, den vierten thail seines veldts biß St. Urbans tag ohngeprachter ligen lassen.*

66 Ebd. S. 5: *Fünfftens solle ain licht* [Frühjahrsweide] *oder herbst waid, wo es die vierer für guet ansicht, auf die saat gewandt unnd geheyet werden.*

67 DO Hechlingen von 1533, S. 1–15.

68 Ebd. S. 16–91.

69 Ebd. S. 109

70 Ebd. S. 152–161.

71 DO Kutzenhausen, S. 35.

72 Ebd. S. 16: *Item es soll auch nyemand one erlaupnus und vergunst der herschafft kain Neuhaus uff ain hofstat, da vormalen kains gestanden, weder uff erpauen noch setzen.*

In Langenneufnach durften keine Neubürger aufgenommen werden, wenn nicht vorher bei der Gemeinde eine Bürgschaft hinterlegt wurde;[73] dadurch wurde sichergestellt, dass der Aufnehmende den Aufgenommenen versorgen konnte. In Hechlingen sind beide Regelungen zu finden.[74] In der DO Buxheim wird grundsätzlich das Aufnehmen von Fremden verboten, was direkt mit den Erfahrungen aus dem vorangegangenen Krieg zwischen der Reichsstadt Memmingen und der Landvogtei Schwaben, als Nebenschauplatz des Schmalkaldischen Kriegs, zusammenhängt.[75] Das Einheiraten von Auswärtigen in Buxheimer Familien war nur mit herrschaftlicher Erlaubnis möglich, da diesem Personenkreis, verallgemeinernd mit Landfahrern, Bettlern und Kesselflickern, vorgeworfen wurde, für Schlägereien, Stechereien, Unfrieden und unchristliches Leben verantwortlich zu sein. Dadurch reduziere sich die Produktivität und Effektivität der Gemeinde.[76] Eine Ausnahme bildete die Erntezeit, während der dieses Verbot bei Arbeitskräftemangel außer Kraft gesetzt wurde.[77] Aus all diesen Maßnahmen wird deutlich, dass über Bevölkerungskontrolle versucht wurde, den Umgang mit den als begrenzt angesehenen Ressourcen zu regulieren. Ein Hausbau bedeutete eine neue Feuerstelle, was zu einem gestiegenen Holz- und Nahrungsmittelbedarf führte, sodass hier eventuell eine Knappheit entstehen konnte. Dieser Befürchtung wurde mit Hilfe der oben dargestellten Regelungen begegnet.

In engem Zusammenhang zur Bevölkerungskontrolle steht die Sicherung der Versorgung. Damit ein nachhaltiges Wirtschaften ermöglicht werden konnte, musste die Versorgung mit den Bedarfsgütern geregelt sein. Der Holzwirtschaft kommt dabei eine bedeutende Rolle zu, aber auch andere Güter, wie Lebensmittel, Futter und Wasser, werden dabei berücksichtigt. In Spielberg war die Holzversorgung der Bürger geregelt, jedem stand eine gewisse Menge sowohl an Bau- als auch an Brennholz zu, die vom Holzwart überwacht wurde.[78] Außerdem wurde entschieden, dass Holz zunächst in der Gemeinde zum Verkauf angeboten werden musste, bevor es nach außen gehandelt werden durfte.[79] In der DO Hechlingen gibt es ausführliche Regelungen zur Holzwirtschaft, die auch die Sicherung der Versorgung mit Holz durch die Gemeinde regeln.[80] Dabei wurde später spezifi-

---

73 DO Langenneufnach, S. 12.

74 DO Hechlingen 1533, S. 108 f.

75 Blickle, Dorfgerichtsordnung Buxheim (wie Anm. 5) S. 21 f.; DO Buxheim, fol. 5' f.

76 DO Buxheim, fol. 12.

77 Ebd. fol. 12: *Item ess soll niemandt kain geheüset zu im einnemen on erlaubnuß der herrschaft, ist verbotten an 1 gulden, Auch niemandt lennger dann ain nacht herbergen, es seyen frowen oder mann, aussgenommen in der ärnd, so man leütt bedarff zu der arbaitt und schnitt, so mag man sie dieselben zeitt zu der arbaitt wol halten unnd aber nit lennger.*

78 DO Spielberg, S. 2, 4.

79 Ebd. S. 6.

80 DO Hechlingen von 1533, S. 103–107; DO Hechlingen von 1550, S. 65 f.

ziert, dass der Gemeinde das Bauvorhaben mitgeteilt werden musste, bevor der Bauherr das ihm dafür zustehende Holz fällen durfte. Die Wasserversorgung der Bürger war in Hechlingen ebenfalls ein wichtiges Thema: Es werden sämtliche Bachläufe aufgelistet, mit dem Vermerk, dass das Wasser dort auch laufen muss.

Ein weit wichtigere Rolle bei der Versorgung spielt die Nahrung. In Hechlingen hatte der Bäcker die Auflage, zuerst seine Gemeinde mit Brot zu versorgen, bevor er seine Waren auf dem Markt verkaufte.[81] In Langenneufnach war es geboten, vor Jacobi sämtliche Felder völlig zu mähen,[82] damit genügend Futter vorhanden war. Außerdem wurde den Bewohnern das Fischen an gewissen Tagen erlaubt, um den eigenen Bedarf zu sichern.[83] Neben Heuberg, wo die VO die Viehanzahl reguliert und damit eine gewisse Nahrungsversorgung sichert – die Anzahl der Tiere musste den Bedarf decken –, gab es auch in Buxheim Maßnahmen: So war das Fällen eines Obstbaumes grundsätzlich genehmigungspflichtig.[84] Außerdem wurde geregelt, dass Personen, die wegziehen wollten, alles zurücklassen mussten – Haus, Gegenstände, Ernte, Vieh etc. – und lediglich eine Verpflegung für vier Tage mitnehmen durften. Dadurch blieben die Güter in der Gemeinde und die Versorgung des neuen Besitzers war gesichert.[85]

Die Regie zeigt, dass es der Gemeinschaft darum ging, die zur Verfügung stehenden Ressourcen gewinnbringend zu nutzen. Daher waren Regelungen notwendig, um den Ertrag zu maximieren und dabei jedem Bewohner das ihm Zustehende zukommen zu lassen. So wurde der Wald als Gemeindenutzungsgebiet angesehen, das jeder als Holzreservoir und Futterweide nutzen durfte, wenn dies unter geregelten Umständen geschah. Besondere Bedeutung hatte jedoch die Bevölkerung und deren Kontrolle. Es stand jedem eine gewisse Versorgung zu, allerdings ist auch die Sorge erkennbar, dass die als endlich angesehenen Ressourcen eines Tages nicht mehr ausreichen würden. Unter dieser Voraussetzung zeichnet sich das Bild eines möglichst gleichbleibenden Dorfes, in dem Veränderungen, wie der Bau eines neuen Hauses, zunächst Befürchtungen über einen Rückgang der verfügbaren Ressourcen auslösten. Daher erscheint die Regie als Faktor, der die bestehende Ordnung stabilisierte und Entwicklungen einengen konnte. Sie war stark auf das Aufrechterhalten der vorherrschenden Verhältnisse und die Sicherung der Gemeinde ausgerichtet.

---

81 DO Hechlingen von 1533, S. 169.
82 DO Langenneufnach, S. 7.
83 Ebd. S. 8.
84 DO Buxheim, fol. 13'.
85 Ebd. fol. 16–17'.

3.3 Reservoir

Das Reservoir bezeichnet die unterschiedlichen Quellen, die nicht der Regie unterstanden, aus denen sich die Dorfbewohner jedoch ebenfalls versorgen konnten. Auf das Reservoir konnte in Notzeiten zurückgegriffen werden, aber auch zur Sicherung von Bedürfnissen des alltäglichen Lebens stand es zur Verfügung.

Eine Möglichkeit, sich Nachschub an Gütern zu verschaffen, war der Diebstahl. So geht die DO Buxheim direkt auf dieses Delikt ein:

> *Es soll auch sonnst kainer dem anndern sein holz, es wäre klain oder groß von den beigen, zeünen oder fridhagen on den gemainden, boloch oder buoch hinwegg füeren, tragen oder nemen, alles bey straff* [...] *Item es soll auch gar niemandts dem anndern* [...] *in dem seinen weder grasen oder ander unkrautt, on erlaubnus außruffen, hinweg tragen und also in denn früchten schaden thun, auch gar kainerlay früchten darmit außgewinnen. Dessgleichen auch kains dem anndern kain obbst, kaimpsch noch wilts schitten, abschlagen noch aufflesen. Auch sonnst nirgendts an ainichen schaden thun oder zufüegen soll weder an zeünen, kürbis, krautt, flachs, rieben und an anndern dingen, wie die ann genannt werden möchten, im dorff, inn gardten oder ußerhalb in feldern.*[86]

Bei diesen Diebstählen geht es nicht um den Raub von persönlichen Gegenständen, sondern um die Früchte der Feld- und Waldarbeit. In Zeiten von Knappheit – die DO steht wie oben beschrieben unter dem Eindruck des Schmalkaldischen Kriegs – war es vorgekommen, dass sich Dorfbewohner aus den Vorräten ihrer Nachbarn bedient hatten bzw. bedienen mussten, um zu überleben. Zu diesem Punkt muss außerdem mancher, bereits bei der Regie erwähnte Aspekt als Sanktion gezählt werden, da dies teilweise ebenfalls unter die Kategorie Diebstahl fallen kann.

Eine andere Möglichkeit, an die Güter zu gelangen, waren die Regelungen zum Nachschub. Der Einkauf von Waren wurde teilweise geregelt: In Langenneufnach konnte man sich Fisch kaufen,[87] in Spielberg war ausdrücklich der Verkauf von überschüssigem Holz erlaubt.[88] Die Nachschubbeschaffung bestand auf legalem Wege also entweder über den Zugriff auf die, dem Einzelnen zustehenden Kontingente im Gemeindewald und auf gemeindlichen Fluren oder über den Einkauf

---

86 Ebd. fol. 13 f.

87 DO Langenneufnach, S. 9: *Neuntens sollen die vischer inn der gemain die visch unnd die maß grundten unnd groppen umb zehen, daß pfundt höcht umb fünff, die pacht visch umb drey, die mischling ein mass umb vier, die khrössling umb sechs khreizer zuverkhauffen schuldig sein.*

88 DO Spielberg, S. 6: *Es soll auch kainer kain holtz, so er nit notturfftig ist, vom weyler Spilberg nit verkauffen, sonnder wo er vberigs verkauffenn wölte, seinen nachpaurn zu Spilberg zukauffen gebenn.*

von Gütern. Dabei kann auch die Bedeutung der Märkte nicht hoch genug angesehen werden.

Lebensmittel, die die Landwirte nicht selbst produzieren konnten, müssen ebenfalls unter diesem Punkt aufgeführt werden. Die Bewohner von Langenneufnach hatten, wie bereits erwähnt, die Möglichkeit, ihren Speiseplan um Fisch zu erweitern.[89] Dasselbe ist aus Buxheim überliefert, allerdings stand dort die Fischerei unter Strafe.[90] Dennoch griffen die Einwohner auf diese Nahrungsquelle zurück, ansonsten hätte dies nicht unter Strafe gestellt werden müssen. Gemeindliche Obstbäume hingegen dienten wohl der Versorgung aller und durften deshalb nicht gefällt werden.[91] In der DO Hechlingen von 1533 werden sowohl dem Metzger als auch dem Bäcker Vorschriften gemacht, wie sie ihre Waren zubereiten und verkaufen sollten.[92] Hier waren zunächst die Einwohner Hechlingens die anvisierte Zielgruppe.

Wenn all diese Lebensmittel nicht ausreichten, gab es noch eine weitere Maßnahme zur Deckung des Bedarfs: Ersatzstoffe, wie aufgelesene Eicheln als Futtermittelergänzung oder Tiermist als Düngemittel.[93] Dem steht die Wiederverwertung von Lebensmitteln nahe: In Kutzenhausen mussten Tiere, die aufgrund von Krankheiten oder Verletzungen verendeten, zu einem ausgewählten Ort gebracht werden; eine freie Entsorgung war nicht genehmigt.[94] Dahinter stand einerseits der Gedanke der Seucheneindämmung, andererseits konnte somit an zentraler Stelle festgestellt werden, welche Teile des Tiers noch verwertbar waren. Im selben Dorf wurde außerdem eine Regelung erlassen, die den Ärmsten nochmals die Gelegenheit geben sollte, ihre karge Ernte leicht aufzubessern: Nach der Heuernte und der Ernte des Wintergetreides durften sie mit maximal einem Pferd die Viehweiden abmähen, um ihre Futtervorräte aufzustocken.[95]

Das Reservoir zeigt, dass sich die bäuerliche Subsistenzwirtschaft nicht nur auf die eigene Produktion des Hofes bezog. Stattdessen steht die Gemeinschaft als möglicher Ressourcenlieferant zur Verfügung. Die Beschaffung von Gütern durch Einkauf ist ebenfalls ein wichtiger Faktor; dass er in den Dorfordnungen lediglich im Sinne der Verwertung überschüssiger Waren abgebildet ist, macht deut-

---

89 DO Langenneufnach, S. 8.

90 DO Buxheim, fol. 13': *Dessgleichen so ist verbotten, wöllcher oder wöllche in der herrschafft fischwassern, fischen oder krebßen thätten, die sollen zu buß und straff* [...] *verfallen sein.*

91 Ebd. fol. 13'.

92 DO Hechlingen von 1533, S. 168 f.

93 Eicheln: DO Langenneufnach, S. 11, Mist: DO Buxheim, fol. 16.

94 DO Kutzenhausen, S. 41: *Item, wellichem er sey reich oder arm ain vich oder gefligell, es sey gros oder klain umbfellt oder abgeet, dasselbig soll unverzogenlich an des ort dahin die verornedten Vierer verschaffen gefiert und nit uff die Strass oder gassen, noch vichwayden, davon grosser unrath, nachtayl und schaden ersteen weggeworffen werden.*

95 Ebd. S. 36.

lich, dass Markt und auswärtiger Handel außerhalb der gemeindlichen Ordnung standen. Das Reservoir, das die Dorfordnungen wiedergeben, ist dennoch breit und erläutert, welche unterschiedlichen Facetten und Güter darunter zu verstehen sind. Die Möglichkeiten der Ressourcenbeschaffung waren vielfältig, wobei nicht unerwähnt bleiben darf, dass sie teilweise auf Kosten anderer oder der Gemeinschaft gingen.

4. Entwicklungslinien

Das Dorf Hechlingen bietet die Möglichkeit, die oben genannten Aspekte auf Entwicklungen zu untersuchen. Dessen Dorfordnungen aus dem 16. Jahrhundert lassen sich mit der Dorfordnung von 1781 vergleichen, da sie dasselbe Gebiet und dieselbe Gemeinde betrafen.

Bereits im Eingangssatz der DO Hechlingen von 1781 steht, dass *man sich genöthiget siehet, eine beßere aufsicht und wirthschafft, in der Hechlinger gemeind zu treffen und einzurichten.* Dienen soll die Dorfordnung den Gemeindemitgliedern, aber *auch ihren nachkömmlingen.* Weiter wird erklärend hinzugefügt:

> *Die leidige erfahrung zeiget einen jeden schon genug, so wol alten als jungen, daß in die länge solches verfahren nicht mehr gut thun kan, wann solchen unverantwortlichen schaden, der in denen gemeind hölzern täglich geschiehet, nicht vorgebeugt wird, durch unzeitliches holzfällen, durch schaden hüten, ja sogar mit der sichel auf denne jungen schlägen zu graßen, welches ganz unerhörte dinge sind, und lezlich durch den seit einigen jahren her so grausamen starcken holz-verkauf außerhalb und der daraus entstandenen holz-dieberei, so wol von einheimischen, als auch eingeschlichenen fremden auf das grausamste fortgetrieben wird, und dardurch der ganzen gemeind von tag zu tag der gröste Schaden zuwächst.*

Schon in der Einleitung und Begründung der neuerlassenen DO erhält die Nachhaltigkeit des Wirtschaftens deutlich stärkeres Gewicht. In den einzelnen Artikeln wird der Holzwirtschaft besondere Aufmerksamkeit geschenkt. Neben Maßnahmen zur Reduktion des Schadens,[96] handelt es sich hierbei um eine intensive Regie der Waldnutzung und des Handels mit Holz. Auffällig ist, dass nun ein Handel mit dem Holz möglich war, wenn das geschlagene Holz zuvor der Gemeinde abgekauft wurde. Weiterhin wurden genaue Regelungen wie Maße oder Handelsvorschriften getroffen. Die Bürgermeister, die die Rolle der Vierer über-

---

96 DO Hechlingen von 1781, S. 3: *heimlicher Holzverkauf steht unter Strafe, 4: Leihkäufe werden verboten, 9: das untere Stockwerk jedes neuen Baus muss aus Steinen bestehen, um Holz zu sparen.*

nommen hatten, waren für die Waldnutzung verantwortlich und mussten über ihr Wirtschaften vor der Herrschaft Rechnung ablegen.[97] Nur mit bürgermeisterlicher Zustimmung war die Entnahme von Holz im Gemeindewald möglich; Die Bürgermeister legten auch Schonzeiten für den Wald fest. Wurden diese nicht eingehalten, so durfte nur noch die Hälfte des zustehenden Holzes gefällt werden.[98] Die Felder und das Vieh werden ebenfalls reglementiert:

> *so sollen sie* [das Gericht] *hauptsächlich darauf sehen, daß ein jeder zu rechter zeit sein Feld angebauet habe, damit nicht derjenige anstößer durch das einwenden dardurch den grösten schaden zu leiden hat, und diejenigen dahin anzuweisen, wo sie ihre ein- und ausfahrt auf ihr guth haben, damit nicht wie bishero getrieben worden, die aecker und wiesen denen fuhr-straßen gleichgehalten werden, und jeder nur nach eigenen gefallen über saamen und blumen dahin führet.*[99]

Hier ist die Reduktion gestärkt, doch auch die Regie im Sinne von Anbauzeitvorschriften findet Berücksichtigung. Die Schafe mussten als Herde gehalten werden, da durch einzelne Schafe *im feld nicht nur geringer schaden geschiehet.*[100] Unter ähnlichen Ursachen, denen auch die VO Heuberg zugrunde liegt, wurde außerdem bestimmt, dass Hausgenossen kein Vieh mehr halten durften, mit Ausnahme einer Ziege.[101]

Das Reservoir erweiterte sich ebenfalls: Durch den zugelassenen Holzhandel lässt sich in der DO erstmals ein Warenaustausch mit Gebieten außerhalb der Gemeinde fassen. Außerdem konnten sich die Einwohner mit einer gewissen Menge an Wildbret versorgen, die jedem Haus zustand.[102]

Anhand der DO Hechlingen von 1781 lässt sich nachvollziehen, dass die Nachhaltigkeit in die Rechtsdokumente Eingang gefunden hatte. Viele Regelungen wurden mit Rücksicht auf diesen Aspekt verschärft, präzisiert oder gar erstmals ausführlich formuliert. Dass auch die Einwohner, *welche eine gute haußhaltung zu führen gedencken,* die Dorfordnung unterschrieben, zeigt zudem, dass der Bevölkerung die Notwendigkeit der Regelungen vermittelt wurden, und dass jene sie anerkannten. Schon in der Einleitung wird dies als Hauptgrund angeführt und in den Maßnahmen immer wieder angesprochen, dass es darum gehe, möglichen Schaden zu vermeiden. Daneben lässt sich ein flexiblerer Umgang mit

---

97 Ebd. S. 6 f.
98 Ebd. S. 15.
99 Ebd. S. 16.
100 Ebd. S. 23.
101 Ebd. S. 29.
102 Ebd. S. 22.

der Ressource Holz erkennen: War vorher ein Verkauf in andere Gemeinden verboten, so wurde er nun ermöglicht, unter der Voraussetzung, dass die Gemeinde darüber die Aufsicht hatte. Auf diese Weise konnte sie in Jahren, in denen viel Holz benötigt wurde, diesen Verkauf regulieren, sodass die Versorgung stets gesichert war. Der Gedanke an die Endlichkeit der Ressourcen herrschte weiterhin vor, allerdings wird fassbar, dass eine dauerhaft regulierte Holzentnahme mit einer gleichzeitigen Wiederaufforstung allgemein für sinnvoll befunden wurde.

5. Resümee

Die bäuerliche Subsistenzwirtschaft war durch ländliche Rechtsdokumente klar reglementiert. Dabei wurde der nachhaltigen Bewirtschaftung der zur Verfügung stehenden Flächen eine große Bedeutung beigemessen, die sich aus den einzelnen Artikeln immer wieder herausarbeiten lässt. Untersucht wurde dies anhand der drei Aspekte Reduktion, Regie und Reservoir. Die Reduktion sollte den Einzelnen zu einem nachhaltigen Wirtschaften animieren und Schäden vermeiden, die durch menschliche Handlungen verursacht wurden. Ziel dieser Maßnahmen war, das Verhalten des Dorfbewohners im Sinne der Rücksichtnahme auf die eigene Arbeitskraft sowie gegenüber den Ressourcen zu steuern. Mit Hilfe der Regie wurde eine gemeinsame Wirtschaftspolitik für die Gemeinde festgelegt. Gemeinsam Genutztes musste reglementiert werden, um dessen Nachhaltigkeit zu sichern. Feste Nutzungsordnungen und -zeiten waren die Folge dieser Intention. Dabei stand auch immer die Bevölkerung im Fokus, die versorgt werden musste und deren Versorgung als bedroht empfunden wurde. Dennoch war nicht allein die Regie verantwortlich für die Versorgung, das Reservoir zeigt ein breites Spektrum an Möglichkeiten, das den Einwohnern blieb, um Nachschub zu erlangen.

Vergleicht man die Zeit um 1550 mit dem ausgehenden 18. Jahrhundert, so ist erkennbar, dass der Gedanke der Nachhaltigkeit wesentlich umfassender in den Rechtsdokumenten Niederschlag fand. Es wird direkt mit der Rücksicht auf kommende Generationen argumentiert und dem Schaden, den die ganze Gemeinde durch uneingeschränktes Wirtschaften habe. So war die bäuerliche Wirtschaft in der Frühen Neuzeit durchgehend von Rechtsdokumenten geprägt; nicht nur um der Herrschaft den Zugriff auf die Einwohner zu sichern und die gute Ordnung aufrechtzuerhalten, sondern auch um die Überlebensfähigkeit des einzelnen Dorfes mittel- und langfristig zu garantieren.

Wolfgang Ott

Sparsames Wirtschaften im ländlichen Bereich

Abstractum: „Mit dem Alten muß man's Neue sparen" sagt ein Sprichwort aus dem Schwäbischen und weist damit keineswegs nur auf die schwäbische Einstellung zum Umgang mit Dingen hin. Woher kommt in der heutigen Wohlstandsgesellschaft immer noch unser Hang zum Reparieren und zum Aufbewahren? Der Beitrag will auf die Entwicklungen in diesem Bereich in den letzten 250 Jahren eingehen und deutlich machen, wie aktuell das Thema unter geänderten Vorzeichen heute wieder ist. Am Beispiel des Wirkens der Geistlichen Sebastian Sailer und Johann Friedrich Mayer sowie des Diplomlandwirts Fritz Möhrlin soll aufgezeigt werden, wie diese Einstellung in die Lebenswelt der bäuerlichen Bevölkerung Eingang gefunden hat.

Die seit der Mitte des 18. Jahrhunderts steigenden Bevölkerungszahlen machten eine Intensivierung der Landwirtschaft unumgänglich. Daher wuchs auch die Bereitschaft, den Bauern, wohl dosiert, etwas mehr Bildung zu verschaffen. Diese Aufgabe oblag im Dorf Mitte des 18. Jahrhunderts den Ortspfarrern und später den Dorfschullehrern. Schon Mitte des 17. Jahrhunderts erschien die Oeconomia Ruralis et Domestica[1] des Pfarrers Coler, ein äußerst umfangreiches Werk der sogenannten Hausväterliteratur. Es versucht alles, was in Land- und Hauswirtschaft für den Ökonomen problematisch werden könnte, zu erfassen. So wird am Ende des Jahres dem „Hausvater" der Hinweis gegeben, seine Knechte dazu anzuhalten *das Geschirr und alle Instrument auffs Feld zum Ackerbaw gehörig* [zu] *bessern* [...].[2] Ein wichtiger Hinweis zur Sparsamkeit im Umgang mit dem Arbeitsgerät. So wurden die Pfarrer zunehmend Vermittler von verbesserten Methoden im Landbau, in der Obst- und Bienenzucht oder der Stallfütterung. Für die weibliche Bevölkerung gab es praktische Ratschläge.

In diesem Beitrag sollen unterschiedliche Quellen vorgestellt werden, die sich vor allem der Vermittlung sparsamen Wirtschaftens zur Aufgabe gemacht haben bzw. zum Inhalt haben. Die ersten sind die sogenannten zwischen 1758 und 1781 entstandenen Rappulare[3] des Pfarrers Sebastian Sailer, auch als Haushaltsbücher

---

1 Johann Coler, Oeconomia Ruralis et Domestica. Darin das gantz Ampt aller trewer Hauss-Vätter und Hauss-Mütter beständiges und allgemeines Hauss-Buch vom Haushalten, Wein- Acker- Gärten- Blumen und Feld-Bau begriffen, Mainz 1645.

2 Ebd. S. 27.

3 Diözesanarchiv Rottenburg, M143, B 18, Rappulare (oeconomicum) oder Verzeichnuss Alliglicher Einnamb und ausgaab So wohl an geldt als Realien des Löblichen pfarrhofs zu Dieterskirch Besorgt von Patre Sebastiano Sailer, Canonico Marchtallensi pt Pfarrverweser all da,

bezeichnet, in welchen er sparsames Wirtschaften in allen Bereichen der Haushaltsführung zur Maxime erhebt. Dass Pfarrer Sailers Haushaltsbücher keine Einzelbeispiele sind, sondern vor allem bei Pfarrern, die der Aufklärung verpflichtet waren, vielfach Nachahmung fanden, unterstreicht die Bedeutung dieser Quelle. Diese waren zunächst nicht für die Öffentlichkeit bestimmt, ab dem ausgehenden 18. Jahrhundert finden jedoch dort aufgestellte Regeln in Form von belehrenden Erzählungen Einzug in die Lehrpläne und Lehrbücher der ländlichen Haushaltsschulen und werden dadurch Allgemeingut.

Eine weitere Quelle, Johann Friedrich Mayers 1773 in Nürnberg erschienenes Lehrbuch für die Land- und Hauswirte,[4] steht hier als Vertreter der sogenannten Bauernaufklärung, also der *Bildungsliteratur für die Landbevölkerung*, wie die der Hand- und Hausbücher oder das Noth- und Hülfsbüchlein für Bauersleute.[5]

So Heinrich Zschokke in „Das Goldmacherdorf“[6] und Johann Evangelist Fürst in „Der verständige Bauer Simon Strüf – Eine Familiengeschichte“[7]. Letztere bieten *unterhaltsame Bauernaufklärung* und lehren, *wie sie alles um sich her kennenlernen, wie sie ihr Land bebauen, ihre Gärten bestellen, gutes Obst ziehen, Bienen mit Nutzen halten wie Hausfrauen ihre Wirtschaft ordentlich führen sollen, nebst noch vielerlei Ratschlägen.*[8]

Schließlich soll mit Fritz Möhrlin, Mitautor der 95 Bändchen umfassenden Reihe „Des Landmanns Winterabende. Belehrendes und Unterhaltendes aus allen Zweigen der Hauswirtschaft“, noch ein Fachmann zu Wort kommen. Mit Band 3 der Reihe aus dem Jahr 1876 unter dem Titel „Peter Schmids Lehrjahre oder Freuden und Leiden eines Schuldenbauern“[9] steht Möhrlin in einer Tradition von

---

1758–1765; Diözesanarchiv Rottenburg, M143, B 19, Rappulare (oeconomicum) oder Verzeichnuss Alliglicher Einnamb und ausgaab So wohl an geldt als Realien des Löblichen pfarrhofs zu Dieterskirch Besorgt von Patre Sebastiano Sailer, Canonico Marchtallensi pt Pfarrverweser all da, 1774–1781.

[4] Johann Friedrich Mayer, Lehrbuch für die Land- und Haußwirthe in der pragmatischen Geschichte der gesamten Land- und Haußwirthschafft des Hohenlohe-Schillingsfürstlichen Amtes Kupferzell, Nürnberg 1773.

[5] Vgl. auch Rudolph Zacarias Becker, Noth-und Hülfs-Büchlein für Bauersleute oder lehrreiche Freuden- und Trauer-Geschichte des Dorfes Mildheim. Für Junge und Alte beschrieben, Gotha / Leipzig 1788.

[6] Heinrich Zschokke, Das Goldmacherdorf, in: Ders. (Hg.), Heinrich Zschokke's Novellen und Dichtungen 16, Aarau [10]1865, S. 3–148.

[7] Johann Evangelist Fürst, Der verständige Bauer Simon Strüf – Eine Familien-Geschichte, Allen Ständen zum Nuzen und Interesse; besonders aber Jedem Bauer und Landwirthe in den Jahren zunehmender Theuerung ein Lehr- und Exempel-Buch, Straubing 1817.

[8] Hans Otto Lichtenberg, Unterhaltsame Bauernaufklärung, Tübingen 1970, zitiert nach Werner Faber, Weiterbildung der Landbevölkerung, in: Rudolf Tippelt (Hg.), Handbuch Erwachsenenbildung/Weiterbildung, Opladen 1994, S. 606–612, hier 606.

[9] Fritz Möhrlin, Peter Schmids Lehrjahre oder Freuden und Leiden eines Schuldenbauern. Belehrendes und Anregendes für die Bauernstube 3, Stuttgart [3]1899.

Aufklärungsbüchern, die Ende des 18. Jahrhunderts erscheinen und sich direkt an den Landmann wenden.

Pfarrer Sebastian Sailer und seine Rappulare

Sebastian Sailer wurde am 12. Februar 1714 in Weißenhorn geboren und starb am 7. März 1777 im Kloster Obermarchtal. Er war Prämonstratenser und hatte als Klosterpfarrer in Folge nacheinander drei Pfarreien in Oberschwaben zu betreuen. Aus seiner Pfarrei in Dieterskirch, in der er von 1757 bis 1774 wirkte, liegen die Rappulare, das sind gebundene Verzeichnisse aller Ein- und Ausgaben – sowohl finanzieller Art als auch in Form von Naturalien – vor. Diese Rappulare haben sich im Diözesanarchiv in Rottenburg am Neckar überliefert.[10]

Das erste Rappular der Pfarrei Dieterskirch aus dem Jahr 1758 enthält neben den Einnahmen und Ausgaben auch die sogenannten Hausregeln, also Anweisungen für die Hauserin, den Knecht, für die beiden Mägde sowie Anmerkungen über jährliche Belohnungen bzw. Schulden. Eine Besonderheit soll nicht unerwähnt bleiben: Sailer kommentiert seine Einnahmen und Ausgaben im Rappular oft mit Randnotizen und drückt somit auch aus, ob er etwas befürwortet oder ablehnt.

Bekannt wurde Sebastian Sailer allerdings vor allem als Prediger und Schriftsteller des Barock. Hier sind besonders seine Komödien in oberschwäbischem Dialekt zu nennen, mit denen er als Begründer und Meister der schwäbischen Mundartdichtung lange nach seinem Tod Bekanntheit erlangte.

Sailer als aufgeklärter Pfarrherr und Hausvater

„Man kann Sailer ein gewisses Lob aussprechen, dass er in seinem Haushaltungsbuch so gute Ordnung hielt und alle Einnahmen und Ausgaben bis ins kleinste hinein verbuchte."[11] Es wird hier alles genauestens aufgeführt: das, was Sailer kauft und verkauft, was er im Garten gepflanzt, was er sich angeschafft, was er genossen, was er seinen Gästen vorgesetzt, auf der Reise verbraucht, als Geschenk oder Trinkgeld gegeben, als Almosen gespendet, an Porto und Fracht bezahlt, beim Spiel verloren oder als Verehrung erhalten hat. Diese Genauigkeit hängt

---

10 Diözesanarchiv Rottenburg, M143, B 18 (wie Anm. 3); Diözesanarchiv Rottenburg M143, B 19 (wie Anm. 3).

11 Eduard Vogt, Sailer als Pfarrer, Prediger und Gelegenheitsprediger, in: Deutsches Volksblatt (1877) S. 215, zitiert nach Moritz Johner, Sebastian Sailer. Ein kultur- und literarisches Lebensbild aus der Barockzeit, Weißenhorn 1938, S. 49.

natürlich auch damit zusammen, dass die Klosterpfarrer eine jährliche Abrechnungspflicht gegenüber dem Kloster hatten. Diese Jahresrechnungen sind alle nach einem bestimmten Schema angelegt, das freilich dem Wechsel der Zeiten unterlag. Mit Bezug auf die neuen Vorschriften des Rappulars bemerkt Sailer zum Jahr 1747, damals als Pfarrer von Seekirch[12]: *Um das Fest des heiligen Georg haben alle Expositi das erste Mal ihre Rechnungen eingeben müssen nach der neuen, von Abt Edmund II.*[13] *selbst vorgeschriebenen Form und Ordnung.*

Die Marchtaler Kanzlei kannte, wie zum Beispiel beim Hofgut Ammern, das als selbständig wirtschaftender landwirtschaftlicher Betrieb zum Kloster Marchtal gehörte, keinen Spaß in diesen Dingen und ließ es nicht an ernsten Vorstellungen, ja sogar Verdächtigungen fehlen, wenn in der Rechnung etwas fehlte oder nicht stimmte. Die Tage eines saumseligen Verwalters wären bald gezählt gewesen. Die Rechnungen mussten zudem auch dem Abt vorgelegt werden. Wollte also Sailer sein Amt lange behalten, so blieb ihm nichts anderes übrig, als seine Rechnungen so zu führen, dass man im Kloster Marchtal mit ihm zufrieden war.

Obwohl die Führung eines spätbarocken Pfarrhaushalts für unser Thema auch einen gewissen Reiz hätte, soll hier lediglich auf die Hausregeln eingegangen werden, die Sailer für sein Personal im Rappular für das Jahr 1758 aufgestellt hat. Sailer beginnt seine Ausführungen hierzu mit einem Zitat des spätantiken römischen Staatsmannes, Gelehrten und Schriftstellers Cassiodorus[14]: *Bei unseren Hausgenossen wollen wir mit der Zucht anfangen, damit sich die übrigen schämen, einen Mißgriff zu tun, wenn sie sehen, daß wir den unsrigen Ausschreitungen gestatten.*[15]

Daran schließen sich die Hausregeln an, über denen als Überschrift die Aufforderung steht, dass diese den Dienstboten öfters *beigebracht* werden sollten. Es folgt eine 17 Punkte umfassende Ermahnung zu Glaube, Moral und Gottesfurcht. Die ersten zwei Punkte lauten:

> *1. Sollen sie alle sambt, und sonderes gott dem Allerhöchsten als gute fromme Christen aufrichtig dienen. Weilen kein dienstbott der haushaltung schädlicher ist als jener, welcher mit einem unfrommen leben gott seinem erschaffer die in der Tauf geschworne Trey und glauben nicht haltet. Zu diesem Heyl und Ende sollen*

---

[12] Sailer war von Oktober 1745 bis 2. September 1747 in Seekirch als Hilfsgeistlicher tätig.

[13] Abt der Prämonstratenser-Reichsabtei Marchtal von 1746–1768.

[14] Cassiodor (vollständiger Name Flavius Magnus Aurelius Cassiodorus Senator, kurz Cassiodorus Senator; * um 485 in Scylaceum, Bruttium; † um 580 im Kloster Vivarium bei Scylaceum).

[15] Moritz Johner, Sebastian Sailer. Ein kultur- und literarisches Lebensbild aus der Barockzeit, Weißenhorn 1938, S. 50; Ulrich Scheinhammer-Schmid, Dr. Moritz Johner, in: Wolfgang Ott / Ulrich Scheinhammer-Schmid (Hg.), Hexen, Herren, Heilige. Die Geistige Welt des Prämonstratensers Sebastian Sailer (1714–1777) (Kataloge und Schriften des Weißenhorner Heimatmuseums 6) Weißenhorn 2018, S. 287–437.

2. Von ihnen alle ausgelassenheit in gebärden Zotten [Zoten], *unreine wort. Fluchen, schwören, und übl wünschen sorgsamist, und bey verlust des dienstes vermieden werden.*

Danach folgen Erinnerungen für Haushälterin, Knecht und Mägde sowie Bestimmungen über deren Löhne in Geld und Naturalbezügen. Der hier aufgenommene Sinnspruch „Nichts herein und nichts hinaus hält den Frieden in dem Haus"[16] kann wohl auch als Motto für Sailers Haushaltsführung bezeichnet werden.

Erinnerungen für die Hauserin

Eine Hauserin solle wohl zu wählen seyn, dass sie nach dem H. pfarr die erste sorg für das Hauswesen zu tragen habe. Sie hatt sich dann in ihren sitten und geberden erstens also auf [zu] *führen, dass sie kein gefahr leyde von den andern dienstboten, welche sie nur gar zu scharff beobachten, sich dieses vorwerffen zu lassen.*

Der Haushälterin wurde somit die Rolle der ersten moralischen Instanz zugewiesen. Ihr Lebenswandel musste also zuallererst makellos sein. Zu ihren Aufgabenbereichen zählten die Überwachung der Dienstboten bei der Arbeit, Verwaltung von Küche, Keller, Speisekammer und der Zimmer, die Bestellung des Gartens und die Verteilung der Almosen nach den Angaben des Pfarrers. Dabei hatte sie stets „den Pfarrer als ihren Hausherrn anzuerkennen und sich ihm freiwillig [zu] unterstellen, falls sie will, dass ihre Stellung nicht gefährdet sei".[17] In ihrer Entscheidungsfreiheit war die Haushälterin jedoch stark eingeschränkt: Ohne Wissen des Pfarrers durfte „sie nichts ankaufen, noch weniger etwas verkaufen oder verschenken".[18]

Sailer fügte bei dieser Gelegenheit an: „Geschäftige und jedermann dienen wollende Hauserinnen gaben seither bei Schlachtung eines Schweins dem Metzger zwei Würste und einen Braten (ein Stück Fleisch zum Braten). Dieser letztere ist zu viel, weil der Metzger seinen Lohn und Tisch hat."[19] Solche Verschwendung veranlassten Sailer zur Abfassung folgenden Verses:

> „Kein Recht steht der Hauserin zu,
> wenn's nicht ihr der Herr gibt zu verschenken etwas,
> weder den Ihren noch sich.
> Wenn sie einmal für sich läßt Schweine schlachten,
> so mag sie schenken, was ihr beliebt,
> von dem eigenen Schwein."

---

[16] Johner, Sebastian Sailer (wie Anm. 15) S. 50.
[17] Ebd. S. 50.
[18] Ebd. S. 51.
[19] Ebd.

Erinnerungen für den Knecht

Hat die Haushälterin also den gesamten Bereich Haushalt abzudecken, wird dem Knecht die Besorgung des gesamten Bereichs der Landwirtschaft zugewiesen. Wie die Haushälterin hatte er zuallererst jedoch einen tadellosen Lebenswandel zu führen: „Dem Knecht wird das unnötige Auslaufen, Trinken und Spielen und ein verdächtiger Umgang mit dem anderen Geschlecht scharf untersagt. Wenn er die Pferde gefüttert hat, soll er um neun Uhr zur Ruhe gehen."

Seine Arbeiten durfte er weitgehend selbstständig erledigen, die Haushälterin hatte nicht das Recht, ihm Anweisungen zu geben: „Ihm wird der Stall und die Scheuer zur wachsamen Obhut übergeben. Holz hat er zur rechten Zeit im Wald zu holen und es im Winter zu sägen und zu spalten. Beim Dreschen hat er zu messen und die verschiedenen Fruchtsorten aufzuschreiben."[20]

Daneben sollte er „sich des Hundes annehmen und auf Sicherheit des Hauses bedacht sein".[21] Den Pfarrer hatte der Knecht auf Reisen zu begleiten, durfte ihm jedoch dabei keine Schande bereiten. Erhaltene Trinkgelder durfte er behalten. Bei den Umgängen und an größeren Festen sollte er „in der Livree erscheinen, wie ihm auch vor allen ledigen Gesellen der Vortritt gebührt".[22]

Erinnerungen für die Mägde

Wie es sich gehörte, waren den Mägden „alle Bekanntschaften verboten".[23] Für die Mägde begann der Tag im Winter um fünf Uhr früh mit dem Anheizen der Öfen, im Sommer um vier Uhr. Sie hatten die Kühe zu melken und die Milch der Haushälterin „getreulich abzuliefern". Die erste Magd war die Küchenmagd, die zweite die Stallmagd. Wenn die Zeit zum Spinnen gekommen war, hatten beide Mägde jeden Tag zwei Schneller[24] zu spinnen. Der Besuch der Kunkelhäuser[25] war ihnen jedoch untersagt. „In einfachen Dingen" hatten sie der Hauserin zu gehorchen. Außerhalb des häuslichen Bereichs sollten sie die Kränze für die Kirche machen, eine von ihnen sollte das Bild bei der monatlichen Prozession tragen.[26]

---

20 Ebd.
21 Ebd.
22 Ebd.
23 Ebd.
24 Ein süddeutsches Garnmaß (in Bayern: Gebinde), das 200 Meter umfasst und nach der Schneller-Haspel benannt ist, die die Umdrehungen beim Spinnen anzeigt. Ein Schneller entspricht ca. 1.000 „Umgänge", vgl. ANONYM, Art. Schneller, in: Schweizerisches Idiotikon 9 (1929) S. 1227 f.
25 Gebäude, in denen sich in den Wintermonaten die Frauen zum gemeinschaftlichen Spinnen zusammenfanden. Begleitet wurde diese Arbeit durch Erzählungen, gemeinsames Singen und Musizieren.
26 JOHNER, Sebastian Sailer (wie Anm. 15) S. 51.

Der Pfarrhof als landwirtschaftlicher Familienbetrieb

Was die Löhne der Dienstboten betraf, so entsprachen diese den von Abt Edmund II. aufgestellten Normen. So erhielt die Haushälterin jährlich 15 fl., etwaige „Verehrungen“ (also Sonderzahlungen) hatten 24 fl. nicht zu übersteigen. Von den empfangenen Trinkgeldern durfte sie je Gulden 40 Kreuzer behalten. Außerdem standen ihr, wie all den anderen auch, eine bestimmte Menge an Leinwand zu. Dem Hausknecht standen jährlich 17 fl. zu, hinzu kam das Trinkgeld vom Stall und beim Verkauf von Getreide von jedem Scheffel je zwei Kreuzer Messgeld. Die beiden Mägde bekamen je 7 fl. Lohn.

Die Verpflegung war genau festgelegt, u. a. wie häufig es Fleisch zu essen gab bzw. an welchen Feiertagen auch besondere Speisen gereicht werden durften. Was zwischen den Jahren 1758 und 1766 im Pfarrhaus alles auf den Tisch kam, lässt sich genau verfolgen. Einiges davon hat Sailer wohl selbst verzehrt, einiges davon sein Personal, aber auch die vielen, zum Teil hohen Gäste, wurden standesgemäß verpflegt. Im Allgemeinen darf man Sailers Lebenshaltung als eine ländlich-bürgerliche bezeichnen, wobei die drei wöchentlichen Enthaltungsfasttage wohl stets eingehalten wurden.

Geschlachtet wurden im Pfarrhaus jährlich zwei Kühe und zwei Schweine. Der Rindviehbestand in Sailers Pfarrhof bestand aus zwölf bis vierzehn Kühen. Aus der Aufnahme des gesamten lebenden Inventars des Pfarrhofs im Jahr 1760 erfährt man auch noch etwas von zwei Pferden, Bourgeois und Joli genannt, von einem Hund Fripon und einem Hündchen Garçon. Auch Hühner, Tauben und Katzen fehlten nicht. Die menschlichen Bewohner des Pfarrhofes wurden ebenfalls nicht vergessen. Aus diesem Anlass dichtete Sailer:

> „Hier ist die ganze Famill von Menschen, Pferden und Hund.
> Es lebe alles wohl vergnügt, frisch und gesund!
> Das Hornvieh eben auch, auch Hühner, Tauben, Katzen!
> Wo aber ist das Geld, wo Gulden, Kreuzer, Batzen?
> Sei nicht so kurios und Frage nicht so sehr:
> Schau nur die Rechnung ein, du fragst gewiß nicht mehr.“[27]

Der Pfarrer Johann Friedrich Mayer: Vom Ackersmann, seinen Kindern, Knechten und Mägden

Der Umgang mit Familienmitgliedern und Dienstboten im 18. Jahrhundert soll nun auch von anderer Seite beleuchtet werden. Hierzu dient mir als Quelle das Lehrbuch für die Land- und Hauswirte in der pragmatischen Geschichte der

---

[27] Ebd. S. 53.

gesamten Land- und Hauswirtschaft des Hohenlohe-Schillingsfürstischen Amtes Kupferzell von Johann Friedrich Mayer, erschienen 1773 in Nürnberg.[28] Der evangelische Pfarrer Johann Friedrich Mayer wurde am 21. September 1719 als Sohn eines Gastwirts in Herbsthausen[29] geboren, er starb am 17. März 1798 in Kupferzell. Als ein der Aufklärung verpflichteter Geistlicher, der nicht nur *Mitglied der Gesellschaften der Wissenschaft, der Künste, der Landwirtschaft und Oekonomie*, sondern darüber hinaus noch in weiteren landwirtschaftlichen Gremien mitwirkte, u. a. der Churbaierischen Akademie, wirbt Mayer in seiner Schrift für ein sparsames und vernünftiges Wirtschaften.

Im 19. Abschnitt seines Lehrbuchs behandelt auch er, 15 Jahre nach Sailers Hausregeln, das Thema *Das Verhalten des Bauren in Absicht auf seine Kinder und Dienstbotten*.[30] Wie Sailer bei seinen Hausregeln geht auch Mayer in seinen Ausführungen zuerst auf die christlichen Werte ein: *Unsre Bauren werden alle so erzogen, daß ihnen am Leiblichen nichts abgehet, und in dem, was ihre Seelen am Erkenntnuß bereichern kan, erhalten sie in den Schulen und in der Kirche den Unterricht, den sie bedürfen, ohne Ablaß. Die Gottseeligkeit ist zu diesem Leben ganz nüze, und Tugend macht allemahl reich und beglückt.*[31]

Je nach Größe des landwirtschaftlichen Anwesens und der Möglichkeit, Familienangehörige im Rahmen der landwirtschaftlichen Arbeiten einzusetzen, werden in den Höfen darüber hinaus unterschiedlich viele Knechte und Mägde beschäftigt. *Die Mutter nimmt die Tochter zu sich in die Kuche, zum Spinnrocken und zu häußlichen Geschäfften*.[32] Der Sohn, den der Bauer zu seinem Hoferben bestimmt hat, wird vom Vater in allen Tätigkeiten *selbst mit sehr großem Fleiße unterrichtet*.[33] Hierzu zählen für Mayer alle Tätigkeiten zu Hause und auf dem Acker sowie das Kaufen und Verkaufen der Feldfrüchte und der Viehhandel. Bei den Dienstboten sieht Mayer allerdings eine große Gefahr darin, dass das Gesinde, nachdem der Bauer sie den ganzen Winter hindurch ernährt hat, diese im Frühling, *da die Arbeiten angehen oder, wann er im Sommer mitten unter den Arbeiten schwizet,*[34] entlaufen. Dadurch entsteht dem Bauer großer finanzieller Schaden, ein Problem, das nach Mayers Ansicht durch entsprechende Gesetze geregelt werden müsste. Er beendet das Kapitel mit der Aufzählung sämtlicher Arbeiten, die der Bauer von seinen Dienstboten zu fordern hat:

---

28 Mayer, Lehrbuch für die Land- und Hauswirte (wie Anm. 4).
29 Heute ein Stadtteil von Bad Mergentheim.
30 Mayer, Lehrbuch für die Land- und Hauswirte (wie Anm. 4) S. 228–234.
31 Ebd. S. 228.
32 Ebd. S. 230.
33 Ebd. S. 231.
34 Ebd. S. 233.

Der Knecht ist verbunden, alle Feldarbeiten nächst ihm zu besorgen, und zu Hause den Ochsenstall zu versehen, im Winter zu dreschen, Stroh zu schneiden, und alle schweren Arbeiten zu verrichten. Die Magd versiehet den Kühstall, mähet offt in der Heuernde mit und nimmt in der Kornernde das abgemähete Getraide hinweg, sie sammlet mit auf, sie ist im Winter die dritte Person in der Scheune bym Dreschen, [...] Tagsein sizt sie mit der Bäurin am Spinnrocken, spinnet Flachs oder am Rade auch Wollen.[35]

Das Zusammenwirken aller auf dem Hof Beschäftigten, eine erfolgreiche Arbeitsgemeinschaft, war auch für Mayer die Voraussetzung für einen gut funktionierenden und sparsam wirtschaftenden Betrieb.

Der 18. Abschnitt behandelt das Thema *Von der Speise, dem Getränke, der Kleidung und dem Haußrath des Bauren.*[36] Dieser Abschnitt basiert auf der Maxime, dass kein Bauer über seine Verhältnisse leben sollte. So kann zum Beispiel zur Schau gestellter Luxus in der Kleidung den Neid des Nachbarn hervorrufen: *Wann alle Bauren leinerne Kittel anhaben, so ist der unter ihnen, der einen wollenen Rock anhat, zu tadeln; wann aber Bettelleute Cotton, Zize*[37] *wollene Kleider alle Tage tragen, so wird man es dem Bauren nicht verargen, wann er die Wolle, die ihm sein eigen Schaaf abgab, auf seine Kleider verwendet.*[38] Mayer geht auch kurz auf den Hausrat ein:

Der wichtigste Hausrath, und der in Absicht auf die Landwirtschaft allemahl sehr wichtig sein wird, ist der, den unsre Bauern über alles hochschäzen: Tüchtiges Schiff und Geschirr: starke große Wagen, wohlgeordnete Pflüge, scharfe gut gerichtete Pflugeisen, gestählte und wohlgesetzte Beile, Hauen, Sensen, gute Ketten- und Strickwerk, Strohbänke und dergleichen, bei solchem gutem Geschirr hat man halbe Mühe, kurze und allezeit saubere Arbeit. Schlechtes Geschirr hält auf und die Arbeit ist allemal so, daß, indeme sie nicht in das Auge fällt, im Feldbau auch allezeit schadet. Auf solche tüchtige Werkzeuge verwendet der Bauer alles, und sucht den Handwerksmann, der ihm diese verfertigt überall auf. Wehe ihm! Wann er gezwungen ist, bei schlechten Meistern, die ein Monopolium besitzen, seine Werkzeuge zu kaufen. Auch hier sind Monopolien Fluch![39]

---

35 Ebd. S. 233.
36 Ebd. S. 218–227.
37 Der Ausdruck Chintz (engl. aus Hindi) bezeichnet ursprünglich ein wachsüberzogenes, dünnes, glänzendes Baumwollgewebe in einer Leinwandbindung.
38 Mayer, Lehrbuch für die Land- und Hauswirte (wie Anm. 4) S. 223.
39 Ebd. S. 225 f.

Umfassend behandelt Mayer auch den Handel mit Vieh und Getreide. Der Verkauf landwirtschaftlicher Erzeugnisse erfolgte in der Regel bis ins 19. Jahrhundert über die nahegelegenen Märkte. Ein Bruch erfolgte erst durch die Einführung des Genossenschaftswesens am Ende des Jahrhunderts. Mayer kritisierte die Bauern, *welche ein paar Simri auf der Schulter zu Markt tragen, oder ein oder zwey Malter auf einen Wagen voll Holz laden und damit zur Stadt fahren, solches an den und jenen wohlfeiler verkaufen, ein gut Theil davon verzechen, und weniges davon heimbringen, solches wenige zu Hause verschleudern, und niemalen so viel zusammen zu zehlen im Stand sind, daß sie damit eine etwa habende Schuld tilgen oder ihre Herrschaft bezahlen können.*[40] Daher empfiehlt er den Bauern, ihre Produkte nicht Simri-, Sack- oder Malterweise, sondern in größeren Mengen, also Wagenweise auf den Markt zu bringen, um damit Kosten und Zeit zu sparen.

Fritz Möhrlin – Was man auf einem armen Höflein zuerst erspart

Auch für Fritz Möhrlin stellt der sorgfältige Umgang mit den bäuerlichen Arbeitsgeräten einen wesentlichen Bestandteil sparsamen Wirtschaftens dar. Der Protagonist seiner erstmals 1876 erschienen Erzählung „Peter Schmids Lehrjahre oder Freuden und Leiden eines Schuldenbauern“[41] war jahrelang auf einem größeren Bauernhof tätig. Mit seinem ersparten Geld hatte er einen Ganthof erworben, um ein eigenes Hauswesen zu gründen. So sehr er sich aber bemühte, nie kam er auf einen grünen Zweig. Gute Ratschläge schlug er stets in den Wind:

> *Überdies hatte Peter nun Gelegenheit eine Menge Lehren teuer zu bezahlen, welche er als Knecht hätte billig haben können, wenn er den Warnungen und Ermahnungen seines Meisters gefolgt hätte. Diesen Dienstbotenschlendrian der alles stehen und liegen läßt, wo es ihm gerade aus der Hand fällt, vermochte sich Peter nicht leicht abzugewöhnen und an seinem Geldbeutel merkte er, wie teuer ihn derselbe zu stehen kam, denn da vertrocknet ein Wagen an der Sonne oder blieb ein Pflug Tag und Nacht in Regen und Sonnenschein im Felde stehen, dort ging aus Gleichgiltigkeit ein Eisenteil verloren und erforderte dann wieder Kosten und Zeitaufwand, wenn er hergestellt werden sollte. Solche Fahrten zu Schmied und Wagner, welche nicht selten in der strengsten Arbeitszeit vorgenommen werden*

[40] Ebd. S. 242.

[41] Fritz MÖHRLIN, Peter Schmids Lehrjahre oder Freuden und Leiden eines Schuldenbauern. Belehrendes und Anregendes für die Bauernstube 3, Stuttgart ^{3}1899, S. 26.

mußten, brachten dann Peter immer gewaltig auf, ohne daß er sich die Lehre daraus zog es in Zukunft anders zu machen.[42]

Fritz Möhrlin, Diplomlandwirt und landwirtschaftlicher Schriftsteller, von 1873 bis 1892 Vorstandsmitglied der Leutkircher Raiffeisenbank, greift hiermit 100 Jahre nach Mayer die Problematik des sorgsamen Umgangs mit dem bäuerlichen Arbeitsgerät wieder auf und mahnt, dass dieses Fehlverhalten zu großen unnötigen Ausgaben führt.

Die Frauen als Zielgruppe

Die für diesen Beitrag herangezogenen Schriften und Lehrbücher hatten eine unglaublich hohe Auflagenhöhe und Verbreitung. Sie standen in jedem Pfarrhaus und später auch in den Dorf- und den Leihbüchereien der Landwirtschaftsämter. Sie wurden als Preise in den Schulen verschenkt und dadurch ebenfalls weitergereicht. Für einen Zeitraum von 100 bis 150 Jahren ist festzustellen, dass diese Lehrbeispiele immer wieder aufgegriffen wurden und in zahlreichen neuen Lehrbüchern und Erzählungen in leicht veränderter Form wieder Einzug fanden. Der Hintergedanke war dabei stets, die Vermittlung einer sparsamen Haushaltsführung, die zu Erfolg und Zufriedenheit führen sollte.

Eine bisher weniger beachtete Rolle kam hierbei den Frauen zu. Eine nach dem Vorbild der Bauernaufklärung beispielhafte Frauengestalt begegnet uns in Heinrich Zschokkes „Das Goldmacherdorf" von 1817.[43] Elsbeth, die junge Schulmeisterin, im Ort als ordentliche und saubere Frau bekannt, wird von zwei Freundinnen, welche bald heiraten wollen, angesprochen. Sie wollen von Elsbeth erfahren, wie man es anstellt, auch als Ehefrau so sauber zu bleiben wie sie.[44] Die junge Schulmeisterin antwortete und sprach:

[...] *ich will es euch sagen. Die Weiber haben allein die Schuld. Solange sie Jungfrauen sind, und den jungen Burschen gefallen wollen, schmücken sie sich, und alles Geld, was sie haben und verdienen, stecken sie in neuen Putz. Da sind sie sauber und glatt, dass ihre Stirn glänzt in der Sonne, und ihr Haar ist wie*

42 Ebd.

43 Zschokke, Das Goldmacherdorf (wie Anm. 6) S. 3–148, alle folgenden Zitate stammen aus dieser Erzählung.

44 Elsbeths Belehrungen scheinen so wichtig zu sein, dass sie kurze Zeit später in Johann Evangelist Fürsts Buch „Der verständige Bauer Simon Strüf, eine Familiengeschichte" wieder aufgenommen werden und in dem Kapitel „Wie Adelheid es anstellt, die Lust und Freude ihres Mannes zu bleiben" fast wortgleich wiederkehren.

gemalt. Haben sie endlich einen Mann, da denken sie nicht mehr daran, gefallen zu wollen. Da gehen sie des Morgens lange umher mit Stroh und Bettfedern im ungekämmten Haar; vergessen, sich jedes Mal zu waschen, wenn sie unrein werden, und denken, wenn sie recht wüst kommen, das stehe einer Frau recht gut, und man sehe ihr es an, dass sie viel hantiere. Dann muss gespart werden, der Mann braucht Geld, und man kann es nicht mehr, wie als Tochter, in allerlei Putzkram stecken. Das Gewandt wird alt und beschmiert und schadhaft; das Ausbessern kostet viel Geld, und Selbermachen hat keine gelernt. So gewöhnt man sich an Lumperei und Sudelei, und die Frau wird vom Unflath entstellt und wüst, weil sie nichts mehr auf sich hält. Und sie wird endlich dem Manne selbst gleichgültig oder zum Ekel, und dann kommt der Unfriede ins Haus, sobald die Frau mit Löchern in den Strümpfen geht.

Die Mädchen gaben ihr Recht und Elsbeth gab zu, dass auch sie ihrem Ehemann *beständig gefallen* wollte:

Denn ich hatte ihn gar lieb. Und ich nahm mir vor, noch mehr auf mich selber zu halten, als zuvor, und nie vor seinen Augen zu erscheinen, als gewaschen und zierlich, allzeit mit unbeflecktem Gewand. Darum nahm ich sorgfältig meine Kleider in Acht; darum musste es in meinem Stall und in Küche und Keller so sauber sein, als in einer Stube. Der geringste Fleck in meinem Anzug musste sogleich ausgemacht werden. So blieben meine Kleider wie neu, und ich selber blieb darin meinem Manne alle Tage neu.

Die Mädchen sprachen: *Aber Elsbeth, die Zeit zerreißt endlich das sauberste Gewand; woher ein neues Kleid anschaffen, wenn der Mann kein Geld gibt?* Worauf Elsbeth antwortete:

Ich gebrauche weniger Geld zu Kleidern, als andere. Denn ich bessere mit wenigen Nadelstichen das kleinste Loch aus, damit es nicht größer werde. So kostet es nichts als Faden und Zwirn. Andere aber tragen ihr Zeug, bis es alt ist, und lassen daran, was schadhaft ist; dann wird aus einem kleinen Loch ein großes, und in kurzer Zeit wird alles zu Fetzen, und man muss neues Gewand kaufen, während ich immerfort mein altes trage und damit viel Geld erspare. Hausfrauen, die nicht flicken und nähen können, verschwenden großes Geld und gehen doch wie aus dem Koth gezogen.

Die Mädchen fingen an zu weinen und beklagten, sie hätten nicht so sauber Nähen und Flicken gelernt wie Elsbeth, was ihrem Hauswesen zukünftig viel Schaden und Leiden mit sich bringen wird. Traurig verabschiedeten sie sich von Elsbeth. Die Geschichte der Elsbeth geht aber gut aus. Sie beschließt, den Mädchen das Nähen und Flicken zu lehren, woraus sich eine Art Haushaltungsschule der Elsbeth entwickelte.

Die ja nicht nur von Elsbeth in dieser dramatischen und belehrenden Geschichte angeregten Haushaltungsschulen spielen im 19. Jahrhundert eine äußerst wichtige Rolle in der Mädchen- und Frauenfortbildung. Vor allem als Industrieschulen sind sie in die Geschichte eingegangen. Heute kann man selbst für kleinere Dörfer auf dem Lande solche Industrieschulen nachweisen.

Von der Hand in den Mund

Dass ganz besonders Frauen in die Pflicht genommen werden, wird in Christoph von Schmids[45] lehrreicher Erzählung über Verene und ihre beiden Töchter deutlich.[46] Verene, eine Witwe, lebte mit ihren zwei Töchtern in ziemlich ärmlichen Verhältnissen, quasi von der Hand in den Mund: *Was sie die Woche hindurch erwarben, das mussten sie die Woche hindurch wieder verzehren.* Eines Tages verloren sie dann auch noch ihre einzige Kuh, worauf sie Gott anflehten, er möge ihnen doch wieder eine Kuh geben. Die Nachbarin ermunterte die drei, das Ihrige zu tun, *so wird Gott euch Hilfe senden.* Und als Rat gab ihnen die Nachbarin mit auf den Weg, durch Fleiß ihre Einnahmen zu vermehren: *Ihr seid euer drei und versteht euch gut auf's Spinnen, Stricken und Nähen. Arbeitet täglich ein paar Stunden länger; es müßte doch schlecht sein, wenn nicht jede ein paar Kreuzer mehr verdiente, als bisher.*

Als Zweites empfahl sie den Frauen, durch Sparsamkeit ihre Ausgaben zu verringern: Zukünftig sollten sie zum Frühstück keinen Kaffee mehr trinken. Obwohl dieser nur aus einer dünnen Brühe bestand, kostete er doch viel zu viel. Dafür sollten sie lieber eine nahrhafte Suppe zu sich nehmen, so ließen sich jeden Tag wenigstens ein paar Kreuzer sparen. Wenn das so verdiente bzw. ersparte Geld zurückgelegt werde, würden sie bald so viel Geld beisammenhaben, was sie für eine schöne Kuh benötigten. *Verene und ihre Töchter befolgten den guten Rat: und als das Jahr verflossen war, hatten sie noch einmal so viel Geld, als sie für die Kuh bezahlen mußten. Ja, was noch mehr ist, sie hatten dabei gelernt, ihre dürftigen Umstände durch Fleiß und Sparsamkeit zu verbessern, und wurden nun ziemlich wohlhabend.*

Der umsichtige Umgang mit den landwirtschaftlichen Ressourcen war im 18. und 19. Jahrhundert sicherlich für den größten Teil der bäuerlichen Bevölkerung

---

45 Christoph von Schmid, geboren am 15. August 1768 in Dinkelsbühl; gestorben am 3. September 1854 in Augsburg.

46 Christoph von Schmid, 190 kleine Erzählungen für die Jugend, Reutlingen 1886, S. 59 f.

überlebensnotwendig. Rücklagen für Notzeiten anzulegen, war für breite Bevölkerungsschichten nicht möglich. Man glaubte, durch die Erziehung zur Sparsamkeit die Grundlage dafür zu schaffen, dass jede und jeder von seiner eigenen Hände Arbeit überleben konnte. Mit den ständigen Ermahnungen durch Pfarrer und Lehrer und der Flut an sogenannter Ratgeberliteratur waren sicherlich einige derjenigen Faktoren gegeben, die zum Bild des fleißigen und sparsamen Schwaben beigetragen haben.

Simon Kotter

Bauwerke als Rohstoffquellen?

Zur Weiter- und Wiederverwendung von Bauwerken am Beispiel des Schlosses Binswangen

Abstractum: Die Wiederverwendung von Baumaterialien war über Jahrhunderte gängige Praxis, lässt sich quellentechnisch aber meist nur schwer greifen. In Schwaben erlebte der Handel mit gebrauchten Baustoffen einen kurzzeitigen Höhepunkt im Zuge der Säkularisation. Dank staatlicher Überlieferung lassen sich hierbei Prozesse und Akteure identifizieren. Am konkreten Beispiel der Schlossanlage in Binswangen (Lkr. Dillingen), bis 1803 zum Fürststift Kempten gehörig, wird der historische Umgang mit obsoleten Gebäuden nachgezeichnet und der Versuch unternommen, die Wege des versteigerten Abbruchmaterials zu rekonstruieren.

Einführung: Vom Umgang mit Bauwerken

Nachhaltigkeit, laut Duden das „Prinzip, nach dem nicht mehr verbraucht werden darf, als jeweils nachwachsen, sich regenerieren, künftig wieder bereitgestellt werden kann“,[1] gilt als eine allgemein anerkannte Strategie, um den sozialen und ökologischen Problemen der Zukunft zu begegnen. In der modernen Baubranche spielt dieser Gedanke bisher kaum eine Rolle. Wie in kaum einem anderen Bereich manifestiert sich im Bauwesen die Wegwerfgesellschaft der heutigen Zeit. Abbruch und Neubau scheinen oftmals bequemer und wirtschaftlicher zu sein als die Sanierung oder Neunutzung eines Gebäudes. Abbruchmasse ist meist gleichbedeutend mit Bauschutt, einmal verwendetes Baumaterial hat keinen Wert mehr, sondern gilt als Kostenfaktor. Dieser Ressourcen verschwendende Umgang mit dem baulichen Erbe – unabhängig von denkmalpflegerischen Ideen – ist etwas Neuartiges in der Geschichte und geht erst auf einen späten Paradigmenwechsel im 20. Jahrhundert zurück. Bis in die Nachkriegszeit hinein herrschte im Bauwesen eine ausgeprägte Reuse- und Repair-Kultur, beides Schlagwörter der modernen Nachhaltigkeitsbewegung. Dieser differenzierte Umgang mit überkommener Bausubstanz in der Vergangenheit weckt nun allmählich auch das

---

1 Anonym: Art. Nachhaltigkeit, in: Duden, http://www.duden.de/rechtschreibung/Nachhaltigkeit [28.12.2016].

wissenschaftliche Interesse der Archäologie und Bauforschung. Der Bauforscher Ulrich Klein unterscheidet dabei drei Kategorien: „Spoliierung“, „Weiterverwendung“ und „Wiederverwendung“.[2]

Der Begriff „Spolien“ (lat. spolium: Beute, Raub) wird zum Teil noch immer als generelles Synonym für wiederverwendete Bauteile benutzt, dabei steckt hinter einer solchen Verwendung („Spoliierung“) stets die konkrete Intention des Bauherren, dass mit einer solchen Wiederverwendung eine Bedeutungsübertragung einhergeht. Der Einbau von antiken, transalpinen Säulen in der Pfalzkapelle in Aachen – um nur ein prominentes Beispiel zu erwähnen – war ganz eindeutig der Kontinuität evozierenden Symbolpolitik Karls des Großen geschuldet, anders wäre der beschwerliche Transport nicht zu rechtfertigen gewesen. Für die folgende Untersuchung ist diese intentionelle Zweitverwendung nicht relevant, dafür umso mehr die beiden anderen Kategorien.

Unter „Weiterverwendung“ versteht Klein im bauhistorischen Kontext, „wenn ein historisches Gebäude weiterhin mehr oder weniger in seiner Gesamtheit genutzt wird, aber nun zu anderen Zwecken, an anderer Stelle oder auch nur als bauliche Idee“.[3] Der Begriff der „Wiederverwendung“ bezieht sich für ihn auf Bauteile eines Gebäudes, „die weiterhin in einem baulichen – oder auch anderen – Zusammenhang verwendet werden, dabei aber meistens in einer geänderten Funktion verbaut sind“.[4] Dieser „Wiederverwendung“ von Bauteilen und Baumaterialien aus rein praktischen Gründen, wie Kosten, Transport oder Verfügbarkeit, soll im Folgenden nachgegangen werden.

Um sich ein Bild von der historischen Praxis zu machen, lohnt sich zunächst eine nähere Auseinandersetzung mit dem Werk des französischen Malers Hubert Robert (1733–1808). Robert modifiziert in seinen Zerstörungsbildern das klassische Ruinengenre und nimmt den bislang nicht kunstwürdigen Akt des Abbruchs in den Fokus.[5] Gerade die akribische und detailreiche Darstellung der systematischen Zerstörung und Schleifung ganzer Häuserzeilen macht Roberts Œuvre zu einer kulturgeschichtlichen Quelle ersten Ranges, die unter diesem Aspekt bisher aber noch keine wissenschaftliche Beachtung fand. Beispielhaft hierfür ist sein Gemälde „Abbruch der Häuser auf dem Pont au Change in Paris“, entstanden um 1788 und heute in der Neuen Pinakothek München ausgestellt: Auf Erlass Ludwigs XVI. wurde von Februar bis Oktober 1787 die mittelalterliche Bebau-

---

2 Ulrich Klein, Vom Schicksal der Dinge – aus bauhistorischer Sicht, in: Ders. (Hg.), Vom Schicksal der Dinge: Spolie, Wiederverwendung, Recycling (Mitteilungen der Deutschen Gesellschaft für Archäologie des Mittelalters und der Neuzeit 26) Paderborn 2014, S. 17–28, hier 17.

3 Ebd. S. 23.

4 Ebd. S. 25.

5 Sabine Weicherding, Bilder der Zerstörung – Hubert Roberts (1733–1808) künstlerische Auseinandersetzung mit der Stadt Paris, Diss. Bochum 2011, S. 168.

1 Hubert Robert, Abbruch der Häuser auf dem Pont au Change in Paris, um 1788 (Neue Pinakothek München, URL: https://www.sammlung.pinakothek.de/en/artwork/ma4dR3jLrO [Last updated on 30.10.2023])

ung auf dem Pont au Change wegen stadthygienischer, verkehrstechnischer und ästhetischer Gründe abgebrochen.[6]

Abbruch bedeutete damals, wie hier deutlich zu sehen, systematischer Abbau. Zahlreiche Arbeiter bergen sorgfältig die einzelnen Bauteile und sortieren das Material nach Gruppen, Fuhrwerke stehen für den Abtransport bereit. Das Bauwerk als Rohstoffquelle!

Ein ähnliches Bild, wenn auch in kleinerem Maßstab, dürfte sich 25 Jahre später in Binswangen abgespielt haben, wo im Jahr 1804 das dortige Schloss im Zuge der Säkularisation der Spitzhacke zum Opfer fiel.[7] An diesem ganz konkreten Beispiel soll im Folgenden der Versuch unternommen werden, dem Phänomen der Wiederverwendung von Baumaterial im Detail nachzugehen, Einblicke in die Praxis zu bekommen und den weiteren Weg der historischen Bauteile so weit wie möglich zu verfolgen. Anhand der am konkreten Beispiel ermittelten Fakten lassen sich dann – so die Hoffnung – auch allgemeinere Aussagen über den Wert und die Verwertung von Bauwerken treffen.

---

6 Ebd. S. 90.

7 Ausführlicher dazu Simon Kotter, *Gänzlich zum Abbruch geeigenschaftet*. Das Schloss in Binswangen und sein Ende 1803, in: Jb. des Historischen Vereins Dillingen 118 (2017) S. 130–161.

Der Untersuchungsgegenstand: Schloss Binswangen

Binswangen, heute eine Gemeinde im Landkreis Dillingen mit ca. 1.300 Einwohnern, war eines der wenigen exterritorialen Gebiete des Fürststiftes Kempten. Bis 1769 wurde die Ortsherrschaft ständig als Lehen an Adelige vergeben, im 15./16. Jahrhundert an die Langenmantel, im 16./17. Jahrhundert an die Schertlin, im 17./18. Jahrhundert an die von Knöringen. Weil diese Familien als Ortsherren auch tatsächlich vor Ort residierten, war ein entsprechender Amtssitz nötig, mit repräsentativem Wohnsitz, Verwaltungsräumen, Ökonomiegebäuden, Häusern für Gesinde etc. Über das Aussehen des Renaissance-Schlosses der Freiherrn von Schertlin sind wir durch zeitgenössische Bild- und Schriftquellen gut informiert.[8]

2 Das Renaissance-Schloss der Freiherrn von Schertlin in Binswangen; Ausschnitt einer Karte des späten 16. Jahrhunderts (HStAM, Plansammlung, 2544)

Erbaut wurde der rechteckige Einflügelbau mit vier Ecktürmen von 1570 bis 1573 auf den Resten eines Vorgängerbaus, der wohl im Schmalkaldischen Krieg 1546 niedergebrannt worden war. 1743 erfolgten die letzten großen Maßnahmen am Schloss. Alexander Marquard von Knöringen ließ seinen Amtssitz der aktuellen Mode entsprechend umfassend barockisieren, wobei davon auszugehen ist, dass er dabei auf ältere Strukturen bzw. älteres Material zurückgriff. 1769 starb die Binswanger Linie der Freiherrn von Knöringen aus, Binswangen wurde danach nicht mehr als Lehen vergeben, sondern von Kempten durch einen Vogt selbst verwaltet. Das Fürststift versuchte zwar, die unliebsame, so weit nördlich gelegene Herrschaft gewinnbringend loszuwerden – u. a. existierten konkrete Pläne, ein Tauschgeschäft

8 StAA, Fürststift Kempten, Obervogtamt Binswangen Bd. 30 Salbucheintrag von 1736; StAA, Fürststift Kempten, Lehenhof A 178 eine besonders ausführliche Baubeschreibung um 1637.

mit dem Kurfürstentum Bayern einzugehen –, allerdings scheiterten alle derartigen Pläne und wurden schließlich durch die Säkularisation hinfällig.

Säkularisation in Binswangen: Bayerns Umgang mit seinen neuen Immobilien

Da der Vogt zunächst ein separates Gebäude bewohnte, war das Schloss schon ab 1769 – nicht einmal 30 Jahre nach dem Neubau bzw. Umbau – nutzlos geworden. Im Jahr 1772 ließ das Fürststift das herrschaftliche Anwesen von Joseph Dossenberger – dem berühmten schwäbischen Baumeister – schätzen, Grund waren Erbstreitigkeiten mit Freifrau von Schenk, der letzten Nachkommin der Freiherren von Knöringen.[9] Dossenberger setzte für das gesamte Anwesen inklusive aller Nebengebäude einen Wert von 20.431 Gulden an, das Schloss allein taxierte er auf 17.016 Gulden. Der Schätzpreis setzte sich zusammen aus dem materiellen Wert und aus den Arbeitsleistungen. Beispielsweise schlugen die ca. 762.000 verbauten Ziegel mit 4.890 Gulden zu Buche, die geleisteten Maurerarbeiten mit immerhin 2.600 Gulden.[10] Lohnkosten, v. a. für Fachkräfte, waren ein nicht zu unterschätzender Kostenfaktor, der für die Berechnung natürlich nur dann relevant war, wenn das Gebäude weiter genutzt werden sollte. Aus diesem Grund besaß Dossenbergers Gutachten bei Verkaufsverhandlungen im Jahr 1791 schon keine Gültigkeit mehr. Zum einen drückte der teure Bauunterhalt den Wert, zum anderen bestand kein Bedarf mehr für das Schloss, weil es als herrschaftliche Wohnung weder von Seiten *des Kauffenden noch Verkauffenden Theils benuzet werden kann.*[11]

Mit dem Jahr 1803 erübrigten sich alle Verhandlungen: Binswangen gelangte im Zuge der Säkularisation an Bayern und mit dem Ort auch die herrschaftlichen Gebäude. Der neue Eigentümer hatte für die erworbenen Immobilien selbst keine Verwendung, das Rentamt war bereits im benachbarten Wertingen untergebracht. Der Staat entschied sich daher, wie in so vielen anderen Fällen, für einen möglichst schnellen und gewinnbringenden Verkauf, um die durch Kriege stark strapazierte Staatskasse zu entlasten. Für das Schloss in Binswangen bedeutete dies das Ende. Was aber im Nachhinein oftmals den Anschein von Vandalismus und blindwütiger Zerstörung hat und gerade von katholischen Publizisten auch so gebrandmarkt wurde,[12] folgte, wie die gesamte Säkularisation in Bayern, einem äußerst planmäßigen Vorgehen. Nicht der Wille zur Zerstörung, sondern allein

---

9 StAA, Fürststift Kempten, Lehenhof Urkunde 141.

10 StAA, Fürststift Kempten, Archiv A 678.

11 Ebd.

12 Als penibelster und umfassendster Chronist der Säkularisation, aber auch als einer der härtesten Kritiker sei hier stellvertretend Alfons Maria Scheglmann genannt; vgl. Alfons Maria Scheglmann, Geschichte der Säkularisation im rechtsrheinischen Bayern, 3 Bde., Regensburg 1903–08.

pekuniäre Interessen waren handlungsleitend für die bayerischen Beamten. „Taxation auf Abbruch" galt immer nur als Notlösung, wie Rainer Braun herausstellt.[13] Einer Wiederverwendung der Gebäude war stets der Vorzug zu geben, weil dies einen höheren Verkaufserlös versprach. Es war Aufgabe der Lokalkommissare, Vorschläge für eine adäquate Nutzung der Gebäude und Grundstücke zu machen. Eine öffentliche Nutzung kam nur bei akutem Bedarf in Frage, unnötigen Bauunterhalt für den Staat galt es dagegen tunlichst zu vermeiden.[14] Kurzfristig fand sich für das Schloss in Binswangen keine Verwendung und kein Kaufinteressent, daher war der Abbruch zwar nicht von vornherein vorgesehen, aber billigend in Kauf genommen. Die Protokolle belegen, dass die bayerischen Beamten durchaus differenziert vorgingen und, Buchhaltern gleich, gewissenhaft kalkulierten. Den meisten anderen Gebäuden des Schlossgutes blieb die Zerstörung erspart: Namentlich das *Amtshaus samt dazu gehörigen zwey kleinen Gärtel, welches dermahlen der Untervogt bewohnt*, das *Jägerhaus samt Gärtel und kleine Hofraithe, welches dermalen die verwitwete Frau Obervögtin bewohnt*, das *Schweitzerhaus mit den Schweinställen* sowie das *sogenannte Hennen Haus bis an die Schweinställe* wurden als *ferner bewohnbar* verkauft.[15] Dagegen war man nach *gehörige*[r] *Einsicht* zu dem Entschluss gekommen, dass *das Schloß samt den Schloßmauern und der dazugehörige große Stadl zum Abbruch ganz allein geeignet seyn.*[16]

Nachdem diese grundsätzlichen Entscheidungen gefallen waren, wurden die nötigen Vorbereitungen zur Versteigerung eingeleitet. Am 24. April 1804 erhielten der ortsansässige Maurermeister Leonhard Schmied sowie der ebenfalls aus Binswangen stammende Zimmerermeister Xaver Seitz den Auftrag, alle herrschaftlichen Gebäude auf Größe und Zustand zu untersuchen, um abschließend *einen wohlüberlegten pflichtmäßigen Anschlag zu Protocoll zu geben.*[17]

---

13 Instruktion vom 11. März 1803: „Die Klostergebäude selbst werden in der Folge nach den Lokalitäten theils verkauft, theils zu öffentlichen Anstalten und Fabriken bestimmt, theils, wenn kein nützlicher Gebrauch möglich ist, abgetragen, und die Materialien anderwärtig verwendet werden, worüber vorläufig die Verwendung zu begutachten ist, indeß aber ist auf derselben Erhaltung möglichste Sorge zu tragen." Zitiert nach Rainer Braun, Blindes Wüten? Der Umgang des Staates mit den säkularisierten Klosterkirchen und -gebäuden, in: Ders. (Hg.), Bayern ohne Klöster? Die Säkularisation 1802/03 und die Folgen. Eine Ausstellung des Bayerischen Hauptstaatsarchivs München, 22. Februar bis 18. Mai 2003, München 2003, S. 304–327, hier 308.

14 Egon Johannes Greipl, Säkularisierte Klosteranlagen in Bayern als Problem der Denkmalpflege, in: Braun, Bayern ohne Klöster (wie Anm. 13) S. 513–525, hier 516.

15 StAA, Rentamt Wertingen 592a.

16 Ebd.

17 StAA, Regierung von Schwaben 322; Die Sachverständigen aus lokalen Maurer- und Zimmerermeistern zu rekrutieren, war in Schwaben und Altbayern das übliche Vorgehen. Hans Christian Mempel, Die Vermögenssäkularisation 1803/10. Verlauf und Folgen der Kirchengutenteignungen in verschiedenen deutschen Territorien, München 1979, S. 179.

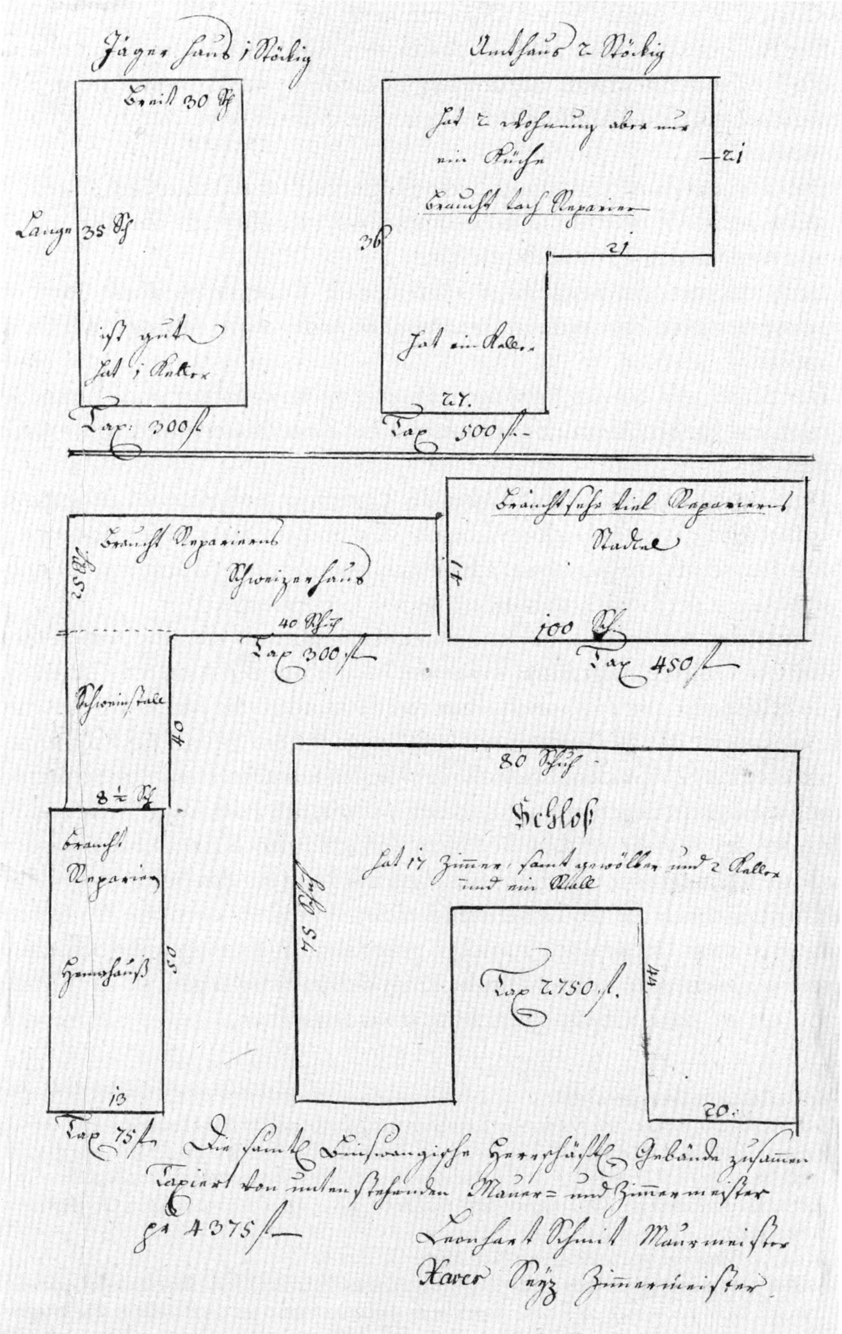

3 Einfache Grundrissskizzen aus dem Baugutachten von Maurermeister Leonhard Schmied und Zimmerermeister Xaver Seitz vom April 1804, angefertigt im Vorfeld der Versteigerung. (StAA, Rentamt Wertingen, 409)

Im Gutachten zu den einzelnen Objekten heißt es:

1. Für das herrschaftliche Schloss, das in den Augen der Gutachter *aus einem alten nach seiner innern Einrichtung ziemlich Vergangenen und größtentheils unbewohnbaren Gebäude bestehet*, wird ein Materialwert von 2.750 Gulden veranschlagt.
2. Das „Hennenhaus", ursprünglich eine Unterkunft für niedere Bedienstete, obgleich nicht für den Abbruch bestimmt, wird als ebenfalls baufällig erachtet und auf lediglich 75 Gulden geschätzt.
3. Auch das als „Schweitzerhaus" bezeichnete Ökonomiegebäude samt den Schweineställen habe *mehrere Reparationen nöthig*, wird aber mit 300 Gulden angesetzt.
4. Der Stadel, der bei der Versteigerung als *großer baufälliger Stadel* aufgeführt wird und für den Abbruch bestimmt ist, hat einen Materialwert von 450 Gulden.
5. Dem Amtshaus, in welchem bisher der Untervogt wohnte, wird ein gutes Gemäuer und ein guter Dachstuhl beschieden und auf 500 Gulden geschätzt.
6. Das herrschaftliche Jägerhaus schließlich war *ziemlich gut unterhalten* und in den Augen der Gutachter mindestens 300 Gulden wert.[18]

Im Gutachten unerwähnt, in der Versteigerung aber als einzelne zum Abbruch bestimmte Objekte aufgeführt, waren die Mauer um den hinteren Garten samt zweier Türen mit einem Mindestgebot von 30 Gulden, die Mauer auf der vorderen Schlossseite mit 20 Gulden und der Kirchgang vom Schloss zur Kirchenmauer mit ebenfalls 20 Gulden. Die Rolle der lokalen Gutachter und ihre Schätzpreise stehen schon seit längerem im Fokus der historischen Forschung. Während Rottenkolber der Ansicht ist, dass die Güter vielfach zu hoch eingeschätzt wurden,[19] vermutet Mempel eher eine bewusste Preisdrückung bei den Schätzern, wobei er sich hauptsächlich auf die Ländereien bezieht.[20] Eine absichtsvolle Fehleinschätzung weist zwar Dotterweich zurück,[21] grundsätzlich aber lagen die Schätzpreise bayernweit meist sehr niedrig. Dies bestätigt sich in Binswangen, wo alle Mindestgebote oft um das Vielfache überschritten werden sollten.

---

18 StAA Rentamt Wertingen 409.

19 Josef Rottenkolber, Die Fürstabtei Kempten am Vorabend der Säkularisation und ihr Übergang an Bayern, Kempten 1927, S. 54. Laut Rottenkolber wurden häufig die Abgaben nicht berücksichtigt, mit denen die Güter belastet waren. Für den Binswanger Fall jedenfalls trifft dies nicht zu, zumindest im Verkaufsprotokoll wurde der Grundzins zum jeweiligen Objekt minutiös aufgelistet.

20 Mempel, Vermögenssäkularisation (wie Anm. 17) S. 180 f.

21 Volker Dotterweich, Herrschafts- und Vermögenssäkularisation in Bayerisch-Schwaben. Politische, soziale und wirtschaftliche Aspekte, in: Pankraz Fried (Hg.), Probleme der Integration Ostschwabens in den bayerischen Staat. Bayern und Wittelsbach in Ostschwaben, Sigmaringen 1982, S. 114–153, hier 136 f.

Als Versteigerungstermin für die Baulichkeiten wurde vom Rentamt Wertingen der 11. Mai 1804 angesetzt und *durch öffentliche Blätter und durch amtliche Verweise*[22] der Bevölkerung im Vorfeld bekannt gegeben, um eine möglichst große potentielle Käuferschar zu mobilisieren. Die Versteigerung schließlich begann mit einem Rundgang, damit alle Interessenten die Objekte in Augenschein nehmen konnten. Daraufhin wurden die Rahmenbedingungen festgelegt sowie die Zahlungsmodalitäten geklärt. Für alle zum Abbruch vorgesehenen Gebäude galt, dass dies innerhalb von drei Jahren zu geschehen hatte, Anspruch auf den jeweiligen Grund und Boden hatten die Käufer nicht. Der ehemalige Obervogt lebte zu diesem Zeitpunkt im Schloss. Ihm wurde eine Räumungsfrist von zwei Monaten zugestanden. Für alle Käufer galt, dass sie ihren *Kaufschilling* in zwei Raten ableisten konnten, die erste Hälfte innerhalb von sechs Wochen nach dem Kauf, die zweite Hälfte bis spätestens zu St. Michaeli, also bis zum 29. September. Die anschließende Versteigerung endete wie folgt:

1. Das Schlossgebäude, das auf 2.750 Gulden geschätzt worden war, wurde für die enorme Summe von 4.759 Gulden an den jüdischen Händler Gumpp Hirsch aus Binswangen und seinen Geschäftspartner, den Gastwirt Johann Enderle aus Altenmünster, verkauft.
2. Die Mauer um den hinteren Schlossgarten samt zweier Türen, taxiert auf 30 Gulden, ersteigerte Salomon Strauß aus Binswangen um fast das Sechsfache, nämlich für 170 Gulden.
3. Bei der vorderen Schlossmauer wurde das Mindestangebot von 20 Gulden sogar um mehr als das Sechsfache überboten. Xaver Aumiller aus Laugna und Jakob Kofler aus Binswangen bekamen den Zuschlag für 133 Gulden.
4. Der auf 450 Gulden eingeschätzte Stadel ging für 550 Gulden an den Binswanger Gastwirt Jakob Gehring.
5. Der Kirchgang (Mindestgebot: 20 Gulden) wurde von Isaak Strauß aus Binswangen für 82 Gulden gekauft.
6. Das Amtshaus (Mindestgebot: 500 Gulden) erwarb der ortsansässige Bader Michael Moser für 850 Gulden.
7. Das Jägerhaus (Mindestgebot: 300 Gulden) ersteigerte Dominikus Fill für 354 Gulden.[23]

Die verbliebenen beiden Gebäude wurden aus der Versteigerung genommen. Das „Hennenhaus", welches auf 75 Gulden geschätzt worden war, wurde den Bewohnerinnen – *zwey armen ledigen Weibsbilder*[n] *Namens Maria und Maria Anna Dislerin*[24] – ohne Bieterwettstreit um 100 Gulden überlassen. Grund war ein Bitt-

---

22 StAA, Rentamt Wertingen 592a.

23 StAA, Rentamt Wertingen 409.

24 Ebd.

schreiben der beiden, in dem sie auf die lange Zeit verwiesen, in der sie und schon ihre Eltern als Bedienstete der ehemaligen Schlossherren dort wohnten und zu bedenken gaben, dass sie in ihrem hohen Alter wohl keine neue Bleibe mehr finden würden. Ähnlich wurde auch mit dem „Schweitzerhaus“ verfahren. Für 325 Gulden anstatt der veranschlagten 300 Gulden konnte der ehemalige Schlossökonom Kaspar Foidl den Hof übernehmen. Dies wurde ihm zugestanden, weil er unverschuldeterweise durch die neue politische Situation seiner Existenzgrundlage beraubt worden war.

Das Schloss als Rohstoffquelle: geborgenes Baumaterial und seine Wiederverwendung

Was nach der Versteigerung passierte, was vor allem mit den Materialien der zum Abbruch bestimmten Baulichkeiten geschah, lässt sich nur mehr indirekt nachvollziehen. Eigenbedarf wäre denkbar, allerdings finden sich in den Katastern für die fragliche Zeit nur wenige Neubauten unter den Namen der Käufer. Naheliegend ist daher, dass es als Handelsware erworben wurde – die Abbruchmasse als Spekulationsobjekt. Private Geschäfte lassen sich normalerweise kaum nachweisen; einem für die Betroffenen unglücklichen Umstand ist es zu verdanken, dass wir dennoch über das weitere Schicksal des Binswanger Schlosses informiert sind: Die beiden Schlosskäufer Gumpp Hirsch und Leonhard Enderle, die für den enormen Kaufpreis von 4.759 Gulden die Abbruchmasse des Schlosses ersteigert hatten, gerieten in finanzielle Schwierigkeiten. Konnten sie die erste Rate noch fristgerecht bezahlen, so baten sie bei der zweiten Rate das Landgericht Wertingen um Stundung. In einer Bittschrift vom 4. September 1804 erklären die beiden ausführlich, wie es zu ihrer misslichen Lage gekommen war:

1. Der Obervogt, dem bekanntlich eine Räumungsfrist von zwei Monaten zugestanden worden war, hielt diese Frist offenbar nicht ein. Der Abbruch verzögerte sich um drei Wochen und konnte erst im August beginnen.
2. Durch die Verzögerung konnte der Abbruch erst zur Erntezeit erfolgen, was zur Folge hatte, dass kaum Handwerker für die arbeitsintensive „Rohstoffgewinnung“ zur Verfügung standen. Ein Blick auf Hubert Roberts Gemälde lässt erahnen, welches Fiasko dies für die beiden Baustoffhändler bedeutete. Jedenfalls konnten sie ohne Arbeiter *auch keine Materialien zum Verkaufe bekommen*.
3. An zusätzliches Kapital zu gelangen, war schwierig, weil offensichtlich bereits für die erste Rate Kredite aufgenommen worden waren. Hier tritt die riskante Strategie der beiden Geschäftspartner zu Tage: Das ersteigerte Baumaterial konnte nur durch den Erlös desselben finanziert werden.
4. Zu allem Überfluss verkaufte sich das bisher gewonnene Baumaterial auch noch schlecht, was am durch die Säkularisation hervorgerufenen Überangebot gelegen haben dürfte. Der Baustoffmarkt war gesättigt, die Preise entsprechend niedrig.

5. Abschließend *sei es wohl sichtlich, und keinem Zweifel mehr unterworfen, als daß* [die beiden Schlosskäufer] *bey diesem unüberlegten Kaufe einen beträchtlichen Verlust ertragen müß*[t]*en.*[25]

Der Schlosskauf hatte sich für Hirsch und Enderle zum finanziellen Desaster entwickelt und vom Staat konnten die beiden auf keinerlei Verständnis hoffen. Auf Nachfrage wies die Landesdirektion Ulm in einem Schreiben vom 7. September 1804 das Rentamt Wertingen dazu an, den Käufern unter keinen Umständen eine Fristverlängerung zu gewähren *und im Nichterfüllungsfall gegenselbe sogleich die Execution unnachsichtlich eintreten zu laßen.*[26] Zu derart drastischen Maßnahmen kam es nicht, die zweite Rate scheint fristgerecht bezahlt worden zu sein, jedenfalls werden Gumpp Hirsch und Leonhard Enderle in einem Verzeichnis aus dem Jahre 1810 noch immer als Käufer des Schlosses aufgeführt.[27] Damit endet aber die archivalische Überlieferung zum Schlossgut in Binswangen.

Der Abbruch dürfte – trotz der von Hirsch / Enderle angeführten Verzögerungen – ziemlich zeitnah zur Versteigerung erfolgt sein, um das Baumaterial möglichst schnell weiterverkaufen zu können. Wohin und an wen die einzelnen Bauteile des Schlosses schließlich verkauft wurden, lässt sich archivalisch nicht mehr nachweisen. Noch wenige Jahre vor der Versteigerung wäre es möglich gewesen, zumindest teilweise die Geschäfte der jüdischen Händler zu verfolgen. Seit 1621 bestand eine „Protokollierungspflicht von Geschäftsabschlüssen zwischen Juden und ihren christlichen Kunden, deren Summe einen bestimmten Mindestwert überschritten hatten".[28] Diese Verordnung wurde auch in Binswangen strikt umgesetzt, wie diverse Protokolle vom 17. Jahrhundert bis in die ersten Jahre des 19. Jahrhunderts belegen. Im Jahr 1804 galt diese Regelung nicht mehr. Schriftliche Aufzeichnungen der jüdischen Händler haben sich nicht erhalten, sodass andere Mittel und Wege gefunden werden müssen, um den Resten des Binswanger Schlosses nachzuspüren.

Eine Spurensuche: Zweitverwendetes Baumaterial und wiederbenutzte Ausstattungsstücke

Auch wenn immerhin vier herrschaftliche Gebäude die Säkularisation überstanden, so wurden mit dem Schloss, dem großen Stadel und den umgebenden Mauern die eigentlichen Kernbauten zerstört. Im Grunde ging damit das Ende des gesamten Schlossguts Binswangen einher, denn ohne gemeinsamen Bezugspunkt,

---

25 StAA, Regierung von Schwaben 322.

26 StAA, Rentamt Wertingen 592a.

27 StAA, Rentamt Wertingen 612.

28 Sabine Ullmann, Nachbarschaft und Konkurrenz. Juden und Christen in Dörfern der Markgrafschaft Burgau 1650 bis 1750, Göttingen 1999, S. 234.

ohne bauliche Geschlossenheit war das „Schweitzerhaus“ nur mehr eine gewöhnliche Sölde, das „Hennenhaus“ ein weiteres Gnadenhaus und das „Jägerhaus“ ein Handwerkerhaus.

Doch während sich die Schicksale der in situ verkauften Gebäude anhand der Akten gut verfolgen lassen, verliert sich von den abgebrochenen Bauten nach der Versteigerung quellentechnisch meist jede direkte Spur. Auf Eigenbedarf kann noch durch entsprechende Hinweise in den Katastern geschlossen werden. Salomon Strauß beispielsweise ersteigerte im Jahr 1804 die Schlossmauer um den hinteren Garten für 170 Gulden. Jener Salomon Strauß erwarb im selben Jahr ein Grundstück an der heutigen Hauptstraße und baute darauf ein Jahr später ein Wohnhaus mit der Hausnummer 136.[29] Die Vermutung liegt entsprechend nahe, dass die Ziegelsteine der Schlossmauer unmittelbar beim eigenen Hausbau wiederverwendet wurden. Ähnliche Fälle sind bei den anderen Käufern nicht auszuschließen, allerdings quellentechnisch nicht belegbar. Gerade kleinere An- oder Umbauten fanden keinen Niederschlag in den Akten. War die Abbruchmasse für den Weiterverkauf vorgesehen, fällt es noch schwerer, die Wege des Baumaterials zu verfolgen. Immerhin lassen sich auf Basis indirekter Hinweise Schlussfolgerungen über den möglichen Verbleib ziehen. Als wichtige Quelle erweist sich dabei das bereits erwähnte Bittschreiben von Gumpp Hirsch und Leonhard Enderle. Da die beiden möglichst schnell Kapital benötigten, um ihre Kaufschulden beim Staat begleichen zu können, musste ihnen sehr daran gelegen sein, das Schloss in seinen Einzelteilen möglichst schnell weiterzuverkaufen. Über den Aktionsradius jüdischer Händler wissen wir dank der akribischen Studie von Sabine Ullmann gut Bescheid. Binswanger Juden pflegten schon im 18. Jahrhundert Geschäftsbeziehungen in einem Umkreis von 16 Kilometern.[30] Diese weitreichenden Geschäftsbeziehungen dürften sich im 19. Jahrhundert kaum verringert haben. Allerdings stellt sich die Frage, inwieweit die Händler logistisch in der Lage waren, schwere und sperrige Güter, wie Ziegelsteine oder Bauholz, über eine längere Distanz zu transportieren.

Aus dem Bittschreiben geht auch hervor, dass Hirsch und Enderle kaum Arbeiter für die Abbrucharbeiten fanden, für etwaige Fuhrdienste dürfte wahrscheinlich dasselbe gegolten haben. Es ist daher anzunehmen, dass der Hauptabsatzmarkt im Dorf selbst zu suchen ist. In Frage kommen also vor allem Häuser in Binswangen, die um 1804/05 erbaut wurden. Ein solches Haus findet sich beispielsweise auf dem einstigen Schlossareal selbst. 1805 errichtete der ehemalige Untervogt Lorenz

---

29 StAA, Rentamt Wertingen 59III.

30 Ullmann, Nachbarschaft und Konkurrenz (wie Anm. 28) S. 261. Diese Zone markiert den Hauptaktionsradius der jüdischen Händler, Ullmann macht aber auch darauf aufmerksam, dass die Geschäftskontakte weit darüber hinaus reichten, belegt sind beispielsweise Handelsbeziehungen ins über 60 Kilometer entfernte Apfeltrach bei Mindelheim.

Blum, der bis zur Säkularisation das herrschaftliche Amtshaus bewohnt hatte, ein kleines Wohnhaus mit der Hausnummer 134.[31] Und am benachbarten „Schweitzerhaus" wurde unmittelbar nach dem Verkauf ein Stadel angebaut und zudem das gesamte Gebäude mit einem neuen Dach versehen. Was lag näher, als das zur Verfügung stehende Baumaterial vor der Haustüre zu verwenden und sich somit jegliche Transportkosten zu sparen? Ebenfalls 1805 erbaut wurde Hausnummer 137 von Julius Strauß.[32] Dabei handelt es sich um die zweite Doppelhaushälfte zur oben genannten Hausnummer 136 von Salomon Strauß. Dieses zweigeschossige, traufseitige Doppelhaus mit Mansard-Halbwalmdach an der Hauptstraße 17/19 hat sich bis heute erhalten und steht inzwischen unter Denkmalschutz.[33]

Beim Doppelhaus tritt neben den Schriftquellen noch eine weitere, schwer greifbare und mitunter diffuse Informationsquelle hinzu, die als lokaler Wissensbestand bezeichnet werden soll. Darunter ist jenes Wissen zu verstehen, das die lokale Bevölkerung oder zumindest Teile davon bis heute vom ehemaligen Schlossgut besitzen. Worauf dieser lokale Wissensbestand basiert, ob auf mündlicher Überlieferung, auf individuellen Nachforschungen oder reinen Vermutungen, bleibt unklar. Jedenfalls ist im Dorf allgemein bekannt, dass die beiden ehemaligen Haustüren des Doppelhauses Hauptstraße 17/19, die vor einigen Jahren durch moderne Türen ersetzt, aber glücklicherweise weiterhin aufbewahrt wurden, zum ehemaligen Schloss gehörten. Auch ein Treppenaufgang im Innern soll vom Schloss stammen. Darüber hinaus befindet sich nach allgemeinem Wissensstand eine weitere Schlosstüre an der Hauptstraße 2. Zu diesem ehemaligen jüdischen Wohn- und Geschäftshaus, das ebenfalls als Denkmal eingetragen ist,[34] führt aus den Akten heraus keinerlei Hinweis mehr. Auch wenn diese Information nicht mehr nachvollziehbar ist, so ist sie doch ohne weiteres denkbar und muss daher ernst genommen werden.[35] Selbiges gilt auch für die großen Kalkplatten, die laut Kenntnis bzw. Vermutung des Besitzers angeblich ebenfalls aus dem Schloss stammen und bis vor kurzem in einem Stall an der Hauptstraße 5 verbaut waren. Dieses ehemalige Pfründehaus gehörte seit jeher zur benachbarten Gastwirtschaft, welche 1804 im Besitz von Jakob Gehring war. Der Name des Gastwirts Jakob Gehring findet sich auch auf dem Versteigerungsprotokoll wieder, er kaufte den zum Abbruch bestimmten großen Stadel.

---

[31] StAA, Rentamt Wertingen 22.

[32] StAA, Rentamt Wertingen 59III.

[33] Bayerisches Landesamt für Denkmalpflege, Denkmal-Nr. D-7-73-116-5, „Wohnhaus, zweigeschossiges, traufseitiges Doppelhaus mit Mansard-Halbwalmdach, um 1800."

[34] Bayerisches Landesamt für Denkmalpflege, Denkmal-Nr. D-7-73-116-3, „Wohnhaus, zweigeschossiger Mansarddachbau in Ecklage mit profilierten Giebelgesimsen, 18./19. Jh."

[35] Hinweise zu den drei Türen finden sich auch bei Karl Öhlschlager, Binswangen. Lebendiges Zeugnis reicher Vergangenheit, Binswangen 1982, S. 48 f.

Zwei weitere Objekte, die nach lokalem Wissen einst zum Schloss gehört hatten, werfen zusätzliche Fragen auf, weil es sich dabei nicht um zweitverwendete Bauteile handelt, sondern um Teile der Ausstattung: zum einen um ein Stück Wandvertäfelung, heute ausgestellt im Wertinger Heimatmuseum, zum anderen um einen imposanten Schrank in Privatbesitz.[36] Das Heimatmuseum besitzt keinerlei Informationen zur Herkunft der bemalten Tafel, nur dass sie in den 30er Jahren des 20. Jahrhunderts auf nicht näher bekannten Wegen Eigentum der Stadt Wertingen wurde und dass sie eben aus dem einstigen Schloss in Binswangen stammen soll.

Der Schrank wiederum stand vor einigen Jahrzehnten noch im Haus Hauptstraße 2, an der bis heute besagte Schlosstür angebracht ist. Grundsätzlich stellt sich die Frage, wie die Wandvertäfelung und der Schrank überhaupt in Privatbesitz gelangten. Die Innenausstattung bzw. das Mobiliar des Schlosses stand den Akten nach gar nicht zur Versteigerung, denkbar ist ein staatlicher Verkauf dennoch. Auch die Ausstattung säkularisierter Gebäude ging grundsätzlich an den Staat über und wurde bei Bedarf in öffentlichen Gebäuden weiterverwendet. Durch das kurzfristige Überangebot an Möbeln, das im Zuge der Säkularisation entstand, fanden aber auch viele ursprünglich herrschaftliche Ausstattungsstücke ihren Weg in private Haushalte. Möglich wäre aber auch ein Verkauf bereits in den 1770er Jahren durch die Erben der Freiherrn von Knöringen. Schließlich war die Innenausstattung des Schlosses als Allodialbesitz deklariert und nach langen Gerichtsverhandlungen der letzten Verwandten Maria Freifrau von Schenk und ihrer Familie zugesprochen worden.[37]

Ob nun aber quellenbasierte Vermutung oder lokaler Wissensbestand, beide Informationsquellen liefern letztendlich keine Beweise, sondern lediglich Hinweise auf Relikte des Schlosses. Wie aber lassen sich die verschiedenen Bauteile und Ausstattungsstücke des Schlosses als solche nachweisen? Finden sich auf dem Bauteil oder Ausstattungsstück selbst keine expliziten Verweise auf das Schloss, ist eine endgültige Zuordnung zum ehemaligen Schloss prinzipiell nicht möglich. Allerdings lassen sich durch bauforscherische Methoden und kunsthistorische Analysen ermittelte Verdachtsfälle zumindest erhärten oder entkräften. Ein paar dieser Methoden sollen im Folgenden kurz vorgestellt, erörtert und punktuell angewandt werden.

Der quantitativ größte Teil des herrschaftlichen Abbruchmaterials bestand aus Ziegelsteinen, das Schloss allein bestand ja laut Dossenberger schon aus etwa 762.000 Stück. „Von d[ies]en Steinen mag so mancher Binswanger sein Haus, seinen Stall oder seine Scheune erbaut haben,“[38] wie Öhlschläger vorsichtig formu-

---

36 Auch der Schrank wird bei Öhlschläger aufgeführt, ebd.

37 StAA, Fürststift Kempten, Lehenhof Urkunde 141.

38 Öhlschläger, Binswangen (wie Anm. 35) S. 48.

liert. Tatsächlich lässt sich dies nur schwer nachweisen, denn neben praktischen Problemen wie der Zugänglichkeit sieht man Ziegelsteinen weder ihre Zweitverwendung unmittelbar an, noch lässt sich ihr Alter ohne weiteres bestimmen. Als absolute Datierungsmethode käme theoretisch eine Thermoluminiszenz-Datierung in Frage, doch abgesehen davon, dass diese Methode technisch sehr aufwendig und teuer ist, sind dadurch gewonnene Resultate recht ungenau.[39] Geht es um die Frage, ob ein Ziegelstein einst für den Schlossbau fabriziert wurde, kommt es aber auf eine jahrgenaue Datierung an. Als relative Datierungsmethode wäre noch eine typologische Herangehensweise denkbar, also eine Annäherung über die Gestalt und das Format der Steine. Bekanntlich wurde in den deutschen Staaten erst 1872 mit dem Reichsformat ein einheitliches Ziegelformat eingeführt. Zuvor fertigte jede Ziegelei ihre mehr oder weniger individuellen Formate. Es müsste folglich versucht werden, das verwendete Format der herrschaftlichen Ziegelei in Binswangen[40] um das Jahr 1743 herauszufinden. Doch selbst wenn dies gelänge, wäre die Beweiskraft nur gering. Das Ziegelformat des Jahres 1743 wurde vermutlich schon zuvor und noch danach verwendet, auch produzierte die herrschaftliche Ziegelei wohl nicht allein für herrschaftliche Bauwerke, sondern auch für private Bauherren. Folglich muss ein Ziegelstein mit historischem Format, verbaut in einem moderneren Bauwerk, keineswegs zwangsläufig aus dem ehemaligen Schloss stammen. Erschwerend hinzu kommt die Tatsache, dass beim Schlossbau nicht nur neue Ziegel verbaut, sondern aller Wahrscheinlichkeit nach auch ältere Steine wiederverwendet wurden, wie bereits Dossenberger andeutete.[41] Das Bauwerk wies entsprechend eine Vielzahl an Ziegelformaten auf, welche heute alle aufzuspüren höchst aufwendig, wenn nicht unmöglich ist.

Weitaus besser als Ziegelsteine lassen sich Bauhölzer auf mögliche Zweitverwendung hin untersuchen und mit Hilfe der Dendrochronologie auch jahrgenau datieren.[42] Anhand von Zapfenlöchern oder Blattsassen, die nicht mit der beste-

---

39 „Unter günstigen Umständen – Steine für die Beprobung müssen aus dem Innern einer dickeren Mauer entnommen werden – lassen sich Datierungen mit einem Spielraum von weniger als einem halben Jahrhundert gewinnen." Ulrich G. GROSSMANN, Einführung in die historische und kunsthistorische Bauforschung, Darmstadt 2010, S. 53.

40 StAA, Fürststift Kempten, Obervogtamt Binswangen Bd. 30, das Salbuch von 1736 erwähnt einen herrschaftlichen Ziegelstadel oberhalb des Schlosses und auch Öhlschläger schreibt von einer Ziegelei des Ortsherrn; vgl. ÖHLSCHLÄGER, Binswangen (wie Anm. 35) S. 169. Noch heute deutet eine Straße oberhalb des Schlossberges auf die Ziegeleivergangenheit in Binswangen hin.

41 StAA, Fürststift Kempten, Archiv A 678: *Wobey ich dahin gestelt seyn lassen muss, obe, und was für im alten Abbruch bey dem Newbau verwendet worden, folgbar von der oben berechneten Anzahl deren Ziegelstainen abzuschreiben seyn därfte.*

42 Die Dendrochronologie zählt in der Bauforschung zu „einer der wichtigsten Datierungshilfen überhaupt". Vgl. Manfred SCHULLER, Bauforschung und Denkmalpflege, in: Achim HUBEL (Hg.), Denkmalpflege. Geschichte – Themen – Aufgaben, Stuttgart 2011, S. 244–273, hier 263. Die Methode beruht auf der Erkenntnis, dass das Holzwachstum von Jahr zu Jahr variiert

henden Konstruktion in Zusammenhang gebracht werden können, sind zweitverwendete Hölzer leicht zu identifizieren. Auch willkürliche Abbundzeichen, die in kein einheitliches System passen, sowie in ihren Dimensionen stark voneinander abweichende Hölzer können ein Hinweis auf Zweitverwendung sein. Nach diesen Gesichtspunkten wurden im vorliegenden Fall die Dächer der in Frage kommenden Häuser – sofern zugänglich – untersucht.

Beginnend mit der historischen Hausnummer 136, fanden sich im gesamten Dachwerk keinerlei Verdachtsmomente. Kein Bauteil der liegenden Stuhlkonstruktion zeigt ungewöhnliche Bearbeitungsspuren, kein Bauteil fällt durch seine abweichenden Dimensionen aus dem Rahmen. Die gesamte Konstruktion weist ein einheitliches Abbundzeichensystem auf, zusätzliche, nicht zur bestehenden Konstruktion gehörige Abbundzeichen sind dagegen nicht zu finden. Gleiches gilt für das ehemalige Gnadenhaus des Untervogts auf dem Schlossberg: keine Anzeichen im Dachwerk oder an den Deckenbalken, die auf eine Zweitverwendung deuten würden.

Anders verhält es sich dagegen beim ehemaligen „Schweitzerhaus“ (s. Abb. 4). Das Abbundzeichensystem deutet auf eine einheitliche Dachkonstruktion hin. Es finden sich aber vereinzelt zusätzliche Abbundzeichen, die aus dem Rahmen fallen und vermutlich noch aus einem älteren Abbund stammen. Die meisten Bauhölzer weisen zwar ähnliche Maße auf, allerdings überraschen die ungewöhnlich starken Dimensionen der Sparren. Die eindeutigsten Indizien für eine Zweitverwendung der Hölzer sind aber diverse Zapfenlöcher und auch Blattsassen, die nicht mit der bestehenden Dachkonstruktion in Einklang gebracht werden können. Der aus den historischen Akten heraus entstandene Verdachtsfall, es könnte sich um Baumaterial aus dem ehemaligen Schloss handeln, wird durch diese Beobachtungen erhärtet. Darauf aufbauend eignet sich zur weiteren Verifizierung oder auch zur Falsifizierung der These eine dendrochronologische Untersuchung zur exakten Datierung der Hölzer. Würden die Hölzer um das Jahr 1743 datieren, wäre dies ein starkes Indiz dafür, dass es sich tatsächlich um zweitverwendetes Baumaterial aus dem Schloss handelt.

Bei der vorgenommenen dendrochronologischen Untersuchung bestätigte sich diese Vermutung allerdings nicht. Von den acht entnommenen Proben konnten lediglich drei eindeutig datiert werden. Für eine Fichtenprobe konnte das Fälljahr Winter 1714/15 ermittelt werden. Unter der Annahme, dass das Holz nach dem Fällen zeitnah verbaut wurde und kein allzu großer Zeitverlust durch den

---

und sich diese Unterschiede am Holz in verschieden breiten Jahrringen niederschlagen. Weist die Probe genügend Jahrringe auf und hat sich der äußerste Jahrring, die sogenannte Waldkante erhalten, ist eine jahrgenaue Datierung des Fälljahres möglich; vgl. Grossmann, Einführung (wie Anm. 39) S. 49 f.

4 Das „Schweitzerhaus" (Am Schlossberg 9), letztes erhaltenes Gebäude der einstigen Schlossanlage (Foto: Simon Kotter)

Holztransport entstand, kann dieses zweitverwendete Bauteil folglich kaum aus dem ehemaligen Schloss stammen. Bei zwei Tannenproben wiederum konnte der letzte ausgemessene Jahrring auf das Jahr 1596 bzw. 1603 datiert werden. Weil bei beiden Proben keine Waldkante erhalten ist, kann kein exaktes Fälljahr ermittelt werden. Doch genügt die zeitliche Eingrenzung, um festzustellen, dass auch diese Hölzer weder vom Renaissance-Schloss noch vom Barock-Schloss stammen können. Die aus den Schriftquellen heraus entstandenen Vermutungen konnten in diesem Fall durch bauforscherische Methoden widerlegt werden.

Bei den weiteren genannten Ausstattungsstücken liefern Material, Form und Konstruktion wichtige Hinweise. Die drei eichenen Haustüren beispielsweise von Hauptstraße 3 und Hauptstraße 17/19 (s. Abb. 5–7) zeichnen sich durch annähernd gleiche Formate, durch eine gleiche Konstruktion als gestemmte Füllungstüren sowie durch dieselbe Stilistik aus, was eine gewisse Zusammengehörigkeit nahelegt. Ihre reichen Schnitzereien und aufwendigen Beschläge heben sie von gewöhnlichen Haustüren ab und machten schon früher die Denkmalpflege aufmerksam. Beim eingetragenen Baudenkmal Hauptstraße 2 verweist Wörner explizit auf die „sehr schöne klassizistische Haustür (zweiflügelig) mit Oberlichtgitter über Kämpfer und geschnitzten Füllungen: oben Lambrequins und Mutuli, in der Mitte querliegende Blattrosette und Beschläge, an der Deckleiste Wellen- und

5–7 Mutmaßliche Türen des ehemaligen Schlosses, (einst) verbaut in den Häusern Hauptstraße 2 bzw. Hauptstraße 17/19 (Fotos: Simon Kotter)

Scheibenband."[43] Und auch beim Doppelhaus Hauptstraße 17/19 beschreibt er detailliert die „zwei klassizistische[n] Türen mit Kämpfer, Oberlicht und Schnitzdekor: die Füllungen geriefelt, am Futter Blattstäbe. Mitte und Ecken des oberen Rahmens durch keilförmige bzw. quadratische Verstärkungen betont."[44]

Künstlerische und handwerkliche Qualität sind ohne Zweifel eines Schlosses würdig, doch lässt eine stilistische Datierung Zweifel aufkommen. Wie bereits Wörner feststellt, sind die Türen nicht mehr dem Barock und auch nicht mehr dem Rokoko zuzuweisen, sondern bereits dem Klassizismus. An die Stelle bauchiger und phantasievoller Formen und Linien treten klare Rechtecke. Geometrisch interessante Punkte wie Ecken, Rahmen oder Mittelpunkte werden betont und mit Ornamenten geschmückt. Es finden sich zierliche, antike Schmuckelemente wie Kannelüren und Triglyphenplatten, vor allem aber Rosetten und Girlandenbehang, was eindeutige Kennzeichen des Louis-Seize-Stils oder auch Zopfstils sind.[45] Jener Louis-Seize-Stil gilt als Übergangsphase zwischen Rokoko und Klassizismus und bestimmte die Mode in der Zeit von 1760 bis etwa 1790. Aller Wahrscheinlichkeit nach wurden die drei Haustüren also tatsächlich zweitverwendet, immerhin datiert das Doppelhaus Hauptstraße 17/19 laut Akten erst auf 1805. Dies bedeutet aber auch, dass die drei Türen kaum zur Originalausstattung des 1743 erbauten Schlosses gehören können. Wenn sie einst Teil der Schlossausstattung waren, wovon die heutigen Besitzer fest überzeugt sind, dann müssen sie in einer späteren Epoche hinzugefügt worden sein.

Besagter Schrank (s. Abb. 8), der einst im Haus Hauptstraße 2 stand, ist dagegen leicht dem Rokoko zuzuordnen und passt damit gut in die Bauzeit des Schlosses. Bei einer Restaurierung wurde das Möbelstück zwar gekürzt, die Füße ausgetauscht und die ursprüngliche Farbfassung abgelaugt. Dennoch sind die typischen geschweiften und gebauchten Formen sowie das beherrschende und auch namengebende Ornament, die Rocaille, unverkennbar.[46] Größe und künstlerische Qualität würden einer herrschaftlichen Nutzung auf jeden Fall gerecht. Grundsätzlich sind Möbelstücke, was ihre Entstehungszeit anbelangt, unabhängig vom Bauwerk, in dem sie stehen. Im Rokoko aber bildeten Bauwerk und Ausstattung eine Einheit und galten als Gesamtkunstwerk. Ein Schrank beispielsweise war in die

---

43 Hans Jakob Wörner, Ehemaliger Landkreis Wertingen (Bayerische Kunstdenkmale 33) München 1973, S. 73.

44 Ebd. S. 74.

45 Florian Langenbeck / Mila Schrader, Türen, Schlösser und Beschläge als historisches Baumaterial. Ein Materialleitfaden und Ratgeber, Suderburg 2002, S. 51.

46 Renate Dolz, Möbelstilkunde. Schöne Möbel und Einrichtungsgegenstände aus Mittelalter, Renaissance, Barock, Rokoko, Empire, Biedermeier, Jugendstil und Art Déco, München 2001, S. 202; Gloria Ehret, Deutsche Möbel des 18. Jahrhunderts. Barock – Rokoko – Klassizismus, München 1986, S. 18.

8 Mutmaßlicher Schrank aus dem Inventar des ehemaligen Schlosses (Foto: Simon Kotter)

9 Mutmaßliche Wandvertäfelung aus dem ehem. Schloss, heute im Heimatmuseum Wertingen ausgestellt. (Foto: Simon Kotter)

Gesamtarchitektur integriert, er „suchte sich der Wand anzuschmiegen und das Ziersystem der reicher und lebendiger gewordenen Ornamentik der geschnitzten Panneaux aufzunehmen, um sie dann wieder zur Wand zurückzuleiten".[47] Wenn aber dieses Mobiliar zur einstigen Schlossausstattung gehörte und im Zuge des Schlossneubaus um 1743 entstand, gelangte es, wie oben bereits angedeutet, nicht erst im Zuge der Säkularisation in Privatbesitz, sondern wurde bereits im 18. Jahrhundert von den von Knöringen'schen Erben verkauft.

Ähnliches gilt wohl auch für die Wandvertäfelung, sofern diese überhaupt vom Schloss in Binswangen stammt. Dargestellt ist ein Mann vor dunklem Hintergrund mit Gewehr. Ohne auf den Malstil, die dargestellte Person oder deren Kleidung näher einzugehen, irritiert vor allem das große Wappen: Drei schwarze Wolfsangeln auf gelbem Grund sind die heraldischen Symbole der Freiherren vom Stain.[48] Sie hatten im schwäbischen Raum einige Ortsherrschaften inne, u. a. in Bächingen und Jettingen. Zu Binswangen aber lässt sich bisher keine direkte

[47] Heinrich Kreisel / Georg Himmelheber, Die Kunst des deutschen Möbels Bd. 2. Spätbarock und Rokoko, München 1983, S. 159.

[48] Johann Siebmacher / Horst Appuhn (Hg.), New Wapenbuch Bd. 1, Dortmund 1988, S. 111.

Verbindung herstellen, die eine Abbildung im dortigen Schloss rechtfertigen würde. Weil die Provenienz der Wandtafel allgemein im Dunkeln liegt, ist eine Zuschreibung als ehemaliger Bestandteil des Binswanger Schlosses zumindest stark anzuzweifeln.

Bei den geschliffenen, handgekanteten Kalksteinplatten (s. Abb. 10) scheint eine kunsthistorische Datierung kaum möglich. Bekannt ist grundsätzlich, dass Natursteinböden nördlich der Alpen im Laufe des 16. Jahrhunderts aufkamen und als etwas besonders Kostbares galten.[49] Sie waren lange Zeit großen Sakralräumen und festlich repräsentativen Profanräumen vorbehalten. Weil qualitätvolle Natursteinvorkommen selten waren, stellten im gesamten südwestdeutschen und süddeutschen Raum Solnhofer Platten, „die frisch geschliffen einen seidig-marmornen Glanz haben, [...] das bevorzugte Material für Fußböden der Kirchen, sowie Treppenhäuser, Vorräume und Säle der Schlösser dar".[50] Ein Transport über die nahegelegene Donau war sicherlich kein Problem, wenn man bedenkt, dass Solnhofer Platten auf demselben Weg bis nach Österreich exportiert wurden. Was Form und Farbigkeit anbelangt, waren auch hochrangige Natursteinböden nördlich der Alpen sehr zurückhaltend gestaltet. Das Spektrum an Formen reichte

10 Mutmaßliche Bodenplatten des ehemaligen Schlosses, lange Zeit in einem Stall (Hauptstraße 5) verbaut (Foto: Simon Kotter)

49 Hiltrud Kier, Schmuckfußböden in Renaissance und Barock, München 1976, S. 69.
50 Ebd. S. 12.

von der einfachen Raute über Sechseck und Achteck bis hin zu dem im süddeutschen Raum beliebten Rosenspitzmotiv, bestehend aus einem Quadrat und umgeben von vier Sechsecken, den sogenannten Schiffchen.[51] Demnach erscheinen die vorgefundenen quadratischen Steinplatten der Form nach eher schlicht, mit den beeindruckenden Maßen von 80 Zentimeter auf 80 Zentimeter und einer Dicke von sechs Zentimeter wären sie aber tatsächlich eher in einem Schloss zu vermuten als in einem Stadel oder einem Stall. Eindeutig belegen lässt sich auch diese Provenienz nicht, gestützt wird die These aber immerhin von Dossenbergers Baugutachten, wo von „weisse[n] Pflasterstaine[n] in dem Plöz“[52] die Rede ist.

Eine intensive Auswertung der historischen Schriftquellen sowie ein vorurteilsfreier Umgang mit lokalen Wissensbeständen erweisen sich nach diesen ersten oberflächlichen Untersuchungen also durchaus als adäquate Wege, um Überreste des Schlosses in Zweitverwendung aufzuspüren. Bedenkt man aber die einstige Größe des Schlosses und vergleicht sie mit den wenigen Relikten, die bisher aufgespürt werden konnten, dann zeigen die spärlichen Resultate die Grenzen solcher Nachforschungen auf. Zum Gros der zweitverwendeten Bauteile führt keinerlei Aktennotiz und keine noch so vage Vermutung innerhalb der Bevölkerung. Durch einen glücklichen Umstand wird einem diese Tatsache eindrucksvoll vor Augen geführt. In den Jahren 2010 bis 2014 wurde in Binswangen das „Schillinghaus“ an der Hauptstraße 33 von der Gemeinde und diversen Ortsvereinen aufwendig saniert. Der eingeschossige Satteldachbau mit seiner reich verzierten Schaufassade gehört zu den Ortsbild prägenden Gebäuden und ist als Denkmal eingetragen.[53] Bei der kunsthistorischen Einschätzung einer damit einhergehenden Datierung ist sich die einschlägige Literatur einig: Im Kurzinventar des bayerischen Landesamtes für Denkmalpflege ist die Rede von einem „[s]ehr ansprechende[n], ehemalige[n] Judenhaus der Biedermeierzeit, um 1840/50“.[54] Im Handbuch der Deutschen Kunstdenkmäler heißt es ganz ähnlich: „Ehem. Judenhaus (Hauptstr. 33). Eingeschossiger Satteldachbau der Biedermeierzeit, um 1840/50.“[55]

Nach eingehender Befunduntersuchung im Zuge der Sanierung kommt der Kirchenmalermeister Wolfgang Lorenz aber auf ein gänzlich anderes Urteil: „Es [das Schillinghaus] ist aber schon im Urkataster 1814 als bestehendes Gebäude zu sehen, und die Tatsache, daß im Haus viele unterschiedliche und dekorativ

---

51 Rolf Wihr, Fußböden. Stein, Mosaik, Keramik, Estrich, Geschichte, Herstellung, Restaurierung, München 1985, S. 148.

52 StAA, Fürststift Kempten, Archiv A 678.

53 Bayerisches Landesamt für Denkmalpflege, Denkmal-Nr. D-7-73-116-8, „Wohnhaus, ehem. Judenhaus, erdgeschossiger Satteldachbau mit reich gestalteter Fassade, um 1840/50.“

54 Wörner, Wertingen (wie Anm. 43) S. 74.

55 Bruno Bushart / Georg Paula, Handbuch der deutschen Kunstdenkmäler. Bayern III: Schwaben, München 2008, S. 192.

11 Sog. Schillinghaus (Hauptstraße 33), ehemaliges jüdisches Wohnhaus, in dem laut Befunduntersuchung von Wolfgang Lorenz diverse Bauteile des ehemaligen Schlosses verbaut sind. (Foto: Simon Kotter)

hochwertige Elemente (Fenster und Türen) hauptsächlich des 18. Jahrhunderts in Zweitverwendung verbaut sind, legt den Schluß nahe, daß das Gebäude nach dem Abbruch des Binswanger Schlosses (1804) mit dessen Baumaterial errichtet wurde."[56] Über 20 zweitverwendete Bauteile, die nach Interpretation des Gutachters allesamt vom ehemaligen Schloss stammen könnten, werden im Befundbericht aufgelistet. Beginnend im Keller macht Lorenz auf die Ziegelsteine des Tonnengewölbes und des Bodens aufmerksam, die teilweise noch „Klosterformat" aufweisen.[57] Für ihn ist daher eine Zweitverwendung wahrscheinlich,[58] auch wenn

56 Wolfgang Lorenz, Bericht Befundsicherung. „Schillinghaus" ehem. „Baldauf" Hauptstraße 33, Flurnummer 1228, 86637 Binswangen, Landkreis Dillingen, unveröffentliches Manuskript, Reg.-Bez. Schwaben 2009, S. 2.

57 Als Klosterformat wird ein großes, mittelalterliches Mauerziegelformat mit unterschiedlichen, noch nicht normierten Abmessungen bezeichnet. Im allgemeinen Sprachgebrauch wird damit jeder Mauerziegel benannt, der augenscheinlich größer ist als das derzeitige Normalformat und gleichzeitig wie ein historischer Backstein aus handwerklicher Ziegelfertigung aussieht; vgl. Mila Schrader / Julia Voigt, Bauhistorisches Lexikon. Baustoffe, Bauweisen, Architekturdetails, Suderburg 2003, S. 173.

58 Lorenz, Bericht (wie Anm. 56) S. 10.

12 Mutmaßliches Fenster aus dem ehemaligen Schloss, bis zur jüngsten Sanierung im sogenannten Schillinghaus verbaut, heute im Innern ausgestellt. (Foto: Simon Kotter)

Ziegeldatierungen, wie schon gesagt, mitunter problematisch sind. Der größte Anteil an zweitverwendeter Bausubstanz findet sich bei den einfacher zu datierenden Fenstern und Türen. Insgesamt fünf barocke Türen und elf barocke Fenster konnte Lorenz im „Schillinghaus" ausmachen, wenn auch oftmals nicht mehr vollständig. So waren beispielsweise bei den Türen die ursprünglichen Schlösser und Beschläge zum Teil ausgetauscht worden. Die Kellertür dagegen wird im Gutachten zwar als bauzeitlich eingeschätzt, das offene Schloss aber stammt seiner Konstruktion nach zu urteilen eindeutig aus früheren Jahrhunderten,[59] war also in Zweitverwendung, wie eventuell auch die beiden geschmiedeten Langbänder.[60] Auf das 17. Jahrhundert, eventuell noch älter, schätzt Lorenz zwei verkröpfte Renaissance-Langbänder mit Bockshörnern, welche „in dieser hohen Qualität sicher vom Schloß" stammen.[61] Bei den meisten Fenstern wiederum haben sich nur der eichene Fensterstock sowie die Beschläge wie Reiber, Winkelbänder oder Knaufe erhalten. Nur zwei Exemplare befanden sich noch in einem relativ kompletten Zustand. Neben der handwerklichen Qualität und der gleichen Datierung spricht laut Gutachten vor allem die gemeinsame hellgraue Erstfassung dafür, dass alle zweitverwendeten Fenster und Türen aus dem ehemaligen Schloss stammen. Der Befundbericht macht deutlich, dass durchaus noch mehr Bauteile des einstigen Adelssitzes im Dorf verbaut sein können. Sie aufzuspüren, scheint aber selbst durch eine zielgerichtete Suche kaum mehr möglich.

---

[59] Das offene Schloss ist in aller Regel ein Schnappschloss, dessen wesentliche, mechanische Teile sichtbar sind. Laut Langenbeck / Schrader ist das offene Schloss das „Schloss der Gotik, der Renaissance und auch noch des Barock". LANGENBECK / SCHRADER, Türen (wie Anm. 45) S. 135.

[60] Gleiches gilt für eine Tür im Obergeschoss, einfache bauzeitliche Brettertür, aber mit offenem Schloss und geschmiedeten Langbänder versehen; vgl. LORENZ, Bericht (wie Anm. 56) S. 14.

[61] Ebd. S. 26.

Resümee

Vor über 200 Jahren wurde Schloss Binswangen im Zuge der Säkularisation abgebrochen. Durch akribische Auswertung diverser Bild- und Schriftquellen lassen sich die ganz individuelle Baugeschichte und zum Teil sogar das Aussehen des heterogenen Bauwerks rekonstruieren. Gleichzeitig können trotz des stichprobenartigen Charakters auch ganz allgemeine Aussagen über den Wert eines Bauwerks um 1800 abgeleitet werden.

Bauen war teuer. Dies beschränkte sich nicht nur auf das Baumaterial, sondern auch auf Handwerker und die nötigen Transportmittel, wie aus dem Baugutachten von Josef Dossenberger aus dem Jahr 1772 deutlich hervorgeht. Es war dementsprechend ein ökonomisches Gebot, bestehende Gebäude so lange wie möglich zu nutzen, bei Bedarf zu reparieren oder umzubauen und nur im äußersten Falle abzureißen. Doch anders als heute barg selbst die Abbruchmasse einen erheblichen materiellen Wert in sich, abbruchreife Bauwerke waren Rohstoffquellen für Neubauten. Im Zusammenhang mit dem Verkauf und Abbruch von Schloss Binswangen wird dies mehr als deutlich: Intakte und vor allem sinnvoll nutzbare Nebengebäude wie das „Amtshaus", das „Schweitzerhaus" oder das „Jägerhaus" wurden vom Staat zur Weiternutzung versteigert, weil dies den höchsten Erlös versprach. Lediglich baufällige Gebäude wie der alte Schlossstadel, obsolet gewordene Baulichkeiten, wie die Schlossmauern sowie das ohne Ortsherren funktionslose Schloss wurden auf Abbruch verkauft.

Die Nachfrage nach wiederverwendbarem Baumaterial war enorm, die Schätzpreise wurden zum Teil um das Sechsfache überboten. 4.759 Gulden bezahlten die beiden Geschäftspartner Gumpp Hirsch und Johann Enderle für die Abbruchmasse des Schlosses. Dass sich die beiden bei diesem Geschäft verspekulierten, lag wohl in erster Linie an der wirtschaftlichen Ausnahmesituation, die durch die Säkularisation für kurze Zeit geschaffen wurde. Aus ihrem Scheitern lässt sich aber ablesen, dass der Handel mit wiedergewonnen Baustoffen seine Tücken hatte. Benötigt wurden im Vorfeld ausreichend Kapital für den Erwerb der Abbruchmasse, außerdem Arbeiter, um den Abbruch zu bewerkstelligen und die verwertbaren Bauteile zu bergen, des Weiteren Transportmittel, um das gewonnene Material von der Baustelle zum Kunden zu befördern, und abschließend brauchte es Käufer, die einen entsprechenden Preis zu zahlen bereit waren. Wie nun die Praxis aussah, wie der Abbau konkret vonstattenging, wer die Käufer waren und wo die einzelnen Baustoffe wiederverwendet wurden, konnte im untersuchten Fall nur schwer ermittelt werden. Hier zeigten sich exemplarisch die wissenschaftlichen Herausforderungen und methodischen Grenzen bei der Erforschung von historischer Zweitverwendung an Bauwerken. Trotz interdisziplinärem Vorgehen und der Anwendung einer entsprechenden Methodenvielfalt war es kaum möglich,

Bauteile des Schlosses aufzuspüren und zweifelsfrei als solche zu identifizieren. Es ist davon auszugehen, dass das Schloss in den Jahren nach 1804 eine kaum zu überschätzende Rohstoffquelle für große Teile des Binswanger Baubestandes war. Letztendlich aber bräuchte es eine systematische, flächendeckende und höchst aufwendige Untersuchung aller (historischen) Gebäude im Ort, um verlässliche Aussagen über Ausmaß, Verbreitung, und Praxis des Baumaterialrecyclings treffen zu können.

Corinna Malek

Not macht erfinderisch – Ersatzmittel und Ersatzstoffe im Ersten Weltkrieg

Abstractum: Der Aufsatz befasst sich mit einem kleinen Bereich der Kriegswirtschaft des Ersten Weltkriegs, der Herstellung, Nutzung und staatlichen Kontrolle von Ersatzmitteln, und analysiert die komplexe Struktur der staatlichen Bewirtschaftungspolitik in Bayern. Schwerpunkte liegen im Bereich der Nahrungsmittelversorgung als auch im Bereich der Textilindustrie, die zu den großen Leitindustrien Bayerisch-Schwabens in dieser Zeit gehörten. Bis dato wurde das Ersatzmittelwesen und seine Bedeutung für die Kriegswirtschaft weder innerhalb der wirtschaftsgeschichtlichen noch in der landesgeschichtlichen Forschung tiefergehend bearbeitet, für Bayern und Bayerisch-Schwaben liegt es noch komplett im Dunkeln. Im Verlauf des Krieges entwickelten sich Ersatzmittel zu einem unverzichtbaren Element der Versorgung an der Heimatfront. Im Fokus stehen die Situation im Königreich Bayern und im Regierungsbezirk Schwaben und Neuburg. Neben dem Nahrungsmittelersatz und Ersatz von Dingen des täglichen Bedarfs kamen Ersatzgarne und -gewebe vermehrt in der Textilindustrie zum Einsatz.

Einleitung

„Not macht erfinderisch" und „In der Not frisst der Teufel fliegen" – zwei Redewendungen, die den Ursprung und Kern der Ersatzmittelbewirtschaftung in Deutschland während des Ersten Weltkriegs auf den Punkt bringen. Obwohl Ersatzmittel keine Innovation des Ersten Weltkriegs waren, erreichten sie in dessen Verlauf doch ein bis dato nie gekanntes Hoch sowie eine völlig neue Rolle. Schon vor Kriegsausbruch fanden sich in deutschen Haushalten mit Kunsthonig, Margarine, Maggi-Würze oder Zichorien- bzw. Malzkaffee Ersatzlebensmittel, die zum täglichen Speiseplan gehörten. Seit den 1880er Jahren hatte sich in Deutschland eine eigene Industriesparte an Surrogat-Produkten entwickelt und konnte, dank der sich gleichzeitig stetig weiterentwickelnden Lebensmittelchemie, neue Produkte auf den Markt bringen. Die Industrialisierung der Nahrungsmittelproduktion förderte die Herstellung künstlicher Erzeugnisse, aus denen schnell und einfach eine vollwertige Mahlzeit hergestellt werden konnte. Ebenso wurden Produkte, wie Margarine, Kunsthonig oder Kaffee-Ersatz, produziert, die teure Luxusgüter für die breite Volksmasse zugänglich machten. Der Konsum von Ersatzlebensmitteln war daher kein Ausdruck von Mangel, sondern eine beliebte

Alternative in der Ernährung. Auch der Erlass mehrerer Gesetze auf Reichsebene[1] im letzten Drittel des 19. und zu Beginn des 20. Jahrhunderts deuten auf den Aufschwung dieser Sparte innerhalb der Nahrungsmittelindustrie und die zunehmende Beliebtheit von Ersatznahrungsmitteln hin. Auf gesetzlichem Wege versuchte man, Verfälschungen vorzubeugen und die Produktion sowie den Vertrieb der neuen Nahrungsmittel zu regeln.[2]

Kurz nach dem Kriegsausbruch am 1. August 1914 verschärften sich innerhalb kurzer Zeit die Lebensverhältnisse der Bevölkerung. Den Ersatzmitteln kam nun eine völlig neue Rolle zu, nämlich als Kompensatoren des Mangels. Durch die Rationierung und Einsparung der vorhandenen Nahrungs- und Genussmittel sowie der sogenannten Dinge des täglichen Bedarfs konnte die klaffende Versorgungslücke nicht gänzlich geschlossen werden. Stattdessen versuchte man, mit Hilfe von Ersatzmitteln das Fehlen wichtiger Rohstoffe und Nahrungsmittel auszugleichen. Aus dieser Rolle heraus entwickelte sich seit 1915 ein breit aufgestellter Industriezweig innerhalb der Kriegswirtschaft: die Ersatzmittelindustrie. Diese hatte in einem geringen Umfang bereits in der Vorkriegszeit bestanden, erreichte durch die Produktion von sogenannten Liebesgaben in den ersten beiden Kriegsjahren eine explosionsartige Ausweitung und entwickelte sich mit zunehmender Kriegsdauer zu einem unverzichtbaren Element der Kriegswirtschaft. Ebenso symbolisierten Ersatzmittel, obwohl vielfach als minderwertig abqualifiziert, eine Form des staatlich verordneten Zwangssparens an Ressourcen und Rohstoffen, das durch das Fehlen von wichtigen Importen innerhalb der Kriegswirtschaft zur Notwendigkeit wurde.[3]

---

1 Wichtig war insbesondere das 1879 erlassene Nahrungsmittelgesetz, das das Lebensmittelrecht reichsweit vereinheitlichte, außerdem wurden als Ergänzung Zusatzgesetze für einzelne Produkte, wie für Margarine (Margarinegesetz 1887/1897), Wein (Weingesetz 1892), Süßstoff (1898) oder Fleisch (Fleischbeschau 1900), erlassen. Für die Durchführung und Einhaltung der Gesetze gab es in den einzelnen Ländern, auch in Bayern, zusätzliche, ergänzende Regelungen; vgl. Jutta GRÜNE, Anfänge staatlicher Lebensmittelüberwachung in Deutschland. Der „Vater der Lebensmittelchemie" Joseph König (1843–1930), Stuttgart 1994, S. 261 f., S. 264 f., S. 267 f., S. 270 f.; Vera HIERHOLZER, Nahrung nach Norm. Regulierung von Nahrungsmittelqualität in der Industrialisierung 1871–1914, Göttingen 2010, S. 79 f., S. 96–98, S. 147, S. 149, S. 151 f., S. 154 f.

2 Kai BUDDE, Unser täglich Brot ...: Die Industrialisierung der Ernährung, in: Kai BUDDE (Hg.), Unser täglich Brot ...: Die Industrialisierung der Ernährung, Mannheim 2011, S. 10–29, S. 19; Nadine IHLE-HÖPPNER, „Nimb die Finger unnd iss" – Überfluss und Mangel im Wandel der Zeit, in: BUDDE, Unser täglich Brot, S. 42–57, S. 43–45; GRÜNE, Anfänge staatlicher Lebensmittelüberwachung (wie Anm. 1) S. 24 f., S. 30 f., S. 34–40; Eva-Maria GÜSTRAU, Die medizinische Beurteilung der Ersatzlebensmittel im und nach dem Ersten Weltkrieg, Berlin 1968, S. 7 f.

3 Arnulf HUEGEL, Kriegsernährungswirtschaft Deutschlands während des Ersten und Zweiten Weltkrieges im Vergleich, Konstanz 2003, S. 173–175; August SKALWEIT, Die deutsche Kriegsernährungswirtschaft, Stuttgart/Berlin/Leipzig 1927, S. 50, S. 52; Ulrich KLUGE, Agrarwirt-

Die Rolle der Ersatzmittel innerhalb der Kriegswirtschaft stellt in der Forschungslandschaft zum Ersten Weltkrieg ein noch weitestgehend unerforschtes Desiderat dar. Lediglich die Untersuchungen von Arnulf Huegel[4] und Anne Roerkohl[5] nehmen die Ersatzmittel sowie ihre Bewirtschaftung mit in ihre Analysen auf, jedoch nur als Randaspekt der Gesamtuntersuchung. Auch entstanden in den letzten Jahren im norddeutschen Bereich einige regionale Forschungsarbeiten[6] zu diesem Aspekt, jedoch fehlen bis dato Arbeiten innerhalb der bayerischen und bayerisch-schwäbischen Landes- und Regionalgeschichte. Innerhalb der österreichischen Geschichtsforschung beschäftigte sich v. a. Hubert Weitensfelder mit der Thematik.[7] Als einen weiteren Beitrag kann man das seit 2010 laufende Forschungsprojekt von Stefanie van de Kerkhofs hinzuzählen. Das als „Gold gab ich für Eisen – Von Sparmetallen, Ersatzstoffen und Nahrungssurrogaten in der kriegswirtschaftlichen Organisation des Ersten Weltkriegs" betitelte Forschungsprojekt setzt seine Schwerpunkte innerhalb der Rüstungs- und weniger in der Nahrungsmittelindustrie der Kriegswirtschaft. Auf dem Deutschen Historikertag 2012 in Mainz wurde die Thematik als Sektionsthema behandelt. Unter der Leitfrage, ob die „Ersatzstoffwirtschaft als innovative Lösung für Ressourcenkonflikte im Ersten und Zweiten Weltkrieg" dienen konnte, diskutierte man wesentliche Aspekte. Dabei wurde der Schwerpunkt jedoch nicht auf die Rolle als Kompensatoren des Mangels im Ersten Weltkrieg gelegt. Für den hier gewählten bayerischen Untersuchungsraum liegen bis dato keine Arbeiten vor, so dass mit dem Aufsatz eine Lücke innerhalb der bayerischen und bayerisch-schwäbischen Landesgeschichtsforschung gefüllt wird. Darüber hinaus soll der Aufsatz Impulsgeber

---

schaft und ländliche Gesellschaft im 20. Jahrhundert (EDG 73) München 2005, S. 13 f.; Arthur Dix, Wirtschaftskrieg und Kriegswirtschaft. Zur Geschichte des deutschen Zusammenbruchs, Berlin 1920, S. 267.

4 Huegel, Kriegsernährungswirtschaft (wie Anm. 3).

5 Anne Roerkohl, Hungerblockade und Heimatfront. Die kommunale Lebensmittelversorgung in Westfalen während des Ersten Weltkrieges, Stuttgart 1991.

6 Thomas Schindler, Ernährung in der Krise: Anmerkungen zur Ersatzmittelbewirtschaftung in Marburg während des Kriegsjahres 1915, in: Zs. des Vereins für Hessische Geschichte und Landeskunde 111 (2006) S. 219–236; George Yaney, The World of Manager. Food Administration in Berlin during World War I, New York 1994; Jürgen Rund, Ernährungswirtschaft und Zwangsarbeit im Raum Hannover 1914 bis 1923, Hannover 1992.

7 Hubert Weitensfelder, Kriegsbediente Ersatzmittel, in: Caroline Haas (Hg.), Unter dem Losungsworte Krieg und Technik. Das Technische Museum und der Erste Weltkrieg, Wien 2015, S. 22–35; Hubert Weitensfelder, Metalle, Sprengstoffe, Pflanzenfasern. Kriegsbedingte Ersatzmittel und Ersatzverfahren, in: Herbert Matis (Hg.), Wirtschaft, Technik und das Militär 1914–1918. Österreich-Ungarn im Ersten Weltkrieg, Wien / Berlin / Münster 2014, S. 227–251; Hubert Weitensfelder, Siegeszug der Fälschungen. Schon im ersten Kriegsjahr begann die Bevölkerung unter den Folgen zu leiden: Rohstoffe und Nahrungsmittel wurden knapp … Ersatzmittel in Zeiten des Mangels, in: Kultur und Technik 38 (2014) S. 69–75.

für weitergehende Forschungen sein. Ähnlich stellt sich der Forschungsstand für den Einsatz, die Produktion und die Nutzung textiler Ersatzstoffe zwischen 1914 und 1918/1919 dar, auch hier fehlen sowohl für das Reich wie für Bayern und Bayerisch-Schwaben bisher entsprechende Einzeluntersuchungen.[8]

In der vorliegenden Abhandlung steht vor allem die bayerische Kriegswirtschaft im Fokus. Die inhaltlichen Schwerpunkte liegen einerseits auf den jeweiligen Rollen der Ersatzlebensmittel und der textilen Ersatzstoffe für die Versorgung der Bevölkerung, während andererseits das Bewirtschaftungssystem für die genannten Ersatzmittel analysiert werden soll. Die Bewirtschaftung mit Ersatzmitteln entwickelte sich bis zum Kriegsende zu einem immer komplexeren und undurchsichtigen System innerhalb der allgemeinen Kriegswirtschaft. Es soll gezeigt werden, dass die Ersatzmittel einen unverzichtbaren Baustein der bayerischen Kriegswirtschaft bildeten. Außerdem sollen – soweit möglich – wichtige Akteure und deren Rolle innerhalb der Bewirtschaftung und der Kriegswirtschaft benannt werden. Zusätzlich dazu soll nicht nur die Bewirtschaftungspraxis herausgearbeitet, sondern in den Kontext der kriegswirtschaftlichen Situation an der Heimatfront eingeordnet werden.

Kriegswirtschaft – die Ausrichtung der Wirtschaft auf den Krieg

Mit dem Kriegsausbruch trat eine neue wirtschaftliche Situation für das Deutsche Reich sowie das Königreich Bayern ein, beide schlitterten gänzlich unvorbereitet in den Krieg. Anstatt der angenommenen kurzen Kriegsdauer zog sich die Auseinandersetzung über vier Jahre hin. Spätestens ab 1915 entwickelte sich der Konflikt zu einem Wirtschaftskrieg, unter dessen Folgen das Deutsche Reich und Bayern massiv litten. Besonders hart trafen die Auswirkungen der englischen Seeblockade die Zivilbevölkerung an der Heimatfront, die mit einem immer knapper werdenden Nahrungsangebot und -rationen überleben musste. Ebenso mussten sich Industrie, Handel und Gewerbe mit einer, durch fehlende Importe, zunehmend limitierten

8 Stefanie van de Kerkhof, Kriegswirtschaft – der Erste Weltkrieg und seine Folgen für Unternehmen und Konsum, in: Óscar Loureda (Hg.), Der Erste Weltkrieg und die Folgen, Heidelberg 2014, S. 107–138, S. 132–136; Stefanie van de Kerkhof, Von der Friedens- zur Kriegswirtschaft: Erträge und Desiderate einer Wirtschafts- und Sozialgeschichte des Ersten Weltkriegs, in: Els Herrebout (Hg.), Internationale Archivsymposien in Ede und Lüttig, Brüssel 2012, S. 227–247; zum noch laufenden Projekt vgl. http://www.vandekerkhof.de/werdegang.html; ebenso dazu: http://hi.uni-mannheim.de/neuere-und-neueste-geschichte/team/pd-dr-stefanie-van-de-kerkhof/forschung-2/ [6.5.2020]; zur Behandlung auf dem Deutschen Historikertag, vgl. Christian Schmidt, Tagungsbericht: HT 2012: Ersatzstoffwirtschaft als innovative Lösungen für Ressourcenkonflikte im Ersten und Zweiten Weltkrieg?, 25.9.2012–28.9.2012 Mainz, in: H-Soz-Kult, 7.11.2012.

Rohstoffsituation auseinandersetzen. Die wenigen vorhandenen Ressourcen verwaltete und bewirtschaftete man von staatlicher Seite. Zuteilungen erfolgten nach Bedarf und Stellenwert des Unternehmens für die Kriegsproduktion.[9]

Ein Novum, das der Krieg für die Wirtschaft mit sich brachte, war der Verlust der wirtschaftlichen Freiheit. Diese hatte sich in Friedenszeiten über die marktwirtschaftlichen Steuerungselemente von Angebot und Nachfrage geregelt. Die freie Marktwirtschaft der Friedenszeit wurde von einer staatlich gelenkten Kriegswirtschaft abgelöst, die sich mehr und mehr durch staatliche und militärische Eingriffe auf alle Lebensbereiche ausdehnte. Am 31. Juli 1914 verhängte Kaiser Wilhelm II. den Kriegszustand über das Reich: die Generalmobilmachung setzte ein und die Exekutivgewalt ging auf die Militärbehörden über.[10] Am 4. August 1914 stimmte der Reichstag dem Kriegsermächtigungsgesetz zu, das den Bundesrat mit Vollmachten ausstattete, um alle kriegsnotwendigen Maßnahmen durchführen zu können. Nach und nach dehnten sich dadurch militärischer Einfluss und Organisation auf die Wirtschaft und die Rohstoffversorgung im Reich aus. Sie hatte sich den militärischen Interessen und Bedürfnissen unterzuordnen. Daraus entwickelte sich schrittweise eine eigene Administrationsstruktur, die aus zentralen Kriegsamtsstellen bestand. Sie koordinierte die wirtschaftliche Versorgung im Reich. Den Kriegsamtsstellen zur Seite standen Kriegsgesellschaften, die halbstaatliche und halbprivatwirtschaftliche Gründungen waren. Sie übernahmen die Bewirtschaftung einzelner Waren- und Rohstoffgruppen. Zusätzlich dazu gründeten sich auf privatwirtschaftliche Initiative hin verschiedene Kriegsausschüsse, die ebenfalls auf die Kriegswirtschaft einwirkten. Zentrale Stellen im Reich waren im

---

[9] Hans-Peter Ullmann, Kriegswirtschaft, in: Gerhard Hirschfeld / Gerd Krumeich / Irina Renz (Hg.), Enzyklopädie Erster Weltkrieg, Paderborn ²2014, S. 220–232, hier 221 f. und 227 f.; Dirk Götschmann, Wirtschaftsgeschichte Bayerns. 19. und 20. Jahrhundert, Regensburg 2010, S. 259 f., S. 270; Dieter Albrecht, Von der Reichsgründung bis zum Ende des Ersten Weltkriegs, in: Max Spindler / Alois Schmid (Hg.), Handbuch der Bayerischen Geschichte IV/1. Das neue Bayern. Von 1800 bis zur Gegenwart. Staat und Politik, München ²2003, S. 318–438, hier 427 f.; Gabriela Sperl, Wirtschaft und Staat in Bayern 1914–1924, Berlin 1996, S. 26 f.; Regina Roth, Staat und Wirtschaft im Ersten Weltkrieg. Kriegsgesellschaften als kriegswirtschaftliche Steuerungselemente, Berlin 1997, S. 31–34, S. 36–39.

[10] Mit der Kriegserklärung durch den Kaiser, die in Paragraph 68 der Reichsverfassung geregelt war, traten zusätzlich die Bestimmungen des Preußischen Gesetzes über den Belagerungszustand vom 4. Juni 1851 in Kraft. Der Übergang der Staatsgewalt an die militärischen Oberbefehlshaber war in Paragraph 4 geregelt und griff nun für die Kriegserklärung des Deutschen Reichs, vgl. Gesetz zum Schutz der persönlichen Freiheit, Gesetz über den Belagerungszustand sowie Verordnung über die Verhütung eines die gesetzliche Freiheit und Ordnung gefährdenden Mißbrauchs des Versammlungs- und Vereinigungsrechtes vom 11. März 1850. Volksausgabe mit gemeinverständlichen Erläuterungen, Berlin 1878, S. 10; Verfassung des Deutschen Reiches Gesetz vom 16. April 1871, betreffend die Verfassung des Deutschen Reiches, Nördlingen 1871, S. 24.

Bereich der Rohstoffwirtschaft die Kriegsrohstoffabteilung[11] innerhalb des Preußischen Kriegsministeriums und die Zentral-Einkaufs-Gesellschaft mbh[12] und das Kriegsernährungsamt[13] für die Ernährungswirtschaft.[14]

Für das Königreich Bayern verhängte König Ludwig III. mittels königlicher Verordnung am 31. Juli 1914 separat, nach den Statuten des Bayerischen Kriegsgesetzes von 1912, den Kriegszustand.[15] Wie im Reich wurden zusätzliche ergänzende Bestimmungen erlassen, die die exekutive Staatsgewalt an das Kriegsministerium sowie die drei Generalkommandos übertrug.[16] Ebenfalls analog zum

---

11 Die Kriegsrohstoffabteilung wurde bereits am 13. August 1914 errichtet und war für die gesamte Rohstoffbewirtschaftung im Reich zuständig, mit Zustimmung der Kriegsministerien der Länder Württemberg, Sachsen und Bayern. Durch ihr rasches Wachstum etablierte sie sich nach kurzer Zeit als eigenständige Behörde; vgl. Momme ROHLACK, Kriegsgesellschaften (1914–1918) (Rechtshistorische Reihe 241) Frankfurt a. Main 2001, S. 28 f.; Theodor HINTERTHÜR, Kriegsstellen und Kriegsgesellschaften für das Deutsche Reich und für Bayern sowie die Kommunale Kriegsorganisation für München. Nach dem Stande vom 1. September 1917 aus dem Sekretariat der Handelskammer München, München 1917, S. 9; Heinz HENNING, Der Aufbau der deutschen Kriegswirtschaft im Ersten Weltkrieg, in: Wehrwissenschaftliche Rundschau 6 (1926) S. 49–65, S. 54–56.

12 Die Zentral-Einkaufs-Gesellschaft mbH ging aus der Reichseinkaufs GmbH hervor, die bereits im August 1914 ins Leben gerufen wurde. Sie übernahm deren Aufgaben, darunter die Koordinierung und Kontrolle der Wareneinfuhr aus dem Ausland. Die Zentral-Einkaufs-Gesellschaft war eine halbstaatliche und halbprivatwirtschaftliche Gesellschaft, die schließlich zur zentralen Stelle des deutschen Außenhandels wurde; vgl. ROERKOHL, Hungerblockade (wie Anm. 5) S. 77 f.; ROHLACK, Kriegsgesellschaften (wie Anm. 11) S. 32 f.; Oswald BARBER, Einrichtung und Aufgaben der Zentral-Einkaufsgesellschaft, Berlin 1917, S. 3 f.; HINTERTHÜR, Kriegsstellen und Kriegsgesellschaften (wie Anm. 11) S. 15–18.

13 Das Kriegsernährungsamt wurde vergleichsweise spät, nämlich erst im Mai 1916, eingerichtet. Es sollte als Zentralbehörde die Nahrungsmittelverwaltung, -zuteilung und -beschlagnahme sowie die Festsetzung der jeweiligen Höchstpreise übernehmen; vgl. ROHLACK, Kriegsgesellschaften (wie Anm. 11) S. 32 f.; HENNING, Aufbau deutsche Kriegswirtschaft (wie Anm. 11) S. 62; ROTH, Staat und Wirtschaft (wie Anm. 9) S. 69; ROERKOHL, Hungerblockade (wie Anm. 5) S. 90 f.; HINTERTHÜR, Kriegsstellen und Kriegsgesellschaften (wie Anm. 11) S. 20 f.

14 HENNING, Aufbau deutsche Kriegswirtschaft (wie Anm. 11) S. 54–56, S. 58; ULLMANN, Kriegswirtschaft (wie Anm. 9) S. 221–224; Fritz KLEIN, Deutschland im Ersten Weltkrieg. Bd. 1: Vorbereitung, Entfesselung, und Verlauf des Krieges bis Ende 1914, Berlin 1970, S. 393, S. 395 f.; HINTERTHÜR, Kriegsstellen und Kriegsgesellschaften (wie Anm. 11) S. 9, S. 15, S. 20; ROERKOHL, Hungerblockade (wie Anm. 5) S. 73–75.

15 Die reichsrechtlichen Vorgaben für die Verhängung des Kriegszustands nach Paragraph 68 der Reichsverfassung sowie der damit verbundenen verwaltungsrechtlichen Regelungen galten nicht für das Königreich Bayern. Grund dafür war eine Sondervereinbarung zum Beitritt Bayerns zum Reich im Versailler Vertrag. Mit der Verhängung des Kriegszustands ging der Oberbefehl über die bayerischen Truppen, die ins Feld zogen, an den deutschen Kaiser als oberster militärischer Befehlshaber über. Diejenigen Truppen, die hingegen in Bayern verblieben, standen weiterhin unter dem Oberbefehl des bayerischen Königs; vgl. ALBRECHT, Reichsgründung bis Ende Erster Weltkrieg (wie Anm. 9) S. 414 f., S. 425.

16 Da die drei Generalkommandos (Standorte: Generalkommando I in München, Generalkommando II in Würzburg, Generalkommando III in Nürnberg) mit der Mobilmachung ins Feld

Reich wurde von den drei stellvertretenden Generalkommandos ein Netz an Zentralverwaltungsstellen aufgebaut, die die Versorgung des Königsreichs im Krieg koordinieren und sicherstellen sollten.[17]

Mittels Verordnungen und Bekanntmachungen steuerten die bayerischen Militärbehörden die Geschicke des Königreichs und spätestens ab Februar 1915 die Versorgung im Innern. Hierzu bauten sie nach und nach ein Netz aus zentralen Kriegswirtschaftsstellen auf, die die Bewirtschaftung einzelner Nahrungsmittelgruppen und Güter des täglichen Bedarfs übernahmen. Einige Stellen in Bayern wurden als Filialgründungen der Reichsstellen geschaffen, beispielsweise die Zweigstelle des Kriegsausschusses für pflanzliche und tierische Öle und Fette GmbH oder die Abteilung München der Kriegs-Flachsbau-Gesellschaft mbH. Seit 1916 bestand als zentrale Institution für die Bewirtschaftung mit Lebensmitteln die Bayerische Lebensmittelstelle[18] in München. Sie bewirtschaftete mit mehreren Unterabteilungen die Verteilung einzelner Nahrungsmittel. Zusätzlich kam 1916 der beim Staatministerium des Innern angesiedelte Beirat für das Ernährungswesen[19] hinzu, der ebenfalls zur Ernährungssicherung beitragen sollte.

---

rückten, blieben in der Heimat für die Koordination der Kriegsverwaltung und -wirtschaft die stellvertretenden Generalkommandos zurück; vgl. Achim Fuchs, Einführung in die Geschichte der Bayerischen Armee, München 2014, S. 103 f.; Achim Fuchs, Stellvertretendes Generalkommando 1914–1918/1939–1945, in: Historisches Lexikon Bayerns, https://www.historisches-lexikon-bayerns.de/Lexikon/Stellvertretendes_Generalkommando,_1914-1918/1939-1945#Die_Generalkommandos_bis_1914 [3.7.2017]; Lothar Saupe, Kriegszustand 1914–1918/19, in: Historisches Lexikon Bayerns, https://www.historisches-lexikon-bayerns.de/Lexikon/Kriegszustand,_1914-1918/19 [3.7.2017].

17 Ullmann: Kriegswirtschaft (wie Anm. 9) S. 220; Albrecht, Reichsgründung bis Ende Erster Weltkrieg (wie Anm. 9) S. 425–428; Fuchs, Geschichte Bayerische Armee (wie Anm. 16) S. 94 f., S. 103 f.; Verordnung über die Verhängung des Kriegszustands vom 31. Juli 1914, in: Gesetz- und Verordnungsblatt für das Königreichs Bayern (1914) S. 327 f.

18 Als Reaktion auf die zunehmend schlechter werdende Versorgung mit Lebensmitteln errichtete das Staatsministerium des Innern im Januar 1916 die Bayerische Lebensmittelstelle. Ihre Hauptaufgaben umfassten Sicherung der Nahrungsmittelversorgung der Bevölkerung sowie die Überwachung und Regelung des Verkehrs mit Lebensmitteln. Dafür wurden innerhalb der Behörde mehrere Unterabteilungen geschaffen, beispielsweise für die Versorgung mit Eiern, Gemüse und Obst oder Kartoffeln. Die zuvor errichteten Zentralstellen für die Getreide-, Fleisch- und Futtermittelbewirtschaftung blieben neben der Bayerischen Lebensmittelstelle bestehen und behielten ihre Zuständigkeiten; vgl. Wilhelm Volkert, Ernährung, Landwirtschaft und Forsten, in: Wilhelm Volkert (Hg.), Handbuch der Bayerischen Ämter, Gemeinden und Gerichte 1799–1980, München 1983, S. 262–294, hier 279–281; Statistisches Landesamt, Kriegsstellen und Kriegsgesellschaften für Nahrungsmittelversorgung in Bayern, München 1917, S. 4–6; Hinterthür, Kriegsstellen und Kriegsgesellschaften (wie Anm. 11) S. 81–89.

19 Der Beirat für Ernährungswesen war als beratendes Gremium für alle wichtigen Ernährungsfragen beim Staatsministerium des Innern angesiedelt. Er bestand aus sechs ständigen Mitgliedern, die vom König direkt ernannt wurden. Außerdem konnten für einzelne Beratungen besondere Sachverständige hinzugezogen werden. Die sechs Mitglieder setzten sich aus jeweils zwei Mitgliedern der Landwirtschaft und des Handels sowie jeweils einem Vertreter der Arbeiterschaft

Zur Überwachung der Preise und der Einhaltung der erlassenen Höchstpreise waren zwei Behörden zuständig: die im Dezember 1915 geschaffene Landespreisprüfungsstelle[20] und das 1916 errichtete Kriegswucheramt.[21] 1916 wurde außerdem ein bayerisches Kriegsamt eingerichtet, das als Zentralstelle die Kriegswirtschaft koordinieren sollte. Für die Sicherstellung der Rohstoffversorgung waren vor allem die Reichsstellen zuständig, außerdem beteiligten sich die neu gegründeten Kriegsgesellschaften an der Bewirtschaftungspraxis. Auf lokaler Ebene wurden bereits im Februar 1915 die Kommunalverbände geschaffen, die die Versorgung vor Ort organisierten und koordinierten. In Bayern gab es insgesamt 215 Kommunalverbände, davon entfielen 30 auf Schwaben. Das Land Bayern selbst galt formal als ein Kommunalverband des Reichs, so dass Bayern seine Versorgung selbst koordinieren konnte.[22]

---

und des Handels zusammen; vgl. Otto Woerner, Die bayerische Ernährungswirtschaft im Kriege (Beitr. zur Kriegswirtschaft 66/68) Berlin 1920, S. 2; Statistisches Landesamt, Kriegsstellen und Kriegsgesellschaften Nahrungsmittelversorgung (wie Anm. 18) S. 1; Hinterthür, Kriegsstellen und Kriegsgesellschaften (wie Anm. 11) S. 77 f.

20 Am 23. Dezember 1915 errichtete das Staatsministerium des Innern die Landespreisprüfungsstelle. Die rechtliche Basis dafür schufen die Bekanntmachung des Bundesrats vom 25. September 1915 sowie die dazu ergangenen bayerischen Ausführungsbestimmungen vom 18. Oktober 1915. Die neue Stelle wurde dem Königlichen Statistischen Landesamt angegliedert und stand an der Spitze der Preisprüfungsstellen im Königreich Bayern. Sie beriet und unterstützte die örtlichen Preisprüfungsstellen. Deren Aufgabe war die Ermittlung und Kontrolle der örtlichen Preisgestaltung. Zunächst war sie nur für die Preise der Lebensmittel zuständig, jedoch erweiterte sich ihr Betätigungsfeld rasch auf alle Dinge des alltäglichen Bedarfs. Der leitende Vorstand der Landespreisprüfungsstelle war Dr. Friedrich Zahn, der Leiter des Königlich Statistischen Landesamts. Als Geschäftsführer agierte Friedrich Merz, der ebenfalls beim Statistischen Landesamt arbeitete. Beratend stand ihnen ein Beirat zur Seite, der aus 39 Mitgliedern aus den Bereichen Landwirtschaft, Industrie, Gewerbe, Handel und Handwerk sowie aus den Reihen der Verbraucher bestand. In drei Ausschüssen beriet man die einzelnen Warengruppen; vgl. Friedrich Bretzfeld, Die Bayerische Landespreisstelle. Ein Rückblick über ihre Entwicklung und ihre Tätigkeit, in: Zs. des Bayerischen Statistischen Landesamts 57 (1925) S. 3–15, hier 3 f.; Hinterthür, Kriegsstellen und Kriegsgesellschaften (wie Anm. 11) S. 78–80; Volkert, Ernährung (wie Anm. 18) S. 281; Helmut Braun, Kriegs- und Zwangswirtschaftsstellen 1915–1924, in: Historisches Lexikon Bayerns, https://www.historisches-lexikon-bayerns.de/Lexikon/Kriegs-_und_Zwangswirtschaftsstellen,_1915-1924 [18.7.2017].

21 Das Bayerische Kriegswucheramt wurde erst im Dezember 1916 errichtet. Seine Hauptaufgabe lag in der polizeilichen und gerichtlichen Verfolgung und Bestrafung von sogenannten Kriegswucherern, die Waren zu überteuerten Preisen verkauften. Parallel dazu sollte es die Öffentlichkeit über aktuelle Entwicklungen, Entscheidungen und Urteilssprüche auf dem Laufenden halten. Auch wurde ihm eine umfangreiche Gutachtertätigkeit aufgebürdet, es musste Gutachten für kaufmännische und juristische Zwecke anfertigen; vgl. Statistisches Landesamt, Kriegsstellen und Kriegsgesellschaften Nahrungsmittelversorgung (wie Anm. 18) S. 3; Hinterthür, Kriegsstellen und Kriegsgesellschaften (wie Anm. 11) S. 80 f.; Braun, Kriegs- und Zwangswirtschaftsstellen (wie Anm. 20).

22 Hinterthür, Kriegsstellen und Kriegsgesellschaften (wie Anm. 11) S. 69–73, S. 77–82, S. 90 f., S. 100–102; Statistisches Landesamt, Kriegsstellen und Kriegsgesellschaften Nahrungs-

Die Textilwirtschaft, die als kriegswichtiger Wirtschaftszweig galt, wurde durch die Kriegsrohstoffabteilung gesteuert. Sie wurde 1914 beim preußischen Kriegsministerium errichtet und sollte die Rohstoffversorgung sichern. Zum 1. Januar 1915 entstand innerhalb der Kriegsrohstoffabteilung eine eigene Sektion für Spinnstoffe. Bis Ende 1915 vergrößerte sie sich auf vier Sektionen. Anfang 1916 wurde die Spinnstoffwirtschaft neu organisiert und eine Unterabteilung Webstoffe geschaffen. Sie führte die Erhebung, Beschlagnahme und Verteilung von textilen Rohstoffen durch, setzte Höchstpreise und Webverbote für einzelne Rohstoffe fest. Bereits seit 1915 war die einheimische Produktion an textilen Ersatzstoffen gefördert und verstärkt worden. Dies führte dazu, dass man während des Kriegs immer mehr inländische Ersatzstoffe versuchsweise testete und verwendete. Die Neugründung des Kriegsamts auf Reichsebene unterstellte die Kriegsrohstoffabteilung unter dessen Zuständigkeit. Unter der neuen Leitung setzte man die Arbeit fort. Auf die staatliche Bewirtschaftung wirkten, neben der Kriegsrohstoffabteilung, außerdem verschiedene Kriegsgesellschaften ein. Den größten Einfluss übte dabei der am 1. Juli 1915 gegründete Kriegsausschuss der deutschen Baumwollindustrie aus. Er war als *Selbstverwaltungskörper für kriegswirtschaftliche Aufgaben*[23] konzipiert und unterstand der Kriegsrohstoffabteilung. Er übernahm eine beratende Tätigkeit bei der Aufstellung von Wirtschaftsplänen sowie bei der Verteilung von Heeresaufträgen. Der Schwerpunkt seiner Tätigkeit lag auf der Sicherstellung der Heeresversorgung. Per Bundesratsverordnung errichtete man zur Sicherung des zivilen Textilbedarfs die Reichsbekleidungsstelle im Juni 1916. Ihre Aufgabe bestand in der *Sicherstellung des Bedarfs der bürgerlichen Bevölkerung an Web-, Wirk- und Strickwaren und den aus ihnen gefertigten Erzeugnissen sowie an Schuhwaren.*[24] Darüber hinaus hatte sie *die Herstellung und den Vertrieb von Ersatzstoffen zu fördern.*[25] Ab 1. August 1916 führte man eine Bezugsscheinpflicht ein, um den Bedarf an und den Handel mit Textilien zu lenken und zu kon-

mittelversorgung (wie Anm. 18) S. 1–6; Rainer Gömmel, Gewerbe, Handel und Verkehr, in: Max Spindler/Alois Schmid (Hg.), Handbuch der Bayerischen Geschichte IV/2. Das neue Bayern. Von 1800 bis zur Gegenwart. Die innere und kulturelle Entwicklung, München ²2007, S. 216–299, hier 249–251; Sperl, Wirtschaft und Staat (wie Anm. 9) S. 44–48; Michael Unger, Zu den Anfängen der Kriegswirtschaft in Bayern 1914, in: Gerhard Hetzer/Christian Kurse (Hg.), Krieg! Bayern im Sommer 1914, München 2014, S. 53–72, hier 64 f.; Woerner, Bayerische Ernährungswirtschaft (wie Anm. 19) S. 2, S. 8–10, S. 12–14.

23 Friedrich Georg Wetzstein, Die wirtschaftliche Lage der deutschen Baumwollindustrie während der Kriegs- und Nachkriegszeit. Eine wirtschaftsgeschichtliche Untersuchung, Leipzig 1927, S. 16.

24 Bekanntmachung über die Regelung des Verkehrs mit Web-, Wirk- und Strickwaren für die bürgerliche Bevölkerung vom 10. Juni 1916, in: Reichsgesetzblatt (1916) S. 463–467, hier 463.

25 Bekanntmachung über die Regelung des Verkehrs mit Web-, Wirk- und Strickwaren (wie Anm. 24) S. 463.

trollieren. Ab diesem Zeitpunkt konnten Textilien nur noch gegen die von der Reichsbekleidungsstelle ausgestellten Bezugsscheine veräußert werden. Ein freier Verkauf war nicht mehr möglich.[26]

Diese Komplexität zeigt, dass die Umstellung der Friedens- auf die Kriegswirtschaft nur schwer glücken konnte. Die durch den Mangel an Gütern hervorgerufenen Probleme waren zu vielfältig. Man war nicht in der Lage, vorausschauend zu planen, sondern reagierte nur auf neue Mangelsituationen. Der dauerhafte Streit um die eigenen Kompetenzen und Zuständigkeiten erschwerte zusätzlich die Arbeit der staatlichen Stellen. Besonders deutlich zeigte sich dies im Bereich der Ersatzmittel, die innerhalb der Kriegswirtschaft eine zunehmend wichtige Rolle einnahmen. Einerseits wurden sie zur Kompensation fehlender Nahrungsmittel und Güter eingesetzt, während sie andererseits auch zu einem Ärgernis für den Verbraucher wurden, das erst durch die Kriegswirtschaft entstanden war. Unter Umständen konnten Ersatzmittel auch zur Gefahr für die Verbraucher werden. Staatliche Eingriffe und Gegenmaßnahmen zur Bekämpfung dieser Missstände blieben daher nicht aus.

Ersatzmittel und -stoffe als wichtige Bausteine der bayerischen Kriegswirtschaft

Seit dem Ende des 19. Jahrhunderts gelangten Ersatzlebensmittel als sogenannte Surrogate vermehrt in deutsche Haushalte und auf den deutschen Speisezettel. Einerseits waren sie preiswerte Alternativen zu teuren Luxusprodukten, wie Kaffee, Tee, Butter oder Honig, andererseits nutzte man sie als Erweiterung und Vereinfachung bekannter Waren, wie Puddingpulver, Vanillin oder Suppenbrühwürfel. Daher bezeichnete man sie als Surrogate und nicht als Ersatzlebensmittel. Dies spiegelt ihren Stellenwert in der Vorkriegszeit wider. Sie waren kein aus der Not

[26] Wilhelm DIECKMANN, Die Behördenorganisation in der deutschen Kriegswirtschaft 1914–1918 (Schriften zur kriegswirtschaftlichen Forschung und Schulung), Hamburg 1937, S. 35–37, S. 40–42; Otto GOEBEL, Deutsche Rohstoffwirtschaft im Weltkrieg einschließlich des Hindenburg-Programms (Wirtschafts- und Sozialgeschichte des Weltkrieges Deutsche Serie 10), Stuttgart/Berlin/Leipzig 1930, S. 75–77; Uwe BALDER, Spinnstoffwirtschaft im Ersten Weltkrieg. „Zum Hintergrund der Studie Otto Goebels", in: Marcel BOLDORF/Rainer HAUS (Hg.), Die Ökonomie des Ersten Weltkriegs im Lichte der zeitgenössischen Kritik (Die deutsche Kriegswirtschaft im Bereich der Heeresverwaltung 1914–1918 4) Oldenburg 2016, S. 222–245, hier 235–241; Uwe BALDER, Uniformen statt Ulster. Textileinzelhandel im Ersten Weltkrieg, in: Zs. für Unternehmensgeschichte 62 (2016) S. 57–85, hier 72–75; Werner Friedrich BRUCK, Geschichte des Kriegsausschusses der Deutschen Baumwoll-Industrie zugleich Abriss der Baumwollwirtschaft während des Krieges, Berlin 1920, S. 26, S. 31–36, S. 55–57; Friedrich WOLF, Die deutsche Textilwirtschaft im Weltkrieg, Erlangen 1929, S. 29–32, S. 34 f.; WETZSTEIN, Wirtschaftliche Lage (wie Anm. 23) S. 16 f.; Reichsbekleidungsstelle, Berlin 1917, S. 13–15, S. 33.

geborener Ersatz, sondern preisgünstige Platzhalter für Luxusprodukte, die sich breite Bevölkerungskreise nicht leisten konnten. Die Benennung als Ersatzmittel und Ersatzlebensmittel bürgerte sich erst in der Kriegszeit ein. Beide Begriffe waren sehr negativ besetzt, da die darunter eingeführten Mittel und Behelfe nicht annähernd die fehlenden Originale ersetzen konnten. Ebenso veränderte sich das Ansehen der Surrogate ins Negative, da sie keinen gleichwertigen Ersatz mehr darstellten. Bis zum Ende des Kriegs wandelten sie sich unter den Zeitgenossen zu einem Synonym für Produkte, die *nur den Schein des zu Ersetzenden vor*[täuschten.][27] Die Ersatznahrungsmittel und Ersatzmittel bildeten – trotz ihres schlechten Rufs – einen wichtigen Baustein in der bayerischen Kriegswirtschaft. Ohne sie hätte wohl kaum die Versorgung breiter Bevölkerungsschichten aufrechterhalten werden können. Dabei spielte auch eine Rolle, dass sie – im Gegensatz zu den normalen Grundnahrungsmitteln wie Brot, Fleisch oder Fett – im freien Verkauf zu erwerben waren.[28]

Während der Kriegszeit war die Textilindustrie ebenfalls stark mit der Frage nach Ersatzmitteln konfrontiert. Die Textilwirtschaft, deren bayerische Zentren sich in den Regierungsbezirken Oberfranken und Schwaben befanden, bezog ihre Rohstoffe fast gänzlich aus dem Ausland. Die Branche wurde entsprechend hart von der englischen Seeblockade und dem Wegfall des Warenimports und -exports getroffen. Man musste schnell Alternativen finden, um die Produktion aufrechtzuerhalten: einerseits durch die Rückbesinnung auf einheimische Fasern, wie Flachs oder Hanf, andererseits durch die Entwicklung und Erprobung neuer – natürlicher oder künstlicher – Rohstoffe. Die Nutzung textiler Ersatzstoffe prägte besonders die beiden letzten Kriegsjahre.[29]

Es soll aufgezeigt werden, welche Ausmaße das Ersatzwesen während der Kriegszeit annahm und was dies für die Versorgung und Ernährung der Bevölkerung und für die Textilwirtschaft bedeutete. Wichtige Einblicke liefert die Praxis der

---

27 G. FENDLER / G. SCHIKORRA / W. STÜBER, Ersatzmittel für Nahrungsmittel, Surrogate und ähnliche Erzeugnisse, in: Zs. für Öffentliche Gesundheitspflege 1 (1916) S. 377–392, S. 441–450, hier 378.

28 Elisabeth VAUPEL, Gewürze aus der Retorte. Vanillin, Kunstpfeffer, Kunstzimt, in: Kultur und Technik 34 (2010) S. 45–50, hier 45 f.; DIES., Ersatzstoffe, Surrogate, Imitate. Napoleons Kontinentalsperre und die Chemie, in: Kultur und Technik 30 (2006) S. 50–55, hier 51 f.; DIES., Ersatzgewürze (1916–1948). Der Chemie-Nobelpreisträger Hermann Staudinger und der Kunstpfeffer, in: Technikgeschichte 78 (2011) S. 91–122, hier 94; SKALWEIT, Kriegsernährungswirtschaft (wie Anm. 3) S. 52; Franz RENDL, Kriegskost. Mangelversorgung und Lebensmittelersatz, in: HAAS, Unter dem Losungsworte (wie Anm. 7) S. 36–49; WEITENSFELDER, Kriegsbedingte Ersatzmittel (wie Anm. 7) S. 23; Uwe SPIEKERMANN, Künstliche Kost. Ernährung in Deutschland 1840 bis heute, Göttingen 2018, S. 129–137, S. 144–152, S. 270–282.

29 WETZSTEIN, Wirtschaftliche Lage (wie Anm. 23) S. 26 f.; GÖTSCHMANN, Wirtschaftsgeschichte (wie Anm. 9) S. 184 f., S. 188, S. 192 f.

Ersatzmittelbewirtschaftung in Bayern, die bis dato noch nicht in der bayerischen und bayerisch-schwäbischen Landesgeschichtsforschung untersucht worden ist. Sie entwickelte sich aus den Kriegsumständen heraus und wurde zu einem wesentlichen Element der bayerischen Kriegswirtschaft.

Ersatz für „Dinge des täglichen Bedarfs" – Nahrungsmittelversorgung als Problem

Natürliche Ersatznahrungsmittel

Im Sommer 1914 zogen das Deutsche Reich und Bayern wirtschaftlich unvorbereitet in den Krieg, man hatte es versäumt, Vorräte anzulegen – aufgrund der prognostizierten kurzen Kriegsdauer. Die heimische Nahrungsmittelversorgung stellte sich sehr bald als ein Problem dar. Die englische Seeblockade, die Abtrennung von internationalen Märkten und Produkten sowie der kriegsbedingte Wegfall von Exporten und Importen verstärkten zusätzlich die negative Entwicklung an der Heimatfront. Als Ausdruck der eigenen Hilflosigkeit reagierte man auf Regierungsseite mit einer Flut von Verboten, Verordnungen und Bewirtschaftungsmaßnahmen auf die sich zunehmend verschlechternde Situation. Die Reaktion der Bevölkerung fiel hingegen konträr aus, bereits kurz nach Kriegsausbruch versuchte man, durch Hamsterkäufe eigene private Vorräte anzulegen. Daraus entwickelte sich ein florierender Schwarzmarkt und es kam zu Warenengpässen. Anfang August 1914 erließ der Bundesrat das Gesetz betreffend Höchstpreise,[30] als Reaktion auf die gesteigerte Käufer-Nachfrage, die Bildung von Schwarzmärkten und *um eine gleichmäßige und bezahlbare Grundversorgung der Bevölkerung sicherstellen zu können.*[31] Das Gesetz ermächtigte die Landeszentralbehörden, Höchstpreise auf Waren festzusetzen. Damit griff der Staat erstmalig entscheidend in das freie Marktgefüge ein, der aber die zunehmende Verschlechterung der Versorgungslage nicht verhindern konnte. Das damit verfolgte Ziel, ein stabiles bezahlbares Preisniveau für Nahrungsmittel und andere Güter zu erhalten, wurde nicht erreicht. Stattdessen setzte sich eine Spirale von Preissteigerungen und Verstößen gegen die Höchstpreisverordnungen in Gang, die auch nicht mittels staatlicher

---

[30] Im gleichen Jahr erfuhr das Gesetz noch zwei Erweiterungen, die erste am 28. Oktober 1914 und die zweite am 17. Dezember 1914. Dadurch wurden die Landeszentralbehörden befähigt, Höchstpreise für alle Gegenstände des täglichen Bedarfs wie auch für andere Waren festzusetzen. Die Höchstpreisfestsetzung blieb im weiteren Kriegsverlauf ein wichtiges Steuerungselement der staatlichen Stellen, so dass in den folgenden Kriegsjahren weitere Verordnungen auf Basis des Höchstpreisgesetzes von 1914 hinzukamen; vgl. ROHLACK, Kriegsgesellschaften (wie Anm. 11) S. 40 f.

[31] ROHLACK, Kriegsgesellschaften (wie Anm. 11) S. 40.

Überwachung gänzlich eingedämmt werden konnten. Überwachungsorgane auf Reichsebene waren das Kriegswucheramt sowie die Reichspreisprüfungsstelle, im Königreich Bayern übernahmen das Bayerische Kriegswucheramt sowie die Bayerische Landespreisprüfungsstelle diese Aufgabe.[32]

Ab Jahresbeginn 1915 führte man für die wichtigsten Grundnahrungsmittel weitere Bewirtschaftungs- und Rationierungsmaßnahmen ein. Sie müssen jeweils als Reaktion auf die sich verknappenden Vorräte verstanden werden. Bedingt war dies auch durch die fehlenden Importe aus dem Ausland und Ernteausfälle innerhalb der heimischen Landwirtschaft. Im Januar 1915 wurde mit der Verordnung über die *Regelung des Verkehrs mit Brotgetreide und Mehl* das Brot rationiert, einen Monat später, im Februar 1915, wurde die Brotkarte (s. Abb. 1) als erste Lebensmittelkarte eingeführt.[33] Zugleich richtete man mit der Reichsgetreidestelle[34] eine neue zentrale Reichsstelle ein, die für die Beschlagnahme und Verteilung des Getreides zuständig war. In Bayern übernahm die Bayerische Landesvermittlungsstelle für Brotgetreide und Mehl[35] die Bewirtschaftungsaufgaben. Im Mai 1915 führte man in Bayern die Landesbrotkarte ein, die im ganzen Staatsgebiet galt und ab August 1915 auch in den Ländern Württemberg und Baden einge-

---

[32] Skalweit, Kriegsernährungswirtschaft (wie Anm. 3) S. 115–118, S. 120, S. 122 f., S. 126–132; Albrecht, Reichsgründung bis Ende Erster Weltkrieg (wie Anm. 9) S. 427 f.; Rohlack, Kriegsgesellschaften (wie Anm. 11) S. 39–41, S. 44–46; Henning, Aufbau deutsche Kriegswirtschaft (wie Anm. 11) S. 61; Unger, Anfänge der Kriegswirtschaft (wie Anm. 22) S. 64 f.; Huegel, Kriegsernährungswirtschaft (wie Anm. 3) S. 106–113; Hinterthür, Kriegsstellen und Kriegsgesellschaften (wie Anm. 11) S. 14; Statistisches Landesamt, Kriegsstellen und Kriegsgesellschaften Nahrungsmittelversorgung (wie Anm. 18) S. 2 f.

[33] Die Lebensmittelkarten dienten als Regelinstrument für die Abgabe der festgesetzten Pro-Kopf-Rationen, die die einzelnen Verbraucher erhielten. Damit sollte eine gleichmäßige und gerechte Verteilung der einzelnen Waren erzielt und zugleich der Warenverkehr überwacht werden. Die Brotkarte war die erste Lebensmittelkarte und hatte Vorbildcharakter für die später eingeführten Lebensmittelkarten; vgl. Skalweit, Kriegsernährungswirtschaft (wie Anm. 3) S. 196 f.; Huegel, Kriegsernährungswirtschaft (wie Anm. 3) S. 122 f.; Woerner, Bayerische Ernährungswirtschaft (wie Anm. 19) S. 20–22.

[34] Sie ging aus der Zusammenlegung der im November / Dezember 1914 gegründeten Kriegsgetreidegesellschaft mbH und der im Januar 1915 im Zuge der Brotgetreideverordnung geschaffenen Reichsverteilungsstelle hervor. Ihre Organisation als halbstaatliche und halbprivatwirtschaftliche Kriegsgesellschaft mit beschränkter Haftung wurde zum Modell für weitere Kriegsgesellschaften. Sie besaß eine Verwaltungs- und Geschäftsabteilung; vgl. Rohlack, Kriegsgesellschaften (wie Anm. 11) S. 99; Skalweit, Kriegsernährungswirtschaft (wie Anm. 3) S. 167–171; Dieckmann, Behördenorganisation (wie Anm. 26) S. 68–70; Hinterthür, Kriegsstellen und Kriegsgesellschaften (wie Anm. 11) S. 21.

[35] Sie wurde am 25. Januar 1915 geschaffen, 1917 in Landesgetreidestelle umbenannt und bestand bis 1923; vgl. Braun, Kriegs- und Zwangswirtschaftsstellen (wie Anm. 20); Statistisches Landesamt, Kriegsstellen und Kriegsgesellschaften Nahrungsmittelversorgung (wie Anm. 18) S. 7; Woerner, Bayerische Ernährungswirtschaft (wie Anm. 19) S. 2 f.; Volkert, Ernährung (wie Anm. 18) S. 279 f.

löst werden konnte. Dies gewährleistete ein gesondertes Abkommen, das man mit den Partnerländern abgeschlossen hatte. Das staatliche Netz an Bewirtschaftungsstellen[36] wurde sukzessive ausgebaut und Bewirtschaftungsrichtlinien bzw. Lebensmittelkarten für Fleisch,[37] Zucker,[38] Milch, Butter und Käse,[39] Fett[40] so-

---

[36] Die wichtigen Versorgungsstellen für das Königreich Bayern waren die Bayerische Fleischversorgungsstelle (20.1.1916), die Bayerische Landesfettstelle für die Bewirtschaftung von milchwirtschaftlichen Produkten und Speisefetten (11.8.1916), die Bayerische Lebensmittelstelle (22.1.1916) mit ihren Unterabteilungen der Bayerischen Eierversorgungsstelle (12.3.1916), der Bayerischen Landeszuckerstelle (22.4.1916), der Bayerischen Landeskartoffelstelle (25.2.1916), der Bayerischen Honigvermittlungsstelle (27.5.1916), der Bayerischen Landesstelle für Gemüse- und Obstversorgung (30.6.1916) sowie der Bayerischen Landesstelle für Fischversorgung (19.5.1917); vgl. HINTERTHÜR, Kriegsstellen und Kriegsgesellschaften (wie Anm. 11) S. 81–90; VOLKERT, Ernährung (wie Anm. 18) S. 279–281; Statistisches Landesamt, Kriegsstellen und Kriegsgesellschaften Nahrungsmittelversorgung (wie Anm. 18) S. 4–6, S. 8–10.

[37] Die Fleischkarte wurde durch die Ministerialbekanntmachung über die Regelung des Fleischverbrauchs am 5. April 1916 in Bayern eingeführt. Die Bayerische Fleischversorgungsstelle überwachte den Verkehr und die Rationierung von Fleisch. Darüber hinaus war sie für die Ausgabe der Fleischkarten zuständig; vgl. Bayerische Fleischversorgungsstelle, Aufgaben und Organisation der Bayerischen Fleischversorgungsstelle, in: Landwirtschaftliches Jb. für Bayern 7 (1917) S. 91–183, hier 99.

[38] Vor Kriegsausbruch hatte ein Zuckerüberschuss geherrscht, der sich aber bis 1915 ins Gegenteil zu einem Zuckermangel verkehrte. Grund war ein gesteigerter Zuckerkonsum. Um die Versorgung mit Zucker weiter sicherzustellen, wurde die Nutzung eingeschränkt und kontingentiert, beispielsweise für die Tierfütterung oder in einzelnen Industrien. Mit der Verordnung über den Verkehr mit Zucker im Betriebsjahr 1916/1917 wurden schließlich die Kommunalverbände zur Einführung von Zuckerkarten verpflichtet; vgl. Friedrich VON BRAUN, Verkehr mit Lebens- und Futtermitteln. Die Verordnungen des Bundesrats über den Verkehr mit Lebens- und Futtermitteln und über Höchstpreise. Herausgegeben mit den bayerischen Ausführungsbestimmungen nach dem Stande vom 1. Januar 1917. Bd. 2, München 1917, S. 591, S. 599 f.; SKALWEIT, Kriegsernährungswirtschaft (wie Anm. 3) S. 65–68; Karl FESSMANN, Deutsche Zuckerwirtschaft, in: K. Staatsministerium des Innern (Hg.), Über unsere Ernährungslage. Berichte, erstattet im Auftrage des K. Staatsministerium des Innern bei einer Besprechung in München am 11. Juni 1918, München 1918, S. 35–38, hier 35–37.

[39] Seit dem Sommer 1915 hatten die bayerischen Behörden versucht, die Versorgung mit Milch, Butter und Käse und anderen Molkereierzeugnissen über die Festsetzung von Höchstpreisen zu regulieren. Dies gelang jedoch nicht. Schließlich regelte man die Bewirtschaftung mit Milch, Butter und Käse durch die Errichtung der Bayerischen Landesfettstelle sowie der Butterzentrale für Bayern in München. Ab März 1916 gab es Butter nur noch als festgesetzte wöchentliche Ration in Verbindung mit der Brotkarte, Gleiches galt für die Rationierung von Käse. Im November 1915 wurde die Abgabe von Frischmilch durch die Einführung der Milchkarte festgelegt; vgl. WOERNER, Bayerische Ernährungswirtschaft (wie Anm. 19) S. 63–70; Statistisches Landesamt, Kriegsstellen und Kriegsgesellschaften Nahrungsmittelversorgung (wie Anm. 18) S. 10; Friedrich VON BRAUN, Verkehr mit Lebens- und Futtermitteln. Die Verordnungen des Bundesrats über den Verkehr mit Lebens- und Futtermitteln und über Höchstpreise. I. Nachtrag. Herausgegeben mit den bayerischen Ausführungsbestimmungen nach dem Stande vom 31. Januar 1916, München 1916, S. 121–132.

[40] Die Versorgung mit Speisefett wurde zunächst zusammen mit der Versorgung von Molkerei- und Milchprodukten geregelt. Mit der Verordnung über vorläufige Maßnahmen auf dem Ge-

1 Reise-Brotmarke (StadtA Kaufbeuren, Sammlung Georg Kopp: Erster Weltkrieg)

wie Eier[41] eingeführt. Die örtliche Versorgung und Bewirtschaftung wurde von den Kommunalverbänden übernommen, die in ihrem Zuständigkeitsbereich die jeweiligen Karten ausgaben und deren Einlösung kontrollierten (s. Abb. 2). Dennoch ließ sich die Nahrungsmittelversorgung im Kriegsverlauf nur mehr mühsam und mit immer strengeren Rationskürzungen bewältigen.[42]

---

biete der Fettversorgung wurden Gemeinden mit über 5.000 Einwohnern dazu verpflichtet, eine Speisefettkarte ab dem 1. Juli 1916 einzuführen. Nur mit dieser Karte konnten tierische und pflanzliche Speisefette bezogen werden; vgl. Skalweit, Kriegsernährungswirtschaft (wie Anm. 3) S. 194 f.; Friedrich von Braun, Verkehr mit Lebens- und Futtermitteln. Die Verordnungen des Bundesrats über den Verkehr mit Lebens- und Futtermitteln und über Höchstpreise. II. Nachtrag. Herausgegeben mit den bayerischen Ausführungsbestimmungen nach dem Stande vom 20. Juni 1916, München 1916, S. 163.

41 Für die Eierversorgung wurde am 28. Juni 1916 in Bayern die Eierkarte eingeführt; vgl. Bekanntmachung über die Eierkarte vom 28. Juni 1916, in: Kriegs-Beilage des Amtsblattes der K. Staatsministerien des Königlichen Hauses und des Äußern und des Innern 44 (1916) S. 869; von Braun, Verkehr mit Lebens- und Futtermitteln 1916 II. Nachtrag (wie Anm. 40) S. 192–198.

42 Dieckmann, Behördenorganisation (wie Anm. 26) S. 68–75; Huegel, Kriegsernährungswirtschaft (wie Anm. 3) S. 122–126; Woerner, Bayerische Ernährungswirtschaft (wie Anm. 19)

2 Lebensmittelkartenausgabe im Rathaus Kaufbeuren (Stadtmuseum Kaufbeuren Inv. Nr. Ph0406)

Um die geringer werdenden Vorräte möglichst optimal auszunutzen, ging man auf zweierlei Arten vor: einerseits wurden die vorhandenen Vorräte streng rationiert und zentral durch die Landesbehörden sowie die einzelnen Kommunalverbände bewirtschaftet. Andererseits versuchte man – durch das Strecken und Vermischen mit anderen Nahrungsmitteln –, die vorhandenen Mengen zu vermehren oder gänzlich durch einheimische Produkte zu ersetzen. Beide Vorgehensweisen, das Strecken wie das Ersetzen, können bereits als Nahrungsmittelersatz klassifiziert werden. Sowohl die gestreckten als auch die ersetzten Nahrungsmittel fanden nicht mehr in ihrer ursprünglichen Form Verwendung. Beides stellte demnach die erste Ein-

---

S. 3 f., S. 6, S. 9–14; Max Rubner, Das Ernährungswesen im Allgemeinen, in: Franz Bumm (Hg.), Deutschlands Gesundheitsverhältnisse unter dem Einfluss des Weltkrieges. II. Halbbd., Stuttgart 1928, S. 1–41, hier 8–12; Alois Schlögl, Bayerische Agrargeschichte. Die Entwicklung der Land- und Forstwirtschaft seit Beginn des 19. Jahrhunderts, München 1954, S. 540–545; Volkert, Ernährung (wie Anm. 18) S. 279; K. Staatsministerium des Innern / Staatsministerium des K. Hauses und des Äußern (Hg.), Mitteilungen der K. Staatsministerien des K. Hauses und des Äußern und des Innern über die Kriegstätigkeit der inneren Staatsverwaltung, München 1917, S. 60–62; Entschließung über die Landesbrotmarken vom 28. August 1915, in: Kriegs-Beilage des Amtsblattes der K. Staatsministerien des Königlichen Hauses und des Äußern und des Innern 43 (1915) S. 824.

führungsstufe von Ersatznahrungsmitteln innerhalb der Kriegswirtschaft dar, da sie Grundnahrungsmittel entweder verfälschten oder ersetzten. Zusammenfassend kann man die entstandenen Produkte als natürliche Ersatzlebensmittel definieren. Sie stammten direkt aus der Natur und wurden nicht künstlich im Labor oder durch den Zusatz chemischer Stoffe erzeugt. Weiteren Ersatz bot der gesteigerte Verbrauch von Lebensmitteln, die bis dato nicht zu den primären menschlichen Nahrungsmitteln zählten, wie Beeren oder Pilze. Sie können ebenfalls zu den natürlichen Ersatzmitteln gezählt werden. Darüber hinaus erschloss man alternative Nahrungsquellen, die ebenfalls bisher kaum oder noch nicht für die menschliche Ernährung herangezogen wurden. Dazu gehörten das Blut von Schlachttieren als Zusatz zu Brot-, Wurst- und Fleischwaren, Obstkerne für die Ölgewinnung und als Kaffee-Ersatz oder Löwenzahn und Brennnesseln als Salatersatz.[43]

Den Beginn für die Einführung natürlicher Ersatzmittel in die Kriegswirtschaft markierten die staatlich verordneten Streckungsmaßnahmen für Mehl ab Januar 1915. Obwohl die Bundesratsverordnung über Brotgetreide und Mehl vom Oktober 1914 bereits erste Veränderungen des Mehls durch stärkeres Ausmahlen für die Brotherstellung vorschrieb, fanden natürliche Zusätze erst ab Januar 1915 den Weg ins Brot: *Bei der Bereitung von Weizenbrot muß*[te] *Weizenmehl in einer Mischung verwendet werden,*[44] wobei *bis zu zwanzig Gewichtsteil*[e] *durch Kartoffelstärkemehl oder andere mehlartige Stoffe ersetzt werden*[45] konnten. Ebenso musste [b]*ei der Bereitung von Roggenbrot* [...] *auch Kartoffel verwendet werden.*[46] Das mit Kartoffeln gestreckte Brot kam als K-Brot in den Handel und wandelte sich im Verlauf des Kriegs zum negativen Sinnbild der Vorratsbewirtschaftung. Als

43 Wilhelm BORGMANN, Die Mitwirkung der deutschen Forstwirtschaft an den Aufgaben der Volksernährung im Kriege, in: Tharandter forstliches Jb. 67 (1916) S. 367–456, hier 370–373; Hermann WURLL, Die forstlichen Nebennutzungen in der deutschen Kriegswirtschaft, Eberswalde 1928, S. 42–46; WINCKEL, Krieg und Volksernährung, S. 25–28; Eugen SEEL, Über die durch den Krieg hervorgerufenen Veränderungen in der Herstellung und Zusammensetzung von Lebens- und Futtermitteln sowie einigen Gebrauchsgegenständen, in: Zs. für Untersuchung der Nahrungs- und Genußmittel [= European food and research technology] 32 (1916) S. 43–52, hier S. 43 f.; Martha VOSS-ZIETZ, Praktische Hauswirtschaft im Kriege, in: BRIEFS/VOSS-ZIETZ/STEGEMANN-RUNK, Die Hauswirtschaft im Kriege, S. 39–64, hier 53 und 56; Wilhelm KERP, Versorgung mit Ersatzlebensmitteln, in: BUMM, Deutschlands Gesundheitsverhältnisse (wie Anm. 42) S. 77–122, hier 80 f.; Hugo KÜHL, Über Ersatzfabrikate unserer Nahrungsmittel und Gebrauchsgegenstände im Krieg, in: Zs. für Öffentliche Gesundheitspflege 1 (1916) S. 283–289, hier 283 f.

44 Friedrich VON BRAUN, Verkehr mit Lebens- und Futtermitteln. Die Verordnungen des Bundesrats über den Verkehr mit Lebens- und Futtermitteln und über Höchstpreise. Herausgegeben mit den bayerischen Ausführungsbestimmungen nach dem Stande vom 1. Januar 1917. Bd. 1, München 1917, S. 180.

45 Ebd.

46 Ebd.

weitere Streckungsmittel waren *Bohnenmehl, auch Sojabohnenmehl, Erbsenmehl, Gerstenschrot, Gerstenmehl, Hafermehl, fein gemahlene Kleie, Maismehl, Maniok- und Tapiokamehl, Reismehl, Sagomehl in derselben Menge wie Kartoffelflocken*[47] zugelassen. Bevorzugtes Streckungsmittel waren zunächst Kartoffeln, da die Kartoffelvorräte den Inlandsbedarf mehr als deckten. Mit zunehmender Kriegsdauer, schlechten Ernteerträgen und fehlenden Importen verknappten sich die verfügbaren Vorräte immer mehr. Je knapper die Vorräte, desto zahlreicher wurden die Streckungsmittel. Durch Ernteausfälle bei der Kartoffel musste nach anderen Streckungszusätzen gesucht werden. Statt der Kartoffel verwendete man nun Blut, Steckrüben, Kastanien, Eicheln oder Bucheckern als Mehlzusatz. Ebenso stellte man aus zermahlenen Obstkernen oder auch aus Holz und Pflanzen Streumehle her. Das Brot und seine Veränderung durch zahlreiche Zusätze zeigt deutlich, wie sehr Grundnahrungsmittel zu Ersatznahrungsmitteln wurden, rein durch den Mangel an ursprünglichen Zutaten.[48]

Neben dem populärsten Beispiel der staatlich verordneten Brotstreckung, veränderte man auch andere Nahrungsmittel, um die jeweiligen Vorräte effizienter auszunutzen. Dies allerdings ohne staatliche Verordnungen. Gegen solche Lebensmittelveränderungen schritten die Behörden jedoch massiv ein. Man fürchtete eine Gesundheitsgefährdung der Verbraucher als auch eine zusätzliche Beeinträchtigung der Versorgung. Es bestand die Gefahr, dass wertvolle Nahrungsmittel dadurch unbrauchbar wurden. Durch die Zugabe von Wasser verfälschte man Fleisch- und Wurstwaren, Milch, Butter, Margarine und andere Speisefette. Damit sollte die vorhandene Menge vermehrt werden. Kakao galt als Luxusprodukt und wurde gerne zum Backen und als Getränk konsumiert. Man streckte ihn mit zermahlenen Kakaoschalen oder mit *Hafermehl* [oder] *Eichenmehl.*[49] Um dies zu verhindern, verbot die Bekanntmachung über Kakaoschalen, dass *gepulverte Kakaoschalen oder Erzeugnisse, die mit gepulverten Kakaoschalen vermischt sind,* [...] *zu verkaufen, feilzuhalten oder sonst in den Verkehr zu bringen*[50] waren.[51]

---

47 Ebd.

48 Skalweit, Kriegsernährungswirtschaft (wie Anm. 3) S. 33–35; MInn / MdkHudÄ, Mitteilungen der k. Staatsministerien (wie Anm. 42) S. 50 f.; von Braun, Verkehr mit Lebens- und Futtermitteln 1917, Bd. 1 (wie Anm. 44) S. 180–182; Seel, Veränderungen in der Herstellung und Zusammensetzung (wie Anm. 43) S. 44 f.; Rubner, Ernährungswesen (wie Anm. 42) S. 37 f.; Kerp, Versorgung Ersatzlebensmittel (wie Anm. 43) S. 77–122, hier 102–104; Huegel, Kriegsernährungswirtschaft (wie Anm. 3) S. 126–128; Ralf Arnold, Ersatzlebensmittel im 1. und 2. Weltkrieg aus ernährungsphysiologischer Sicht, Leipzig 1991, S. 29 f.; Güstrau, Medizinische Beurteilung der Ersatzlebensmittel (wie Anm. 2) S. 28 f.

49 Kühl, Ersatzfabrikate (wie Anm. 43) S. 286.

50 Von Braun, Verkehr mit Lebens- und Futtermitteln 1917, Bd. 2 (wie Anm. 38) S. 829.

51 Robert Scherer, Lebensmittel, deren Ersatzstoffe und künstliche Nährpräparate, Wien / Leipzig 1919, S. 225–228.

Die sogenannten Kriegswürste wurden – außer mit Wasser – auch mit anderen Zusätzen versetzt: Darin fand sich Kartoffelmehl, Asche oder auch *verbotene oder minderwertige Organe, von Abfallfleisch, Knorpel, Knochenresten.*[52] Wie sich die Verwendung solcher Zutaten auf die Verbrauchergesundheit auswirkte, ist kaum bekannt. Jedoch war man von behördlicher Seite bemüht, gesundheitsschädliche Verfälschungen einzudämmen, beispielsweise mit der Bekanntmachung über die Beschränkung der Herstellung von Fleischkonserven und Wurstwaren. Dennoch konnte man von staatlicher Seite eine Zunahme dieser Art des Produktschwindels kaum verhindern. Regelungen und Verbote, ähnlich wie diejenigen für Kakaoschalen, blieben mitunter wirkungslos. Nichtsdestotrotz bereiteten diese Praktiken und das darauf erfolgte staatliche Handeln den Weg für die Einführung und die Expansion des Ersatzmittelwesens.[53]

Der Einsatz natürlicher Ersatznahrungsmittel erfolgte meist dann, wenn ein Nahrungsmittel entweder bereits kaum mehr verfügbar war oder durch Streckungsmaßnahmen nicht kompensiert werden konnte. Teilweise geschah dies bei einzelnen (Luxus-)Produkten schon vor Kriegsausbruch, wie bei Kaffee, Butter oder Tee. Dennoch mussten auch die Vorkriegsersatzmittel nach und nach durch heimische Pflanzen und Stoffe ersetzt werden. Insbesondere bei den Importgütern aus den Kolonien, Kaffee und Tee, fand ein großer Umbruch statt.

Bereits vor Kriegsausbruch war Kaffee ein beliebtes Getränk, wobei er vor allem durch Malz-, Gersten- und Zichorienkaffee ersetzt wurde, den man teilweise mit Bohnenkaffee vermengte. Ebenso brühte man kaffeeähnliche Getränke aus anderen Pflanzen auf, wie Feigen- oder Eichelkaffee. Die zugehörige Kaffee-Ersatzindustrie hatte sich bereits im 19. Jahrhundert im Deutschen Reich etabliert, eine der größten bayerischen Fabriken war Kathreiners Malzkaffee-Fabriken in München. Ersatz-Kaffee, insbesondere derjenige aus Malz oder Zichorie, gehörten zu den Lieblingsgetränken der deutschen Bevölkerung. Mit dem Kriegsausbruch stoppte jäh der Import von Bohnenkaffee. Durch die Rationierung von Getreide[54] und das Fehlen von Rohstoffen wurde die Produktion der beliebten Getränke

52 Eugen SEEL / A. SCHUBERT, Über Kriegswürste bis zur Einführung der Fleischkarte, in: Zs. für Untersuchung der Nahrungs- und Genußmittel [= European food and research technology] 32 (1916) S. 29–43, hier 42.

53 SKALWEIT, Kriegsernährungswirtschaft (wie Anm. 3) S. 33–35; SEEL, Veränderungen in der Herstellung und Zusammensetzung (wie Anm. 43) S. 46–49; FENDLER / SCHIKORRA / STÜBER, Ersatzmittel (wie Anm. 27) S. 380 f., S. 385–387; KÜHL, Ersatzfabrikate (wie Anm. 43) S. 286; SEEL / SCHUBERT, Kriegswürste (wie Anm. 52) S. 30, S. 33, S. 42; VON BRAUN, Verkehr mit Lebens- und Futtermitteln 1917, Bd. 2 (wie Anm. 38) S. 1019–1023; Adolf BEYTHIEN, Volksernährung und Ersatzmittel, Leipzig 1922, S. 141–145.

54 Gerste und Malz wurden bereits kurz nach Kriegsbeginn bewirtschaftet, beschlagnahmt und mit Höchstpreisen belegt. Gerste wurde als Streckungsmittel und Ersatz für Brotgetreide sowie als Pferdefutter benötigt und zudem nur noch anhand eines bestimmten prozentualen Anteils,

massiv erschwert. Im November 1915 verfügte der Bundesrat via Verordnung die Vorratserhebung von Kaffee, Tee und Kakao, bevor Kaffee und Kaffee-Ersatzmittel ab April 1916 durch den Kriegsausschuss für Kaffee, Tee und deren Ersatzmittel GmbH bewirtschaftet wurden. Gleichzeitig erließ man eine eigene Richtlinie für die Bewirtschaftung der Zichorienwurzel, die der gleiche Kriegsausschuss übernahm. Doch konnte man einem Mangel an Kaffee-Ersatz bis Ende 1916 nicht vorbeugen. Um die hohe Nachfrage zu befriedigen, suchte man nach alternativen pflanzlichen Stoffen, die frei verfügbar und zu kaffeeähnlichen Getränken verarbeitet werden konnten. Der Einfallsreichtum bei der Ersatzkaffeeherstellung kannte dabei kaum Grenzen, wie eine zeitgenössische Auflistung zeigt: *Steinobstkerne, Walnußschalen* […] *entöltes Traubenkernmehl, Ackerquecken, Maiskeime, Haferspelzen, Akaziensamen, Kartoffelpülpe, Obsttrester, Rübenköpfe, Rübenblätter, Sämereien, Maisspindeln, Heidekraut*[55] oder auch Weißdorn.[56]

Neben dem Kaffee-Ersatz wurden auch Tee sowie pflanzliche und tierische Öle knapp. Dabei versuchte man, mit einheimischen Ersatzmitteln dem Mangel zu begegnen und zu beheben. Die Organisation der Bewirtschaftung von Tee lag ebenfalls im Zuständigkeitsbereich des Kriegsausschusses für Kaffee, Tee und deren Ersatzmittel. Um die Importprodukte Schwarztee und Grünen Tee zu ersetzen, griff man verstärkt auf einheimische Kräuter zurück. Schon vor Kriegsausbruch waren viele einheimische Heilkräuter, wie Kamille, Melisse, Lindenblüten oder Salbei, als Hausmittel verbreitet und wurden zu Heiltees aufgebrüht. Während des Kriegs zog man nun auch andere Pflanzen zur Teebereitung als natürliche Ersatzmittel heran. Für die *Herstellung von Tee-Ersatz* [wurden] *die verschiedens-*

---

in sogenannten Kontingenten, an Malzfabriken, Brauereien, Brennereien und sonstige Erzeuger über die Reichsgerstengesellschaft verteilt; vgl. Woerner, Bayerische Ernährungswirtschaft (wie Anm. 19) S. 28–30; MInn/MdkHudÄ, Mitteilungen der k. Staatsministerien (wie Anm. 42) S. 67–73.

55 Fritz Bürstner, Die Kaffee-Ersatzmittel vor und während der Kriegszeit (Beitr. zur Kriegswirtschaft 43) Berlin 1918, S. 14.

56 Alfred Hasterlik, Kaffee und Kaffee-Ersatzstoffe in Wirtschaft und Wissenschaft mit einem Anhang. Kaffee und Kaffee-Ersatzmittel in der Kriegswirtschaft, Leipzig 1919, S. 155–159, S. 184–187; Skalweit, Kriegsernährungswirtschaft (wie Anm. 3) S. 52–55; Beythien, Volksernährung (wie Anm. 53) S. 495–497, S. 500–503; Alfred Kuhlo, Geschichte der bayerischen Industrie, München [2]1926, S. 390 f.; H. O. Barth u. a., Kathreiner 1829–1979. Ein Blick in die Firmengeschichte, München 1979; Bürstner, Kaffee-Ersatzmittel (wie Anm. 55) S. 1–3, S. 6–14; von Braun, Verkehr mit Lebens- und Futtermitteln 1917, Bd. 2 (wie Anm. 38) S. 815–821, S. 824–827, S. 839; Hinterthür, Kriegsstellen und Kriegsgesellschaften (wie Anm. 11) S. 28; Martin Klassert, Kaffee-Ersatzstoffe, in: Zs. für Untersuchung der Nahrungs- und Genußmittel [= European food and research technology] 35 (1918) S. 80–92, hier 81 f.; C. Griebel, Kaffee-Ersatz aus Weißdornfrüchten, in: Zs. für Untersuchung der Nahrungs- und Genußmittel [= European food and research technology] 33 (1917) S. 65–67, hier 65; Scherer, Lebensmittel (wie Anm. 51) S. 168–170, S. 172–176, S. 185 f., S. 188 f., S. 192–196.

ten Blätter von Waldkräutern, Bäumen, Sträuchern mit oder ohne Beimischung von Hölzern, Wurzeln und Blüten in geschnittenem oder getrocknetem Zustand verwendet,[57] die man bei staatlich organisierten Sammlungen in den Wäldern zusammentrug. Bevorzugte heimische Teekräuter waren die Blätter verschiedener Beeren, wie Erdbeere, Brombeere oder Himbeere, wobei man auch *die Blätter von Walnuß, Nessel, Weißdorn,* [und] *die aromatischen Kräuter von Waldmeister, Pfefferminz und Salbei*[58] verwendete.[59]

Ähnlich verfuhr man bei Ölen und Fetten, indem man alternative Ölpflanzen zur Gewinnung pflanzlicher Öle und Fette sammelte oder anbaute. Vor Kriegsausbruch wurde der Großteil der pflanzlichen Öle und Fette, nämlich [bis] *zu 86% aus ausländischen, größtenteils tropischen Rohstoffen: Oliven, Erdnüsse*[e], *Sesam, Kokosnüsse*[e], *Baumwollsamen, Sojabohnen, Palmkernen usw.*[60] gewonnen. Diese fielen mit der Blockade und dem Importstopp weg. Der im Januar 1915 neu geschaffene Kriegsausschuss für pflanzliche und tierische Öle und Fette mbH übernahm die Öl- und Fettgewinnung und -bewirtschaftung, um die Versorgung zu gewährleisten. Dazu wurden [d]*ie aus Raps, Rüben, Hederich, Ravison, Sonnenblumen, Senf (weißem und braunem), Dotter, Mohn, Lein und Hanf der inländischen Ernte gewonnenen Früchte (Ölfrüchte)*[61] beschlagnahmt. Um das Fehlen ausländischer Ölfrüchte zu kompensieren, musste heimischer Ersatz gefunden werden. Man stellte eine Reihe von Versuchen zur Ölgewinnung an, bei denen verschiedenste Ausgangsstoffe getestet wurden. Nicht alle dieser Versuche verliefen erfolgreich. Außerdem wurden Anbauverordnungen erlassen, die die Versorgung sicherstellen sollten, beispielsweise für Sonnenblumen. Daneben wurden über öffentliche Sammlungen Rohstoffe zusammengetragen. Die gesammelten Stoffe nutzte man für die Ölverwertung, beispielsweise Obstkerne, Bucheckern und Knochen. Zu den am häufigsten verwendeten Ersatzölpflanzen gehörten Bucheckern, Leinsamen, Rübensamen, Sonnenblumenkerne und Raps.[62]

---

57 Simon ROTHENFUSSER, Ersatzmittel für Lebensmittel und deren Beurteilung, in: Zs. für Untersuchung der Nahrungs- und Genußmittel [= European food and research technology] 35 (1918) S. 18–36, hier 36.

58 BEYTHIEN, Volksernährung (wie Anm. 53) S. 507.

59 VON BRAUN, Verkehr mit Lebens- und Futtermitteln 1917, Bd. 2 (wie Anm. 38) S. 821–824; BORGMANN, Mitwirkung deutsche Forstwirtschaft (wie Anm. 43) S. 383; BEYTHIEN, Volksernährung (wie Anm. 53) S. 507–509; August ERTHEILER / Robert PLOHN, Das Sammelwesen in der Kriegswirtschaft (Beitr. zur Kriegswirtschaft 65) Berlin 1919, S. 30 f.; SCHERER, Lebensmittel (wie Anm. 51) S. 203–208; WURLL, Forstliche Nebennutzungen (wie Anm. 43) S. 50 f.

60 BEYTHIEN, Volksernährung (wie Anm. 53) S. 241.

61 VON BRAUN, Verkehr mit Lebens- und Futtermitteln 1917, Bd. 1 (wie Anm. 44) S. 461.

62 ERTHEILER / PLOHN, Sammelwesen (wie Anm. 59) S. 31–35; BEYTHIEN, Volksernährung (wie Anm. 53) S. 239–241, S. 243–245; VON BRAUN, Verkehr mit Lebens- und Futtermitteln 1917, Bd. 1 (wie Anm. 44) S. 468 f.; KÜHL, Ersatzfabrikate (wie Anm. 43) S. 284; SEEL, Veränderungen in der Herstellung und Zusammensetzung (wie Anm. 43) S. 45; BORGMANN, Mitwirkung

Das Ersetzen tierischer und pflanzlicher Fette gestaltete sich hingegen schwieriger. Einerseits rief man die Bevölkerung zum Fettsparen und -wiederverwenden auf, beispielsweise durch einen sparsamen Umgang beim Zubereiten der Speisen. Ein Haushaltsratgeber empfahl, [d]*as Backfett* [...] *durch Aufguß von heißem Wasser und durch Rühren*[63] auszuwaschen, da es durch diese Behandlung anschließend *erkaltet, vom Wasser abgeschnitten, eingeschmolzen,* [und] *wieder gebrauchsfertig*[64] sei. Auch sollte man Fleisch ohne zusätzliches Fett anbraten, da der Eigenfettanteil für das Anbraten ausreiche. Alternativ sollte man Pergamentpapier zum Braten verwenden. Generell wurde ein sparsamer Umgang mit Fett angemahnt.[65] Man nutzte alle verfügbar erscheinenden Fettquellen, um Fett bzw. Fettersatz zu gewinnen. Auch vor der Wiederverwendung von Altfetten schreckte man nicht zurück. Primäre Gewinnungsmethode war das Auskochen von Tierkadavern und Knochen, die bei der Schlachtung anfielen.[66]

Bis zum Herbst 1915 funktionierte die Fleischversorgung relativ gut, wobei bereits im Frühjahr 1915 mit dem sogenannten Schweinemord[67] ein gravierender Einschnitt erfolgte. Bayern war durch seine großen Viehbestände gut mit Fleisch versorgt, bekam aber ebenfalls ab Sommer 1915 die Folgen des Schweinemords durch gestiegene Fleischpreise zu spüren. Der steigenden Preisentwicklung ver-

deutsche Forstwirtschaft (wie Anm. 43) S. 383–385, S. 392–394; WEITENSFELDER, Siegeszug der Fälschungen (wie Anm. 7) S. 72 f.; SCHERER, Lebensmittel (wie Anm. 51) S. 358 f.

63 Viktoria LÖBENBERG, Das deutsche Sparkochbuch für Kriegs- und Friedenszeit mit Gesundheits- und häuslichem Ratgeber, München 1916, S. 17.

64 Ebd.

65 Ebd. S. 17–21; Hedwig HEYL, Kleines Kriegskochbuch, Berlin 1914, S. 2, S. 7 f.

66 J. PRESCHER, Behandlung von Knochenfett und Abfallfett in fleischbeschautechnischer Hinsicht, in: Zs. für Untersuchung der Nahrungs- und Genußmittel [= European food and research technology] 35 (1918) S. 381–385, hier 381 f.; BEYTHIEN, Volksernährung (wie Anm. 53) S. 263–266; WEITENSFELDER, Siegeszug (wie Anm. 7) S. 73.

67 Nachdem man bei der Erhebung der Getreidevorräte mit Erschrecken feststellte, dass diese bereits zu einem großen Teil aufgebraucht worden waren, sah man sich von staatlicher Seite zum Handeln gezwungen. Im Frühjahr 1915 forcierte man eine drastische Reduzierung des Schweinebestands. Grund hierfür war unter anderem, dass ein Großteil des Getreides als Schweinefutter verwendet und eine Erhöhung des Schweinebestands bei der Viehzählung im Dezember 1914 festgestellt worden war. Die staatlich verordnete Massenschlachtung zur Bestandsreduzierung führte allerdings nicht zum gewünschten Erfolg, auch in der Folgezeit verschlechterte sich die Getreideversorgung zunehmend; vgl. SKALWEIT, Kriegsernährungswirtschaft (wie Anm. 3) S. 92–96; August SKALWEIT, Das Schwein in der Kriegsernährungswirtschaft, in: August SKALWEIT / Walter KLAAS (Hg.), Das Schwein in der Kriegsernährungswirtschaft (Beitr. zur Kriegswirtschaft 20/21) S. 1–26, hier 9–12; Wilhelm NIKLAS, Die Entwicklung der Viehbestände während des Krieges und die hierauf bezüglichen behördlichen Maßnahmen, in: Hans KRÜGER (Hg.), Vieh und Fleisch in der Kriegswirtschaft (Beitr. zur Kriegswirtschaft 17/19) Berlin 1917, S. 1–20, hier 4–6, Walter KLAAS, Der Entwicklungsgang der staatlichen Regelung des Kriegs-Schweinemarktes, in: August SKALWEIT / Walter KLAAS (Hg.), Das Schwein in der Kriegsernährungswirtschaft (Beitr. zur Kriegswirtschaft 20/21) S. 27–80, hier 34 f.

suchte man zunächst mit der Einführung fett- und fleischloser Tage im Herbst 1915 entgegenzuwirken, was nicht gelang. Im März 1916 führte man mit der Gründung der Reichsfleischstelle die zentrale Fleischbewirtschaftung im Reich ein. Die bayerischen Behörden hatten früher reagiert und mit der Bayerischen Fleischversorgungsstelle eine eigene Bewirtschaftungsstelle im Januar 1916 errichtet. Am 5. April 1916 komplettierte die Einführung der Fleischkarte die staatliche Fleischbewirtschaftung in Bayern.[68]

Der Fleischmangel bewirkte, dass man Fleischprodukte, wie Wurst oder Fleischbouillonwürfel, nicht nur streckte, sondern auch nach Alternativen suchte. Einerseits zog man Fleischarten, die bis dato keine oder nur eine geringe Rolle gespielt hatten, zur menschlichen Ernährung heran, darunter beispielsweise Pferde-, Schaf-, Ziegen-, Wal-, Robben-, Hai- oder auch Hundefleisch. Andererseits nutzte man vermehrt Kleinwild als Fleischlieferanten, wie etwa Hasen. Um möglichst große Erträge zu erhalten, wurde die Kleintierzucht gefördert. Neben natürlichem Fleischersatz stellte man diesen aber auch auf künstlichem Weg her. Beim Großteil dieser künstlichen Ersatzmittel verwendete man bei der Herstellung kein Fleisch. Stattdessen bestanden sie zum Großteil aus Eiweißlösungen oder Nährhefegemischen, die keinesfalls ein gleichwertiger Ersatz waren.[69]

Wie die Beispiele zeigen, war der Einsatz natürlicher Ersatzmittel unumgänglich, um die Versorgung der Bevölkerung weiter aufrechtzuerhalten. Da das Reich und Bayern vor Kriegsausbruch ihre Versorgung jeweils auch auf ausländische Produkte stützten, konnte deren Wegfall nicht allein mit den vorhandenen Nahrungsmitteln im Inland gedeckt werden. Sie reichten dafür nicht aus. Daher war die Nutzung alternativer pflanzlicher und tierischer Produkte ein unverzichtbares Muss für die Kriegswirtschaft. Die Verwendung der natürlichen Ersatzmittel zeigt auch, dass nicht erst das Aufkommen künstlicher Ersatzprodukte den Beginn der Ersatzmittelwirtschaft markierte. Sie befeuerten jedoch eine zunehmend negative Sichtweise der Erzeugnisse, da künstlicher Ersatz oftmals minderwertig war. Er bot meist keine gleichwertige Alternative zum Original.

---

68 Bayerische Fleischversorgungsstelle (wie Anm. 37) S. 92 f., S. 95–97, S. 99 f.; von Braun, Verkehr mit Lebens- und Futtermitteln 1917, Bd. 2 (wie Anm. 38) S. 931–933, S. 938, S. 950; Ders., Verkehr mit Lebens- und Futtermitteln 1916, I. Nachtrag (wie Anm. 39) S. 162–165; Ders., Verkehr mit Lebens- und Futtermitteln 1916, II. Nachtrag (wie Anm. 40) S. 299–306; Skalweit, Kriegsernährungswirtschaft (wie Anm. 3) S. 36 f.; Friedrich Zahn, 1. Monatsbericht der Landespreisprüfungsstelle Januar 1916, München 1916, S. 8 f.

69 Karl Lendrich, Fleisch, Fleischwaren, Eier und deren Ersatzmittel, in: Zs. für Untersuchung der Nahrungs- und Genußmittel [= European food and research technology] 34 (1917) S. 18–31, hier 18 f.; Beythien, Volksernährung (wie Anm. 53) S. 114–117; Seel, Veränderungen in der Herstellung und Zusammensetzung (wie Anm. 43) S. 48; von Braun, Verkehr mit Lebens- und Futtermitteln 1917, Bd. 2 (wie Anm. 38) S. 986, S. 999, S. 1024–1028.

Künstliche Ersatznahrungsmittel

Parallel zu den natürlichen Ersatzmitteln weitete sich nach Kriegsbeginn die Produktion künstlicher Ersatzmittel aus. Unter künstlichen Ersatzmitteln werden alle diejenigen Produkte zusammengefasst, die im Labor aus künstlichen Aromen, Nährsalzen, Hefen oder ähnlichen nahrungsmittelchemischen Bestandteilen technisch hergestellt wurden. Dazu zählten Fleischbrüh-, Bouillon- und Suppenbrühwürfel, Pudding- und Backpulver, Vanillin oder Kunstpfeffer sowie künstliche Limonadenbrausen. Im Gegensatz zu den natürlichen Ersatzmitteln haben sie keinen biologischen Ursprung, sondern entstehen erst durch das Zusammenmischen verschiedener Stoffe im Labor. Bereits vor Kriegsausbruch waren künstliche Gewürze oder Triebmittel sowie auch künstliche Würzen und Suppen in Gebrauch. Zu den meist verwendeten Produkten gehörten Vanillin, Backpulver, die berühmte Maggi-Würze und verschiedene andere Suppen- und Fleischbrühwürfel. Allerdings beförderten erst die zunehmende Nahrungsmittelknappheit und das Versenden sogenannter Liebesgaben an die Front deren explosionsartige Vermehrung. Die Entwicklung gipfelte schließlich 1916 mit dem Erlass mehrerer Bundesratsverordnungen. Sie betrafen den Handel und die Herstellung künstlicher und natürlicher Ersatzmittel. Letztlich kam es zur behördlichen Überwachung und Regelung des Ersatzmittelwesens ab diesem Zeitpunkt.[70]

Das Versenden von Liebesgaben an die Front, um die ins Feld gezogenen Angehörigen zu unterstützen, sorgte für einen unvorhergesehenen Boom in der künstlichen Nahrungsmittelproduktion. Der Güterversand an die Front unterlag strengen Regeln und durfte nach den Feldpostvorschriften ein gewisses Gewicht nicht überschreiten. Einzelpersonen und Firmen, die ein großes Geschäft witterten, begannen mit der Herstellung von Lebensmitteln und Genusswaren in praktischen platz- und gewichtssparenden Formaten. Die Liebesgaben wurden in kleinen Grammmengen, in fester oder halbfester Form, in Tütchen, Päckchen, Tuben oder in Tablettenform verpackt, angepriesen und für einen relativ teuren Pfund- bzw. Kilopreis verkauft. Besonders Genussmittel wurden in Würfel-, Tabletten-, Tuben- und Pulverform angepriesen, die durch das Aufbrühen mit heißem Wasser schnell und leicht überall zubereitet werden konnten. Angeblich sollten sie dem Original in nichts nachstehen.

[70] Vaupel, Gewürze aus der Retorte (wie Anm. 28) S. 46–48; Ihle-Höppner, Nimb die Finger (wie Anm. 2) S. 44; Kerp, Versorgung Ersatzlebensmittel (wie Anm. 43) S. 80 f.; Eduard Weiss, Die wirtschaftliche Bedeutung der Regelung des Verkehrs mit Ersatzmitteln, in: Zs. des Bayerischen Statistischen Landesamts 51 (1919) S. 288–290, hier 288; Hermann Manz, Die Ersatzlebensmittel in der Friedens- und Kriegsgesetzgebung, in: Hans Stadthagen (Hg.), Die Ersatzlebensmittel in der Kriegswirtschaft (Beitr. zur Kriegswirtschaft 56/57/58) Berlin 1919, S. 1–36, hier 1 f.; Skalweit, Kriegsernährungswirtschaft (wie Anm. 3) S. 52; Beythien, Volksernährung (wie Anm. 53) S. 70.

Besonders Punsch und Grog sowie Arrak, Rum, Tee, Kakao und Kaffee wurden in dieser Art verkauft. In Wirklichkeit enthielten diese Zubereitungen oftmals – wenn überhaupt – nur geringe Spuren des Originalprodukts und waren ansonsten aus minderwertigen Zutaten zusammengemischt. Sie konnten das Original in keinster Weise adäquat ersetzen. Es wurden bald Klagen von Sachverständigen wie Käufern über die Liebesgaben laut und man forderte bessere gesetzliche Regelungen zum Schutz der Konsumenten vor Fälschern und schädlichen Waren ein.[71]

Ab 1915 nahm die Liebesgabenindustrie einen kometenhaften Aufstieg, so dass sich die Produktion bald darauf über die Front-Liebesgaben hinaus ausdehnte und den Weg für den Aus- und Aufbau einer allgemeinen Ersatzmittelindustrie ebnete. Mit der zunehmenden Überflutung des Marktes mit immer neuen Ersatzmitteln zog sie die Aufmerksamkeit der Behörden auf sich und zwang diese letztlich zum Eingreifen. Es mussten der stetig zunehmende Schwindel mit Produkten und ihrer Zusammensetzung sowie die damit verbundenen Preistreibereien zum Wohle der Käufer und zur Schonung von Ressourcen eingedämmt werden. Künstliche Ersatznahrungsmittel kamen insbesondere in großer Zahl für bereits staatlich bewirtschaftete Nahrungsmittel auf den Markt. Ein breiter Markt eröffnete sich auch für den Ersatz von Genussmitteln. Der Steckrübenwinter 1916/1917 mit seinen gravierenden Auswirkungen auf die Nahrungsmittelversorgung befeuerte diese Entwicklung nochmals.[72]

Zwei besonders negative Beispiele künstlicher Ersatzmittel waren Ei- und Salatölersatz. Fachleute kritisierten diese vielfach. Sie wurden von einer Vielzahl verschiedener Hersteller auf den Markt gebracht und vertrieben. Seit der Verordnung über Eier vom 12. August 1916 unterlagen frische Eier der staatlichen Kontrolle und mussten über die neugebildeten Landesverteilungsstellen für Eier an das jeweilige Gebiet verteilt werden. Am 21. September 1916 schuf man bei der Bayerischen Lebensmittelstelle die Eierversorgungsstelle. Sie hatte *die Verteilung,*

---

71 BayHStA, stellv. GenKdo. I. AK (WK) 1037, 2. Bericht Landespreisprüfungsstelle, 1.2.–20.3.1916; Adolf Juckenack, Liebesgaben auf dem Lebensmittelmarkte, in: Zs. für Untersuchung der Nahrungs- und Genußmittel [= European food and research technology] 29 (1915) S. 241–246, hier 241–244; Hermann Stadlinger, Missstände im Verkehr mit „Liebesgaben“, in: Zs. für öffentliche Chemie 21 (1915) S. 113–119, hier 113 f.; J. Rühle, Liebesgaben im Handel mit Nahrungs- und Genußmitteln, in: Zs. für angewandte Chemie 28 (1915) S. 449–452, hier 449–451; Beythien, Volksernährung (wie Anm. 53) S. 69–73.

72 Roerkohl, Hungerblockade (wie Anm. 5) S. 218 f.; Skalweit, Kriegsernährungswirtschaft (wie Anm. 3) S. 57–60; Reichsgesundheitsamt, Das Reichsgesundheitsamt 1876–1926. FS, Berlin 1926, S. 84 f.; Huegel, Kriegsernährungswirtschaft (wie Anm. 3) S. 174 f.; Goetz Briefs, Entwicklung und Verfassung der Hauswirtschaft innerhalb der Volkswirtschaft, in: Goetz Briefs / Martha Voss-Zietz / Maria Stegemann-Runk (Hg.), Die Hauswirtschaft im Kriege (Beitr. zur Kriegswirtschaft 25) Berlin 1917, S. 1–38, hier 36; Voss-Zietz, Praktische Hauswirtschaft (wie Anm. 43) S. 49; Hans Stadthagen, Entstehung und Erlaß der Bundesratsverordnung über die Genehmigung von Ersatzlebensmitteln vom 7. März 1918, in: Ders., Die Ersatzlebensmittel in der Kriegswirtschaft (wie Anm. 71) S. 37–43, hier 37–39.

den Verkehr und den Verbrauch innerhalb des Königreichs zu regeln und zu überwachen.[73] Bereits seit dem 28. Juni 1916 durften Eier in Bayern *an Verbraucher nur gegen Eiermarken abgegeben werden.*[74] Jedem Bezugsberichtigten standen mit der *Eierkarte* [...] *wöchentlich höchstens 2 Eier*[75] zu. Die Einschränkungen der Eierversorgung ermöglichten somit den Ei-Ersatzmittelherstellern ein weites Feld mit großer Nachfrage. Brauchbare Ersatzprodukte, die tatsächlich noch Trockenei enthielten, waren eher die Ausnahme. Stattdessen wurden Eierersatzmittel in großer Zahl auf den Markt gebracht, die größtenteils aus *einer gelbgefärbten Mehlmischung, der eine gewisse Menge eines anorganischen Triebmittels*[76] zugemischt wurde, bestanden. Sie besaßen keinerlei Ersatzwirkung für das fehlende Ei. Diese *Mißstände durch das Überhandnehmen von minderwertigen Ei-Ersatzmitteln*[77] sorgten für harsche Kritik von Seiten der Verbraucher wie auch von Seiten der Experten. Sie befeuerten die Forderungen nach einer gesetzlichen Regelung und Überwachung des Ersatzmittelwesens. Bis zum 1. Januar 1917 waren bei der Volkswirtschaftlichen Abteilung[78] des Kriegsernährungsamts insgesamt 111 Ei-Ersatzmittel gemeldet worden. Darunter waren auch vier bayerische Produkte: die Ei-Ersatztabletten des Münchner Apothekers Hans Kuhn, die Ei-Tabletten Marke Wittelsbach des Münchners Moritz Weiß, der Ei-Ersatz Felicitas von Fleckstein-Mank aus München und die Eiolin-Tabletten des Münchner Herstellers J. Hesse.[79]

---

[73] VON BRAUN, Verkehr mit Lebens- und Futtermitteln 1917, Bd. 2 (wie Anm. 38) S. 648.

[74] Ebd. S. 651.

[75] Ebd.

[76] LENDRICH, Fleisch, Fleischwaren, Eier (wie Anm. 69) S. 21.

[77] Ebd.

[78] Die Volkswirtschaftliche Abteilung des Kriegsernährungsamtes war aus der Eingliederung der Reichsprüfungsstelle für Lebensmittelpreise hervorgegangen und übernahm deren Aufgaben. Eine dieser Aufgaben war das Sammeln von Informationen über Ersatzmittel und Weitergabe dieser Informationen an die entsprechenden Länderbehörden. Anfang April 1917 wurde schließlich innerhalb der Volkswirtschaftlichen Abteilung eine eigene Auskunftsstelle für Ersatzmittel eingerichtet, die die Informationssammlung fortführte und betreute. Die Informationen stammten von den staatlichen und städtischen Nahrungsmitteluntersuchungsämtern, die die von ihnen zu prüfenden bzw. geprüften Ersatzmittel zu melden hatten, vgl. BayHStA, MHIG 6652, Schreiben des Präsidenten des Kriegsernährungsamtes an sämtliche Bundesregierungen [...] und den Herrn Statthalter in Elsaß-Lothringen; Reichsamt des Innern; Reichsjustizamt; Reichs-Marineamt, 28.7.1917; ANONYM, Bekämpfung des Ersatzmittelschwindels, in: Mitteilungen für Preisprüfungsstellen 5 (1917) S. 42–44, hier 43; ANONYM, Auskunftstelle für Ersatz-Nahrungsmittel, in: Mitteilungen für Preisprüfungsstellen 5 (1917) S. 44 f; Hans STADTHAGEN, Genehmigungspflicht für Ersatzlebensmittel. Die Bundesratsverordnung vom 7. März 1918 nebst den zugehörigen Ausführungsbestimmungen des Reichskanzlers und der Landeszentralbehörden, Berlin 1918, S. 9 f., S. 13; DIECKMANN, Behördenorganisation (wie Anm. 26) S. 76.

[79] BayHStA, MHIG 6652, Verzeichnis von Ersatz-Nahrungsmitteln, 1917; VON BRAUN, Verkehr mit Lebens- und Futtermitteln 1917, Bd. 2 (wie Anm. 38) S. 638 f., S. 648–652; BEYTHIEN, Volksernährung (wie Anm. 53) S. 188 f.; LENDRICH, Fleisch, Fleischwaren, Eier (wie Anm. 69) S. 21 f.

Streng vertraulich.

Nur für den Dienstgebrauch.

Verzeichnis von Ersatz-Nahrungsmitteln.

Herausgegeben
von der Volkswirtschaftlichen Abteilung
des Kriegsernährungsamts.

Abgeschlossen am 1. Januar 1917.

Berlin 1917.
Gedruckt in der Reichsdruckerei.

3 Titelseite des Verzeichnisses für Ersatznahrungsmittel in Bayern (BayHStA, MHIG 6652)

Neben dem Ei-Ersatz fielen Ersatzprodukte für Salatöl besonders negativ auf. Deren Verbreitung verstärkte sich noch durch den herrschenden Ölmangel. Die Herstellung basierte entweder auf *Gelatine als Grundstoff*[80] oder auf *pflanzenschleimigen Drogen verschiedener Herkunft* [...] *Als weitere Zusätze werden oft Gewürze und Essig neben Teefarbstoffen verwendet,*[81] wobei der Großteil der Mischung aus Wasser bestand. Die Ersatzwirkung der Präparate war gleich null, der Ärger damit dafür umso größer. Nicht nur war die Bezeichnung als Ölersatz irreführend, da die Pulver keinerlei Spuren von Öl enthielten, sondern auch ihr Verkaufspreis verhältnismäßig hoch angesetzt. Ein Liter Salatölersatz kostete beispielsweise zwischen zwei und 2,50 Mark. Mit einer zunehmenden Schwemme verschiedener Salatölersatzprodukte – im Januar 1917 führt das Verzeichnis der Volkswirtschaftlichen Abteilung des Kriegsernährungsamts 130 bekannte Salatölersatzmittel auf – gingen die Behörden schärfer gegen die mangelhaften Produkte vor, u. a. mit öffentlichen Warnungen der Bevölkerung. Der Missmut über die mangelhaften Salatölersatzpräparate trug ebenfalls zu den Forderungen nach verschärften gesetzlichen Regelungen bei.[82]

Neben den beiden Negativbeispielen, die viel öffentliche Kritik erzeugten, gab es auch künstliche Ersatznahrungsmittel, die zwar kritisch gesehen, aber durch die lange Kriegsdauer immer wichtiger und schließlich unverzichtbar wurden. Dazu gehörten insbesondere die künstlichen Süßstoffe, wie Saccharin. Sie ersetzten den natürlich Rohr- oder Rübenzucker in Reinform wie auch in verschiedenen Produkten, die unter Verwendung von Zucker hergestellt wurden. Für Marmeladen, Brotaufstriche, Gelees oder auch für süße Getränke, wie Sirupe und Limonaden, war Zucker ein wichtiger Bestandteil. Vor Kriegsausbruch war er in Massen vorhanden, da die deutsche Zuckerindustrie einen enormen Überschuss produzierte. Dies änderte sich im Kriegsverlauf, als die Importe von Rohrzucker ausblieben und die Anbauergebnisse der heimischen Zuckerrüben durch fehlenden Dünger merklich einbrachen. Gleichzeitig nahm der Zuckerverbrauch stark zu, beispielsweise durch die Verfütterung als Melassefutter an das Vieh oder die zunehmende Produktion und Verwendung süßer Brotaufstriche.[83]

Ab Februar 1915 wurde die Verwendung von Zucker streng rationiert. Die Verteilung des produzierten Zuckers sollte nur noch in Form eines festgesetz-

---

80 Rothenfusser, Ersatzmittel für Lebensmittel (wie Anm. 57) S. 29.

81 Ebd.

82 BayHStA, MHIG 6652, Verzeichnis von Ersatz-Nahrungsmitteln, 1917; Beythien, Volksernährung (wie Anm. 53) S. 280–282; Rothenfusser, Ersatzmittel für Lebensmittel (wie Anm. 57) S. 29; Fendler / Schikorra / Stüber, Ersatzmittel (wie Anm. 27) S. 388; Kerp, Versorgung Ersatzlebensmittel (wie Anm. 43) S. 113.

83 Fessmann, Deutsche Zuckerwirtschaft (wie Anm. 38) S. 35–37; Skalweit, Kriegsernährungswirtschaft (wie Anm. 3) S. 65–68.

ten Kontingents an die produzierenden Fabriken erfolgen. Ein freier Bezug war damit nicht mehr möglich. 1916 schuf man mit der Reichszuckerstelle eine entsprechende Verteilungsstelle. Sie übernahm die Zuweisung und Verteilung der Kontingente mittels Bezugscheinen und überwachte streng den Handel und Verbrauch an Zucker. Dennoch konnte der Zuckermangel nicht effektiv eingedämmt werden. Als Reaktion darauf schränkte man die Verwendung von Zucker bei der Produktion weiterer Waren stark ein. Dadurch waren die Produzenten gezwungen, auf künstliche Süßungsmittel auszuweichen. Für die Versorgung der Bevölkerung wurde die Zuckerkarte eingeführt.[84]

Ab 1916 durfte Zucker nicht mehr für die Produktion von *natürlichen und künstlichen Fruchtsirupe*[n] *aller Art* [...] *sowie von Limonaden (natürlichen und künstlichen limonadenartigen Getränken aller Art, mit und ohne Kohlensäure)* [...] *gezuckerten (kandierten) Früchten, überzuckerten Mandeln und Nußkernen, Fruchtpasten, Geleefrüchten,* [...] *Pralinen,* [...] *Schaumwein und schaumweinähnlichen Getränken* [...], *Wermutwein und wermutweinähnlichen, mit Hilfe von weinähnlichen Getränken hergestellten Genußmitteln Likören und süßen Trinkbranntweinen aller Art, Bowlen* [...], *Karamelzucker, Braunzucker und Zuckerfärbemitteln,* [...] *Essig,* [...] *Mostrich und Senf,* [...] *Fischmarinaden,* [...] *Kautabak,* [...] *Mitteln zur Reinigung, Pflege oder Färbung der Haut, des Haares, der Nägel und der Mundhöhle* [...][85] verwendet werden. Stattdessen wichen die Produzenten zunehmend auf künstlich erzeugte Süßstoffe aus, meist auf Saccharin. Bereits 1902 war die Verwendung und Herstellung von Süßstoffen im Süßstoffgesetz geregelt worden. Im Verlauf des Kriegs ergänzte man die geltenden Regelungen durch weitere Bundesratsverordnungen. Sie erlaubten die Verwendung von Süßstoffen bei der Herstellung von Nahrungs- und Genussmitteln, insbesondere bei Limonaden, Brotaufstrichen und Marmeladen. Ohne diese Erweiterung hätte die Produktion und Verfügbarkeit der Waren nicht garantiert werden können. Dennoch wurden auch die mit Süßstoffen produzierten Waren kritisch gesehen, da sie bei einem Überkonsum gesundheitlich schädlich wirken konnten. Auch war die Haltbarkeit von süßstoffhaltigen Waren kürzer als diejenige von Waren, die Zucker enthielten. Insgesamt war der Einsatz von künstlichen Süßstoffen aber notwendig, um Engpässe in der Warenproduktion, die durch die Rationierung des Zuckers entstanden waren, zu überbrücken. Das Beispiel der Zuckerersatzmittel zeigt deutlich, wie wichtig künstliche Nahrungsmittel für die Sicherung

[84] Manz, Ersatzlebensmittel in der Friedens- und Kriegsgesetzgebung (wie Anm. 70) S. 17 f.; von Braun, Verkehr mit Lebens- und Futtermitteln 1917, Bd. 1 (wie Anm. 44) S. 387 f., S. 392 f.; Ders., Verkehr mit Lebens- und Futtermitteln 1917, Bd. 2 (wie Anm. 38) S. 591 f., S. 599 f.; Beythien, Volksernährung (wie Anm. 53) S. 382–385.

[85] Von Braun, Verkehr mit Lebens- und Futtermitteln 1917, Bd. 2 (wie Anm. 38) S. 613 f.

der Nahrungsmittelversorgung der Bevölkerung werden konnten. Ohne sie wären diese vermutlich nicht zu stemmen gewesen.[86]

Ersatz für Dinge des täglichen Bedarfs

Nicht nur Nahrungsmittel waren von der öffentlichen Bewirtschaftung betroffen, sondern auch Alltagsgegenstände und Genussmittel, wie Seife, Waschmittel, Brennmaterialien oder Tabak. Sie wurden ebenfalls Rationierungsmaßnahmen unterworfen und unter dem Begriff der Dinge des täglichen Bedarfs zusammengefasst. Ihre zunehmende Knappheit ergab sich aus dem Fehlen notwendiger Grundstoffe für ihre Herstellung. Da man nahezu sämtliche verfügbaren Rohstoffe für die Produktion von Rüstungsgütern heranzog, die einen enormen Materialaufwand erforderten, blieb kaum mehr etwas für die Produktion anderer Güter übrig. Es standen nur noch geringe Mittel für die zivile Produktion zur Verfügung. Um den entstandenen Mangel zu kompensieren, wendete man dieselben Strategien an wie bei den Nahrungsmitteln: Man nutzte das Vorhandene zunächst so gut wie möglich aus bzw. ging sehr sparsam damit um. Da dies oft nicht ausreichte, ging man zum Strecken oder schließlich zum gänzlichen Ersetzen durch andere Mittel über. Teilweise wurden einzelne Gegenstände, wie beispielsweise Seife, der staatlichen Bewirtschaftung unterworfen.[87]

Besonders die Beschaffung von Seife und Waschmitteln stellte sich mit zunehmender Kriegsdauer als Problem dar, da die zur Herstellung benötigten Fette fehlten. Diese wurden durch den Kriegsausschuss für pflanzliche und tierische Öle und Fette bewirtschaftet, wobei man die Rüstungsproduktion bei der Zuteilung von Rohstoffen bevorzugte. Dagegen musste die Produktion ziviler Güter hinter der Rüstungsproduktion anstehen, so dass sich bald eine Mangelsituation an fetthaltigen Alltagsgegenständen, wie Seife und Waschmitteln, ergab. Dem versuchte man mittels behördlicher Regelungen beizukommen. Den Beginn markierte das am 6. Januar 1916 erlassene Verbot über die Verwendung von pflanzlichen und tierischen Ölen und Fetten zu technischen Zwecken. Paragraph 2 verbot die Heranziehung von *pflanzliche*[n] *und tierische*[n] *Öle*[n] *und Fette*[n] […] *zur Herstellung von Seife.*[88] Als Resultat kam es zu einer massiven Produktionseinschrän-

---

86 Beythien, Volksernährung (wie Anm. 53) S. 385–389, S. 397–402; Manz, Ersatzlebensmittel in der Friedens- und Kriegsgesetzgebung (wie Anm. 70) S. 20–22.

87 BayHStA, MKr 17377, Wirtschaftsbericht der Landespreisprüfungsstelle, 1.1.–16.8.1917; Seel, Veränderungen in der Herstellung und Zusammensetzung (wie Anm. 43) S. 51 f.; Fendler / Schikorra / Stüber, Ersatzmittel (wie Anm. 27) S. 446–450; Beythien, Volksernährung (wie Anm. 53) S. 87 f.

88 Bekanntmachung über das Verbot der Verwendung von pflanzlichen und tierischen Ölen und Fetten zu technischen Zwecken vom 6. Januar 1916, in: Reichsgesetzblatt (1916) S. 3–4, hier 4.

kung von Seife. Um dem Notstand beizukommen, erließ man am 18. April 1916 eine weitere Regelung über den Verkehr mit Seife, Seifenpulver und anderen fetthaltigen Waschmitteln. Sie führte die staatliche Bewirtschaftung der genannten Gegenstände ein. Nach den Vorgaben der Verordnungen durften *an eine Person in einem Monat* [...] *hundert Gramm Feinseife (Toilettenseife und Rasierseife) sowie fünfhundert Gramm andere Seife oder Seifenpulver oder andere fetthaltige Waschmittel*[89] abgegeben werden. Dies war zunächst an die Brotkarte gekoppelt. Im Juli 1916 wurden, ergänzend zu den Bestimmungen vom April, eigene Seifenkarten eingeführt, die von den Kommunalverbänden auszufertigen waren (s. Abb. 4). Als Reaktion auf die staatliche Verordnung und den weiter vorherrschenden Mangel kamen bald vermehrt Waschmittel- und Seifenersatzmittel auf den Markt. Neben den behördlichen Regelungen mahnten verschiedene regionale und überregionale Frauenvereine und -verbände, wie der Bund deutscher Frauenvereine, der Nationale Frauendienst oder der Hauptverband Bayerischer Frauenvereine, die Hausfrauen zu einem sparsamen Umgang mit Waschmitteln und Seife im Haushalt an. Die Frauenvereine brachten sich beratend in die Kriegswirtschaft mit ein, außerdem erteilten sie Ratschläge für Alternativen, zum Beispiel *aus häuslichen Fettresten u. dgl. selbst Seife herzustellen.*[90] Dies klang zwar nach einem guten Vorschlag, der sich aber wohl in der Praxis zum Großteil nicht erfolgreich umsetzen ließ.[91]

Wie viele Waschmittel- und Seifenersatzmittel tatsächlich auf den Markt kamen, lässt sich anhand der vorhandenen Quellen nicht feststellen. Jedoch sind verschiedene Seifenersatzmittel durch zeitgenössische Haushaltsratgeber oder angeordnete Untersuchungen einzelner Ersatzmittelprodukte überliefert. Hauptsächlich wurde Ton bzw. Tonerde als Ersatz für Seife und Waschmittel verwendet. Daraus wurde entweder eine Waschlauge angesetzt, deren Reinigungswirkung aber nur bedingt an diejenige von Seife oder anderen Waschmitteln heranreichte. Alternativ streckte man die noch vorhandene Seife. Generell wurde *die zweckmä-*

---

89 Bekanntmachung betreffend Ausführungsbestimmungen zur Verordnung über den Verkehr mit Seife, Seifenpulver und fetthaltigen Waschmitteln vom 18. April 1916, in: Reichsgesetzblatt (1916) S. 308–310, hier 308.

90 Löbenberg, Das Deutsche Sparkochbuch (wie Anm. 63) S. 163.

91 Annika Wilmers, Frauenbewegung im Ersten Weltkrieg, in: Bundeszentrale für Politische Bildung (Hg.), Dossier Frauenbewegung, http://www.bpb.de/gesellschaft/gender/frauenbewegung/35261/erster-weltkrieg [16.10.2017]; Hinterthür, Kriegsstellen und Kriegsgesellschaften (wie Anm. 11) S. 44–46; Löbenberg, Das Deutsche Sparkochbuch (wie Anm. 63) S. 163–168; Caroline Hermannsdorfer, Haus und Herd in schwerer Zeit. Ein Wegweiser zum Durchhalten in Küche und Haushalt, München 1917, S. 33 f.; Voss-Zietz, Praktische Hauswirtschaft im Kriege (wie Anm. 43) S. 59 f.; Bekanntmachung 6.1.1916 (wie Anm. 88) S. 3 f.; Bekanntmachung über den Verkehr mit Seife, Seifenpulver und fetthaltigen Waschmitteln vom 18. April 1916, in: Reichsgesetzblatt (1916) S. 307; Bekanntmachung Ausführungsbestimmungen 18.4.1916 (wie Anm. 89) S. 308–310; von Braun, Verkehr mit Lebens- und Futtermitteln 1917, Bd. 2 (wie Anm. 38) S. 798–801.

50 Gramm Feinseife Februar 1918	100 Gramm Seifenpulver Februar 1918	100 Gramm Seifenpulver Februar 1918	50 Gramm Seifenpulver Februar 1918
50 Gramm Feinseife März 1918	100 Gramm Seifenpulver März 1918	100 Gramm Seifenpulver März 1918	50 Gramm Seifenpulver März 1918
50 Gramm Feinseife April 1918	100 Gramm Seifenpulver April 1918	100 Gramm Seifenpulver April 1918	50 Gramm Seifenpulver April 1918

Nicht übertragbar

Nicht übertragbar

Seifenkarte

Gültig für die Monate Februar bis Juli 1918

Kommunalverband Kaufbeuren Stadt

50 Gramm Feinseife Juli 1918	100 Gramm Seifenpulver Juli 1918	100 Gramm Seifenpulver Juli 1918	50 Gramm Seifenpulver Juli 1918
50 Gramm Feinseife Juni 1918	100 Gramm Seifenpulver Juni 1918	100 Gramm Seifenpulver Juni 1918	50 Gramm Seifenpulver Juni 1918
50 Gramm Feinseife Mai 1918	100 Gramm Seifenpulver Mai 1918	100 Gramm Seifenpulver Mai 1918	50 Gramm Seifenpulver Mai 1918

4 Seifenkarte aus dem Kommunalverband Kaufbeuren-Stadt (StadtA Kaufbeuren, Sammlung Georg Kopp: Erster Weltkrieg)

ßigste Streckung der Vorräte im sparsamen Verbrauch[92] empfohlen, als Streckungsmaterialien kamen neben Ton auch Stärke und Mehl zum Einsatz. Daneben griff man außerdem auf alte Hausmittel zurück, die ebenfalls in der Ratgeberliteratur beworben wurden. Ein Vorschlag lautete, Waschlaugen aus Rosskastanien oder Asche anzusetzen, denen man einen vergleichbaren Reinigungseffekt nachsagte. Ob diese tatsächlich an diejenige von Waschmitteln heranreichte, kann aufgrund fehlender Erfahrungsberichte nicht festgestellt werden. Daneben kamen außerdem Ersatzpräparate auf den Markt. Einen Großteil der neuen Produkte sah und beurteilte man sehr kritisch, da die Reinigungswirkung sehr unterschiedlich ausfiel. Oftmals rieten Experten sogar vom Gebrauch dieser Waren ab.[93]

Bis Ende 1916 waren Brennmaterialien, vor allem Stein- und Braunkohle, in ausreichender Menge für die Industrie und den privaten Verbrauch vorhanden. Dies änderte sich allerdings, als durch das zunehmende Fehlen von Arbeitskräften die Förderleistung immer stärker absank. Ab 1917 wurde die Kohle der staatlichen Bewirtschaftung unterstellt.[94] Anstatt der fehlenden Kohlen nutzte man nun verstärkt andere Brennstoffe, die vorher nur eine untergeordnete Rolle gespielt hatten. Dazu gehörte im Bereich Bayerns und in Bayerisch-Schwaben der Torf, der in den dortigen ausgedehnten Moorvorkommen reichhaltig vorhanden war. Einzelne Städte, wie Augsburg oder Kempten, pachteten Moorgrundstücke im Umland, um die Brennstoffversorgung sicherzustellen. Da nun die Nachfrage nach Torf rapide anstieg, wurde dieser ebenfalls ab 1918 unter staatliche Bewirtschaftung gestellt, die bis zum Ende der Zwangswirtschaft 1921 andauerte. Dass Torf anstelle von Kohle genutzt wurde, war kein Novum. Bereits im 19. Jahrhundert kam er in Bayern als Brennstoff im Hausbrand wie auch in der Industrie und im Verkehrswesen zum Einsatz.[95]

---

92 Fendler / Schikorra / Stüber, Ersatzmittel (wie Anm. 27) S. 447.

93 Löbenberg, Das Deutsche Sparkochbuch (wie Anm. 63) S. 164–168; Hermannsdorfer, Haus und Herd (wie Anm. 91) S. 33 f.; Fendler / Schikorra / Stüber, Ersatzmittel (wie Anm. 27) S. 446–449; Seel, Veränderungen in der Herstellung und Zusammensetzung (wie Anm. 43) S. 51.

94 Henning, Aufbau deutsche Kriegswirtschaft (wie Anm. 11) S. 56; Goebel, Deutsche Rohstoffwirtschaft (wie Anm. 26) S. 32–34; Nina Rockrohr, Bergbau im Ersten Weltkrieg, in: Lebendiges Museum Online (LeMo), https://www.dhm.de/lemo/kapitel/erster-weltkrieg/industrie-und-wirtschaft/bergbau.html [24.10.2017]; Burkhard Asmuss, Rohstoffmangel, in: ebd.; K. Bayerisches Staatsministerium für Handel, Industrie und Gewerbe, Die Kohlenwirtschaft Bayerns bis Ende 1920, München 1921.

95 Corinna Malek, Torfenergie und ihre Folgen in Bayern, in: Bund Heimat und Umwelt (Hg.), Kulturerbe Energie. Zeugnisse der Energiegewinnung und Energienutzung als Kulturlandschaftselemente entdecken, Bonn 2015, S. 54–64, hier 59 f.; Conrad Jungmann, Die Torfindustrie und ihre Stellung in der deutschen Brennstoffwirtschaft nach dem Kriege, Frankfurt a. Main 1923, S. 22 f.; Bettina Brühl, Torfgewinnung im Landkreis Aichach-Friedberg, in: Altbayern in Schwaben. Jb. für Geschichte und Kultur 2007, S. 63–90, hier 68–72, 76–80; Georg Feuerer, Das „Lechmoos". Ein nicht mehr bekanntes Torf- und Moosgebiet, in: Peter Fassl / Otto

Neben Lebensmitteln und Dingen des täglichen Bedarfs nahm die Verfügbarkeit von Genussmitteln ebenfalls immer weiter ab. Teilweise wurden auch diese bewirtschaftet und rationiert, beispielsweise Tabak. Der Großteil des verfügbaren Tabaks wurde importiert, während man daneben kleinere Mengen auch in Deutschland angebaut hatte, die aber nicht zur Deckung des Tabakbedarfs ausreichten. Da durch den Importstopp bald keine Rauchware mehr aus dem Ausland geliefert wurde und der heimische Tabakanbau den Ausfall der importierten Mengen nicht auffangen konnte, wurde er ab 1916 der staatlichen Aufsicht unterstellt. Von staatlicher Seite kontrollierte man seine Einfuhr, steuerte seine Verbreitung und setzte schließlich Höchstpreise fest. Nachdem diese Maßnahmen die Nachfrage nach Tabak nicht befriedigen konnten, griff die Bevölkerung auf heimischen Tabakersatz, der teilweise schon vor Kriegsausbruch in Gebrauch war, zurück oder streckte vorhandene Mengen mit Ersatzmitteln. In Bayern unterstellte man Tabakersatzmittel direkt der Zuständigkeit der Ersatzmittelstellen, um deren Verbreitung und Vielfältigkeit zu kontrollieren.[96]

Als Tabakersatz rauchte man fast alle verfügbaren heimischen Pflanzen, deren Blätter und Nadeln: *Blätter von Runkelrüben, Ampfer, Rhabarber, Eiche, Ulme, Kartoffel, Tomate, Esche, Hollunder* [sic], *Sonnenblume, Birke* […] *ferner Blumenblätter von Rosen, Malven, Klatschmohn, Hollunderblüten* [sic], *Melisse, Fenchel,*[97] wobei einige dieser Ersatzstoffe als gesundheitsgefährdend eingestuft wurden. Daher erließ der Bundesrat mehrere Verordnungen, in denen verschiedene Ersatzmittel offiziell als Tabakersatz genehmigt wurden. Offiziell genehmigte Ersatzmittel waren: Hopfen,[98] *Buchenlaub und Zichorienblätter und* […] *Linden-, Ahorn-, Platanen-, wilde Reben-, Weinreben- und Edelkastanienblätter*[99] sowie *Steinklee, eingesalzene Rosenblätter, Veilchenwurzelpulver, Waldmeister, Wegebreitblätter, Althee, Huflattich, Baldrianwurzel, Brennesseln, Krauseminze, Citronenschalen, Lavendel und Thymian; außerdem* […] *Birnen-, Äpfel-, Walnuß-, Haselnuß- und*

Kettemann (Hg.), Mensch und Moor. Zur Geschichte der Moornutzung in Bayern, Illerbeuren 2014, S. 133–150, hier 139–143; Barbara Heinze, Torf für Augsburg, in: ebd. S. 105–116, hier 105–110; Peter Paul Ritt, Die Zwangsbewirtschaftung des Torfes in Bayern vom 1. Juli 1918 bis 1. Oktober 1921, in: Zs. des Bayerischen Statistischen Landesamts 54 (1922) S. 87–110.

96 Von Braun, Verkehr mit Lebens- und Futtermitteln 1917, Bd. 2 (wie Anm. 38) S. 1079 f.; Ders., Verkehr mit Lebens- und Futtermitteln. Die Verordnungen des Bundesrats über den Verkehr mit Lebens- und Futtermitteln und über Höchstpreise, III. Bd. (I. Nachtragsbd.). Herausgegeben mit den bayerischen Ausführungsbestimmungen nach dem Stande vom 1. August 1917, München 1917, S. 642 f.; Beythien, Volksernährung (wie Anm. 53) S. 521 f.; G. Rupp, Tabak-Ersatzmittel, in: Zs. für Untersuchung der Nahrungs- und Genußmittel [= European food and research technology] 37 (1919) S. 370–377, hier 370, 375.

97 Beythien, Volksernährung (wie Anm. 53) S. 523.

98 Bundesratsverordnung vom 29. November 1917; vgl. von Braun, Verkehr mit Lebens- und Futtermitteln 1918, III. Bd. (wie Anm. 96) S. 657 f.

99 Rupp, Tabak-Ersatzmittel (wie Anm. 96) S. 370.

Topinamburblätter,[100] die als Mischungen oder als reiner Tabakersatz in den Handel kamen. Tabakersatz und Tabakmischungen mussten – wie auch andere Ersatzmittel – auf der Verpackung gekennzeichnet werden. Im Juli 1918 wurde hierzu eine gesonderte Bundesratsverordnung erlassen.[101]

Ersatzmittel jeglicher Art waren ein unverzichtbarer Baustein der Kriegswirtschaft, wie die ausgewählten Beispiele eindrucksvoll zeigen. Ohne sie hätte sich die Versorgung der Bevölkerung nicht bewerkstelligen lassen, wobei trotz ihres Einsatzes tiefe Einschnitte bei der Ernährung und im täglichen Leben hingenommen werden mussten. Ebenso lassen sich zwei Perioden des Ersatzmittelwesens herausarbeiten. Die Jahreswende 1916/1917 markierte eine Zäsur. Beide Zeiträume waren jeweils von einer spezifischen Ersatzmittelpraxis gekennzeichnet. Die erste Periode von August 1914 bis zum Jahreswechsel 1916/1917 war geprägt von Streckungs- und Bewirtschaftungsmaßnahmen, um das wenig Vorhandene bestmöglich auszunutzen. Gleichfalls griff man in dieser Phase von behördlicher Seite nur geringfügig in die Ersatzmittelherstellung und deren Vertrieb ein. Lediglich Streckungsmaßnahmen wurden teilweise reglementiert, wie beispielsweise beim Brot. Ein zweites wesentlich dominanteres Element dieser Phase war das Aufkommen künstlicher, minderwertiger Ersatzmittel. Dies ging mit dem rapiden Ausbau der Liebesgabenindustrie einher. Diese gab für den weiteren Ausbau der Ersatzmittelindustrie entscheidende Impulse, die ab dem Jahresbeginn 1917 die zweite Phase einläutete. Sie reichte bis zum Ende der Ersatzmittelbewirtschaftung in Bayern 1920 und war geprägt durch das vermehrte Aufkommen künstlicher, minderwertiger Ersatzmittel. Diese überschwemmten den Markt und führten zum vollständigen Ersatz von Nahrungsmitteln und Gebrauchsgegenständen. Parallel zu dieser Entwicklung verstärkten sich die behördlichen Eingriffe in die Ersatzmittelindustrie. Spätestens zum Jahresanfang 1918 unterlag sie in Bayern der vollständigen staatlichen Kontrolle.

Textilnot in Bayern – Mangel an Textilien und die Suche nach Ersatz

Die Bewirtschaftung der Textilindustrie und die damit verbundenen Einschränkungen trafen die Zivilbevölkerung hart. Je länger der Krieg dauerte, desto mehr verringerte sich die Verfügbarkeit von Textilien in Deutschland und Bayern. Es herrschte eine regelrechte Textilnot. Diese schränkte nicht nur die Produzenten, sondern auch die Konsumenten stark ein. Um die entstandenen Lücken zu

---

100 Ebd.

101 Beythien, Volksernährung (wie Anm. 53) S. 521–526; Rupp, Tabak-Ersatzmittel (wie Anm. 96) S. 370–372, S. 375.

schließen, musste zwangsweise auf textile Ersatzstoffe zurückgegriffen werden. 95 Prozent der für die im deutschen Reich und Bayern zur Textilproduktion genutzten Rohstoffe stammten aus dem nun feindlichen Ausland. Die Kontrolle des Textilsektors durch staatliche Bewirtschaftungsvorschriften wurde als notwendig angesehen, um die Aufrechterhaltung der Produktion zu gewährleisten und den militärischen Bedarf zu decken. Sie galt als eine der kriegswichtigen Industrien, da Textilien und Kleidung wichtig für die Ausstattung der in Marsch gesetzten Truppen waren. Kurz nach Kriegsausbruch unterstellte man die Textilproduktion der zentralen Rohstoffbewirtschaftung durch die Kriegsrohstoffabteilung. Unterstützend zur Kriegsrohstoffabteilung bildeten sich verschiedene Kriegsgesellschaften, die sich aus diversen Aus- und Zusammenschlüssen innerhalb der Textilindustrie rekrutierten und einzelne Teilbereiche der Bewirtschaftung übernahmen.[102]

Der wichtigste Rohstoff für die Produktion von Textilien war Baumwolle, die zu Garnen, Stoffen oder Fertigfabrikaten verarbeitet wurde. Hinter der Baumwolle reihten sich Wolle und Jute als wichtige Rohstoffe ein, erst danach folgten in einem geringer verarbeiteten Maß Hanf und Flachs. Der Großteil der Kleidung wurde aus Baumwollgarnen und -stoffen hergestellt, während Säcke, Treibriemen und verschiedene Seilerwaren aus Hanf, Flachs und Jute bestanden. Baumwolle importierte man zum Großteil aus den englischen Kolonien und den Vereinigten Staaten von Amerika. Außerdem stammten Woll- und Juteimporte aus dem englischen Einzugsbereich. Mit der Kriegserklärung an das Vereinigte Königreich brachen die Textilimporte ab und entzogen der Textilindustrie ihre Rohstoffbasis. Es standen nur noch die im Land vorhandenen Lagerbestände zur Weiterverarbeitung zur Verfügung. Die inländische Produktion an textilen Rohstoffen war seit der Jahrhundertwende stetig zurückgegangen, so dass der Verlust der Importe nur schwer aufgefangen werden konnte. Die klimatischen Bedingungen schränkten die inländischen Anbaumöglichkeiten stark ein, lediglich Flachs und Hanf konnten selbst angebaut werden. Sie spielten allerdings nur eine untergeordnete Rolle für die moderne Textilproduktion.[103]

---

102 Rohlack, Kriegsgesellschaften (wie Anm. 11) S. 28 f.; Balder, Spinnstoffwirtschaft (wie Anm. 26) S. 235 f.; Balder., Uniformen (wie Anm. 26) S. 68 f.; Goebel, Deutsche Rohstoffwirtschaft (wie Anm. 26) S. 22 f.; Ders., Kriegsbewirtschaftung der Spinnstoffe (Die deutsche Kriegswirtschaft im Bereich der Heeresverwaltung 3) Oldenburg 2016, S. 5–7, S. 12–14.

103 Friedrich Tobler, Textilersatzstoffe, Dresden/Leipzig 1917, S. 15–19; Balder, Uniformen (wie Anm. 26) S. 63 f.; Balder, Spinnstoffwirtschaft (wie Anm. 26) S. 228–230; Otto Sperlich, Deutsche Kriegstextilwirtschaft, Hamburg 1936, S. 9 f.; Paul Arndt, Alte und neue Faserstoffe, Berlin ^{2}1918, S. 8–11. Weitensfelder, Kriegsbedingte Ersatzmittel (wie Anm. 7), S. 26 f.

Für die Bewirtschaftung der Textilindustrie schuf man innerhalb der Kriegsrohstoffabteilung eine eigene Abteilung. Es mussten Strategien entwickelt werden, um die Textilnot zu überwinden. Die gewählten Lösungsansätze deckten sich weitgehend mit denjenigen Maßnahmen, die bereits im Bereich der Ernährung zur Anwendung kamen: Bestandserhebungen und Beschlagnahmen verfügbarer Rohstoffe, möglichst sparsamer Rohstoffeinsatz und das Strecken mit anderen Materialien. Webverbote und Produktionsdrosselungen einzelner Waren sollten Rohstoffe einsparen. Aufgestockt wurden die eigenen Vorräte durch Beschlagnahmen in den besetzten Gebieten als auch durch den Rückgriff auf einheimische Rohstoffe. Ab Oktober 1914 bewarb und förderte man verstärkt den einheimischen Anbau. Zu einem Problem entwickelte sich das limitierte Angebot an Anbauflächen, um die man mit den Nahrungsmittelerzeugern konkurrierte. Als letzte Option zog man Alt- und Abfallstoffe für die Produktion heran und verwertete diese neu, während man parallel textile Ersatzstoffe entwickelte und erprobte.[104]

Natürlicher Faserersatz

Als Erstes griff man auf die alten Faserstoffe Flachs und Hanf zurück und verwendete diese anstatt der Baumwolle. Anbau und textile Verarbeitung dieser Faserstoffe hatten eine lange Tradition, die man nun versuchte wiederzubeleben. Sie wurden entweder in Reinform versponnen oder als Beimischung zu Baumwollgeweben verarbeitet. Hanf nutzte man zusätzlich als Ersatz für die fehlende Jute, vor allem bei der Produktion von Seilen, Säcken und Treibriemen. Daneben steigerte man die Verwendung von Schafwolle, um das Fehlen von Baumwolle aufzufangen. Hier stieß man auf die gleichen Probleme wie bei Flachs und Hanf, nämlich, dass die inländische Schafhaltung und -zucht seit der Jahrhundertwende in großem Maße zurückgegangen war und eine Steigerung erst wieder mit staatlicher Förderung angekurbelt werden musste. Für alle drei Rohstoffgruppen bildeten sich eigene Kriegsgesellschaften: Die Förderung der Schafzucht übernahm die 1917 gegründete Schafzuchtstelle in Berlin, für die Stärkung des Flachsanbaus rief man die Kriegsflachsbaugesellschaft mbH Berlin ins Leben, die ab 1917 eine eigene Abteilung Bayern errichtete, während die Ausweitung des Hanfanbaus der Deutschen Hanfbaugesellschaft mbH Landsberg a. W. oblag. Die genannten Gesellschaften koordinierten lediglich die Förderung der ergriffenen Maßnahmen.

104 Goebel, Deutsche Rohstoffwirtschaft (wie Anm. 26) S. 27–29; Ders., Kriegsbewirtschaftung (wie Anm. 102) S. 20 f.; Rudolf Abel, Wohnung und Kleidung, in: Bumm, Deutschlands Gesundheitsverhältnisse (wie Anm. 43) S. 121–142, hier 138 f.; Wolf, Deutsche Textilwirtschaft (wie Anm. 26) S. 30 f., S. 43 f., S. 47; Balder, Spinnstoffwirtschaft (wie Anm. 26) S. 237–239.

Die Bewirtschaftung der Endprodukte organisierten hingegen eigene Kriegsgesellschaften.[105]

Seit Januar 1915 versuchte der Bayerische Landwirtschaftsrat, die Flachsanbaufläche in Bayern zu vermehren. Dafür trat er mit einem Aufruf an die Kreisausschüsse der einzelnen Regierungsbezirke heran. Schon im Frühjahr 1915 forderte er eine Förderung und Intensivierung des Flachsanbaus, um die *Versorgung von Heer und Marine mit allen einschlägigen Bekleidungs- und Ausrüstungs-Gegenständen*[106] sicherzustellen. Der Kreisausschuss für Schwaben und Neuburg leitete den Aufruf an diejenigen landwirtschaftlichen Bezirksausschüsse weiter, in deren Amtssprengel er potentielle Anbauflächen vermutete. Konkret richtete man die Anfrage an die *landw. Bezirksausschüsse Neu-Ulm (Land), Weissenhorn, Illertissen, Babenhausen, Mindelheim, und Memmingen.*[107] Zu einer Steigerung der Anbaufläche führte der Aufruf zunächst nicht. Auch verhinderten sämtliche Förderungsmaßnahmen nicht, dass am 3. Juni 1915 zunächst die staatliche Zwangsbewirtschaftung für Baumwolle und am 23. Dezember 1915 für Bastfasern eingeführt wurde. Im Januar 1916 unternahm die Regierung von Schwaben und Neuburg einen neuen Versuch, den früheren Flachs- und Hanfanbau der Region wiederzubeleben und den noch vorhandenen zu steigern. Wichtige Partner dafür waren weiterhin der Kreisausschuss des Landwirtschaftlichen Vereins für Schwaben und Neuburg sowie dessen Bezirkskomitees. Ebenso war die Handelskammer in Augsburg ein wichtiger Ansprechpartner. Ab Januar1916 holte die Regierung beim Landwirtschaftlichen Kreisausschuss wie auch bei der Handelskammer Gutachten über die potentielle Machbarkeit des Vorhabens ein. Beide Seiten stellten für das Unterfangen nur geringe Erfolgsaussichten in Aussicht, u. a. aufgrund schlechter klimatischer Anbaubedingungen und fehlender Fachkräfte für den Anbau und die Weiterverarbeitung.[108]

---

105 Wolf, Deutsche Textilwirtschaft (wie Anm. 26) S. 39–41; Sperlich, Kriegstextilwirtschaft (wie Anm. 103) S. 32, S. 41–45; Goebel, Kriegsbewirtschaftung (wie Anm. 102) S. 20 f.; Hinterthür, Kriegsstellen und Kriegsgesellschaften (wie Anm. 11) S. 31–40, S. 98; Karl Heyl, Verzeichnis der in der Bayerischen Staatszeitung veröffentlichten kriegsrechtlichen Verordnungen (1. VIII. 14 bis 1. VIII. 18), München 1918, S. 7.

106 AgrarBib Herrsching, KC Schw 1536, Schreiben Bayerischer Landwirtschaftsrat an den landwirtschaftlichen Kreisausschuss Schwaben und Neuburg, 30.1.1915.

107 AgrarBib Herrsching, KC Schw 1536, Schreiben Kreisausschuss Schwaben und Neuburg an die landwirtschaftlichen Bezirksausschüsse Neu-Ulm (Land), Weissenhorn, Illertissen, Babenhausen, Mindelheim, Memmingen, 10.2.1915.

108 AgrarBib Herrsching, KC Schw 1536, Schreiben Bayerischer Landwirtschaftsrat an den landwirtschaftlichen Kreisausschuss Schwaben und Neuburg, 30.1.1915; AgrarBib Herrsching, KC Schw 1536, Schreiben Kreisausschuss Schwaben und Neuburg an die landwirtschaftlichen Bezirksausschüsse Neu-Ulm (Land), Weissenhorn, Illertissen, Babenhausen, Mindelheim, Memmingen, 10.2.1915; AgrarBib Herrsching, KC Schw 1536, Schreiben Regierung von Schwaben und Neuburg an den landwirtschaftlichen Kreisausschuss Schwaben, 3.11.1915; Handelskammer Augsburg, Sitzungsprotokoll, 11.2.1916.

Da mit den erprobten und eben genannten Textilquellen – trotz Streckens und eingeschränkter Warenproduktion – der inländische Bedarf nicht ansatzweise gedeckt werden konnte, blickte man sich ab 1916 verstärkt nach alternativen Ersatzstoffen um, die sich für die textile Verarbeitung eigneten. Einerseits setzte die Industrie auf die Herstellung und Verwertung von sogenannten künstlichen Ersatzstoffen: Papiergarne, Kunstwollen und -seiden, die auf Basis von Holzzellulose hergestellt wurden. Andererseits überprüfte man verschiedene Pflanzen auf ihre Eignung als textiler Ersatzstoff.[109]

Eingeleitet wurde die Wende zur Ersatzstoffwirtschaft im Textilbereich mit der Verwendung von Garnen und Geweben, die nicht mehr rein auf Baumwolle basierten. Der Fokus lag dabei zunächst auf heimischen Pflanzen, aus denen man sich eine Fasergewinnung im größeren Maßstab versprach. Um ihre Eignung zu testen und die rationellste Verarbeitungsweise zu erproben, war bereits 1915 eine Kriegskommission zur Gewinnung neuer Spinnfasern mit Sitz in Bamberg geschaffen worden. Im April 1916 folgte die Gründung einer weiteren Institution mit dem Kriegsausschuss für Textilersatzstoffe in Berlin. Er sollte das gesamte Textilersatzstoffwesen sowie die zugehörige Auftragsverteilung koordinieren. Für Bayern gehörten dem Kriegsausschuss zwei Mitglieder an. Die Bandbreite der erprobten heimischen Pflanzen war riesig, beispielsweise testete die Kriegskommission in Bamberg allein im August 1916 rund 70 verschiedene Pflanzen auf ihre Eignung zur Fasergewinnung, *auf welche von den verschiedensten Seiten als spinnfaserhaltig in zahlreichen Zuschriften hingewiesen*[110] worden war. Jedoch eigneten sich nur die wenigsten der untersuchten Pflanzen, *weil bei den allermeisten Sorten die Grundbedingungen für deren Verwertung* [...] *nicht gegeben waren*[111] und [f]*ür die Brauchbarkeit als Spinnfaser* [...] *1.) Es* [...] *sich um Pflanzen handeln* [musste], *welche in grossen Mengen vorkommen. 2.) In solchen Pflanzen* [...] *der wirkliche Faser-Inhalt ein entsprechend grosser sein* [musste]. *3.) Die Loslösung des Bastes von solchen Pflanzen* [...] *in fabrikmässiger Weise auf maschinell-technischem Gebiete ohne unüberwindliche Schwierigkeiten möglich sein* [musste].[112] Dadurch verengte sich die Zahl brauchbarer Pflanzen auf einige wenige, als geeignet erwiesen sich v. a. Brennnesseln, Torffasern, Schilf (Typha), Hopfenrebe und Ginster. Ein weiteres Forschungsinstitut auf dem Gebiet der Ersatzfasern war die Forschungsstelle für Textil-Ersatzstoffe in Karlsruhe, die im September 1916 auf Initiative der Pa-

---

109 Wolf, Deutsche Textilwirtschaft (wie Anm. 26) S. 45–49; Goebel, Deutsche Rohstoffwirtschaft (wie Anm. 26) S. 63–67.

110 BayHStA, MKr 13036, Verhandlungsniederschrift über die fünfte Sitzung der Kriegskommission zur Gewinnung neuer Spinnfasern, 30.8.1916.

111 Ebd.

112 Ebd.

piergarnindustrie eingerichtet worden war. Anders als in Bamberg legte man in Karlsruhe den Fokus besonders auf die *systematische Untersuchung über Cellulose, Papier, Papiergarn, Papiergewebe, Imprägnierungs- und Leimverfahren,*[113] um die Papierindustrie und ihre Produkte weiter voranzubringen und zu einem adäquaten Baumwollersatz weiterzuentwickeln.[114]

Die prominenteste Ersatzfaser für die Baumwolle war die Brennnessel. Die Verarbeitung ihrer Fasern war kein kriegsbedingtes Novum, sondern bereits vor dem 19. Jahrhundert bekannt. Ihre Verwendung war mit der zunehmenden Durchsetzung der Baumwolle als führender Textilrohstoff aufgegeben worden. Durch die nun ab 1916 immer prekärer werdende Rohstofflage griff man wieder auf die alte Faserpflanze zurück. Sie enthielt *eine der Baumwolle in vielen Punkten gleichkommende Spinnfaser.*[115] Zu diesem Ergebnis kamen Untersuchungen der Kriegskommission zur Gewinnung neuer Spinnfasern. Sie hatte seit 1915 mehrere Verwertungsversuche und -untersuchungen von Brennnesselfasern durchgeführt. Zur Fasergewinnung waren nur die getrockneten Pflanzenstängel geeignet. Die übrig gebliebenen Blätter verfütterte man als Tierfutter, während man die Samen zum Anbau neuer Nesseln aussäte. Die Brennnesselfasern wurden hauptsächlich als Ersatzrohstoff in der Baumwollspinnerei und -weberei verarbeitet, zur Koordination der Sammlung, Verwertung und Verteilung an die Industrie wurden eigene Kriegsgesellschaften im Reich und in Bayern gegründet. Auf Reichsebene wirkten die 1916 gegründeten Nesselfaserverwertungsgesellschaft mbH Berlin und die im Februar 1917 gegründete Nesselanbaugesellschaft mbH Berlin. *Für Bayern* [wurde] *eine eigene Organisation in Gestalt der Bayerischen Nesselstelle (Verwaltungsabteilung) und der Bayer. Nesselgesellschaft m. b. H. (Geschäftsabteilung) in München* [...] *errichtet.*[116] Die Gründungsversammlung der Bayerischen Nesselgesellschaft mbh fand am 24. September 1917 in München statt. An ihr wurden

---

113 BayHStA, MKr 13037, Broschüre Forschungsstelle für Textil-Ersatzstoffe Karlsruhe i. B., undatiert.

114 BayHStA, MHIG 9462, Schreiben Kriegsausschuss für Textilersatzstoffe, 12.2.1917; BayHStA, MKr 13036, Geschäftsordnung des Kriegsausschuss für Textil-Ersatzstoffe, undatiert; BayHStA, MKr 13036, Verhandlungsniederschrift über die fünfte Sitzung der Kriegskommission zur Gewinnung neuer Spinnfasern, 30.8.1916; BayHStA, MKr 13037, Broschüre Forschungsstelle für Textil-Ersatzstoffe Karlsruhe i. B., undatiert; Leo Ubbelohde, Zur Einführung, in: Deutsche Faserstoffe und Spinnpflanzen 1 (1919) S. 1–2, hier 1; Heinz Schmidt-Bachem, Aus Papier. Eine Kultur- und Wirtschaftsgeschichte der Papier verarbeitenden Industrie in Deutschland, Berlin 2011, S. 642–644; Sperlich, Kriegstextilwirtschaft (wie Anm. 103) S. 45–47; Wurll, Forstliche Nebennutzungen (wie Anm. 43) S. 39.

115 BayHStA, stellv. Gen.Kdo. I. AK. (WK) 2565, Schreiben des Kriegsministeriums an das K. Stellv. Generalkommando I.II.III.IV. A. K., 2.9.1918.

116 Ebd.

auch Vertreter aus Industrie und Landwirtschaft beteiligt. Die Gewinnung der Brennnesselpflanzen erfolgte einerseits über großorganisierte Sammlungen wilder Bestände, während andererseits der feldmäßige Anbau von Brennnesseln gefördert und durchgeführt wurde. Für die Koordinierung und Verwaltung der Nesselbewirtschaftung schuf man eine dezentrale Verwaltungsstruktur, bei der vor Ort die einzelnen Maßnahmen koordiniert werden sollten. Für die Sammlungen errichtete die Bayerische Nesselstelle *über ganz Bayern ein Netz von Ortssammelstellen,*[117] von denen rund 5.500 entstanden und lokal von Ortsvertrauensmännern geleitet wurden. Daneben gab die Nesselstelle Merkblätter zur richtigen Durchführung der Sammlungen heraus. *Als Sammler kamen in erster Linie die Schulkinder, ferner Arbeitslose und Truppenteile*[118] zum Einsatz. Das Kriegsministerium erteilte zusätzlich den drei stellvertretenden Generalkommandos den Auftrag, *die Ersatztruppenteile, Truppenübungsplätze, Militärlazarette, Genesungsheime und Gefangenenlager zu beauftragen, mit allen zur Verfügung stehenden Mitteln die Brennessel-Sammlung unverzüglich in Angriff zu nehmen,*[119] um gleichfalls einen Beitrag zu leisten. Trotz der umfangreichen behördlichen Bemühungen war der Ertrag *der Brennesselsammlung* [...] *wenig befriedigend.*[120] Ab Oktober 1917 verfügten die Behörden die staatliche Beschlagnahme von Nesselfasern und -gespinsten. Neben der Sammlung wilder Pflanzen wurden Anbauversuche mit Brennnesseln durchgeführt, u. a. auf Mooren und anderen ertragsarmen Böden. Deren Ertrag fiel aber auch zu gering aus, um den für die Produktion benötigen Faserbedarf adäquat zu decken.[121]

---

[117] Ebd.

[118] BayHStA, stellv. Gen.Kdo. I. AK. (WK) 2565, Anlage zum Schreiben des Kriegsministeriums an sämtliche stellvertretenden Generalkommandos, 31.5.1917.

[119] BayHStA, stellv. Gen.Kdo. I. AK. (WK) 2565, Schreiben des Kriegsministeriums an das K. Stellv. Generalkommando I.II.III.IV. A. K., 2.9.1918.

[120] Ebd.

[121] BayHStA, MKr 13039, Schreiben des Beauftragten des Kgl. bayer. Kriegsministerium beim Preuß. Kriegsamt an das kgl. Kriegsministerium München, 10.8.1918; BayHStA, stellv. Gen. Kdo. I. AK. (WK) 2565, Anlage zum Schreiben des Kriegsministeriums an sämtliche stellvertretenden Generalkommandos, 31.5.1917; BayHStA, stellv. Gen.Kdo. I. AK. (WK) 2565, Schreiben des Kriegsministeriums an das K. Stellv. Generalkommando I.II.III.IV. A. K., 2.9.1918; BayHStA, MKr 13037, Kriegskommission zur Gewinnung neuer Spinnfasern, Zusammenstellung, September 1917; AgrarBib Herrsching, GC 552, Merkblatt Brennesseln der Kriegskommission zur Gewinnung neuer Spinnfasern, März 1916; AgrarBib Herrsching, GC 552, Flugblattanweisung Brennesselsammlung, undatiert; AgrarBib Herrsching, GC 552, Broschüre Nessel-Anbau-Gesellschaft mbh, undatiert; AgrarBib Herrsching, GC 552, Schreiben bayerische Militärbevollmächtigter in Berlin an das Bayerische Kriegsministerium, 13.3.1917; AgrarBib Herrsching, GC 552, Bericht Brennesselernte 1917, undatiert; AgrarBib Herrsching, GC 552, Einladung Bayerische Nesselgesellschaft, 10.9.1917; AgrarBib Herrsching, GC 552, Bericht über die Besprechung zur Bewirtschaftung der Nesseln in Bayern, 24.8.1917; SPERLICH, Kriegstextilwirtschaft (wie Anm. 103) S. 47; WURLL, Forstliche Nebennutzungen (wie

Neben der Brennnessel, setzte man große Hoffnungen in die Verwendung von Schilffasern, die aus verschiedenen Typha-Arten gewonnen werden konnten. Aufgrund des reichen Vorkommens von Schilf *auf Teichflächen*[122] sowie der *hohen Ausbeute an spinnfähigem Fasergehalt (20–25 %),*[123] die man sich von ihrer Verwertung erwartete, wurde Schilf als Ersatzfaser in Betracht gezogen. Schilfarten hatten nämlich den Vorteil, dass nicht nur ihre Blätter für die Fasergewinnung geeignet waren, sondern auch die Rohrkolben. Seit 1915 experimentierte man mit verschiedenen Methoden, um möglichst rentable Gewinnungsmöglichkeiten von Fasern aus den Schilfblättern zu kreieren. Daran hielt man bis zum Kriegsende fest, die Erfolge blieben jedoch überschaubar. Zwar wurden einige Reichspatente für Verarbeitungsverfahren vergeben, gänzlich durchsetzen konnte sich die Typha-Verwertung dennoch nicht. Die Schilffasern, insbesondere diejenigen *Faser*[n] *des Kolbenschilfs bildet*[en], [...] *brauchbaren Ersatz für Jute, Kokosfaser und ähnliche grobe Fasern*[124] und sollten *in erster Linie zu denjenigen Zwecken zu denen bisher Hanf- und Flachswerg verwendet wurde*[n], *also Stricke aller Art,* [und] *Matten*[125] verarbeitet werden.[126]

Auf der Suche nach alternativen Rohstoffen schien die Gewinnung von Torffasern – außer den Typha-Fasern – neue, größere Möglichkeiten bereitzuhalten. Während des Ersten Weltkriegs wurde die Torfgewinnung in Bayern und im Reich intensiviert. Mit zunehmender Kriegsdauer kam Torf als Brennstoffalternative eine wachsende Bedeutung zu. Für die Brennstoffgewinnung waren vor

---

Anm. 43) S. 38–42; ERTHEILER/PLOHN, Sammelwesen (wie Anm. 59) S. 40 f.; TOBLER, Textilersatzstoffe (wie Anm. 103) S. 27–29; Emil Oswald RASSER, Die Nesselfaser, in: Deutsche Faserstoffe und Spinnpflanzen 1 (1919) S. 4 f., S. 18–22; Hermann SCHÜRHOFF, Die Nesselfaser, in: Kunststoffe 8 (1918) S. 257 f.

122 BayHStA, MKr 13039, Schreiben des Beauftragten des Kgl. bayer. Kriegsministerium beim Preuß. Kriegsamt an das kgl. Kriegsministerium München, 10.8.1918.

123 Ebd.

124 Ebd.

125 Ebd.

126 BayHStA, MKr 13036, Verhandlungsniederschrift über die fünfte Sitzung der Kriegskommission zur Gewinnung neuer Spinnfasern, 30.8.1916; BayHStA, MKr 13037, Kriegskommission zur Gewinnung neuer Spinnfasern, Zusammenstellung, September 1917; BayHStA, MKr 13039, Schreiben des Beauftragten des Kgl. bayer. Kriegsministerium beim Preuß. Kriegsamt an das kgl. Kriegsministerium München, 10.8.1918; Paul HOERING, Die Gewinnung von Spinnfasern aus Schilfarten, in: Kunststoffe 8 (1918) S. 258–260; Eberhard ULBRICH, Über den anatomischen Bau und die Verwertbarkeit heimischer Faserpflanzen, in: Kunststoffe 8 (1918) S. 229 f., S. 267–269, S. 283–285, S. 268; Ernst GILG/Julius SCHUSTER, Fasern, in: Otto LUEGER (Hg.), Lexikon der gesamten Technik und ihrer Hilfswissenschaften. Ergänzungsbd. 2, Stuttgart/Leipzig [2]1920, S. 184–188, hier 184 f.; Emil Oswald RASSER, Rohr-, Typha- und Ginsterfasern und ihre Patente, in: Deutsche Faserstoffe und Spinnpflanzen 1 (1919) S. 67–69, S. 74–76, S. 67 f.; Paul LEYKUM, Typha und seine Verwertung als Faserstoff, in: Deutsche Faserstoffe und Spinnpflanzen 1 (1919) S. 87–89, S. 97–101, S. 88 f.

allem die unteren, tiefer liegenden Torfschichten interessant. Dort war der Torf stärker verdichtet und besaß damit einen höheren Brennwert. Hingegen waren die darüber liegenden, weniger verdichteten Torfschichten für die Brenntorfgewinnung eher nebensächlich. Sie wurden für die Streugewinnung genutzt, bevor man sie auch für die Fasergewinnung entdeckte. Dennoch war die Gewinnung von Fasern aus Torf keine Neuerfindung des Ersten Weltkriegs. Erste Versuche hatte man in England und Deutschland bereits gegen Ende des 19. Jahrhunderts und zu Beginn des 20. Jahrhunderts angestellt. Damals konnte sich jedoch eine weit verbreitete Produktion und Nutzung wirtschaftlich nicht durchsetzen, auch weil der Anteil an gewinnbaren Fasern im Moor recht gering ausfiel. Erst mit der sich stetig verschlechternden Rohstofflage im Textilbereich richtete sich das Augenmerk ab der zweiten Kriegshälfte wieder verstärkt auf die Gewinnungsmethoden der Torffasern.[127]

1917 wurde der Faserbedarf so akut, dass ein Torffaserkriegsausschuss im Bereich der Kriegsrohstoffabteilung in Berlin gegründet und sämtliche Torffaserbestände staatlich beschlagnahmt wurden. Für Bayern schuf man einen eigenen Torffaserkriegsausschuss, der sich zunächst als Torffaser-Kommission betitelte. Dessen Leitung übernahm die Bayerische Landesstelle für Moorwirtschaft. Sie arbeitete eng mit dem Bayerischen Kriegsamt zusammen. Zu seinen Aufgaben gehörte die Koordination der ab 1917 durchgeführten Torffasersammlungen in Bayern und eine enge Abstimmung mit dem Berliner Ausschuss. Trotz großer Bemühungen, Torffasern zu gewinnen, blieben die tatsächlich erreichten Ergebnisse weit hinter den Erwartungen zurück. In Bayern erzielten die Sammlungen nur ein geringes Ergebnis, was einerseits an dem minimalen Faseranteil in den bayerischen Mooren lag, andererseits brachten die eingeleiteten Sammlungen durch Schulkinder, Sträflinge und Kriegsgefangene nicht die erhofften Erfolge. Die gesammelten Torffasern wurden aufbereitet und mit Kunstwolle zu einem Mischgewebe verarbeitet, das für *die Herstellung von Mannschafts- und Pferdedecken, Stallmatten, Satteldecken und Uniformstücken*[128] verwendbar war. Eine bessere Aufbereitung, um Torf ohne Beimischung andere Fasern zu verwenden, war zu aufwändig und

---

127 Alfred Hausding, Handbuch der Torfgewinnung und Torfverwertung mit besonderer Berücksichtigung der erforderlichen Maschinen und Geräte nebst deren Anlage und Betriebsform, Berlin [4]1919, S. 300–304; Max Harttung, Bayerische Moore und ihre Verwertung, in: Bayerisches Industrie- und Gewerbeblatt 105 (1919) S. 81–84, S. 91–96, hier 83 f. und 95 f.; Karl Süvern, Zur Technologie der Torffaser, in: Deutsche Faserstoffe und Spinnpflanzen 1 (1919) S. 169–171, S. 183 f., S. 196 f., S. 210 f., S. 245–247, S. 279–281, S. 291–293, S. 169; Jungmann, Torfindustrie (wie Anm. 95) S. 90 f.; Eberhard Ulbrich, Torffaser, in: Deutsche Faserstoffe und Spinnpflanzen 1 (1919) S. 235–237, hier 235 f.

128 Jungmann, Torfindustrie (wie Anm. 95) S. 92.

zu teuer. Neben der Nutzung in der Textilindustrie wurden Torffaserprodukte auch als Verbandszeug und medizinisches Material verwendet.[129]

Weitere Versuche wurden mit Ginster, Hopfenreben und Seegras unternommen, deren praktische Nutzung man aber ambivalent bewertete. Grund waren einerseits die sehr großen Mengen an benötigtem Ausgangsmaterial, deren Beschaffung quantitativ unmöglich und außerdem mit finanziellen Verlusten verbunden gewesen wäre. Andererseits reichte auch die Qualität der erzeugten Fasern für die intendierten Produkte nicht aus. Auf den Hopfen wurden [d]*ie grössten Hoffnungen und Erwartungen* [...] *gesetzt, die sich aber leider bis heute* [1917] *nicht erfüllten.*[130] Stattdessen kam die Kriegskommission bei ihren Versuchen zu dem Schluss, dass Hopfen *unbedingt eine brauchbare Spinnfaser* [enthielt], *welche indessen ausserordentlich schwierig aufzuschließen ist, und daher im letzten Jahre* [1915] *zu keinem Ergebnis führte.*[131] Neben dem Hopfen testete die Kommission auch Ginster, aus *dem ein wenn auch nur für untergeordnete Zwecke brauchbares Fasermaterial erzielt werden kann, das von der Jute-, Flachs- und Hanfindustrie zu verwerten ist.*[132] Allerdings wäre die entsprechende Menge für eine maschinelle Produktion kaum aufzubringen. Seegrasversuche führten stattdessen direkt zu dem Ergebnis, dass *die Faser ziemlich haltlos*[133] und von deren Verwendung abzuraten sei.[134]

Eine weitere Alternative stellte die Wiederverwertung von Lumpen, Stoffabfällen, Altstoffen und Altkleidern dar. Bereits 1915 begann man von staatlicher

---

129 BayHStA, MKr 13118, Sitzungsprotokoll Torffaserausschuss, 12.10.1917; BayHStA, MKr 13036, Schreiben K. B. Moorkulturanstalt an K. Bayerisches Kriegsministerium, 11.3.1917; Adolf ALVES, Moorkultur und Torfverwertung auf der Deutschen Faserstoff-Ausstellung, in: Mitteilungen des Vereins zur Förderung der Moorkultur im Deutschen Reich 36 (1918) S. 203–206, S. 208; JUNGMANN, Torfindustrie (wie Anm. 95) S. 91 f.; WOLF, Deutsche Textilwirtschaft (wie Anm. 26) S. 59 f.; Heinrich PUCHNER, Der Torf, Stuttgart 1920, S. 290–292, S. 295 f.; Felix RAHM, Torfstreu und Torfmull. Mit einem Anhang Torffaser und Torfmoos. Ein Ratgeber für die Praxis, Berlin 1922, S. 298 f.; Leopold SCHINDLER, 50 Jahre Landesanstalt für Moorwirtschaft 1900–1950, in: Landwirtschaftliches Jb. für Bayern 27 (1950) Sonderheft, S. 8.

130 BayHStA, MKr 13037, Kriegskommission zur Gewinnung neuer Spinnfasern, Zusammenstellung, September 1917.

131 BayHStA, MKr 13036, Verhandlungsniederschrift über die fünfte Sitzung der Kriegskommission zur Gewinnung neuer Spinnfasern, 30.8.1916.

132 BayHStA, MKr 13037, Kriegskommission zur Gewinnung neuer Spinnfasern, Zusammenstellung, September 1917.

133 Ebd.

134 BayHStA, MKr 13036, Verhandlungsniederschrift über die fünfte Sitzung der Kriegskommission zur Gewinnung neuer Spinnfasern, 30.8.1916; BayHStA, MKr 13037, Kriegskommission zur Gewinnung neuer Spinnfasern, Zusammenstellung, September 1917; Hermann SCHÜRHOFF, Deutsche Faserpflanzen, in: Kunststoffe 8 (1918) S. 230 f.; SPERLICH, Kriegstextilwirtschaft (wie Anm. 103) S. 46 f.; WOLF, Deutsche Textilwirtschaft (wie Anm. 26) S. 59; Eberhard ULBRICH, „Seegras" als Textilfaser, in: Deutsche Faserstoffe und Spinnpflanzen 1 (1919) S. 64–67.

Seite mit dem Ankauf und dem Ansammeln von Altfasern, die man in Reißereien zerkleinerte und anschließend neu zu sogenannter Kunstwolle verarbeitete. Dazu erließ man von staatlicher Seite verschiedene Sortierungsvorschriften, um eine bessere Qualität der wiederverwendeten und neu aufbereiteten Kunstwollen zu erhalten. Zur Koordination der Lumpenverwertung und -sammlung errichtete man zum 1. August 1915 eine eigene Sektion Lumpen- und Kunstwolle in der Unterabteilung Webstoffe der Kriegsrohstoffabteilung. Die produzierten Kunstwollgarne wurden als Streckungsmaterial in Baumwollstoffen untergemischt, aus denen man militärische Ausrüstungsgegenstände herstellte. Mit zunehmender Kriegsdauer nahm der Kunstwollanteil in den Stoffen immer weiter zu. Da die Nachfrage nach Altstoffen und -fasern stetig anstieg, wurden sämtliche Lumpen und Stoffabfälle ab Mai 1916 der staatlichen Bewirtschaftung unterstellt und beschlagnahmt. Dazu trug auch bei, dass die abgelieferten Mengen immer geringer ausfielen. Die dauernde Wiederverwertung führte zu einer fortlaufenden Qualitätsminderung der verarbeiteten Lumpen. Die Bewirtschaftung vor Ort lag im Zuständigkeitsbereich der Kommunalverbände, sie hatten die entsprechenden Altkleidersammlungen durchzuführen.[135]

Die Bedeutung der natürlichen Faserersatzstoffe stieg mit zunehmendem Kriegsverlauf immer weiter an und wurde überlebenswichtig für Betriebe, um Stilllegungen zu verhindern. Um den Krieg wirtschaftlich zu überleben, stellten viele Betriebe ihre Produktion auf natürliche Faserstoffe um, v. a. auf die Produktion von Mischgeweben. Dazu verarbeitete man Torf- und Brennnesselfasern oder aufbereitete Kunstwolle. Zusätzlich konkurrierte man um Heeresproduktionsverträge, um überhaupt entsprechende Rohstoffzuteilungen zu erhalten. In Augsburg und Füssen, zwei textilen Zentren Bayerisch-Schwabens, gelang es den beiden größten Augsburger Textilfabriken, der Kammgarn-Spinnerei AG und der Mechanischen Spinnerei und Weberei Augsburg, wie auch den Hanfwerken Füssen-Immenstadt einerseits ihre Produktion auf Ersatzgarne umzustellen. Andererseits konnten sich alle drei Betriebe auch wichtige Heeresaufträge sichern. Gelang es einer Firma nicht, auf natürliche Ersatzstoffe umzusatteln und Heeresaufträge zu erhalten, so überlebte der Betrieb den Krieg nicht bzw. nur sehr schwer. Anhand der vorliegenden Akten zeigte sich, dass ohne das Strecken und Ersetzen auslän-

135 BayHStA, MKr 13039, Schreiben des Beauftragten des Kgl. bayer. Kriegsministerium beim Preuß. Kriegsamt an das kgl. Kriegsministerium München, 10.8.1918; Sperlich, Kriegstextilwirtschaft (wie Anm. 103) S. 28–31; Wolf, Deutsche Textilwirtschaft (wie Anm. 26) S. 50; Goebel, Kriegsbewirtschaftung (wie Anm. 102) S. 91, S. 113–115; Hermann Grothe, Technologie der Gespinnstfasern. Vollständiges Handbuch der Spinnerei, Weberei und Appretur, Bd. 1. Die Streichgarn-Spinnerei und Kunstwoll-Industrie, Berlin 1876, S. 209 f.

discher Rohstoffe durch einheimische Ersatzfasern ein Zusammenbruch der Textilwirtschaft vermutlich bereits 1915 erfolgt wäre. Natürlichen Ersatzfasern kam somit eine Schlüsselrolle für den Fortbestand der Textilindustrie zu.[136]

Künstlicher Faserersatz

Wie bei den Lebensmitteln reichten die natürlichen Faserersatzstoffe schon bald nicht mehr aus, um den großen Bedarf für die Produktion zu decken. Außerdem kam erschwerend hinzu, dass Textilien als kriegswichtig galten und somit der militärische vor dem zivilen Bedarf zu decken war. Entsprechend litt die Zivilbevölkerung unter einem stärkeren Textilmangel als die kämpfenden und stationierten Truppen. Relativ früh nach Kriegsausbruch begann man mit der Herstellung künstlicher Fasern zu experimentieren, den sogenannten Kunstseiden. Mit ihnen versuchte man, einen weiteren Ausweg aus der Rohstoffnot zu finden. Die Bezeichnung als künstliche Fasern bzw. Kunstseiden ist nach heutigem Verständnis etwas irreführend, da deren Herstellung auf Holzzellulose basierte, was gegenwärtig eher als Naturprodukt angesehen wird. Die Künstlichkeit bezog sich stärker auf das Herstellungs- bzw. Gewinnungsverfahren. Zunächst löste man die Zellulose mittels verschiedener Lösungsmittel auf. Um sie zu Garnfäden zu verarbeiten, entzog man ihr das zugesetzte Lösungsmittel wieder. Die prominentesten Garne waren einerseits die aus Holzzellulose gewonnenen Papiergarne wie auch die aus Holzzellulose und Lösungsmitteln hergestellten Kunstseiden. Als dritte künstliche Ersatzfaser entwickelte man die Stapelfaser, die sich aus den Abfällen, die bei der Kunstseidenproduktion anfielen, herstellen ließ.[137]

Die ersten künstlichen Ersatzfasern, die in großem Maß zum Einsatz kamen, waren die Papiergarne. Bereits vor Kriegsausbruch produzierte und nutzte man sie in kleinem Umfang in Deutschland. Zur Herstellung wurde der *Zellstoff zuerst in dünnes Papier verwandelt;* [...] [dann] *in schmale Streifen zerschnitten und*

---

[136] Ernst Moritz Spilker, Bayerns Gewerbe 1815–1965, München 1985, S. 149; Hans Birling, Umgarnter Alltag. 100 Jahre Hanfwerke Füssen-Immenstadt Aktiengesellschaft 1857–1957, Darmstadt 1957, S. 35 f.; Werner Genzmer, Hundert Jahre Augsburger Kammgarn-Spinnerei 1836/1936. Ein Beitrag zur Geschichte des deutschen Wollgewerbes, Augsburg 1936, S. 77 f.; Handelskammer Augsburg, Sitzungsprotokoll, 21.7.1916; Günther Eckardt, Industrie und Politik in Bayern 1900–1919. Der Bayerische Industriellen-Verband als Modell des Einflusses von Wirtschaftsverbänden, Berlin 1976, S. 70–73; Wolfgang Zorn / Leonhard Hillenbrand, Sechs Jahrhunderte schwäbische Wirtschaft. 125 Jahre Industrie- und Handelskammer Augsburg, Augsburg 1969, S. 338 f., S. 358.

[137] Gilg / Schuster, Fasern (wie Anm. 126) S. 187; Richard Möhlau, Kunstseide, in: Otto Lueger (Hg.), Lexikon der gesamten Technik und ihrer Hilfswissenschaften, Bd. 5. Haustenne bis Kupplungen, Stuttgart / Leipzig ²1907, S. 773–778, hier 773; Goebel, Deutsche Rohstoffwirtschaft (wie Anm. 26) S. 52; Wolf, Deutsche Textilwirtschaft (wie Anm. 26) S. 66–68.

darauf versponnen,[138] anschließend konnte man das gewonnene Garn zu Papiergarngeweben weiterverarbeiten. Ein großes Manko der Papiergarngewebe war ihre geringe Reißfestigkeit, besonders, wenn sie Feuchtigkeit ausgesetzt waren. Diese Eigenschaft erschwerte außerdem ihre Reinigung. Verbessert wurden die Papiergarne durch ein neues Herstellungsverfahren, das bereits 1895 von Emil Claviez entwickelt worden war: das Trocken-Spinnverfahren. Erst mit seiner Weiterentwicklung im Produktionsprozess konnte sich die Verarbeitung von Papiergarnen im Textilbereich in breitem Maße durchsetzen. Es verbesserte die Qualität der Garne merklich, insbesondere bei der Waschbarkeit. Die sich zunehmend verschärfende Rohstoffknappheit bis zum Frühjahr 1916 verhalf den Papiergarnen schließlich zum Durchbruch, bis dahin spielte ihre Verwendung zunächst nur eine untergeordnete Rolle. Um die Textilproduktion aufrechterhalten zu können, musste nun auf Textilersatzstoffe zurückgegriffen werden. Ebenso spielte der stetig steigende Bedarf an Heeresgütern, wie Sandsäcken, Gurten, Gasmasken oder Gasschutzstoffen, eine wichtige Rolle. Die geforderten Produktionszahlen konnten von den Produzenten nur noch unter Verwendung von Papiergarnen erreicht werden. Bis zum Kriegsende wurde die Produktion auf den zivilen und technischen Bereich ausgeweitet, so dass Futter-, Möbel- und Matratzenstoffe, Bindfäden, Treibriemen und sogar Bekleidung aus Papiergarnen entstanden. Schon im Januar 1917 waren Papiergarne zum wichtigsten Ersatzstoff für die Textilindustrie aufgestiegen. Beispielsweise wurden ab 1. Januar 1917 Sandsäcke rein aus Papiergarnen hergestellt. Zum gleichen Zeitpunkt waren bereits für den Heeresbedarf *an Gurten 120 000 000 m*[, an] *Bindfadenersatz 150 000 kg*[, an] *Bindestricken 630 000 Stück*[, an] *Drillichersatz 600 000 m*[, an] *Textilosegewebe für Plan- und andere Stoffe 4 500 000 m*[, an] *Futtersäcken 190 000 Stück*[, an] *Strohsackstoffen 1 000 000 m*[139] produziert worden. Die Kriegsrohstoffabteilung plante außerdem, dass [m]*it Ausnahme von Wolle* [...] *zukünftig Baumwolle, Flachs, Hanf und Jute in immer größerem Umfange durch Papier ersetzt werden*[140] sollte. Dies gelang teilweise bis zum Kriegsende 1918, als Jahreshöchstleistung wurden circa 150.000 Tonnen Papiergarne produziert. Viele Textilhersteller rüsteten außerdem auf die Produktion von Papiergarnen um. Ziel war es, die Stilllegung des eigenen Betriebs zu verhindern. Dadurch stieg die Produktion an Papiergarnen und den draus hergestellten Produkten merklich an, beispielsweise wurden nun auch Schuhe aus Papiergarnen gefertigt. Gleichzeitig forschte man aber auch an der Verbesserung der Papiergarnqualität, um die Nutzungsdauer der hergestellten Waren zu verlängern. Dazu wurde im April 1916 die Forschungsstelle für Textilersatzstoffe in

---

[138] Arndt, Faserstoffe (wie Anm. 103) S. 13.
[139] BayHStA, MKr 13036, Niederschrift einer Besprechung der Kriegs-Rohstoff-Abteilung, 3.1.1917.
[140] Ebd.

Karlsruhe geschaffen. Sie fokussierte sich auf *systematische Untersuchungen über Cellulose, Papier, Papiergarn, Papiergewebe, Imprägnierungs- und Leimungsverfahren.*[141] Verbessert wurden die Papiergarne außerdem durch die Weiterentwicklung der Produktionsverfahren. Damit konnte eine höhere Garnqualität erzielt werden, indem sie direkt aus der Papiermasse gedreht wurden. Die so hergestellten Garne kamen unter besonderen Markennamen in den Verkauf, die bekanntesten waren *Textilose, Textilit, Zellulon, Silvalin, Xylolin.*[142] Bei deren Herstellung mischte man teilweise andere Naturfasern bei, wie Hanf oder Flachs, so dass sie eine bessere Qualität und höhere Verarbeitbarkeit aufwiesen.[143]

Neben dem Einsatz von Papiergarnen und -spinnstoffen suchten die verantwortlichen Stellen nach weiteren künstlichen Alternativen, die in der Textilproduktion als Ersatzstoffe zum Einsatz kommen konnten. Der Papiergarneinsatz nahm so zu, dass die Ersatzstoffe ab 1917 ebenfalls der staatlichen Bewirtschaftung unterworfen wurden. Mit zunehmender Kriegsdauer entwickelten sich die Kunstseiden als weitere künstliche Alternative. Die Kunstseidenindustrie hatte in Deutschland eine ähnliche Entwicklung hinter sich wie die Papiergarnindustrie. Sie bestand etwa seit dem Ausgang des 19. Jahrhunderts und mauserte sich von einem kleinen randständigen Nischenbereich des Textilsektors zu einer tragenden Säule der Kriegswirtschaft. Ab der zweiten Kriegshälfte produzierte sie einen Großteil der militärischen Ausrüstungsgegenstände. Kunstseiden wurden auf verschiedene Arten hergestellt, die populärsten Sorten waren Acetat-, Kupfer-, Nitro- und Viskoseseide. Obwohl manche Herstellungsverfahren teuer waren, beispielsweise

---

141 BayHStA, MKr 13037, Tätigkeitsbericht Forschungsstelle für Textilersatzstoffe Karlsruhe i. B., 12.12.1917.

142 Paul HEERMANN, Technologie der Textilveredelung, Berlin 1921, S. 64.

143 BayHStA, MKr 13036, Niederschrift einer Besprechung der Kriegs-Rohstoff-Abteilung, 3.1.1917; BayHStA, MKr 13037, Tätigkeitsbericht Forschungsstelle für Textilersatzstoffe Karlsruhe i. B., 12.12.1917; BayHStA, BayWiStB 184, Wiederaufbau der deutschen Textilwirtschaft, Februar 1919; BayHStA, MKr 13039, Schreiben des Beauftragten des Kgl. bayer. Kriegsministerium beim Preuß. Kriegsamt an das kgl. Kriegsministerium München, 10.8.1918; Heinz SCHMIDT-BACHEM, Unterhosen und Pferdegasmasken aus Papier. Die deutsche Papiergarn-Industrie bis zum Ende des Ersten Weltkriegs, in: Kultur & Technik 31 (2007) S. 58–60, SCHMIDT-BARCHEM, Aus Papier (wie Anm. 114) S. 630–632, S. 642–645; WOLF, Deutsche Textilwirtschaft (wie Anm. 26) S. 61–64; GOEBEL, Kriegsbewirtschaftung (wie Anm. 102) S. 92 f.; HEERMANN, Technologie (wie Anm. 142) S. 62–64; Oskar SPOHR, Die Bedeutung und Entwicklung der Papiergarn-Industrie, in: Kunststoffe 8 (1918), Sonderdruck 1918, S. 1 f.; Johannes Erwin BLOCH, Die wirtschaftliche Bedeutung der Papiergarnindustrie für die Versorgung der bürgerlichen Bevölkerung während des Krieges, Karlsruhe 1920, S. 7 f., S. 26–28; Herbert M. ULRICH, Handbuch der chemischen Untersuchung der Textilfaserstoffe, Bd. 2: Chemismus, Eigenschaften und Einsatz der textilen (nicht veränderten) Faserstoffe und ihre Prüfung, Wien 1956, S. 275 f.; Ernst MÜLLER / Gotthart HERZOG, Papiergarnspinnerei, in: Otto LUEGER (Hg.), Lexikon der der gesamten Technik. Ergänzungsbd. 2, Stuttgart / Leipzig [2]1920, S. 494–498.

zur Herstellung von Kupferseiden, intensivierte man die Produktion erheblich, bis *die hergestellten Mengen für die Deckung des Kriegsbedarfs genügten*[144] und *die Kunstseide restlose Verwendung für den Heeresbereich*[145] fand. Schließlich wurden Kunstseiden ab 1916 der staatlichen Beschlagnahme und Bewirtschaftung durch die Kriegsrohstoffabteilung unterstellt.[146]

Die Produktion von Kunstseiden hatte außerdem einen positiven Nebeneffekt. Die anfallenden Abfälle konnten zu sogenannten Stapelfasern, einem zusätzlichen künstlichen Faserersatz, weiterverarbeitet werden, der ebenfalls breite Verwendung fand. Stapelfasern wurden zwar *bereits im Frieden auf verschiedene Weise versponnen*,[147] eine wirtschaftliche Produktion baute man aber erst während des Kriegs auf. Der Name rührte vom Aussehen der Faser her, nämlich von ihrer kurzen und oft unterschiedlichen Länge. Bei der Herstellung von Baumwollstoffen mischte man Stapelfasern bei, die entstandenen Mischgewebe nutzte man für militärische Ausrüstungsgegenstände. Daneben experimentierte die Kriegsrohstoffabteilung mit Stapelfasergespinnsten, aus denen sie weitere Bekleidung fertigte, zum Beispiel Herrenoberbekleidung oder Unterwäsche.[148]

Der Einsatz und die Bedeutung von künstlichen Faserstoffen nahm ab 1916 stetig zu, letztlich auch, um die textile Produktion aufrechterhalten zu können. Die natürlichen Faserstoffe konnten allein den enorm gestiegenen Bedarf nicht mehr decken. Technische Weiterentwicklungen brachten die Ausweitung der künstlichen Faserproduktion ebenfalls voran. Welche Bedeutung die künstlichen Fasern schließlich für die Kriegswirtschaft hatten, zeigt auch die Flut an Verordnungen, die ab 1916 immer mehr künstliche Fasergruppen (Kunstseide Ende 1916, Papiergarne 1917) unter staatliche Aufsicht durch die Kriegsrohstoffabteilung stellten. Demnach waren beide Gruppen textiler Ersatzfasern, natürliche wie künstliche, unverzichtbar für die innerdeutsche Textilproduktion.

---

144 BayHStA, MKr 13039, Schreiben des Beauftragten des Kgl. bayer. Kriegsministerium beim Preuß. Kriegsamt an das kgl. Kriegsministerium München, 10.8.1918.

145 Ebd.

146 Wolf, Deutsche Textilwirtschaft (wie Anm. 26) S. 66–68; BayHStA, MKr 13039, Schreiben des Beauftragten des Kgl. bayer. Kriegsministerium beim Preuß. Kriegsamt an das kgl. Kriegsministerium München, 10.8.1918; Sperlich, Kriegstextilwirtschaft (wie Anm. 103) S. 52 f.; Richard Möhlau, Kunstseide, in: Otto Lueger (Hg.), Lexikon der gesamten Technik und ihrer Hilfswissenschaften. Ergänzungsbd. 1, Stuttgart / Leipzig ^{2}1914, S. 465–469, hier 465 f.

147 BayHStA, MKr 13039, Schreiben des Beauftragten des Kgl. bayer. Kriegsministerium beim Preuß. Kriegsamt an das kgl. Kriegsministerium München, 10.8.1918.

148 Ebd.; Arved von Brasch, Das Rohstoffproblem der deutschen Woll- und Baumwollindustrie, Berlin 1935, S. 156 f.; Wolf, Deutsche Textilwirtschaft (wie Anm. 26) S. 67 f.; Ernst Müller, Stapelfaser, in: Lueger, Lexikon der gesamten Technik (wie Anm. 144) S. 600.

Ersatzmittel als Gegenstand staatlicher Bewirtschaftung

In den Fokus der staatlichen Behörden, v. a. in den Ländern, rückten Ersatzmittel bereits Anfang 1916, als eine zunehmende Flut vermeintlicher Ersatzprodukte für Lebensmittel und Dinge des täglichen Bedarfs von Händlern im ganzen Reich angeboten wurden. Besonders negativ fielen diejenigen Produkte auf, die einen gleichwertigen Ersatz versprachen, dieses Versprechen aber in keinster Weise einhielten. Entsprechend wurden immer mehr Klagen von Verbrauchern laut, die sich betrogen fühlten. Für weiteren Unmut sorgten außerdem der oftmals sehr hohe Preis, die minimale enthaltene Menge und die schlechte Qualität der Produkte. Aufgrund der auftretenden Missstände sahen sich die staatlichen Behörden genötigt, gegen die Ersatzmittel als auch gegen das daran geknüpfte dubiose Geschäftsgebaren vorzugehen. Dies geschah zuallererst auf lokaler Ebene. Zuständig für die Überwachung von Waren, Handel und festgesetzten Preisen waren die Preisprüfungsstellen, die per Bundesratsverordnung Mitte September 1915 in Gemeinden mit über 10.000 Einwohnern verpflichtend geschaffen wurden. Gemeinden und Bezirken, die weniger als 10.000 Einwohner besaßen, stand es frei, eine Preisprüfungsstelle in ihrem Amtsbereich zu errichten. Auf Landesebene installierte man zusätzlich als zentrale übergeordnete Behörde eine Landespreisprüfungsstelle. Im Jahresverlauf 1915 stieg die Zahl bekannter Ersatzmittel auf rund 11.000 verschiedene Produkte an, wobei besonders Salatöl- und Seifenersatzmittel einen negativen Eindruck hinterließen. Über die Problematik tauschten sich die einzelnen Länderbehörden auf mehreren Konferenzen und Besprechungen aus. Insbesondere die südwestdeutschen Länder, Baden, Württemberg und Bayern, drängten auf einheitliche Standards und nahmen das Heft des Handelns in ihrem Geltungsbereich aktiv in die Hand.[149]

Die Bemühungen der südwestdeutschen Länder sorgten dafür, dass der Bundesrat im Frühsommer 1916 versuchte, dem Problem Herr zu werden. Dies gelang jedoch nur teilweise. Zum einen wollte man mit der Bekanntmachung über

---

149 BayHStA, stellv. GenKdo. I. AK (WK) 1037, 2. Bericht Landespreisprüfungsstelle, 1.2.–20.3.1916; BayHStA, stellv. GenKdo. I. AK (WK) 1037, 3. Bericht Landespreisprüfungsstelle, 20.3.–29.5.1916; BayHStA, stellv. GenKdo. I. AK (WK) 1037, Niederschrift Sitzung des Ausschusses II der Landespreisprüfungsstelle, 27.3.1916; BayHStA, MHIG 6652, Verzeichnis Preisprüfungsstellen im Reich, 1916; BayHStA, MKr 17377, 4. Bericht Landespreisprüfungsstelle, 29.5.–15.8.1916; BayHStA, MKr 17377, 5. Bericht Landespreisprüfungsstelle, 16.8.–31.12.1916; Bekanntmachung über die Errichtung von Preisprüfungsstellen und die Versorgungsregelung vom 25.9.1915, in: Reichsgesetzblatt (1915) S. 607–609; Friedrich Merz, Die Bayerische Landespreisstelle, in: Zs. des Bayerischen Statistischen Landesamtes 52 (1920) S. 59–192, hier 166 f.; Kerp, Versorgung Ersatzlebensmittel (wie Anm. 43) S. 80 f., S. 84 f.; Manz, Ersatzlebensmittel in der Friedens- und Kriegsgesetzgebung (wie Anm. 70) S. 3; Zahn, 1. Monatsbericht Landespreisprüfungsstelle (wie Anm. 68) S. 2 f.

die äußere Kennzeichnung von Waren (Mai 1916) dem Produktschwindel beikommen. Dieser war v. a. durch die enorm gestiegene Anzahl an Liebesgaben aufgeblüht. Oftmals fehlten auf den Verpackungen Angaben zu Inhaltsstoffen und dem Hersteller. Um Kundentäuschungen zu verhindern, schrieb man nun vor, *daß bei Gegenständen des täglichen Bedarfs Packungen oder Behältnisse, in denen sie an den Verbraucher abgegeben werden, mit bestimmten Angaben zu versehen*[150] waren. Dazu gehörten *Angaben über die Person* [...], *die sie in den Verkehr bringt, die Zeit der Herstellung, den Inhalt nach Art und nach Zahl, Maß oder Gewicht sowie* [...] *den Kleinverkaufspreis.*[151] Am 26. Mai 1916 schob der Bundesrat eine Ergänzung der Regelung nach, mit der die Verpackungsformen klar definiert wurden. Betroffen von der Kennzeichnungspflicht waren: *Konserven von Fleisch oder unter Zusatz von Fleisch,* [...] *Gemüsekonserven, Obstkonserven aller Art, Fischkonserven, Milch- und Sahnekonserven,* [...] *diätische Nährmittel, Fleischextrakt und dessen Ersatzmittel, Fleischbrühewürfel und sonstige Suppenwürfel, Kaffee-, Tee- und Kakaoersatzmittel sowie Kaffeemischungen,* [...] *Marmeladen, Obstmus, Kunsthonig und sonstige Fettersatzstoffe zum Brotaufstrich,* [...] *Käse,* [...] *Schokoladen, Schokolade- und Kakaopulver aller Art Zwieback und Keks*[e].[152] Da nicht nur der Inhalt, sondern auch die Produktbenennung die Käufer in die Irre führte, mit wohlklingenden oder vielversprechenden Marken- und Phantasienamen, erließ der Bundesrat Regelungen gegen irreführende Bezeichnungen von Nahrungs- und Genussmitteln (Juni 1916). Diese untersagten es, *Nahrungs- oder Genußmittel unter einer zur Täuschung geeigneten Bezeichnung oder Angabe*[153] in den Verkauf zu bringen. Beide Regelungen zeigten nur bedingten Erfolg und konnten den Schwindel und Schaden, der durch minderwertige Ersatzmittel entstand, kaum verhindern. Beide Bekanntmachungen wurden bis zum Erlass der Ersatzmittelverordnung am 7. März 1918 noch weiter ergänzt. Es wurden weitere Warengruppen in die kennzeichnungspflichtige Liste mit aufgenommen, wie Pudding-, Back- und sonstige Pulver zur Herstellung von Nahrungsmitteln (25.8.1916). Die Regelung galt auch Gegenständen des täglichen Bedarfs, besonders für Seife und Waschmittel (11.10.1916). 1917 dehnte man die Bekanntmachung außerdem auf Gewürze (5.12.1917) aus.[154]

---

150 Bekanntmachung über die äußere Kennzeichnung von Waren vom 18.5.1916, in: Reichsgesetzblatt (1916) S. 380.

151 Ebd.

152 Bekanntmachung über die äußere Kennzeichnung von Waren vom 26.5.1916, in: Reichsgesetzblatt (1916) S. 422.

153 Bekanntmachung gegen irreführende Bezeichnung von Nahrungs- und Genußmitteln vom 26.6.1916, in: Reichsgesetzblatt (1916) S. 588.

154 Bekanntmachung über die äußere Kennzeichnung von Waren vom 18.5.1916, in: Reichsgesetzblatt (1916) S. 380–382; Bekanntmachung über die äußere Kennzeichnung von Waren

Da die Maßnahmen allerdings nicht im gewünschten Maß griffen, reagierten die Länder und einzelne Städte mit dem Erlass eigener Ersatzmittelregelungen. In Bayern übernahm die Stadt München eine Vorreiterrolle, indem sie zunächst im März 1916 eine Kontrollabteilung bei der städtischen Preisprüfungsstelle einrichtete, die sich *besonders [...] dem Gebiete der Ersatzmittel für Nahrungsmittel und Gegenstände des täglichen Bedarfs*[155] widmete. Im Oktober 1916 erließ der Münchner Magistrat eine städtische Genehmigungspflicht für den Handel mit Ersatzmitteln innerhalb des Stadtgebiets. Dem Münchner Beispiel folgten weitere Städte in und außerhalb Bayerns. Auf Länderebene machte Baden den Anfang, mit dem Erlass einer Ersatzmittelgenehmigungsverordnung am 30. Januar 1917. Dem Beispiel folgte Württemberg, das am 16. Februar 1917 die Anzeigepflicht für Ersatzmittel einführte. Bayern regelte den Handel mit Ersatzmitteln landesweit mit der Bekanntmachung vom 3. April 1917.[156]

Das Reich zog erst im Frühjahr 1918 nach, als es die gesetzlichen Grundlagen für die reichsweite Bewirtschaftung von Ersatzlebensmitteln mit drei Verordnungen des Bundesrats schuf. Zuvor hatte sich der Druck der einzelnen Länder, ein reichsweit einheitliches Vorgehen zu erreichen, immer weiter verstärkt. Eine reichsweit einheitliche Regelung war bis 1918 vom Kriegsernährungsamt stets abgelehnt worden. Es verwies darauf, dass eine dezentrale Administration des Ersatzmittelwesens von größerer Durchschlagskraft wäre und zudem das dafür nötige Personal dem Kriegsernährungsamt fehlen würde. Die schließlich am 7. März 1918 verkündete Verordnung über die Genehmigung von Ersatzlebensmitteln sorgte nun für die angestrebte reichsweite Regelung. Sie belegte sämtliche Ersatzlebensmittel mit einer Genehmigungspflicht. Gleichzeitig wurde mit der Verordnung der Auf- und Ausbau eines entsprechenden Behördennetzes an Ersatzmittelstellen verfügt, die *von den Landeszentralbehörden zu errich-*

---

vom 26.5.1916, in: Reichsgesetzblatt (1916) S. 422 f.; Bekanntmachung gegen irreführende Bezeichnung von Nahrungs- und Genußmitteln vom 26.6.1916, in: Reichsgesetzblatt (1916) S. 588 f.; Bekanntmachung über die äußere Kennzeichnung von Waren vom 26.8.1916, in: Reichsgesetzblatt (1916) S. 962; Bekanntmachung über die äußere Kennzeichnung von Waren vom 11.10.1916, in: Reichsgesetzblatt (1916) S. 1156 f.; Bekanntmachung über die äußere Kennzeichnung von Waren vom 5.12.1917, in: Reichsgesetzblatt (1917) S. 1098; Kerp, Versorgung Ersatzlebensmittel (wie Anm. 43) S. 82 f.

155 BayHStA, MHIG 6722, Schreiben Preisprüfungsstelle München an das Staatsministerium des königlichen Hauses und des Äußern, 27.3.1916.

156 Ebd.; BayHStA, MHIG 6652, Schreiben Staatsministerium des Innern an Staatsministerium des königlichen Hauses und des Äußern, 15.3.1917; BayHStA, MKr 17377, 4. Bericht Landespreisprüfungsstelle, 29.5.–15.8.1916; BayHStA, MKr 17377, 5. Bericht Landespreisprüfungsstelle, 16.8.–31.12.1916; Bekanntmachung über den Handel mit Ersatzmitteln vom 3.4.1917, in: Kriegs-Beilage des Amtsblattes der K. Staatsministerien des Königlichen Hauses und des Äußern und des Innern 45 (1917) S. 331–335.

ten[157] und die entweder *für das ganze Gebiet eines Bundesstaates oder für Teilgebiete, auch für Bezirke, die aus Gebieten mehrerer Bundesstaaten* [bestanden],[158] zuständig waren. Dies bedeutete für Produzenten und Händler, dass sie eine Probe des neuen Produkts an die jeweils zuständige Behörde zu senden hatten – vor der Markteinführung des neuen Produkts. Daneben war ein Genehmigungsantrag zu stellen, der die Zusammensetzung, das Herstellungsverfahren sowie die damit verbundenen Kosten, die Verpackung, den beabsichtigten Verkaufspreis und die Produktbenennung abfragte. Anhand der Überprüfung dieser Angaben sowie der Analyse der beigefügten Produktprobe entschieden die zuständigen Landesbehörden über die Marktzulassung. Die erteilten Genehmigungen besaßen sowohl auf Länder- als auch auf Reichsebene Gültigkeit und konnten außerdem jederzeit widerrufen werden. Eine zentrale Reichsbehörde wurde mit der Verordnung aber nicht geschaffen, stattdessen setzte man weiterhin auf eine dezentrale Bewirtschaftungsstruktur. Im April 1917 richtete man beim Kriegsernährungsamt eine eigene Ersatzmittelabteilung ein, noch vor Erlass der Ersatzmittelverordnung. Die neue Abteilung besaß jedoch keine Genehmigungsbefugnis, sondern fungierte lediglich als zentrale Sammelstelle für genehmigte und abgelehnte Ersatzmittel. Ihre Hauptaufgabe bestand in der Informationssammlung und -weitergabe, so dass sämtliche Landesbehörden einen Überblick über bereits genehmigte oder abgelehnte Ersatzmittel erhalten sollten. Diese Aufgabe behielt sie auch nach Erlass der Verordnung. Der Genehmigungszwang für Ersatzlebensmittel trat zum 1. Mai 1918 in Kraft. Obwohl die Verordnung sehr genaue Vorgaben über den Genehmigungsvorgang machte, fehlte eine Definition des Begriffs Ersatzlebensmittel. Damit besaßen die Behörden einen gewissen Ermessensspielraum bei ihrer Bewertung, was sie unter dem Begriff alles erfassten.[159]

Um die Definitionslücke zu schließen, erließ der Bundesrat am 8. April 1918 eine weitere Bekanntmachung, mit der dies nachgeholt wurde. Die Bekanntmachung legte fest, dass *alle Lebensmittel, die dazu bestimmt sind, Nahrungs- oder*

---

[157] Verordnung über die Genehmigung von Ersatzlebensmitteln vom 7.3.1918, in: Reichsgesetzblatt (1918) S. 113.

[158] Ebd.

[159] BayHStA, MHIG 6652, Schreiben Präsident Kriegsernährungsamt an Bundesregierungen, 7.3.1917; BayHStA, MHIG 6652, Schreiben Präsident des Kriegsernährungsamts an sämtliche Bundesregierungen, 28.7.1917; Verordnung über die Genehmigung von Ersatzlebensmitteln vom 7.3.1918, in: Reichsgesetzblatt (1918) S. 113–117; B. Schuster, Das Recht der Ersatzmittel nach der Verordnung vom 7. März 1918, in: Stadthagen, Die Ersatzlebensmittel in der Kriegswirtschaft (wie Anm. 71) S. 44–63, hier 44, 46–49, 55–60; Kerp, Versorgung Ersatzlebensmittel (wie Anm. 43) S. 84 f.; G. F. Neubronner, Die Organisation der derzeitigen Ersatzmittelregelung. Kurzer statistischer Überblick über die hierdurch erfaßten Ersatzmittel und ihrer Industrie, in: Stadthagen, Die Ersatzlebensmittel in der Kriegswirtschaft (wie Anm. 71) S. 95–145, hier 107 f.

Genußmittel in gewissen Eigenschaften oder Wirkungen zu ersetzen[160] als Ersatzmittel zu klassifizieren waren. Des Weiteren definierte die Verordnung 51 Ersatzlebensmittelgruppen, denen die einzelnen Produkte zuzuordnen waren. Damit wurde die noch fehlende einheitliche Bewertungsgrundlage für die verschiedenen Landesbehörden geschaffen. Als Basis und Vorlage hatte der Bekanntmachung eine Richtlinienbestimmung gedient, die seit Ende 1917 zur Beurteilung von Ersatzlebensmitteln von Seiten des kaiserlichen Gesundheitsamts zusammen mit verschiedenen Sachverständigen und bereits bestehenden Ersatzmittelbehörden ausgearbeitet worden war. Die Richtlinien benannten grundlegende Argumente gegen die Zulassung von Ersatzlebensmitteln. Sie beinhalteten außerdem spezielle Genehmigungsvorgaben für einzelne Ersatzlebensmittelgruppen, die bereits besonders negativ aufgefallen waren, wie Ei- oder Salatölersatz. Die Gruppeneinteilung der Richtlinie übernahm der Bundesrat für die dritte Bekanntmachung vom 8. April. Auch hier orientierte sich der Bundesrat an den Richtlinien des kaiserlichen Gesundheitsamts. Die Verordnung legte allgemeine Grundsätze fest, nach denen die zuständigen Ersatzmittelbehörden für oder gegen eine Genehmigung eines neuen Ersatzlebensmittels entscheiden sollten. Oberstes Gebot waren der Schutz des Verbrauchers und seiner Gesundheit, der Schutz des Handels und des Gewerbes vor einem unlauteren Wettbewerb sowie der Schutz vor einer Verschwendung von Rohstoffen.[161]

Dinge des täglichen Bedarfs waren innerhalb der drei Bekanntmachungen nicht automatisch erfasst, die Ausdehnung der Bestimmungen auf diese Gegenstände lag im Ermessen der Länderregierungen und -behörden. Erst nach Kriegsende wurde dies mittels einer Erweiterung der Bekanntmachung nachgeholt. Bayern machte von dieser Ermessensregelung Gebrauch, so dass auch diese Ersatzmittel der behördlichen Genehmigung unterlagen. Insgesamt kam jedoch keine reichseinheitliche Regelung zustande. Dennoch erfasste die Ersatzmittelabteilung beim Kriegsernährungsamt auch Ersatzmittel für Dinge des täglichen Bedarfs und führte Buch über deren Zulassung oder Ablehnung.[162]

---

160 BayHStA, MHIG 6652, Bekanntmachung über die Zugehörigkeit zu den Ersatzlebensmitteln, 8.3.1918.

161 Ebd.; Richtlinien für die Beurteilung von Ersatz-Lebensmitteln, in: Veröffentlichungen des kaiserlichen Gesundheitsamts 42 (1918) S. 92–94; Friedrich AUERBACH, Grundsätze für die Beurteilung der Ersatzlebensmittel, in: STADTHAGEN, Die Ersatzlebensmittel in der Kriegswirtschaft (wie Anm. 71) S. 84–93, hier 84–86, 92–94; KERP, Versorgung Ersatzlebensmittel (wie Anm. 43) S. 84 f.; BEYTHIEN, Volksernährung (wie Anm. 53) S. 100 f.

162 A. SCHULTE, Die Ausführungsbestimmungen der Landesregierungen zur Ersatzmittel-Verordnung, in: STADTHAGEN, Die Ersatzlebensmittel in der Kriegswirtschaft (wie Anm. 71) S. 64–71, hier 70 f.; SCHUSTER, Recht der Ersatzmittel (wie Anm. 159) S. 63.

Trotz der umfangreichen Regelungen gelang es nicht, ein einheitliches Genehmigungsverfahren zu erzielen. Dieses war durch die länderspezifischen Vorgaben und Ausführungsbestimmungen geregelt. Zwar besaß man eine einheitliche Basis, jedoch legten einzelne Länder, wie Bayern, strengere Kriterien an als andere. Entsprechend war die Chance, ein Ersatzlebensmittel genehmigt zu bekommen, davon abhängig, in welchem Bundesstaat man seinen Genehmigungsantrag stellte, was sich Händler und Produzenten wohl zu Nutze machten.

Die Bayerische Landespreisprüfungsstelle, ihre Ersatzmittelabteilung und der Kampf gegen den Ersatzmittelschwindel in Bayern

Die staatliche Regulierung und der Aufbau einer spezifischen Administration für die Ersatzmittelbewirtschaftung entwickelten sich in Bayern schneller als im Reich. Vorreiter waren dabei allerdings nicht die Landesbehörden, sondern die Stadt München. Sie führte als erste bayerische Stadt eine Genehmigungspflicht für den Handel mit Ersatzmitteln am 31. Oktober 1916 ein. Diese hatte einen Vorbildcharakter für die ab Mai 1917 in Bayern eingeführte Genehmigungspflicht für den Handel mit Ersatzmitteln. Die geschäftliche Grundlage für die Administration des Ersatzmittelwesens bildete in Bayern – wie im restlichen Reich – die Schaffung von Preisprüfungsstellen (Oktober 1915) sowie die Errichtung der Landespreisprüfungsstelle (Dezember 1915). Bis 1916 entstanden in Bayern 52 Preisprüfungsstellen. Dass die Ersatzmittelindustrie überhaupt in den Blick der Preisprüfungsstellen geriet und durch sie kontrolliert wurde, ergab sich aus Paragraph 4 der Bundesratsbekanntmachung vom 25. September 1915. Sie übertrug den Preisprüfungsstellen die *Überwachung des Handels mit Gegenständen des notwendigen Lebensbedarfs sowie bei der Verfolgung von Zuwiderhandlungen.*[163] Praktisch verstand man diese Aufgabe in Bayern als *Beobachtung und Bekämpfung aller Erscheinungen von Preistreiberei.*[164] Besonders häufig fielen Angebote von Produkten auf, die *teilweise als Ersatz für selten gewordene Waren, teilweise zum Ausgleich für nicht mehr erhältliche Gegenstände anderer ähnlicher oder gleicher Art oder mit ähnlichen wirtschaftlichen Wirkungen auf den Markt*[165] kamen, *deren Wert jedoch zu dem geforderten Preis nicht im richtigen Verhältnis stand.*[166]

163 Bekanntmachung über die Errichtung von Preisprüfungsstellen und die Versorgungsregelung vom 25.9.1915, in: Reichsgesetzblatt (1915) S. 608.

164 Friedrich MERZ, Die Ersatzmittelabteilung der Bayerischen Landespreisprüfungsstelle im ersten Halbjahr ihres Bestehens, in: Zs. des Bayerischen Statistischen Landesamts 49 (1917) S. 491–500, hier 491.

165 Ebd.

166 Ebd.

Daher sah man sich von behördlicher Seite zum Einschreiten gezwungen. Um die Präparate jedoch dauerhaft aus dem Verkehr zu ziehen, fehlte eine rechtliche Grundlage.[167]

Die Probleme, die die Ersatzmittel mit sich brachten, waren regional unabhängig und zumeist recht ähnlich gelagert. Um generell eine möglichst *praktische Arbeit zu leisten, war es geboten Wechselbeziehungen regster Art mit den angegliederten örtlichen Preisstellen*[168] zu pflegen, so dass ein gegenseitiger Austausch untereinander zustande kam. Dieser wurde von der Landespreisprüfungsstelle forciert, zunächst im engen Austausch mit der Preisprüfungsstelle München, ab August 1916 dann in einem größeren Konferenzrahmen mit weiteren bayerischen Preisprüfungsstellen. Parallel dazu suchte die Landespreisprüfungsstelle auch den Kontakt zu außerbayerischen Landespreisprüfungsstellen, insbesondere zu den badischen und württembergischen Nachbarn als auch der Reichspreisprüfungsstelle und dem Kriegsernährungsamt in Berlin. Ziel des Austausches war es, einen Überblick über die Vielfältigkeit der Verstöße zu erhalten, als auch ein einheitliches, länderübergreifendes Vorgehen zu erreichen. Auf bayerischer Ebene fanden ab August 1916 regelmäßige Konferenzen der größeren Preisprüfungsstellen statt. Auf den Konferenzen wurden von Beginn an auch das Problem des zunehmenden Ersatzmittelhandels und der damit verbundenen Tatbestände der Preistreiberei und der Täuschung durch mangelhafte und minderwertige Waren diskutiert. Trotz der Erlasse der Bundesratsverordnungen zur äußeren Kennzeichnung von Waren (18.5.1916) und derjenigen über die irreführenden Bezeichnungen von Waren (26.6.1916) nahm das Problem der Ersatzmittel kontinuierlich zu. Konsterniert stellte die bayerische Landespreisprüfungsstelle Mitte 1916 fest, dass *Schwindelmanöver in Ersatzmitteln* [...] *trotz der inzwischen zur Bekämpfung ergangenen Gesetze an der Tagesordnung*[169] seien.[170]

---

[167] Bekanntmachung über die Errichtung von Preisprüfungsstellen und die Versorgungsregelung vom 25.9.1915, in: Reichsgesetzblatt (1915) S. 607–614; Ausführungsbestimmungen zu der Bundesratsverordnung vom 25. September 1915 über die Errichtung von Preisprüfungsstellen und die Versorgungsregelung vom 18.10.1915, in: Kriegs-Beilage des Amtsblattes der K. Staatsministerien des Königlichen Hauses und des Äußern und des Innern 43 (1915) S. 970–972; Ausführungsbestimmungen zu der Bundesratsbekanntmachung über die Errichtung von Preisprüfungsstellen und die Versorgungsregelung vom 25. September 1915 in der Fassung der Bekanntmachung vom 4. November 1915 vom 23.12.1915, in: Kriegs-Beilage des Amtsblattes der K. Staatsministerien des Königlichen Hauses und des Äußern und des Innern 43 (1915) S. 1281–1283; Merz, Bayerische Landespreisstelle (wie Anm. 149) S. 159–161, S. 164, S. 168; Beythien, Volksernährung (wie Anm. 53) S. 87.

[168] Merz, Bayerische Landespreisstelle (wie Anm. 149) S. 166.

[169] BayHStA, MKr 17377, 4. Bericht Landespreisprüfungsstelle, 29.5.–15.8.1916.

[170] BayHStA, stellv. GenKdo. I. AK (WK) 1037, 2. Bericht Landespreisprüfungsstelle, 1.2.–20.3.1916; BayHStA, stellv. GenKdo. I. AK (WK) 1037, 3. Bericht Landespreisprüfungsstelle, 20.3.–29.5.1916; BayHStA, MKr 17377, 4. Bericht Landespreisprüfungsstelle, 29.5.–

Diesem Missstand trat als Erstes die Stadt München entgegen. Sie schuf bereits Ende März 1916 eine eigenständige Kontrollabteilung bei der städtischen Preisprüfungsstelle, da eine regelrechte *Ersatzmittelplage einsetzte,*[171] die den *Kreis der zu prüfenden Nahrungsmittel und Bedarfsartikel*[172] immer *mannigfaltiger und größer*[173] werden ließ. Ihre Kontrollfunktion führte sie *im Sinne des § 4 Ziffer 2 der Prüfungsverordnung vom 25. September 1915*[174] aus, ehe im Oktober 1916 die Ersatzmittelkontrolle innerhalb der Stadt neu geregelt wurde. Die Münchner Preisprüfungsstelle handelte nach dem Grundsatz, zu prüfen und gutachterlich festzustellen, statt selbst Preise zu kalkulieren. Die Gutachten für die überprüften Waren erstellten *Sachverständige aus allen Branchen neben den unbeteiligten Beamten-Sachverständigen des Staates und der Gemeinde,*[175] durch *das Nachwiegen,* [und] *die Prüfung der Qualität.*[176] Praktisch ließ die Preisprüfungsstelle *periodisch in grösseren und kleineren Zwischenräumen aus allen Stadtteilen* [Münchens] *bestimmte Waren des tägliche*[n] *Bedarfs an Nahrungsmitteln unauffällig*[177] aufkaufen *und einer Prüfung auf Qualität und Preis*[178] unterziehen. Den Einkauf erledigten *ehrenamtliche Hilfskräfte,* [und] *Frauen aller Gesellschaftsklassen.*[179] Die Prüfung der Waren übernahmen die Ankäuferinnen aber nicht selbst. Die daraus gewonnenen Erkenntnisse sollten einerseits einen Überblick über die Lage auf dem Münchner Lebensmittelmarkt liefern und andererseits klären, *ob die wirklich bezahlten Preise unter Berücksichtigung der Qualität der Ware den bestehenden Normen*[180] entsprachen. Dass dies in weiten Teilen nicht der Fall war, lässt sich aus der am 31. Oktober 1916 erlassenen Ersatzmittelbekanntmachung des Magistrats der Stadt München ableiten. Ab sofort versah man den Handel von Ersatzmitteln mit einer Genehmigungspflicht und richtete eine eigene Ersatzmittelabteilung

15.8.1916; BayHStA, MKr 17377, 5. Bericht Landespreisprüfungsstelle, 16.8.–31.12.1916; Bretzfeld, Bayerische Landespreisstelle (wie Anm. 20) S. 9–12; Merz, Bayerische Landespreisstelle (wie Anm. 149) S. 166–168; Zahn, 1. Monatsbericht Landespreisprüfungsstelle (wie Anm. 68) S. 3.

171 Merz, Bayerische Landespreisstelle (wie Anm. 149) S. 189.

172 Ebd.

173 Ebd.

174 BayHStA, MHIG 6722, Schreiben Preisprüfungsstelle München an das Staatsministerium des königlichen Hauses und des Äußern, 27.3.1916.

175 Ebd.

176 BayHStA, stellv. GenKdo. I. AK (WK) 1037, Niederschrift 2. Vollsitzung des Beirats der Landespreisprüfungsstelle, 16.6.1916.

177 BayHStA, MHIG 6722, Schreiben Preisprüfungsstelle München an das Staatsministerium des königlichen Hauses und des Äußern, 27.3.1916.

178 Ebd.

179 BayHStA, stellv. GenKdo. I. AK (WK) 1037, Niederschrift 2. Vollsitzung des Beirats der Landespreisprüfungsstelle, 16.6.1916.

180 Ebd.

bei der Münchner Preisprüfungsstelle ein. Diese teilte sich in *3 Abteilungen für Genuß- und Lebensmittel, technische Ersatzmittel und für Waschmittel*[181] auf. Entsprechend der Entscheidung des Magistrats mussten Händler, die innerhalb der Stadtgrenze Ersatzmittel zum Verkauf anbieten wollten, eine Genehmigung bei der Preisprüfungsstelle einholen. Ebenso galt die Regelung für Münchner Hersteller von Ersatzmitteln, die diese in München in den Verkehr bringen wollten. Außerbayerische Hersteller mussten hingegen keinen Genehmigungsantrag stellen, sofern sie nicht selbst als Händler für ihre Produkte in München auftraten. Bereits während des ersten Halbjahres ihres Inkrafttretens wurden über 600 Genehmigungsanträge bei der Ersatzmittelabteilung gestellt. Die Landespreisprüfungsstelle empfahl den anderen bayerischen Preisprüfungsstellen, das Münchner Modell als Vorbild für den eigenen Umgang mit Ersatzmitteln zu übernehmen. Auf den seit August 1916 abgehaltenen Konferenzen der bayerischen Preisprüfungsstellen gab der Leiter der Münchner Preisprüfungsstelle, Rechtsrat Karl Kühles, mehrere Arbeitseinblicke und -berichte ab. Einige oberbayerische, oberpfälzische, oberfränkische und niederbayerische Preisprüfungsstellen übernahmen in der Folge das Münchner Vorbild, während die unter- und mittelfränkischen Behörden skeptisch blieben. Auch unter den sieben schwäbischen Preisprüfungsstellen fand das Modell keine Nachahmer.[182]

Erst ab 1. Mai 1917 wurde die Genehmigungspflicht für alle 52 bayerischen Preisprüfungsstellen verpflichtend. Am 3. April 1917 erließen die Staatsministerien des Innern, des königlichen Hauses und des Äußern und der Finanzen die Bekanntmachung über den Handel mit Ersatzmitteln, die in Grundzügen die Münchner Bestimmungen für Bayern übernahm. Entsprechend mussten nun Händler, die Ersatzmittel in Bayern verkaufen wollten, sich eine Genehmigung durch die Landespreisprüfungsstelle ausstellen lassen. Die Herstellung unterlag hingegen keiner Genehmigungspflicht. Zur Überprüfung und administrativen Durchführung schuf man extra eine eigene Ersatzmittelabteilung bei der Landespreisprüfungsstelle. Sie hatte über die Zulassung einzelner Präparate zu entscheiden. Die Anträge waren aber nicht direkt bei der Landespreisprüfungsstelle zu stellen, sondern bei den örtlichen Distriktbehörden. Diese leiteten die eingegan-

---

181 BayHStA, MKr 17377, Niederschrift Tagung der Vertreter größerer Preisprüfungsstellen Bayerns zu Nürnberg, 25.1.1917.

182 BayHStA, MHIG 6722, Schreiben Preisprüfungsstelle München an das Staatsministerium des königlichen Hauses und des Äußern, 27.3.1916; BayHStA, MHIG 6722, Verzeichnis Preisprüfungsstellen im Reich, 1916; BayHStA, stellv. GenKdo. I. AK (WK) 1037, Niederschrift 2. Vollsitzung des Beirats der Landespreisprüfungsstelle, 16.6.1916; BayHStA, MKr 17377, Niederschrift Tagung der Vertreter größerer Preisprüfungsstellen Bayerns zu Nürnberg, 25.1.1917; Merz, Bayerische Landespreisstelle (wie Anm. 149) S. 188–192; Hinterthür, Kriegsstellen und Kriegsgesellschaften (wie Anm. 11) S. 106.

genen Anträge an die Ersatzmittelabteilung der Landespreisprüfungsstelle weiter. Dadurch sollte die Beachtung lokaler Besonderheiten gewährleistet bleiben. Die Bekanntmachung, die nun den gesamten Ersatzmittelverkehr in Bayern regeln sollte, war eine Reaktion auf die ausbleibende reichsweite Regelung. Man sah sich von bayerischer Seite aus gezwungen, selbst tätig zu werden, wie bereits die Nachbarn Württemberg und Baden. Ebenso erhoffte man sich, den Druck auf das Reich erhöhen zu können. Seit dem Erlass der Münchner Vorgaben diskutierte man auf Ebene der Ministerien und anderer örtlicher Preisprüfungsstellen über eine bayernweite Regelung. Entsprechend schnell konnte seit Januar 1917 ein Entwurf ausgearbeitet werden, dessen endgültige Fassung in einer Sitzung am 22. März 1917 fixiert wurde.[183]

Von der Genehmigungspflicht erfasst wurden: *Erzeugnisse und Zubereitungen, die – wenn auch nur in einzelnen ihrer Eigenschaften oder Wirkungen – als Ersatz von Nahrungs-, Genuß- und Futtermitteln sowie von Gegenständen des täglichen Bedarfes* verwendet wurden.[184] Genauere Vorgaben und Eingrenzungen auf bestimmte Warengruppen erfolgten zunächst nicht. Ebenso fehlte es an einheitlichen Beurteilungsgrundsätzen für die örtlichen Behörden als auch für die Ersatzmittelabteilung der Landespreisprüfungsstelle selbst. Dieses Versäumnis wurde bis Mitte August 1917 nachgeholt, indem man *einheitliche Grundsätze* [...] [erarbeitete] *und den äußeren Instruktionsbehörden übermittelt*[e].[185] Ebenso wurde ein Verzeichnis aller in Bayern genehmigter Ersatzmittel bei der Ersatzmittelabteilung angelegt, um potentielle Doppeluntersuchungen oder das mehrmalige Stellen von Anträge für gleiche Produkte zu vermeiden. Außerdem konnten außerbayerische Stellen über die Kartei Auskünfte für ihre eigenen laufenden Verfahren erhalten. Sie wurden später zur Vorlage für die reichsweit einheitlichen Richtlinien. Im ersten Halbjahr bearbeitete die Ersatzmittelabteilung bereits fast 390 Anträge, von denen 133 eine vorläufige und 180 eine endgültige Genehmigung erhielten, während 39 Anträge abgelehnt wurden.[186]

Eine Neuerung für die Ersatzmittelbewirtschaftung trat mit den Bundesratsbekanntmachungen vom 7. März und 8. April 1918 ein. Diese ersetzten die bis-

---

183 BayHStA, MHIG 6652, Schreiben Staatsministerium des Innern an Staatsministerium des königlichen Hauses und des Äußern, 15.3.1917; Merz, Bayerische Landespreisstelle (wie Anm. 149) S. 163 f., S. 177; Merz, Ersatzmittelabteilung (wie Anm. 164) S. 491 f.; Bretzfeld, Bayerische Landespreisstelle (wie Anm. 20) S. 13 f.

184 Bekanntmachung über den Handel mit Ersatzmitteln vom 3.4.1917, in: Kriegs-Beilage des Amtsblattes der K. Staatsministerien des Königlichen Hauses und des Äußern und des Innern 45 (1917) S. 331.

185 Bretzfeld, Bayerische Landespreisstelle (wie Anm. 20) S. 13.

186 BayHStA, MKr 17377, 6. Wirtschaftsbericht der Landespreisprüfungsstelle, 1.1.–16.8.1917; BayHStA, MKr 17377, Anhang I. 6. Wirtschaftsbericht; Merz, Ersatzmittelabteilung (wie Anm. 164) S. 492 f., S. 500; Bretzfeld, Bayerische Landespreisstelle (wie Anm. 20) S. 13.

her gültigen bayerischen Ersatzmittelregelungen. Auch bedeuteten die neuen Vorgaben, dass nunmehr nur noch die Ersatzlebensmittel unter die Genehmigungspflicht fielen. Dies galt allerdings nur für deren Herstellung und Vertrieb. Die neuen Vorgaben gingen den bayerischen Behörden nicht weit genug. Daher erarbeitete man eigene bayerische Ausführungsbestimmungen, die am 12. Juni 1918 in Kraft traten. In den Erarbeitungsprozess, der unter der Federführung der Ersatzmittelabteilung der Landespreisprüfungsstelle stand, waren außerdem die Handelskammern München, Augsburg und Nürnberg, der Bayerische Industriellen-Verband sowie weitere Vertreter aus Handel und Gewerbe eingebunden. Man war sich darüber einig, dass die Reichsregelung mit ihrer Beschränkung auf die Ersatznahrungsmittel zu kurz griff. Stattdessen sprach man sich für die Ausdehnung der Regelungen auf die Dinge des täglichen Bedarfs aus. Diese waren durch die vorherige Landesregelung erfasst worden, außerdem hatte *sich die bayerische Regelung gut bewährt.*[187] Dennoch vermied man es, genauer zu definieren, *welche Gegenstände des täglichen Bedarfs als Ersatzmittel anzusehen*[188] waren. Damit sollten unnötige Komplikationen innerhalb des Genehmigungsprozesses vermieden werden. Stattdessen sollte *die Beantwortung der Frage dem Einzelfalle überlassen bleiben.*[189] Bei der konkreten Formulierung legte man das Augenmerk darauf, *dass die neue Verordnung zur Vermeidung von Missdeutungen im Wortlaut so wenig wie möglich von der alten abweichen*[190] sollte. Eine entsprechende Fassung wurde schließlich öffentlich erlassen. Somit konnte die Ersatzmittelabteilung ihre Arbeit ohne größere Änderungen des Genehmigungsprozesses fortsetzen. Zwischen dem 1. Januar und dem 31. Dezember 1918 bearbeitete man insgesamt rund 630 Anträge, davon mit 43 vorläufigen und 469 endgültigen Zulassungen. 113 Produkten versagte man die Zulassung.[191]

Die Ersatzmittelbewirtschaftung blieb in Bayern – wie auch im Reich – über das Kriegsende hinaus bis 1920 in Kraft. Erst am 1. Oktober 1920 wurde sie per Beschluss des Reichstags außer Kraft gesetzt. Die bayerische Ersatzmittelabteilung stellte zum gleichen Datum ihre Arbeit ein und wurde aufgelöst.[192]

---

[187] BayHStA, MHIG 6652, Sitzungsniederschrift Besprechung bayerische Ausführungsbestimmungen, 27.5.1918.

[188] Ebd.

[189] Ebd.

[190] Ebd.

[191] BayHStA, MHIG 6652, Schreiben Landespreisprüfungsstelle an Staatsministerium des kgl. Hauses und des Äußern, 22.5.1918; BayHStA, MHIG 6652, Sitzungsniederschrift Besprechung bayerische Ausführungsbestimmungen, 27.5.1918; Weiss, Wirtschaftliche Bedeutung (wie Anm. 70) S. 288; Friedrich Merz, Die Bayerische Landespreisstelle beim Bayerischen Statistischen Landesamt, in: Allgemeines Statistisches Archiv 12 (1920) S. 244–297, hier 272.

[192] BayHStA, MHIG 6654, Schreiben Reichsminister für Ernährung und Landwirtschaft an die Landesregierungen, 15.9.1920; Bretzfeld, Bayerische Landespreisstelle (wie Anm. 20) S. 14.

Die bayerische Textilindustrie im Krieg – Der Kampf ums Überleben in Bayerisch-Schwaben

Die Textilindustrie gehörte am Vorabend des Ersten Weltkriegs zu den Leitindustrien im Königreich Bayern. Seit der Industrialisierung hatte sich das ursprünglich zünftig organisierte Gewerbe zu einer modernen Industriesparte entwickelt, in der eine Vielzahl von Arbeitskräften ihr Auskommen fanden. Textile Zentren bildeten sich dort, wo die Energie- und Rohstoffversorgung sichergestellt waren. Im damaligen Regierungsbezirk Schwaben und Neuburg zentralisierten sich große Textilfirmen in den Städten Augsburg, Kempten, Kaufbeuren und Füssen. Weitere Zentren entstanden in Oberfranken um die Städte Hof und Bamberg. Die Produktion fußte auf der Herstellung und Verarbeitung von Spinn- und Faserstoffen, v. a. zu Baumwollgarnen und -stoffen.[193]

Der Kriegsausbruch im Sommer 1914 traf auch die bayerischen Textilerzeuger unvorbereitet und stellte sie in der Folge vor harsche Probleme. Diese setzten allerdings erst zeitversetzt ab dem Frühjahr 1915 ein. Die größten Engpässe verursachten der Wegfall des Außenhandels als auch der Ausfall der ausländischen Rohstoffzufuhr. Beide waren ab Sommer 1915 kaum mehr zu kompensieren. Zunächst milderten die Einfuhr von Beuterohstoffen aus den besetzten Gebieten als auch aus neutralen Gebieten und den deutschen Kolonien die prekäre Rohstoffsituation etwas ab. Die zentral von Berlin aus gesteuerte Rohstoffbewirtschaftung und -versorgung stellte ein weiteres Problem für die bayerischen Firmen dar. Anders als im Nahrungsmittelbereich lag die Steuerungsgewalt im Rohstoffsektor auf Reichsebene in den Händen der im August 1914 gegründeten Kriegsrohstoffabteilung beim preußischen Kriegsministerium. Der Verwaltungszuschnitt bedeutete für die bayerischen Firmen, dass sie ihre Rohstoffzuteilungen aus Berlin erhielten und nicht wie die Nahrungsmittelproduzenten aus München. Oberste Priorität hatten dabei die Sicherstellung des militärischen Bedarfs an Textilwaren. Dafür mussten die Firmen ihre Produktion erzwungenermaßen umstellen. Obwohl bayerischen Textilproduzenten die Anpassung teilweise gelang, hatten sie bei der Verteilung von Heeresaufträgen oft das Nachsehen. Nur 8,6 Prozent der Heeresaufträge entfielen auf Bayern. Entsprechend schwer fiel es den Firmen, ihre Produktion und ihren Geschäftsbetrieb aufrechtzuerhalten. Zusätzlich auftretende Probleme, wie der Mangel an qualifizierten Arbeitskräften oder notwendigen Betriebsmitteln, erschwerten das Überleben noch mehr. Man musste daher Strategien und Auswege entwickeln, um den eigenen Betrieb über den Krieg hinaus fortführen zu können.[194]

---

193 Götschmann, Wirtschaftsgeschichte (wie Anm. 9) S. 184, S. 192.

194 Wetzstein, Wirtschaftliche Lage (wie Anm. 23) S. 8, S. 15; Wolf, Deutsche Textilwirtschaft (wie Anm. 26) S. 20, S. 29 f.; Götschmann, Wirtschaftsgeschichte (wie Anm. 9) S. 258–260,

Die bayerischen Textilunternehmen schlugen verschiedene Wege ein, einerseits stellte man die Produktion auf die Erfordernisse des Kriegs um und produzierte entsprechende Waren für den militärischen Bedarf. Andererseits bestand ein Ausweg darin, auf alternative Rohstoffe und textile Ersatzstoffe für die Produktion zu setzen, um überhaupt weiter Garne und Gespinnste herstellen zu können. Doch nicht jeder Firma gelang dies, oftmals waren die Maschinen für eine solche Umrüstung und Auslastung nicht ausgelegt oder es fehlten das nötige Finanzkapital für entsprechende Produktionsumstellungen. Um die eigene betriebliche Position zu stärken, versuchten einflussreiche Industrielle, über Gremienposten innerhalb der neu gegründeten Kriegsgesellschaften und Kriegsausschüsse Einfluss auf die Verteilung und Bewirtschaftungslage zu nehmen. Diese Gremienarbeit sicherte auch eine größere Nähe zu den Entscheidern auf politischer Ebene.[195]

Die Betriebe der Augsburger Textilindustrie schlitterten unvorbereitet in den Krieg, da man *mit einer kurzen Dauer des Krieges*[196] rechnete. Die zwei größten Betriebe, die Mechanische Baumwoll-Spinnerei und Weberei Augsburg (SWA) und die Augsburger Kammgarn-Spinnerei AG (AKS), sollen hier exemplarisch herangezogen werden, um die Situation der Textilproduzenten in Augsburg zu beleuchten. Die Situation der SWA und der AKS waren zu Kriegsbeginn konträr. Während die SWA bis Ende Mai 1915 nahezu keine Einschränkung in ihrem Geschäftsbetrieb hinnehmen musste, wurde die AKS vom Zusammenbruch des Außenhandels sowie dem Einfuhrstopp der zur Produktion benötigten Wolle schwer getroffen. Bereits im August 1914 musste die AKS *die Arbeitszeit auf 3 Tage zu 8 Stunden*[197] reduzieren. Erst im Oktober 1914 konnte man diese wieder leicht erhöhen, auf *4 Tage zu 8 Stunden.*[198] Ebenso hart trafen die AKS die ersten Beschlagnahmen von Wolle im November 1914, sie verlor dadurch 75 Prozent ihrer bevorrateten Bestände zugunsten des Heeresbedarfs. Im Januar 1915 wurden schließlich sämtliche Wollvorräte der AKS beschlagnahmt, wodurch es *zu markanten Betriebseinschränkungen*[199] kam. Hingegen brachten erst die ab Juni 1915 erlassenen Webverbote erste Einschnitte für die SWA. Sie konnte bis Mitte 1915

S. 267; Bruck, Geschichte des Kriegsausschusses (wie Anm. 26) S. 26, S. 28 f.; Otto Lindenmeyer, Das letzte Vierteljahrhundert, in: Mechanische Baumwoll-Spinnerei und Weberei Augsburg (Hg.), Hundert Jahre Mech. Baumwoll-Spinnerei und Weberei Augsburg, Augsburg 1937, S. 115–155, hier 123–125.

195 BayHStA, MKr 13036, Schreiben Staatsministerium des königlichen Hauses und des Äußern an Kriegsministerium, 16.11.1916; Wetzstein, Wirtschaftliche Lage (wie Anm. 23) S. 23–25.

196 Lindenmeyer, Das letzte Vierteljahrhundert (wie Anm. 194) S. 123.

197 Josef Schmid, Die Augsburger Kammgarn-Spinnerei und ihre Stellung in der Deutschen Woll-Industrie, Würzburg 1923, S. 104.

198 Schmid, Die Augsburger Kammgarn-Spinnerei (wie Anm. 197) S. 104.

199 Karl Borromäus Murr, Die Unternehmensgeschichte der Augsburger Kammgarn-Spinnerei (1836–2004), in: Michael Cramer-Fürtig (Hg.), Das neue Stadtarchiv Augsburg. Ein mo-

ihren Spinn- und Webbetrieb größtenteils aufrechterhalten, erste Rohstoffzuweisungen hatte die Firma bereits im Februar 1915 erhalten. Im zweiten Halbjahr 1915 brachen schließlich der Verkauf und die Erzeugung bei der SWA ein. Das Jahr 1916 brachte auch keine Wende für beide Firmen, sie bekamen die Folgen der staatlichen Bewirtschaftung und der damit verbundenen Eingriffe vermehrt zu spüren. Ebenso hielten die Produktionseinschränkungen an. Im Herbst 1915 kam es schließlich zu einer temporären Stilllegung der Kämmerei der AKS. Für die SWA verschlechterte sich die Situation ebenfalls zunehmend aufgrund der fehlenden Baumwolle. Die SWA musste Teile der von ihr eingekauften Baumwolle an andere Spinnereien abtreten, im Gegenzug erhielt sie von den staatlichen Bewirtschaftungsstellen *entsprechende Mengen wesentlich geringerer Spinnstoffe, wie ostindische Baumwolle und (von der Kriegshadern AG.) Reißbaumwolle zugeteilt,*[200] wobei *die Güte dieser Spinnstoffe* [...] *im Verlauf des Krieges immer schlechter*[201] wurde. Ab Mitte 1915 wurde die Wollbewirtschaftung staatlich kontingentiert, was der AKS etwas mehr Planungssicherheit gab. Ebenso gab der Status als Höchstleistungsbetrieb beiden Firmen mehr Sicherheit, wodurch beide als kriegswichtig galten und größere Heeresaufträge erhielten. Damit sicherten sie die Aufrechterhaltung ihres Betriebs. *Das ganze Jahr 1916 wurde* [bei der AKS] *für Heereszwecke gearbeitet.*[202] Die SWA stellte u. a. Gasmasken und Zeppelinstoffe her, während die AKS wollene Kleidung für die Ausrüstung der Soldaten beisteuerte. Dennoch mussten SWA und AKS auf die zunehmende Rohstoffknappheit reagieren und begannen mit der Verwendung und Produktion von Ersatzstoffen. Im Jahresverlauf 1916 startete die SWA die Herstellung von Papiergarnen in der Spinnerei und verarbeitete diese in der Weberei weiter. Ab Februar 1917 veräußerte die SWA ihre Papiergewebe in größerem Maßstab. Parallel stellte sie außerdem Versuche mit Brennnesselfasern an, diese *kam*[en] [jedoch] *über Versuche nicht hinaus.*[203] Um einer drohenden Stilllegung des Betriebs zu entgehen, begann die AKS Anfang 1917 gezwungenermaßen mit der Produktion von Papiergarnen. Unbeliebt war die Papiergarnherstellung bei der AKS auch deswegen, weil sie *eine aussergewöhnliche Beanspruchung und Abnützung der Maschinen*[204] bedeutete. Beide Unternehmen führten die Papierproduktion bis zum Kriegsende fort, in der Nachkriegszeit normalisierte sich die Situation bald.[205]

---

derner Wissensspeicher für Augsburgs Stadtgeschichte (Beitr. zur Geschichte der Stadt Augsburg 6), Augsburg 2016, S. 11–20, hier 15.

200 Lindenmeyer, Das letzte Vierteljahrhundert (wie Anm. 194) S. 125.

201 Ebd.

202 Schmid, Die Augsburger Kammgarn-Spinnerei (wie Anm. 197) S. 111.

203 Lindenmeyer, Das letzte Vierteljahrhundert (wie Anm. 194) S. 125.

204 Schmid, Die Augsburger Kammgarn-Spinnerei (wie Anm. 197) S. 111.

205 BayHStA, MHIG 9616, Antwort der SWA auf den Fragebogen der Bayerischen Landesstelle

In Kempten, der zweitgrößten schwäbischen Stadt, verursachte der Kriegsausbruch bei der dortigen Mechanischen Baumwollspinnerei und Weberei Kempten direkt Probleme. Mit der Ausrufung des Kriegszustands und der damit verbundenen temporären Einstellung des Post-, Telegraphen- und Bahnverkehrs kam die Produktion zum Erliegen. Ebenso fehlten die notwendigen Arbeitskräfte, da ein Großteil der männlichen Belegschaft sofort für den Dienst an der Waffe eingezogen wurde. Erst *Ende August 1914 war der Betrieb daher in der Lage, seine Produktion im Rahmen der verbliebenen Möglichkeiten wieder aufzunehmen.*[206] Ob die Kemptener Spinnerei und Weberei Ersatzrohstoffe verwendete oder selbst Papiergarne und -gewebe erzeugte, geht aus den vorliegenden Unterlagen nicht hervor. Dies kann jedoch angenommen werden, da das Unternehmen seinen Betrieb konstant über die Kriegszeit aufrechterhalten konnte. Der wahrscheinliche Einsatz von Ersatzstoffen als auch die Deklaration als kriegswichtiger Höchstleistungsbetrieb legen diesen Schluss nahe. Einen ersten wirtschaftlichen Tiefpunkt erreichte man in Kempten 1916, als man *mit 104476 kg Garn und 2 Millionen Meter Gewebe den tiefsten* [Produktions]*Stand zwischen 1852 und 1952*[207] festhielt. Das Wirtschaftsjahr 1917/1918 brachte ebenfalls keine Verbesserung, sondern die eigene Wirtschaftsleistung verminderte sich nochmals, als nur noch *23 und 24% ihrer Vorkriegskapazität*[208] ausgenutzt wurden. Ein weiterer Papiergarnproduzent in Kempten war die M. Schachenmayr'sche Papierfabrik; ab wann diese Papiergarn produzierte, lässt sich aufgrund fehlender Unterlagen nicht genau datieren.[209]

In Kaufbeuren war die dortige Mechanische Baumwoll-Spinnerei und Weberei der größte Arbeitgeber der Stadt, so dass der Aufrechterhaltung des Betriebs auch eine soziale Dimension zukam. Nach dem Kriegsausbruch konnte das Unternehmen seine Produktion zunächst uneingeschränkt fortsetzen, dazu trug auch der Erhalt von Heeresaufträgen bei sowie die vollen Rohstofflager. Bis November 1914 reichten die bevorrateten Rohstoffe aus, um ohne Einschränkungen weiterarbeiten zu können. Als die Lager sich aber zunehmend leerten und nicht mit neuen Vorräten bestückt werden konnten, ergriff man erste betriebliche Ein-

für Textilwirtschaft, 24.10.1919; Lindenmeyer, Das letzte Vierteljahrhundert (wie Anm. 194) S. 123–127, Murr, Unternehmensgeschichte (wie Anm. 199) S. 15; Genzmer, Hundert Jahre (wie Anm. 136) S. 76–78; Augsburger Kammgarn-Spinnerei AG (Hg.), 150 Jahre Augsburger Kammgarn-Spinnerei AG 1836–1986, Augsburg 1986, S. 11; Schmid, Die Augsburger Kammgarn-Spinnerei (wie Anm. 197) S. 104–113.

206 Kraft Sachisthal, 100 Jahre Spinnerei und Weberei Kempten. Kempten im Allgäu 1852–1952, Darmstadt 1966, S. 17.

207 Sachisthal, 100 Jahre (wie Anm. 206) S. 17.

208 Ebd.

209 BayHStA, MKr 13036, Liste der Spinnpapier erzeugenden Papierfabriken, undatiert; Sachisthal, 100 Jahre (wie Anm. 206) S. 16 f.

schränkungen, u. a. durch das Stilllegen von Maschinen und die Reduzierung der Arbeitszeit. Bis Mitte 1915 konnte der Betrieb weitestgehend unter eingeschränkten Bedingungen weiterlaufen, jedoch verschärften sich die Probleme im zweiten Halbjahr 1915 zunehmend. Gründe waren die allgemeine prekäre Lage der deutschen Textilindustrie durch den Ausfall des Außenhandels und der Baumwolleinfuhr. Um die negativen Auswirkungen auf die eigenen Arbeiter abzufedern, richtete die Fabrik im August 1915 eine Kriegsfürsorge für ihre Arbeiter und die Familien derer ein, die zum Kriegsdienst eingezogen waren. Die Kriegsfürsorge des Unternehmens bestand aus zusätzlichen Zahlungen, mit der die Familien und Arbeiter finanziell unterstützt wurden. 1916 hoffte die Betriebsleitung auf eine Verbesserung der eigenen Situation, auch da man im Mai und Juni sowie im Oktober und November größere Heeresaufträge in Aussicht gestellt bekam. Dennoch standen im Herbst 1916 die Webstühle in der Weberei für *mehrere Wochen still.*[210] Ein potentieller Ausweg aus der Krise schien die Umstellung der Produktion auf Papiergarne und -gewebe zu sein. Im Jahresverlauf 1916 begann man in Kaufbeuren, Papiergewebe für Sandsäcke herzustellen. Die Nichtberücksichtigung als Höchstleistungsbetrieb bedeutete für das Werk einen herben Rückschlag, so dass weitere wichtige Rohstoffzuteilungen ausblieben. Dennoch konnten die Spindeln und Webstühle weiter am Laufen gehalten werden, auch weil man im Frühjahr 1917 weitere Heeresaufträge erhielt. Schließlich erlangte man im Juli 1917 doch noch den begehrten Status als Höchstleistungsbetrieb. Zu dieser Entscheidung hatte die Umstellung der Produktion auf Papiergarne und -gewebe mit beigetragen. 1918 listeten die Militärbehörden die Kaufbeurer Fabrik *als Höchstleistungsbetrieb für Papiergarnspinnerei und Weberei* [auf],[211] wodurch auch 1918 weitere Heeresaufträge aus diesem Bereich nach Kaufbeuren vergeben wurden.[212]

Bei der seit 1857 bestehenden Füssener Mechanischen Seilerwarenfabrik, die hauptsächlich Garne und Seilerwaren produzierte, sorgte der Kriegsausbruch direkt für erste Betriebseinschränkungen. Die Gründe waren hierfür ähnlich gelagert

---

210 Mechanische Baumwoll-Spinnerei und Weberei Kaufbeuren (Hg.), Wie die Baumwolle ins Allgäu kam. 100 Jahre Mechanische Baumwoll-Spinnerei und Weberei in Kaufbeuren 1839–1939, Kaufbeuren 1939, S. 45.

211 Christian Strobel, Kriegswirtschaft und „Heimatfront" – Kaufbeuren im Ersten Weltkrieg (1914–1918), in: Stefan Dieter (Hg.), Kaufbeuren und der Erste Weltkrieg (Kaufbeurer Schriftenreihe 20) Thalhofen 2018, S. 7–129, hier 53.

212 StadtA KF, A 4763, Monatsberichte an den Stadtmagistrat, 1916; StadtA KF, A 4763, Monatsberichte an den Stadtmagistrat, 1917; Mechanische Baumwoll-Spinnerei und Weberei Kaufbeuren (Hg.), 100 Jahre (wie Anm. 210) S. 45; Spinnerei und Weberei Momm AG (Hg.), 150 Jahre Spinnerei und Weberei Momm AG Kaufbeuren, Kaufbeuren 1989, S. 83; Strobel, Kriegswirtschaft und „Heimatfront" (wie Anm. 211) S. 50–54, S. 79; Stadt Kaufbeuren (Hg.), Verwaltungs-Bericht der Stadt Kaufbeuren (bayer. Allgäu) 1. Januar 1921 bis 31. März 1927, Kaufbeuren 1927, S. 46.

wie in Kempten, durch die Einberufung der Arbeiter fehlte es an Personal und die Einstellung des Bahn- und Postverkehrs verhinderte den Warenverkehr. Ebenso fußte ein Großteil des Firmengewinns auf dem weltweiten Garnexport, der jäh mit dem Kriegsausbruch ausgebremst wurde und ab Mitte 1915 schließlich gänzlich zum Erliegen kam. Die Produktion sank bereits im Sommer 1914 auf 33 Prozent herab und konnte erst im Oktober 1914 wieder nahezu ihr volles Niveau erreichen. Ab 1915 ging sie schließlich wieder sukzessive zurück. Trotz aller Widrigkeiten verfügte man in Füssen durch eine umsichtige Lagerungs- und Rohstoffpolitik über ausreichende Vorräte für die Produktion. Dies änderte sich im Kriegsverlauf mit dem Ausbleiben von dringend benötigtem Nachschub. Um den Mangel zu kompensieren, versuchte man, seine Vorräte aus dem neu beworbenen und geförderten heimischen Hanf- und Flachsanbau zu decken. Dieser reichte dafür jedoch nicht aus. Außerdem war die Qualität des angebauten Hanfs und Flachses vielfach schlechter als die der importierten Waren. Entsprechend früh, bereits 1915, erweiterte die Füssener Fabrik ihre Produktion mit der Herstellung von Papiergarnen. Nachdem ab 1916 die Rohstoffversorgungslage immer prekärer wurde, stellte man nach und nach gänzlich auf Papiergarne um. Dies führte nach dem Erlass der bayerischen Ersatzmittelverordnung Anfang April 1917 zu Konflikten, da die Bayerische Ersatzmittelabteilung in Papiergarnen ein genehmigungspflichtiges Ersatzprodukt sah. Da von Seiten des Füssener Werks kein Genehmigungsantrag für den Vertrieb der produzierten Garne gestellt worden war, verhängte die Ersatzmittelabteilung ein Produktions- und Verkaufsverbot für das Füssener Werk. Gegen dieses wehrte sich die Geschäftsleitung im Verbund mit der Stadt Füssen und der Augsburger Handelskammer. Die Handelskammer reichte beim Staatsministerium des königlichen Hauses und des Äußern, dem die Ersatzmittelabteilung und die Landespreisprüfungsstelle unterstanden, eine Beschwerde ein. Mit dieser prangerte sie die *unrichtige und unzweckmässige Auffassung der Landespreisprüfungsstelle*[213] an und sprach sich *gegen diese Art und Weise des Vorgehens der Landespreisprüfungsstelle im Interesse der* [Papiergarn]*Industrie*[214] in Bayern aus. Des Weiteren verwies die Kammer nochmals auf die *grosse kriegswirtschaftliche Bedeutung*[215] der Papiergarnindustrie. Die Beschwerde hatte Erfolg, das Ministerium legte der Landespreisprüfungsstelle nahe, *im Interesse der raschen Erledigung der Angelegenheit der Mechanischen Seilerwarenfabrik Füssen die vorläufige Vertriebserlaubnis für Papiergarn*[216] zu erteilen. Um die Form zu wahren,

---

[213] BayHStA, MHIG 9606, Schreiben Handelskammer Augsburg an Staatsministerium des königlichen Hauses und des Äußern, 26.7.1917.

[214] Ebd.

[215] Ebd.

[216] BayHStA, MHIG 9606, Aktennotiz, 2.8.1917.

sollte die Füssener Fabrik *innerhalb 14 Tagen um Genehmigung zum Verkaufe des Papiergarns*[217] ansuchen. Dieser Forderung kam die Fabrik nach, so dass der Handel und die Produktion der Papiergarne bis Kriegsende sichergestellt waren.[218]

Um ihre Firmeninteressen zu untermauern, wichtige Heeresaufträge zu erhalten und um Einfluss auf Entscheidungen im Hinblick auf die Bewirtschaftung zu nehmen, übernahmen einige Industrielle wichtige Posten innerhalb der neugegründeten Kriegsgesellschaften und -ausschüsse. Teilweise verhalf dieses Engagement einzelnen Unternehmern auch zur Verleihung von Orden und Titeln, darunter der in Dillingen geborene, oberfränkische Textilfabrikant und Kommerzienrat Wilhelm Barth. Er erhielt 1916 zunächst das König-Ludwig-Kreuz, bevor man ihn 1918 mit dem Verdienstorden vom Heiligen Michael IV. Klasse mit Krone auszeichnete. Barth leitete die 1915 errichtete Kriegskommission zur Gewinnung neuer Spinnfasern, saß als Mitglied im Hanf-Kriegsausschuss in Berlin und war als Mitglied des Verbands deutscher Hanfindustrieller in Berlin tätig. Aus Schwaben und Neuburg gelang es zwei Textilindustriellen ihr Engagement in der Kriegswirtschaft für ihre Firmen und ihr persönliches Fortkommen zu nutzen: Fritz Knipsel, der Direktor der Mechanischen Seilerwarenfabrik in Füssen, und Otto Lindenmayer, Direktor der SWA. Beide erhielten noch während des Krieges den Titel eines Kommerzienrats zuerkannt. Knipsel, der im Rahmen der Neujahrsernennungen 1918 den Titel als Kommerzienrat erhielt, war vielfältig in der Kriegswirtschaft aktiv, v. a. im Bereich der Rohstoffkriegsgesellschaften für Flachs und Hanf. Er gehörte dem Verband deutscher Hanfindustrieller an, der *die Verteilung und Abrechnung aller in den besetzten Gebieten aufgefundenen und aus dem Auslande noch eingehenden Rohstoffmengen*[219] koordinierte. Daneben saß er in den Aufsichtsräten der deutschen Hanfbau-Gesellschaft Berlin und der Kriegsflachsbaugesellschaft Berlin und gehörte dem Hauptausschuss des Bastfaser-Kriegsausschusses Berlin an. Ab 1917 zählte er außerdem zu den Mitgliedern des im Rahmen der Durchführung des Vaterländischen Hilfsdienstgesetzes gebildeten Fachausschusses der Bastfaserindustrie. Über diese Posten gelang es Knipsel, den Betrieb seiner Firma in Füssen zu erhalten und diese nicht gänzlich von den Entscheidungen der politischen und militärischen Willensträger in Berlin abzuschneiden. Einen ähnlichen Weg schlug Otto Lindenmayer ein, der seit 1911

---

217 Ebd.

218 AgrarBib Herrsching, GC 748, Schreiben Staatsministerium des Innern an Beirat der Kriegsflachsbaugesellschaft, Abteilung Bayern, 30.09.1918; BayHStA, MHIG 9606, Schreiben Handelskammer Augsburg an Staatsministerium des königlichen Hauses und des Äußern, 26.7.1917; BayHStA, MHIG 9606, Aktennotiz, 2.8.1917; Birling, Umgarnter Alltag (wie Anm. 136) S. 34–37; Rudibert Ettelt, Geschichte der Stadt Füssen. Vom ausgehenden 19. Jahrhundert bis zum Jahre 1945, Füssen 1979, S. 196.

219 BayHStA, MHIG 9462, Schreiben Verband deutscher Hanfindustrieller, 12.2.1917.

in Augsburg ansässig und als kaufmännischer Direktor und Vorstandsmitglied der Geschäftsleitung der SWA angehörte. Während des Kriegs engagierte sich Lindenmayer im Bereich der Rohstoffbewirtschaftung, auch um die Zuteilung entsprechender Mengen für die SWA zu sichern. Er gehörte der Baumwollabrechnungsstelle in Bremen an und saß sowohl im Beirat und dem Aufsichtsrat des Kriegsausschusses der deutschen Baumwollindustrie. Ab 1917 entschied er innerhalb der Baumwoll-Fachkommission über die Durchführung der Bestimmungen des Vaterländischen Hilfsdienstgesetzes mit und steuerte so auch die Vergabe wichtiger Kriegsaufträge an die SWA. Im Januar 1917 erhielt er schließlich den Kommerzienratstitel zuerkannt, u. a. für seine Leistungen für die Augsburger Textilindustrie in Berlin. Eine dritte wichtige Persönlichkeit, die ihren Einfluss ebenfalls über das Engagement in Kriegsgesellschaften kanalisierte, war der Direktor der AKS, Theodor Wiedemann. Er war bereits 1911 zum Kommerzienrat ernannt worden, 1924 folgte die Erhebung zum Geheimen Kommerzienrat. Während des Kriegs engagierte er sich in mehreren Kriegsgesellschaften aus dem Bereich der Wollwirtschaft. Über diese Engagement sorgte er für die Sicherstellung der Aufträge für die AKS als auch für weitere bayerische Betriebe. Er war als Mitglied im Aufsichtsrat der Kammwoll-Aktiengesellschaft Berlin vertreten. Daneben wirkte er als Mitglied des Verwaltungsausschusses im Kriegs-Garn- und Tuchverband e.V. Berlin mit.[220]

Resümee

Vergleicht man den textilen Sektor mit dem der Nahrungsmittel, so lassen sich bei der Verwendung von Ersatzstoffen zeitliche und inhaltliche Parallelen feststellen: In beiden Bereichen wurde etwa zur selben Zeit erstmals auf Ersatzstoffe in der Produktion zurückgegriffen. Sie waren zunächst natürlichen Ursprungs, Gleiches gilt auch für den Einsatz von Streckungsmaterialien im Produktionspro-

---

220 Bezüglich der Verleihungspraxis des Kommerzienratstitels während und nach dem Ersten Weltkrieg als Belohnung für die Kriegstätigkeit vgl. Corinna Malek, Gewinner des Kriegs? Die bayerischen Kommerzienräte und ihre Rolle im Ersten Weltkrieg, in: Marita Krauss (Hg.), Die bayerischen Kommerzienräte. Eine deutsche Wirtschaftselite von 1880 bis 1928, München 2016, S. 264–272, hier 269 f.; ebd. S. 402 f., S. 525, S. 549 f., S. 707; BayHStA, MHIG 9462, Liste Beteiligung bayerischer Staatsangehöriger an Kriegsgesellschaften, undatiert; BayHStA, MHIG 9462, Aufstellung bayerische Mitglieder in Fachkommissionen des Kriegsausschusses der deutschen Industrie, 12.1.1917; BayHStA, MHIG 9462, Schreiben Kriegsausschuss der deutschen Baumwollindustrie, 12.2.1917; BayHStA, MHIG 9462, Schreiben Kriegs-Garn- und Tuchverband e.V., 12.2.1917; BayHStA, MHIG 9462, Schreiben Verband deutscher Hanfindustrieller, 12.2.1917; BayHStA, MHIG 9462, Schreiben Kammwoll-Aktiengesellschaft Berlin, 13.2.1917.

zess. Ebenso wurde die Verwendung einheimischer Rohstoffe gefördert, während gleichzeitig nach alternativen Ersatzprodukten gesucht und deren Einsatz erprobt wurde. Die finale Stufe des Ersatzstoffeinsatzes bildete schließlich die Entwicklung und Nutzung künstlicher Ersatzprodukte. Sie sollten als letzte Alternative den drohenden Kollaps in beiden Systemen verhindern, diese Rolle erfüllten sie auch temporär.

Es zeigte sich, dass die Verwendung von Ersatzstoffen im Nahrungsmittel- und im Textilbereich unabdingbar waren, da sonst wohl die Versorgung von Bevölkerung und Militär nicht über die gesamte Kriegsdauer hätte geleistet werden können. Ebenso wurde deutlich, dass sich der Rückgriff auf Ersatzmittel mit dem Steckrübenwinter und den Folgen der englischen Seeblockade massiv verstärkte und zu einem unverzichtbaren Element weiter Teile der Kriegswirtschaft wurde. Auch ließ sich herausarbeiten, dass einige Ersatzstoffe keine neue Erfindung des Kriegs waren, sondern dass vielmehr auf bereits veraltete Nutzungsformen zurückgegriffen wurde, insbesondere beim Rückgriff auf natürliche Ersatzfaserstoffe. Dennoch beförderte der Kriegszustand im Textil- und Nahrungsmittelsektor die Fortentwicklung künstlicher Ersatzstoffe. Sie konnten sich auch nach Kriegsende in beiden Bereichen erhalten und bildeten teilweise die Basis für zukünftige Entwicklungen in der Nahrungsmittelchemie oder der Entwicklung und Nutzung künstlicher Fasern.

Fasst man die Ersatzmittelwirtschaft zusammen, so ist erkennbar, dass sie einen ganz eigenen Mikrokosmos innerhalb der Kriegswirtschaft bildete. Auch ihre Rolle innerhalb des Systems der Kriegsbewirtschaftung darf nicht unterschätzt werden, bildeten doch einige Ersatzmittel und -stoffe die Grundlage für das Weiterfunktionieren einzelner Wirtschaftsbereiche, wie der Textilwirtschaft. Die bayerische Ersatzmittelwirtschaft bildete dabei zusätzlich lokale Spezifika aus, sei es in der Wahl und Nutzung einzelner Ersatzmittel als auch in der Ausbildung entsprechender Verwaltungsstellen. Ebenso muss dem bayerischen Umgang mit Ersatzmitteln eine Vorreiterrolle zugesprochen werden, da hier noch vor der Einführung auf Reichsebene eine behördliche Regelung des Ersatzmittelwesens vorangetrieben wurde.

Vereinsaktivitäten 2023

Die Römer in Schwaben

32. Arbeitstagung der Historischen Vereine, Heimatvereine, Museen und Archive in Schwaben*

Ganz traditionell fand Ende Januar 2023 die jährliche Arbeitstagung der Historischen Vereine, Heimatvereine, Museen und Archive in Schwaben in der Schwabenakademie Irsee statt. Das bewährte Format, das seit vielen Jahren von der Bezirksheimatpflege Schwaben und dem Historischen Verein für Schwaben organisiert wird, soll Vereinen, Kulturinstitutionen und geschichtsinteressierten Personen eine Informations- und Austauschbörse regionalgeschichtlicher Forschung und Kulturarbeit in Schwaben bieten. Zentrales Anliegen der Arbeitstagung ist es, als Austausch- und Vernetzungsplattform zu fungieren und gleichzeitig wissenschaftliche Impulse zu wechselnden, aktuellen kulturhistorischen Thema zu geben.

Das gewählte Thema „Die Römer in Schwaben" stieß auf großes Interesse. Als Konsens stellten die Veranstalter und Anwesenden während der Tagung bereits fest, dass das Thema grundlegende Ergebnisse für die Geschichte Schwabens und sein römisches Erbe lieferte. Es zeigte sich, dass die Beschäftigung und Vermittlung des römischen Erbes der Region eine überregionale Dimension für das Zusammenwirken von Forschung, Vermittlung und Tourismus besitzt und diese dezidiert fördern kann. Darüber hinaus schafft das Thema eine Verbindung Schwabens mit anderen Regionen in Süddeutschland. Schwaben mit der Provinzhauptstadt Augusta Vindelicum besitzt die größte archäologische Funddichte und umfasst das Kerngebiet der römischen Provinz Raetia. Darüber hinaus besteht eine lange wissenschaftliche und lokalgeschichtliche Tradition der Beschäftigung mit den Römern, deren Wurzeln bis ins 16. Jahrhundert zurückreicht. Auch in der Gründungsphase vieler lokaler Historischer Vereine kam dem römischen Erbe eine große Bedeutung zu.

Die Römer sind ein Thema, das Interesse generiert und die Menschen bewegt. Die kontinuierlich fortschreitende Forschung und neue, Aufsehen erregende archäologische Funde stoßen auf breites Interesse und geben dem Thema eine gesellschaftliche Relevanz. Die seit langem andauernde Diskussion und die aktuellen Planungen um die Zukunft des Römischen Museums in Augsburg standen im Zentrum der Diskussionen während und abseits des Tagungsbetriebs. Es bestand

* Felix Guffler, Tagungsbericht: Die Römer in Schwaben. 32. Arbeitstagung der Historischen Vereine, Heimatvereine, Museen und Archive in Schwaben, in: H-Soz-Kult, 10.03.2023 <www.hsozkult.de/conferencereport/id/fdkn-134411>.

Einigkeit darüber, dass dem römischen Erbe Augsburgs eine besondere Bedeutung und Wichtigkeit zukommen, die die Dringlichkeit einer angemessenen und modernen musealen Präsentation der Provinz und ihrer Hauptstadt bedingen.

Gemeinsam mit den großen römischen Museen in der Region – neben Augsburg besitzt auch der Archäologische Park Cambodunum eine überregionale Bedeutung – sind es die vielen Historischen Vereine und Heimatvereine, die die Vermittlungs- und Forschungsarbeit im lokalen Raum übernehmen. Gleichzeitig zeigte sich für die Erforschung der Römerzeit die Relevanz übergeordneter staatlicher Institutionen, darunter das Bayerische Landesamt für Denkmalpflege, die Archäologische Staatssammlung und die universitären Lehrstühle.

Die Teilnehmer wurden von Markwart Herzog (Irsee) und Christoph Lang (Augsburg) begrüßt. Bernd Steidl (München) eröffnete das Tagungsprogramm mit seinem Beitrag zur Besiedlung der Provinz Raetien im 1. Jahrhundert. Er betonte die Zentralstellung des Bezirks Schwaben in der historischen Provinz Raetien mit den großen Siedlungen Kempten und Augsburg sowie der via Claudia als zentrale Verbindungsstraße nach Italien. Die Bevölkerung war gemischt: Kelten, Germanen und Römer lebten zeitgleich in Schwaben. Er revidierte damit das vorherrschende Bild einer weitgehenden Durchdringung der Provinz mit römischer Präsenz. Schwaben sei damit besonders im 1. Jahrhundert ein Gebiet gewesen, in dem unterschiedliche Bevölkerungsgruppen nebeneinander lebten und im gegenseitigen Austausch standen.

Andreas Hartmann (Augsburg) stellte kursorisch die gegenwärtige Forschungsdiskussion in Bezug auf die Provinz Raetien vor. Schwerpunktmäßig beschränkte er sich auf drei gegenwärtige Streitpunkte: den Zeitpunkt der Einrichtung der Provinz, die Standortfrage des Statthaltersitzes und den Zusammenbruch des Limes.

Der anschließende Themenblock befasste sich mit dem römischen Augsburg. Stadtarchäologe Sebastian Gairhos (Augsburg) gab einen Überblick über die großen Grabungen der vergangenen Jahre, die immer wieder spektakuläre Funde zutage förderten. Besonders Flussfunde im Wertachkies seien beachtenswert: Bedeutende Inschriften zur Augsburger Stadtgeschichte, das einzige komplette Pfeilergrabmal sowie der größte Silbermünzenhort in Süddeutschland kamen hervor. Aktuell werte man die Metallfunde aus Altgrabungen in Augsburg-Oberhausen neu aus. Man erhofft sich daraus neue Ergebnisse zur frühen Besiedelung von Augsburg. Im Zuge geplanter größerer Baumaßnahmen im Bereich von Augsburg-Oberhausen seien dort in den nächsten Jahren weitere neue Funde zu erwarten.

Der Augsburger Kulturreferent Jürgen Enninger (Augsburg) betonte in seiner Bilanz zum Römischen Museum in Augsburg die identitätsstiftende Funktion der römischen Geschichte für die Stadt. Augsburg sei laut Enninger die erste bayerische Hauptstadt und die größte antike Stadt zwischen Alpen und Rhein gewesen.

Anschließend lieferte der Referent einen Überblick über den aktuellen Planungsstand zur Neuerrichtung eines Römischen Museums in Augsburg.

Nach dem Grußwort des Bezirkstagspräsidenten Martin SAILER (Augsburg) eröffnete Maike SIELER (Kempten) den Themenblock zu Kempten. Sie stellte das überarbeitete und in Teilen neue Ausstellungskonzept des Archäologischen Parks Cambodunum in Kempten vor. Dieses verbindet die Rekonstruktion von Baubefunden mit dem Einsatz neuer Medien, darunter eine neuprogrammierte App für den Rundgang über das Gelände und den Einsatz von Virtual Reality. Salvatore ORTISI (München) präsentierte anschließend die Ausgrabungsergebnisse in der Insula 1 in Kempten. Er wies darauf hin, dass Kempten die erste reine Zivilsiedlung in Raetien war, anhand derer zahlreiche archäologische Fragen geklärt werden könnten, darunter die Fragen nach Brüchen, Zäsuren und Kontinuitäten innerhalb der römischen Stadtentwicklung Kemptens.

Anschließend referierte Felix GUFFLER (Augsburg) über das römische Faimingen, das ein wichtiges Zentrum der Provinz und des Apollo-Grannus-Kultes war. Neben der Präsentation aktueller Forschungsbefunde problematisierte der Referent den Umgang mit dem römischen Erbe vor Ort. Diesem und dem damit verbundenen ehrenamtlichen Engagement werde man vor Ort selten gerecht.

Raphael GERHARDT (Günzburg) lenkte den Blick auf die museale Präsentation römischer Geschichte in kleineren Museen. Am Beispiel der Dauerausstellung zum römischen Günzburg im städtischen Heimatmuseum berichtete der Referent von seinen Erfahrungen als Museumsleiter und den verschiedenen Möglichkeiten zur Gewinnung neuer Zielgruppen mittels der lokalen römischen Geschichte und damit verbundenen Veranstaltungen.

Die abschließende Sektion der Tagung warf einen Blick auf Formen der experimentellen Archäologie. Renate BERNHARD-KOPPENBERGER (Schwabmünchen) und Markus KOPPENBERGER (Schwabmünchen) erläuterten die praktische Umsetzung im Rahmen ihres Engagements innerhalb der Reenactment-Szene, wobei sie zunächst den Unterschied zwischen einer Kostümierung und einer historischen Bekleidung heraushoben. Die Referenten präsentierten eine rekonstruierte Frauenkleidung aus dem 1. Jahrhundert n. Chr. (CIL XIII, 7067 = CSIR II, 6, 2) sowie die Ausstattung eines Zenturios der Kaiserzeit.

Abschließend gab Leander SCHMIDT (Thierhaupten) einen Einblick in die Arbeit der Dendrochronologen beim Bayerischen Landesamt für Denkmalpflege in Thierhaupten. Er stellte die naturwissenschaftliche Methode und die einzelnen Arbeitsschritte detailliert vor und zeigte die Möglichkeiten zur Datierung und Herkunft verschiedener Baumarten auf. Dieses Verfahren komme sowohl in der Bodendenkmalpflege, der Archäologie und der Baudenkmalpflege zur Anwendung.

Zum Schluss skizzierte Christof PAULUS (Augsburg) die Leistungen des Historischen Vereins für Schwaben bei der Erforschung der Römerzeit in Schwaben vom

19. Jahrhundert bis heute. Ende des 19. Jahrhunderts hatte es enge Verschränkungen zwischen Politik, Wissenschaft und Kirche gegeben; damals gemachte archäologische Funde seien große gesellschaftliche und mediale Ereignisse gewesen, zu deren Verbreitung und Rezeption der Historische Verein einen wichtigen Beitrag leistete. Zusammenfassend plädierte Paulus für die zukünftige Forschung und Vermittlung der Römerzeit in Schwaben, die sich von zu engen Lokalismen und Epochenzentrierungen löse. Vielmehr sollen die Mobilitäten und Dynamiken in der Region gemeinsam aufgegriffen werden. Die Geschichte Raetiens sehe er als Teiler einer süddeutschen Regionalgeschichte, bei der sich ein integrativer Ansatz geradezu anbiete.

Felix Guffler, Bezirksheimatpflege Schwaben

Programm

Christoph Lang (Augsburg) / Markwart Herzog (Irsee): Begrüßung und Einführung

Bernd Steidl (München): Römer – Kelten – Raeter – Germanen. Die ländliche Bevölkerung Raetiens im 1. Jahrhundert n. Chr.

Andreas Hartmann (Augsburg): Aktuelle Forschungsdiskussionen zur Provinz Raetien

Sebastian Gairhos (Augsburg): Neue Erkenntnisse zum römischen Augsburg

Jürgen Enninger (Augsburg: Die Vorplanungen zum Römischen Museum in Augsburg

Martin Sailer (Augsburg): Grußwort

Maike Sieler (Kempten): Neues aus dem Archäologischen Park Cambodunum – zur Präsentation und Vermittlung der Römerstadt Kempten

Salvatore Ortisi (München): Neue Erkenntnisse zum römischen Kempten

Felix Guffler (Augsburg): Das römische Faimingen

Raphael Gerhardt (Günzburg): Die Römer im Museum. Erfahrungen und Anregungen aus dem Heimatmuseum Günzburg

Leander Schmidt (Thierhaupten): Dendrodatierung als archäologische Methode

Renate Bernhard-Koppenberger (Schwabmünchen) / Markus Koppenberger (Schwabmünchen): Reenactment und experimentelle Archäologie

Christof Paulus (Augsburg): Schlussdiskussion und Zusammenfassung

Vereinschronik 2023

(Stand der Berichterstattung 31. Dezember 2023)

Vorträge:

20. März 2023	Prof. Dr. Rainald Becker, Universität Augsburg: In aller Würde – Bürgerpalais, Fabrikschloss, Justizpalast als Bauaufgabe in Schwaben und Franken um 1900, auf der Tagung „Die ästhetische Dimension der Landesentwicklung in Bayern“, München.
24. Mai 2023	Dr. Markus Müller, LMU München: Augustana in der Oefeleana – Überlieferung aus Augsburg in einem Münchener Gelehrtennachlass. Kooperationsveranstaltung mit dem Stadtarchiv Augsburg.
13. Sept. 2023	Prof. Dr. Christof Rolker, Professur für Grundwissenschaften, Otto-Friedrich-Universität Bamberg: Heraldische Ordnungen – Stadt, Reich und Stadtgesellschaft in Augsburger Wappen des Spätmittelalters.

Veranstaltungen:

28. Januar 2023	32. Arbeitstagung der Historischen Vereine, Museen und Heimatvereine in der Schwabenakademie Kloster Irsee „Die Römer in Schwaben“. Vorträge der Vorstandsmitglieder: Dr. Felix Guffler, Das römische Faimingen Dr. Raphael Gerhardt, Die Römer im Museum. Erfahrungen und Anregungen aus dem Heimatmuseum Günzburg. Kooperationsveranstaltung mit der Heimatpflege des Bezirks Schwaben.
21. Mai 2023	Eröffnung der Sonderausstellung „Schwaben! Unterwegs im Bezirk“ anlässlich des 70. Geburtstages des Bezirks Schwaben im Museum KulturLand Ries in Maihingen mit Leihgaben des HV Schwaben sowie Exemplaren der ZHVS.

21. Mai – 18. Juni 2023 Sonderausstellung „POP Art meets Maria Theresia in Günzburg" im Heimatmuseum Günzburg, kuratiert vom 1. Schatzmeister Dr. Raphael Gerhardt.

Zum Sommersemester 2023 gratulierte der HV Schwaben seinem 2. Schriftführer, Herrn Prof. Dr. Rainald Becker, zu seinem neuen Amt als neuer Lehrstuhlinhaber für Europäische Regionalgeschichte sowie Bayerische und Schwäbische Landesgeschichte an der Universität Augsburg.

17. Juni 2023 Exkursion unter Leitung von Prof. Dr. Gisela Drossbach zur Bayerisch-Tschechischen Landesausstellung im Haus der Bayerischen Geschichte in Regensburg: Barock – Bayern und Böhmen. Es führte Herr StD Richard Fischer, M.A., vom Haus der Bayerischen Geschichte, Augsburg, durch die von ihm mitorganisierte Ausstellung. Es folgte ein Spaziergang durch das barocke Regensburg sowie Verpflegung im Rahmen des Regensburger Bürgerfestes. Kooperationsveranstaltung mit dem Historischen Verein von Donauwörth.

26. Juni 2023 Tag der Europäischen Kulturgeschichte unter Mitwirkung des 2. Schriftführers, Prof. Dr. Christoph Becker, an der Universität Augsburg. Thema: Handelswege und Versorgungssicherheit.

20. Juli 2023 Ordentliche Mitgliederversammlung im Saal Donau des Bezirks Schwaben. Aufgrund des überraschenden Rücktritts des Vorstandsvorsitzenden Prof. Dr. Christof Paulus von seinem Amt erfolgten Neuwahlen.
Neuer Vorstand:
1. Vorsitzender: Dr. h.c. Jürgen Reichert, Altbezirkstagspräsident von Schwaben
2. Vorsitzender: Prof. Dr. Klaus Wolf, Universität Augsburg
3. Vorsitzende: Prof. Dr. Gisela Drossbach, Universität Augsburg
Geschäftsführer: Dr. Felix Guffler, Heimatpflege Bezirk Schwaben
1. Schatzmeister: Dr. Raphael Gerhardt, Stadtarchivar und Museumsleiter in Günzburg
2. Schatzmeister: Prof. Dr. Rainald Becker, Universität Augsburg
1. Schriftführer: Prof. Dr. Christoph Becker, Universität Augsburg
2. Schriftführer: Dr. Peter Keller, Stadtarchivar in Kaufbeuren

Die Mitglieder des erweiterten Vorstands sowie die Beiräte können unter www.hv-schwaben.de eingesehen werden.
In seiner Antrittsrede betonte Jürgen Reichert die Bedeutung der Geschichts- und Heimatvereine für die Kulturarbeit und die Identität in und mit Schwaben. Es folgte die Buchpräsentation der Zeitschrift des Historischen Vereins für Schwaben 115. Band sowie der Vortrag von Prof. Dr. iur. utr. Christoph Becker: Zur Edition des Augsburger Stadtrechts von 1156.

30. Juni – 1. Juli 2023	16. Jahrestagung der Gesellschaft für Bayerische Landesgeschichte mit dem Thema „Der Bauernkrieg und das Recht in Füssen“ unter Mitwirkung von Prof. Dr. Christoph Becker.
10. Sept. 2023	Am Tag des Offenen Denkmals 2023 gab Prof. Dr. Gisela Drossbach eine Baustellenführung durch das Barockschloss Sinning, Lkr Neuburg-Schrobenhausen, das 2022 – 2025 kernsaniert wird.
14. – 15. Sept 2023	Tagung „Lebenswelten im Schwäbischen Barockwinkel. Forschungen – Quellen – Potentiale“, im Kloster Wettenhausen, organisiert von Dr. Raphael Gerhardt und Dr. Markus Müller. Kooperationsveranstaltung mit der Stadt Günzburg u. a.

Wie im vergangenen Jahr des Starts sind auch 2023 wieder **12 Newsletter** als Exklusivangebot für die Mitglieder des HVS erschienen. Für seine vielen Informationen schulden wir Felix Guffler herzlichen Dank.

Mitgliederstand

Am 31.12.2023 hatte unser Verein **454** Mitglieder (31.12.2022: 456 Mitglieder). Wir konnten erfreulicherweise auch wieder 13 neue Mitglieder begrüßen (siehe nächste Seite).

Der Historische Verein für Schwaben begrüßt seine neuen Mitglieder:

Markus Schütz, Augsburg	Jan. 2023
Prof. Dr. Sibylle Appuhn-Radtke, Augsburg	Mai 2023
Leo Hiemer, Kaufbeuren	Juni 2023
Victoria Gleich, Potsdam	Juli 2023
Stefan Lorenz, Höchstädt	Aug. 2023
Sarah Lorenz, Augsburg	Aug. 2023
Dr. Markus Müller, München	Aug. 2023
Dr. Gerd Krüger, Augsburg	Sept. 2023
Museum KulturLandRies, Maihingen	Okt. 2023
Helmut Rößle, Neusäß	Nov. 2023
Lukas Staffler, Türkenfeld	Jan. 2024
Dr. h.c. Elmar L. Kuhn, Meersburg	Jan. 2024
Simon Kotter, Wertingen	Jan. 2024

Gisela Drossbach

TOTENTAFEL

Der Historische Verein für Schwaben gedenkt
seiner verstorbenen Mitglieder:

Andrea Müller	März 2023
Franz Gai	Juli 2023

Buchbesprechungen

Antike

Sophie Hüdepohl, Das spätrömische Guntia / Günzburg. Kastell und Gräberfelder (Materialhefte zur Bayerischen Archäologie 115) Kallmünz 2022, 504 S., 120 Abb., 72 Taf., 5 Beil., ISBN 978-3-7847-5415-4, 65 €.

Das römische Günzburg ist seit vielen Jahren einer der bedeutendsten römischen Fundplätze der Provinz Raetia. Bereits zahlreiche Publikationen haben das Wissen um die römische Besiedlung von Gontia / Guntia vorgestellt, zuletzt das ausführliche und mittlerweile vergriffene Standardwerk von Wolfgang Czysz.[1] Gleichwohl sind die Fundstellen so ergiebig, dass in den letzten Jahren vom Bayerischen Landesamt für Denkmalpflege zwei neue, umfassende Abhandlungen mit zahlreichen neuen Erkenntnissen veröffentlicht wurden. Eines davon ist die an der Münchener Ludwig-Maximilians-Universität eingereichte Dissertation von Sophie Hüdepohl, betreut von Michael Mackensen und Bernd Päffgen. Darin untersucht die Autorin die spätantiken Befunde aus dem Kastell und den Gräberfeldern. So viel sei vorweggenommen: Die Dissertation ist ein bedeutender Beitrag zur Geschichte Raetiens im 4. und 5. Jahrhundert und schließt eine weitere Forschungslücke auf vorbildliche Art und Weise.

Im Zentrum der Arbeit steht die Untersuchung und Zusammenführung der seit 1902 von verschiedenen Akteuren erfolgten Ausgrabungen, insbesondere der Kastellbauten in der Unterstadt sowie der beiden Gräberfelder an der Ulmer Straße und in der Oberstadt. Die Gliederung der Arbeit entspricht dem üblichen Schema. Nach einleitenden Kapiteln zum Zuschnitt der Arbeit, zu Lage und Topographie sowie zur Forschungsgeschichte werden die Befunde am spätrömischen Kastell vorgestellt. Zahlreiche Abbildungen und ausführliche Untersuchungen einzelner Funde zeugen von einer Akribie, die sich durch die gesamte Arbeit zieht. Anschließend werden die beiden Gräberfelder in gleicher Weise abgehandelt, gefolgt von den naturwissenschaftlichen Analysen des Materials. Daran schließen sich die beiden umfangreichsten Kapitel an, die Auswertungen des Fundmaterials und der beiden Gräberfelder per se. Diese werden in einem weiteren Kapitel mit anderen Fundplätzen verglichen. Auch germanische Funde werden vorgestellt und mit weiteren Gräberfeldern in Bezug gesetzt. In der abschließenden umfangreichen und tiefgründigen archäologisch-historischen Auswertung wird schließlich deutlich, welche Relevanz dieses Werk für die künftige Forschung haben wird. Hier werden die zahlreichen neuen Erkenntnisse zusammengefasst. Daran angeschlossen ist der Katalog mit den untersuchten Gräbern, das Literaturverzeichnis sowie ein Anhang mit mehreren Listen zu den Grabungen, zu

1 Wolfgang Czysz, GONTIA. Günzburg in der Römerzeit. Archäologische Entdeckungen an der bayerisch-schwäbischen Donau, Friedberg 2002.

den Münzfunden und zu Konkordanzen der Plana. Weitere „Listen" in diesem Anhang – der Name ist in dieser Zusammenstellung von Listen unglücklich gewählt – stellen die Objektgruppen (Fibeln, Perlen, Anhänger) und Funde von anderen Grabungsplätzen, die für die Ausführungen hier relevant sind, zusammen. Abgeschlossen wird der Band von 72 Tafeln mit den Zeichnungen, Grabungsaufnahmen und Objektfotografien sowie fünf Beilagen, auf denen die Grabungsschnitte und die Grabungsübersicht kartographiert sind.

Bereits ab der Zeit Diokletians wurde das Areal siedlungstechnisch genutzt, vermutlich bereits da schon als Kastell (S. 51). Dieses hatte einen kleineren Umfang, jedoch eine massivere Bauweise als von Wolfgang Czysz angenommen (S. 54). Die Baudatierung auf die 380er oder 390er Jahre ist auffällig, passt diese Zeit doch nicht zu einem historisch gesicherten Bauprogramm oder zu anderen überlieferten Ereignissen (S. 52, 279, 286). Es handelt sich hierbei um die bislang spätesten römischen Fortifikationsarbeiten größeren Umfangs in Raetien. Eventuell sind bauliche Strukturen im Osten des Kastells aufgrund militärischer Charakteristika als Brückenkopfsicherung oder als Schifflände anzusprechen (S. 55). Die Bewertung der Fundmünzen aus diesem Areal zeigt, dass nach dem Limesfall kein Siedlungsabbruch, sondern vielmehr eine intensivere Nutzung des Platzes geschah (S. 93).

Die Auswertung der Gräberfelder ergab eine unterschiedliche Nutzungsdauer. Während das Gräberfeld an der Ulmer Straße bis 370/380 genutzt wurde (S. 198), „dauerte die Belegung in der Oberstadt noch mindestens bis in das zweite Drittel des 5. Jahrhunderts an" (S. 201). Auch die Lage des Gräberfeldes in der Oberstadt ist eine Besonderheit in Raetien (S. 256). Die Gräber mit germanischem Fundmaterial legen eine Zuwanderung aus dem Barbaricum nahe (S. 237). Menschen germanischer Abstammung verstärkten wohl auch die Besatzung im Kastell (S. 267, 273). Dennoch ist die Gesellschaft von Guntia damals überwiegend als römisch geprägt anzunehmen (S. 238).

Die Publikation unterstreicht die Bedeutung des *transitus Guntiensis* und zeigt auf, wie die spätantike Verteidigung der Provinz Raetien organisiert war. Eine weitere grundlegende Erkenntnis ist das Ende der Bestattungen im Gräberfeld in der Oberstadt, das Rückschlüsse auf die Provinzialgeschichte im Ganzen zulässt: „Nach der Reichskrise der Jahre 454/455, die auf die Ermordung des *magister militum* Aëtius folgte, der noch 430/31 Raetien gegen eingefallene Iuthungen verteidigte, konzentrierte man sich ab der Mitte des 5. Jahrhunderts in der *Raetia secunda* vermutlich auf den Schutz der Provinzhauptstadt *Augusta Vindelicum*/Augsburg durch einen wohl bis in das dritte Viertel des 5. Jahrhunderts aufrecht erhaltenen Militärposten in *Submuntorium*/Burghöfe sowie die Sicherung der Alpenpässe, d.h. der potenziellen Einfallsrouten nach Italien" (S. 282).

Bei diesem Umfang und Gehalt ist es verzeihlich und vielleicht auch unvermeidlich, dass gelegentlich Fehler im Layout (u.a. Inhaltsverzeichnis: Punkt 7.1.1. linksbündig) und Unschärfen im Inhalt auftauchen. An dieser Stelle sei lediglich als eines von wenigen Beispielen die Passage auf S. 279 f. herausgegriffen. Hüdepohl schreibt: „Von einer größeren Überschwemmung wären benachbarte Kastelle an der raetischen Grenze, die sich auf geschützten Anhöhen befanden, kaum betroffen gewesen. Dies gilt allerdings nicht für Faimingen, da die Donau zu römischer Zeit wohl direkt auf den Ort zufloss. Befunde des vermutlich hier zu suchenden *Febiana* der *Notitia Dignitatum* fehlen zwar weitgehend, angesichts der Befunde in Günzburg stellt sich aber die Frage, ob nicht auch große Teile des spätrömischen Faimingen durch einen Donaueinbruch des späten 4. Jahrhunderts verloren sein könnten." Die Aussage zu Faimingen ist unscharf, setzt sie doch für Faimingen eine Siedlungskontinuität voraus, die so wohl nicht gegeben war. Eine andere Forschungstendenz nimmt an, dass stattdessen das Bürgle bei Gundremmingen nach der Aufgabe des *vicus* von Faimingen nach 260 den Namen „Febianis" übernahm;[2] dann wäre der Ort Pinianis nicht hier (S. 15), sondern an der Illermündung zu verorten. Bei den spärlichen spätantiken Bauten in Faimingen handelte es sich nicht um das nach Febianis / Faimingen benannten Bürgle, das auf einer Höhensiedlung lag und somit nicht vom Hochwasser betroffen war.

Das hier besprochene Werk ist zentral für die weitere Forschung zur Spätantike in Raetien. Ähnlich wie der Band von Mackensen und Schimmer über Submuntorium / Burghöfe liefert es für künftige Untersuchungen maßgebliche Anhaltspunkte,[3] besonders in Bezug auf die Zusammensetzung der Grenztruppen, der Organisation von einzelnen Verteidigungsabschnitten des Iller-Donau-Limes sowie der Bevölkerungsentwicklung im Allgemeinen. Dies alles dürfte auch Hilfestellung für die Interpretation und Einordnung der spärlichen epigraphischen Zeugnisse dieser Zeit haben, man denke beispielsweise an die Augsburger Ehreninschrift für die Einheiten der Pannoniciani, Angrivarii und Honoriani (Wagner, 46 = AE 1994, 1326). Die Autorin ist zu dieser gelungenen Publikation zu beglückwünschen.

Felix Guffler

Mittelalter

Anna Pumprová / Libor Jan (Hg.), Cronica Aule Regie. Die Königsaaler Chronik, unter Mitarbeit von Robert Antonín, Demeter Malaťák, Libor Švanda und Zdeněk Žalud (Monumenta Germaniae Historica. Scriptores 40) Wiesbaden 2022, LXXIV/592 S., ISBN 978-3-447-10755-6, 180 €.

Die im Zisterzienserkloster Königsaal verfasste Quelle wurde mehrfach ediert. Diese Arbeiten des 19. Jahrhunderts entsprechen nicht mehr den heutigen Ansprüchen an eine kritische Edition. Daher wurde an der Universität Brno die vorliegende Edition vorbereitet. Die Einleitung der Edition beginnt mit der Forschungsübersicht seit dem späten

---

2 Vgl. Wolfgang Czysz, Rettungsgrabungen an der römischen Stadtmauer von Phoebiana-Faimingen. Stadt Lauingen (Donau), Landkreis Dillingen a. d. Donau, Schwaben, in: Das archäologische Jahr in Bayern 1996 (1997) S. 119–122, hier 122; Bernd Steidl, Karte der Provinz Raetien in der Spätantike um 360 n. Chr., in: Sebastian Gairhos u. a. (Hg.), Das römische Augsburg. Militärplatz, Provinzhauptstadt, Handelsmetropole, Darmstadt 2022, S. 35.

3 Michael Mackensen / Florian Schimmer (Hg.), Der römische Militärplatz Submuntorium / Burghöfe an der oberen Donau. Archäologische Untersuchungen im spätrömischen Kastell und Vicus 2001–2007 (Münchener Beitr. zur provinzialrömischen Archäologie 4) Wiesbaden 2013.

18. Jahrhundert und der Darstellung der Editionen und Übersetzungen seit 1602. Das Entstehen der Chronik wird durch den Generalprolog vermittelt, der als Widmung an Johann III. von Elbogen, Abt von Waldsassen, konzipiert ist. Aus dessen Inhalt schloss die ältere Forschung, dass die Chronik zwei Verfasser hatte: Otto von Thüringen mit den ersten 51 Kapiteln im ersten Buch und Peter von Zittau für den Rest. Gegen diese Ansicht sprechen der einheitliche Stil und die Aussage von Bernhard Pabst, dass Peter von Zittau den ihm vorliegenden Text von Otto von Thüringen in prosimetrische Form umgearbeitet habe. Die Studien zur Vorbereitung der vorliegenden Ausgabe haben die Auffassung von Pabst ausführlich stützen können.

Otto von Thüringen gehörte zu den ersten Mönchen des Klosters vor der Mitte der 90er Jahre des 13. Jahrhunderts, auf jeden Fall aber vor dem Tod von Guta von Habsburg (1297). Otto löste 1297 Abt Konrad ab, resignierte aber bereits nach einem halben Jahr, worauf ihm sein Vorgänger Konrad folgte. Otto von Thüringen war in den Jahren 1305 bis zu seinem Tod 1314 historiographisch tätig. In dieser Zeit wurde 1310 Johann III. von Elbogen Abt des Klosters Waldsassen. Ob dieser – wie im Generalprolog überliefert – neben Peter von Zittau auch Otto von Thüringen zur Abfassung der Chronik initiiert hat, sollte ohne die Vorlage eindeutiger Quellenbelege nicht weiter erörtert werden.

Peter von Zittau und Johann III. von Elbogen haben mündlich und schriftlich in Verbindung gestanden. Johann hat sein Werk über Waldsassen Peter von Zittau gewidmet und die Widmung der Königsaaler Chronik kann als Antwort verstanden werden. Peter von Zittau hat sein Werk, das er als *Cronica Aule regie* bezeichnete, vermutlich erst nach dem Tod Ottos von Thüringen aufgenommen und mit dem ersten Buch im ersten Halbjahr 1317 vollendet. Über das Leben Peter von Zittaus vor seinem Eintritt in den Orden ist fast nichts bekannt. Er hat sich in seiner Jugend anscheinend einige Zeit in Italien aufgehalten und vielleicht dort studiert. Er war noch kein Ordensmitglied, als er die Krönung Wenzels II. erlebt hat, und ist vor 1305 ins Kloster Königsaal eingetreten, denn er erwähnt seine dortige Anwesenheit erstmals bei der Beisetzung von König Wenzel II. Nach seiner Priesterweihe wurde er Kaplan von Abt Konrad von Königsaal. Als solcher hat er 1309/1310 an den Verhandlungen der Zisterzienseräbte über die Erhebung Johanns von Luxemburg auf den böhmischen Thron teilgenommen. Nach der Resignation von Abt Konrad wurde er 1316 zum dritten Abt von Königsaal gewählt. Trotz seiner Aufgaben blieb die enge Verbindung zum böhmischen Königshof und zu Königin Elisabeth bis zu deren Tod 1330 bestehen.

Die Aufzeichnungen von Peter von Zittau in der Chronik reichen bis 1338, urkundlich wurde er letztmals im Januar 1339 erwähnt. Im Jahr 1340 leitete ein neuer Abt die Abtei Königsaal. Als Werk Peters von Zittau hat sich neben der Königsaaler Chronik die Predigtsammlung *Sermones de principalibus festis* mit 130 thematischen *sermones* erhalten. Die von der älteren Forschung ihm zugeschriebenen weiteren Werken: das Bildungsgedicht *Formula in aedificationem fratris et monachi devoti*, das *Liber* oder *Volumen secretorum Aule regie* und das *Malogranatum* werden ihm zwar nicht abgesprochen, aber ohne neuere Untersuchungen auch nicht zugeschrieben.

Die Chronik ist in drei Bücher mit jeweils selbstständigem Prolog eingeteilt. Der erste Teil der Chronik schildert in 130 Kapiteln die Ereignisse von der Herrschaft Přemysl Ottokars II. bis 1316. Das zweite Buch umfasst 34 Kapitel für den Zeitraum 1317–1333. Die Stimmung des zweiten Teils der Chronik hat sich gegenüber dem ersten vollständig verändert. Während der erste Teil ideal gestaltete Helden wie Wenzel II., Heinrich VII. und Johann von Luxemburg aufzeigt, die durch ihre Tugenden Gegner wie Zawisch von Falkenstein und Heinrich von Kärnten überwanden, war Peters jugendlicher Idealismus im zweiten Teil durch den Machtkampf zwischen Adel und Königspaar sowie den Zwiespalt zwischen Königin Elisabeth und Johann von Luxemburg ernüchtert. Das führte zu einer tiefen Betrübnis, die ihn in einem ungewandten, einfachen Stil schreiben ließ. Erst die Ankunft des Luxemburgers Karl in Böhmen hat Peter von Zittau wieder ermutigt und sein literarisches Schaffen beeinflusst. Er begann mit dem neuen böhmischen König Karl ein neues Jahrbuch, wie er im Prolog zu diesem dritten Buch seiner Chronik betonte. Dieses umfasste mit 15 Kapiteln die Jahre 1334 bis 1338.

Die Gliederung der gesamten Chronik bildeten die Herrscherpersönlichkeiten. Im ersten Buch grenzen sie die Abschnitte ab. Die ersten 83 Kapitel sind der Lebensbeschreibung König Wenzels II. gewidmet, wobei acht Kapitel die Herrschaft Přemysl Ottokars II. behandeln. Die Kapitel 84–87 befassen sich mit der Lebensbeschreibung König Wenzels III. Kapitel 88 berichtet über den Zerfall des Königreichs Böhmen unter Heinrich von Kärnten und beginnt mit der Darstellung der Regierung Johanns von Luxemburg und seiner Gemahlin Elisabeth, die sich bis zur Geburt der zweiten Tochter des Königspaares hinzieht. Mit den Kapiteln 112–123 schließt sich eine Abhandlung über Kaiser Heinrich VII. an, die von der biographischen Darstellung (Kapitel 112–115) in eine Sammlung von Dokumenten übergeht. Nach diesem Abschnitt ist in der Chronik ein Bruch. Im Weiteren werden ab Kapitel 124 Ereignisse geschildert, die nur ein bis zwei Jahre zurücklagen. Im Unterschied zu den weit zurückliegenden Ereignissen geht Peter von Zittau hier zu einer annalistischen Darstellung über, die sich im zweiten und dritten Buch der Chronik weiter durchsetzt.

Es ist bedauerlich, dass die Anmerkungen überwiegend Beiträge in tschechischer Sprache zitieren, die vielen Lesern aufgrund mangelnder Sprachkenntnisse verschlossen bleiben. Die Arbeitsweise Peters von Zittau wird aus dem im Vatikan überlieferten Autograph des zweiten Buches der Chronik erkennbar. Er hat als Hauptschreiber den größten Teil der Chronik geschrieben, doch hat er manche Teile, insbesondere Dokumente und im Schlussteil auch die historiographische Schilderung fünf bis sechs Hilfskräften zur Niederschrift übergeben. Die geringe Zahl der Berichtigungen im Autograph wird als Zeichen dafür gesehen, dass er den Text aufgrund durchgearbeiteter Materialien verfasst und geringfügig überarbeitet oder ergänzt hat. Die Frage nach den Quellen Ottos von Thüringen und Peters von Zittau kann aufgrund mangelnder Nachrichten kaum geklärt werden. Peter von Zittau hat neben der Bibel antike Autoren gekannt, wie in Wendungen der Chronik nachweisbar ist.

Die Chronik ist in fünf Handschriften überliefert, von denen nur die Iglauer Handschrift den Text vollständig überliefert. Diese Handschrift befindet sich heute im Kreisarchiv Iglau. Daneben sind die im Vatikan verwahrte Handschrift sowie die Donaueschinger, die Raudnitzer und die Wolfenbütteler Handschrift von Bedeutung. Umfangreiche Exzerpte bieten der Stehlik-Codex im Nationalmuseum Prag und die Chronik des Franz von Prag. Diese Handschriften werden beschrieben. Das erste und dritte Buch der Chronik haben als Grundlage die Iglauer Handschrift, das zweite Buch das Autograph im Vatikanischen Archiv.

Die Edition bietet nach dem Abkürzungsverzeichnis das Quellen- und Literaturverzeichnis, die Edition selbst, das Verzeichnis der graphischen Varianten der Eigennamen in den Handschriften des ersten und zweiten Buches der Chronik, das Personen- und Ortsregister sowie die Zitate aus verschiedenen Werken der Antike und des Mittelalters. Die Chronik ist für die Reichsgeschichte des späten Mittelalters von großer Bedeutung. Die Edition ist daher für die Öffentlichkeit und vor allem für die Fachleute eine wichtige Grundlage, die die Forschungsarbeit erheblich erleichtert.

Immo Eberl

Benedikt Marxreiter (Hg.), Die sogenannten St. Galler Annalen. Eine anonyme Fortsetzung der Chronik Hermanns des Lahmen (1054–1102), nach Vorarbeiten von Alois Schütz († 2017) herausgegeben und übersetzt (Monumenta Germaniae Historica. Scriptores rerum Germanicarum in usum scholarum separatim editi 79) Wiesbaden 2022, VIII/322 S., 6 farb. Abb., 1 Karte, ISBN 978-3-447-11845-3, 60 €.

Alois Schütz hat 1986 die sog. St. Galler Annalen in einer Abschrift aus dem Besitz Konrad Peutingers († 1547) entdeckt. Seine sofort beginnenden Arbeiten an der Edition des bis dahin für verschollen gehaltenen Geschichtswerks wurden bis zu seinem Ableben 2017 nicht abgeschlossen. Daher legt der Herausgeber diese Edition im Auftrag der Zentraldirektion der MGH vor. Sie ist auf der linken Seite des Bandes mit geraden Seitenzahlen abgedruckt, die Übersetzung auf der rechten Seite mit den ungeraden Seitenzahlen (S. 124–273).

Die Einleitung umfasst elf Kapitel. Das erste ist der Überlieferung des Textes gewidmet. Alois Schütz hat Wolf Gehrt bei der Katalogisierung und Beschreibung der Augsburger Handschriften unterstützt. Bei der Analyse von 2° Cod 254 hat er festgestellt, dass es sich bei der als *Historia Imperatorum Germaniae ab 750 usque ad annum 1102* bezeichneten Quelle um eine Teilabschrift der Chronik Hermanns des Lahmen sowie eine bis 1063 eng mit der Chronik Bertholds von Reichenau verwandte Fortsetzung handelte. Schütz hat darauf hingewiesen, dass es sich dabei um das bis dahin als verloren angesehene Annalenwerk für die Jahre 1074–1094 gehandelt hat, das die Forschung seit den Tagen von Wilhelm Wattenbach gesucht hat. Die frühneuzeitliche Handschrift blieb bis ins 18. Jahrhundert im Besitz der Familie Peutinger, kam dann in den Besitz des Augsburger Jesuitenkollegs St. Salvator und gelangte 1808 an die neugegründete Augsburger Stadtbibliothek. Der Codex besteht aus 63 Blättern, die ein Wasserzeichen aufweisen, das um 1500 in Oberschwaben nachgewiesen ist. Die durchlaufend nummerierten Seiten wurden von zwei Händen geschrieben. Der Großteil wurde dabei von der ersten, nicht sehr sorgfältig schreibenden Hand verfasst. Konrad Peutinger hat die Abschrift korrigiert und bis zur Mitte von fol. 20r zahlreiche Korrekturen und Anmerkungen angebracht. Die Vorlage der Peutinger-Handschrift dürfte vermutlich von der Reichenau oder aus Konstanz gestammt haben und über eine Beteiligung Peutingers an der Reformtätigkeit der Augsburger Benediktiner aus St. Ulrich und Afra zwischen 1510 und 1516 auf der Reichenau an diesen gekommen sein.

Das zweite Kapitel erörtert die Verfasserfrage und den Entstehungshintergrund der Handschrift. Der Verfasser war vermutlich um den Bodensee beheimatet und allem nach spätestens Anfang der 60er Jahre des 11. Jahrhunderts vermutlich in freier oder edelfreier Familie geboren worden. Er war 1077 Kleriker, der über eigene Einkünfte verfügte, hat aber sein Leben nach 1077/78 mehr oder weniger nach der *regula Benedicti* ausgerichtet. Zur Abfassungszeit, zum Entstehungsort und zum Leben des Chronisten lassen sich nur wenige konkrete Angaben machen. Er hat seine Arbeit frühestens 1066, vermutlich aber erst nach 1076 aufgenommen. Die bisher für St. Gallen beanspruchte Fortsetzung dürfte nach der 1077 behandelten Pfründennutzung, die den Verfasser eher als Weltgeistlichen denn als Mönch erscheinen lässt, vermutlich in Konstanz abgefasst worden sein. Dem Text zufolge ist auch eine Verbindung nach St. Gallen anzunehmen. Die Chronik war nach dem dritten Kapitel ohne Titel und wurde erst im 19. Jahrhundert mit einem Namen versehen. Im vierten Kapitel wird nachgewiesen, dass in den Jahresberichten 1058–1093 der Hermann-Fortsetzung bis 1102 insgesamt 27 Passagen vorliegen, die textlich den Kapiteln 20–33 der anonym fortgesetzten St. Galler Klostergeschichten entsprechen und detailliert untersucht werden.

Nach dem fünften Kapitel stand die Arbeit des Hermann-Fortsetzers bis 1102 in der Peutinger-Handschrift nicht isoliert, sondern knüpft an die vorhergehenden Teilabschriften aus der Chronik Hermann des Lahmen an. Dabei lässt sich nicht abschließend entscheiden, ob die Zusammenstellung der Geschichtswerke auf den Continuator bis 1102 zurückgeht oder diesem bereits in bearbeiteter Form vorlag. Der Hermann-Fortsetzer bis 1102 hat die der Reichenauer Historiographie entstammenden Berichte für die Jahre 750–1063 redigiert, ehe er seine eigene Arbeit anfügte. Statt der Berichte Hermanns des Lahmen über die Jahre 840–880 ist ein kurzer Auszug aus dem *Chronicon Augiense maius* eingefügt. Es könnte ein Zeichen dafür sein, dass die Vorlage lückenhaft war. Doch könnte diese Zusammenstellung auch älteren Ursprungs sein. Dann wäre nicht mehr eindeutig zu klären, wie diese Kombination erfolgt ist. Die Jahresberichte der Handschrift gehen bis zum Beginn des Jahres 1064 auf die Mitteilungen Bertholds von Reichenau zurück, die weitgehend Berthold I folgt, aber auch Elemente der überarbeiteten Fassung von Berthold II aufweist. Der Herausgeber lehnt die Behauptung von Schütz über die „große Anzahl von Quellen“ für die an die Jahresberichte der Berthold-Chronik anschließenden Notate ab, dennoch ergeben sich diese in einer Reihe von Fällen.

Das sechste Kapitel befasst sich mit Sprache und Stil der Aufzeichnungen des Hermann-Fortsetzers bis 1102. Diese lassen nicht erkennen, ob sie auf den Urtext zurückgehen oder sich erst in die späteren Abschriften eingeschlichen haben. Die Untersuchung der Struktur und des Inhalts der Fortsetzung im siebten Kapitel ergibt, dass sich die Berichterstattung der Jahre 1054–1102 in 42 Jahresberichte gliedert. Die Edition weist die Mitteilungen der Jahre 1057, 1062, 1073, 1075, 1089, 1097 und 1099 gesondert aus, da sich Hinweise finden, die dafür sprechen, dass diese Gliederung bereits in der Vorlage der Chronik vorhanden war. Von den 49 Notaten sind 38 dem Geschehen auf Reichsebene gewidmet, wobei die Taten der regierenden Herrscher Heinrich III. und Heinrich IV. im Vordergrund stehen. Für Heinrich III. sind die Aufenthalte an Weihnachten und Ostern durchweg genannt, was bei Heinrich IV. nur sporadisch erfolgt. Die Berichte über die Herrscher sind umfangreich. Ebenso auch die Berichte über die Kämpfe zwischen den Klöstern St. Gallen und der Reichenau. Über die Entwicklungen in Konstanz und die Vorgänge im Herzogtum Schwaben wird gleichfalls berichtet. Dazu greift die Fortsetzung Vorgänge von England bis nach Jerusalem auf. Neben den Päpsten werden Seuchen, Hungersnöte und Naturereignisse berücksichtigt.

Das achte Kapitel befasst sich mit der „Tendenz" der Darstellung. Diese ist salierfreundlich und prosangallisch, ist aber nicht einseitig, wie die Darstellung Papst Gregors VII. und Heinrichs IV. belegt. Die Chroniken Bertholds von Reichenau und Bertholds von Konstanz sind entschiedener gregorianisch ausgerichtet. Im neunten Kapitel wird die Verbindung der Fortsetzung zur Chronik Bertholds von Konstanz behandelt, die als zwei eigenständige Schwesterchroniken angesehen werden. Das zehnte Kapitel geht auf die Rezeption der Hermann-Fortsetzung ein, die auf Schwaben begrenzt für das 12. und 15./16. Jahrhundert behandelt wird. Im elften Kapitel werden die Editionsrichtlinien und die Textgestaltung besprochen, wobei abweichende Lesarten von Alois Schütz in den Variantenapparat aufgenommen wurden.

Die Edition bietet ein wertvolles Quellenwerk über die Vorgänge in der zweiten Hälfte des 12. Jahrhunderts, das die Kenntnisse dieses Zeitalters ergänzt und vertieft. Der Editor hat seine schwierige Aufgabe erfolgreich bewältigt. Dafür ist ihm Dank und Lob zu zollen.

Immo Eberl

Ingrid Würth, Regnum statt Interregnum. König Wilhelm, 1247–1256 (Monumenta Germaniae Historica. Schriften 80) Wiesbaden 2022, LVII/476 S., 10 Abb., 2 Tab., ISBN 978-3-447-11782-1, 78 €.

Die vorliegende Habilitationsschrift wurde 2019 an der Universität Halle-Wittenberg abgeschlossen. Sie widmet sich in vier Abschnitten dem Königtum Wilhelms von Holland. Auf das die Arbeit eröffnende Quellen- und Literaturverzeichnis von 45 Seiten folgt der erste, einleitende Abschnitt „Regnum als Konstrukt im 13. Jahrhundert". Die kurze Darstellung von Herrschaft und Königtum geht in die Betrachtung der Ausgangssituation im Reich 1239–1247 über. Der Papst hat Kaiser Friedrich II. 1245 aufgrund seiner Eidbrüchigkeit als päpstlichen Vasall auf dem Thron Siziliens, der Gefangennahme von Prälaten auf dem Weg zum geplanten Konzil in Rom 1241 und der Häresie, vor allem der Freundschaft mit Muslimen abgesetzt. Das staufische Kaisertum hat selbst in stauferfreundlichen Kreisen mit dieser Absetzung sein Ende gefunden. Die Legitimitätsfrage Friedrichs II. in der Historiographie wird ausführlich behandelt, um sich dann mit dem Forschungsstand zu Wilhelm von Holland zu befassen. Die bisher gefällten Urteile wurden bis zu den Darstellungen der jüngsten Gegenwart fortgeführt. Die Verfasserin will Wilhelm von Holland als eigenständig handelnde Persönlichkeit zeigen, da dieser seit dem späten 13. Jahrhundert zunehmend weniger eigenständig handelnd gezeigt wurde.

Der zweite Abschnitt befasst sich mit den „Aspekte(n) der Herrschaft König Wilhelms" bis 1249. Sein Königtum wird im Spiegel seiner Urkunden betrachtet, wobei das Itinerar merkwürdigerweise über 1249 bis 1255 betrachtet wird, um sich dann mit den Empfängern der Urkunden zu befassen. An den vier ersten Urkunden Wilhelms von 1247 wird seine Stellung am Rhein gezeigt. Hier wurden – so die Verfasserin – die Weichen keineswegs in Richtung auf ein schwaches Königtum gestellt. Weshalb nur diese vier ersten Urkunden Wilhelms eingehend betrachtet werden, überrascht. In der folgenden Auswertung der Zeugenlisten der Urkunden Wilhelms wird das personelle Umfeld des Königs und dessen langsame Erweiterung gezeigt, was seine Deutung in der Überschrift der Zusammenfassung mit „Wilhelms Griff nach der Reichsherrschaft 1247–1249" erhält.

Das folgende Kapitel behandelt den „innere(n) Kreis: Einflüsse auf die Herrschaft König Wilhelms", wobei ein genauerer Blick auf das Funktionieren dieser Herrschaft geworfen wird. Nach der Darstellung der Mainzer Erzbischöfe Siegfried III. von Eppstein, Christian von Weissenau und Gerhard Wildgraf von Dhaun wird das Verhältnis zwischen Erzbischof Arnold von Trier und König Wilhelm dargestellt, das durch die Politik des Erzbischofs rasch gestört wurde, worauf dieser sich bis zum Tode Wilhelms nicht mehr an der Reichspolitik beteiligt hat. Erzbischof Konrad von Hochstaden hatte anfänglich ein enges Verhältnis zum König, doch kam es 1254/55 zu einer Entfremdung zwischen ihnen. Auch waren die Interessen der Kurie keineswegs immer die der rheinischen Erzbischöfe. In einem weiteren Schritt werden die drei päpstlichen Legaten in der Regierungszeit Wilhelms untersucht, um dann den Kanzler Wilhelms, Bischof Heinrich von Speyer, und seinen Justitiar, Adolf von Waldeck, näher zu betrachten. Zum Schluss wird die Familie des Königs und ihre Bedeutung für dessen Regierung vorgestellt.

Das dritte Kapitel widmet sich der Politik des Königs in Holland. Sie wird von den „Alltagsgeschäften" über das Verhältnis des Königs zu Bistum und Stadt Utrecht sowie zur Grafschaft Flandern geführt. König Wilhelm wird als maßgeblicher Akteur im Nordwesten des Reiches gezeigt, der diese Bedeutung anscheinend für seine Stellung im Reich benötigt hat.

Das folgende Kapitel geht dem Thema „König und der Osten des Reiches" nach. Zuerst wird neuerlich auf den Schwerpunkt von Wilhelms Herrschaft im Westen hingewiesen, um dann unter der Überschrift „Braunschweig 1252/53" Wilhelms Verbindung zu den Welfen darzustellen, die ihren Höhepunkt 1252 in der Hochzeit Wilhelms mit Elisabeth, der Tochter Ottos des Kindes in Braunschweig gefunden hat. Dazu werden die Urkunden Wilhelms zwischen Januar und Mai 1252 untersucht, um sich dann den Reichsfürsten im Osten zuzuwenden. Es werden Herzog Albrecht I. von Sachsen, die Markgrafen von Brandenburg mit der Rolle Lübecks, die Grafen von Anhalt und Markgraf Heinrich von Meißen und der livländische Zweig des Deutschen Ordens sowie das Treffen des Königs mit Heinrich von Meißen untersucht. Zuletzt werden „(Un)gelöste Aufgaben" mit dem Verhältnis zu Sophie, der Herzogin von Brabant und politisch aktiven Tochter der hl. Elisabeth samt dem Münzenberger Erbe behandelt.

Dieser Abschnitt endet in einer „Neubewertung" der Herrschaft König Wilhelms. Das ungünstige Urteil der älteren Forschung über die Herrschaft König Wilhelms habe sich bis zur vorliegenden Untersuchung erhalten. Nach der Verfasserin erweckt „ein relativ oberflächlicher Blick auf das Itinerar und die Liste der Urkundenempfänger Wilhelms“ Zweifel an diesen überkommenen Ansichten. Sie sieht Wilhelm auf der Grundlage seiner Urkunden bereits deutlich vor 1252 allgemein als König akzeptiert. In den von ihr untersuchten Szenarien in den Niederlanden und im Verhältnis zu den Fürsten im Osten des Reiches sieht sie den König mit den Verhältnissen bestens vertraut und als vorsichtigen Politiker, der über Kontakte seinen Einfluss erweiterte und sich Respekt verschaffte. Sie weist ein Versagen des Königs oder den Totalausfall königlicher Präsenz zurück, um sich im dritten Abschnitt dem „Bild des Königs: Wilhelm in der Geschichtsschreibung und der Memoria“ zuzuwenden.

Sie geht im ersten Kapitel auf die zeitgenössische Geschichtsschreibung zwischen 1236 und 1273 ein, die sie als vorhabsburgisch bezeichnet. Hier werden die Chronik von St. Pantaleon, die Erfurter Predigerannalen, die Stader Annalen, die Chronica Majora des Matthäus Parisiensis, die Chronik des Klosters Bloemhof, die Gesta Treverorum Continuatio V und die Altaicher Annalen herangezogen. Wilhelm von Holland wird als Akteur gezeigt, der in Zusammenarbeit mit den Großen seinen Einflussbereich ausbaute und im Verlauf weniger Jahre fast das gesamte nordalpine Reich erreichte. Das zweite Kapitel prüft die Geschichtsschreibung des Reiches bis zum Ende des 13. Jahrhunderts. Es werden die Chronik des Ellenhard-Codex, die Erfurter Peterschronik und die Chronik Martins von Troppau untersucht. Das dritte Kapitel befasst sich mit der Traditionsbildung in der Grafschaft Holland ausgehend von der Memoria der gräflichen Familie, wobei darauf hingewiesen wird, dass Wilhelms Sohn Florens weder in seiner Grafschaft noch in Reichsangelegenheiten oder in seinen Bemühungen um die Krone Schottlands seinen Status als Sohn eines römischen Königs herausgestellt hat. Doch wurde Wilhelm von Holland unter den späteren Grafen in den holländischen Chroniken erwähnt, was sich noch unter Kaiser Maximilian I. als Erbe von Maria von Burgund und bei Kaiser Karl V. findet.

Der kurze vierte Abschnitt „Königliche Herrschaft im Reich in der Mitte des 13. Jahrhunderts – und die Frage, was vom Interregnum übrigbleibt“ fasst die Ergebnisse der Arbeit zusammen. Die unterschiedliche Traditionsbildung König Wilhelms im Reich und in der Grafschaft Holland wird gezeigt und darauf hingewiesen, dass dieser in einer Weise gehandelt hat, die den Vergleich mit den Staufern und Habsburgern nicht zu scheuen braucht. Die Vertreter der Geschichtswissenschaft des 19. und 20. Jahrhunderts haben angeblich das Bild der Könige des Interregnums so klein gehalten, um Rudolf von Habsburg größer erscheinen zu lassen. Um diese Voreingenommenheit zu beseitigen, sollte das Interregnum als Kurzepoche vergessen und ein Königtum des 13. Jahrhunderts gesehen werden. Ob diese neue Sicht des Interregnums als Neuigkeit in der Forschung geteilt und Wilhelm von Holland als deutscher König im Format seiner Vorgänger und den Habsburgern und Luxemburgern gesehen werden kann oder muss, ist Forschungen der Zukunft zu überlassen. Diese müssen aber die Stellung Wilhelms als König berücksichtigen, die nach der Grabplatte Erzbischof Siegfrieds von Mainz von der eines Friedrich Barbarossas, Friedrichs II. oder Rudolfs von Habsburgs erheblich verschieden war.

Die Arbeit schweigt weitgehend zum Verhältnis Wilhelms von Holland zum süddeutschen Raum. Sie baut auf zahlreichen Details der Landes- und Regionalgeschichte auf, was sie zwar interessant macht, aber nicht als Ergebnis einer erfolgreichen Herrschaft gewertet werden kann, sondern nur als ein Bemühen, diese zu erreichen. Das Verschweigen der Stellung des Vaters durch Graf Florens in der zweiten Hälfte des 13. Jahrhunderts spricht hier wohl ein deutliches, zeitgenössisches Urteil, das eine Stimme des frühen 21. Jahrhunderts in der Auseinandersetzung mit den Ergebnissen von mehreren Gelehrtengenerationen, im Bemühen, „Neues" darzubieten, nicht aufheben kann.

Immo Eberl

Michael Eber / Stefan Esders / Till Stüber, Die Lebensbeschreibung des Lupus von Sens und der merowingische Machtwechsel von 613/14. Studien, revidierter Text und Übersetzung (Monumenta Germaniae Historica. Studien und Texte 70) Wiesbaden 2022, XIV/122 S., ISBN 978-3-447-11952-8, 40 €.

Die Lebensbeschreibung des Lupus von Sens konnte im Rahmen des Projekts „Der Codex Remensis der Staatsbibliothek zu Berlin (Ms. Phill. 1743): Der gallische Episkopat als Mittler antiken Rechtswissens und Mitgestalter merowingischer Politik" als beinahe zeitgenössischer Text festgestellt werden, der die Perspektive der Gegner Chlothars II. im burgundischen Teilreich einnimmt. Lupus entstammte einer Familie, die mit der Königin Brunichilde und dem burgundischen Königshof verbunden war, und wurde deshalb von Chlothar II. 613/14 kurze Zeit aus seinem Bistum verbannt. Er war aber im Oktober 614 auf der Synode in Paris anwesend und wieder in seinem Amt tätig.

Die Einleitung der Edition gibt eine vertiefende Studie zur Vita des Bischofs. Diese liegt nach der Untersuchung der handschriftlichen Überlieferung in 36 Handschriften vor, die in ihren Zusammenhängen und Abhängigkeiten eingehend behandelt wird. Die Vita wurde bisher weniger beachtet, weil sie vom Editor Bruno Krusch als im 9. Jahrhundert entstanden angesehen wurde. Die Herausgeber stellen sie dagegen als um 660 entstanden vor und bezeichnen aufgrund der Beziehung von Bischof Lupus zum Columbakult als Entstehungsort das Kloster Saint-Colombe in Sens. Der narrative Schwerpunkt der 31 Kapitel der Vita liegt mit zehn Kapiteln auf der Zeit der Machtübernahme Chlothars II. zwischen Oktober 613 und September 614 (Kapitel 9–18). Die Kapitel 2–8 schildern nach der allgemein gehaltenen *praefatio* im ersten Kapitel frühere Ereignisse, um sich in den Kapiteln 19–31 mit schwierig zu datierenden Wundergeschichten aus dem Leben des Bischofs, seiner Beisetzung und den nach seinem Tode eingetretenen Wundern zu befassen. Während die Fredegar-Chronik die Machtübernahme Chlothars II. als einen sich rasch vollziehenden Vorgang darstellt, wird aus der Vita des Bischofs Lupus deutlich, dass dieser Vorgang einen Zeitraum von mehreren Monaten mit Rückschlägen umfasst hat. Es kam dabei nicht nur zum Widerstand gegen die Amtsträger Chlothars in dessen neuem Herrschaftsgebiet, sondern auch zu Verschwörungen gegen den Herrscher. Die Verbannung des Bischofs wird umfassend geschildert, der aber in Abt Winebaudus aus Troyes einen Fürsprecher bei Chlothar II. fand, der dafür gesorgt hat, dass der Bischof rasch wieder in sein Amt eingesetzt wurde. Dieser hat in seiner Bischofsstadt eine große Anzahl von Anhängern besessen, die durch den Archidiakon Ragnegisel von Sens den Abt Winebaudus in Troyes zur Unterstützung von Bischof Lupus aktivierten und den Abt

Medegisel des in der Vorstadt von Sens gelegenen Klosters des hl. Remigius lynchten, weil dieser nach dem Bischofsamt getrachtet hatte.

Die Studien zur Vita wenden sich in einem weiteren Kapitel der „Topographie und Raumordnung" zu. Hier wird zuerst die *civitas* Sens detailliert untersucht und im Zusammenhang mit dem Columbakult betrachtet. Auch der Stephanskult mit der Glocke in der Bischofskirche wird in seinen Einzelheiten dargestellt. Darauf folgend wird die Kirchenprovinz Sens behandelt, die in ihrem südlichen Teil zum *regnum Burgundiae* gehörte. Die Vita betont immer wieder die Verbindungen zu den Bistümern dieses südlichen Teils. Diese Achse Troyes – Sens – Auxerre – Orléans hat über die Lebzeiten von Bischof Lupus hinaus bestanden.

Ein weiterer Abschnitt ist der Herkunft von Bischof Lupus gewidmet. Seine Eltern waren die Adeligen Betto und dessen Ehefrau Austregildis mit dem Beinamen Aga / Aiga, die einer reichen Familie entstammte, wie die Sendung von 500 *modii* Wein (rund 4.300 Liter) an Bischof Lupus für ein Gastmahl erschließen lässt. Die beiden Brüder der Austregildis waren die Bischöfe Austrenus von Orléans (588–vor 614) und Aunarius von Auxerre (ca. 561–605 oder 567–611). Letzterer wird in der Überlieferung wiederholt bezeugt. Die beiden Bischöfe haben für die Ausbildung des Lupus gesorgt, der 588 seine Klerikerlaufbahn begann. Die Forschung konnte nicht eindeutig klären, ob die Verwandtschaft zur Königsfamilie über seine Mutter oder seinen Vater bestanden hat. Trotz der nicht eindeutigen Situation ergibt sich das Bild, dass um 600 Sens, Auxerre und Orléans unter dem Einfluss von Königin Brunichilde gestanden haben müssen, deren Hof die Besetzung der Bischofsstühle kontrolliert hat.

Als Fazit der Überlegungen ergibt sich, dass Bischof Lupus anscheinend mit Rückendeckung der Königin Brunichilde und seiner mit ihr eng verbundenen Familie zum Metropolitanbischof von Sens gegen lokale Konkurrenz erhoben wurde. Die Familie des Bischofs Lupus hat wohl auch auf die Besetzung der weltlichen Ämter in diesem Raum Einfluss gehabt. Das Verhältnis des Bischofs zum Klerus von Sens wird in der Vita eingehend behandelt und aufgrund der Verleumdungen des Abtes Medegisel und des dux Far(a)ulf am Hofe Chlothars II. mit den politischen Veränderungen von 613/14 verbunden, die zur Exilierung des Bischofs von Sens beigetragen haben. Die Rolle des Abtes Winebaudus aus Troyes wird in diesem Zusammenhang betrachtet, da dessen Vita sich in Teilen mit der des Bischofs Lupus überschneidet. Die hagiographischen Aspekte in der Vita des Bischofs Lupus werden zuerst auf Vorlagen und intertextuellen Bezügen dargestellt, um dann die berichteten Wunder näher zu behandeln, die dem Bischof eine märtyrergleiche Stellung zubilligen. In einem letzten Schritt wird die Aussage der Vita für den Machtwechsel von 613/14 herangezogen.

Die Vita ist eine der wenigen Quellen, die die Herrschaftsübernahme Chlothars II. als Gesamtherrscher negativ betrachtet. Der politische Wechsel hat sich länger hingezogen, als dies die bisherige Forschung gesehen hat. Erst im Oktober 614 war die Herrschaft Chlothars II. konsolidiert. Bischof Lupus hat sich der Herrschaftsübernahme Chlothars widersetzt und hatte dabei anfänglich Erfolg. Er hat dabei in Verbindung zu anderen Bischöfen gestanden, die im Unterschied zu weltlichen Großen von Chlothar II. begnadigt wurden, weil Bischöfe schwieriger zu verurteilen waren als weltliche Große. Neben der

Vita von Bischof Lupus wird die der Äbtissin Rusticula von Arles untersucht, die ebenfalls gegen die Herrschaftsübernahme Chlotars II. war.

Nach der umfangreichen Einführung in die Vita wird diese nicht als vollständige Neuedition gedruckt, da die Edition von Bruno Krusch im Wesentlichen unverändert geblieben wäre. Die Abweichungen zu dieser Edition werden im lateinischen Text durch doppelte eckige Klammern gekennzeichnet. Die Kapitelzählung wurde leicht verändert. Der lateinische Text ist auf der linken Seite gedruckt, wobei die auf der rechten Seite stehende deutsche Übersetzung auf den revidierten Text zurückgeht. Das Register der Handschriften und die Namens-, Orts- und Sachregister erschließen die Edition.

Die Untersuchung der Vita verändert die bisherige Darstellung von der Übernahme der Alleinherrschaft im Frankenreich durch Chlothar II. erheblich. Der Eindruck einer raschen Machtübernahme ändert sich zu einem sich über mehrere Monate hinziehenden Vorgang. Es gab Kreise der geistlichen und weltlichen Großen, die Chlothar II. abgelehnt haben. Es wäre weiter zu untersuchen, warum dieses der Fall war und wie sich die Vorgänge vollzogen haben. Die Vita stößt damit weitere Forschung zum Jahr 613/14 an, was dessen Bedeutung nochmals hervorhebt.

Immo Eberl

Elisabeth Grünenwald, Oettingisches Urbar und Teilungslibell um 1370. Ämter Wallerstein, Deggingen, Alerheim, Wemding, Spielberg und Vogtei Offingen (Veröffentlichungen der SFG Va/3), Friedberg 2022, 248 S., 6 Abb., ISBN 978-3-949257-05-6, 29,80 €.

In jüngerer Zeit ist es der SFG gelungen, zwei langjährige Editionsprojekte von Amtsbüchern des 14. Jahrhunderts aus den historisch bedeutsamsten Regionen des bayerischen Schwaben zum Abschluss zu bringen, zum einen im Jahr 2019 „Das Urbar des Hochstifts Augsburg von 1316“ von Thaddäus Steiner, zum anderen der hier vorliegende Band von Elisabeth Grünenwald. Obwohl in beiden Fällen die Bearbeiter noch vor Drucklegung ihrer Werke verstorben sind, war es der SFG ein Anliegen, die Arbeiten fertigzustellen. Dies ist umso verdienstvoller, als dass man sich insbesondere als Archivar der Tatsache bewusst ist, dass gerade für das 14. Jahrhundert deutlich mehr frühe Amtsbücher in den Magazinen der Archive verwahrt werden, als aufgrund von deren oft mangelnder Erschließung auch tatsächlich für die Forschung herangezogen werden. Zwar versprechen moderne digitale Verfahren bei der Editionstechnik und der Erschließung von Archivalien hier Abhilfe zu schaffen, doch gibt es derzeit noch zu wenige Beispiele der tatsächlichen praktischen Umsetzung (und nebenbei kann die Arbeit des Historikers als Editor dadurch zwar erleichtert, nicht jedoch ersetzt werden – die intensive Auseinandersetzung mit der zugrundeliegenden Handschrift wird unerlässlich bleiben). Insofern sind klassische Editionen wie die von Elisabeth Grünewald nicht nur ein bewährtes, sondern auch ein unverzichtbares Arbeitsmittel der Forschung.

Elisabeth Grünenwald war als langjährige Archivarin der oettingischen Bestände auf der Harburg und über ihre Publikationen, vor allem die 1975/1977 erschienene Edition des ältesten Lehenbuchs der Grafschaft Oettingen (14. Jahrhundert bis 1471/1477), eine ausgewiesene Kennerin der oettingischen Geschichte. Ihre hier vorgelegte Edition präsentiert erstmals das älteste Urbar bzw. Teilurbar der Grafschaft Oettingen, das noch dazu im Zusammenhang einer sich schon als historisch bedeutsam abzeichnenden Erbteilung der verschiedenen Linien des Hauses im Vorfeld des Todes von Graf Ludwig X. am 2. März 1370 entstanden ist. Grünenwalds Text bietet nicht nur die Edition des Urbars selbst, in dem Rubrizierungen und Diakritika sorgfältig nachgezeichnet sind, ebenso wie weitere Schriftdetails im ausführlichen textkritischen Apparat. Dem eigentlichen, nach Orten gegliederten Urbar sind eine Zusammenstellung der Maßeinheiten und deren Umrechnungen sowie ein „Register" genanntes Inhaltsverzeichnis vorangestellt. In der ausführlichen hilfswissenschaftlichen Einleitung zum Editionstext finden sich neben der genauen Wiedergabe der Grundsätze der Textgestaltung eine detaillierte Beschreibung der Handschrift, ihres äußeren und inneren Aufbaus und ihrer Schreiberhände. Besonders hervorzuheben ist der nachträglich hinzugefügte Beitrag zu „Geschichte und Schicksal der Handschrift" von Richard H. Seitz, ehemaliger Leiter des Staatsarchivs Augsburg, in dem die nicht immer ganz lineare Überlieferungsgeschichte der Handschrift erörtert wird. Hier erfährt der Leser nicht nur, warum es sich „nur" um einen Teil eines ursprünglich wohl deutlich umfangreicheren, heute aber verlorenen Gesamturbars handelt, dessen Original heute – auch ganz ohne die Verwicklungen der bayerischen Archivgeschichte zu Beginn des 19. Jahrhunderts zu benötigen – nicht wie zu erwarten wäre auf der Harburg, sondern im Bayeri schen Hauptstaatsarchiv in München aufbewahrt wird. Abgeschlossen wird der Band von einem ausführlichen Anhang, der neben einigen historischen Erläuterungen (wie z.B. die Lokalisierung des Flurnamens „Brunst") zwei Stammtafeln zu den Grafen von Oettingen im Mittelalter, ein ausführliches Quellen- und Literaturverzeichnis bietet, wie auch ein die Benutzung des Bandes zum Teil erheblich erleichterndes Orts- und ein Personenregister.

Thomas Engelke

Frühe Neuzeit

Claudia Ried, Die Auswirkungen des bayerischen Judenedikts auf die schwäbischen Landjudengemeinden (1813–1850) (Quellen und Darstellungen zur jüdischen Geschichte Schwabens 6) Friedberg 2022, 408 S., 13 farb., 6 sw. Abb., ISBN 978-3-949257-06-3, 34,80 €.

Die Arbeit ist innerhalb eines noch von Rolf Kießling initiierten Projekts erschienen. Die Reihe 11 der Veröffentlichungen der SFG „Quellen und Darstellungen zur jüdischen Geschichte Schwabens" umfasst jetzt fünf Titel. Während die vorhergehenden sich mehr auf Einzelregionen oder -orte beziehen, ist der neueste von Claudia Ried der erste, der den ganzen Raum Bayerisch-Schwabens in den Blick nimmt.

Im Zentrum der Arbeit steht das in der Reformära Montgelas erlassene Judenedikt von 1813, dessen Auswirkungen systematisch untersucht werden. Die frühneuzeitlichen

Herrscher, darunter auch die Wittelsbacher, sahen meist in den Juden, ähnlich wie in Bettlern und Vaganten, vorwiegend ein lästiges Übel, das es abzuwehren und möglichst fernzuhalten galt. Daher war Altbayern den Juden weitgehend verschlossen geblieben. Im herrschaftlich zersplitterten Gebiet des späteren bayerischen Schwaben herrschte dagegen ein Wirrwarr verschiedener Bedingungen für die dort in einigen Gemeinden lebenden Juden. Zum Teil waren sie von Duodezherrschern angesiedelt worden, um sie als ihre Schutzherrn finanziell schröpfen zu können, zum Teil von grundbesitzenden Adligen, deren Herrschaftsbereich oft nur wenige Orte umfasste und die Inhaber der niederen Gerichtsbarkeit, aber nicht Territorialherren waren.

Ein Reskript von 1801 des damaligen Kurfürsten Max IV. Josef erklärte die Juden in Bausch und Bogen als schädlich für den Staat, ohne genauere Gründe dafür anzugeben. Auch im Apparat der Exekutivbeamten herrschten vielfach ähnliche Vorurteile.

Das 1813 erlassene Judenedikt sollte den Umgang mit den Juden im neuen Königreich Bayern systematisieren, aber nicht wie in Frankreich ihre Gleichstellung mit der christlichen Bevölkerung bewirken.

Die frühneuzeitlichen Verbote hatten den Juden kaum legale Erwerbstätigkeiten übriggelassen. Wesentlich war der Hausierhandel, der aber auch als unerwünscht galt. Stattdessen sollten die Juden jetzt nach dem Nützlichkeitsgedanken für den Staat umerzogen und für Tätigkeiten in Handwerk und Landwirtschaft motiviert werden. Keinesfalls wollte man eine Zunahme des jüdischen Bevölkerungsanteils haben. Es bestand ein Einwanderungsverbot. Die Niederlassungsfreiheit wurde durch ein restriktiv und schikanös gehandhabtes Matrikelsystem verhindert. Nur wer dort eingetragen war, hatte das Recht auf ständigen Aufenthalt und Berufsausübung. Jüdische Kultusgemeinden mussten mindestens 50 Familien umfassen, um anerkannt zu werden. Sie hatten nur ein Vorschlagsrecht für ihre Rabbiner und das dem Kultus dienende Personal, die Entscheidung lag bei den staatlichen Behörden. Dies bedeutete eine Einschränkung gegenüber den vorher in Schwaben geltenden Selbstverwaltungsrechten.

Bald stellte sich heraus, dass sowohl Juden als auch Christen mit dem Edikt von 1813 unzufrieden waren. Der Reformminister Montgelas erkannte seine Unzulänglichkeit, unternahm aber nichts dagegen.

Die Verfassung von 1818 verkündete zwar die Religionsfreiheit. Diese war aber nur für Altbayern neu, für die Juden im schwäbischen Land hatte sie schon vor dessen Übernahme durch Bayern gegolten.

Bereits 1819 lagen dem ersten Landtag diverse Eingaben von jüdischer Seite zur Verbesserung der Lage vor, die Opposition von christlicher Seite gegen eine Gleichstellung war aber immer noch stark. Nicht nur kam keine ernsthafte Debatte zustande, die Mehrheit wollte sogar eine negative Verschärfung des Judenedikts. Es folgten judenfeindliche Eingaben, vor allem eine von Augsburger Kaufleuten getragene, die die jüdische Wirtschaftstätigkeit als existenzbedrohlich für die Kaufmannschaft hinstellte. Vereinzelt kamen zudem Proteste von ländlichen Gemeinden, doch herrschte nicht in allen ländlichen Orten, besonders in denen mit jüdischen Kultusgemeinden, Feindseligkeit gegen die Juden. Auf dem Land stellten sie auch keine Konkurrenz für die alteingesessenen Bauern und Handwerker dar.

Neben dem Herrscherhaus tat sich vor allem die Beamtenschaft weiter in ihrer Abneigung gegen die Juden hervor, wobei sie überdies glauben mochte, diese Einstellung sei von ganz oben erwünscht.

Das Judenedikt räumte nicht systematisch mit den alten frühneuzeitlichen Willkürverhältnissen auf. Obwohl es die Möglichkeit des Hausbesitzes von Juden in Gemeinden und Anteile an dem damit verbundenen Gemeindevermögen vorsah, wurden ihnen diese in verschiedenen Orten verweigert, weil dem andere Interessen entgegenstanden. In Fellheim verhinderte der Patriziatsadelige und örtliche Herrschaftsträger Reichlin von Meldegg sogar grundsätzlich jüdischen Hausbau, um von der Vermietung heruntergekommener eigener Häuser an Juden profitieren zu können. Die alten Schutzherrn verlangten vielfach auch weiter die bisherigen Abgaben von den in ihrem Bereich ansässigen Juden. Staatsregierung und Unterbehörden duldeten dies, um den Adel nicht zu verärgern.

Diverse Eingaben von Juden zur Verbesserung ihrer Lage bei der Kammer der Abgeordneten hatten keinen Erfolg. Ludwig I., dem Juden auch persönlich unsympathisch waren, lehnte ebenso wie sein Vater Max I. jede Verbesserung ab. Die bedrückende Lage verschärfte sich mit der Berufung des extrem konservativen, an der absolutistischen und gegenreformationären Vergangenheit orientierten Karl von Abel im Jahr 1838 zum Innenminister.

Erst in der revolutionären Situation von 1848 forderte die Kammer der Abgeordneten die uneingeschränkte Gleichstellung und Emanzipation der Juden. Max II. tat aber alles, um dies zu verzögern. Auch aus den Reihen der Beamten und der neuen erzkatholischen Piusvereine kam Widerstand auf. Noch 1850 lehnte die reformfeindliche Reichsrätekammer die Emanzipation grundsätzlich ab.

Erst 1861 schaffte der Landtag das Matrikelsystem ab. Und erst zehn Jahre später wurde die weitgehende Gleichberechtigung der Juden durch ein Reichsgesetz verankert.

Die Matrikelgesetzgebung hatte ihr Hauptziel, die Juden weitgehend in Handwerksberufe und in landwirtschaftliche Tätigkeit zu drängen, nicht erreicht, auch wenn für Zwecke der Kultusgemeinden eine Reihe von Juden im Handwerk tätig waren.

Ein Grundproblem, das sich der Autorin stellte, war der Mangel an flächendeckenden Quellen, weshalb sie sich auf die mikrohistorische Beleuchtung einzelner Judengemeinden konzentriert hat, je nachdem, wie das überlieferte Material es ermöglichte. Nicht einmal die Matrikelbücher sind mit Ausnahme von Ichenhausen erhalten. Gesicherte statistische Angaben über die Zahl der Juden in Schwaben sind nicht vorhanden, so dass nur allgemeine Schätzungen möglich sind. Demnach betrug sie in Schwaben 1809/10 rund 5.900, 1840 ca. 6.900 und 1852 ungefähr 6.200.

Die mikrohistorischen Studien sind mit großer Exaktheit durchgeführt; der Autorin ist durchaus bewusst, dass Verallgemeinerungen daraus in gewissem Maß problematisch sind. Innerhalb der mikrohistorischen Studien sind bei ihr oft zu viele Einzelfälle aneinandergereiht; mehr pars pro toto hätte hier nicht geschadet. Die Behandlung der einzelnen Eingaben hätte ebenfalls Kürzungen vertragen. Gern hätte man auch etwas über die Haltung der christlichen Kirchen zum Judenedikt erfahren. Nach Ried gibt es in den Akten nicht einmal Überblickslisten der jeweiligen oft judenfeindlichen Landrichter. Diese sind aber zumindest in den seit 1812 erschienenen Hof- und Staatshandbüchern aufgeführt.

Das Buch gibt im Rahmen des durch die Quellen Möglichen ein lebendiges Bild der bedrückenden Diskriminierungen des Alltagslebens der schwäbischen Juden. Ein Glücksfund sind die Lebenserinnerungen eines Juden aus Altenstadt (Joseph Raff) im Leo-Baeck-Institute in New York. In der Bibliographie vermisst man die 2009 erschienene Monographie von Barbara Rösch, „Der Judenweg", die sich mit den beim Hausier- und Viehhandel speziell von Juden in Bayern bevorzugten Nebenstraßen befasst. Ein kurzer vergleichender Blick auf Judenedikte in anderen deutschen Ländern wie Baden (1809) und Preußen (1812) hätte sicher den Horizont noch erweitern können. Selbst ein Reformer vom Format Wilhelm von Humboldts glaubte, man könne den Juden ihre Religion gleichsam wie eine lästige Krankheit abtrainieren.

Das Buch ist ein weiterer Markstein in der Erschließung der lange vernachlässigten Geschichte der Juden in Bayern. Die Arbeit zeigt außerdem – was ein besonderes Verdienst ist – sehr unschöne Aspekte in der Haltung der Wittelsbacher auf, denen noch immer auch von diversen wissenschaftlichen Historikern unkritisch gehuldigt wird. Bisher hat man nicht nur zur entsprechenden Einstellung des bayerischen Herrscherhauses die Augen verschlossen, sondern ebenso so zu der bei Ried vielfach dokumentierten Judenfeindschaft der hohen Beamten; beispielsweise erfährt man dazu in dem Band über die schwäbischen Regierungspräsidenten von 2017[1] praktisch nichts.

Paul Hoser

Renate Berresheim, Violante Beatrix von Bayern. Großprinzessin der Toskana (1673–1731). Eine Biografie, Regensburg 2021, 286 S., ISBN 978-3-7917-3277-0, 39,95 €.

Die Betrachtung der weiblichen Mitglieder frühneuzeitlicher Herrscherdynastien ist heute fester Bestandteil der Erforschung vormoderner Herrschaft. Dabei werden unterschiedlichste Spielarten von Herrschaftsausübung durch Frauen untersucht, wie die Rolle meist bekannterer Herrscherinnen aus eigenem Recht, die Handlungsspielräume von Herrschergemahlinnen, die Einflussnahme anderer mit dem Herrscher verwandtschaftlich verbundener Frauen oder die formalisierte Herrschaft von Frauen als Regentinnen oder Statthalterinnen.

In diesem Forschungsfeld ist die Dissertation Renate Berresheims zu verorten, in der Violante Beatrix von Bayern (1673–1731), die jüngste Tochter des bayerischen Kurfürstenpaares Ferdinand Maria und Henriette Adelaide von Savoyen, in den Blick genommen wird. Aus Sicht der Forschung erscheint die Beschäftigung mit Violante Beatrix doppelt reizvoll: Erstens fand sie sich nach dem Tod ihres Mannes Ferdinando de' Medici, des Erbprinzen der Toskana, in der Stellung einer kinderlosen Witwe wieder, bevor ihr Mann überhaupt die Herrschaft angetreten hatte. Zweitens wurde sie als Witwe von ihrem Schwiegervater als Gouverneurin in Siena eingesetzt.

---

1 Marita Krauss / Rainer Jedlitschka (Hg.), Verwaltungselite und Region. Die Regierungspräsidenten von Schwaben 1817 bis 2017, München 2017.

Anhand einer Reihe von Einzelfragen nach den konstitutiven Elementen ihrer Statusveränderungen durch die Vermählung nach Florenz sowie den frühen Tod ihres Mannes, nach ihrer Verankerung innerhalb beider Familien sowie nach ihrem Nachleben wird in der Arbeit dem Ziel, „so viel an Material zusammenzutragen, dass daraus eine Biografie dieser bemerkenswerten Frauengestalt […] entstehen kann“ (S. 14), nachgegangen. Dabei wird der Anspruch erhoben, Aussagen treffen zu können, die über die Einzelperson Violante Beatrix hinausgehen, sowie „grundsätzliche Fragen zur Situation des europäischen Adels in der Zeit des Barock zu beantworten“ (S. 14).

Die schlanke Studie gliedert sich in insgesamt elf Kapitel, die durch einen Anhang aus Zeittafel, Stammbäumen, Abbildungen, Quellen- und Literaturverzeichnis sowie einem Personenregister ergänzt werden. Die ersten vier Kapitel, die einer Einleitung gleichkommen, präsentieren das Ziel der Arbeit, umreißen den Forschungsstand und stellen Quellengrundlage sowie Methodik vor. Zwei erste inhaltliche Kapitel warten mit einem Überblick zum Kurfürstentum Bayern unter Maximilian I. und damit weit vor der Geburt Violante Beatrix' sowie der Vorstellung ihrer Eltern und Geschwister auf (Kapitel 5 und 6). Mit der Geburt Violante Beatrix' betritt auf Seite 101 dann endlich die Hauptakteurin die Bühne. Wie der Untertitel der Studie „Eine Biographie“ verspricht, orientieren sich die folgenden Kapitel chronologisch am Leben der Protagonistin: Wir können sie von ihrer Kindheit und Jugend an (Kapitel 7) bis zur Hochzeit mit dem Erbprinzen der Toskana (Kapitel 8), von ihrer Zeit als Großprinzessin der Toskana an dessen Seite (Kapitel 9) über ihre Witwenzeit und die Statthalterschaft in Siena (Kapitel 10) bis zu ihrem Tod begleiten (Kapitel 11). Die Schlussbetrachtungen fassen leider kaum die Ergebnisse der Studie zusammen, sondern liefern einen Überblick über verschiedene frühneuzeitliche Formen der Herrschaft von Frauen, den man in den einleitenden Kapiteln hätte erwarten können. Die eigene Arbeit resümierende Passagen finden sich dagegen im vorherigen Kapitel (S. 239–242).

Grundlage der Studie bilden unterschiedliche Quellengattungen, wobei vor allem die Auswertung archivalischer Bestände italienischer Provenienz positiv hervorzuheben ist. Einzelne Quellen wie die knapp vorgestellten Porträts der Protagonistin (S. 26) oder der im Anhang abgebildete Stich zum Einzug Violante Beatrix' in Siena (S. 263, Abb. 4) hätten stärker im Hinblick auf die Frage nach Herrschaft und Herrschaftsrepräsentation analysiert werden können. Auch das in der Nationalbibliothek in Rom überlieferte, literarische Selbstporträt Violante Beatrix' (S. 219 f.) würde eine tiefergehende Untersuchung verdienen.

Als Schwäche der Arbeit muss festgehalten werden, dass die Hauptakteurin zeitweise hinter allerlei historischen Kontexten verschwindet. Beispielsweise wäre es lohnend gewesen, die Ausführungen zum Kurfürstentum Bayern und zu den bayerischen Wittelsbachern (Kapitel 5 und 6) immer wieder in Bezug zu Violante Beatrix zu setzen. An anderer Stelle vermisst man hingegen mehr Kontextualisierung. Man wird etwa mit der Krönung Violante Beatrix' im Rahmen der Hochzeitsfeierlichkeiten (S. 148) ein wenig allein gelassen, bei der eine Einordnung vor dem Hintergrund anderer weiblicher Krönungen im frühneuzeitlichen Europa wünschenswert gewesen wäre. Auch die Kinderlosigkeit der Großprinzessin wird zu knapp abgehandelt (S. 188–190). Die zuweilen stark deskriptiv dargestellten Erkenntnisse hätten insgesamt stärker analytisch ausgewertet und hinterfragt werden müssen, auch unter Hinzunahme aktueller, internationaler Forschungsliteratur. Gelegentlich wäre eine sprachliche Glättung angebracht gewesen.

Mit der Arbeit von Renate Berresheim liegt nun eine erste Studie zu Violante Beatrix von Bayern vor, in der die behandelte Akteurin in einen historischen Rahmen gesetzt wird und ihre Lebensumstände auch vor dem Hintergrund bayerisch-italienischer Beziehungen in der Frühen Neuzeit verortet werden. Einzelne Aspekte ihres Lebens und bestimmte Fragestellungen können davon ausgehend noch weiter erforscht werden.

Dominik Müller

Guido Messling / Jochen Sander (Hg.): Renaissance im Norden. Holbein, Burgkmair und die Zeit der Fugger, München 2023, 360 S., zahlreiche Abb., ISBN 978-3-7774-4202-0, 55 €.

„Sensationell“, so urteilt die „Frankfurter Allgemeine Zeitung“ über die Ausstellung „Renaissance im Norden“, in der die beiden Großmeister der Augsburger Kunst in der Zeit um 1500, Hans Holbein der Ältere (um 1464/65–1524) und Hans Burgkmair der Ältere (1473–1531) in ihrem Schaffen einem breiten Publikum außerhalb Augsburgs vorgestellt werden. Dieser Einschätzung ist nichts hinzuzufügen.

Die Idee zu dieser grandiosen Schau entstand am Kunsthistorischen Museum in Wien, sehr schnell gesellte sich das Städelmuseum in Frankfurt als Partner hinzu. Mit dieser Ausstellung, die zunächst in Frankfurt und dann in Wien präsentiert wird, soll anhand von über 130 Meisterwerken der verschiedensten Art, die aus den bedeutendsten Museen Europas stammen, gezeigt werden, wie Augsburg um 1500 zu einem Zentrum der deutschen und internationalen Kunst der Renaissance wurde.

Holbein und Burgkmair waren Maler. Gleichsam wie in einer Kunst- und Wunderkammer sind aber neben den Hauptwerken der Malerei der beiden Meister auch Zeichnungen, Holzschnitte, Kupferstiche, Statuen, Reliefs, Plastiken, Medaillen, Plattnerarbeiten und andere Preziosen weiterer Künstler zu sehen, die zeigen, wie vielfältig die Meister in den verschiedensten Künsten waren, woher sie ihre Anregungen bezogen und welche Künstler Augsburg neben den beiden Großmeistern vor 500 Jahren beherbergte bzw. welche Künstler unsere beiden Helden beeinflusst haben.

Wie in einem Panoptikum treten neben den beiden Großmeistern auf: Albrecht Dürer, Hans Memling, Jan van Eyck, Kolman Helmschmied, Hans Daucher, Sebastian Loscher, Daniel Hopfer, Hans Scheufelin, Hans Weiditz, Niklas Reiser, Jörg Muskat, Gregor Erhart, Hans Schwarz, Erhard Radolt, Jörg Breu der Ältere und der Jüngere, Michael Erhart, Leonhard Beck, Ulrich Apt der Ältere, der Italiener Andrea Solario, um nur die wichtigsten Künstler zu nennen.

An wichtigen Zeitgenossen des Humanismus, der Politik und der Wirtschaft erscheinen Kaiser Maximilian I., Maria von Burgund, Papst Julius II., Konrad Peutinger, Willibald Pirckhaimer, Jakob Fugger und sein Neffe Anton Fugger sowie zahlreiche andere hohe geistliche Würdenträger, städtische Granden der Politik und Wirtschaft zweiter Ordnung. Und dann natürlich Heilige: Maria, Georg, Johannes, das Christuskind sowie von der heidnischen

Seite: Neptun, Merkur, Venus und Cupido. Die Aufzählung dieser Protagonisten ist nicht vollzählig. Alles Kunst von höchster Qualität, das meiste davon in Augsburg entstanden!

Der hervorragende Katalog aus dem Hirmer Verlag, Name bürgt für Qualität, bringt dem interessierten Leser und Betrachter diesen opulenten Kunstgenuss in einem wunderbaren Prachtband nahe. Der überaus lesenswerte Band zerfällt in zwei Teile. In einem ersten Teil bringen ausgewiesene Fachleute in knapp gehaltenen, gut geschriebenen und verständlichen Essays dem Leser die unterschiedlichsten Facetten zu den Themen „Holbein, Burgkmair, Augsburg um 1500, Dürer und Fugger" näher. Ein wunderbares Lesevergnügen! Dann werden in einem großartig gestalteten Katalogteil die einzelnen in Frankfurt und Wien gezeigten Exponate in Wort und Bild beschrieben, wobei positiv zu bemerken ist, dass erwähnt wird, was in Frankfurt bzw. Wien jeweils nicht gezeigt wird. Zahlreiche Katalogautoren, alle ebenfalls anerkannte Meister ihres Faches, erklären die Kunstwerke mit großer Sachkenntnis, was zu einem großen Erkenntnisgewinn führt.

Wenn man über Augsburger Kunst im ersten Viertel des 16. Jahrhunderts spricht, darf natürlich ein Name nicht fehlen: Fugger. Jedermann in Augsburg um 1500 wusste, dass die superreiche Familie der Fugger keine adeligen oder sonstigen vornehmen Ahnen hatte, sondern dass Hans Fugger der Alte 1367 als Webermeister und Textilhändler aus einem kleinen Dorf nach Augsburg gekommen war. 150 Jahre später war sein Enkel Jakob Fugger der reichste Kaufmann Europas und bestimmte mit seinem Geld, wer Kaiser im Heiligen Römischen Reich sein sollte. Ein Aufstieg, der einmalig in der Wirtschaftsgeschichte Mitteleuropas ist. Jakob Fugger bemühte sich nun, den „Makel der einfachen Herkunft" durch Engagement in Kunst und Kultur im besten Fall vergessen zu machen. Beide Großmeister stellten den Ausnahmekaufmann mit kostbarer Netzhaube dar. Albrecht Dürer, zu dem Jakob Fugger ein besonderes Verhältnis pflegte, war am Entwurf der Grabeskapelle der Fugger in der Kirche St. Anna beteiligt. Für diese Kapelle stiftete der Kaufmann auch eine Orgel. Jörg Breu der Ältere schuf die Malereien der Orgelflügel. Kein Geringerer als Paul Hofhaimer war dort der Organist. Mit der Fuggerkapelle hat Jakob der Reiche der Welt ein Juwel der Renaissancekunst nördlich der Alpen geschenkt, auch wenn die heutige Fuggerkapelle viel von ihrer prächtigen Ausstattung verloren hat.

Wer Jakob Fugger erwähnt, darf Kaiser Maximilian I. nicht verschweigen. Dieser überehrgeizige, machtversessene, kunstverliebte, medienbewusste Habsburgerkaiser war ein starker Motor, ein Beförderer der Künste in Augsburg und zog unsere beiden Helden in vielen der Projekte heran, die seine Macht und Herrlichkeit aller Welt verkünden sollten. Holzschnitt und Kupferstich, vor kurzem im 15. Jahrhundert erfundene Drucktechniken, waren dazu geeignete Medien. Auch davon kündet die Ausstellung. Augsburg war in der Zeit um 1500 ein Welthandelszentrum. So verwundert es nicht, dass die Bewohner völlig fremder Welten wie Indien durch Buchillustrationen Burgkmairs Augsburg und Europa näher gebracht worden sind. Auch dieses Thema ist Inhalt der Ausstellung.

Holbein und Burgkmair waren also gut im Geschäft. Doch woher hatten sie ihre Vorbilder, an welcher Kunst orientierten sie sich? Auch darauf gibt die Ausstellung eine Antwort. Wie eine große Spinne in einem dichtgewobenen Netz saß Augsburg im Zentrum der Handelsniederlassungen der Fugger, Welser, Rehlinger, Gossembrot, Meuting und zahlreicher anderer Kaufmannsfamilien, die ein engmaschiges wirtschaftliches Netz über ganz

Europa und die neuentdeckten Gebiete geworfen hatten. Zwei Handelsschwerpunkte gab es in diesem Netz: Burgund und Oberitalien. Diese beiden Regionen waren zugleich auch die Kulturzentren der Alten Welt, insbesondere im Bereich der Malerei. Dem wirtschaftlichen Austausch folgte auch ein künstlerischer. Holbein reiste gen Westen und Norden, um die dortigen Meister zu studieren, Burgkmair war dagegen vom Kunstschaffen Italiens angetan.

In den Arbeiten der beiden Meister schlug sich diese Neugier auf andere Kunstlandschaften nieder, wobei Holbein sich dann auch der italienischen Kunst offen zeigte. In Augsburg verschmolzen so um 1500 die Kunst des Nordens und die Kunst des Südens zu einem Stil, der beide Sphären sowie die traditionelle schwäbische Kunst auf das Erstaunlichste miteinander verband. Augsburg als Zentrum der deutschen und internationalen Kunst, welch glückliche Zeit. Seine eindrucksvollste Frucht hat diese Verschmelzung in den Arbeiten Hans Holbeins des Jüngeren gefunden, dessen Werk ebenfalls in den Ausstellungen thematisiert und in wunderbaren, staunenswerten Kunstwerken vorgestellt wird.

Die Ausstellungen in Frankfurt und Wien sowie der dazu erschienene Prachtband bieten eine Augenweide sowie ein tiefes Eintauchen in die Kunstwelt am Beginn der Neuzeit. Zu Recht stellt das Projekt Augsburg als eine europäische Hauptstadt der Künste um 1500 heraus. Übrigens: Auch die Kunstsammlungen und Museen Augsburg zeigen ab Juli 2024 eine sehenswerte Ausstellung zu Hans Holbein dem Älteren und seinen Künstlerzeitgenossen.

Der wunderbare Katalog sollte Pflichtlektüre sein für alle, die sich mit der Augsburger Kunst am Beginn der Neuzeit beschäftigen. (Hinweis: Auf Seite 123 muss es „Karolinische Regimentsordnung“ heißen, nicht „Karolingische“!)

Wolfgang Wallenta

Wolfgang Mährle (Hg.), Im Bann des Sonnenkönigs. Herzog Friedrich Carl von Württemberg-Winnental (1652–1698) (Geschichte Württembergs. Impulse der Forschung 7), Stuttgart 2022, 219 S., ill., ISBN 978-3-17-041308-5, 28 €.

„Im Bann des Sonnenkönigs“ – so lautet der Obertitel eines attraktiv gestalteten Sammelbandes, ganz überwiegend basierend auf Vorträgen einer Tagung des „Arbeitskreises für Landes- und Ortsgeschichte im Verband der württembergischen Geschichts- und Altertumsvereine“ im Jahr 2019. Im Mittelpunkt steht der bislang von der Forschung wenig beachtete württembergische Administrator Friedrich Carl von Württemberg-Winnental (1652–1698), der nach dem plötzlichen Tod seines Bruders Wilhelm Ludwig vor der Herausforderung stand, das Herzogtum während der Reichskriege gegen Ludwig XIV. durch schwierige Zeiten zu steuern.

In einer instruktiven Einführung macht Herausgeber Wolfgang Mährle mit der Biographie Friedrich Carls ebenso bekannt wie mit Forschungsstand und Forschungsperspektiven. Die Auffassung der neueren Forschung, nach der Friedrich Carls politische wie militärische Aktivitäten in eine Zeit fallen, die mittlerweile als „Schlüsselepoche“ (S. 9) in der Geschichte des Herzogtums gilt, ist Ausgangspunkt für eine nähere Befassung mit dem bislang wenig bekannten Vertreter des Hauses Württemberg.

Die für einen nachgeborenen Prinzen vergleichsweise umfängliche Ausbildung nimmt ebenfalls Wolfgang Mährle in den Blick. Friedrich Carl profitierte von der gemeinsamen Erziehung mit seinem rund fünf Jahre älteren Bruder Wilhelm Ludwig, dem Thronfolger. Karriereperspektive des Nachgeborenen war freilich das Militär, realisiert ab 1674 in kaiserlichen Diensten. Der plötzliche Tod des Bruders 1677 sollte dann die Militärlaufbahn zeitweilig zur Nebensache werden lassen.

Der Administratorposten musste von Friedrich Carl allerdings erst vor dem Reichshofrat in Wien juristisch erfochten werden. Frank Kleinehagenbrock untersucht die rechtlichen Grundlagen der Erlangung dieser Position sowie die strukturellen Begrenzungen der Handlungsmöglichkeiten des Administrators durch die Mitvormundschaft der Schwägerin und des Geheimen Rates. Das prominenteste Beispiel der Folgen dieser Konstellation ist die Vereitelung des von Friedrich Carl geplanten diplomatischen Zugehens auf Frankreich durch den Geheimen Rat.

Ludwigs XIV. politisch-militärische Dominanz gab für Friedrich Carl wesentlich die Agenda vor, was sich auch in den meisten Beiträgen des Bandes spiegelt. Max Plassmann konturiert nicht nur die Bedeutung der Generalskarriere in Diensten Kaiser Leopolds I. für Friedrich Carl; er stellt auch das abfällige Urteil der älteren Forschung über dessen militärische Fähigkeiten in Frage, indem er die problematische Quellenlage ebenso wie die Komplexität militärischen Geschehens deutlich macht. Dies gilt gerade auch für die Bewertung der Niederlage Friedrich Carls 1692 bei Ötisheim gegen französische Truppen; mit der Gefangennahme des Herzogs war auch das Ende seiner Administratorentätigkeit besiegelt, nicht aber das der Militärkarriere, die er nach der Freilassung aus französischer Haft als nach wie vor geschätzter kaiserlicher General wieder aufnahm.

Den Primat des Militärischen betont ebenso Gerhard Fritz, der sich dem bereits zeitgenössisch umstrittenen „Krisenmanagement" (S. 91) Friedrich Carls in und zwischen den Kriegen gegen Ludwig XIV. widmet. Fritz stellt die Herausforderungen durch die Kriegsserie und ihre Folgen den vergleichsweise begrenzten Spielräumen der Regierung gegenüber, schwankend zwischen militärischer Gegenwehr und Schadensbegrenzung durch Entgegenkommen gegenüber den französischen Forderungen. Die Kehrseite des Krieges war nicht zuletzt die Verhinderung bzw. der Abbruch von innenpolitischen Reformprojekten.

Holger Th. Gräf nimmt den Soldatenhandel in den Blick, den zahlreiche Reichsfürsten aus finanziellen Gründen zur Erhaltung von Heereskontingenten und Generierung von Einkünften, ebenso zur Erhaltung machtpolitischer Spielräume betrieben, und ordnet Friedrich Carls Kontrakte zum Soldatenhandel, angestrengt auch zur finanziellen Absicherung seiner eigenen Familie, die durch die väterliche Apanage nicht zu erreichen war, in diese Praxis ein.

Mit architektonischer und numismatischer Repräsentation beschäftigen sich Rolf Bidlingmaier und Ulrich Klein. Bidlingmaier zeichnet die angesichts mangelnder Finanzen recht eingeschränkte Bautätigkeit Friedrich Carls in erster Linie in Form einer Bestandsaufnahme und stilgeschichtlichen Einordnung nach. Klein lässt mit den Schwerpunkten des numismatischen Bildprogramms Friedrich Carls besondere Akzente herzoglicher Repräsentation aufscheinen, die sowohl dynastisch (Verheiratung), politisch-militärisch (Carl Friedrich als siegreicher Herkules) als auch kulturell-bildungspolitisch (Begründung des

Stuttgarter Gymnasiums) auszudeuten sind. Das in der Amtszeit des Administrators nach mehrfachen Anläufen institutionalisierte Stuttgarter Gymnasium, das die Vorbereitung des Universitätsstudiums von der Dominanz der Theologie löste und mehr administrativ einsetzbaren juristischen Nachwuchs versprach, rückt der Beitrag von Sabine HOLTZ in den Vordergrund. Damit wird noch einmal die Breite der Administratoren-Agenda sichtbar.

Eberhard FRITZ' Beitrag zu Friedrich Carls Gemahlin Eleonore Juliana von Brandenburg-Ansbach, die nach dem Tod des Herzogs als 30-Jährige die Karriereplanung ihrer Kinder übernahm, und Joachim BRÜSERS Aufsatz zur Entwicklung der mit Friedrich Carl begründeten Nebenlinie Württemberg-Winnental geben dem Band eine wichtige dynastie- bzw. adelsgeschichtliche Abrundung. Eleonore Julianas Rolle als Familienpolitikerin wird gegenüber der älteren Darstellung als fromme Pietistin besonders profiliert. Nur die Minderheit ihrer Kinder – Carl Alexander als regierender Herzog von Württemberg nach dem Tod seines Vetters und Christiane Charlotte durch ihre Einheirat in die Herkunftsdynastie ihrer Mutter – vermochte Aufstiegschancen wahrzunehmen. Die Biographien der restlichen Brüder, die trotz elterlicher Bemühungen sowohl in Militärkarriere als auch Heiratsverbindung nicht an den väterlichen Rang anknüpfen konnten, zeigen auf, wie fordernd der Statuserhalt gerade für nachgeborene Fürstenkinder und deren Nachkommen war.

Zweifellos können mit einer Sammelpublikation nicht alle Fragen zu einer historischen Persönlichkeit beantwortet werden. Friedrich Carls in mehreren Beiträgen betonte Affinität zur französischen Kultur blieb in der Konzeption des Bandes leider etwas blass, ebenso das zeitweise enorm konflikthafte Zusammenwirken des Administrators mit dem Geheimen Rat. Gleichwohl ist ein differenziert auf der Basis neuester Recherchen und Erkenntnisse argumentierender und viele Facetten berücksichtigender, klug komponierter Band entstanden, der Friedrich Carl, auch in seiner Exemplarität als ‚apanagierter' Fürstensohn, zu Recht und mit Erfolg aus der ‚zweiten Reihe' ins Licht gerückt hat.

Regina Dauser

Karl-Georg PFÄNDTNER (Hg.), Tulpenschau im Gartenbau. Historische Zeugnisse der Tulpomanie in Augsburg. Katalog zur Ausstellung vom 8. April bis 8. Juli 2022 in der Staats- und Stadtbibliothek Augsburg, Augsburg 2022, 104 S., zahlr. farb. Abb., ISBN 978-3-95786-301-0, 22 €.

Wie Kartoffel, Mais und Tomate fand auch die Tulpe im 16. Jahrhundert ihren Weg nach Mittel- und Westeuropa. Verglichen mit den im Zuge des „Columbian exchange" nach Europa gelangenden Arten war ihr Weg allerdings nicht weit – war sie doch seit der Antike vom östlichen Mittelmeerraum bis nach Persien verbreitet. Im 16. Jahrhundert gehörten diese Gebiete großenteils zum Osmanischen Reich – und so waren dort tätige Händler und Diplomaten die ersten Europäer, die von Tulpen berichteten. Auch der Transfer der ersten Tulpenpflanze nach Mittel- und Westeuropa ging auf eine diplomatische Mission zurück. Ende 1554 entsandte Ferdinand I. den flämischen Humanisten Ogier Ghislain de Busbecq zu Verhandlungen an den Hof Sultan Süleymans I. Als Busbecq im Sommer 1555 nach Wien zurückkehrte, hatte er nicht nur einen (schließlich bis 1564 verlängerten) Waffenstillstand erreicht, er brachte auch Münzen, Inschriften, Handschriften (u. a. der Res Gestae Divi Augusti), Fliederpflänzchen, Hyazinthen- und Tulpenzwiebeln mit.

Busbecq, der schon bald als Botschafter nach Konstantinopel zurückkehrte, verschenkte die exotischen Pflanzen im Freundeskreis – und einige andere Mitglieder seiner Mission scheinen es ihm nachgetan zu haben. Jedenfalls finden sich in den Quellen schon wenig später Hinweise auf die neuen exotischen Pflanzen, aber auch genaue Beschreibungen und bildliche Darstellungen. Sie stammen von Liebhabern, die sich über ihre Beobachtungen austauschten und einander Samen, Setzlinge und Zwiebeln schenkten.

Schon bald waren Tulpen in zahlreichen Varietäten verfügbar. Besonders begehrt waren Exemplare, deren Blütenblätter gefiedert waren und keine einheitliche Farbe aufwiesen, sondern Streifen und Flecken. Letzteres ging in der Regel auf eine Infektion mit einem Mosaikvirus zurück – doch da dieser Zusammenhang den Zeitgenossen nicht bekannt war und der Befall in der Regel die Tulpenpflanze lediglich schwächte, galten diese Formen als besonders exquisit. Die Tulpenzucht bedurfte im Übrigen besonderer Geduld. Etwa 10 Jahre dauert es, bis eine aus dem Samen gezogene Tulpenpflanze voll entwickelt ist. Selbst bei Tochterzwiebeln, die im Frühherbst von der Mutterzwiebel abgetrennt und vor dem ersten Frost separat eingepflanzt werden, dauert es mehrere Jahre bis zur Blüte. Es bedarf einiger Erfahrung und Umsicht, Tulpenzwiebeln im Winter kühl zu halten, zugleich aber Staunässe und Fäulnis zu vermeiden. Im späten 16. und frühen 17. Jahrhundert sorgten diese Faktoren dafür, dass die Zahl der Tulpenpflanzen begrenzt blieb, was in der Sicht der Tulpenliebhaber ihren Reiz noch steigerte. Denn die Tulpenliebhaberei war nicht zuletzt ein Mittel sozialer Distinktion, das es erlaubte, Wissen, Bildung und Geschick ebenso zu demonstrieren wie Status und soziales Kapital.

Der erlesene Kreis der Tulpenliebhaber war überkonfessionell und erstreckte sich schon bald über ganz Europa. In vielerlei Hinsicht gab es Parallelen zwischen den Tulpenliebhabern und der frühneuzeitlichen „res publica literaria“, deren Mitglieder sich über religiöse, ständische und politische Grenzen hinweg dem gelehrten Austausch von Argumenten und Kenntnissen widmeten. Und tatsächlich folgte der Austausch von und über Tulpen ähnlichen Regeln wie jener über Philosophie und antike Autoren. Zwischen Tulpenliebhaberei und Mitgliedschaft in der Gelehrtenrepublik gab es nicht nur strukturelle Gemeinsamkeiten, sondern auch erhebliche personelle Überschneidungen.

Der vorliegende, eine 2022 veranstaltete Ausstellung der Augsburger Staats- und Stadtbibliothek begleitende Katalog dokumentiert somit nicht allein die Bedeutung des frühneuzeitlichen Augsburg als „Tulpenstadt“ (so der Herausgeber in seinem in die Thematik der Ausstellung einführenden Vorwort), sondern auch die Tulpomanie seiner Stadteliten und die Vielzahl daraus erwachsener, künstlerisch erstklassiger Tulpendarstellungen. Er führt auch vor Augen, welch bedeutende Stellung der Reichsstadt am Lech zumal vor dem Dreißigjährigen Krieg in der europäischen Gelehrtenrepublik zukam.

Wie intensiv der Austausch über Tulpen bereits unmittelbar nach Busbecqs Rückkehr vom Hof Süleymans war, verdeutlicht der Beitrags Helmut Zähs über die erste gedruckte Beschreibung und bildliche Darstellung einer Tulpe und deren Quellen (Katalog-Nr. 1). Holzschnitt und Text finden sich im Anhang einer 1561 von dem Zürcher Arzt Conrad

Gessner (1516–1565) in Straßburg besorgten Ausgabe der botanischen Werke des Jahre zuvor früh verstorbenen Arztes und Naturforschers Valerius Cordus (1515–1544). Wie Zäh minutiös rekonstruiert, lagen Gessners Darstellung neben einer ihm von dem sächsischen Arzt und Botaniker Johannes Kentmann (1518–1574) zugesandten Zeichnung einer gelb blühenden Tulpe und einigen von einem italienischen Botaniker stammenden Tulpensamen derselben Art zwei Augsburger Quellen zugrunde: 1559 hatte Gessner bei einem Aufenthalt in der Reichsstadt im Garten des Patriziers Johann Heinrich Herwart (1520–1583) eine rot blühende Tulpe in Augenschein nehmen können, nachdem ihm bereits 1557 ein nicht namentlich bekannter Augsburger Freund ein heute in der Universitätsbibliothek Erlangen-Nürnberg aufbewahrtes, nun den Katalog und die Ausstellung eröffnendes Aquarell einer ebenfalls leuchtend rot blühenden Tulpe zugesandt hatte. Zwei der vier Gessners Darstellung zugrundeliegenden Quellen stammten also aus Augsburg, das ganz offensichtlich rasch zu einem Zentrum des „Tulpenwissens“ wurde, weshalb Gessner in den letzten Jahren seines Lebens mehrfach bei Augsburger Briefpartnern um Zusendung einer Zwiebel bat, ohne damit freilich Erfolg zu haben.

Im Mittelpunkt des Katalogs steht die „Tulpomanie“ des 17. Jahrhunderts. Sie nahm in Augsburg, das von 1632 an schwer von Kriegshandlungen gezeichnet war, zwar weniger extreme Dimensionen an als in den Niederlanden, in denen die Spekulation mit Tulpenzwiebeln bekanntlich die erste Spekulationskrise der europäischen Geschichte samt Börsenkrach auslöste (1637). Doch auch hier war die Tulpenbegeisterung groß, wie der Katalog anhand prächtiger Blumendarstellungen aus den Beständen der Staats- und Stadtbibliothek, der Städtischen Kunstsammlungen und der UB Augsburg eindrücklich demonstriert: Gezeigt werden „Tulpenporträts“ eines 1615 von dem Kaufmann Andreas Scheler (1579–1637) begonnenen und über dessen Tod hinaus fortgesetzten Gartenbuchs (Nr. 2, Katalogbeiträge von K.-G. Pfändtner und H.-J. Künast), Blätter eines Skizzenbuchs des Goldschmieds Daniel Preiss (ca. 1585–1634, Nr. 3 und 4, K.-G. Pfändtner) sowie Blätter aus einem nach der Mitte des 17. Jahrhunderts entstandenen „Tulpenbuch“, das im 18. Jahrhundert ebenso wie Schelers Gartenbuch von dem Bankier Georg Walter von Halder (1737–1810) erworben wurde und im 19. Jahrhundert an die damalige Stadtbibliothek kam (Nr. 5, K. Alen). Diese Darstellungen spiegeln das Bestreben wohlhabender Bürger wider, die Schönheit der nur kurze Zeit blühenden Pflanzen ihrer Vergänglichkeit zu entreißen und zugleich die Verfügung über ein Gut dauerhaft zu dokumentieren, das ebenso prestigeträchtig wie materiell wertvoll war.

Dass die wirtschaftliche Bedeutung von Tulpen auch nach dem Dreißigjährigen Krieg hoch blieb, zeigen zwei Kataloge der Augsburger Pflanzenhandlung Kraus aus den Jahren 1665 und 1681 (Nr. 6 und 7, K.-G. Pfändtner), in denen 315 bzw. 500 verschiedene Varietäten zum Kauf und Versand angeboten wurden. Die 1750 und 1751 gedruckten euphorischen Gedichte eines anonymen Autors über die Blumenpracht im – hier als „Paradies“ bezeichneten – Tulpengarten des Blumenzüchters und Kunstgärtners Sigmund Richter (1707–1796), die wohl zu Werbezwecken verbreitet wurden (Nr. 8 und 9, K.-G. Pfändtner), verdeutlichen die fortdauernde Ausstrahlung der Tulpe im Zeitalter der Aufklärung, während ein um 1605 gebrannter irdener Pflanzkübel aus dem Besitz des bereits erwähnten Kaufmanns Scheler (Nr. 10, K.-G. Pfändtner) daran erinnert, dass die Begeisterung für Tulpen im Speziellen und Gartenbau im Allgemeinen nicht allein in zweidimensionalen Objekten ihren Niederschlag fand.

Der Katalog besticht durch qualitätvolle Abbildungen ebenso wie durch die Genauigkeit und wissenschaftliche Qualität der den genannten Exponaten gewidmeten Beiträge, deren Verfasser übrigens im Inhaltsverzeichnis – anders als die Autoren der Grußworte – bescheidenerweise nicht ausgewiesen sind). Die Katalogbeiträge zu den Nummern 1 bis 9 verweisen jeweils per Webadresse und QR-Code auf die im Netz verfügbaren Digitalisate der Exponate. Insgesamt liegt hier ein ebenso ansprechendes wie instruktives Werk vor, das offenbar breiten Anklang gefunden hat. Die erste Auflage ist vergriffen. Hoffen wir auf eine zweite.

Lothar Schilling

Sigrid Hirbodian / Edwin Ernst Weber (Hg.), Von der Krise des 17. Jahrhunderts bis zur frühen Industrialisierung. Wirtschaft in Oberschwaben 1600–1850 (Oberschwaben. Forschungen zu Landschaft, Geschichte und Kultur 7) Stuttgart 2022, 583 S., zahlr. Abb., ISBN 978-3-17-042798-3, 34 €.

Das vorliegende opus magnum beinhaltet die Ergebnisse einer dreitägigen Konferenz in Bad Waldsee vom 11.–13. Juli 2019. Die Gesellschaft für Oberschwaben lud dazu 17 Referent*innen und etwa 80 Hörer*innen unter der Organisationsführung von Sigrid Hirbodian, Edwin Ernst Weber und Rolf Kießling (†) zur Tagung unter dem Titel „Von der Krise des 17. Jahrhunderts bis zur frühen Industrialisierung. Wirtschaft in Oberschwaben 1600–1850“ in die Schwäbische Bauernschule in Bad Waldsee ein.

In drei Sektionen gegliedert, widmen sich 16 Autor*innen dem komplexen Themenbereich. In Sektion 1: „Umwelt, Energie, Strukturwandel“ beginnt Elmar L. Kuhn mit der Untersuchung der „Industrialisierung Oberschwabens im Kontext der Wirtschaftsregion Bodenseeraum“ (S. 17–78). Wenig verwunderlich ist anhand dieser Analyse die gängige Zurückgebliebenheit Oberschwabens, die schließlich in der Auflösung der Verbindungen des Wirtschaftsgeflechtes des Bodenseeraums gipfelte. So blieb hier bis weit ins 20. Jahrhundert die Landwirtschaft dominierend, welche die schweizerischen, textilindustriell geprägten Nachbarregionen mit Getreide versorgte. Im Beitrag von Andreas Schwab findet man eine Teilbegründung für diesen Effekt, nämlich die Geofaktoren. „Die wirtschaftliche Entwicklung Oberschwabens im Kontext naturräumlicher Rahmenbedingungen zwischen 1600 und 1850“ (S. 79–112) wird dabei unter anderem mit Verkehrswesen und Energiewirtschaft in Zusammenhang gebracht. In diesem Beitrag erfährt man in anschaulicher Weise, wie sich Oberflächenformen, Gestein oder Bodenbeschaffenheit sowie Rohstoffe und Energie oder die Infrastruktur auf ökonomische Entwicklungen im Agrarbereich, aber auch der Fischerei oder dem Handwerk regelrecht einmischen. Mit dem Themenkomplex „Wasserbewirtschaftung und Wasserbau in Oberschwaben bis ins 19. Jahrhundert“ (S. 113–170) beschäftigt sich Werner Konold. Dabei wägt er die Vor- und Nachteile der Wasserbauten, wie Bewässerungssysteme, gekonnt ab und stellt sie in Bezug zu Renaturierungsmaßnahmen. Hierzu gehört die Weiherwirtschaft und

Fischzucht der Klöster gleichermaßen wie die Wiesenwässerung der landwirtschaftlichen Flächen. Des Weiteren geht mit der Abschaffung des Feudalsystems die Expansion der Ackerflächen einher. Im Anschluss daran widmet sich Barbara RAJKAY der „Geschichte des Augsburger Mühlenwesens 1600–1850“ (S. 171–186). Einen regelrechten Aufbruch stellt uns die Autorin in ihrem Beitrag vor, wenn es um die Kattunmanufakturen und Tabakproduktion geht. Letztendlich ist die Mühle also der Schlüssel in Richtung Moderne. Christine KRÄMER gibt dann einen Einblick in den „Weinbau oberschwäbischer Klöster am Bodensee im 18. Jahrhundert“ (S. 187–218). Klösterliche Besitzungen von mehr als zehn oberschwäbischen Klöstern, eines darunter in Meersburg, stellten die Rebflächen. Die Autorin beschäftigt sich unter anderem mit Fragen nach Rentabilität, Klima, Produktion, Steuern, und Vermarktung des Weins. Wurde Oberschwaben durch die Stuttgarter Regierung wirklich vernachlässigt? Nach einer Antwort hierauf sucht Peter EITEL in seinem Beitrag „Die wirtschaftliche Entwicklung Oberschwabens im Königreich Württemberg bis 1861 – eine Erfolgsgeschichte“. Landwirtschaft und Industrie zusammen sind durchaus erfolgversprechend, wenngleich staatliche Förderung und Modernisierungsprozesse von großer Bedeutung sind.

Den Auftakt der zweiten Sektion „Gewerbe und Handel“ bildet der Artikel von Frank GÖTTMANN „Der Fruchtmarkt im Wirtschaftsraum Bodensee in der Spätzeit des Alten Reiches“ (S. 233–268). Er schildert ausführlich den Getreide-, Garn- und Tuchexport in die Schweizer Nachbarregion und zeigt die Interessenskonvergenzen zwischen dem Süden des Schwäbischen Reichskreises und der Eidgenossenschaft im Umfeld der Handelsdrehscheibe Bodensee. Dem „Handwerk in Stadt und Land im frühneuzeitlichen Oberschwaben“ nähert sich Anke SCZESNY (S. 269–288). Handwerk und Landwirtschaft auf dem Lande trugen ihrer Ansicht nach nicht nur zur Krisenbewältigung des 17. Jahrhunderts, sondern auch zur Stabilisierung in der Folgezeit bei. Als Letzter dieser Sektion beschäftigt sich Magnus RESSEL mit den „Händler[n] der süddeutschen Reichsstädte in Lyon im 18. Jahrhundert“ (S. 289–324). Ohne die Aktenbestände der Reichsstädte, Zürichs und St. Gallens ausführlich studiert zu haben – wie er selbst anführt – liefert Ressel eine eindrucksvolle Synopse der Güter, wie etwa Seide oder Früchte, und der transalpinen Transportwege. Dazu hatte insbesondere Oberschwaben eine wichtige Rolle inne. Diese Begebenheiten brachte später wohl auch den Motor der Industrialisierung ins Laufen.

Den Beginn der letzten Sektion „Die wirtschaftlichen Akteure“ markiert Janine MAEGRAITH, indem sie die „Zisterzienserinnen-Reichsabtei Gutenzell in der zweiten Hälfte des 18. Jahrhunderts“ (S. 325–368) untersucht. Hierbei schildert die Autorin die miserable Situation der Klosterwirtschaft des 18. Jahrhunderts. Nicht nur die Besoldung der Administration lag lediglich bei sieben bis acht Prozent aller Löhne, sondern auch die Bedarfsorientierung ohne Aussicht auf Gewinn erschwerte die Lage. Im Anschluss daran erläutert Volker TRUGENBERGER die „Wirtschaftliche[n] Grundlagen der Fürsten von Hohenzollern um 1800“ (S. 369–398). Kaufkraft durch Erbschaft galt als Devise der Fürstenhäuser Hohenzollern-Hechingen und Hohenzollern-Sigmaringen. Die Mediatisierung ging an ihnen – anders als in Oberschwaben – regelrecht vorüber. Kurzerhand wurde die Salzsteuer eine der wesentlichen Einnahmequellen. Anders erging es dem Niederadel, wie etwa den Reichsfreiherren von Stauffenberg in Wilflingen im 18. Jahrhundert mit „Dienst,

Karriere, Prestige" (S. 399–436). Diesem Thema nähert sich Doris Astrid MUTH ausgiebig in ihrem Beitrag, nicht zuletzt, wenn sie uns die Rechnungen des Rentamts Wilflingen als Quelle präsentiert. Marktorientiert und mit Sinn für Ökonomie versucht der Niederadel Karriere und Ansehen voranzutreiben. Danach folgt im Beitrag von Senta HERKLE eine Auseinandersetzung zwischen gut vs. schlecht, wenn es um „Wirtschaftspolitische Gestaltungsmöglichkeiten der Weber- und Kaufleutezünfte im Kontext der Entwicklung des Textilsektors in Ulm (1650–1830)" (S. 437–462) geht. Einerseits galt der Textilsektor der Reichsstadt Ulm zwar als gefährdet – unter anderem durch den Dreißigjährigen Krieg – anderseits boomte das Speditionswesen. Neue Wirtschaftszweige waren sicherlich auch ein Schlüssel des Erfolges von Ulm. Im Anschluss daran widmet sich Edwin Ernst WEBER einer weiteren Konkurrenzdebatte: „Arm gegen Reich. Sozioökonomische Verhältnisse und innerdörfliche Konflikte an der Oberen Donau im 18. Jahrhundert" (S. 463–496). Der Mitherausgeber des opulenten Bandes untersucht die Transformation ländlicher Ökonomie und Sozialstrukturen. Bis zur Mitte des 19. Jahrhunderts blieb die Agrarwirtschaft vorherrschend in Oberschwaben, wenngleich sich durch Allmendeaufteilung und Allodifizierung der Lehensgüter ein Kleinbauerntum herausbildete. Somit wäre ein Aufbruch in Richtung Moderne nur durch Abwanderung in industriell weiter entwickelte Regionen möglich gewesen. Einem geistlichen Thema nähert sich Ariane SCHMALZRIEDT, indem sie „Barocke Sakralbautätigkeit in den Dörfern zwischen Donau und Iller" (S. 497–518) unter die Lupe nimmt. Hierbei waren die Dorfgemeinden durch Darlehen und finanzielle Stiftungen regelrechte Förderer des sogenannten barocken Baubooms, wobei kunst-, kultur-, sozial- und ökonomiegeschichtliche Blickwinkel die Auseinandersetzung mit diesem Gegenstand bereicherten. Seit dem letzten Drittel des 19. Jahrhunderts besserte sich die Situation der „Juden in der Wirtschaft Oberschwabens zwischen Viehmarkt, Kleinhandel und Industrialisierung (1600–1850)", womit sich Stefan LANG intensiv beschäftigt (S. 519–541). Durch Gesetzestexte wurden rechtliche und ökonomische Anerkennung vom Schutzjuden hin zum Staatsbürger ermöglicht. Gleichermaßen wurde erst ab diesem Zeitpunkt eine jüdische Beteiligung an der Industrialisierung beobachtet, während sie vom 16. bis 18. Jahrhundert mit Vertreibung oder bescheidenen Verhältnissen auf dem Land, wie Hausier- und Viehhandel, leben mussten.

Der Band öffnet dem Leser tiefe Einblicke in die Wirtschaftsregion Oberschwaben vom Ausbruch des Dreißigjährigen Krieges, über die Säkularisation und Mediatisierung, bis hin über die Bauernbefreiung zur beginnenden Industrialisierung. Hier könnte der Slogan „besser spät, als nie" für Oberschwaben gebraucht werden. In Hardcover bietet dieser 583 Seiten starke Band nicht nur einen treffenden Einstieg in die oberschwäbische Wirtschaftsgeschichte, sondern auch durch zahlreiche und qualitativ hochwertige Abbildungen eine ansprechende Optik.

Sabine Wüst

Neueste Geschichte

Petra Weber / Carolin Keim / Nina Lutz (Hg.), Kaufbeuren unterm Hakenkreuz. Eine Stadt geht auf Spurensuche (Ausstellungskat.) Regensburg 2022, 148 S., zahlr. Abb., ISBN 978-3-7917-3316-6, 25 €.

2013 wurde nach insgesamt über zehnjähriger Schließung das neu sanierte Stadtmuseum Kaufbeuren mit einer neukonzipierten Dauerausstellung wiedereröffnet. Für das runderneuerte Museum gab es viel Lob, auch wurde das Haus 2013 mit dem Bayerischen Museumspreis ausgezeichnet.[1] Doch nicht alle Bereiche des Museums fanden nach der Neueröffnung ungeteilte Zustimmung. Schon kurz nach der Neueröffnung regte sich an der Darstellung der Geschichte des 20. Jahrhunderts öffentliche Kritik, da diese nur wenig Raum und Tiefe in der Dauerausstellung erfuhr. Dabei stand die sehr verkürzte Darstellung der Zeit des Nationalsozialismus im Zentrum der Kritik, da diese wenig Bezüge zur Stadt und den lokalen Akteuren aufwies. Im Rahmen einer öffentlichen Diskussion stellte sich das Stadtmuseum der Kritik und schob einen Prozess zur Neugestaltung des kritisierten Bereichs an. Aus diesen Bemühungen entstand die zwischen November 2019 und August 2020 gezeigte Sonderausstellung „Kaufbeuren unterm Hakenkreuz. Eine Stadt geht auf Spurensuche",[2] aus der der hier besprochene gleichnamige Ausstellungskatalog hervorgegangen ist. Herausgegeben wurde der Band von den Ausstellungsmacherinnen Petra Weber, Carolin Keim und Nina Lutz und wurde im Verlagsprogramm des Regensburger Pustet Verlags aufgelegt. Das Besondere an ihm ist, dass der Band keiner ist, der sich als reine Begleitpublikation zur Bereitstellung weiterer Informationen rund um eine jeweilige Ausstellung und somit als deren Endpunkt versteht. Vielmehr ist er selbst eine gedruckte Ausstellungsdokumentation, die den Auftakt zu weiteren Forschungen und Projekten machen möchte. Die Sonderausstellung sahen die Ausstellungsmacherinnen „als Grundlage für eine mögliche Neukonzeption der Dauerausstellung zum 20. Jahrhundert" (S. 12), während der vorgelegte Katalog laut den Herausgeberinnen als „einer der ersten größeren Meilensteine" (S. 9) innerhalb des Umgestaltungsprozesses zu verstehen ist. „Der rückwirkende Ausstellungskatalog [...] stellt nicht nur die Objekte und Biografien der Ausstellung vor, sondern hält auch die Beiträge aller beteiligten Kooperationspartner dauerhaft fest", würdigt der Kaufbeurer Oberbürgermeister den Band in seinem Vorwort (S. 7) und nimmt damit eine kurze prägnante Inhaltszusammenfassung des Bands vor.

Damit sind bereits die wesentlichen Inhalte des Katalogs zusammengefasst. Dem eigentlichen Dokumentationsteil ist ein einleitendes Vorwort der Herausgeberinnen vorangestellt sowie Grußworte des Oberbürgermeisters und der Museumsleiterin. Im Anschluss an die Dokumentation befindet sich noch ein Anhang mit weiterführenden Literaturhin-

---

1 https://stadtmuseum-kaufbeuren.de/de/museum/bayerischer-museumspreis-2013 (zuletzt aufgerufen, 18.1.2023).

2 Hinweise zur Ausstellung auf der Homepage des Stadtmuseums Kaufbeuren: https://stadtmuseum-kaufbeuren.de/de/aktuelles/kaufbeuren-unterm-hakenkreuz.-eine-stadt-geht-auf-spurensuche (zuletzt aufgerufen, 18.1.2023).

weisen und dem Impressum der Ausstellung. In ihrem Vorwort skizzieren die Herausgeberinnen kurz die Genese der Sonderausstellung sowie des Bandes. In sechs kurzen Teilkapiteln wird dem Leser der Weg von den „Anfängen der Spurensuche“ (S. 10–12) über die verschiedenen Stationen der Ausstellungsvorbereitung („Der Sammlungsaufruf [...]“ S. 12–13; „Museum trifft Partizipation [...]“ (S. 13–15)) bis hin zur eigentlichen Ausstellung und des damit verbundenen Begleitprogramms („Schlaglichter auf die NS-Zeit und Perspektiven von heute [...]“ (S. 15–18); „Ein Stadtgespräch [...]“ (S. 18–19)) knapp und präzise zusammengefasst sowie ein Ausblick auf das zukünftige Vorgehen („Wie weiter mit der Spurensuche?“ (S. 20–22)) dargelegt. Neben der präzisen Zusammenfassung des Kaufbeurer Ausstellungswegs bekommt der Leser außerdem einen gelungenen Einblick in den Arbeitsalltag von Ausstellungs- und Museumsmachern, der auch für Fachfremde gut verständlich ist. Gleichzeitig werden die Problematiken des schwierigen Umgangs und der Aufarbeitung der eigenen NS-Stadtgeschichte anhand des Kaufbeurer Beispiels dargestellt. Den Hauptteil des Katalogs nimmt die Dokumentation der Sonderausstellung ein. Da diese aus Platzgründen nicht vollständig in die Dauerausstellung des Museums integriert werden kann und der Verlust der gewonnenen Erkenntnisse und Ergebnisse verhindert werden sollte, entschied sich das Stadtmuseum, eine vollständige Dokumentation der gesamten Sonderausstellung in Form eines Ausstellungskatalogs vorzulegen. Innerhalb der Dokumentation werden alle sechs Themeninseln, die in der Ausstellung gezeigt wurden, samt zugehöriger Ausstellungstexte, -objekte und Bilder detailliert präsentiert. Wer die Ausstellung selbst nicht im Museum besuchen konnte, erhält mit dem Band die Möglichkeit eines nachträglichen Besuchs. Die Ausstellungsinhalte sind stringent und leicht verständlich aufbereitet, so dass der Gang durch die gedruckte Ausstellung mühelos gelingt. Bevor man jedoch in die Dokumentation einsteigt, empfiehlt sich die Lektüre des Vorworts, um die Dokumentation und deren Aufbau zu verstehen.

Mit dem Katalog hat das Stadtmuseum eine gelungene Publikation vorgelegt, die eine weitere qualitativ hochwertige Ergänzung der lokalen NS-Geschichtsforschung[3] darstellt. Die Dokumentation der Ausstellung zeigt außerdem, dass ein Begleitband zu einer Ausstellung nicht immer nur zusätzliche Informationen bereithalten muss, sondern auch wunderbar die eigentlichen in der Ausstellung gezeigten Inhalte für ein breiteres Publikum aufbereiten und bereit stellen kann. Zu dieser Entscheidung kann den Herausgeberinnen nur gratuliert werden.

Corinna Malek

---

[3] 2015 und 2019 erschienen innerhalb der Kaufbeurer Schriftenreihe bereits zwei Bände zum Thema „Kaufbeuren unterm Hakenkreuz“, die sich der Erforschung dieser bis dato wenig beachteten Stadtgeschichtsepoche widmeten. Ein dritter Band zum Thema ist derzeit in der Bearbeitung, vgl. Stefan Dieter (Hg.), Kaufbeuren unterm Hakenkreuz (Kaufbeurer Schriftenreihe 14) Thalhofen 2015; Stefan Dieter (Hg.), Kaufbeuren unterm Hakenkreuz. Bd. 2 (Kaufbeurer Schriftenreihe 22) Thalhofen 2019.

Regina GROPPER/Leo HIEMER, VerVolkt. Dieses Projekt kann Spuren von Nazis enthalten! Katalog zur Ausstellung, hrsg. von der Stadt Memmingen/Stadtmuseum Memmingen, Berlin 2023, 244 S., zahl. Abb., ISBN 978-3-86331-699-0, 24 €.

Über viele Jahrzehnte hinweg hat sich der Filmemacher Leo Hiemer mit dem Schicksal des kleinen Mädchens Gabi intensiv auseinandergesetzt. Gabi war 1937 außerehelich geboren worden, ihre Mutter, Lotte Eckart, war eine katholisch getaufte Jüdin. Vergeblich bemühte sich Lotte Eckart mit Unterstützung des Erzbischofs von Freising-München, Kardinal Michael v. Faulhaber, darum, ausreisen zu können. Am Ende wurde sie ins Konzentrationslager Ravensbrück deportiert und in der Tötungsanstalt Bernburg ermordet. Tochter Gabi wuchs in der gleichen Zeit bei einer Pflegefamilie, der Familie Aichele in Stiefenhofen im Allgäu, auf und hatte zunächst eine glückliche Kindheit. Nach der Ermordung der Mutter geriet jedoch auch sie in das Visier der NS-Bürokratie, denn, da Gabis Vater unbekannt war, galt sie gemäß dem abartigen Rassedenken des NS-Staates als „Volljüdin". Die Pflegeeltern wurden gezwungen, das Kind abzugeben. Zunächst wurde Gabi in ein jüdisches Kinderheim in Berg a. Laim bei München verschleppt, anschließend nach Auschwitz deportiert und getötet. Hiemer hat das Schicksal von Gabi u. a. in dem Film „Leni ... muss fort" sowie in dem Buch „Gabi (1937–1943): Geboren im Allgäu, ermordet in Auschwitz"[1] aufgearbeitet, zudem hat er eine Wanderausstellung zu Gabi mitkonzipiert,[2] die erstmals 2019 in Marktoberdorf gezeigt wurde. Daneben kam es zur Präsentation der Wanderausstellung auch in anderen Allgäuer Gemeinden – aufgrund der Coronapandemie jedoch nur mit eingeschränktem Zutritt (zur Konzeption der Ausstellung S. 140–147 im vorliegenden Band).

Die Ausstellung von Hiemer zum Schicksal Gabis gab u. a. für das Stadtmuseum Memmingen den Impuls, sich intensiver mit der Geschichte Memmingens in der NS-Zeit auseinanderzusetzen. Ein zweiter Impuls, die Thematik aufzugreifen, bildete im Jahr 2021 das Gedenkjahr „1700 Jahre jüdisches Leben in Deutschland". Nunmehr ist nicht eine einzelne Ausstellung, sondern wie die Kuratoren mit Stolz betonen können, ein ganzes Ausstellungsensemble entstanden: Da die Ausstellung „VerVolkt" aufgrund der Coronapandemie im Jahr 2021 zunächst nicht im Stadtmuseum gezeigt werden konnte, entschieden sich die Ausstellungsmacher für eine Freiluftpräsentation innerhalb der Stadt. Im Laufe des Jahres konnte „VerVolkt" schließlich doch noch im Stadtmuseum präsentiert werden. 2022 zeigte das Stadtmuseum Memmingen eine zweite Ausstellung „VerVolkt II", die Ergänzungen, Erweiterungen und Vertiefungen der im Vorjahr gezeigten Präsentation beinhaltete. Ergänzend zu den Ausstellungen entstand ein umfangreiches Begleitprogramm. Hierzu gehört beispielsweise eine Audio-Guide-Tour, die sich mit der Geschichte und dem Verfolgungsschicksal der Memminger Juden beschäftigt (S. 51–65). In gleicher Weise fand ein Gedenkgottesdienst an die Memminger Opfer des Nationalsozialismus statt (S. 81–83), genauso wie Leo Hiemer weitere Filme vorstellte: darunter einen Film zur Ausstellung „VerVolkt" (zu dessen Konzeption, S. 128–139) sowie einen weiteren, der

1 Leo HIEMER, Gabi (1936–1943): Geboren im Allgäu, ermordet in Auschwitz Berlin 2019.

2 Regina GROPPER/Leo HIEMER, Geliebte Gabi: ein Mädchen aus dem Allgäu – ermordet in Auschwitz. Katalog zur Ausstellung – mit pädagogischen Handreichungen, Berlin 2021.

der Musikerfamilie Falta in Memmingen gewidmet war, die sich als Sinti ebenfalls mit der Verfolgung durch das NS-Regime konfrontiert sah (zu Bobby und Lancy Falta und dem Schicksal ihrer Familie, S. 210–221).

Von den vielfältigen Aspekten zur Geschichte Memmingens in der NS-Zeit soll an dieser Stelle der Blick auf die jüdische Geschichte der Stadt ein wenig vertieft werden: Bereits im Mittelalter lebten in der Reichsstadt Memmingen Juden, die u. a. im Zusammenhang mit der großen Pest von 1348/49 ausgewiesen wurden. Später kam es zur erneuten Ansiedlung und wiederum zur Ausweisung der jüdischen Minderheit aus der Stadt. Jüdisches Leben in Schwaben etablierte sich vor allem in Landgemeinden. So stellt der Band beispielsweise das jüdische Leben in Fellheim (zehn Kilometer nördlich von Memmingen) vor (S. 23). Hier bestand von 1670 bis 1942 eine jüdische Landgemeinde, der um 1830 rund 500 Mitglieder angehörten, das waren 70 % der Bevölkerung Fellheims. In der Gemeinde gab es eine Synagoge, ein Ritualbad, eine jüdische Schule, einen Friedhof und eine Metzgerei. Mit der Emanzipation der Juden und der Gewährung der Freizügigkeit bzw. Niederlassungsfreiheit in den 1860er Jahren zogen viele jüdische Bürger vom Land in die Stadt. Die jüdische Gemeinde in Fellheim hatte dementsprechend bereits an der Jahrhundertwende nur noch 27 Mitglieder, daher wurde die jüdische Schule 1911 aufgegeben und neun Jahre später das Ritualbad abgerissen. In der NS-Zeit kam es auch hier zur Schändung der Synagoge und des jüdischen Friedhofes. 13 jüdische Bürger der Gemeinde wurden Opfer des Holocaust, 13 konnten auswandern.

Daneben berichtet der Band selbstverständlich über die jüdische Gemeinde Memmingen: 1862 ließen sich zwei jüdische Bürger, ein Pferdehändler und ein Bankier, in Memmingen nieder. Damals hoffte die Stadt auf Ansiedlung jüdischer Bürger, galten diese doch als belebendes Element für die örtliche Wirtschaft. Eine jüdische Gemeinde konstituierte sich in Memmingen 1875, diese wuchs bis zur Mitte der 1890er Jahre auf über 230 Mitglieder an. Seit 1909 bestand am Schweizerberg eine Synagoge mit einem Ritualbad. In der Kaiserzeit war es, wie Hans-Wolfgang Bayer in seinem Geleitwort (S. 9–11) betont, ganz selbstverständlich, dass viele jüdische Mitbürger nicht nur zu den Stützen der örtlichen Wirtschaft gehörten, sondern auch kulturell und sozial vor Ort engagiert waren.

Mit dem Ende des 1. Weltkrieges erfolgte jedoch ein massiver Stimmungsumschwung, nicht zuletzt im Zusammenhang mit Arbeitslosigkeit und Wohnungsnot kam es zu Sozialneid und ersten antisemitischen Übergriffen. Besonders erschreckend ist das Schicksal von Wilhelm Rosenbaum. Der Käsegroßhändler sah sich bereits 1921 massiven antisemitischen Attacken ausgesetzt, sein Haus wurde gestürmt, beinahe wäre er gelyncht worden. 1933 wurde Rosenbaum ein weiteres Mal Opfer von Anfeindungen. Im März 1933 wurde er in „Schutzhaft" genommen und ins Konzentrationslager Dachau deportiert. Anschließend wanderte er über Holland nach Palästina aus.

Der Katalog zeigt auf, wie Memmingen bereits in den 1920er Jahren zu einer Hochburg der Nationalsozialisten wurde. Bei den Reichstagswahlen 1928 kam die NSDAP auf 11 % und lag somit deutlich über dem Reichsschnitt. 1933 waren es 45 % der Wähler, die für die NSDAP votierten. Die systematische Entrechtung und Verfolgung der jüdischen Minderheit setzte auch in Memmingen mit dem Boykotttag gegen jüdische Geschäfte, Anwaltskanzleien und Arztpraxen am 1. April 1933 ein. Zu einem der Tiefpunkte der

Stadtgeschichte wurde auch hier der 10. November 1939. Um 1.20 Uhr nachts wurde per Blitzfernschreiben von der Sicherheitspolizei in München zum Vorgehen gegen die Memminger Juden, deren Geschäfte sowie die Synagoge aufgefordert. In den Nachmittagsstunden desselben Tages erfolgte der Abbruch der Synagoge, wobei das Wort Abbruch im Grunde für ungehemmte und hasserfüllte Zerstörungswut steht, bevor der Bau an den folgenden Tagen in die Luft gesprengt wurde. Gleichzeitig beschreibt der Ausstellungskatalog, wie immer unter der Leitung von Kreisleiter Wilhelm Schwarz Listen von jüdischen Bürgern zusammengestellt wurden und anschließend SS-Männer in 23 Wohnungen und drei Geschäften jüdischer Bürger regelrecht wüteten. Zudem wurden 23 Männer der jüdischen Gemeinde ins KZ Dachau deportiert und am darauffolgenden Tag Wertgegenstände wie Sparbücher, Bargeld etc. konfisziert.

Die Ausstellung macht jedoch auch deutlich, wie lückenhaft die Strafverfolgung der Täter nach 1945 gewesen ist. Immerhin brachte bereits 1946 der Überlebende des KZ Theresienstadt, Hugo Günzburger, „die Zerstörungen der Synagogen in Memmingen und Fellheim, [...] jüdischer Wohnungen und Geschäfte sowie (die) Schändung des jüdischen Friedhofs" (S. 62) zur Anzeige. Zwei Jahre darauf wurde die Anklageschrift überreicht. 35 Männer wurden angeklagt, von denen ein Drittel gestanden hat, 87 Zeugen wurden verhört, von denen jedoch viele Erinnerungslücken hatten oder sich auch nicht so recht erinnern wollten. Letztlich wurden vom Landgericht Memmingen 15 Haftstrafen ausgesprochen. Dabei wurde der vormalige Kreisleiter Schwarz zu zwei Jahren Haft verurteilt, in späteren Jahren war er wieder ein voll in die Memminger Stadtgesellschaft integriertes Mitglied.

Ab 1939 kam es schließlich zur Zwangseinweisung der jüdischen Bevölkerung Memmingens in sogenannte „Judenhäuser". Im Dezember 1939 mussten sich 62 jüdische Bürger gerade einmal fünf Häuser teilen, wobei der Wohnraum mit der Zeit weiter verringert wurde. 1942 kam es zur Deportation auch der Memminger Juden. Insgesamt fielen 106 jüdische Bürger Memmingens dem nationalsozialistischen Vernichtungswahnsinn zum Opfer.

Neben dem Blick auf die jüdischen Opfer wird jedoch nicht vergessen, das Schicksal weiterer Opfergruppen, so z. B. des Kommunisten Josef Diefenthaler (S. 206–209) sowie von jungen Menschen aus der Heil- und Pflegeanstalt Kaufbeuren – Irsee, die den Euthanasiemorden zum Opfer fielen (S. 112–117), zu würdigen. Im Gegenzug beschäftigt sich die Ausstellung ebenfalls mit örtlichen Tätern und Sympathisanten der Nationalsozialisten (vgl. die Kapitel zum Besuch Hermann Essers in Memmingen, S. 174–183 sowie zum Ersten Bürgermeister während der Jahre 1933–1945, Dr. Heinrich Berndl, S. 92–97).

Die Ausstellungsmacher legen einen eindrücklichen Band vor, dessen Botschaft nur lauten kann: Nie wieder Nationalsozialismus. Mit Erschrecken muss der Ausstellungsbesucher jedoch erfahren, dass diese Botschaft noch immer nicht überall angekommen ist. Denn zweimal wurden die Ausstellungstafeln im Freiluftbereich von rechtsradikaler Seite beschädigt. Hinzu kommt – hierauf weist der Katalog ausdrücklich hin –, dass es in Memmingen auch heute eine gut vernetzte Skinheadszene gibt (S. 38) und darüber hinaus Sympathisanten von Neonazis, die sich sehr geschickt als Ökolandwirte tarnen (S. 40). Umso mehr ist zu hoffen, dass der inhaltlich vollauf gelungene Ausstellungskatalog auf Resonanz stößt – gerade bei jungen Leuten.

Michael Kitzing

Generaldirektion der Staatlichen Archive Bayerns (Hg.), 50 Jahre Gebietsreform. Bayerns Neuordnung und das Beispiel Schwaben. Eine Ausstellung des Bayerischen Hauptstaatsarchivs und des Staatsarchivs Augsburg (Staatliche Archive Bayerns – Kleine Ausstellungen 69), München 2022, 108 S., zahlr. Farb- und SW-Abb., ISBN 978-3-938831-70-0, 11 €.

Mit der Ausstellung zum 50-jährigen Jubiläum der Gebietsreform in Bayern und der dazugehörigen Dokumentation ist dem Bayerischen Hauptstaatsarchiv und dem Staatsarchiv Augsburg unter Federführung von Gerhard Fürmetz und Rainer Jedlitschka ein wichtiger Beitrag zur Aufarbeitung der wohl größten innenpolitischen Reform seit dem Zweiten Weltkrieg in Bayern gelungen. Der Band gliedert sich in zwei Teile: eine historische Darstellung der Planung und Umsetzung der Gebietsreform und einen Katalogteil mit den wichtigsten Unterlagen aus den beiden Archiven.

Bereits auf den ersten Seiten stellen die Autoren den Reichtum an Quellenmaterial, Zeitzeugenberichten, Nachlässen, Erinnerungsobjekten und Denkschriften vor, die zu diesem Thema überliefert sind. Besonders die relevanten Politiker haben sich zu diesem Thema immer wieder geäußert, wobei sich in der Fußnote Nr. 3 noch die Nachbetrachtungen des bayerischen Innenministers Bruno Merk aus dem Jahr 2000 ergänzen ließen.[1] Anschließend werden die Ausgangslage sowie Vorläufer der Gebietsreform knapp skizziert. Darauf folgt die gut lesbare Darstellung der zweiteiligen Gebietsreform der 1970er Jahre: der Landkreisreform von 1972 und der Gemeindereform 1978. Der Fokus liegt hierbei klar auf Schwaben. Anhand von mehreren Gemeinden (Altusried, Horgau) und Landkreisen (Wertingen, Augsburg Ost bzw. Aichach-Friedberg, Günzburg) werden exemplarisch die Überlegungen und Diskussionen der Staatsregierung vorgestellt und deren unterschiedliche Formen der Umsetzung auf lokaler Ebene aufgezeigt. Die historische Darstellung endet mit einem Ausblick auf volkskundliche Fragestellungen über lokale Identität, Heimatgefühl und Erinnerungskultur. Anschließend ziehen die Autoren das Fazit, dass die komplexe Aushandlung der neuen Verwaltungsstruktur für alle Beteiligten sowohl Nachteile als auch Chancen bieten konnte.

Im anschließenden Katalogteil werden die vorhergehenden Ausführungen veranschaulicht und ergänzt. Hierbei haben die Autoren bzw. Kuratoren überwiegend Archivmaterial vorgestellt, das in dieser Form noch nicht publiziert wurde. Erfreulich ist, dass auch der bayerischen Opposition, in diesem Fall der SPD, mit eigenen Initiativen zumindest etwas Raum eingeräumt wurde (S. 51 f.) – dies geht bei dem Thema gelegentlich unter und so wird deutlich, dass es eine breite gesellschaftliche und politische Debatte um die Gebietsreform gab. Dem Beispiel von Horgau wird besonders viel Raum eingeräumt; für Schwaben hätten sich alternativ noch die Ereignisse in den Gemeinden Baar und Rettenbach am Auerberg angeboten. Hier sind die traumatische Erfahrung des Verlustes der Selbständigkeit und der anschließende „Freiheitskampf" offensichtlich in das kulturelle Gedächtnis der Bewohner eingegangen.[2] Im Protokollbuch der Gemeinde Rettenbach a. A. schrieb der

---

1 Bruno Merk, Sinn oder Unsinn? Eine Nachbetrachtung zur bayerischen Gebietsreform, in: Jahresbericht des Heimatvereins für den Landkreis Augsburg 27 (2000) S. 185–198.

2 https://www.gemeinde-baar.de/gemeinde-baar/ortsinformationen/geschichte [14.3.23]: *Freiheitskampf Baar's* [sic!].

damalige Bürgermeister Ottmar Holl im Jahr 1978 zum Verlust der Selbständigkeit: „Die Gemeinde Rettenbach a. A. wird am 30.4.1978 gegen den Willen der Bürger, des Gemeinderates und des Bürgermeisters aufgelöst und in die Gemeinde Stötten a. A. eingegliedert. Verantwortlich ist die von der Christlich-Sozialen-Union getragene Bayerische Staatsregierung. [...] Es wurde von uns alles Menschen mögliche getan, um dieses zu verhindern, leider vergeblich. Wir müssen uns der diktatorischen Gewalt beugen."[3] Nach der Wiedererlangung der Selbständigkeit blieb dieser „Kampf um die Freiheit" weiterhin zentral für die Bewohner der Gemeinde. So kam es, dass 2007 der Südtiroler Komponist Gottfried Veit vom 2. Bürgermeister Reiner Friedl mit der Komposition einer Freiheitshymne für Blasorchester beauftragt wurde.[4] Dieses Stück erläutert musikalisch die Ortsgeschichte, ausgehend vom ungetrübten Alltag über „Die Zwangseingliederung zu Stötten", „Depression macht sich im Dorf breit", „Erinnerungen an glückliche Tage" bis zum „Kampf um die Selbständigkeit" und dem Läuten der Freudenglocken. Abgeschlossen wird dies mit dem „Hymnus der Freiheit". Gleichzeitig erinnern sich besonders in Baar die damals Verantwortlichen in den 1990er Jahren an die großen Herausforderungen, die die neugewonnene Eigenständigkeit bedeutete. Eine eigene Verwaltung musste aufgebaut werden und die grundlegenden Pflichten der Gemeinde waren plötzlich zu erfüllen („Als Erstes musste eine Grundausstattung für den Bauhof gekauft werden."). Die wiedererlangte „Freiheit" ging also mit einem „Kraftakt" bei der Neuorganisation einher.[5] Auch die Bedeutung des Widerstands gegen die Reform für die Politik auf lokaler Ebene mag hier angesprochen werden, stellen doch in Horgau, Baar und Rettenbach am Auerberg seit der Erlangung der Eigenständigkeit stets lokale Gruppierungen den örtlichen Bürgermeister. In diesen Gemeinden – so scheint es – hat die CSU mit ihrem Reformvorhaben große Stimmenanteile eingebüßt.

Es werden sich für Schwaben sicherlich noch weitere aufsehenerregende Beispiele für die Folgen der Gebietsreform auf lokaler Ebene finden; das Buch selbst weist darauf hin, dass das Thema der Umsetzung „Genügend Stoff für eine Doktorarbeit" (S. 101) bot und weiterhin bietet. Daher dürfen die Ausführungen oben auch lediglich als konstruktive Ergänzung gelten, die beliebig erweitert werden kann. Darüber hinaus zeigt sich, welches Potential das Thema Gebietsreform für die lokale Arbeit mit Geschichte vor Ort bietet. Die äußere Form unterstreicht diesen unkomplizierten Zugang zum Thema. Die ansprechend gestaltete Broschüre wirkt – trotz ihres fundierten Inhalts – kaum wissenschaftlich oder akademisch; dadurch sinkt die Einstiegshürde, die dieses vermeintlich trockene Thema aufwerfen kann. Auch die abgebildeten Quellen sind in guter Qualität abgedruckt, sodass diese vom Leser direkt und ohne den Gang ins Archiv rezipiert werden können. Die wichtigsten Akteure der Gebietsreform und mehrere Plan- und Gedankenspiele werden genannt, sodass der inhaltliche Einstieg leichtfällt und lokalhistorische Prozesse vor dem Hintergrund bayerischer Innenpolitik schnell verständlich und nachvollziehbar werden.

---

[3] https://www.rettenbach-amauerberg.de/unser-dorf/geschichte/ [14.3.23].

[4] Gottfried Veit, Freiheit. Eine klingende Ortschronik, Damüls 2007.

[5] Aichacher Nachrichten (26.3.2019), https://www.augsburger-allgemeine.de/aichach/Aichach-Friedberg-Der-weite-Weg-der-Baarer-in-die-Freiheit-id53888391.html [15.3.23].

Mit der Dokumentation ist es den Autoren gelungen, einen niedrigschwelligen Zugang zu einem vielschichtigen Thema zu ermöglichen, das von zahlreichen Lokalhistorikern und Ortschronisten bearbeitet wird. Sie reduzieren komplexe Verwaltungsstrukturen und teilweise undurchschaubare Aushandlungsprozesse auf ein gut lesbares Maß. Gleichzeitig liefert der Katalog Anschauungsmaterial für Quellen, die zu diesem Thema zu Rate gezogen werden können. Damit haben die Autoren ein neues Standardwerk für lokale Geschichtsforscher geschrieben; eine breite Rezeption des Buchs durch die Heimat- und Geschichtsvereine ist in den kommenden Jahren zu erwarten.

Felix Guffler

Epochenübergreifend

Marita KRAUSS / Stefan LINDL (Hg.), Landschaft. Umwelt. Identität. Die Region Bayerisch-Schwaben im Vergleich, München 2021, 288 S., zahl. Abb., ISBN 978-3-86222-390-9, 29 €.

Die Publikation von Abschlussarbeiten ist besonders in der Landesgeschichte höchst erfreulich; können dadurch doch Randaspekte der schwäbischen Geschichte einer breiten Öffentlichkeit zugänglich gemacht werden, die andernorts nicht publiziert würden. Das neue, im Volk Verlag erschienene Buch von Marita Krauss und Stefan Lindl geht auf eine bewährte Tradition des Lehrstuhls für Bayerische und Schwäbische Landesgeschichte (und aller Namensvarianten) der Universität Augsburg zurück, hervorragende Abschlussarbeiten zur Publikation zu bringen. Bislang erschienen derartige Sammelwerke in der Reihe 7 der Veröffentlichungen der SFG „Beiträge zur Landesgeschichte Bayerisch-Schwabens".[1] Das Buchformat ist in bewährter Weise übernommen worden, ohne aber die Publikationsreihe fortzusetzen. Auch optisch hebt man sich deutlich vom bisher Bekannten ab, da auf die grafische Gestaltung wesentlich mehr Wert gelegt wurde. Das Titelbild zeigt eine Ansicht von Harburg, mit der Felswand südlich der Wörnitz und dem Märker-Betonwerk, und steht stellvertretend für das Thema, um das sich das Buch dreht: Landschaftsveränderung durch den Menschen. Auf 288 Seiten finden sich in 19 Beiträgen ganz unterschiedliche Ansätze zu und Perspektiven auf das Thema. Damit legt das Buch auch einen Schwerpunkt, der bislang in entsprechenden Publikationen zu Schwaben selten aufgegriffen wurde: die Zeitgeschichte.

Das Buch beginnt mit der Sektion „Landschaftsveränderung – Protest – Akzeptanz – Pflege"; der erste Beitrag stammt aus der Feder von Marita KRAUSS selbst: „Im Spannungsfeld von Verkehrsentwicklung und Landschaftsveränderung. Bayerisch-Schwaben nach dem Zweiten Weltkrieg". Hierbei handelt es sich um „die ergänzte und überarbeitete

---

[1] Zuletzt: Rolf KIESSLING (Hg.), Neue Forschungen zur Geschichte der Stadt Augsburg (Beitr. zur Landesgeschichte Bayerisch-Schwabens 12) Augsburg 2011.

Version“ eines Kapitels aus einem bereits publizierten Buch.[2] Skizzenhaft geht Krauss auf die Entwicklung der schwäbischen Verkehrsinfrastruktur ein und setzt sie teilweise in den Kontext der allgemeinen Verkehrsentwicklung in Süddeutschland. Dabei liegt der Schwerpunkt vor allem auch auf der unternehmerischen Perspektive; zahlreiche Mitglieder der IHK Schwaben werden zitiert.

Daran anschließend widmet sich Simone EITZENBERGERS Beitrag „Landschaftsveränderung durch Eisenbahnbau im 19. Jahrhundert. Die Ludwigs-Süd-Nordbahn von Augsburg nach Lindau“ einer Thematik, die in dieser Form bislang noch nicht beachtet wurde, nämlich der Landschaftsveränderung beim Eisenbahnbau im Allgäu.[3] Man merkt den Formulierungen an, dass die Autorin eine eindeutige Position vertritt, wie die damaligen, höchst umfangreichen Baumaßnahmen aus moderner Perspektive zu bewerten sind. Es handle sich dabei um „Ressourcenverschwendung“ oder um eine „nachhaltige Zerstörung der Landschaft“. Allerdings muss im weiteren Verlauf als historisches Urteil festgestellt werden, dass bei der gelegentlichen zeitgenössischen Kritik an den Bauarbeiten nicht ökologische, sondern ökonomische Argumente angeführt wurden. Eine Debatte in Bezug auf Devastierung wurde damals offensichtlich nicht geführt.

Die folgende Arbeit von Brigitte SALENZ-HETZER zum „Gewerbepark Altdorf“ in der Gemeinde Biessenhofen im Ostallgäu ist in der Zeitgeschichte zu verorten. An diesem Aufsatz wird exemplarisch deutlich, mit welchen Problemen, Argumenten und Herausforderungen sich der moderne Denkmal- und Kulturlandschaftsschutz auseinandersetzen muss. Nördlich der Bundesstraße 12 entstand ab dem Jahr 2000 ein Gewerbegebiet, das die historische Sichtachse auf die südlich gelegene Loreto-Kapelle nach und nach durchbrach und zerstörte. Dabei ist gerade der unverstellte Blick auf ein Baudenkmal in der heutigen Zeit wieder vermehrt im Fokus der Öffentlichkeit beim Schutz derartiger Denkmäler.[4] Der Aufsatz von Salenz-Hetzer unterstreicht somit die Bedeutung des Engagements für den Denkmalschutz auf lokaler Ebene, um historisch gewachsene Strukturen bei einer modernen Ortsentwicklung nicht zu vernachlässigen. Leider ist hier wieder einmal ein Verlust zu verzeichnen.

Stephan BOSCH skizziert in seinem Beitrag „Landschaftswandel und Energiewende – die Energielandschaft Bayerisch-Schwaben. Eine raumkritische Analyse“ die schwäbische Energieversorgung aus geographischer Sicht. Nach einem knappen historischen Abriss,

---

2 Marita KRAUSS, Aufbruch einer Region. Die IHK in Bayerisch-Schwaben seit den 1960er Jahren, München 2018, S. 79–102.

3 Ein anderes Werk, das kürzlich erschienen ist: Landratsamt Unterallgäu (Hg.), Bitte einsteigen! Ausstellung rund um die historische Illerbrücke, Mindelheim 2019, hier S. 9.

4 Vgl. beispielsweise Arbeitskreis Kultur und Geschichte, Stellungnahme zur Einbeziehungssatzung „Flurnummer 8/18 (TF), Gemarkung Markt“, in: Biberbachensis 6 (2021) S. 13–17. Der Blick auf die Kapelle in Biessenhofen wurde darüber hinaus von Gregor Derzapf fotografisch so eindrucksvoll festgehalten, dass er 2018 beim Fotopreis des Bezirks Schwaben zum Thema „Schönheit in Schwaben“ den 1. Preis gewann, vgl. https://heimatpflege.bezirk-schwaben.de/fotografie/fotopreis/fotopreis-2018/ [11.12.2022].

bei dem das Thema der Gasproduktion fehlt,[5] liegt der Fokus auf der gegenwärtigen Stromproduktion. Deutlich wird der Kontrast zwischen einer zentralen Stromerzeugung im Atomkraftwerk Gundremmingen und einer historisch gewachsenen dezentralen Stromerzeugung mit Hilfe von Wasserkraft, die in den jüngeren Jahren durch Windkraft und Photovoltaikanlagen ergänzt wurde. Gleichzeitig werden die Proteste der letzten Jahre gegen die dezentrale Energiegewinnung deutlich gemacht und soziologisch eingeordnet.

Den Abschluss in dieser Sektion macht Magdalena SCHMID mit ihrem Beitrag „Landschaftspflegeverbände: erweiterter Naturschutz durch Kooperation". Im Kern fokussiert sich der Beitrag auf den umweltethischen Gedanken im Hinblick auf das Wirken der Landschaftspflegeverbände. Diese Interessengemeinschaften und ihre Rolle bei der Planung und Gestaltung von Landschaftsveränderungen werden untersucht und ihre gesellschaftliche Bedeutung wird eingeordnet. Landschaften sind hier als Objekte menschlichen Handelns aufgefasst, für die sowohl ethische als auch ästhetische Einstellungen wirkmächtig werden. Abschließend wird die Bedeutung der Landschaftspflegeverbände für einen zukunftsorientierten Umgang mit Natur- und Kulturlandschaften herausgestellt.

Die zweite, kurze Sektion des Buches widmet sich dem Wassermanagement. Flora DITTMANN stellt die Donaustaustufe Bertholdsheim in der Gemeinde Rennertshofen, Lkr. Neuburg-Schrobenhausen, vor. Zunächst geht sie auf die Geschichte der 1967 errichteten Staustufe ein; ihr Schwerpunkt liegt allerdings auf den zeitgenössischen Diskursen rund um den Ausbau von Flutpoldern zum Zweck des Hochwasserschutzes. Dittmann stellt dabei die unterschiedlichen Argumente und Lösungsansätze sowie die Konflikte vor, die dadurch ausgelöst wurden.

Über die „Zentrale Trinkwasserversorgung in ländlichen Gemeinden Bayerisch-Schwabens" forschte Stefanie SCHMID. Anhand der Beispiele der Gemeinde Waal, Lkr. Ostallgäu, der Gemeinde Legau, Lkr. Unterallgäu, und dem Ries werden unterschiedliche Ansätze zur Entwicklung hin zu einer staatlich betriebenen und lokal organisierten Trinkwasserversorgung vorgestellt. Dabei wird auch die übergeordnete staatliche Ebene des Freistaats Bayern und des Bezirks Schwaben in ihrer historischen Entwicklung skizziert. Besonders die tiefgreifende Quellenarbeit ist in diesem Fall lobend hervorzuheben.

Die folgende Sektion „Urbane Landschaften" wird mit dem Beitrag von Stefan LINDL eingeleitet. In seinem Aufsatz „Die Authentische Stadt. Kulturerbe jenseits des Denkmalschutzes im Klimawandel" führt er seine Thesen zum Konzept der „Authentischen Stadt" in Bezug zum Klimawandel aus. Gerade weil er diesen Punkt bereits in seiner komplexen Monographie zu diesem Konzept angedeutet hat,[6] lohnt sich die Lektüre dieses Beitrags als erhellende Ergänzung. Hier werden Lindls Überlegungen praktisch und anschaulich ausgeführt, das theoretische Konstrukt erhält hier einen thematisch und lokal verankerten Aufbau mit vielfältigen Beispielen aus Schwaben.

---

5 Vgl. Angela SCHLENKRICH, 100 Jahre Gasversorgung – 100 Jahre Innovation. Die Geschichte der Gasversorgung in Bayerisch-Schwaben, Augsburg 2011; DIES. / Cornelia BENESCH, Von der Gasfabrik zum Partner der Energiewende. 110 Jahre Schwabmünchen, Augsburg 2017.

6 Stefan LINDL, Die authentische Stadt. Urbane Resilienz und Denkmalkult, Wien 2020, besonders S. 141–143.

Franca TANZER stellt in ihrem Beitrag die Baugeschichte der Augsburger Kanu-Olympiastrecke vor. Aus Zeitzeugeninterviews und Zeitungsquellen entstand hier eine runde Abhandlung über einen Teil des Augsburger UNESCO-Welterbes. Gerade die Interviews sind wichtige Quellen, die in dieser Form die Baugeschichte auch vor dem Hintergrund der Bewerbung Münchens für die Olympischen Spiele 1972 wunderbar dokumentieren und lebendig werden lassen. Es stellt sich allerdings die Frage, inwieweit man im Fall der Umbauarbeiten im künstlich geschaffenen Eiskanal von „Optimierung der Landschaft" sprechen kann, handelt es sich hier doch eher um die bauliche Simulation einer Wildwasserstrecke.

In ihrem Aufsatz „Stadtlandschaft ohne Geschichte? Ökonomie und Verlust von Kulturerbe" widmet sich Stefanie KINZ dem sog. Kaiserviertel, dem Wohnquartier, das auf dem Gelände der ehemaligen Hasenbrauerei in der Augsburger Altstadt errichtet wurde. Zunächst wird die Geschichte des Areals rekonstruiert: von reichsstädtischen Bürgerhäusern mit großen Gärten über einen Industriekomplex hin zu einer modernen Wohnbebauung. Hier wird das Areal auch in seiner kultur- und stadthistorischen Bedeutung eingeordnet: „Das Kaiserviertel verzichtet gänzlich auf eine identitätsstiftende Historisierung zugunsten einer ubiquitären Baukultur, teils mit ästhetischem Reiz, meist jedoch belanglos." Die Versprechung, „unsere Anlage erscheint wie ein Innenhof in der Altstadt",[7] beruht in dieser Form nicht auf historischen Vorbildern.

Die vierte Sektion „Verschmutzung durch den Menschen" beginnt mit Benedikt SCHÄFERLINGS Abhandlung zur „Müllentsorgung in Bayerisch-Schwaben von den 1960er Jahren bis heute". Anhand der Beispiele Kempten und Legau werden die Entwicklung der Müllentsorgung nachgezeichnet und gleichzeitig die errichteten Müllverbrennungsanlagen und Mülldeponien problematisiert. Der Aufsatz ist für Schwaben grundlegend.

Daran anknüpfend verfasste Nadja HENDRIKS eine Fallstudie zum Müllberg zwischen Augsburg-Firnhaberau und Gersthofen („Von der Problemdeponie zum Ausflugsziel – Landschaftsgestaltung durch Müllentsorgung. Der ‚Monte Scherbelino' im Augsburger Norden von den 1960er Jahren bis heute"). Die Anfänge als Mülldeponie werden ebenso thematisiert wie die entstehenden Umweltprobleme in den 1970er und 1980er Jahren. Schließlich werden auch der Umbau des Müllbergs zum Ausflugsziel und die gegenwärtigen Probleme aufgezeigt, die beim Leser einen kritischen Blick auf dieses „Naherholungsgebiet mit Einschränkungen" hinterlassen.

„Augsburg und das Waldsterben. Das ‚Umweltthema Nr. 1' in der Region" von Sarah HERBST stellt die Diskussionen seit den 1980er Jahren in Augsburg anhand ausgewählter Quellen vor. Dabei ist der Augsburger Diskurs in den größeren Zeitkontext eingebettet. Die Bedeutung des Augsburger Stadtwaldes und die Aktionen von Stadt, Verbänden und Einzelpersonen werden hier dargestellt.

Abgeschlossen wird das Buch mit der Sektion „Der Vergleichende [sic!] Blick: Ostmitteleuropa". Die Wahl dieser Region ist institutionell bedingt, da das Buch vom Bukowina Institut der Universität Augsburg unterstützt wurde. Die Herausgeber selbst heben hervor:

---

7 http://kaiserviertel-augsburg.com/ [11.12.2022].

„Vergleich ist ein wichtiger Ansatz, um das Regionale in seinen Besonderheiten sichtbar zu machen.“ Dies gelingt bei den Aufsätzen von Benedikt SCHÄFERLING und Stefanie SCHMID, die Ausführungen zur Müllentsorgung bzw. Trinkwasserversorgung in der Bukowina verfasst haben. Besonders Schäferling hebt Schwaben als Impulsgeber und Vorbildregion in der Müllentsorgung für die rumänische Bukowina hervor. Inwieweit sich bei den Aufsätzen von Matěj SPURNÝ („Die heile Welt der technokratischen Moderne. Zerstörung und Neubau der nordböhmischen Stadt Most (1960–1980)“) und Andrii RYMLIANSKYI („Technische Infrastruktur aus anthropologischer Perspektive. Die ukrainische Grenzregion Czernowitz, Tscherniwets'ka Oblast'“) ein Bezug zu Schwaben und damit die Möglichkeit eines Vergleichs auch in thematischer Hinsicht auf die anderen Beiträge ergeben, bleibt offen.

Mit dem Buch „Landschaft. Umwelt. Identität. Die Region Bayerisch-Schwaben im Vergleich“ haben die Herausgeber einen schönen und angenehm lesbaren Sammelband vorgelegt. Gleichwohl fällt auf, dass der im Titel angekündigte Aspekt der „Identität“ nur vereinzelt im Buch auftaucht und – wie auch von den Herausgebern angemerkt – sich ausschließlich und hier auch nur teilweise auf die Sektion „Urbane Landschaften“ bezieht. Für eine schöne Begriffstrias hätte man sicher noch ein anderes Substantiv finden können. Mag diese Rezension an manchen Stellen kritisch klingen, so ist dabei grundsätzlich zu beachten, dass es sich größtenteils um studentische Abschlussarbeiten handelt, bei denen nicht immer die Erfassung sämtlicher Quellen und Quellenarten sinnvoll oder erwartbar ist. Das Buch zeigt den Wert studentischer Arbeiten für die Landesgeschichte. In diesen werden häufig Quellen oder Themen untersucht, die bislang nicht beachtet wurden; nach der Korrektur wird die Arbeit jedoch keiner breiteren Öffentlichkeit zur Verfügung gestellt. Die umfangreiche Redaktionsarbeit, die die Herausgeber hierbei sicherlich im Nachhinein noch geleistet haben, ist aller Ehren wert; durch diese Publikation erfährt die landesgeschichtliche Detailforschung einen neuen Impuls.

Felix Guffler

Marktgemeinde Mering / Stefan BREIT u. a. (Hg.), 1000 Jahre Mering. 1021–2021, Augsburg 2022, 732 S., 745 Abb., ISBN 978-3-946917-37-3, 70 €.

Eine Marktgemeinde, fünf Gemeindeteile, 1000 Jahre Geschichte. Mit diesen Schlagworten könnte man mittlerweile zahlreiche schwäbische Gemeinden in ihren Heimatbüchern charakterisieren. Die Ortschronik von Mering sticht jedoch heraus. So viel sei vorweggenommen: Es handelt sich hierbei um ein hervorragendes Werk, das allen Arbeitskreisen oder Projektteams, die ein derartiges Buch angehen, als Vorbild gelten kann.

Auf 732 Seiten finden sich zahlreiche Abhandlungen und Detailuntersuchungen zur Geschichte des Dorfs Mering und seiner Ortsteile, geschrieben von insgesamt 37 Autorinnen und Autoren – eine unglaubliche Anzahl an Mitarbeitern bei einem derartigen Projekt. Der Vorbereitungsaufwand, die Koordination der Mitarbeiter und die Redaktionsarbeiten lassen sich bei der Lektüre nur erahnen; sie werden enorm viel Zeit und Mühe gekostet haben.

Der Aufbau der Ortschronik folgt einem üblichen Schema: Die Meringer haben sich für ein großes Buch entschieden, das die Grundzüge der historischen Entwicklung der

Gemeinde von den Anfängen bis zur Gegenwart behandelt. Dazu gehört nicht nur die Ereignisgeschichte, auch die historischen Strukturen und bedeutende Aspekte der Bau-, Wirtschafts-, Sakral- und Sozialgeschichte werden abgehandelt. Die politische Geschichte steht dabei am Anfang des Textes. Hier findet sich die klassische Gliederung in die gängigen historischen Epochen. Die Neuzeit ist untergliedert und um Exkurse zur Bürgerwehr von 1919, zum Bürgerverein sowie zu den Kampfhandlungen am Ende des Zweiten Weltkriegs ergänzt. Anschließend folgt ein Abschnitt zur Geschichte der Ortsteile, wobei diese keine Gliederung erfahren. Dies ist in diesem Fall gerechtfertigt, da der Größenunterschied zwischen Hauptort und Gemeindeteilen markant ist. Grundsätzlich sollte jedoch mit Ortsteilen genauso verfahren werden wie mit dem Hauptort, da die heutigen Unterschiede bezüglich Größe und Bedeutung bis ins 19. Jahrhundert meist nicht ausgeprägt bestanden. Mit Blick auf den Anlass der Dorfchronik – 1.000 Jahre Mering – kann dies hier jedoch akzeptiert werden.

Der nächste Abschnitt behandelt das bauliche Erbe der Gemeinde. Die wichtigsten Baudenkmäler sowie kulturhistorisch bedeutsame Objekte werden vorgestellt. Neben dem Schloss, weiteren Baudenkmälern sowie Kirchen und Kapellen zählen hierzu auch die Kriegerdenkmäler und die Brunnen. Ein Schwerpunkt liegt auf der Wirtschaft und der Infrastruktur der Gemeinde. Dabei spielt besonders die Neueste Geschichte eine wichtige Rolle. Größere Unternehmen erhielten eigene Beiträge, ebenso die Grundversorgung mit Strom, Wasser und Gas. Die wichtigsten Teile der Daseinsvorsorge – Feuerwehr, Medizin und Polizei – findet sich ebenso dort wie die städtebauliche Entwicklung der Orte.

Der folgende Abschnitt ist dem Schulwesen gewidmet. Die unterschiedlichen Bildungseinrichtungen erhalten jeweils ein eigenes Porträt in der Chronik. Dasselbe gilt für die unterschiedlichen Religionen und ihre Institutionen, die im Anschluss vorgestellt werden. Ein starker inhaltlicher Fokus liegt auf dem Vereinswesen; 40 Beiträge widmen sich der Geschichte ausgewählter Vereine. Hier muss angemerkt werden, dass dem Leser nicht immer klar wird, welche historische Bedeutung mancher Verein hat; dasselbe gilt im nächsten Abschnitt, der sich als typische Sammlung von Lebensbildern versteht.

Analog zum Vereinswesen schließt sich ein Abriss der lokalen Parteiengeschichte an; hier werden auch die Partnerschaften mit Karmi'el und Ambérieu-en-Bugey vorgestellt. Den Abschluss der Chronik macht das Kapitel „Mering – seine Sprache, seine Namen", wobei neben sprachhistorischen Beiträgen auch eine Häusergeschichte zusammengestellt wurde.

Zahlreiche Qualitätskriterien einer Ortschronik werden von diesem Werk eingehalten, wobei es bei derart vielen Autorinnen und Autoren stets Unterschiede gibt. Hier kann nur eine grobe Zusammenfassung gegeben werden. Zunächst zur äußeren Form: Die Gestaltung des Umschlags ist nüchtern und gleichzeitig ansprechend, mit den Jahreszahlen 1021 und 2021 als wertige Prägung. Die Schrift ist gut lesbar; der Schriftsatz nüchtern, ohne störende Zierelemente. Die Bildauswahl ist prägnant, die Aufnahmen sind qualitativ hochwertig und die Bildunterschriften überwiegend von angemessener Länge und Aussagekraft. Zeitgenössische Darstellungen und Fotografien wechseln sich mit modernen Aufnahmen in stimmiger Weise ab. Die Texte sind durch Zwischenüberschriften sinnvoll gegliedert, gelegentlich werden die Abhandlungen durch graue Infokästen aufgelockert.

Der Preis von 79,– € mag zwar hoch erscheinen, er ist jedoch für ein derartiges Werk angemessen.

Inhaltlich hat die Redaktion viel richtig gemacht. Bekanntermaßen kritische Themen wurden an externe Historiker vergeben, gleichzeitig konnten vor Ort lokale Experten für die Mitarbeit gewonnen werden. In allen Kapiteln wird durchgehend zitiert, es finden sich überwiegend seriöse Belege. Dabei betrieben die meisten Autorinnen und Autoren ein intensives Quellenstudium, wobei auch überregionale Archive besucht wurden. Grundsätzlich sind die meisten Texte nachvollziehbar geschrieben, die Bezüge zur Global- und Regionalgeschichte wurden so gesetzt, dass die Lokalgeschichte stets im Fokus bleibt.

Gelegentliche Mängel bezüglich historischer Forschung, Literaturstudium und inhaltlicher Darstellung bei manchen Beiträgen sind in diesem Typ von Ortschroniken üblich und im vorliegenden Fall gut verschmerzbar. Auch das deutliche Übergewicht neuzeitlicher und zeitgeschichtlicher Aufsätze kennt man aus anderen Publikationen. Inwieweit manche Abhandlung zu einzelnen Verbänden, Vereinen oder Personen wirklich historisch bedeutsam ist, mag für Auswärtige nicht unbedingt verständlich sein. Andererseits ist das Zielpublikum stets ein lokales und gleichzeitig ist eine Ortschronik immer auch ein gegenwärtiges Selbstporträt einer Gemeinde, weshalb sich hier manche Fragen meist erübrigen.

Die Herausgeber und Autoren haben ein hervorragendes Buch veröffentlicht; die neue Ortschronik von Mering setzt neue Maßstäbe für diese Art der historischen Grundlagenliteratur. In den kommenden Jahren werden diese für andere Werke nur schwer zu erreichen sein. Mit ihrer klassischen Gliederung und ihrem für Ortschroniken typischen Themenspektrum kann sie vielerorts als Vorbild dienen.

Felix Guffler

Michaela Eigenmüller / Christine Müller Horn (Hg.), Kempten-Museum im Zumsteinhaus (Kat. und Schriften der Museen der Stadt Kempten/Allgäu 31) Regensburg 2023, 336 S., Ill., ISBN 978-3-7917-3428-6, 29 €.

Im Jahr 2019 wurde das neu eingerichtete Kempten-Museum im Zumsteinhaus eröffnet. Der vorliegende Band dokumentiert die Dauerausstellung des Hauses, die sich auf 700 m^2 Museumsfläche als eine Reise durch die Geschichte der Stadt vom römischen Cambodunum über die Zeit des Fürststifts Kempten und der Reichsstadt bis in die Gegenwart versteht. Dabei werden auch die Schattenseiten der Stadtgeschichte wie die frühneuzeitliche Hexenverfolgung oder das Thema „Rüstungsindustrie und Zwangsarbeit von KZ-Häftlingen – Außenlager des KZ-Dachau in Kempten und Kottern / Weidach“ (vgl. den Beitrag von Markus Naumann, S. 112–115) nicht ausgespart. Im Rahmen der Schau präsentiert das Museum gleichermaßen Kunstwerke genauso wie Alltagsgegenstände. So sind beispielsweise die Bürger Kemptens dazu eingeladen, dem Museum so genannte „Heute-Objekte“ zu überlassen, die das tägliche Leben in der Stadt in der Gegenwart dokumentieren helfen.

Das erste zentrale Objekt des Museums ist freilich das Zumsteinhaus selbst. Dementsprechend beschäftigt sich auch ein Schwerpunkt der Ausstellung mit den „Zumstein“,

„eine(r) Einwandererfamilie aus den Südalpen in Kempten" (vgl. Beitrag von Wolfgang Petz, S. 54–57). Die Familie Zumstein kam ursprünglich aus dem Tal der Lys/Valle di Gressoney, einem Nebental des Aostatals, das von deutschsprachigen Walsern besiedelt wurde. Daher wurde in der Gegend sowohl Italienisch und Französisch als auch das „Titsch" gesprochen. Im späten Mittelalter herrschte im Tal der Lys ein hoher Bevölkerungsdruck, was dazu führte, dass die Bevölkerung – darunter die Familie Zumstein – neben der Landwirtschaft neue Verdienstmöglichkeiten im Hausiererhandel suchte. Hierbei wurde der Radius weit gezogen. Wanderhändler aus dem Tal der Lys waren im 18. Jahrhundert vor allem in den Herbst- und Wintermonaten auch im Allgäu zu finden, obwohl dieses vom Tal der Lys überaus weit entfernt lag: Die Reise dauerte für die Wanderhändler zwei bis drei Wochen. Ein zentrales Warenlager der Zumstein befand sich im Gasthaus Bauerntanz in Memmingen. Von hier aus besuchten die „welschen Kaufleute" sowohl die Messen in Ulm wie auch die Jahrmärkte in der näheren Umgebung.

Unter den „welschen Kramern", so die zeitgenössische Bezeichnung, war Nicolaus Zumstein der Aufstieg zum Großhändler gelungen. Er kaufte Textilien und Seidengewebe in der Schweiz und in Italien im großen Stil ein – den Krämerhandel überließ er seinen nicht ganz so erfolgreichen Landsleuten, die seine Waren weiterverkauften. Der zentrale Handelsplatz war Ulm. Von hier aus wurden Abnehmer auf der Alb und in Oberschwaben mit den Produkten der Familie Zumstein versorgt. – Aus dem Katalog wird deutlich: Schon im 18. Jahrhundert gab es Neid und Fremdenfeindlichkeit. In diesem Fall waren es die Memminger Kaufleute, die angeblich durch die Konkurrenz aus Savoyen ruiniert wurden und in einer mehr als befremdlichen Sprache diese als „höchst schädliche Leute" (zitiert auf S. 55) bezeichneten, die „auszurotten" (ebd.) seien. Dies führte letztlich zur Ausweisung der Familie Zumstein aus Memmingen, obwohl Nicolaus Zumstein darauf hingewiesen hatte, welch wichtigen Wirtschaftsfaktor sein Großhandel für Krämer, Wirte und Fuhrleute in Memmingen und Umgebung bedeutet hatte. Doch verfügte Nicolaus Zumstein gleichermaßen über kaufmännische Kompetenz, Mittel und Gönner, die es ihm ermöglichten, ab 1784 in Kempten, zusammen mit einem Partner, ein Warenlager mit Handlung zu eröffnen, das durchaus florierte. Nach dem Tod Nicolaus Zumsteins führten dessen Söhne Johann Joseph und Johann Nicolaus das Geschäft fort. Sie wurden nunmehr vollständig in Kempten heimisch. 1802 wurde das heutige Museum, das Zumsteinhaus, von ihnen gebaut.

Mit Recht verweisen die Ausstellungsmacher darauf, dass es Vertreter des Bürgertums waren, die in diesem „Epochenjahr" (S. 54) ein solch repräsentatives Haus im Stil des Klassizismus erbauen ließen: In diesem Jahr ging die Herrschaft in Kempten von der Reichsstadt und dem Fürststift auf das Königreich Bayern über, dessen wirtschaftliche Eliten zunehmend stärker durch das Bürgertum geprägt werden sollten. – Wie war nun das Haus aufgebaut: Das Erdgeschoss ist heute noch geprägt durch Fenstergitter und eiserne Türen. Zugleich finden sich hier noch die Verankerung für eine Waage, ein Schreibpult sowie eine in der Ausstellung gezeigte Geldkassette, die deutlich machen, dass sich hier ein Lager eines Handelshauses befand. So wurden im Erdgeschoss des Zumsteinhauses u. a. Tuchballen und Seidenstoffe aufbewahrt, von deren Qualität sich der Besucher (anhand nachgewebter Muster und so genannter Mailänder Flammtücher aus der Zeit um 1800) auch heute noch überzeugen kann. In den beiden Obergeschossen befanden sich die Wohnräume der beiden Brüder Zumstein, beide Wohnungen waren im Stile des Klassizismus ausgeschmückt. Zu den Höhepunkten des Hauses bzw. dessen Umfeld gehört außerdem ein im Jahr 1830 gefertigtes schmiedeeisernes Gitter, das fast an der Originalstelle im Garten des Hauses wieder positioniert werden konnte.

Die Familie Zumstein wohnte und arbeitete bis zum Tod von Johann Nicolaus Zumstein 1832 in diesem Haus. Ihre Verbindung nach Savoyen hatten die Zumstein freilich nie aufgegeben. Die Erben von Johann Nicolaus Zumstein kehrten dorthin zurück und gaben das Geschäft in Kempten auf. Doch blieb das Haus bis 1951 im Besitz der Familie, erst dann konnte es die Stadt Kempten kaufen, um hier ein Römermuseum und die naturkundliche Sammlung unterzubringen, bevor nach einer aufwendigen Sanierung, die der Katalog ebenfalls dokumentiert, nun eben hier das „Kempten-Museum“ geschaffen wurde.

Dieses, das Kempten-Museum, ist nicht nach Epochen gegliedert. Vielmehr werden die Exponate unter thematischen Gesichtspunkten vorgestellt. So beschäftigen sich die verschiedenen Abteilungen, die der Katalog dokumentiert und die unabhängig voneinander besucht werden können, mit den Themenblöcken: „Macht und Ohnmacht“ – „Produktion“ – „Verkehr“ – „Glauben“ – „Markt“ – „Wohnen“ – „Freizeit“ und „Gesundheit“. Jeder dieser Themenblöcke ist chronologisch aufgebaut und hat in einer jeweils unteschiedlichen Epoche wiederum einen Schwerpunkt. Zugleich sind die einzelnen Ausstellungsteile multimedial gestaltet. An Hörstationen wird der Ausstellungsbesucher mitgenommen auf die Reise in die Vergangenheit, so z. B., wenn Hans Forster mit großer Begeisterung über seinen Beruf als letzter Bader Kemptens berichtet: Als Forster 1926 nach immerhin sechseinhalbjähriger Ausbildung seine Tätigkeit als Bader in Kempten aufnahm, hatte er in der Stadt noch fünf Berufskollegen. Während des II. Weltkrieges war er u. a. in einem Sanitätszug als Sanitäter beschäftigt. In der Nachkriegszeit kümmerte er sich zudem um amerikanische Soldaten. Nebenbei führte er noch einen Friseurbetrieb und eine Fußpflege. Als Attribute seines Berufes werden u. a. seine 24 Zangen, mit denen Zähne gezogen wurden, Schröpfköpfe sowie sein Aderlass-Schnäpper präsentiert. In gleicher Weise bekommt der Ausstellungsbesucher im Themenblock „Gesundheit“ jedoch auch Einblick in die historischen Räume der Hof- und Residenzapotheke Kempten.

Ein Schwerpunkt, der sich durch die gesamte Ausstellung zieht, ist der über Jahrhunderte bestehende Gegensatz zwischen der Reichsstadt Kempten und dem Fürststift: Die Reichsstadt hatte 1289 Privilegien durch König Rudolf I. v. Habsburg erhalten und sich 1525 während des Bauernkrieges im so genannten „Großen Kauf“ vom Fürststift vollständig emanzipiert. Auch wandte sich die Reichsstadt der Reformation zu, so dass der Gegensatz zum Stift nicht nur in politischer und wirtschaftlicher Hinsicht, sondern auch in konfessioneller gepflegt wurde. Negativer Höhepunkt waren dabei die Jahre des Dreißigjährigen Krieges. Denn 1632 plünderten Bürger zusammen mit den Schweden das Stift. Im Jahr darauf zerstörten kaiserliche Truppen „auf Betreiben des Fürstabts“ (S. 139) die protestantische Reichsstadt. Sehr anschaulich werden die unterschiedlichen Entwicklungen in der Reichsstadt einerseits und dem Stift andererseits im Zeitalter des Barock herausgearbeitet. Die Reichsstadt war, nachdem sie um 1600 etwa 6.000 Einwohner hatte, auf 3.000 Einwohner gesunken. Deren Oberschicht war im Fernhandel tätig. So bestanden

Geschäftsverbindungen nach Lyon, Venedig, Triest, Bozen und Genua. Selbstverständlich verfügte die Reichsstadt über umfangreiche Selbstverwaltungsrechte.

Im Zeitalter des Barock entstand um das Stift eine eigene Stadt, die ebenfalls 3.000 Einwohner zählte. Die Siedlung wurde auf Drängen des Fürstabts Rupert v. Bodman 1728 vom Kaiser zur Stadt erhoben. Wirtschaftlich war diese Siedlung natürlich ganz auf den Hof des Fürstabtes ausgerichtet, der zugleich als Mäzen und Auftraggeber für die zahlreichen Handwerker der Stiftssiedlung wirkte. Letztere hatte freilich keine Selbstverwaltungsrechte, genauso wenig wie die Stiftsstadt über Tore oder eine Ummauerung verfügte.

Sowohl die Bürger der Stiftsstadt als auch der Reichsstadt sahen in der jeweils anderen Seite „Ketzer“ und beschäftigen in zahlreichen Prozessen das Reichskammergericht und den Reichshofrat, wechselseitige Eheverbindungen zwischen beiden Städten gab es keine. Auf Wunsch des bayerischen Staates, der ab 1802 neuer Landesherr wurde, erfolgte das schrittweise Zusammenwachsen beider Städte, ein mühsamer Prozess, der im Grunde über ein Jahrhundert in Anspruch nahm und ebenfalls detailliert gewürdigt wird. Selbst noch heute wird die Verkehrsplanung der Stadt Kempten durch das frühere Vorhandensein zweier Städte erheblich erschwert – im Übrigen enthält der vorliegende Katalog auch einen Beitrag, der sich mit der Entwicklung der Stadt und ihrer baulichen Substanz in der jüngsten Vergangenheit beschäftigt.

Schließlich versteht sich das Zumsteinhaus als ein lebendiges Museum. Wie schon erwähnt, sind Besucher bzw. Bürgerinnen und Bürger der Stadt Kempten dazu eingeladen, „Heute-Exponate“ dem Museum zu überlassen. Außerdem gibt es im Museum regelmäßige Veranstaltungen: Am so genannten „Bewegten Donnerstag“ ist das Publikum zu Vorträgen, aber auch zu Rezitationen und Diskussionsrunden zu Kempten und seiner Vergangenheit herzlich eingeladen. All dies sind freilich nur einzelne Aspekte der umfangreichen, unterhaltsamen und informativen Schau bzw. des Katalogs. Zu Recht ist das Zumsteinhaus 2020 als bestes Heimatmuseum ausgezeichnet worden. Der Rezensent hat sich vorgenommen, dem Museum einen Besuch abzustatten, wobei der Katalog als gelungene Einladung hierzu verstanden werden darf.

Michael Kitzing

Helmut Lausser / Harald Langer, Kaufbeurer Ansichten von Schropps Aquarellen bis zu Langers Luftbildern. Beiträge von Stefan Fischer, Jürgen Kraus, Ulrich Klinkert und Corinna Malek, Thalhofen 2022, 384 S., 123 Schropp-Aquarelle, 83 Luftbilder, 234 Fotos und Ansichtskarten, ISBN 978-3-95551-181-4, 35 €.

Die Publikation „Kaufbeurer Ansichten von Schropps Aquarellen bis zu Langers Luftbildern“ ist kein üblicher Bildband. Ausgangspunkt sind ausgewählte Ansichten von Einzelbauten, Bauensembles, Straßenzügen und Plätzen, die der Kaufbeurer Konditormeister und Hobbymaler Andreas Schropp (1781–1864) als Aquarelle anfertigte und die als Album im Stadtarchiv Kaufbeuren vorliegen. Hier handelt es sich allerdings nicht um ein schlichtes Faksimile des Albums. Gegenübergestellt wird den Aquarellen von Schropp immer ein aktuelles Luftbild von Harald Langer. Doch geht die Konzeption über eine einfache „damals – jetzt"-Gegenüberstellung deutlich hinaus. Die kenntnisreichen, erläuternden Texte von Helmut Lausser gehen auf den Entstehungskontext des Motivs von Schropp ein, erläutern die von ihm dargestellte Bausubstanz sowie Stadtgestalt und schildern ausführlich die in den letzten 150 Jahren eingetretenen Veränderungen. Ergänzt werden diese Beschreibungen durch weiteres Bildmaterial, welches die baulichen Zwischenschritte der Veränderungen bis heute dokumentiert.

Diesem Kern des Bandes sind vor- und nachgelagerte Beiträge weiterer Autoren und einer Autorin angegliedert, welche nicht nur Beiwerk, sondern wesentlich für das inhaltliche Konzept sind. Am Anfang steht der einführende Beitrag von Stefan Fischer. Er beschreibt unter dem Titel „Kontrast und Kontinuität. Das 19. Jahrhundert in Kaufbeuren" die gesellschaftlichen, wirtschaftlichen und politischen Umbrüche eines Jahrhunderts, in dem Schropp lebte und die sich auch auf das Stadtbild auswirkten. Es folgt der vom inzwischen verstorbenen Jürgen Kraus stammende Beitrag über Leben und Werk des Konditormeisters. Schropp erlebte als in der Stadt engagierter und mitwirkender Bürger die Umbrüche des 19. Jahrhunderts aktiv mit. Nachgelagert folgen die Beiträge von Ulrich Klinkert und Corinna Malek. Nachdem bisher einzelne Objekte, Bauensembles oder Straßenzüge im Mittelpunkt standen, wird jetzt die Altstadt bzw. die gesamte Stadt als Ganzes behandelt. Klinkert stellt sich in seinem Beitrag, der die Stadt als Ort dauernder Veränderung beschreibt, seinen „unfrisierten Gedanken beim Flanieren durch die Altstadt". Er stellt fest, dass sich die Funktion der Altstadt inzwischen gewandelt hat. Sie vereinte einmal alle Funktionen des Alltags für die Bürger, die wegen des Verlusts von Einwohnern und der Verlagerung fast aller dieser Funktionen an die Peripherie verödet ist. Er stellt zur Diskussion, ob die Belebung der Altstadt nicht nur durch einen Traditionsbruch und die Aufgabe aller historischen Substanz, sondern durch gezielte Zuweisungen neuer zukünftiger Funktionen unter Einbindung des Überkommenen erreicht werden kann. Wenn der Weg klar sei, könne man durch gezielte Planung und Gestaltungsregeln die historische Bausubstanz behutsam bewahrend retten und moderne Ergänzungen rücksichtsvoll einbinden. Klinkert fordert dabei nicht nur kommunales Engagement und politischen Willen ein, sondern auch die Einbindung privater Bauherren, Hauseigentümer und aller Bürgerinnen und Bürger Kaufbeurens. Neue Funktionszuweisungen, darauf abgestimmte gezielte Stadtplanung unter Zuhilfenahme kommunaler Regelungsinstrumente wie (Gestaltungs-) Satzungen, deren konsequente Umsetzung und Geduld sind seine Forderungen. Die Stadtheimatpflegerin Corinna Malek beschreibt detailliert den städtebaulichen Wandel Kaufbeurens im 20. Jahrhundert bis heute. Sie beschränkt sich nicht auf die Altstadt, sondern erzählt eine Stadtentwicklungsgeschichte über Schaffung von neuem Wohnraum in neuen Stadtvierteln, von modernisierenden Umbauten in bestehender Bausubstanz, von gelungenen und misslungenen Neubauten zulasten historischer Substanz, von der Umgestaltung zu einer autogerechten Stadt und vom Ausbau kommunaler und anderer (öffentlicher) Dienstleister, wie Rathaus, Schulen, Krankenhaus, Post, Bahnhof, Banken und Versicherungen, sowie letztendlich des Einzelhandels bis hin zum Kaufhaus. Sie konstatiert den Wandel der Stadt angesichts des modernen Fortschritts und schmerzhafter Eingriffe in das Stadtbild, die vor allem seit den 1960er Jahren in einer weitgehend vom Bombenkrieg verschonten Stadt stattfanden, aber auch, dass eine Stadt „den Wandel ihrer

Baukultur braucht und dies ein notwendiger Transformationsprozess" (S. 295) sei. Sie mahnt eine aktive Begleitung sowie einen qualitätsvollen und verantwortungsbewussten Umgang für diesen Wandel und mit der historischen Bausubstanz an.

Gerade die letzten beiden Beiträge machen deutlich, dass dieser Band mehr als ein harmloses Bilderbuch und mehr als eine rein historische oder sentimentale Betrachtung des Kaufbeurer Stadtbildes ist. Er führt deutlich darüber hinaus, indem er Anschauungsmaterial für den städtebaulichen Wandel liefert, ihn in den historischen politischen, gesellschaftlichen und wirtschaftlichen Kontext stellt, Gelungenes und Misslungenes aufzeigt, den Finger in die Wunden legt und deutlich macht, wie wichtig eine Diskussion über die Zukunft der Kaufbeurer (Alt-)Stadt ist. Er zeigt, dass Städtebau auch eine Auseinandersetzung über die Funktion einer Stadt ist und eine Planung braucht. Der Band verdeutlicht, dass Weiterentwicklung unter Bewahrung historischer Substanz in Kombination sinnvoller moderner Ergänzung nicht Rückschritt, sondern eine Investition in die Zukunft bedeutet. Diese Publikation, die aktuelle, brennende Kaufbeurer Probleme aufgreift, kann auch Vorbild für andere Kommunen sein. Denn sie stellt Politik und Bürgergesellschaft fundierte Informationen zur Verfügung, die notwendig sind, um eine Diskussion über Stadtentwicklung führen zu können.

Katrin Holly

Harm von Seggern, Residenzstädte im Alten Reich (1300–1800). Ein Handbuch, Abt. I: Analytisches Verzeichnis der Residenzstädte, Teil 2: Nordwesten (Residenzenforschung. NF: Stadt und Hof – Handbuch I, 2) Ostfildern 2022, XVI/612 S., ISBN 978-3-7995-4541-9, 80 €.

Der vorliegende Band setzt die auf vier Bände angelegte erste Abteilung des „Handbuch(s) der Residenzstädte" fort. Wie bei dem 2018 erschienenen ersten Band über die Residenzstädte im Nordosten des Alten Reichs handelt es sich bei dem vorliegenden Band zum Nordwesten „um eine rein pragmatisch geschaffene Großlandschaft, die grosso modo aus dem Niederrheinisch-westfälischen Reichskreis, dem Kurrheinischen Reichskreis und dem Burgundischen Reichskreis besteht". Der Band umfasst daher auch die Residenzstädte der Alten Niederlande, die sich in einem langwierigen Prozess 1548–1648 aus dem Heiligen Römischen Reich Deutscher Nation gelöst haben, das hier unter dem Namen „Altes Reich" auftritt. Es wird dazu darauf hingewiesen, dass die Herzöge von Burgund ihre Territorien im Umherreisen regiert haben. Städte aus ihrem Herrschaftsbereich wie Brüssel, Mecheln, Den Haag, Mons, Namur, Le Quesnoy und die Bischofsstädte Cambrai, Utrecht und Lüttich sowie eine Reihe selbstständiger Herrschaften werden in die Betrachtung einbezogen, wenn sie zum Alten Reich gehört haben. Das Konzept für die Darstellung der Residenzstädte im ersten Band wurde im vorliegenden Band unverändert beibehalten. Als Residenzstädte gelten Orte, die im Rechtssinn Stadt und in ihrer ökonomischen Ausgestaltung Sitz des Hofes eines (weitgehend) selbstständigen Herrschaftsträgers waren.

Der Band umfasst 132 Artikel, die von 96 Autoren im Stil eines Dictionnaire raisonné verfasst wurden. Die Anwesenheit des jeweiligen Hofes wird ebenso wie die Beziehungen zwischen der Gemeinde und dem Residenzträger dargestellt. Die Untersuchungen mit den Beschreibungen des derzeitigen Forschungsstandes der Residenzstädte sollen Grundlagen für weitere Untersuchungen bieten und neben der Geschichte der einzelnen Städte das Gesamtbild der vormodernen Gesellschaft erweitern. Die Beiträge haben sehr unterschiedliche Umfänge. Sie beginnen bei mehr als zwei Seiten (Elten) und steigen über zwei bis drei Seiten (Batenburg, Bensberg, Jülich, Delmenhorst, Hamm, Herford), dreieinhalb Seiten (Limburg an der Lahn), vier Seiten (Bückeburg, Echternach, Leer, Osnabrück, Siegburg), viereinhalb Seiten (Bielefeld, Geldern, Mosbach), fünfeinhalb Seiten (Emden, Detmold, Mannheim, Minden, Namur, Nimwegen, Oldenburg, Paderborn) auf sieben Seiten (Bonn, Lemgo, Münster, Trier), achteinhalb Seiten (Den Haag), über neun Seiten (Brüssel, Mainz, Mecheln), um mit zehn Seiten (Lüttich, Utrecht) den Abschluss zu erreichen. Die Einleitung weist auf die Besonderheiten des Handbuchs im Unterschied vergleichbarer anderer Handbücher wie dem „Deutschen Städtebuch“, dem „Handbuch kultureller Zentren“, dem Handbuch „Höfe und Residenzen im spätmittelalterlichen Reich“ und dem vierten Teilband über die „Grafen und Herren“ mit der Residenzbildung nichtfürstlicher Herrschaftsträger hin. Die Einleitung führt weiter aus, dass Residenzstädte in Überblicks- und Einführungswerken als ein besonderer Stadttypus zwar behandelt werden, aber als Begegnungsraum höfischer und städtischer Lebenswelten nicht zusammenhängend untersucht worden sind.

Für das geplante Nachschlagewerk wurden sechs Kriterien erarbeitet, um in das Werk aufgenommen zu werden. An erster Stelle stand dabei die regelmäßige, aber keineswegs kontinuierliche Anwesenheit des Herrn am Ort. Das galt in gleicher Weise für Neben- und Sommerresidenzen sowie Witwensitze. Als zweites Kriterium wurde die Dauer der Residenznutzung berücksichtigt, die mindestens eine Generation umfassen sollte, wobei dieser Zeitraum nicht unbedingt in rund 30 Jahren gebündelt sein musste, was Witwensitze wie Mengerskirchen oder Sachsenhagen erfassen ließ. Als drittes Kriterium musste die faktische Herrschaft über den Ort gegeben sein, die sich in der Einsetzung von Bürgermeister und Rat oder deren Bestätigung, den Erlass von Statuten und Ordnungen und/oder gerichtlichen Kompetenzen zeigte. Das Beispiel von Köln beweist, dass es im Alten Reich sehr unterschiedliche Rechtsstellungen gab, die sich nicht verallgemeinern lassen. Das vierte Kriterium stellt die Unterscheidung der Residenzstädte von dörflichen Siedlungen dar. Es wurden nur solche Ortschaften in das Handbuch aufgenommen, die über dörflich-ländliche Strukturen hinausgehende Kennzeichen besaßen, wie z. B. einen über dem Dorfrecht liegenden Status. Hier werden Weichbild, Wigbold und Markt etc. genannt. Auch hier werden weitere Formen der Gemeindebildung genannt, die die vielfältigen Rechtsmöglichkeiten des Mittelalters aufzeigen. Als fünftes Kriterium werden die wirtschaftlichen Gegebenheiten zur Unterscheidung von Kleinstadt und Dorf genannt. Dabei wird der Markt erwähnt, der erhebliche Auswirkungen auf die Entwicklung eines Ortes haben konnte. Die Gesamtsituation von Handel, Gewerbe und Landwirtschaft war im Hinblick auf den Hof ein entscheidender Faktor in der Stadt. Als sechstes Kriterium ist die Gesamtanlage von Burg / Schloss und Stadt zu beachten, die nicht nur die Amtsstädte, sondern auch die Residenzstädte kennzeichnete. Der Haupteingang in die Residenz lag meist in der Stadt. Auch bestanden Unterschiede des Bauensembles im Vergleich mit anderen Städten, was sich in vielen Gebäuden niederschlug, die vom Hof genutzt wurden.

Die einzelnen Beiträge sind in acht Abschnitte gegliedert, wobei die Gliederungsnummer am Anfang des Abschnitts steht. An erster Stelle steht die Beschreibung der Lage und die Funktion als Residenzstadt. Es folgt die Darstellung der Stadtgeschichte, der als dritter Abschnitt die Kirchengeschichte folgt. Die Stadtgestalt folgt als vierter Abschnitt, während der fünfte die regionale Einbindung mit den überregionalen Beziehungen behandelt. Der sechste Abschnitt bietet die Ergebnisse als Zusammenfassung mit den Quellen und der Literatur im siebten und achten Abschnitt.

Der Band gibt eine überblicksartige Zusammenfassung der Stadt- und Residenzstadtgeschichte in den Bundesländern Niedersachsen, Nordrhein-Westfalen, Rheinland-Pfalz bis hin zum nördlichen Baden-Württemberg, erfasst aber auch weite Teile der heutigen Niederlande, Belgien und Luxemburg bis ins nordwestliche Frankreich (Cambrai). Es ist bedauerlich, dass der Band keine Karte bietet. Man darf hoffen, dass dem letzten Band eine Reihe von Karten beigegeben wird. Das Festhalten an den mittelalterlichen Grenzen zeigt die Achtung derselben, doch ist die Frage zu stellen, ob nicht eine Aufteilung nach den heutigen Grenzen der Bundesländer ein schnelleres Erfassen der einzelnen Residenzstädte gebracht hätte. Das Werk bietet rasche, umfassende Informationen über die jeweilige Residenzstadt. Ein beachtliches Werk, das zahlreiche Impulse aussendet. Man darf auf eine schnelle Fortführung des Werkes hoffen.

Immo Eberl

Bernhard Niethammer/Amelie Bach, FrauenGestalten sichtbar gemacht. Weibliche Biographien aus Bayerisch-Schwaben von 1809 bis heute (Schriftenreihe des Schwäbischen Bauernhofmuseums 3) Illerbeuren 2023, ISBN 978-3-8392-0436-8, 28 €.

Bei diesem Buch handelt es sich um den Katalog zur Ausstellung „Sichtbar gemacht: Frauen-Gestalten“, die von 2021 bis 2023 im Freilichtmuseum Illerbeuren zu sehen war. Entstanden ist – auch in Zusammenarbeit mit anderen Forscher*innen aus ganz Bayerisch-Schwaben – eine Sammlung von Biographien. Darin werden die Lebensgeschichten von Frauen erzählt, wobei diese Viten auch immer mit den großen Ereignissen des 19. und 20. Jahrhunderts in Verbindung gebracht werden. Erfreulich sind die Überblicksdarstellungen zu den Themen Familienstand, Mutterschaft, Arbeit, Bildung und neue Chancen, die keine Aneinanderreihung von Frauenschicksalen darstellen, sondern bestimmte Punkte im Leben der Frauen herausarbeiten. Außerdem sind – soweit vorhanden – die besprochenen Frauen auch mit Fotos belegt.

Besonders aufschlussreich und spannend ist das Kapitel von Amelie Bach „Schwangerschaft, Geburt und Mutterschaft – der öffentliche Diskurs um Verhütungsmittel und Abtreibungen“. Der Artikel handelt von Geburtsfläschchen, Kindbettfieber und Kindersterblichkeit, Kindstötung als letztem Ausweg, der Suche nach Verhütungsmethoden, von Abtreibungen und dem gesellschaftlichen Umfang damit. Es folgen im Text das Mutterkreuz und die Zwangssterilisation bis hin zur Antibabypille. Dazu passt sehr gut der Artikel von Mathilde Wohlgemuth „Viktoria Schöllhorn – Eine Landhebamme im Illerwinkel“. Diese Hebamme (1895–1981) betreute in ihrem Berufsleben mehr als

1.300 Schwangerschaften. Nicht nur zum 25-jährigen Dienstjubiläum, sondern auch zu ihrem 80. Geburtstag wurde sie öffentlich geehrt.

Beeindruckend ist im Artikel von Petra WEBER „Maria Baldauf – die erste Kaufbeurer Stadträtin" das Foto auf S. 255. Das Foto zeigt einen Teil des Stadtrats nach einer Sitzung vom 19. Februar 1924. Die Stadträtin, die erste in der Kleinstadt Kaufbeuren, darf immerhin neben dem 1. Bürgermeister Georg Volkhart sitzen. Im Jahr 1919 zog sie unmittelbar nach der Einführung des Frauenwahlrechts in das Rathaus ein. Sie war damals schon verwitwet, da ihr Mann am 5. Februar 1910 im Alter von nur 33 Jahren verstorben war. Sie machte in ihrer Antrittsrede unmissverständlich klar, dass sie weder als Frauenrechtlerin noch als Ehrgeizige unbedingt in das Stadtparlament wollte, sondern als künftige Mitarbeiterin und Mitberaterin des Allgemeinwohls der hiesigen Bevölkerung und für die Interessen des weiblichen Wesens – sei es Arbeiterfrau, Beamten- oder Bürgersfrau. 24 Jahre war Maria Baldauf die Vorsitzende des katholischen Frauenbundes.

Angelika SCHREIBER widmet sich in einem ausführlichen Aufsatz, „Agathe Brinz, Theresia Johler und Karolina Schneider – ‚Dem lieben Gott zu Ehren'", den Heimarbeiterinnen in Lindenberg im Allgäu. Diese Frauen waren ein maßgeblicher und wichtiger wirtschaftlicher Faktor für den Aufstieg Lindenbergs zum Hutindustriezentrum.

Susanne SAGER stellt in ihrem Beitrag „Maria Espermüller – ein warmes Essen und ein offenes Herz für Vertriebene" eine sozial engagierte Frau vor. Maria Espermüller wurde 1905 in Kaufbeuren geboren und starb dort 1998. Die Katholikin verliebte sich in den evangelischen Mühlenbesitzer. Da sich kein Pfarrer fand, der das gemischt-konfessionelle Paar traute, mussten sie 1928 in Augsburg heiraten. Das Eheglück war von kurzer Dauer, da ihr Mann Max schon 1935 starb. Maria war von nun an allein mit ihren Kindern Ruth, Hans, Max und Claudia. Das organisatorische Talent von Maria Espermüller war unglaublich ausgeprägt. Besonders den deutschsprachigen Vertriebenen aus Gablonz – heute Kaufbeuren-Neugablonz – ermöglichte sie ab Mitte 1945 in ihrer Volksküche eine warme Mahlzeit zu einem geringen Preis. Nach dem Krieg kamen immer mehr Flüchtlinge in die Volksküche, die nun in einem Stadel der Gastwirtschaft Zur Wies und dem städtischen Schlachthof untergebracht war. Finanziert wurde die Initiative der Volksküche zuerst durch das Privatvermögen, dann auch durch die Caritas, das Rote Kreuz und das evangelische Hilfswerk. Um ein paar Zahlen zu nennen: Mitte 1945 wurden zunächst 140 Essen zubereitet, aus denen aber dann schnell 1.000 Mahlzeiten wurden. Besonders liebevoll sind die von Marias etwa fünfzehnjährigem Sohn Hans gezeichneten 15 Szenen aus dem karitativen Leben seiner Mutter. Sechs Zeichnungen sind im Katalog abgebildet. Marias Sohn Max und seine Frau Inge waren in einem Zeitzeugengespräch völlig davon überzeugt, dass die Mutter in ihren sozialen Aufgaben völlig aufging und es als selbstverständlich ansah, immer zu helfen.

Miriam Zeller, der Witwe des Illerbeurer Museumsgründers, kann herzlich zur Schirmherrschaft der Ausstellung „Frauengestalten" und zum Museum, ihrer „Herzensangelegenheit", gratuliert werden. Dasselbe gilt für Bernhard Niethammer, der als Herausgeber dieses Sammelbandes einen großartigen Blick auf das Leben der Frauen im ländlichen Raum geworfen hat. Ganz sicher wird damit die Lebensleistung der Frauen besser gewürdigt.

Martha Schad

Stefan Fischer, Kleine Geschichte des Allgäus, Regensburg 2023, 200 S., zahlr. Abb., ISBN 978-3-7917-3431-6, 16,95 €.

Wo verlaufen die Grenzen des Allgäus? Diese Frage stellt Stefan Fischer gleich zu Beginn seiner kleinen Geschichte des Allgäus und klärt den Leser darüber auf, dass das Allgäu erstmals in einer St. Galler Klosterurkunde – das Ostschweizer Kloster spielte übrigens eine zentrale Rolle für die Christianisierung der Region – im Jahr 817 genannt wird. In dieser St. Galler Urkunde wird mit dem Allgäu die Region um Sonthofen, Weiler sowie Oberstaufen bezeichnet. Im Laufe der Jahrhunderte, so Fischer weiter, wandelte sich die Umschreibung für die Größe des Allgäus jedoch. – Im Übrigen war mit dem Begriff Allgäu immer eine Region verbunden, nie dagegen ein bestimmtes Territorium.

Gemäß Christoph Hurters Karte aus dem Jahr 1619 stellten die Alpen zwischen Oberstdorf und Füssen die Südgrenze des Allgäus dar. Das östliche Ende des Allgäus bildete eine Linie zwischen Kaufbeuren und Füssen, im Westen endete das Allgäu im Raum Isny–Leutkirch. Nicht so recht festgelegt war die nördliche Grenze der Region. Eine zentrale Achse innerhalb des Allgäus bildete die Iller.

In ähnlicher Weise erörtert Fischer die Umschreibung des Allgäus durch Franz Ludwig von Baumann (1846–1915), der im ausgehenden 19. Jahrhundert eine umfangreiche Geschichte des Allgäus verfasste und der im Laufe der Lektüre dem Leser noch näher vorgestellt wird. Die Südgrenze des Allgäus definierte Baumann ähnlich wie Hurter, den östlichen Abschluss der Region bildet für ihn der Lech. Die West- und Nordgrenze verlief gemäß Baumann ungefähr in einem Bogen von Scheidegg über Wangen und Kißlegg nach Memmingen und schließlich nach Kaufbeuren.

In einer größeren territorialen Einheit war das Allgäu nie zusammengefasst. Seit dem Reichsdeputationshauptschluss von 1803 und dem Ende des Alten Reiches 1806 gehören weite Teile des Allgäus zu Bayern, und die Entwicklung dieser Teile des Allgäus stehen im Mittelpunkt von Fischers Darstellung. Nur am Rande beschäftigt er sich mit dem württembergischen Teil des Allgäus, d. h. der Region um Wangen, Isny, Leutkirch und Bad Wurzach.

Fischer blickt vor allem auf die politische Geschichte, verbindet diese jedoch mit Aspekten der Wirtschafts-, Sozial- und Kulturgeschichte. Er setzt bei den ersten Spuren menschlicher Besiedlung ein und schlägt den Bogen über das Allgäu unter römischer Herrschaft zur „alemannischen Landnahme und Besiedlung“ (S. 30) sowie zur „Christianisierung und fränkische[n] Zeit“ (S. 36). Genauso betrachtet er die Geschichte der Region im Zeitalter des Investiturstreites und beschäftigt sich mit der Ausbildung der verschiedenen Allgäuer Territorien im Laufe des Hoch- und Spätmittelalters. Eine dominierende Rolle haben im Allgäu dabei vor allem geistliche Reichsstände gespielt. An erster Stelle ist hierbei das Hochstift Augsburg zu nennen, aber auch das Fürststift Kempten sowie die Klöster Ottobeuren und Irsee. Dagegen gab es im Allgäu lediglich ein größeres weltliches Territorium: Die Grafschaft Königsegg-Rothenfels. Eine große Rolle spielten dagegen die Reichsstädte im Westen des Allgäus, Wangen, Isny und Leutkirch, mehr aber noch in dem heute zu Bayern gehörenden Teil des Allgäus, Kempten, Memmingen und Kaufbeuren. Am Beispiel der „Zunftverfassung der Stadt Memmingen“ (S. 61) beschäftigt sich Fischer mit der verfassungsrechtlichen Ordnung der Städte. Hinzu tritt der Blick auf „das Wirtschaftsleben“ (S. 65) in der Stadt, wobei insbesondere die Textilproduktion eine zentrale Rolle gespielt hat. Ergänzend zu den politischen und wirtschaftlichen Gegebenheiten der Stadt wird aber auch „die Grundherrschaft“ (S. 62), die Agrarverfassung und die Agrarproduktion in den ländlichen, in der Regel unter geistlicher Herrschaft stehenden Territorien dem Leser vorgestellt.

Im Zuge der Reformation setzte sich der Protestantismus in Kempten, Memmingen und Kaufbeuren durch, wobei lange Zeit nicht nur das Luthertum, sondern auch das reformierte Bekenntnis die Entwicklung in Memmingen und Kempten beeinflusst hat. Memmingen bekannte sich zunächst zusammen mit Straßburg, Lindau und Konstanz zur Confessio Tetrapolitana, die einen Kompromiss zwischen lutherischem und reformiertem Bekenntnis darstellte, „schloss sich dann aber im Verlauf des Augsburger Reichstages 1530 der Confessio Augustana der lutherischen Richtung an“ (S. 86). In Kaufbeuren konnte sich eine katholische Minderheit halten, die nicht zuletzt auf die Unterstützung des nahen Bayern und des Augsburger Bischofs hoffen durfte.

Einen Schwerpunkt der Darstellung bildet für das 16. Jahrhundert zudem der Bauernkrieg, denn bekanntermaßen wurden 1525 in Memmingen die zwölf Artikel der aufständischen Bauern, „eine der ersten niedergeschriebenen Forderungen nach Menschen- und Freiheitsrechten in Europa“ (S. 77) formuliert.

Weitere Themen des Bandes bilden die Geschichte des Allgäus in den Konfessions- und Erbfolgekriegen des 16.–18. Jahrhunderts und schließlich als einschneidendes Ereignis der Übergang in das Königreich Bayern. Mit dem Ende der alten Territorien kam es zur administrativen Neuordnung der Region, die genauso vorgestellt wird, wie „liberale Bestrebungen“ (S. 145) im Allgäu während der Revolution von 1848/1849, der Eisenbahnbau, die Entwicklung in den Bereichen Schule und Landwirtschaft sowie die allmählich einsetzende Industrialisierung im 19. Jahrhundert. Eine infrastrukturelle Erneuerung erfuhr das Allgäu vor allem an der Wende zum 20. Jahrhundert, z. T. aber auch in der Weimarer Republik. Nach dem Blick auf „Nationalsozialismus und Zweiter Weltkrieg“ (S. 166) greift der Autor für die jüngste Zeit vor allem drei Aspekte heraus: Die Integration der Heimatvertriebenen in den ersten Nachkriegsjahrzehnten, die Gebiets- und Verwaltungsreform am Beginn der 1970er Jahre, in deren Rahmen die drei Kreise Oberallgäu, Unterallgäu und Ostallgäu entstanden, und schließlich die Tourismusgeschichte der Region, die zum Abschluss des Bandes epochenübergreifend behandelt wird.

Die Darstellung wird aufgelockert durch eine ganze Reihe von Exkursen, in deren Mittelpunkt jeweils bestimmte Orte, Persönlichkeiten oder Institutionen stehen. So wird der Leser u. a. mitgenommen in den Archäologischen Park Cambodunum oder er wird mit Kaiserin Hildegard (758–783), einer der bedeutenden mittelalterlichen Frauengestalten des Allgäus, bekannt gemacht: Die damals noch jugendliche Hildegard heiratete 771 Karl den Großen (747 oder 748–814), mit dem sie zwölf Jahre verheiratet war – aus der Ehe ging der spätere Kaiser Ludwig I. der Fromme (778–840) hervor. Freilich hatte die Ehe politischen Hintergrund. Hildegard entstammte einem Grafengeschlecht, das nördlich bzw. östlich des Bodensees über Besitz verfügte – und durch die Verbindung mit Karl wurde nunmehr dessen Einfluss in genau dieser Gegend ausgebaut. Im Allgäu genießt Hildegard noch heute großes Ansehen, was in der Benennung von Straßen und Plätzen sowie eines Gymnasiums in Kempten zum Ausdruck kommt. Fischer erklärt dem Leser, dass dies seine Ursache darin hat, dass Hildegard dem 752 gegründeten Kloster Kempten aus dem Erbe ihrer Mutter zahlreiche Stiftungen zukommen ließ. In dem Benediktinerkloster lebten damals übrigens 20–25 Mönche, die auch durch Karl d. Gr. umfangreiche Privilegien erhielten (Immunität, niedere Gerichtsbarkeit und das Recht, den Abt frei zu wählen). Obwohl Hildegard 783 in Thionville verstarb und in Metz begraben wurde, hielt sich ihre Verehrung in Kempten gleich einer Heiligen. – Als weitere Frauenpersönlichkeit wird die Schriftstellerin Sophie de La Roche (1732–1807), gebürtige Tochter des Stadtphysikus aus Kaufbeuren, porträtiert. Im Zeitalter der Aufklärung war sie eine der ersten Frauen, die schöpferisch als Schriftstellerin in Deutschland tätig war.

Im Zuge der Exkurse wird außerdem auf „die bayerische Armee im Allgäu" (S. 156) geblickt und die Geschichte des jüdischen Lebens in der Region vorgestellt. Auch die Tiefpunkte der Geschichte des Allgäus spart Fischer nicht aus, so z. B., wenn er auf die Euthanasie-Morde in der Heil- und Pflegeanstalt Kaufbeuren eingeht. Der Oberbürgermeister von Kaufbeuren, Dr. Otto Merkt (1877–1951) und der Anstaltsgeistliche Kurat Christian Frank (1867–1942) gehörten, wie Fischer betont, zu den „geistigen Brandstiftern" (S. 173), die für die „Vernichtung lebensunwerten Lebens", wie es im menschenverachtenden NS-Jargon hieß, eintraten. Durchgeführt wurden die Morde durch den Anstaltsleiter, Dr. Valentin Faltlhauser (1876–1961). Zwischen 1939 und 1941 wurden Menschen mit geistiger, körperlicher oder psychischer Behinderung aus Kaufbeuren in die Tötungsanstalten nach Grafeneck auf der Schwäbischen Alb und nach Hartheim bei Linz verschleppt. Nachdem diese Transporte 1941 ein Ende hatten, ließ Faltlhauser die erkrankten Menschen mittels einer sogenannten Entzugskost verhungern. Außerdem führte er Tbc-Versuche durch. Insgesamt wurden in der Heil- und Pflegeanstalt Kaufbeuren-Irsee mindestens 1.200, wenn nicht gar 1.600 Menschen getötet. Mit besonderem Schrecken und Entsetzen erfährt der Leser, dass diese Tötungen auch über das Weltkriegsende andauerten. Erst im Juli 1945 bereiteten amerikanische Truppen dem Verbrechen ein Ende.

Fischer gelingt es, eine facettenreiche und zugleich leicht verständliche sowie spannend geschriebene Darstellung der Geschichte des Allgäus mit all ihren Licht- und Schattenseiten vorzulegen. Der Band wird abgerundet durch einige Hinweise zur eigenen weiterführenden Lektüre und eine Karte der Region. Bemerkenswert ist die Bebilderung, die zugleich als gelungene Einladung ins Allgäu verstanden werden darf.

Michael Kitzing

Regina Hindelang, Dillingen an der Donau – Der Altlandkreis, Bd. I/II (HAB Schwaben I/19) München 2023, 1.160 S., 2 Kartenbeilagen, ISBN 978-3-7696-6564-2, 79 €.

Historische Atlaswerke sind von enormer Bedeutung für die deutsche Landesgeschichte. Sie sind nicht nur langfristige Unternehmungen, sondern auch konstante Größen in der Forschung. Sie dienen als Fundament für überregionale Vergleiche und tragen zur Dokumentation lokaler und regionaler Befunde bei. Die Ergebnisse solcher Projekte sind oft der Maßstab für Thesen in der allgemeinen Geschichtsforschung. Unter diesen besonders hervorzuheben ist der Historische Atlas von Bayern, der in den letzten siebzig Jahren mit 127 Bänden eine herausragende Leistung erbracht hat.[1]

In dieser Reihe wird in ausführlicher Form die historische Entwicklung Bayerns vom Mittelalter bis zur neuesten Zeit statistisch und kartographisch dokumentiert. Dieses ehrgeizige Projekt, welches von der Kommission für bayerische Landesgeschichte betreut wird, basiert auf der alten Landgerichtseinteilung für die altbayerischen Teile und der neueren Landkreisorganisation für die schwäbischen und fränkischen Landesteile. Seit 1948 hat der Historische Atlas von Bayern bereits einen Großteil des bayerischen Territoriums abgedeckt, wobei die noch ausstehenden Gebiete sich in der Vorbereitung befinden. Die Arbeit an diesem Projekt wird unterstützt durch das Digitalisierungszentrum der Bayerischen Staatsbibliothek, welches die vergriffenen Bände einschließlich der Karten und Abbildungen kostenfrei zur Verfügung stellt.[2]

Der nun neu vorliegende Historische Atlas zu Dillingen an der Donau ist das Ergebnis einer umfassenden wissenschaftlichen Arbeit, die im Rahmen einer Dissertation entstand. Diese Dissertation, eingereicht 2018 an der Phil. Fak. der FAU Erlangen, wurde unter dem Titel „Herrschaftsentwicklung in Ostschwaben in Mittelalter und Früher Neuzeit – der Altlandkreis Dillingen an der Donau als Fallstudie im Rahmen des Historischen Atlas von Bayern“ verfasst. Im Rahmen der Bearbeitung wurde der ursprüngliche Text um die Abschnitte zur Ur- und Frühgeschichte bis 1258 sowie zur neuesten Geschichte von 1800 bis 1972/78 erweitert.

Das opulente Werk, mit seinen 1.160 Seiten, führt uns in die historischen Pfade des Altlandkreises Dillingen an der Donau mit beeindruckender Genauigkeit. Autorin Regina Hindelang präsentiert ein Kompendium, das tief in die Grundfesten der Territorial- und Herrschaftsentwicklung eintaucht. Beginnend mit den Grundlagen der Territorial- und Herrschaftsentwicklung bietet der erste Teil einen fundierten Einblick in die Landschaft und Besiedlung des Gebiets. Naturräumliche Gegebenheiten sowie die Besiedlung von der Früh- bis zur Hochmittelalterlichen Zeitperiode (ca. 700 bis 1268) werden sorgfältig untersucht. Besonders hervorgehoben werden die Herrschaftsstrukturen und ihre Träger im frühen Mittelalter sowie die hochmittelalterliche Herrschaftsentwicklung, insbesondere die Rolle der Grafen von Dillingen.

Im zweiten Teil werden die verschiedenen Herrschaftsträger des Gebiets analysiert. Die Darstellung des Fürstentums Pfalz-Neuburg erstreckt sich von der Quellenlage über die Landvogtei Höchstädt bis hin zu den Ämtern der Niedergerichtsebene und den landsässigen Städten im Landgericht Höchstädt. Ebenso werden die geistlichen und weltlichen Hofmarken sowie die Reichsritterschaft und weitere weltliche Herrschaften wie die Fürsten von Oettingen-Wallerstein und die Markgrafschaft Burgau behandelt.

Das folgende Kapitel widmet sich ausführlich geistlichen Herrschaftsträgern. Das Domkapitel und Hochstift Augsburg, die Reichszisterze Kaisheim und das Kloster St. Ulrich

---

1 Vgl. Der Historische Atlas (von Bayern) als Ideengeber und Rezipient Historischer Diskurse, in: H-Soz-Kult (11.09.2019) www.hsozkult.de/event/id/event-90865 [4.3.2024].

2 Vgl. BSB: Information zum Historischen Atlas von Bayern unter https://geschichte.digitale-sammlungen.de/hab/online/angebot [4.3.2024]

und Afra in Augsburg – sie alle hinterließen ihre Spuren in den Annalen der Geschichte dieses Landstrichs. Hier richtet sich der Fokus auf die geistlichen Herrschaftsträger, vor allem das Domkapitel und Hochstift Augsburg. Die Geschichte des Bistums und Hochstifts Augsburg wird von der Frühzeit bis zur Ausdehnung im Raum Dillingen ausführlich dargestellt. Auch weitere geistliche Herrschaftsträger wie die Reichszisterze Kaisheim und das Kloster St. Ulrich und Afra in Augsburg werden eingehend betrachtet.

Bistum und Hochstift Augsburg haben bereits in der Frühzeit maßgeblichen Einfluss erlangt. Durch eine umfassende Analyse des Forschungsstands und der Quellenlage gelingt es Hindelang, Licht auf die Anfänge dieser Institutionen zu werfen und ihre Entwicklung im Laufe der Jahrhunderte nachzuzeichnen. Ein wesentlicher Bestandteil dieser Untersuchung ist die Struktur des Domkapitels Augsburg, einschließlich seiner Verwaltungsgliederung und des Besitzes im Altlandkreis Dillingen. Hierbei werden insbesondere die Domprostei und die Domdekanei näher beleuchtet, um ein umfassendes Bild von der organisatorischen Struktur des Kapitels zu zeichnen. Die folgenden Ausführungen konzentrieren sich auf die Ausdehnung der Landeshoheit, die Entwicklung der verschiedenen Rechtsbereiche sowie die religiöse Hoheit des Hochstifts. Besonderes Augenmerk liegt auf den hochstiftischen Pfarreien und den damit verbundenen kirchlichen Strukturen im Altlandkreis Dillingen, die eine wichtige Rolle im täglichen Leben der Bevölkerung spielten. Neben den Pfarreien werden auch die hochstiftischen Pflegämter und das Stadtamt Dillingen genauer betrachtet. Die Pflegämter Aislingen, Weisingen, Wittislingen sowie das Klosteramt Fultenbach bieten Einblicke in die Verwaltungsstrukturen und die territorialen Herrschaftsbereiche des Hochstifts im Altlandkreis Dillingen.

Der dritte Teil des Werkes präsentiert uns eine detaillierte Statistik über die Herrschafts- und Besitzverhältnisse am Ende des Alten Reiches. Hier werden die Daten und Fakten zusammengetragen, die uns ein klares Bild von der Struktur dieser Zeit vermitteln. Dabei werden die zeitliche Einordnung, technische Probleme sowie die quellenmäßige Erschließung und Anlage der Statistik erläutert.

Abschließend stellt der vierte Teil den Übergang an Bayern und die bayerische Behördenorganisation dar. Von der Säkularisation bis zur Festlegung der bayerisch-württembergischen Grenze im Jahr 1810 wird der historische Wandel detailliert beschrieben. Die Entwicklung der Landgerichte, Hofmarks-, Herrschafts- und Patrimonialgerichte sowie die Veränderung der Gemeindestruktur durch die Gebiets- und Verwaltungsreform von 1971 bis 1978 werden umfassend behandelt.

Dieses Werk, eingebettet in einen ausführlichen Quellen- und Literaturteil sowie ein Register und Hinweise zu den Kartenbeilagen, liefert einen unverzichtbaren Beitrag zur Erforschung der Geschichte des Altlandkreises Dillingen an der Donau und ist ein wertvolles Nachschlagewerk für Forschende und Geschichtsinteressierte gleichermaßen. Der Doppelband ist mehr als nur eine historische Abhandlung – es ist ein lebendiges Porträt einer Region, beeinflusst von der Geschichte und den Menschen, die sie geformt haben. Es ist eine Hommage an die Vergangenheit und zukünftig ein Nachschlagewerk für alle, die sich für die Geschichte des Altlandkreises Dillingen an der Donau interessieren.

Felicitas Söhner

Abkürzungs- und Siglenverzeichnis

1. Archive und Bibliotheken

ABA	Archiv des Bistums Augsburg
BayHStA	Bayerisches Hauptstaatsarchiv
BSB, cgm, clm	Bayerische Staatsbibliothek, codex germanicus/latinus Monacensis
StA, StadtA	Staatsarchiv, Stadtarchiv (z.B. StA Regensburg, StadtA Nördlingen)
StAA	Staatsarchiv Augsburg
StadtAA	Stadtarchiv Augsburg
SuStBA	Staats- und Stadtbibliothek Augsburg

2. Allgemeine Abkürzungen

Abb.	Abbildung(en)
Abh.	Abhandlung(en)
Abh. München	Abhandlungen der Bayerischen Akademie der Wissenschaften philosophisch-historische Klasse
ADB	Allgemeine Deutsche Biographie
AJB	Das Archäologische Jahr in Bayern
AKG	Archiv für Kulturgeschichte
Bearb., bearb. v.	Bearbeiter (bei Editionen), bearbeitet von
Bd., Bde.	Band, Bände
Beih.	Beiheft
Beitr.	Beitrag, Beiträge
BlldLG	Blätter für deutsche Landesgeschichte
BVbll.	Bayerische Vorgeschichtsblätter
DA	Deutsches Archiv für Erforschung des Mittelalters
Diss. (masch.)	Dissertation (maschinenschriftlich)
EA	Erstauflage
Erg.-Bd.	Ergänzungsband
fol.	Folio
FS	Festschrift
HAB	Historischer Atlas von Bayern
Hg., hg. v.	Herausgeber, herausgegeben von
HJb	Historisches Jahrbuch
HRG	Handwörterbuch zur deutschen Rechtsgeschichte
HV	Historischer Verein
HZ	Historische Zeitschrift
Jb.	Jahrbuch (Jahrbücher)

JffL	Jahrbuch für fränkische Landesforschung
JVAB	Jahrbuch des Vereins für Augsburger Bistumsgeschichte
Kat.	Katalog
LMA	Lexikon des Mittelalters
LThK	Lexikon für Theologie und Kirche
MB	Monumenta Boica
MGH	Monumenta Germaniae Historica (es gelten die Abkürzungsgepflogenheiten der Reihen)
MIÖG	Mitteilungen des Instituts für österreichische Geschichtsforschung (bis 1942: MÖIG)
ND	Neudruck, Nachdruck
NDB	Neue Deutsche Biographie
NF, NS etc.	Neue Folge, Nova Series etc.
QE	Quellen- und Erörterungen zur bayerischen (und deutschen) Geschichte
RGA	Reallexikon der Germanischen Altertumskunde
RGZM	Römisch-Germanisches Zentralmuseum
RI	Regesta Imperii
RTA	Deutsche Reichstagsakten
SB München	Sitzungsberichte der Bayerischen Akademie der Wissenschaften philosophisch-historische Klasse
SFG	Schwäbische Forschungsgemeinschaft
Slg.	Sammlung
SMGBO	Studien und Mitteilungen zur Geschichte des Benediktinerordens und seiner Zweige
Taf.	Tafel
Tl.	Teil
TRE	Theologische Realenzyklopädie
UB	Urkundenbuch
übers. v.	übersetzt von
(2)VL	Die deutsche Literatur des Mittelalters. Verfasserlexikon (2. Auflage)
ZBLG	Zeitschrift für bayerische Landesgeschichte
ZGO	Zeitschrift für die Geschichte des Oberrheins
ZHF	Zeitschrift für Historische Forschung
ZHVS(N)	Zeitschrift des Historischen Vereins für Schwaben (und Neuburg)
ZKG	Zeitschrift für Kirchengeschichte
ZRG Germ., Kan., Rom.	Zeitschrift der Savigny-Stiftung für Rechtsgeschichte. Germanistische, Kanonistische, Romanistische Abteilung
Zs.	Zeitschrift
ZWLG	Zeitschrift für württembergische Landesgeschichte

Bibelabkürzungen folgen den Loccumer Richtlinien.

Publikationen des Historischen Vereins für Schwaben

SCHRIFTENREIHEN

Schwäbische Geschichtsquellen und Forschungen

Band 1: Krag, Wilhelm: Die Paumgartner von Nürnberg und Augsburg. Ein Beitrag zur Handelsgeschichte des 15. und 16. Jahrhunderts. München und Leipzig, 1919. – VIII und 137 S.
Band 2: Pfeiffer, Rudolf: Die Meistersingerschule in Augsburg und der Homer-Übersetzer Johannes Spreng. München und Leipzig, 1919. – VI und 97 S.
Band 3: Reuter, Rudolf: Der Kampf um die Reichsstandschaft der Städte auf dem Augsburger Reichstag 1582. München und Leipzig, 1919. – VIII und 112 S.
Band 4: Zeller, Bernhard: Das Heilig-Geist-Spital zu Lindau im Bodensee von seinen Anfängen bis zum Ausgang des 16. Jahrhunderts. Lindau i.B., 1952. – XI und 311 S., 1 Tab., 1 Karte.
Band 5: Bobinger, Maximilian: Christoph Schissler der ältere und Jüngere. Augsburg, 1954. – VIII und 140 S., 10 Taf.
Band 6: Rathke-Köhl, Sylvia: Geschichte des Augsburger Goldschmiedegewerbes vom Ende des 17. bis zum Ende des 18. Jahrhunderts. Augsburg, 1964. – X und 205 S., 5 Bi. Abb.
Band 7: Witetschek, Helmut: Studien zur kirchlichen Erneuerung im Bistum Augsburg in der ersten Hälfte des 19. Jahrhunderts. Augsburg, 1965. – VII und 420 S.
Band 8: Nickel, Dietmar: Die Revolution 1848/49 in Augsburg und Bayerisch-Schwaben. Augsburg, 1965. – XIII und 277 S.
Band 9: Ibrom, Ernst: Die schwäbisch-bairischen Dialekte zwischen Augsburg und der Donau. Augsburg, 1973. – 73 S.
Band 10: Tuscher, Franz: Das Reichsstift Roggenburg im 18. Jahrhundert. Weißenhorn, 1976. – 195 S., 70 Farb- und SW-Tafeln.
Band 11: Bergmann, Rolf / König, Werner / Stopp, Hugo: Bibliographie zur Namensforschung, Mundartforschung und historischen Sprachwissenschaft Bayerisch-Schwabens. München, 1978. – 103 S.
Band 12: Kessler, Hermann: Die Stadtmauer der Freien Reichsstadt Nördlingen. Nördlingen, 1982. – 155 S.
Band 13: Menz, Cäsar: Das Frühwerk Jörg Breus d.Älteren. Augsburg, 1982. – 148 S., 47 Tafeln u. Abb.

Band 14: Forschungen zur provinzialrömischen Archäologie in Bayerisch-Schwaben. Beiträge verschiedener Autoren anläßlich der 2000-jährigen Geschichte Augsburgs. Augsburg, 1985. – 300 S., zahlreiche Abb.

Band 15: Alfter, Dieter: Die Geschichte des Augsburger Kabinettschranks. Augsburg, 1986. – 127 S., 120 Bildtafeln.

Band 16: Hascher, Doris: Fassadenmalerei in Augsburg vom 16. bis zum 18. Jahrhundert. Augsburg, 1996. – 504 S., 200 Abb.

Band 17: Prange, Peter: Salomon Kleiner und die Kunst des Architekturprospekts. Augsburg, 1997. – 351 S., 127 SW-Abb.

Band 18: Bischoff, Franz: Burkhard Engelberg und die süddeutsche Architektur um 1500 – Anmerkungen zur sozialen Stellung und Arbeitsweise spätgotischer Steinmetzen und Werkmeister. Augsburg, 1999. – 477 S., 167 Abb.

Band 19: Schmid, Josef Johannes: Alexander Sigismund von Pfalz-Neuburg – Fürstbischof von Augsburg 1690-1737. Ein Beitrag zur Kulturgeschichte Schwabens im Hochbarock. Weißenhorn, 1999. – 522 S., 83 Abb.

Band 20: Schmidt, Anja: Augsburger Ansichten – Die Darstellung der Stadt in der Druckgraphik des 15. bis 18. Jahrhunderts. Augsburg, 2000. – 358 S., 200 Abb.

Band 21: Paas, John Roger (Hrsg.): Augsburg, die Bilderfabrik Europas – Essays zur Augsburger Druckgraphik der Frühen Neuzeit. Augsburg, 2001. – 272 S., 11 Farbbilder, 155 SW-Abb.

Band 22: Königfeld, Peter: Der Maler Johann Heiss – Memmingen und Augsburg, 1640-1704. Weißenhorn, 2001. – 400 S., 187 Farb- und 22 SW-Tafeln.

Band 23: Gärtner, Magdalene: Römische Basiliken in Augsburg – Nonnenfrömmigkeit und Malerei um 1500. Augsburg, 2002. – 320 S., 17 SW-Abb., 135 Farb-Abb., 6 farb. Ausfalt-Tafeln, 1 CD-Rom.

Band 24: Baljöhr, Ruth: Johann von Spillenberger 1628-1679. Weißenhorn, 2003. – 330 S., 47 Farb- und 76 SW-Tafeln.

Band 25: Gier, Helmut (Hrsg.): Jakob Bidermann und sein Cenodoxus – der bedeutendste Dramatiker aus dem Jesuitenorden und sein erfolgreichstes Stück. Regensburg, 2005. – 242 S., 12 SW-Abb.

Band 26: von Kospoth, Otto Carl Erdmann: Von Berlin über München nach Venedig – Tagebuch einer musikalischen Reise 1783. Weißenhorn, 2006. – 143 S., 60 Abb.

Band 27: Michaela Neubert, Franz Joseph Spiegler 1691–1757 – Die künstlerische Entwicklung des Tafelbildmalers und Freskanten. Weißenhorn, 2007. – 632 S., 314 Abb. in Farbe.

Band 28: Gisela Drossbach / Andreas Otto Weber / Wolfgang Wüst (Hg.), Adelssitze – Adelsherrschaft – Adelsrepräsentation in Altbayern, Franken und Schwaben. Augsburg, 2012. – 472 S., 100 Abb., teils in Farbe.

Band 29: John Roger Paas / Josef H. Biller / Maria-Luise Hopp-Gantner (Hg.), Gestochen in Augsburg. Forschungen und Beiträge zur Geschichte der Augsburger Druckgrafik. Augsburg, 2013. – 256 S., 285 Abb.
Band 30: Pfundner, Thomas: Historische Grenzsteine in Bayerisch-Schwaben – Inventar zu einem unendlichen Feld. Weißenhorn, 2015. – 202 S.
Band 31: Georg Hartmetz, Christoph Rodt (um 1578–1634). Bildhauer zwischen Renaissance und Barock. Studien zur süddeutschen Holzskulptur des frühen 17. Jahrhunderts. Weißenhorn, 2018. – 336 S., 116 überwiegend farb. Tafeln.
Band 32: Raphael Gerhardt (Hg.), Die Habsburger in Schwaben. Fragestellungen – Methoden – Perspektiven. Augsburg, 2022. – 352 S., 31 Abb. überwiegend in Farbe.

Schwäbische Genealogie

Band 1: Zenetti, Ludwig: Die Sürgen, Geschichte der Freiherren von Syrgenstein. Augsburg, 1965. – 159 S., 21 BI. Abb., 2 Faltbl.

ZEITSCHRIFT DES HISTORISCHEN VEREINS FÜR SCHWABEN

Nachdem seit Gründung des Vereins im Jahre 1834 zunächst 36 „Jahresberichte“ in 26 Folgen erschienen sind, wurden diese Publikationen 1874 in die „Zeitschrift des Historischen Vereins für Schwaben“ mit neuer Zählung und bis 1938 mit dem Zusatz „und Neuburg“ umgewandelt. Von den bis 2023 insgesamt 115 erschienenen Bänden sind die meisten noch erhältlich. Ein Verzeichnis über den Inhalt aller Bände seit 1835/36 ist zum 150-jährigen Bestehen des Vereins im Jahre 1984 als SonderBand erschienen. Darüber hinaus widmeten sich immer ganze Jahrgänge speziellen Fragestellungen:

- Der Grabfund von Wittislingen und die östliche Alemannia im frühen Mittelalter (Bd. 114)
- Der Dreißigjährige Krieg in Schwaben und seinen historischen Nachbarregionen: 1618–1648–2018 (Bd. 111)
- Perspektiven einer europäischen Regionengeschichte (Bd. 106)
- Schwaben und Italien – Zwei europäische Kulturlandschaften zwischen Antike und Moderne (Bd. 102)
- Grenzüberschreitungen. Die Außenbeziehungen Schwabens in Mittelalter und Neuzeit (Bd. 100)
- Der Augsburger Religionsfriede 1555 (Bd. 98)

SONSTIGE VERÖFFENTLICHUNGEN

Schmidt, Rolf: Reichenau und St. Gallen. Ihre literarische Überlieferung zur Zeit des Klosterhumanismus in St. Ulrich und Afra zu Augsburg um 1500. Sigmaringen, 1985. – Broschur, 211 S., 2 farb. Abb.

Ledermann, Richard: Das Kaufbeurer Tänzelfest im Wandel der Jahrhunderte. Augsburg, 1964. – Broschur, Schutzumschlag, 131 S., reich illustriert.

Jahresbeitrag und Spenden an den Historischen Verein für Schwaben

Entsprechend dem Beschluss der Mitgliederversammlung vom 7. Mai 2001 beträgt ab dem 1. Januar 2002 der Jahresbeitrag 25,00 €. Für Schüler und Studenten – längstens bis zur Vollendung des 30. Lebensjahres – ist der Beitrag auf die Hälfte, 12,50 € ermäßigt.
Soweit noch nicht geschehen, teilen Sie bitte die IBAN Ihres Bankkontos mit. Die Zahlung des Mitgliedsbeitrages per Überweisung verursacht Zusatzkoten und ist deshalb nicht erwünscht. Falls Vereinsmitglieder für den Jahresbeitrag kein SEPA-Lastschrift-Mandat erteilt haben, ist der Beitrag im 1. Quartal eines Jahres auf das Konto des Vereins zu überweisen:

Stadtsparkasse Augsburg:
IBAN: DE80 7205 0000 0000 0891 51 – BIC: AUGSDE77XXX

Nach dem zuletzt ergangenen Freistellungsbescheid zur Körperschaft und Gewerbesteuer des Finanzamts Augsburg-Stadt vom 07.08.2020, Steuer-Nr. 103/109/10126 können sowohl Beitrag als auch Spenden an den Historischen Verein für Schwaben als Sonderausgabe geltend gemacht werden (Förderung von Kunst und Kultur, Förderung des Denkmalschutzes und der Denkmalpflege). Für Beträge bis einschließlich 200,00 € genügt als Nachweis für das Finanzamt der Einzahlungsbeleg bzw. der Konto-Auszug des jeweiligen Geldinstituts. Für Beträge von mehr als 200,00 € wird eine Zuwendungsbestätigung ausgestellt.